Zwierlein
Klinikmanagement
Erfolgsstrategien für die Zukunft

Eduard Zwierlein

Klinik-management

Erfolgsstrategien für die Zukunft

Mit 45 Zeichnungen, 24 Tabellen, 27 Cartoons

1997
Urban & Schwarzenberg
München–Wien–Baltimore

Anschrift des Herausgebers:
CSM – Dr. Zwierlein & Partner
Unternehmensberatung für Dienstleistungsunternehmen
und Einrichtungen des Gesundheitswesens
Rheinstraße 11
56112 Lahnstein

Programmleitung: Annette Heuwinkel
Lektorat: Birgit Ruf
Herstellung: Renate Hausdorf
Zeichnungen: Esther Schenk-Panic
Cartoons: Thomas Braun
Umschlaggestaltung: Parzhuber & Partner

Die Deutsche Bibliothek – CIP-Einheitsaufnahme

> **Zwierlein, Eduard:**
> Klinikmanagement : Erfolgsstrategien für die Zukunft ; mit
> Tabellen / Eduard Zwierlein. – München ; Wien ; Baltimore :
> Urban und Schwarzenberg, 1997
> ISBN 3-541-17911-2

Alle Rechte sind dem Urheber und Verleger vorbehalten. Es ist
ohne schriftliche Genehmigung des Verlages nicht erlaubt, das
Buch oder Teile daraus auf fotomechanischem Weg (Fotokopie,
Mikrokopie) zu vervielfältigen oder unter Verwendung elektronischer bzw. mechanischer Systeme zu speichern, systematisch
auszuwerten oder zu verbreiten (mit Ausnahme der in § 53
Abs. 3 UrhG ausdrücklich genannten Sonderfälle).

Satz: Typodata, München
Druck: Appl, Wemding
Bindung: Großbuchbinderei Monheim
Printed in Germany
© Urban & Schwarzenberg 1997

Gedruckt auf chlorfrei gebleichtem Papier

ISBN 3-541-17911-2

Wegweiser

Wichtiges ist **fett** gedruckt.

 „Merke" – besonders wichtige, zentrale Aussagen

 „runder Tisch" – Textpassagen, die zur Diskussion gestellt werden oder die zur Auseinandersetzung anregen

 „Ansichtssache" – Textpassage stellt die subjektive Sicht des Autors dar

 „Praxis" – Textstellen, die den Sachverhalt exemplarisch aufzeigen bzw. mit Beispielen aus der Praxis belegen

(→) „Info" – zu den mit einem Pfeil gekennzeichneten Begriffen finden Sie im Glossar eine kurze Erläuterung

Wenn im vorliegenden Buch von Mitarbeitern, Ärzten, Pflegenden, Patienten etc. die Rede ist, sind immer **weibliche und männliche** Personen gemeint.

Vorwort

Die Krankenhauslandschaft befindet sich in einem dramatischen Umbruch, ohne daß völlig klar erkennbar ist, wohin und mit welchem Preis die Entwicklung ihre Wege nehmen wird. Die, die von den Veränderungen betroffen sind, schwanken in ihren Einschätzungen zwischen Hoffen und Befürchten, Chancen und Risiken, Herausforderungen und Belastungen. In dieser ambivalenten Lage ist Orientierung wichtig und hilfreich. Der Band Klinikmanagement versucht, eine solche Orientierung anzubieten und Wege im Wandel aufzuzeigen, die Erfolg versprechen. In kompakter und konzentrierter Form haben es die Autoren unternommen, Antworten auf die Fragen zu formulieren, die die gegenwärtigen Veränderungen mit sich bringen.

So, wie sich diese Veränderungen in einem spannungsreichen Prozeß des Übergangs befinden, so sind auch die Beiträge der Autoren spannungsreich in diesem Prozeß, mit dem sie sich auseinandersetzen, hineingezogen. Sie formulieren folgerichtig Beispiele aus der Praxis und Theorien

Vorwort

für die Praxis, die nicht immer überschneidungs- oder widerspruchsfrei sind. Und kein Autor nimmt für sich in Anspruch, erschöpfend zu sein oder ein Patentrezept gefunden zu haben. Alle aber eint die Absicht, dem Leser Hilfestellung, Klärung und Perspektiven für eine erfolgreiche Zukunft des Krankenhauses aufzuzeigen. Jeder fügt sein Mosaiksteinchen ein in diese Intention und dieses Buch, so daß eine möglichst weitgespannte Ideenbörse und ein schnell orientierender Leitfaden für Theorie und Praxis des Klinikmanagements entstanden ist.

Der Dank des Herausgebers geht daher zuerst an alle Autoren, die sich der Mühe nicht entzogen haben, oft unter großem Zeitdruck und selbst involviert in die Dynamik der gegenwärtigen Veränderungen, ihre Beiträge und Antwortversuche beizusteuern. Mein Dank richtet sich des weiteren an Frau Annette Heuwinkel, Leiterin des Lektorats Pflege- und Heilberufe, die die Idee und das Konzept dieses Buches sofort begeistert aufgegriffen und engagiert gefördert hat. Thomas Braun möchte ich für seine originellen und kreativen Cartoons herzlich danken, die das Buch an der ein oder anderen Stelle auflockern, Gedanken pointieren oder einfach den Ernst einer Sache durch Augenzwinkern und Schmunzeln vorübergehend außer Kraft setzen.

Mein besonderer Dank geht schließlich an Frau Birgit (Brunhilde!) Ruf, Lektorat Pflege- und Heilberufe. Die vielfältigen und nicht immer einfachen Abstimmungsprozesse mit dem Herausgeber, den Autoren und dem Verlag hat sie ausgezeichnet gemeistert. Mit großem Engagement und hervorragender Kompetenz hat Frau Ruf einen maßgeblichen Teil zur Qualität des Buches beigetragen. Ich wünsche dem interessierten Leser, daß er von dieser Qualität und den angebotenen Orientierungen für eine erfolgreiche Zukunft des Krankenhauses sehr profitieren wird.

Eduard Zwierlein September 1997

Inhaltsverzeichnis

A Gesundheitswesen im Wandel
Veränderte Rahmenbedingungen – neue Herausforderungen

1 Das Krankenhaus der Zukunft – die Zukunft des Krankenhauses
Auf dem Weg zum „Magnet-Krankenhaus" 3
Eduard Zwierlein
- 1.1 Den Strukturwandel verstehen und gestalten ... 3
- 1.2 Diagnose: Das Krankenhaus ist krank 4
- 1.3 Pathogenese: Zur Geschichte der Krankenhauspathologien 6
- 1.4 Therapieziel: Magnet-Krankenhaus 8
- 1.5 Therapiewege 1: Allgemeine Trends 9
- 1.6 Therapiewege 2: Konkrete Ansätze 11

2 Struktur- und Wertewandel in Sozialpolitik und Gesundheitswesen 14
Renée A. J. Buck
- 2.1 Der Wirtschaftssektor „Gesundheitswesen": Struktur und Steuerung 14
- 2.2 Das Gesundheitswesen als Teil des sozialen Netzes 17
- 2.3 Volkswirtschaftliche und gesundheitspolitische Aspekte der sozialen Sicherung 19
- 2.4 Das Krankenhaus – Zentrum der gesundheitlichen Versorgung!? 21

3 Makro- und mikroökonomische Aspekte des Krankenhauses 26
Manfred Haubrock
- 3.1 Einbindung des Gesundheitssystems in das Wirtschaftssystem 26
- 3.2 Strategien zur Reform des Dienstleistungsunternehmens Krankenhaus 33
- 3.3 Auswirkungen der Reformstrategien 39

Inhaltsverzeichnis

4 Vernetzte Versorgungslandschaft 41
Franz Lorenz
- 4.1 Die Ausgangslage 42
- 4.2 Auswirkungen auf die Sozial- und Gesundheitspolitik 44
- 4.3 Zielentwicklung und strategische Ausrichtung von Leistungsanbietern 45
- 4.4 Konsequenzen aus den gesetzlichen Forderungen zur Kostenbegrenzung 48
- 4.4.1 Formen der Vernetzung 49
- 4.4.2 Voraussetzungen der Vernetzung 53

5 Das Krankenhaus als lernende Organisation – Ein neues Leitbild für die Gestaltung der Krankenhausarbeit? 57
Gabriele M. Borsi
- 5.1 Integratives Management für langfristigen Wandel 57
- 5.2 Lernende Organisation – organisationales Lernen 59
- 5.3 Lernmuster in der Krankenhauskultur 63
- 5.4 Wir sind für unsere Wirklichkeiten verantwortlich 64
- 5.5 Die lernende Organisation als Form der Personalentwicklung 65
- 5.6 Zusammenfassung 67

6 Einführung eines Erfolgssteuerungsinstrumentes am Beispiel des Universitätsklinikums Magdeburg 69
Veronika Rätzel und Anke Bindemann
- 6.1 Ausgangssituation am Universitätsklinikum Magdeburg 69
- 6.2 1993 – Wendepunkt durch gesetzliche Änderungen und interne Umstrukturierungen 71
- 6.3 Entwicklung des internen Steuerungssystems ... 72
- 6.4 Aspekte des internen Steuerungssystems 74
- 6.4.1 Aufwandssteuerung 74
- 6.4.2 Ertragssteuerung 78
- 6.4.3 Leistungssteuerung 78
- 6.4.4 Liquiditätssteuerung 80
- 6.4.5 Qualitätssicherung 80
- 6.5 Perspektive zur Weiterentwicklung des internen Steuerungssystems 81

7 Umgang mit Rechtsunsicherheit und Gesetzesinflation am Beispiel der Pflegesatzverhandlungen 84
Bernd Molzberger

7.1 Krankenhäuser im „Irrgarten der gesetzlichen Bestimmungen" 84
7.2 Das Pflegesatzverfahren – ein „reiner Formalismus" 86
7.3 Pflegesatzverhandlungen: „Wer zahlt, bestimmt und verhandelt nicht" 89

8 Die Selbstverwaltung im Pflegesatzrecht – Die Rolle der Schiedsstellen 93
93Bernd Molzberger

8.1 Entwicklung der Institution der Schiedsstellen nach dem Pflegesatzrecht 94
8.2 Das Selbstverständnis der Schiedsstellen in ihrer Spruchpraxis 96
8.3 Die Schiedsstellenpraxis unter Geltung des Gesetzes zur Stabilisierung der Krankenhausausgaben 1996 (StabG) 98
8.4 Die Schiedsstellen als „Schiedsgerichte" 101

9 Einblick in das Gesundheitssystem des Stadtstaates Singapur 103
Bruder Athanasius Burre

9.1 Singapur, die Stadt in Geschichte und Gegenwart 103
9.2 Gesundheitsversorgung in Singapur – zwischen westlicher Medizin und traditioneller Heilkunde 105
9.2.1 Die Rolle der traditionellen Heilsysteme 105
9.2.2 Staatliche Gesundheitsversorgung durch westliche Medizin 107
9.3 Medizinkultur in Singapur – zwischen Hochleistungsmedizin und Aberglaube 113

B Bausteine zur Modernisierung des Klinikmanagements

Systemmanagement

10 Das Krankenhaus als System 119
Heribert W. Gärtner
10.1 Gesundheitssystem und Krankenhaus als gesellschaftliches Teilsystem 121
10.2 Systemwandel: Von der Hilfestellung zur Dienstleistung 123
10.3 Das System Krankenhaus und seine Subsysteme 126
10.4 Über das Verhältnis von Individuum und Organisation im Krankenhaus 128
10.5 Warum die Spielregeln im Krankenhaus so schwer zu ändern sind 131
10.6 Gegenwärtige Ansätze zur Systementwicklung .. 134

11 Unternehmensphilosophie
Schlüssel zum Unternehmenserfolg 139
Eduard Zwierlein
11.1 Was bedeutet „Unternehmensphilosophie"? 139
11.2 Unternehmensidentität 141
11.3 Leitbild und Unternehmensphilosophie 143
11.4 Der Leitbildprozeß 145
11.5 Erfolgskriterien der Leitbildentwicklung 146

12 Unternehmensphilosophie und
Leitbildentwicklung 150
Herbert Asselmeyer und Erwin Wagner
12.1 Leitbilder wofür? 150
12.2 Chancen und Grenzen von Leitbildern 154
12.3 Leitbildentwicklung: Anregungen zum Vorgehen 157
12.4 Leitbilder – leben oder lassen! Und: Das Wichtigste geschieht danach 160

13	**Der Prozeß der Leitbildentwicklung und -umsetzung am Beispiel der St.-Elisabeth-Stiftung in Dernbach**	165
	Josef Grandjean	
13.1	Leitbild in einem christlichen Unternehmen	165
13.2	Die St.-Elisabeth-Stiftung	166
13.3	Die Entwicklung des Leitbildes	166
13.4	Die Umsetzung des Leitbildes in den Einrichtungen der St.-Elisabeth-GmbH	168
13.5	Projektmanagement als Instrument der Leitbildumsetzung	170
13.6	Leitbildkonferenzen und Dokumentation	171
13.7	Das Stiftungsleitbild	172
14	**Die Diagnose ist die Therapie – Schwachstellenprofil als Stärkefaktor**	174
	Joachim Bovelet	
14.1	Die Rahmenbedingungen: Dynamischer Wandel im deutschen Gesundheitswesen	174
14.2	Die Diagnose: Die Stärken-/Schwächen-Analyse als ganzheitlicher Ansatz	177
14.3	Die Therapie: Stärken betonen, Schwächen abbauen – am Beispiel einer Corporate-Identity-Politik	180
14.4	„Corporate Identity" Strategie auf drei Säulen ...	183

Qualitätsmanagement

15	**Qualitätsmanagement**	186
	Eduard Zwierlein	
15.1	Qualitätsdefinition	186
15.2	Qualitätsdimensionen	188
15.3	Qualitätsziele	189
15.4	Wege zum Qualitätsmanagement	190
15.5	Qualitätszirkel	191

16 Das Modulare Konzept für Qualität im Krankenhaus („Heidelberger Modell") 195
Johannes Möller und Jörg-Peter Schröder

16.1 Aufbau des Modularen Konzepts für Qualität im Krankenhaus 196
16.2 Schnittstellen des Modularen Konzepts für Qualität im Krankenhaus 201
16.3 Schlußfolgerungen für die klinische Praxis 208

17 Erfahrungen mit der Einführung eines Qualitätsmanagementsystems im Krankenhaus 211
Tilo Morgenstern

17.1 Ausgangssituation 211
17.2 Zeitlicher Ablauf 212
17.3 TQM: Die ersten Maßnahmen 216
17.4 Die Reaktion der Mitarbeiter 222
17.5 Die Rolle der Chefärzte 223
17.6 Gegenwärtige Situation und Ausblick 223

18 Ärzteschaft und Verwaltung – Auf dem Weg zu einem gemeinsamen Management 226
Thomas Oppermann

18.1 Darstellung derzeitiger Strukturen im Krankenhaus 227
18.2 Neuorientierung im Krankenhauswesen 229
18.3 Voraussetzungen für Qualitätsmanagement 231
18.4 Managementaufbau 234
18.5 Zusammenfassung und Ausblick 237

19 Die Einführung pflegerischer Qualitätsverbesserung als zentrale Managementaufgabe . 239
Susanne Hasenfuss

19.1 Die Entwicklung der pflegerischen Qualitätsverbesserung 239
19.2 Die Methode der stationsgebundenen Qualitätsverbesserung 241
19.2.1 Die sieben Schritte 241
19.2.2 Aufgaben und Arbeitsgruppen 242
19.3 Pflegequalität und Management 243
19.3.1 Erfolgreiches Qualitätsmanagement 243
19.3.2 Chancen und Risiken 244
19.4 Resümee 247

20 Qualität als Thema der Pflege 249
Andrea Rall
- 20.1 Pflegequalität definieren und umsetzen 249
- 20.2 Fünf Faktoren, die die Pflege direkt beeinflussen 250
- 20.3 Drei Faktoren, die die Pflege indirekt beeinflussen 256

21 Pflegeforschung – ein Beitrag zum Qualitätsmanagement im Krankenhaus 259
Sabine Bartholomeyczik
- 21.1 Strukturierung von Forschungsbereichen 259
- 21.2 Forschungsbeispiele und -notwendigkeiten 260
- 21.2.1 Pflegerische Maßnahmen 260
- 21.2.2 Pflegebedarf- und -bedürfnisse 262
- 21.2.3 Rahmenbedingungen 265
- 21.3 Weitere Forschungsanliegen 268
- 21.4 Entwicklungen............................... 270

Organisation und Zusammenarbeit

22 Organisationsentwicklung im Krankenhaus 275
Erwin Wagner
- 22.1 Krankenhaus unter Druck: Kann Organisationsentwicklung helfen? 275
- 22.2 Strukturen und Abläufe verändern – im Team lernen – neue Lösungen (er)finden 276
- 22.3 Ansatzpunkte und Richtungen: Über Entscheidungskriterien 281
- 22.4 Womit man rechnen muß: Über Erfolgsbedingungen 285

23 Aufgaben und Chancen der Organisationsveränderung im Krankenhaus 289
Heinz Ebner
- 23.1 Wozu entwickeln? 289
- 23.2 Wohin entwickeln? 291
- 23.3 Was entwickeln? 295
- 23.4 Wie entwickeln?.............................. 298

24 Teammanagement ... 303
Eduard Zwierlein

- 24.1 Was ist ein Team? ... 303
- 24.2 Aufgaben des Teammanagements ... 304
- 24.3 Teambildung ... 304
- 24.4 Teamzusammensetzung ... 306
- 24.5 Teamführung ... 308

25 Überwindung der Bereichsegoismen/ Vernetzung im Krankenhaus ... 312
Sr. M. Basina Kloos

- 25.1 Das Krankenhaus als Institution mit Egoismenpflege – Vergangenheit? ... 312
- 25.2 Tabuthema Macht ... 314
- 25.3 Überwinden von Denkmustern! ... 316
- 25.4 Entwickeln einer gemeinsamen Vision ... 317

26 Kommunikation und Kooperation am Beispiel des ärztlichen Bereiches ... 319
Britta Grunert

- 26.1 Was ist Kommunikation? ... 320
- 26.2 Wer oder was beeinflußt die Kommunikation im Krankenhaus? ... 321
- 26.2.1 Einflußfaktoren auf der zwischenmenschlichen Ebene ... 321
- 26.2.2 Einflußfaktor Organisation ... 328
- 26.2.3 Einflußfaktor Management ... 330
- 26.3 Auswirkungen fehlender Kommunikation und Kooperation ... 331
- 26.4 Ansatzpunkte zur Verbesserung ... 331
- 26.5 Strategien zur Umsetzung ... 337
- 26.6 Ausblick ... 340

27 Die Stellung des Ärzlichen Direktors zwischen Gesamtverantwortung und Interessenvertretung ... 342
Hans-Anton Adams

- 27.1 Historischer Rückblick ... 342
- 27.2 Das Vierer-Direktorium ... 344
- 27.3 Gesamtverantwortung und Interessenvertretung ... 346

Inhaltsverzeichnis

27.4 Gibt es Alternativen? 352
27.5 Zusammenfassung 353

28 Betriebsleitung – eine ärztliche Aufgabe 355
Franz Werner Albert
28.1 Das Krankenhaus als Betrieb 357
28.2 Betriebsorganisation im Krankenhaus 358
28.3 Aufgaben des Arztes in der Betriebsleitung 362

29 High-Tech-Medizin, Standards und der Patient als Individuum – Konkurrenz oder Synergie? 369
Christoph Stöhr und Henrich Stöhr
29.1 Versuch einer Situationsbeschreibung 370
29.1.1 Die Chancen und Risiken des Fortschritts 370
29.1.2 Der Patient von heute – ein Individuum? 372
29.2 Konsequenzen 374
29.3 Fazit 380

30 Beziehung Krankenpflegeschule und Krankenhaus – ein Grundpfeiler zur Sicherung der Ausbildungsqualität in den Pflegeberufen ... 382
Karl-Heinz Stolz
30.1 Gesetzliche Regelungen 382
30.2 Gegenwärtige Situation 383
30.3 Gesundheitspolitische Gesetzgebung – Möglichkeiten und Grenzen für die Pflegeausbildung ... 385
30.4 Kompetenzen und Schlüsselqualifikationen für Pflegeberufe 387
30.5 Wie kann die Beziehung zwischen Krankenpflegeschule und Krankenhaus in Zukunft aussehen? 388
30.6 Zusammenfassung und Ausblick 394

Wichtige institutionelle Baustellen

31 Werteorientiertes Pflegemanagement 396
Ruth Schröck
31.1 Management und Rationalität 397
31.2 Organisationskultur und Leitbild 400
31.3 Zielsetzungen des modernen und postmodernen Managements 402

32 Die „Mittlere Führungsebene" im Pflegedienst im zukunftsorientierten Krankenhausmanagement 406
Ulrich Pötzl

32.1 Die Schnittstellenproblematik 406
32.2 Die Rolle der „Pflegerischen Bereichsleitung" in der Abteilungs- oder Klinikleitung 408
32.3 Ablaufharmonisierung im Alltag 409
32.4 „Die Pflege hat keine Lobby" – Zur Situation der Mitarbeiter im Pflegedienst 410
32.5 Aufgabenstellung der „Pflegerischen Bereichsleitung" 413
32.6 Zusammenfassung und Ausblick 418

33 Gesundheitsförderliche Arbeitsgestaltung im Krankenhaus 420
Gabriele M. Borsi

33.1 Zur Lernkultur des Krankenhauses 422
33.2 Ganzheitliche Arbeitsgestaltung 423
33.2.1 Das Konzept des Organisationsspielraumes 425
33.2.2 Aufgabengestaltung vor Arbeitsmittelgestaltung 426
33.2.3 Persönlichkeitsentwicklung in und durch Arbeit 427
33.3 Strategisches Konzept der Systemintegration 429

34 Die Bedeutung der Kurzzeitpflege 431
Verena Tophofen

34.1 Was ist Kurzzeitpflege? 431
34.2 Was ist vor der Implementierung der Kurzzeitpflegeeinrichtung an einem Akutkrankenhaus zu bedenken? 433
34.3 Aufenthalt in der Kurzzeitpflegeeinrichtung 437
34.4 Räumliche und personelle Synergieeffekte 439
34.5 Öffnung des Krankenhauses nach außen 440
34.6 Zusammenfassung 441

35 Pflegeüberleitung als Aufgabe des Pflegemanagements 442
Karin Reicherz

35.1 Die Entlassung des Patienten – die Probleme beginnen 442
35.2 Wozu Pflegeüberleitung? 444
35.3 Konzept der Pflegeüberleitung 447

Inhaltsverzeichnis

35.4	Aufgaben der Pflegeüberleitung	450
35.5	Qualifikationsprofil eines Beraters für Pflegeüberleitung	453

36 Unternehmenskommunikation – ein zentraler Erfolgsfaktor für Gesundheitseinrichtungen ... 455
Hans-Peter Stettler und Juliane Falk

36.1	Unternehmenskommunikation/Public Relation für die Pflege	455
36.2	Planung eines Strategiekonzepts zur Unternehmenskommunikation	457
36.3	PR am Beispiel des Personalmarketing	465
36.4	Zusammenfassung	467

37 „Otto ist nicht mehr normal" – Einsichten in Krankenhausmarketing und -kommunikation .. 468
Christoph Leiden

37.1	Die Ausgangslage	468
37.2	Wege aus der Krise – Möglichkeiten eines neuen Krankenhausmarketing	469

38 Controlling als Instrument für die Gestaltung von Unternehmensprozessen ... 481
Winfried Zapp

38.1	Grundlegende Ausführungen zum Controlling	481
38.2	Kosten- und Erlösrechnung als Grundlage für Steuerungsentscheidungen	484
38.3	Handlungsorientierte Daten als Ausgangspunkt für Controllingverfahren	489
38.4	Ausblick	492

39 Kostenplanung als betriebswirtschaftliches Instrument in Krankenhäusern ... 495
Klaus-Jürgen Bremm

39.1	Kostenrechnung und Finanzbuchführung	495
39.2	Das Verursachungs- und Leistungsentsprechungsprinzip	497
39.3	Gesetzliche Grundlagen der Krankenhauskostenrechnung	499
39.4	Teilbereiche der betrieblichen Kostenrechnung	500
39.5	Kalkulationsverfahren	503
39.6	Flexible Krankenhausbudgets	505

40 Ökologisches Management: Konzept, Gestaltungsprinzipien und Umsetzung 508
Ralf Isenmann
- 40.1 Ökologischer Strukturwandel im Gesundheitswesen 508
- 40.2 Konzept und Gestaltungsprinzipien eines Ökologischen Managements 511
- 40.3 Umsetzung eines Ökologischen Managements im Krankenhaus 513
- 40.4 Vision: Auf dem Weg zu einem „grünen" Krankenhaus 519
- 40.5 Ausblick 520

41 Müll im Krankenhaus: Neue Herausforderung Abfallwirtschaft 522
Ralf Isenmann und Markus Berges
- 41.1 Zur Situation der Abfallwirtschaft im Krankenhaus 522
- 41.2 Motive zur Professionalisierung der Abfallwirtschaft 523
- 41.3 Anforderungen an eine professionelle Abfallwirtschaft 526
- 41.4 Bausteine eines umfassenden Abfallwirtschaftskonzepts 530

42 Krankenhaus-Informationssysteme: Begriffsbildung und Stand der Technik 536
Andreas Winter
- 42.1 Begriffsbildung 536
- 42.2 Anforderungen 539
- 42.3 Stand der Technik 545

43 Referenzmodelle für Krankenhaus-Informationssysteme und deren Anwendung 548
Andreas Winter und Jürgen Ebert
- 43.1 Anforderungen an Referenzmodelle 548
- 43.2 Anwendung von Referenzmodellen 550
- 43.3 Beschreibung von Referenzmodellen 552
- 43.4 Referenzmodelle für Krankenhaus-Informationssysteme 555

Personen- und Selbstmanagement

44 Führen und Entwickeln von Mitarbeitern 563
Eduard Zwierlein
- 44.1 Gezieltes Personalmanagement 563
- 44.2 Führen und Leiten 564
- 44.3 Sachliche Schwerpunktthemen 567
- 44.4 Strategien und Methoden 570

45 Beurteilung von Mitarbeitern als Führungsinstrument 573
Klaus-Jürgen Bremm
- 45.1 Beurteilungszwecke 573
- 45.2 Aufbau einer Beurteilung 574
- 45.3 Vorbereitung der Beurteilung 580
- 45.4 Die Beurteilungseröffnung 583

46 Kommunikation und Konflikt 587
Eduard Zwierlein
- 46.1 Kommunikation verstehen 587
- 46.2 Kommunikationsprobleme 591
- 46.3 Konfliktthemen 592
- 46.4 Konfliktmanagement 593

47 Coaching – Selbstmanagement – Psychohygiene 600
Eduard Zwierlein
- 47.1 Coaching 600
- 47.2 Selbstmanagement 601
- 47.3 Psychohygiene 602
- 47.4 Selbstkommunikation 604

Inhaltsverzeichnis

C Auf dem Weg zum Krankenhaus der Zukunft

48 Arbeits- und Organisationsgestaltung durch das Konzept „Gesundheitsförderndes Krankenhaus" 613
Gabriele M. Borsi
48.1 Das Leitbild Gesundheitsförderung 613
48.2 Partizipation als Ressource betrieblicher Gesundheitsförderung 615
48.3 Das Konzept „Gesundheitsförderndes Krankenhaus" 617
48.4 Präventive Gesundheitspflege 621
48.5 Wechselbeziehungen zwischen Arbeitsgestaltung und Ausbildung 622

49 Vom Krankenhaus zum Gesundheitszentrum ... 626
Franz Lorenz
49.1 Folgen des Erfolgs 627
49.2 Herausforderung an das Krankenhaus der Zukunft 629
49.3 Marktsensibilität als (Über-)Lebensprinzip 633
49.4 Aktionsplan für ein Gesundheitszentrum 634
49.5 Die Angebotsstruktur eines Gesundheitszentrums 638

50 Professionelle Beratung von Krankenhäusern .. 640
Erwin Wagner
50.1 Beratung im Krankenhaus – ein unterentwickeltes Terrain? 640
50.2 Organisation und Beratung 643
50.3 Worin sollte Beratung „professionell" sein? 649

51 Unternehmensberatung – Partnerschaft auf Zeit 653
Eduard Zwierlein
51.1 Beratungsbedarf und Beratungsängste 653
51.2 Beratungsziele und Beratungskonzept 655
51.3 Beratungsthemen und Beratungsgebiete 658
51.4 Beratungsprozeß und Beratungsmethodik 659
51.5 Schlußgedanken 661

Anhang

Glossar 663
Abkürzungsverzeichnis 667
Abbildungs- und Tabellennachweis 668
Register 669

Autorenverzeichnis

Prof. Dr. med. Franz Werner Albert
Ärztlicher Direktor
des Westpfalz-Klinikums
Hellmut-Hartert-Str. 1
67653 Kaiserslautern

Prof. Dr. med. Hans-Anton Adams
Zentrum Anästhesiologie –
Anästhesiologie I
Medizinische Hochschule Hannover
Carl-Neuberg-Str. 1
30625 Hannover

Dr. Herbert Asselmeyer, M.A.
stv. Geschäftsführer
Zentrum für Fernstudium und Weiterbildung
WBO-Team für Weiterbildung, Beratung und Organisationsentwicklung
Universität Hildesheim
Marienburger Platz 22
31141 Hildesheim

Prof. Dr. Sabine Bartholomeyczik
Professorin für Pflegewissenschaft
Fachhochschule Frankfurt
Fachbereich Pflege und Gesundheit
Limescorso 3
60439 Frankfurt a.M.

Sr. M. Basina Kloos
Vorstand der St. Elisabeth-Stiftung und
Vorsitzender Aufsichtsrat der St. Elisabeth GmbH, Waldbreitbach
Generalsekretärin der Vereinigung der Ordensoberinnen
Deutschlands e.V.
Postfach 1318
56503 Neuwied

Dr. Markus Berges
Referent im Berufsgenossenschaftlichen Institut
für Arbeitssicherheit
In den Tannen 40
53757 St. Augustin

Anke Bindemann
Dipl.-Ingenieur-Ökonom
Abteilungsleiterin
Controlling
Universitätsklinikum Magdeburg
Leipziger Str. 44
39120 Magdeburg

Dr. Gabriele M. Borsi
Diplompsychologin,
Lehrbeauftragte an versch. Hochschulen
Niedersächsisches Landeskrankenhaus Lüneburg
Auf dem Meere 34
21335 Lüneburg

Autorenverzeichnis

Joachim Bovelet
Geschäftsführer
Gemeinnützige Gesellschaft
der Franziskanerinnen mbH
Olpe
Maria-Theresia-Str. 30a
57462 Olpe

Klaus-Jürgen Bremm
Unternehmensberater und
Dozent
Am Seifenpfad 2
54597 Neuheilenbach

Dr. med. Renée A. J. Buck
Internistin, Sozialmedizin,
Gesundheitlicher
Umweltschutz
Sorthmannweg 7
22529 Hamburg

Bruder Athanasius Burre
Vorsteher des
Krankenhauses der
Barmherzigen Brüder
Postfach 2506
54215 Trier

Prof. Dr. Jürgen Ebert
Universität Koblenz-Landau
Institut für Softwaretechnik
Rheinau 1
56075 Koblenz

Dr. med. Heinz Ebner
Arzt, Unternehmensberater
Koeck, Ebner & Partner
Beratungsgesellschaft mbH
Parkring 12a/Stiege 4
A-1010 Wien

Juliane Falk
Redakteurin PflegePädagogik und
PflegeManagement
Weg zum Poethen 48
58313 Herdecke

Prof. Dr. Heribert W. Gärtner
Katholische Fachhochschule
Nordrhein-Westfalen
FB Gesundheitswesen
Am Milchbornweg 4b
51429 Bergisch-Gladbach

Josef Grandjean
Diplompädagoge
Leiter der Abteilung Leitbild
und Bildung
der St. Elisabeth GmbH,
Waldbreitbach
c/o Edith-Stein-Akademie
Dierdorfer Str. 163
56564 Neuwied

Britta Grunert
Ärztin – Mediziner im
Gesundheitswesen
Am Eselsweg 62a
55128 Mainz

Susanne Hasenfuss
Pädagogin M.A.,
Krankenschwester,
Supervisorin, Geschäftsführerin der Niedersächsischen Akademie für
Fachberufe im Gesundheitswesen e.V.
Herrenteichstr. 1
49074 Osnabrück

Autorenverzeichnis

Prof. Dr. Manfred Haubrock
Dozent für Gesundheits-
ökonomie und Kranken-
hausbetriebswirtschafts-
lehre
Fachhochschule Münster
Fachbereich Wirtschaft
Adolfstraße 23
49078 Osnabrück

Ralf Isenmann
Dipl.-Wirtsch.-Ingenieur
Wiss. Mitarbeiter am Lehr-
stuhl für Betriebsinformatik/
Operations Research
Universität Kaiserslautern
Postfach 3049
67653 Kaiserslautern

Christoph Leiden
Referent für
Öffentlichkeitsarbeit
Gemeinnützige Gesellschaft
der Franziskanerinnen mbH
Olpe
Maria-Theresia-Str. 30a
57462 Olpe

Franz Lorenz
Unternehmensberater
Diözesan-Caritasverband
Trier
Lüchnerstraße 27
66701 Beckingen-Oppen

Dr. Johannes Möller
Leiter der Fachgesellschaft
für Organisation, Qualität
und EDV im Gesundheits-
wesen
Projektleiter am Klinikum
der Universität Heidelberg
Bergstraße 27
69120 Heidelberg

Bernd Molzberger
Jurist
Caritasverband für die
Diözese Trier
Sichelstraße 10
54290 Trier

Dr. med. Tilo Morgenstern
Internist
Medizinische Klinik III
Westpfalz-Klinikum GmbH
Hellmut-Hartert-Str. 1
67653 Kaiserslautern

Thomas Oppermann
Facharzt für Orthopädie
Qualitätsbeauftragter des
St.-Josef-Krankenhauses
Bendorf
Uranusstraße 1
56566 Neuwied

Ulrich Pötzl
Pflegedirektor
St.-Elisabeth-Krankenhaus
56564 Neuwied

Autorenverzeichnis

Veronika Rätzel
Dipl.-Wirtschaftlerin
Verwaltungsdirektorin
Universitätsklinikum
Magdeburg
Leipziger Str. 44
39120 Magdeburg

Andrea Rall
Lehrerin für Pflegeberufe
Edith-Stein-Akademie
Dierdorfer Straße 163
56564 Neuwied

Ruth Schröck
Professorin für Pflege-
wissenschaft,
Universität Witten/Herdecke
234/1 Canongate
Edinburgh EH8 8AB
Scotland, UK

**Dr. med. Jörg-Peter
Schröder**
Arzt – Medizinische
Informatik
DV-Projektmanager Klinika
Tölzer Straße 7
81379 München

Henrich Stöhr
Ev. Theologe
Hundeshagenstraße 26
53225 Bonn

Dr. med. Christoph Stöhr
Chefarzt der Chirurgischen-
Unfallchirurgischen
Abteilung der
Marienhaus-Kliniken
St.-Josef-Krankenhaus,
Losheim am See;
St.-Elisabeth-Krankenhaus,
Wadern
Krankenhausstraße 21
66679 Losheim am See

Karl-Heinz Stolz
Referent für Alten- und
Krankenpflege
Barmherzige Brüder
Trier e.V.
Nordallee 1
54292 Trier

Verena Tophofen
Pflegedirektorin am
St.-Elisabeth-Krankenhaus
Lahnstein
Ihr Gesundheitszentrum
Ostallee 3
56112 Lahnstein

Hans-Peter Stettler
Herausgeber von
PflegeManagement und
PflegePädagogik
HsP Medienverlag GmbH
Usterstraße 25
CH-8617 Mönchaltorf

Autorenverzeichnis

Dr. Erwin Wagner
Geschäftsführer
Zentrum für Fernstudium
und Weiterbildung
WBO-Team für Weiter-
bildung, Beratung und
Organisationsentwicklung
Universität Hildesheim
Marienburger Platz 22
31141 Hildesheim

Andreas Winter
Diplom-Informatiker
Universität Koblenz-Landau
Institut für Softwaretechnik
Rheinau 1
56075 Koblenz

Prof. Dr. rer. pol. Winfried Zapp
Hochschullehrer
Fachhochschule Osnabrück
Fachbereich Wirtschaft
Albrechtstraße 30
49076 Osnabrück

Dr. Eduard Zwierlein
Unternehmensberater
CSM
Rheinstraße 11
56112 Lahnstein

A

Gesundheitswesen im Wandel: Veränderte Rahmenbedingungen – neue Herausforderungen

1 Das Krankenhaus der Zukunft – die Zukunft des Krankenhauses
Auf dem Weg zum „Magnet-Krankenhaus"

Eduard Zwierlein

1.1 Den Strukturwandel verstehen und gestalten

Die Krankenhäuser gehören zu den tragenden Säulen des Gesundheitswesens. Sie, aber nicht nur sie, sind unter einen enormen **Rationalisierungs- und Reformdruck** geraten. Jahr um Jahr ändern sich die Rahmenbedingungen und gesetzlichen Grundlagen. Jahr um Jahr werden neue Methoden und Strategien ersonnen, wird „budgetiert", „gedeckelt", „eingefroren" und wieder „aufgetaut", um der Probleme, insbesondere der „Kostenexplosionen", Herr zu werden. Vielfach ist das Krankenhausmanagement kaum noch in der Lage, sich auf diesen temporeichen Wechsel seiner Geschäftsgrundlagen einzustellen und sinnvoll vorausschauend zu planen. Während bereits einige Häuser schließen müssen, bauen andere strategische Positionen oder sogar Monopolstellungen auf. Zugleich finden Kosten-, Leistungs- und Patientenverschiebungen statt, die dazu führen, therapie- und pflegeaufwendige Patienten weiterzureichen oder abzulehnen und kostengünstige Patienten, im Extrem also Patienten mit langer Liegedauer und minimaler Behandlung, zu präferieren. Ohne Frage ist die Tendenz, den lukrativ-einfachen Patienten zu bevorzugen, ein Aspekt der Diskussion um die Gefahr einer „Zwei-Klassen-Medizin". Wo bleiben hier die fairen Wettbewerbsbedingungen um Leistungen, Qualität und Patienten? Wo sind hier die notwendige Transparenz, der rote Faden und die Planungssicherheit?

A Gesundheitswesen im Wandel

Und obwohl die Lage schwierig ist, ist dennoch ein **chancenorientiertes Denken** unverzichtbar. Jammern und Wehklagen, Pessimismus und Abwartehaltungen sind keine hilfreichen Reaktionen. Bei allen Schwächen der aktuellen gesetzlichen Lage ist klar:

Der Strukturwandel ist notwendig. Es gilt, ihn als Herausforderung zu verstehen und als Chance zu gestalten.

Es gilt darum, alle wirksamen Anreize und Möglichkeiten für mehr Wirtschaftlichkeit, Sparsamkeit und Eigenverantwortung auszuschöpfen, ohne die Ansprüche an Qualität und Humanität der Leistungen und Arbeit zu gefährden. Es gilt also, die eigenen Spielräume konsequent zu erschließen und zu nutzen, um ein „Magnet-Krankenhaus" mit Zukunft zu werden.

„Veränderte Rahmenbedingungen, neue Herausforderungen"

1.2 Diagnose: Das Krankenhaus ist krank

Ohne Zweifel gibt es vielfältige Mängel und Defizite im heutigen Krankenhausbetrieb. Das Krankenhauswesen ist „krank". Dies zeigt sich an vielen Alarmzeichen.

„Im Krankenhaus brennt es an so vielen Stellen – man weiß gar nicht, wohin man die Feuerwehr zuerst schicken soll." (Ein Krankenhaus-Direktor)

1 Das Krankenhaus der Zukunft …

Einige Beispiele und Belege für diese Alarmzeichen:
- Es gibt sehr viel Bürokratie und wenig Flexibilität.
- Es findet sich hohe Unwirtschaftlichkeit von Regiebetrieben.
- Viele Prozesse und Kosten müssen transparent gemacht und rational gestaltet werden.
- Zwischen den Berufsgruppen müssen Besitzstände, Bereichsegoismen und Abschottungen überwunden und Kommunikation und Kooperation ausgebaut werden.
- Es fehlt an modernem Management-Know-how.
- Mehr Eigenverantwortung und Kompetenzen müssen in die Krankenhäuser abgegeben und dann in den Krankenhäusern weitergegeben werden.

Der **evidenteste** Indikator der Alarmzeichen ist der **monetäre.** Das Geld, d.h. die davoneilenden Krankenhausausgaben, sind der Spiegel der prekären Lage, in der sich die Krankenhauslandschaft befindet. Das große Kostenwachstum im Gesundheitswesen insgesamt, die auftretenden Finanzierungsdeckungslücken und Risse im sozialen Netz zeigen sich am auffälligsten im Krankenhaussektor, der den Löwenanteil an den Gesamtkosten aufweist. Marktwirtschaftlich gesprochen, bewegen sich die Krankenhäuser als Unternehmen in ihrem Finanz- und Kostenmanagement oft nicht weit entfernt von Insolvenzen und Bankrott. Die gesetzgeberischen Reformaktivitäten lassen sich daher auch in der Regel als Maßnahmen zur Sofortbremsung der Ausgabendynamik und als differenzierte Kostendämpfungspolitik beschreiben. Zugleich sollen sie einen Strukturwandel einleiten und eine rationale Gesundheitspolitik stärken, die kostengünstig, bedarfsgerecht und wirksam ist, auch wenn die bisherige Strukturgesetzgebung sich im wesentlichen immer wieder nur zu Kostendämpfungsgesetzen verflüchtigt hat. Dabei entsprechen allerdings Deckelungen über ein Gesamtbudget gerade nicht der Leistungshonorierung, mehr Eigenverantwortung, Wettbewerb um kostengünstige und qualitative Leistungen und Flexibilität.

Das Krankenhaus ist „krank". Gleichwohl sind 3 Einsichten wichtig:
- Der Patient „Krankenhaus" ist nicht unheilbar krank – es kann ihm geholfen werden.
- Es geht bei einer kritischen Analyse nicht um ein moralisierendes oder rückwärtsgewandtes Schuldzuweisen.

A Gesundheitswesen im Wandel

- Das Krankenhaus ist krank (geworden) in einem kranken Kontext.

1.3 Pathogenese: Zur Geschichte der Krankenhauspathologien

Das Krankenhaus ist Teil eines Systems, in das es eingebettet ist. Ein **Beispiel** soll dies ein wenig verdeutlichen: Der medizinische Fortschritt, oft bewundert, gelegentlich aber auch als Fortschrittsfalle der Medizin beklagt, produziert immer perfektere, aber auch sehr aufwendige und teure diagnostische und therapeutische Möglichkeiten. Diese kostenintensiven Investitionen sollen sich aus Sicht der Anbieter bald amortisieren, was leicht zu (nicht immer indizierter) angebotsinduzierter Nachfrage führen kann. Die Produzenten des technischen Geräts haben ihrerseits ein Interesse, daß die verkauften Geräte in möglichst kurzen Absatzzeiten durch wiederum neue ersetzt werden, auch wenn deren tatsächlicher Zusatznutzen nicht immer zu erkennen ist. Kürzere Innovationszyklen treiben die Kostenspirale der Krankenhäuser mit in die Höhe. Die hochwertigen Angebote wollen natürlich auch die meisten Patienten nutzen. Die Krankenkassen verstehen zwar die Wünsche ihrer Patienten, sehen aber auch, daß ihnen der medizinische Fortschritt tief in die Kassen greift und dieser im übrigen auch die Zahl „teurer" alter Menschen mit chronisch-degenerativen Krankheitsbildern erhöht. Das Mortalitäts- und Morbiditätsspektrum zeigt klare Verschiebungen hin zu therapeutisch immer schwieriger zu beeinflussenden und pflegerisch immer aufwendiger zu betreuenden Krankheiten. So beschweren sich die Kassen über eine unzureichende Finanzdecke sowie über eine Vielzahl versicherungsfremder Leistungen, die sie als „Sozialtransfer" mitzutragen haben. Wenn aber die Beitragssätze angehoben werden sollen, protestieren sowohl die Patienten als auch die Arbeitgeber, die sofort auf das Problem der durch die Lohnnebenkostenhöhe zu „teuren Arbeit" aufmerksam machen und die Frage nach der Attraktivität des Wirtschaftsstandortes Bundesrepublik Deutschland aufwerfen. Fazit:

1 Das Krankenhaus der Zukunft ...

 Man tippt an einen Faden – und das ganze Spinn-Netz vibriert. Man stößt einen Domino-Stein an – und eine ganze Lawine von umstürzenden Steinen ist die Folge. Und: Einfache Lösungen für das komplexe Gesamtproblem sind nicht zu erwarten.

Viele hausgemachte, krankenhausinterne, aber auch viele importierte, krankenhausexterne Faktoren haben ein multifaktorielles, multikausales Geflecht von Gründen und Ursachen erzeugt, in dem das vielgestaltige Krankheitsbild des Krankenhauses verortet ist. Zu den wichtigsten größeren Einflußfaktoren zählen:

- der Budget- und Kontrolleinfluß der Kostenträger (Krankenversicherungen, Bund und Länder)
- der Einfluß der Krankenhausträger auf die innerbetrieblichen Entscheidungen der Krankenhäuser
- die Gesundheitspolitik von Bund und Ländern
- die Finanzkrise des Sozialstaates und der öffentlichen Haushalte
- die zu teuren Medikamente der Pharmaindustrie
- die zu hohen Honorare der Mediziner
- eine kostenintensive High-Tech- und aufwendige Apparate-Medizin
- Anspruchsdenken/Anspruchsinflation/Überkonsum der Patienten
- eine kostentreibende Übernachfrage und angebotsinduzierte Leistungs- und Nachfrageexpansion, also eine medizinisch nicht notwendige Mengenausweitung
- der Wandel des Krankheitspanoramas mit einer wachsenden Zahl kostenintensiver polymorpher und chronisch-degenerativer Multimorbidität

Auch wenn die Gesundheitsreform- und -strukturgesetzgebung auf Beitragssatzstabilität, Einsparmöglichkeiten, mehr Wirtschaftlichkeit, Kostentransparenz, Wettbewerb und Eigenverantwortung abzielte, haben die bisherigen Weichenstellungen den Krankenhäusern nur ungenügend spürbare Entlastungen und Wegweisungen gegeben. Trotz kürzerer Patientenverweildauer, niedrigerer Pflegesätze und einer höheren Patientenbehandlungszahl sehen viele Krankenhäuser beispielsweise die Ausbildung von Fachkräften gefährdet und müssen vermehrt Personal abbauen.

A Gesundheitswesen im Wandel

Da die Schwierigkeiten des Krankenhauswesens zugleich **Systempathologien** darstellen, können Optimierungen im Krankenhaus nur Teil einer Lösungsstrategie sein. „Hausaufgaben" haben alle beteiligten Akteure zu erledigen. So muß beispielsweise der Staat den Sozialstaatsauftrag wahrnehmen und auch künftig die Krankenhausversorgung als öffentliche Aufgabe sicherstellen, er muß seinen eigenen Anteil an der „Kostenexplosion" prüfen und sich fragen, warum die Kosten den Einnahmen davonlaufen. Er muß vor allem die Konstruktionsmängel in den sozialen Sicherungssystemen beseitigen, zugleich aber seine Eingriffe auf eine Krankenhaus-Rahmenplanung beschränken.

Entsprechend sollten sich die Krankenhäuser einerseits nicht als Alleinverantwortliche einer **Strukturkrise** mißverstehen, andererseits aber auch nicht als Spielball übermächtiger Kräfte deuten. Trotz aller problematischen Rahmenbedingungen und Sachzwänge ist es, wie oben bereits angedeutet, ihre wichtigste Aufgabe, die eigenen gestaltungsfähigen Spielräume zu erkennen und zu nutzen.

1.4 Therapieziel: Magnet-Krankenhaus

§70 SGB V lautet:

„**Qualität, Humanität und Wirtschaftlichkeit.** (1) Die Krankenkassen und die Leistungserbringer haben eine bedarfsgerechte und gleichmäßige, dem allgemein anerkannten Stand der medizinischen Erkenntnisse entsprechende Versorgung der Versicherten zu gewährleisten. Die Versorgung der Versicherten muß ausreichend und zweckmäßig sein, darf das Maß des Notwendigen nicht überschreiten und muß wirtschaftlich erbracht werden.

(2) Die Krankenkassen und die Leistungserbringer haben durch geeignete Maßnahmen auf eine humane Krankenbehandlung ihrer Versicherten hinzuwirken."

Das **Ziel,** das die Krankenhäuser durch geeignete Maßnahmen anvisieren sollen, kann als ein konsequenter Umbau zu einem **modernen Dienstleistungsunternehmen,** vielleicht im Verbund und als Herzstück eines komplexen Gesundheitszentrums, beschrieben werden. Die in §70 SGB V aufgeführten Aspekte „Qualität, Humanität und Wirtschaftlichkeit" können als Zieldimensionen eines solchen Dienstleistungsunternehmens aufgefaßt und als wesentli-

1 Das Krankenhaus der Zukunft ...

che Facetten in den Zielkatalog seiner Unternehmensphilosophie aufgenommen werden.

Ein Krankenhaus, das sich selbst zu einem Magnet-Krankenhaus, einem Ort mit Ausstrahlungs- und Anziehungskraft umgestalten will, zielt darauf, ein Krankenhaus zu werden
- mit exzellenten Kooperations- und Kommunikationsstrukturen,
- mit einer attraktiven Unternehmenskultur,
- mit einem motivierenden Betriebsklima,
- mit ausgezeichnetem (fachlichem und menschlichem) Ruf,
- mit einer orientierenden und ermutigenden Vision,
- mit geringer Fluktuationsrate und sinkenden Fehlzeiten.

1.5 Therapiewege 1: Allgemeine Trends

Aus den allgemeinen Trends, die die wichtigsten Entscheidungs- und Handlungsspielräume der Krankenhäuser bestimmen und in einem weiteren Sinne zu den die Krankenhauslandschaft unterstützenden Therapiewegen zählen, möchte ich die folgenden vier besonders herausheben:

Finanzreform
Im Gesamtvergütungssystem der Krankenhäuser spielen neue Entgeltformen (Fallpauschalen, Sonderentgelte, Abteilungspflegesätze, Basispflegesätze, Ambulantes Operieren), d.h. der Aufbau eines differenzierten Kostenerfassungssystems, eine zunehmend größere Bedeutung. Trotz aller Unzulänglichkeiten ist der Trend klar: Die Entwicklung geht in Richtung von leistungsorientierten Entgelten und Vergütungen, die das Selbstkostendeckungsprinzip, tagesgleiche, vollpauschalierte Pflegesätze, preisunabhängige Nachfrage u.ä. ablösen bzw. abgelöst haben. Die Finanzreform will die Kostenhoheit und Kostenverantwortung der Krankenhäuser fördern. Zugleich soll eine Vergleichbarkeit der Krankenhausleistungen durch ein transparentes Preissystem sichergestellt werden. Da in der Regel die Haftungsrisiken bei den Krankenhäusern liegen, sollte das Krankenhausmanagement auch mehr eigenverantwortliche Investitionskompetenz erhalten. Ebenfalls sollten potentielle Gewinne nicht mehr offengelegt werden müssen und in den Krankenhäusern verbleiben können.

A Gesundheitswesen im Wandel

Funktionalreform

Die Funktionalreform reguliert die Neuordnung der stationären und ambulanten Behandlungsformen. Der Trend ist auch hier deutlich zu erkennen: Die Funktionalreform begünstigt den Primat der nichtstationären (vor-, teil-, nachstationären), insbesondere der ambulanten Versorgung, also eine Leistungsreduzierung im vollstationären und eine Leistungserweiterung im nichtstationären Bereich: Ambulant geht vor stationär! Sie stimuliert die Krankenhäuser, sich mehr für ambulante Funktionen mit vorstationärer Diagnostik und nachstationärer Behandlung zu öffnen und begünstigt den Auf- und Ausbau vernetzter Versorgungslandschaften mit kooperativem Belegarztsystem, ambulanter fachärztlicher Versorgung, mit Sozialstationen, Rehabilitations- und Pflegeeinrichtungen etc.

Mehr Markt und Wettbewerb

Indem die Krankenhäuser zunehmend eigenverantwortlich ihre Leistungserbringung gestalten können, können sie sich auch durch Differenzierungen ihrer Leistungen in allen Bereichen von konkurrierenden Unternehmen abheben und im Markt positionieren. Dabei gilt es, durch einen guten Ruf, durch fachliche Qualität, durch Differenzierung und Spezialisierung, durch Marketing und Öffentlichkeitsarbeit, durch einen hervorragenden Hotelservice, durch soziale Kompetenz etc. einen exzellenten Platz im Wettbewerb um die Kunden einzunehmen.

Klare Kundenorientierung

Auch wenn der Begriff des „Kunden" im Zusammenhang mit dem Krankenhauswesen gelegentlich nur mit Zurückhaltung verwendet wird, beginnt er doch, sich auch hier durchzusetzen. Es ist sicherlich wichtig, keinen Kundenbegriff zu verwenden, der nur oder vorrangig den Geldaspekt im Blick hat. Ein angemessenes Kundenverständnis wird umfassendganzheitlich sein und neben dem monetären auch die verschiedenen Aspekte der Qualität und Humanität einbeziehen. Dabei richtet sich das Kundeninteresse zentral auf den „Hotelservice", d.h. Unterbringung und Verpflegung, sowie die ärztlichen und pflegerischen Dienste. Für Mitarbeiter des Krankenhauses sind beispielsweise die Arbeitsbedingungen von großer Bedeutung.

1 Das Krankenhaus der Zukunft …

Statt „Kunde" können wir auch von **„Stakeholder"** (→) sprechen. Die Krankenhäuser sind ja Schnittpunkte vieler Interessen. Stakeholder sind nun alle diejenigen, die auf eine relevante Weise von den Krankenhausaktivitäten betroffen sind oder an diesen Aktivitäten interessiert sind und die man daher auch als die „Anspruchsgruppen" der Krankenhäuser bezeichnen kann. Dazu gehören z.B. die Patienten, die Mitarbeiter, die Krankenhausleitung, der Krankenhausträger, die Krankenkassen, die Mitbewerber, niedergelassene Ärzte, die Öffentlichkeit.

Die Stakeholder repräsentieren im weitesten Sinne die Kunden eines Krankenhauses. Dabei gibt es „interne Kunden", beispielsweise die Mitarbeiter, und „externe Kunden", etwa die Angehörigen von Patienten oder Mitarbeitern. Eine genaue Analyse und Bewertung der Anspruchsgruppen und ihrer spezifischen Interessen an den Krankenhausaktivitäten ist unerläßlich für die erfolgreiche Arbeit des Krankenhausmanagements.

1.6 Therapiewege 2: Konkrete Ansätze

Um ein Krankenhaus zu einem Magnet-Krankenhaus umzugestalten, kann der Modernisierungsproze8 krankenhausintern gezielt auf 4 Ebenen angestoßen werden: Auf der Systemebene, der Organisationsebene, der Personalebene und der Individualebene. Zu jeder dieser Ebenen, die in diesem Buch genauer betrachtet werden, sollen hier ein paar Hinweise genügen.

Die **Systemebene** ist die Perspektive des Gesamtunternehmens nach innen und außen. Zu den Therapiewegen zählen u.a.:
- klare Wettbewerbs- und Marktanalysen
- innovative Marketing- und Public-Relations-Strategien
- Kooperationen und strategische Allianzen
- eine umfassende Stakeholder-Philosophie
- ein visionäres Management
- eine konsequent EDV-gestützte Informationspolitik
- ein transparentes und effizientes Kostenmanagement
- eine umfassende Qualitätsphilosophie

Die **Organisationsebene** erstreckt sich auf Strukturen und Prozesse, also auf alle Aspekte des Krankenhauses als Institution, insbesondere auf die Aufbau- und Ablauforganisa-

tion. Da Teams als eine Form der Organisation aufgefaßt werden können, läßt sich auch dieser Aspekt hier einbeziehen. Zu den Erfolgsfaktoren der Organisationsebene gehören:
- Analyse und Optimierung aller Aufbaustrukturen und Ablaufprozesse durch Organisationsentwicklung
- Förderung berufsübergreifender Kommunikation und Kooperation
- Stärkung von Projektarbeit und Projektorganisation
- Humanisierung der Arbeitsbedingungen
- Abbau von informellen Machtspielen und Organisationspathologien
- Reduktion formeller Machtstrukturen, Hierarchien und bürokratischer Prozeduren
- konsequentes Teammanagement und Aufbau kollegialer Strukturen

Auf der **Personalebene** werden alle Werkzeuge des Personalmanagements betrachtet, die sich weniger auf Strukturen und Prozesse, sondern auf Personen, d.h. die Mitarbeiter, beziehen, um diese zu führen, zu fördern, zu entwickeln etc. Hierzu zählen vor allem:
- alle Instrumente der Personalentwicklung und Personalpflege
- Qualifikation, Schulung, Training
- Aus-, Fort- und Weiterbildung
- Kommunikations- und Konfliktmanagement

Mit dem Blick auf die **Individualebene** wird gezielt das Führen und Entwickeln eines einzelnen Mitarbeiters und seine Befähigung zur Selbstführung herausgestellt. Dieser Aspekt wird u.a. unterstützt durch:
- Stärkung der Selbstmanagement-Kompetenz
- Coaching
- Mentoring
- Supervision

Alle diese Strategien, Methoden und Instrumente bzw. „Therapiewege" dienen letztlich einem herausragenden Ziel, dem Umbau der Krankenhäuser in moderne, kundenorientierte Dienstleistungsunternehmen mit humanitärem Auftrag, in Magnet-Krankenhäuser.

Literatur

Badura, B.; Feuerstein, G., Systemgestaltung im Gesundheitswesen. Zur Versorgungskrise der hochtechnisierten Medizin und den Möglichkeiten ihrer Bewältigung. Weinheim, München 1994.

Beske, F.; Brecht, J.G.; Reinkemeier, A.-M., Das Gesundheitswesen in Deutschland. Struktur-Leitungen-Weiterentwicklung. Köln, 2. Aufl. 1995.

Mayer, E.; Walter, B. (Hrsg.), Management und Controlling im Krankenhaus. Stuttgart, Jena 1996.

Meier, J. (Hrsg.), Das moderne Krankenhaus. Managen statt verwalten. Neuwied, Kriftel, Berlin 1994.

Morra, F., Wirkungsorientiertes Krankenhausmanagement. Ein Führungshandbuch. Bern 1996.

Oberender, P.; Hebborn, A., Wachstumsmarkt Gesundheit, Therapie des Kosteninfarkts. Frankfurt a.M. 1994.

Peschke-Hartmann, Chr., Die doppelte Reform. Gesundheitspolitik von Blüm zu Seehofer. Opladen 1994.

Peters, S.H.F.; Schär, W. (Hrsg.), Betriebswirtschaft und Management im Krankenhaus. Berlin 1994.

Sachs, I., Handlungsspielräume des Krankenhausmanagements. Bestandsaufnahmen und Perspektiven. Wiesbaden 1994.

2 Struktur- und Wertewandel in Sozialpolitik und Gesundheitswesen

Renée A. J. Buck

2.1 Der Wirtschaftssektor „Gesundheitswesen": Struktur und Steuerung

In Deutschland sind im Gesundheitswesen 2 Mio. Menschen beschäftigt; dies sind rund 5% der erwerbsfähigen Personen. Das Gesundheitswesen stellt somit einen bedeutenden Wirtschaftszweig mit einem Anteil von 10% am Bruttoinlandprodukt (BIP) dar. In einer internationalen Studie, in der die Gesundheitsversorgung in 14 Ländern der Europäischen Union sowie der Schweiz, Kanadas, der USA und Japans verglichen wurde, belegt Deutschland mit seinen Gesundheitsausgaben hinter der Schweiz und Frankreich den 6. Rang (in Prozent des BIP). Bei den **Ausgaben für Krankenhausleistungen** liegt Deutschland mit einem Anteil von 3,06% am BIP von 18 Ländern an 14. Stelle (*BASYS* 1995).

Deutschland (West) hat unter allen 18 Ländern den größten Anteil der ambulanten Versorgung (51,7%) an den Ausgaben für Gesundheit und nach Portugal den zweitniedrigsten Anteil der Krankenhausversorgung (34,2%). Der Anteil der ambulanten Versorgung setzt sich aus der ambulanten ärztlichen Behandlung, den Heil- und Hilfsmitteln, den Arzneimitteln und der zahnärztlichen Behandlung inkl. Zahnersatz zusammen. Unter Anlegung internationaler Maßstäbe ist der Leistungsstand der Versorgung hoch; er ist darüber hinaus vergleichsweise wirtschaftlich und preisgünstig.

Der **Wirtschaftssektor „Gesundheitswesen"** weist bestimmte volkswirtschaftliche Besonderheiten auf:
- Es besteht eine besondere Wachstumsdynamik, in der die Strukturen des Leistungsangebotes maßgeblichen Einfluß auf die Höhe der Ausgaben haben.

2 Struktur- und Wertewandel ...

- Das Gesundheitswesen wird solidarisch über die gesetzliche Krankenversicherung (GKV) finanziert (rund 72 Mio. Menschen sind in der GKV versichert) und beeinflußt somit die Lohnnebenkosten.

Wegen der anhaltend hohen Arbeitslosigkeit sind die Beitragseinnahmen der Krankenkassen hinter den Leistungsausgaben zurückgeblieben, darüber hinaus war die verfügbare Zeit für die wirkungsvolle Umsetzung neuer gesetzlicher Rahmenbedingungen zu knapp. Die gegenwärtigen Probleme der GKV sind allerdings nicht nur der Einnahmenseite zuzuordnen. Die Wirtschaftswachstumsraten und die Zuwachsraten bei den Grundlöhnen werden sich auch in den nächsten Jahren auf 1 bis maximal 3% belaufen; hieran hat sich die beitragsfinanzierte GKV anzupassen, wenn das System nicht kollabieren soll. Das Hauptproblem liegt auf der Ausgabenseite. Hier haben in 1996 die Bereiche Zahnersatz, Arzneimittel, Heil- und Hilfsmittel sowie Fahrtkosten im wesentlichen kostentreibend gewirkt. Demzufolge ist ein gezielter Ressourceneinsatz erforderlich, der einen hohen Qualitätsanspruch mit entschlossenem Kostenmanagement verbindet. Zur **Wahrung der Versorgungsqualität** und zur **Stabilisierung der Kosten** ist jeweils zu prüfen,

- ob Leistungen aus fachlicher Sicht erforderlich sind,
- ob die Formen der Arbeitsteilung und -abläufe effektiv und effizient sind
- und die Qualität der erbrachten Leistungen dem aktuellen wissenschaftlichen Stand entspricht.

Offensichtlich ist allerdings auch der Steuerungsbedarf in unserem von der Sozialversicherung geprägten System sehr hoch: Das Prinzip der einheitlichen Sachleistung bei gleichzeitiger komplizierter Untergliederung in Kassenarten der GKV mit bisher unterschiedlicher Zugangsberechtigung der Versicherten und weiteren sozialen Leistungsträgern erfordert Regelung. Anfang 1996 betrug die Zahl der Einzelkassen noch 642 Krankenkassen bei insgesamt 8 Kassenarten: Orts- (AOK), Betriebs- (BKK), Innungs- (IKK), See- (SeeKK), Landwirtschaftliche Krankenkassen (LKK) sowie Bundesknappschaft (BuKn) und Ersatzkassen der Angestellten (EAN) und Arbeiter (EAR). Vier Jahre zuvor waren es noch 1223 Krankenkassen (*BMG* 1995).

Das tragende Strukturmerkmal der GKV ist das **Solidarprinzip.** Auf der Basis der medizinischen Notwendigkeit garantiert dieses Prinzip dem Versicherten eine einheitliche Leistung (Sachleistung) unabhängig von der Höhe des gezahlten Beitrags. **Sachleistungsprinzip** heißt, daß die Versicherten ärztlich veranlaßte Leistungen erhalten und dafür monatliche, gehaltsabhängige Beiträge entrichten. Sachleistung heißt auch, daß die Inhalte und Bezahlungen für die Leistungen vorweg in generalisierten und detailreichen Verträgen zwischen den Krankenkassen und Leistungserbringern geregelt werden. Dies geschieht zwar im Rahmen gesetzlicher Vorgaben, die Details werden aber in eigener Kompetenz der Krankenkassen, Ärzteschaft, Krankenhäuser – der sog. Selbstverwaltung – geregelt (*Schwartz* 1991). Hierzu ist die Organisationsform einer Körperschaft des öffentlichen Rechts vorgeschrieben, die (annähernd) zu Monopolrechten führt, welche wiederum einerseits nicht zu einer gerade ausgeprägten Flexibilität des Systems beitragen und andererseits immer wieder Anlaß zu heftiger Kritik aus ökonomischer Sicht bieten. Direkte Eingriffe sind in der Regel nur seitens des Gesetzgebers möglich.

Unter den knapper werdenden Ressourcen wird der Druck in allen Leistungsbereichen des Gesundheitswesens größer. Die Politik trägt ihren Teil dazu bei, indem sie das Solidarprinzip der GKV zumindest in Teilen in Frage stellt und sich damit den Versicherungsprinzipien der privaten Krankenversicherung (PKV) nähert. Der Einstieg in den Systemausstieg der solidarischen Krankenversicherung könnte durch eine Reihe von geplanten Neuerungen eingeläutet werden:

- Anhebung der Selbstbeteiligung der Kranken für Arzneimittel, Krankenhausaufenthalt, Kuren, Zahnersatz oder Krankenfahrten, wenn eine Kasse ihren Versichertenbeitrag um einen bestimmten Prozentsatz erhöht.
- Die Einführung des **Kostenerstattungsprinzips** (welches das Versicherungsprinzip der PKV ist) würde die bisherige Basis des Sachleistungsprinzips der GKV verlassen.
- Festlegung von Leistungskatalogen, die die Pflichtleistungen der GKV beinhalten; darüber hinaus Angebot von (gegen Aufpreis) zusätzlichen Leistungen.
- Einführung des Beitragsrückerstattungsprinzips, das für solche Versicherten in Kraft tritt, die wenig oder keine Leistungen in Anspruch nehmen.

Die Gefahr der Aushöhlung des Solidargedankens, der die volle Versorgung im Krankheitsfall unabhängig von Einkommen und Beitragshöhe sichert, wird wegen der finanziellen Selbstbeteiligung der Versicherten heftig diskutiert, zumal die finanzielle Belastung des einkommensschwachen Teiles der Bevölkerung relativ stärker steigt als die des einkommensstärkeren. Zwar fangen Härtefallregelungen die wirtschaftlich Schwächsten bzw. die Menschen mit chronischen Krankheitsbildern ab, aber zumindest bestehen Einschränkungen sowohl für die Patienten als auch für die behandelnden Ärzte in ihren Entscheidungsspielräumen. Es gibt keinen idealen Ausgleich zwischen den beiden Polen „Kostenbeteiligung" zur Dämpfung der Nachfrage und „soziale Gerechtigkeit".

2.2 Das Gesundheitswesen als Teil des sozialen Netzes

Die gegenwärtigen Entwicklungen zeigen im Vergleich zu den bisherigen Errungenschaften der Sozialpolitik unseres Jahrhunderts rückläufige Tendenzen. Die Gesundheitspolitik des ausgehenden 19. und des beginnenden 20. Jahrhunderts war durch Maßnahmen gegen Elendsviertel, Seuchen, Berufskrankheiten etc. geprägt. Die Entwicklung der sozialen Sicherung und der Aufbau des sog. sozialen Netzes wurden in Deutschland vor gut 100 Jahren begonnen. Die **Bismarckschen Versicherungsgesetze** legten die Grundsteine für die heutige soziale Sicherung.

Nach Ende des Zweiten Weltkrieges wurde eine Reihe von Maßnahmen realisiert, von denen die Menschheit noch wenige Jahre zuvor nur träumte: Vorsorge-Untersuchungen, Krankenbehandlung, Nachsorge, Rehabilitation, Wiedereingliederung, genetische Eheberatung, Schwangerschaftsvorsorge, Peri-, Neonatologie, Impfungen, Schul-, Berufshygiene, Sportmedizin, gesundheitlicher Umweltschutz etc. In Europa erblickt gegenwärtig mittlerweile fast jeder Mensch das Licht der Welt im Krankenhaus und beansprucht einmal oder mehrmals in seinem Leben diese Versorgungsform. Der größere Teil der Menschen verbringt hier auch die letzten Stunden des Lebens.

Die Entwicklungen im medizinisch-technischen Bereich und der verbesserte medizinische Wissensstand haben zu

A Gesundheitswesen im Wandel

2

einer qualitativ gestiegenen Versorgung von kranken Menschen geführt. Eine zunehmende Differenzierung und Spezialisierung in der Diagnostik und Therapie erlauben, Krankheiten in ihrem komplexen Geschehen zu erkennen, zu behandeln und zu heilen. Die Konsequenz hiervon sind steigende Kosten, die durch die Gemeinschaft der Steuerzahler und Versicherten getragen werden müssen. Unsere jetzige Zeit beansprucht allerdings mittlerweile ein „Rundum-Sorglos-Paket" für gesunde und kranke Tage. In diesem Gesamtsystem ist die Krankenversicherung ein wesentliches Standbein der gesundheitlichen Versorgung. Sie stellt einen zentralen Punkt in einem hochkomplexen Geflecht von Leistungserstellung und Finanzierungsströmen dar, in dem es eine Vielzahl von Leistungsnachfragern, Leistungserbringern und Finanziers gibt.

Individuelle Vorstellungen und Werte, die mit den Begriffen Gesundheit und Krankheit verbunden sind, werden innerhalb des Gesundheitssystems verzeichnet – in Abhängigkeit von der jeweiligen Gruppe, die sich hiermit beschäftigt: Patienten, Ärzte, Pflegekräfte, Krankenversicherungen, Leistungserbringer, Planungsbehörden, Familien etc. Hier sind die Ursachen für z.B. nicht bedarfsgerechte Planung, undifferenzierte Angebote und Inanspruchnahme von Leistungen, Mengenausweitungen etc. auf der einen Seite und beispielsweise für Versorgungsdefizite, unsolidarische Beitragsbelastungen der Versicherten, einseitige Inanspruchnahme von weiblichen Familienangehörigen in der Pflege etc. andererseits zu finden.

Die Definition von Gesundheit und Krankheit wird das Problem der Zukunft sein und damit auch die Frage, welche Einschränkungen, Defizite und Handicaps – die nicht (mehr) von der Gemeinschaft der Versicherten getragen werden – dem einzelnen zugemutet werden können. Letztendlich ist es eine gesamtgesellschaftliche Entscheidung, wieviel man sich die Gesundheit kosten lassen will.

Die in den letzten Jahrzehnten steigende **Nachfrage nach gesundheitlichen Leistungen** folgte beinahe gesetzmäßig der wachsenden Konsumbereitschaft einer ökonomisch prosperierenden Gesellschaft. Um so mehr ist die **Prioritätensetzung** bei knappen Mitteln die entscheidende Voraussetzung für eine effektive und wirtschaftliche Versorgung der gesamten Bevölkerung und für die erforderlichen Wandlungsprozesse in den jeweiligen Versorgungsbereichen.

2.3 Volkswirtschaftliche und gesundheitspolitische Aspekte der sozialen Sicherung

Die finanzielle Absicherung der Kranken kostet die Betriebe in Deutschland durchschnittlich 5% der Lohn- und Gehaltssumme. Insgesamt belief sich dieser Betrag nach Angaben des Instituts der Deutschen Wirtschaft im Jahre 1995 auf 60 Mrd. DM. Hinzu kommen indirekte Kosten durch Überstunden, Vertretungen und Auftragsausfälle. Demzufolge ist die **Lohnfortzahlung** im Krankheitsfall den Arbeitgebern kontinuierlich Anlaß zur Diskussion, besonders, weil sie die einzige Lohnersatzleistung in Deutschland ist, die 100% betrug – bis das Sparpaket der Bundesregierung zur Sicherung des Wirtschaftsstandortes Deutschland hierzu im Herbst 1996 auf den Markt kam.

Hinzu kommt das gegenwärtige, gesamtwirtschaftliche Szenario in Deutschland. Die zentrale sozial- und wirtschaftspolitische Herausforderung ist die Bekämpfung der **Arbeitslosigkeit** und die Sicherung des **Wirtschaftsstandortes Deutschland.** Dabei kommt der Begrenzung der **Lohnnebenkosten** eine entscheidende Bedeutung zu: Die Sozialbeiträge beliefen sich Ende 1996 auf 40,8% (1982 waren es 34%), die Rentenversicherung hat Erhöhungsbedarf angekündigt, die Krankenkassen haben ebenfalls Beitragssatzerhöhungen angekündigt (*Zipperer* 1996).

Das Gesundheitswesen wird entscheidend von verschiedenen **soziodemographischen Faktoren** beeinflußt: Alter, Multimorbidität und sich auflösende Familienstrukturen erfordern immer mehr institutionalisierte Versorgung. Es zeigt sich, daß Begriffe wie „medizinische Notwendigkeit" und „Indikation" neu definiert werden müssen, da das Voranschreiten des medizinisch-technischen Fortschritts und die Veränderung von Behandlungsmethoden die Grenzen zwischen stationärer und ambulanter Behandlung, zwischen Pflege, Akutversorgung, Frührehabilitation und Rehabilitation immer mehr verschieben. Hier offenbaren sich auch die Probleme von Definitionen und Zuständigkeiten aus ärztli-

A Gesundheitswesen im Wandel

cher und pflegerischer Sicht, aus Sicht der Kostenträger und aus Sicht der ministeriellen Krankenhausplanung.

Die gegenwärtige Entwicklung und der Umbruch in der Medizin werden daher auch kritisch gesehen: „Der bisher einhellig bewunderte medizinische Fortschritt wird überschnell und unübersichtlich und zieht Nebenfolgen wie Übervölkerung und Vergreisung nach sich. Die Kosten für das Gesundheitswesen wachsen dermaßen, daß sie für den Staatshaushalt auch der reichsten Länder allmählich untragbar werden; Einschränkungen sind auf die Dauer kaum zu vermeiden!" (*Lichtenthaeler* 1987).

Anfang dieses Jahrhunderts überstieg die **durchschnittliche Lebenserwartung** die spektakuläre 50-Jahres-Marke. Seitdem rücken die sog. Alterskrankheiten in den Vordergrund, die durch Verschleiß, Degeneration und Erschöpfung geprägt sind und sich in der zunehmenden Häufigkeit von Krankenhausaufenthalten pro Lebensalter widerspiegeln. Gleichzeitig ist ein **Strukturwandel in der Soziodemographie** unserer Gesellschaft zu verzeichnen, die spezielle Merkmale für die Gruppe der älteren Generation aufweist: Hohes Alter, Singularisierung, „Entberuflichung", Feminisierung. Die Menschen ab 65 Jahren repräsentieren ca. 15% der Bevölkerung. Bei 30% aller Krankenhausfälle und 45% aller Akut-Krankenhauspflegetage sind die Patienten 65 Jahre und älter.

Die Vielfalt der differenzierten Versorgungsformen mit ihren immensen diagnostischen und therapeutischen Möglichkeiten hat in der gegenwärtigen Zeit eine Höchstform der Entwicklungsstufe im Krankenhaus hervorgebracht – unter Einsatz von erheblichen Geldmitteln und Belastung der öffentlichen Haushalte. Die **Leistungsausgaben der gesetzlichen Krankenversicherung** beliefen sich im Jahre 1995 auf rund 228 Mrd. DM; hiervon entfielen 77,5 Mrd. DM allein auf die Krankenhausbehandlung. Die **Ausgabenanteile für Krankenhausbehandlung** stiegen innerhalb der letzten 25 Jahre von 23,9% (1970) auf gegenwärtig rund 32%. In 2 354 Krankenhäusern mit insgesamt 628 658 Betten wurden im Jahre 1993 rund 14,4 Mio. Patienten mit einer durchschnittlichen Verweildauer von 13,2 Tagen behandelt (*BMG* 1995). Die Frage steht im Raum, ob dies eine Entwicklung in eine Sackgasse einer zu sehr von Technik und Apparatemedizin geprägten Heilkunde ist, die zudem dem Anspruch von Menschlichkeit nicht mehr genügt.

Gerade in Zeiten materieller Knappheit drängen sich gesundheitspolitische Fragen in den Vordergrund,
- wo **Prioritäten in der gesundheitlichen Versorgung** der Bevölkerung zu setzen sind
- und auf welcher Entscheidungsbasis auf entweder mehr oder weniger Überflüssiges verzichtet wird (**Rationalisierung**) oder Leistungen ausgeschlossen werden (**Rationierung**).

Der Sachverständigenrat für die konzertierte Aktion im Gesundheitswesen forderte bereits in seinem Sondergutachten mehr Ergebnisorientierung, mehr Qualität und mehr Wirtschaftlichkeit (*SVRKAiG* 1995). Zukünftig müssen Maßnahmen und Leistungen im Gesundheitswesen mehr an den Ergebnissen, der Wirksamkeit und dem Nutzen bemessen werden, aber auch die Angemessenheit von Behandlungsverfahren und -methoden muß deutlicher hinterfragt werden.

Die medizinische Versorgung der Bevölkerung weist offensichtlich Ungleichmäßigkeiten auf; dies ist eine bekannte Tatsache. Die Ursachen hierfür sind nicht in regional bedingten Unterschieden von Krankheiten (**Prävalenz, Inzidenz**) zu finden, sondern in den unterschiedlichen Behandlungsmustern und -strategien seitens der Ärzteschaft. Dies läßt wiederum Zweifel an der Wissensbasis und/oder der Beurteilungskompetenz aufkommen (*Blumenthal* 1994). Damit ergeben sich natürlich Fragen, ob Patienten adäquate oder inadäquate Versorgungsleistungen erhalten, ob eine Unter- oder Überversorgung besteht etc.

2.4 Das Krankenhaus – Zentrum der gesundheitlichen Versorgung!?

Das Krankenhauswesen steht seit einigen Jahren im Mittelpunkt der Kritik und damit auch der Reformen. Daraus resultiert auch die Forderung, die einzelnen Krankenhäuser bzw. das gesamte Krankenhauswesen unter den Gesichtspunkten von **Effektivität** und **Wirtschaftlichkeit** im Vergleich zur ambulanten ärztlichen, nicht-ärztlichen, pflegerischen, rehabilitativen und sozialen Versorgung auf den Prüfstand zu stellen. Die Art und der Umfang der stationären Versorgung werden in Frage gestellt; insbesondere werden auch in den Strukturen und Ablaufprozessen zwischen der ambulanten und stationären Versorgung **Wirtschaftlichkeitsreserven** gesehen. Die gegenwärtige Situation des Krankenhauses wird allerdings auch als eine Entwicklung weg von der Stätte der Humanität und Gesundung der Bevölkerung hin zu einem „Industriebetrieb für Kurzzeitreparatur" gesehen. Das Krankenhaus stünde zunehmend am Rande der Krankenbiographie und träte nur noch dort in Aktion, wo es absolut notwendig sei.

Im vergangenen Jahrzehnt haben sich im Gesundheitswesen deutliche Strukturmängel und Fehlsteuerungen gezeigt. Zunehmende Überkapazitäten und Unwirtschaftlichkeiten strapazierten die finanziellen Ressourcen; unzureichende **Verzahnungen der verschiedenen Versorgungsbereiche** minimierten die Voraussetzung einer optimalen Versorgung von Patienten.

Da aber auch zukünftig auf der Basis des Solidarprinzips der GKV jedem Patienten im Krankheitsfall, unabhängig von seiner finanziellen Leistungsfähigkeit, eine umfassende, qualitativ hochwertige medizinische Versorgung zugute kommen soll, ist die Verlagerung der kostenintensiven stationären Versorgung in den ambulanten Bereich mit komplementären Versorgungsformen eine von vielen Konsequenzen, um das Gesundheitswesen mit den zur Verfügung stehenden Mitteln finanzierbar zu halten.

Analysiert man den Versorgungsbereich „Krankenhaus", so werden tatsächlich strukturelle und prozessuale Probleme offenbar. Sie liegen jedoch nicht in der alleinigen Verantwortung der Krankenhäuser. Die Gesetzesflut der letzten Jahre hat gerade für den stationären Sektor eine Reihe von Änderungen und Neuerungen – in nahezu jährlichem Abstand – geschaffen, deren Umsetzung erhebliche logistische, organisatorische und/oder personelle Probleme implizierten (Gesundheits-Reformgesetz [GRG '89], Gesundheits-Strukturgesetz [GSG '93], Pflege-Personalregelung [PPR '93], Pflege-Versicherungsgesetz [PflegeVG '94], neue Bundespflegesatzverordnung [BPflV '95], Krankenhaus-Stabilisierungsgesetz [KSG '96], Beitragsentlastungsgesetz [BeitrEntlG '97]).

Der Gesetzgeber beschreitet (schon seit Jahren) den Weg, neue Verpflichtungen in ein Gesetz zu schreiben und es der Selbstverwaltung zu überlassen, einen Lösungsweg hierzu zu finden. Es klaffen Lücken zwischen den gesetzlich defi-

U&S U&S U&S U&S U&S U&S

Ihre Meinung interessiert uns!

Sehr geehrte Leserin, sehr geehrter Leser,
Ihre Rückmeldung hilft uns, unsere Bücher weiter zu verbessern. Unser Ziel ist es, für Sie das „ideale Fachbuch" zu entwickeln. Bitte helfen Sie uns dabei, indem Sie den Fragebogen zu
Zwierlein: Klinikmanagement – Erfolgsstrategien für die Zukunft
ausfüllen und an uns zurücksenden.

Birgit Ruf, Lektorat Pflege- und Heilberufe
Urban & Schwarzenberg Verlag für Medizin GmbH
Postfach 20 19 13
80019 München

Unter den Einsendern verlosen wir jährlich zum 31. Dezember 30 Büchergutscheine à 50 DM.
Für Ihre Mitarbeit bedanken wir uns herzlich.

1. Wie beurteilen Sie das Buch bezogen auf die folgenden Gesichtspunkte? Verteilen Sie Noten (1 = gut, 5 = schlecht)!

	1	2	3	4	5
Lesbarkeit der Schrift	☐	☐	☐	☐	☐
Optische Seitengestaltung	☐	☐	☐	☐	☐
Qualität des Umschlags	☐	☐	☐	☐	☐
Qualität des Papiers	☐	☐	☐	☐	☐
Buchformat	☐	☐	☐	☐	☐
Inhaltliche Strukturierung	☐	☐	☐	☐	☐
Didaktische Elemente (z.B. Merksätze)	☐	☐	☐	☐	☐
Verständlichkeit	☐	☐	☐	☐	☐
Verhältnis Text/Abbildungen	☐	☐	☐	☐	☐
Verhältnis Preis/Leistung	☐	☐	☐	☐	☐

2. Welche Kapitel haben Ihnen besonders gefallen? Und welche nicht?

_____
_____

3. Folgende Themen habe ich vermißt:

_____
_____
_____

4. Folgende Themen könnten ausführlicher behandelt werden:

_____
_____

4. Wie finden Sie die Symbole?
☐ dienen der Übersicht   ☐ sind überflüssig

Sonstiges _____

5. **Folgende Druckfehler, sachliche Unstimmigkeiten, falsche Bildunterschriften sind mir aufgefallen** (bitte Seitenzahl und Stichwort angeben):

_____
_____

6. **Mit welchen Abbildungen bzw. Tabellen waren Sie nicht zufrieden und warum nicht?** (Abbildungs- bzw. Tabellennummer angeben)

_____
_____

7. **Wie gefallen Ihnen die Cartoons?**

_____
_____

8. **Wie und für was werden Sie das Buch einsetzen?**
   - als Nachschlagewerk ☐
   - als Argumentationshilfe (z. B. zur Vorbereitung einer Besprechung) ☐
   - als Grundlage für Studium und Weiterbildung ☐

   Sonstiges _____
   _____

9. **Wie wurden Sie auf das Buch aufmerksam?**
   - ☐ Vorschlag von Kollegen
   - ☐ Vorschlag von Lehrkräften
   - ☐ äußeres Erscheinungsbild
   - ☐ Buchhandel
   - ☐ Werbung/Anzeigen
   - ☐ Buchbesprechungen
   - ☐ auf einem Kongreß
   - ☐ Sonstiges

10. **Für welche Bereiche (berufliche Praxis, Weiterbildung, Studium etc.) fehlen Ihrer Meinung nach auf dem Markt noch gute Lehr- bzw. Fachbücher?**

    _____

11. **Haben Sie Anregungen, Verbesserungsvorschläge oder Wünsche für die nächste Auflage?**

    _____
    _____

Geben Sie für statistische Zwecke bitte Ihre berufliche Tätigkeit an:

_____

Bitte geben Sie Name und Adresse an, wenn Sie an der Verlosung für die Büchergutscheine teilnehmen wollen.

Name: _____

Straße: _____

Ort: _____

evtl. Telefon/Fax/E-Mail: _____

nierten Ansprüchen und der Umsetzung in der Realität. Die Folgen sind – bei defizitärer Steuerung – immer wieder erneut ausreißende Kosten. Die **Ursachen und Gründe** für die defizitäre **Steuerung im Bereich der stationären Versorgung** sind vielfältig (*Buck* 1996):

- Die gegenwärtige Abrechnungsvielfalt der „multikulturellen **Entgeltsysteme**" (Sonderentgelte, Fallpauschalen, Abteilungs-, Basispflegesätze, Vergütungen für vor- und nachstationäre Behandlung, ambulantes Operieren etc.) und die kurzfristig erfolgten Änderungsverordnungen haben auf Krankenhaus- und auch auf Krankenkassenseite zu Verunsicherungen geführt.
- Definitorische Unschärfen, mangelhafte Kalkulationsgrundlagen, zwanghaft zusammengeführte **Klassifikationssysteme** (ICD, ICPM) mit Deckungslücken bei den Fallpauschalen und Sonderentgelten sowie mehrmals geänderte Rechtsgültigkeiten tragen zu dieser Verunsicherung bei.

Hinzu kommen

- die zögerliche Kooperationsbereitschaft im Sinne der **Verzahnung von ambulanter und stationärer Versorgung** (Sicherstellungsauftrag im niedergelassenen und Versorgungsauftrag im stationären Bereich),
- die Kollision von ökonomischen Interessen mit medizinischem Versorgungsauftrag (insbesondere beim ambulanten Operieren),
- fehlende **Standardisierung von Leistungs- und Verfahrensabläufen,**
- die Trennung von Planung (Ministerien) und Kostenträgerschaft (Krankenkassen),
- mangelhafte Möglichkeiten zu **Strukturvergleichen** (z.B. länderunterschiedliche Definitionen von Versorgungsstufen),
- mangelhafte **bedarfsgerechte Planung** anhand epidemiologischer, soziodemographischer Daten,
- mangelnde strukturelle Voraussetzungen zur Nutzung von Routinedaten (statistische Daten für die **nationale Gesundheitsberichterstattung**) etc.

Die Planungs- und Finanzierungsvorschriften für den Bereich der stationären Versorgung erfordern in Deutschland ein Verfahren der zentralen Steuerung des Angebots an Krankenhauskapazitäten auf Landesebene: Dieses Verfahren wird mit dem beschönigenden Begriff einer **Krankenhausbedarfsplanung** belegt. Die bisherige Krankenhausbedarfsplanung reduziert sich jedoch auf eine unkritische Nutzung der Daten zur **Krankenhaushäufigkeit und -verweildauer** bzw. deren Fortschreibung unter Berücksichtigung von Bevölkerungsprognosen und Trendextrapolationen. Damit ergibt sich eine Verzerrung zugunsten bestehender Verhältnisse, und bestimmte Vorgaben werden unbefragt als optimal unterstellt: so beispielsweise das Krankenhaussystem der unterschiedlichen Versorgungsstufen (Maximal-, Schwerpunkt-, Regel-, Grundversorgung) bzw. auch gegebener Planungsregionen (Versorgungsgebiete). Hinzu kommt, daß die statistischen Daten der Krankenhäuser und der Bevölkerungsprognose in der Regel längst veraltet sind, wenn der Bedarfsplan in Kraft tritt.

Die **Planung von „Bedarf"** birgt Schwierigkeiten, die über die allgemeinen Planungsprobleme weit hinausgehen: Der Bedarfsbegriff ist unbestimmt, willkürliche Festlegungen sind somit unvermeidbar; er bezieht sich auf die Realisierung eines Idealzustandes und ist somit jederzeit kritisierbar (*Gäfgen* 1990). Planungsverfahren, die sich am realen Bedarf orientieren und somit an der Prävalenz von Krankheiten, ihrer Behandelbarkeit, der Eignung stationärer Versorgungsformen etc., werden in Deutschland nur in kleinen Teilbereichen des Gesundheitswesens angewandt. Eine valide Planung (mit einer wirklich effektiven und gar effizienten Angebotsstruktur) kann jedoch nur auf einer langfristigen Analyse von Gesundheits- und Krankheitsdaten der Bevölkerung unter Berücksichtigung des medizinisch-technischen Fortschritts basieren.

Die Veränderungen und Wandlungen im Gesundheitswesen zwingen insbesondere die Krankenhäuser dazu, sich in ihren Strategien zur inneren Organisation auf Innovation und Rationalisierung einzustellen. Hierfür gibt es keine Einheitslösungen, da die regionalen Versorgungsmärkte zu unterschiedlich sind. Viele Krankenhäuser haben die Herausforderung und ihre Chance bereits erkannt – allen voran die privaten Krankenhäuser – und in ihren Managementstrukturen dieser Entwicklung bereits Rechnung getragen. Das Krankenhaus wird auch zukünftig in der Versorgung von Patienten eine hohe Funktion behalten, selbst wenn es auf spezifische Funktionen eingeschränkt wird. Die gegenwärtig vieldiskutierte Zukunft des Krankenhauses liegt möglicherweise in der Entwicklung zu einem **Gesundheitszentrum** mit koordinierten und vernetzten Versorgungsangeboten.

Es sollte allerdings nicht unerwähnt bleiben, daß die gesundheits- und sozialpolitische Gegenwart von einem Stimmungsbild geprägt ist, das sich durch unendliche Diskussionen um Finanzierbarkeit, Kostenexplosion, Stärkung der Eigenverantwortung und Vorlage verschiedenster Gesetzesentwürfe innerhalb kürzester Zeit auszeichnet, welche nicht gerade zur Stabilisierung beitragen: weder bei den Leistungserbringern noch bei den Kostenträgern und vor allem nicht bei den Menschen.

Literatur

BASYS, Schneider, M., P. Biene-Dietrich, M. Gabanyi, U. Hofmann, M. Huber, A. Köse, J. H. Sommer, Gesundheitssysteme im internationalen Vergleich. Basys, Augsburg 1995.

Blumenthal, D., The variation phenomens in 1994. New England J Med. 331, 1994, 1017–1018.

Bundesministerium für Gesundheit (BMG), Daten des Gesundheitswesens. Schriftenreihe des BMG, Band 51. Baden-Baden 1995.

Buck, R. A. J., Krankenhaus im Wandel. Wandel von Funktionen, Strukturen und Inhalten des Krankenhauses aus sozialmedizinischer Sicht. Gesundh.-Wes. 58, Sonderheft 3, 1996, 219–224.

Gäfgen, G., Gesundheitsökonomie – Grundlagen und Anwendungen. Baden-Baden 1990.

Lichtenthaeler, C., Geschichte der Medizin. Köln 1987.

Schwartz, F. W., Zielsetzungen des sozialstaatlichen Versorgungssystems und dessen sozialmedizinischer Problemgehalt – die deutsche Situation. In: *Rebscher et al.* (Hrsg.), Beiträge der Sozialmedizin zum Versorgungsmanagement der Krankenversicherung. Sankt Augustin 1991, 24–31.

Sachverständigenrat für die Konzertierte Aktion im Gesundheitswesen (SVRKAiG), Sondergutachten 1995 – Gesundheitsversorgung und Krankenversicherung 2000. Baden-Baden 1995.

Zipperer, M., Wohin steuert die Gesundheitspolitik? In: Das Krankenhaus 88, 1996, 547–553.

3 Makro- und mikroökonomische Aspekte des Krankenhauses

Manfred Haubrock

3.1 Einbindung des Gesundheitssystems in das Wirtschaftssystem

Das Krankenhaus ist in das Wirtschaftssystem der „Sozialen Marktwirtschaft" eingebunden.

Ein wesentliches Ziel der Marktwirtschaft ist es, den Wohlstand und die soziale Wohlfahrt des Volkes in einer Wettbewerbsordnung zu sichern und zu fördern. Zum Erreichen dieses Zieles sind im Laufe der Zeit unterschiedliche Marktformen, die sich hinsichtlich ihrer Wettbewerbsintensität und der Interventionsmöglichkeiten des Staates unterscheiden, politisch „zugelassen" worden. Reformansätze gehen davon aus, daß das Gesundheitssystem, das bislang nicht marktwirtschaftlich gesteuert worden ist, zukünftig in einen Wettbewerbsmarkt umgewandelt werden kann, um z.B. die Gesundheitsleistungen effizienter erstellen zu können. Auf diesem Hintergrund muß u.a. den Fragen nachgegangen werden,

- welche Struktur ein Krankenhausmarkt der Zukunft haben wird,
- mit welchen Parametern die Krankenhäuser Wettbewerb betreiben können
- und welche Rolle der Staat mit seiner Gesundheitspolitik einnehmen wird.

Weiterhin ist die finanzielle Abhängigkeit der Sozialversicherung von gesamtwirtschaftlichen und gesamtgesellschaftlichen Entwicklungen aufzuzeigen, um die Hintergründe für die eingeschlagenen Reformansätze zu verstehen. Letztendlich sind die relevanten Reformstrategien zu analysieren, mit denen die Krankenhäuser in Wirtschaftsunternehmen, in denen z.B. Aspekte der Managementmetho-

3 Makro- und mikroökonomische Aspekte ...

den eingesetzt werden, überführt worden sind bzw. werden sollen.

Diese Zusammenhänge zu verdeutlichen, ist Anliegen dieses Beitrags.

Grundlagen des Wettbewerbs

Ein einheitliches Merkmal aller Industriegesellschaften ist die hochgradige Arbeitsteilung, die sich in der Spezialisierung auf verschiedenen Ebenen (z.B. regional, sektoral) niederschlägt. Dieser Entwicklungsprozeß ist aus dem Streben der Wirtschaftssubjekte zu verstehen, die Produktionsfaktoren im Sinne des ökonomischen Prinzips zu verwenden. Als Folge dieser Arbeitsteilung sind **Regulative** notwendig, die in der Lage sind, Allokations- und Distributionsprobleme zu lösen. Solche Mechanismen zur Gewährleistung ökonomisch rationaler Entscheidungen sind Bestandteile von Wirtschaftssystemen.

Ein Grundtyp von Wirtschaftssystemen ist die **Marktwirtschaft.** In diesem Wirtschaftssystem ist das Regulativ der Wettbewerb, dem die Steuerung und Kontrolle der ökonomischen Prozesse zufällt.

Unter **Wettbewerb** im wirtschaftlichen Sinne ist eine marktbezogene Rivalitätsbeziehung zwischen mehreren Wirtschaftssubjekten zu verstehen. Der Wettbewerb hat hierbei mehrere Funktionen:

- **Anreiz**
- **Ordnungsfaktor** für die Tauschprozesse
  Hierbei sollen die dezentralisierten Produktions- und Konsumtionspläne der selbständigen und miteinander in Konkurrenz stehenden Wirtschaftssubjekte laufend durch den Markt über den dort wirksamen Preismechanismus koordiniert werden.
- **Verteilung**
  Diese Aufgabe beinhaltet, daß die Vergütung der Faktorleistungen über die sich im Wettbewerbsprozeß bildenden Preise erfolgt.

Tritt neben die wirtschaftliche die **gesellschaftspolitische Betrachtungsweise** des Wettbewerbs, so ist die Sicherung und Wahrung individueller Freiheiten und somit u.a. die **Steuerung ökonomischer Macht** als Basis zur Erhaltung einer freiheitlichen Gesellschaftsordnung eine wichtige Funktion des Wettbewerbs. Aus der Selbstbestimmung des

Individuums läßt sich im ökonomischen Bereich das eigenverantwortliche Dispositionsrecht für Unternehmer, Verbraucher und Arbeitnehmer ableiten.

Nach dem Umfang der Möglichkeiten des Staates, in die wirtschaftlichen Prozesse regulierend einzugreifen, lassen sich die Konzepte einer **„Freien Marktwirtschaft"** und einer **„Sozialen Marktwirtschaft"** unterscheiden. Während sich die Interventionsrechte des Staates bei der „Freien Marktwirtschaft" auf die ordnungspolitischen Komponenten beschränken, hat der Staat bei der anderen marktwirtschaftlichen Variante umfassendere Eingriffskompetenzen.

Das Wirtschaftssystem der Bundesrepublik Deutschland ist nach der **Konzeption der Sozialen Marktwirtschaft** aufgebaut. Aus dem Konzept der Sozialen Marktwirtschaft lassen sich folgende wirtschaftspolitische Schwerpunkte ableiten: die **Ordnungs-** und die **Prozeßpolitik.**

Hierbei fällt der **Ordnungspolitik** die Aufgabe zu, Grundsätze, Spielregeln und Kompetenzen für das wirtschaftliche Handeln und für staatliche Interventionen in den Wirtschaftsprozeß festzuschreiben. So gehören z.B. die Errichtung der Wirtschaftsverfassung, die Eigentums-, Geld- und Wettbewerbsordnung zur Ordnungspolitik.

Die **Prozeß- oder Ablaufpolitik** dient der Beeinflussung der volkswirtschaftlichen Prozesse, die innerhalb eines festgelegten ordnungspolitischen Rahmens ablaufen.

Wie bereits ausgeführt, hat der **Wettbewerb** im Konzept einer Marktwirtschaft eine **wirtschaftliche und eine gesellschaftspolitische Steuerungsfunktion.** Eine Einschränkung dieser Funktion kann dadurch erfolgen, daß sich die Zahl der Wirtschaftssubjekte verkleinert und sich gleichzeitig der Einfluß dieser Wirtschaftssubjekte vergrößert. Eine Einschränkung des Wettbewerbs impliziert somit automatisch die Entstehung oder Verstärkung von Konzentration. Durch eine staatliche Intervention mittels Wettbewerbspolitik sollen diese Konzentrationstendenzen verhindert bzw. abgebremst werden.

Seit Gründung der Bundesrepublik ist die **Wettbewerbspolitik** durch die sich verändernden theoretischen Ansätze geprägt worden. So lassen sich, entweder zeitlich versetzt oder zeitgleich, Vertreter unterschiedlicher Ansätze finden.

- Die frühen wettbewerbspolitischen Vorstellungen sind sehr stark durch die Vorstellungen des **Ordoliberalismus**

beeinflußt worden. Nach diesem Ansatz ist der Leistungswettbewerb in der **Marktform der vollständigen Konkurrenz** die ideale Wirtschaftsordnung.
- Mitte der 60er Jahre vollzieht sich eine Abkehr vom ordnungspolitisch orientierten Leitbild des Wettbewerbs der Liberalen hin zum **Konzept eines funktionsfähigen Wettbewerbs.** Kantzenbachs Variante der Theorie des funktionsfähigen Wettbewerbs, die sich auf ökonomische Zusammenhänge beschränkt, zeigt den Wettbewerbspolitikern Handlungsanweisungen auf, wie im Bereich weiter Oligopole mittels der dynamischen Wettbewerbsfunktionen optimale Marktergebnisse erzielt werden können.
- Die Überlegungen von Kantzenbach führen zu einer Kontroverse mit Wettbewerbstheoretikern, die der Wettbewerbsfreiheit und damit der Deregulierung und Privatisierung eine zentrale Bedeutung zuschreiben. Diese sog. **neoklassische Definition des Wettbewerbs,** deren Hauptvertreter Hoppmann und von Hayek sind, greift auf die **freie Konkurrenz** im klassischen Sinne zurück.
- Einen erweiterten theoretischen Wettbewerbsansatz liefern Mitte der 70er Jahre Blattner und Ramser mit ihrer **Theorie der Firma.** Ihrer Ansicht nach lassen sich unter dem Aspekt der **Globalisierung der Märkte** das unternehmerische Marktverhalten sowie die Marktergebnisse nicht mehr (allein) aus der Marktstruktur ableiten, vielmehr spielt die Organisationsstruktur der Großunternehmung eine dominante Rolle.

Ziele und Steuerungsmechanismen der Gesamtwirtschaft

Unter wirtschaftspolitischen Aspekten ist die Förderung des Volkswohlstandes in einer Wettbewerbsordnung als Globalziel zu nennen. Dieses Globalziel läßt sich in die beiden Subziele „Festlegung einer Wettbewerbsordnung" (**Ordnungsziel**) und Förderung des Volkswohlstandes (**Wohlstandsziel**) zerlegen. Das Wohlstandsziel wiederum kann u.a. aus den Bestandteilen Stabilitäts- und Wachstumsziel bestehen.

Gerade diese beiden Wohlstandsziele waren es, die dem **Stabilitäts- und Wachstumsgesetz von 1967** seinen Namen und seine Zielsetzung gegeben haben.

Bei dem **Wachstumsziel** geht es darum, das Bruttosozialprodukt als Indikator für das wirtschaftliche Wachstum langfristig zu vergrößern. Bei dem **Stabilitätsziel** soll u.a. der wirtschaftliche Faktor Beschäftigungsgrad auf ein bestimmtes Niveau gebracht bzw. auf einer angezielten Höhe stabil gehalten werden.

Zur Erreichung dieser genannten Ziele müssen **Instrumente** eingesetzt werden. Das zentrale Instrument im Sinne des Gesetzes ist der Preiswettbewerb. Im Unterschied zu den Vorstellungen des Ordoliberalismus, bei dem die Erhaltung des Wettbewerbs selber ein Ziel war, ist nunmehr der Wettbewerb zu einem Instrument herabgestuft worden. Als flankierendes Instrument wird dem Preiswettbewerb folglich durch das Stabilitäts- und Wachstumsgesetz u.a. die globale Beeinflussung der Entscheidungen der Einzelwirtschaften (**Globalsteuerung**) zur Seite gestellt. In diesem Zusammenhang spielt der **Korporatismus,** der sich durch eine koordinierte Vorgehensweise von Staat und relevanten Verbänden (**Konzertierte Aktion**) auszeichnet, eine wesentliche Rolle. Die gemeinsam gesetzten Ziele (**Orientierungsdaten**) werden mittels der Globalsteuerung im Top-down-Verfahren durch die Vertreter der wirtschaftlichen Makroebene den Mitgliedern der wirtschaftlichen Mikroebene „verdeutlicht". Durch diese sog. Seelenmassage können die Globalziele in rechtsverbindlichen Einzelregelungen (Verträge) verankert werden. Die Steuerung der Wirtschaftsprozesse kann somit durch Verträge, die zwischen den Marktteilnehmern bzw. deren Verbänden abgeschlossen werden, erfolgen. Durch diese Strategie hat der Staat zum einen die Möglichkeit, seine Vorstellungen in die globalen Orientierungsdaten „einzuarbeiten", zum anderen kann er bei Bedarf, wenn die Vertragssteuerung funktioniert, seine Interventionen durch Gesetze und Verordnungen einschränken.

Ziele und Steuerungsmechanismen des Gesundheitswesens

Seit den 70er Jahren ist der Begriff der sog. **Kostenexplosion** im Gesundheitswesen im Gespräch. Hinter diesem Terminus versteckt sich eine Entwicklung, bei der die beitragspflichtigen Bruttoentgelte der bei den gesetzlichen Krankenkassen Versicherten (Grundlohnsumme) nicht so schnell gewachsen sind wie die Ausgaben der Krankenversicherungen.

Diese Grundlohnsumme, die aus der Sicht der Krankenkassen eine exogene, nicht direkt zu beeinflussende Größe darstellt, bildet die Schnittstelle zwischen der Gesamtwirtschaft und dem Gesundheitssystem. Die Grundlohnsumme bestimmt somit neben dem Beitragssatz (endogener Faktor) die Einnahmenentwicklung der Krankenkassen.

Nach dem **Haushaltsprinzip** müssen die Ausgaben der Sozialversicherungsträger durch die Einnahmen gedeckt werden (vgl. Abb. 3-1).

Aus der Abbildung ist zu ersehen, daß die Einflußfaktoren der Grundlohnsumme u.a. von der gesamtwirtschaftlichen Situation, z.B. von der Anzahl der Arbeitslosen bzw. vom wirtschaftlichen Wachstum, abhängen. Daneben hat auch die demographische Entwicklung in der Bundesrepublik erhebliche Auswirkungen auf die Einnahmenentwicklung der Krankenkassen. Wachsen die Ausgaben nun schneller an als die von den Krankenkassen nicht direkt zu beeinflussenden Grundlohnsummenfaktoren, so bleibt den Kostenträgern zur autonomen Anpassung der Einnahmen an die Ausgaben im wesentlichen nur die eine Lösungsmöglichkeit: Erhöhung der Beitragssätze. Kontinuierliche **Beitragssatzsteigerungen,** die zudem zwischen den Regionen (Süd-Nord-Gefälle) und den einzelnen Kassenarten (z.B. Ortskrankenkassen versus Betriebskrankenkassen) unterschiedlich verliefen, waren die Folge.

Mitte der 70er Jahre setzten mit dem Krankenversicherungskostendämpfungsgesetz die finanziellen Entlastungsstrategien für das gesetzliche Krankenversicherungssystem ein. Der gesamtwirtschaftliche Auslöser dieser Reformpoli-

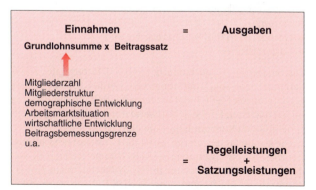

Abb. 3-1 Haushaltsprinzip der Krankenkassen

A Gesundheitswesen im Wandel

tik war die potentielle Gefährdung der Wettbewerbsfähigkeit der deutschen Unternehmen auf den internationalen Märkten. In diesen Kontext gehört auch die Diskussion um die sog. **Lohnnebenkosten.** Ziel dieser Politik war und ist es, eine Stabilisierung oder sogar eine Reduktion der Arbeitgeberanteile u.a. für die Krankenversicherung zu erreichen.

Die in diesem Zusammenhang gesetzlich verordneten Sparmaßnahmen wurden bzw. werden u.a. mit dem Gesundheitsreformgesetz 1989, dem Gesundheitsstrukturgesetz 1993, der Bundespflegesatzverordnung 1995, dem Gesetz zur Stabilisierung der Krankenhausausgaben von 1996 sowie mit dem ersten und zweiten Neuordnungsgesetz von 1997 fortgesetzt.

Die Umsetzung dieser Reformen, die letztendlich die Ziele der Gesundheitspolitik verdeutlichen, läßt sich primär an den Begriffen **Beitragssatzstabilisierung** und **Einnahmenorientierte Ausgabenpolitik, Wettbewerb** sowie an den Termini **Mobilisierung von Wirtschaftlichkeitsreserven** und **Qualitätssicherung** festmachen.

Wie oben aufgezeigt, soll in einem marktwirtschaftlichen System die Steuerung von Angebot und Nachfrage im wesentlichen über den Preis erfolgen. Bei einer Analyse des Gesundheitssystems stellt man fest, daß der Preismechanismus so gut wie ausgeschlossen ist. Die Lenkung der Marktgrößen im Gesundheitssektor muß folglich durch andere Mechanismen erfolgen.

Im Gesundheitsbereich der Bundesrepublik lassen sich daher im wesentlichen 3 Steuerungsfaktoren unterscheiden:

- Planung,
- Gruppenverhandlungen/Verträge und
- Korporatismus.

Die Steuerung durch **Planung** kann z.B. anhand der Krankenhausbedarfsplanung aufgezeigt werden. Dieser Aspekt wird an dieser Stelle nicht weiterbehandelt, da die Planung in den nächsten Jahren schrittweise durch die Vertragssteuerung und den Korporatismus abgelöst werden soll.

Die zweite Steuerungsgröße ist die **Gruppenverhandlung.** Bei diesen Verhandlungen werden Kompetenzen z.B. von der Versicherten-/Arzteebene durch Sozialwahlen auf die Verbandsebene übertragen. Die Verbandsebene verhandelt anschließend im Auftrag der Mitglieder. Inhalt dieser Gespräche ist die sogenannte Preiskomponente. Diese Verhandlungen unterliegen keiner direkten staatlichen Beeinflussung (Selbstverwaltung).

Die Gesundheitsreformgesetzgebungen von 1989 und 1993 lassen den Trend erkennen, wichtige Entscheidungen der Selbstverwaltungsorgane auf mittlere oder höchste Verbandsebene zu verschieben. Die Regelungen über die **zweiseitigen Verträge** und über die **dreiseitigen Verträge** sind ein Indiz für diese Entwicklung.

In Anlehnung an die im Stabilitäts- und Wachstumsgesetz festgelegte Konzeption der Konzertierten Aktion ist 1977 im Rahmen des Krankenversicherungs-Kostendämpfungsgesetzes die **Konzertierte Aktion im Gesundheitswesen** ins Leben gerufen worden. Ausgangspunkt dieser Vorgehensweise ist die Vorstellung, im Rahmen eines Runden-Tisch-Gespräches alle wesentlichen Berufsgruppen des Gesundheitswesens auf eine vom Staat mit beeinflußte gesundheitspolitische Richtung festzulegen. Durch die Erarbeitung von medizinischen und wirtschaftlichen Orientierungsdaten, die z.B. in Verträge eingehen müssen, damit sie rechtsverbindlich werden, sowie durch das Erstellen von Vorschlägen zur Erhöhung der Leistungsfähigkeit, der Wirksamkeit und der Wirtschaftlichkeit im Gesundheitswesen soll das wichtigste Ziel im Gesundheitssystem, die Beitragssatzstabilisierung, erreicht werden.

3.2 Strategien zur Reform des Dienstleistungsunternehmens Krankenhaus

Mit den Teilzielen **Beitragssatzstabilisierung** und **Einnahmenorientierte Ausgabenpolitik** wird versucht, die Ausgaben nur noch parallel zur Grundlohnsummensteigerung ansteigen zu lassen, damit die Beitragssätze stabil gehalten werden können. Zur Realisierung dieses ersten Reformansatzes ist in der Vergangenheit zunächst versucht worden, die Budgetbegrenzung durch eine „freiwillige Selbstkontrolle" der beteiligten Institutionen im Rahmen der Konzertierten Aktion zu erreichen. Erst nach dem Scheitern dieses Ansatzes wurde für die Jahre 1973 bis 1997 die zweite Variante, die staatlich verordnete Budgetbegrenzung, umgesetzt. Für die nächsten Jahre ist wiederum eine Budgetierung im Rahmen der Selbstverwaltung vorgesehen.

A Gesundheitswesen im Wandel

Ein weiterer Reformansatz sieht vor, das Gesundheitssystem in Richtung **Konkurrenz-/Wettbewerbsmarkt** umzubauen. Für das Gesundheitssystem bedeutet dies, daß die traditionellen Steuerungsvarianten Planung und Gruppenverhandlungen durch den Wettbewerb ersetzt werden sollen. Hierbei ist jedoch zu hinterfragen, in welcher Marktstruktur (z.B. Polypol oder enges Oligopol) und nach welchen Kriterien der Wettbewerb (z.B. Preis, Qualität) erfolgen soll.

Die im Gesundheitswesen bereits eingetretenen bzw. vorauszusehenden Konzentrations- und damit Vermachtungstendenzen (z.B. Fusionen auf der Kostenträgerseite) lassen die Vermutung zu, daß es sich um einen Wettbewerb zwischen Großeinheiten auf oligopolistischen Märkten handeln wird.

Da die Preise im Gesundheitswesen dem Entscheidungsprozeß der Mikroebene entzogen worden sind, ist davon auszugehen, daß es einen „Preiswettbewerb" zwischen den Körperschaften (Krankenhausgesellschaft und Krankenkassen auf Bundes- bzw. Landesebene) geben wird (z.B. Festsetzung der „Landespreise" für Fallpauschalen und Sonderentgelte auf Verbandsebene). Auf dem Markt der Leistungsanbieter/Kunden wird es im wesentlichen einen **Qualitätswettbewerb** geben.

Die Entscheidungen von Unternehmungen werden stark durch die Kriterien **Wirtschaftlichkeit** und **Qualitätssicherung** beeinflußt. So gilt u.a. für das Management der Krankenhäuser, bei der Erstellung bzw. Bereitstellung von Gesundheitsgütern das Wirtschaftlichkeits- und Qualitätsgebot zu beachten. Dies ist Inhalt einer dritten Reformstrategie.

Die Ökonomisierung des Gesundheitswesens hat dazu geführt, daß die **Gesundheitseinrichtungen** als **Wirtschaftsunternehmen** gesehen werden, die ihre Leistungserstellung unter dem Gesichtspunkt der Wirtschaftlichkeit und der Qualität erbringen müssen.

Die **ökonomische Wirtschaftlichkeit (Effizienz)** ist ein Maß dafür, mit welchem Mittelaufwand die gesetzten Ziele (hinsichtlich der Menge und der Güte) erreicht werden.

Nach dem **Wirtschaftlichkeitsgebot** des SGB V müssen die Leistungen ausreichend, zweckmäßig und wirtschaftlich

3 Makro- und mikroökonomische Aspekte ...

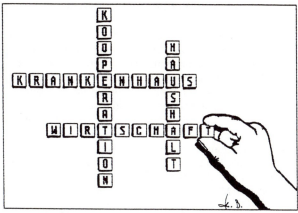

KRANKENHAUS-SCRABBLE

sein. Weiterhin dürfen sie das Maß des Notwendigen nicht überschreiten, damit die Versicherten sie in Anspruch nehmen und die Krankenkassen sie bezahlen können.

Im SGB V sind weiterhin Ausführungen über die Sicherung der Qualität der Leistungserbringung im Gesundheitssektor festgehalten. Diese umfassen u.a. Regelungen für die **Qualitätssicherung** in der stationären Versorgung. Danach verpflichtet der Gesetzgeber die Leistungsanbieter, sich an Maßnahmen zur Sicherung der Struktur-, der Prozeß- und der Ergebnisqualität zu beteiligen. Unter der **Strukturqualität** wird in der Regel die personelle, räumliche und apparative Ausstattung der anbietenden Gesundheitseinrichtungen verstanden. Die **Prozeßqualität** hat das diagnostische und therapeutische Leistungsgeschehen als Betrachtungsgegenstand. Maßgeblicher Punkt einer Qualitätssicherung ist die **Ergebnisqualität,** also der Nachweis des Behandlungserfolges. Voraussetzung für die Ergebnisqualität ist, daß Struktur- und Prozeßqualität angemessen gewährleistet sind. Qualitätssicherung soll damit der Sicherstellung einer effizienten Patientenbehandlung auf einem vorab zu definierenden Niveau dienen. Sie ist somit letztendlich ergebnisorientiert. Hieraus ergeben sich u.a. Fragestellungen nach den Personen bzw. Institutionen, die

A Gesundheitswesen im Wandel

die medizinischen Interventionen bewerten sollen, und nach den Bewertungskriterien.

Die gesetzlich fixierten Qualitätssicherungsaufgaben der Leistungsanbieter gehören in die Gruppe der **externen Qualitätssicherungsmaßnahmen**. Die Sicherung der Qualität der Leistungserbringung im stationären Bereich ist hierbei zur Pflichtaufgabe der Selbstverwaltungspartner gemacht worden. Im Rahmen von zweiseitigen Verträgen zwischen Vertretern der Krankenhaus- und der Krankenkassenseite sind gemeinsam Richtlinien über das Verfahren zur Qualitätssicherung aufzustellen. Ziel dieser Maßnahmen ist es, vergleichende Prüfungen von Anbietern durch eine Prüf-/ Zertifizierungsstelle zu ermöglichen. Dies setzt jedoch voraus, daß eine Meßlatte in Form von Kriterien aufgebaut wird, damit die Qualitäten gemessen, verglichen, verändert oder an ein vorab definiertes Qualitätsniveau herangeführt werden können. Die Qualitätskomponenten gehören somit, neben dem Preis und den Quantitätskomponenten, zu den vorab festzulegenden Merkmalen von Gesundheitsgütern.

Ohne eine Festlegung der Merkmale Preis, Quantität und Qualität der Leistung ist eine Effizienzprüfung von Gesundheitsmaßnahmen nicht möglich.

In diesem Zusammenhang kann kritisch angemerkt werden, daß zur Zeit die Effizienz einer Behandlung bzw. die Wirtschaftlichkeit eines Krankenhauses nicht eindeutig bewertet werden kann, da eine eindeutige Qualitätsvorgabe nicht besteht. Es fehlt somit ein wesentliches Ergebniskriterium.

Von dieser externen Qualitätssicherung muß die **interne Qualitätssicherung** unterschieden werden. Diese internen Regelungen liegen ausschließlich in der Hand der leistungserbringenden Unternehmen. Sie werden in der Regel mit dem Terminus **„Qualitätsmanagement"** belegt. Logischerweise muß es eine Interdependenz zwischen den externen und den internen Maßnahmen geben. An der Schnittstelle zwischen den Innen- und den Außenaktivitäten der Gesundheitseinrichtungen ist der Patient/Kunde angesiedelt. Beide Qualitätssicherungsmaßnahmen zielen also auf den Kunden ab. An dieser Stelle soll darauf hingewiesen werden, daß der **Kundenbegriff** sowohl den **internen** (z.B. den Mitarbeiter) als auch den **externen Kunden** (z.B. den Patienten) umfaßt.

3 Makro- und mikroökonomische Aspekte ...

Diese Managementzielsetzung ist in allen modernen **Managementmethoden** (z.B. Lean Management [→], Total Quality Management [→]) zu finden. Eine Funktion dieser Methoden ist es, über Ansätze wie Fehlerlosigkeit, Just-in-time, Outsourcing (→), Kundenorientierung, Kostenminimierung etc. die beiden Größen „Qualität" und „Wirtschaftlichkeit" so in Beziehung zu setzen, daß z.B. ein effizienter Behandlungsablauf eine optimale Behandlungsqualität ergibt.

Der vierte Reformansatz geht von der Annahme aus, daß alle **Rationalisierungspotentiale** in den Gesundheitseinrichtungen ausgeschöpft worden sind und daß in einer Gesellschaft nicht genügend finanzielle Mittel zur Verfügung gestellt werden könnnen, um alle Bedürfnisse nach Gesundheitsgütern zu befriedigen. Daher kann es erforderlich werden, Gesundheitsgüter zu rationieren. Im Rahmen von **Rationierungen** gewinnen **Nutzen-Kosten-Erwägungen** an Bedeutung. Hiermit soll herausgefunden werden, wie die Mittelverwendung am sinnvollsten ist. Jede Mittelverknappung führt tendenziell zu der Forderung, die Gelder für eine Maßnahme erst nach genauer Überprüfung ihres Nutzens zu verwenden.

Jede Steuerungsvariante ist nur dann sinnvoll einzusetzen, wenn die relevanten Entscheidungsdaten zur Verfügung stehen. Zur Bereitstellung dieser Daten bedarf es der Evaluation der Prozesse und der Strukturen. Das Bestreben ökonomischer Evaluation von Gesundheitsleistungen ist es, u.a. das Verhältnis zwischen dem Ressourcenverzehr für Maßnahmen (Kosten) und den daraus resultierenden Zustandsveränderungen (Nutzen) in berechenbaren Einheiten aufzuzeigen. Zur Umsetzung dieser Forderungen können verschiedene Kosten-Nutzen-Untersuchungen (KNU) eingesetzt werden. Damit stellen die Evaluationsergebnisse eine Entscheidungshilfe z.B. für Krankenhäuser und Krankenkassen dar, wenn es um Lösungsfindungen für gesundheitspolitische Strategien geht. Grundsätzlich erfüllen Kosten-Nutzen-Untersuchungen die Funktionen als politische Entscheidungsgrundlage, Argumentationshilfe in Verhandlungen, Diskussions- und Planungsgrundlage sowie als Instrument der Effizienzkontrolle.

Zu den klassischen Formen der ökonomischen Evaluation zählen u.a. die Kosten-Nutzen-Analyse (KNA) und die Ko-

A Gesundheitswesen im Wandel

sten-Wirksamkeits-Analyse (KWA). Alle Untersuchungsverfahren basieren auf der Messung der Input-Output-Relation. Anhand dieser Relation lassen sich die Vor- und Nachteile bestimmter Maßnahmen abschätzen.

Die **Kosten-Nutzen-Analysen** und die **Kosten-Wirksamkeits-Analysen** sind aufgrund konzeptioneller Besonderheiten zu differenzieren. Der Unterschied beider Techniken besteht nicht in der Erfassung der Kosten, denn diese werden immer in Geldeinheiten erfaßt. Es ist vielmehr die Seite des Outputs, des Nutzens, die bei der Messung differiert. Werden bei der KWA physische Einheiten gemessen, so sind es Geldeinheiten bei der KNA.

Die **Kosten-Nutzen-Analyse** ist ein Instrument für die Alternativenauswahl durch finanziellen Vergleich. Bei der KNA geht es darum, die aus der Durchführung medizinischer/pflegerischer Maßnahmen resultierenden Effekte in Geldeinheiten auszudrücken, sie zu monetarisieren. Handelt es sich bei diesen Effekten um überwiegend positive, wird vom „Geld-Nutzen" der Maßnahme gesprochen. Sind die auftretenden Effekte mehrheitlich negativer Art, so werden sie als „Geld-Kosten" bezeichnet.

Die Effizienz wird in Form der **absoluten Effizienz** gemessen.

Bei der KNA werden i.d.R. jedoch nur die Komponenten berücksichtigt, die sich relativ problemlos in Geldeinheiten umwandeln lassen. Diese Reduktion auf eingeschränkte Größen birgt natürlich die Gefahr, Aspekte zu übersehen und nicht in die Bewertung einzubeziehen.

Innerhalb der KNA muß vom Träger der Entscheidung bestimmt werden, welche Kosten und Nutzen Berücksichtigung finden und wie diese bewertet werden sollen.

Die ökonomische Bewertung von Gesundheit, Krankheit, Behinderung, Leben und Tod stellt das größte Problem der KNA dar, da sich die Bestimmung dieser Werte völlig den Marktmethoden entzieht.

Die **Kosten-Wirksamkeits-Analyse** ist für Gesundheitsprojekte vergleichsweise besser geeignet, da bei diesen Maßnahmen der Output nicht in Marktpreisen, sondern in sog. Wirkungseinheiten (z.B. Krankheitstage, Lebensqualitätskriterien) bewertbar wird. Die Erfassung des Inputs (z.B. Kosten einer Behandlung) ist unproblematisch. Die erfaßten Kosten werden hier den nichtmonetären Nutzengrößen gegenübergestellt. Als Ergebnis erhält man die **relative Effizienz** einer Maßnahme, die durch einen Kostenwirksamkeitsquotienten ausgedrückt wird.

3.3 Auswirkungen der Reformstrategien

Unter Berücksichtigung der makro- und mikroökonomischen Aspekte lassen sich u.a. folgende Auswirkungen der Lösungsstrategien aus der Vergangenheit festmachen bzw. für die Zukunft prognostizieren:
- Innerhalb des Krankenhauses hat es eine sich stets ausweitende **betriebswirtschaftliche Sichtweise** gegeben (Stichworte: Rationalisierungstendenzen, Qualitätsbetrachtung, Managementmethoden). Dieser Trend wird sich auch in der Zukunft fortsetzen.
- Diese Entwicklung wird eine **Kostenverlagerung** aus dem Unternehmensbereich Krankenhaus auf die Gesamtwirtschaft bzw. auf die jeweils betroffenen Personengruppen implizieren (Stichworte: Abbau der Personalkapazitäten im Krankenhaus, Ansteigen der sog. sozialen Kosten, Übergang vom Sozialstaats- zum Rechtsstaatsprinzip).
- Verstärkte Anwendung der Vorstellung, daß durch **Kooperation** bzw. durch **Verschmelzung Überlebensmöglichkeiten** für die Krankenhäuser bestehen. Dies geschieht zeitgleich mit der Forderung nach „Wettbewerb" im Gesundheitswesen. Bei einer gesamtökonomischen Einschätzung der Strategien ist kritisch zu hinterfragen, auf welcher Konzeption die Forderung nach Wettbewerb im Gesundheitswesen basiert und welche Wettbewerbsparameter auf welchen Kundenmärkten relevant sind (Stichworte: Marktstruktur, Machtballung durch Konzentration, Konkurrenzkampf mit Qualitätsparametern, Deregulierungstendenzen des Staates).
- Die Tendenz im Gesundheitssystem wird steigen, **Rationierungsüberlegungen** umzusetzen. Unter der Prämisse, daß nicht mehr alle potentiellen Gesundheitsleistungen finanzierbar sind, müssen bei einer wohlfahrtsorientierten Nutzen-Kosten-Betrachtung die Behandlungsalternativen analysiert werden (Stichworte: Monetäre und/oder wirksamkeitsrelevante Rationierungskriterien).

A Gesundheitswesen im Wandel

Literatur

Allhoff, P., et al. (Hrsg.), Krankheitsverhütung und Früherkennung – Handbuch der Prävention. Berlin, Heidelberg, New York, Tokio 1993.

Andersen, H.H., et al., Basiswissen Gesundheitsökonomie. Band 1, Berlin 1992.

Breyer, F.; Zweifel, P., Gesundheitsökonomie. Berlin, Heidelberg, New York, Tokio 1992.

Haubrock, M., Konzentration und Wettbewerbspolitik. Frankfurt a.M. 1994.

Haubrock, M.; Kramer, E.; Hellmann, T., Unterrichtsleitfaden Pflegemanagement. Basel, Eberswalde 1994.

Haubrock, M.; Peters, S.; Schär, W. (Hrsg.), Betriebswirtschaft und Management im Krankenhaus. 2. Aufl., Wiesbaden 1997.

Mildner, R., Evaluation im Gesundheitswesen – Grundlagen und Anwendung von Kosten-Nutzen-Untersuchungen im Gesundheitswesen. Bad Homburg 1982.

Peters, S.; Schär, W. (Hrsg.), Betriebswirtschaft und Management im Krankenhaus, Berlin 1994.

Sachverständigenrat für die Konzertierte Aktion im Gesundheitswesen, Jahresgutachten 1988 – Medizinische und ökonomische Orientierung. Baden-Baden 1988.

Sachverständigenrat für die Konzertierte Aktion im Gesundheitswesen, Jahresgutachten 1990 – Herausforderung und Perspektiven der Gesundheitsversorgung. Baden-Baden 1990.

Sachverständigenrat für die Konzertierte Aktion im Gesundheitswesen, Sachstandsbericht 1994 – Gesundheitsversorgung und Krankenversicherung 2000. Baden-Baden 1994.

4 Vernetzte Versorgungslandschaft

Franz Lorenz

Veränderung ist angesagt. Dies ist die Grundbotschaft, die sich als roter Faden durch dieses Buch zieht. Für den Leser stellt sich die Frage, welche Bedeutung das Krankenhaus der Zukunft in einer vernetzten Versorgungslandschaft einnehmen wird bzw. welche Schritte unternommen werden müssen, um sich als attraktiver Partner in einem Netzwerk von unterschiedlichen Anbietern zu positionieren?

Vor dieser „Designfrage" sollten aber grundsätzliche Fragen im Zusammenhang mit Vernetzung erörtert werden.
- Sind Netzwerke überhaupt möglich?
- Welchen Vorteil bietet ein Netzwerk von Anbietern gegenüber einem Leistungsanbieter, der alle Leistungen unter einem Dach anbietet?
- Welche Voraussetzungen müssen Netzwerkpartner erfüllen, und was muß im Netzwerk geleistet werden, damit es gelingen kann?

Bevor die inhaltlichen Fragen fokussiert werden, lohnt es sich zunächst, die **Rahmenbedingungen** zu beleuchten, unter denen **gegenwärtig Vernetzung** stattfindet.
- Welche gesundheits- und sozialpolitischen Entscheidungen erfordern, sich der Thematik „Vernetzung" zu stellen?
- Weshalb stellt sich die Frage für die Anbieter im stationären und ambulanten Bereich (erst) jetzt in der gegenwärtigen Situation, die von Einsparungen bis hin zum Abbau sozialer Standards geprägt ist?

Wenn man von einem Netzwerk im Gesundheitswesen spricht, muß man sich bewußt werden, daß das Sozial- und Gesundheitswesen in der Bundesrepublik selbst ein Subsystem, neben Subsystemen wie Wirtschaft, Politik etc. im Gesamtsystem Bundesrepublik ist, das wiederum Subsystem in globaleren Systemen wie EU, OSZE etc. ist.

Zunächst erscheint es sinnvoll, die Landschaft zu beobachten, in die das Sozial- und Gesundheitswesen eingebettet ist, um daraus relevante Trends abzuleiten und daraufhin unterschiedliche Handlungsoptionen zu entwickeln.

4.1 Die Ausgangslage

Folgende **Megatrends** sind gesamtgesellschaftlich beobachtbar:

Radikale Veränderung der Bevölkerungsstruktur

Wir stehen in den westlichen Industrieländern vor einem demographischen, in der Geschichte bisher einmaligen Phänomen, das sich mit Vergreisung einer Gesellschaft beschreiben läßt. Nicht zuletzt durch die Erfolge unseres Gesundheitssystems steigt die Lebenserwartung der Menschen. Was sich auf individueller Ebene als Glücksfall erweist, wird auf gesamtgesellschaftlicher Ebene zu einer Herausforderung von zentraler Bedeutung. Die Erfolge unseres Gesundheitssystems produzieren nicht nur ein Mehr an Gesundheit, sondern führen auch zu einem Anstieg der Zahl chronisch kranker, behinderter oder pflegebedürftiger Menschen, was *Walter Krämer* (1989) zutreffend als die Fortschrittsfalle der modernen Medizin beschreibt.

Zunahme der Individualisierung der Gesellschaft

Bereits heute leben 30% der Bevölkerung in Einzelhaushalten, und die Tendenz ist steigend. Für die Versorgung und Betreuung von pflegebedürftigen, kranken und behinderten Menschen hat dies einschneidende Konsequenzen dahingehend, daß ganze Strukturen, die diese Leistungen bisher erbracht haben, weggefallen sind und durch professionelle Dienste ersetzt werden müssen. Wie groß die Leistung ist, die durch Familien und Freunde erbracht wird, läßt sich statistisch nachweisen. So wurden beispielsweise 1992 etwa 88% der ca. 800 000 pflegebedürftigen Menschen in der Bundesrepublik ohne Hilfe professioneller Dienste versorgt.

Dynamisierung von Prozessen bei gleichzeitiger Steigerung der Komplexität

Im Zuge der technischen Entwicklungen wurde dem modernen Menschen ein bisher nicht gekanntes Maß an Möglichkeiten eröffnet.

4 Vernetzte Versorgungslandschaft

Zudem spiegelt sich in der gegenwärtigen Dynamik das Phänomen der Gleichzeitigkeit wider. Entscheidungen zu gleichen Fragestellungen werden in unterschiedlichen Ebenen gleichzeitig behandelt. Daß gegenwärtig Ausführungsbestimmungen zu Gesetzen heute schon fast regelmäßig rückwirkend in Gang gesetzt werden (z.B. die Umsetzung des SGB XI im ambulanten Bereich oder die Pflegesatzverhandlungen für Krankenhäuser), zeigt einerseits, daß die bestehenden Entscheidungsprozesse zur Steuerung des komplexen Aufgabenfeldes ungeeignet sind. Andererseits muß die traditionelle Rollenverteilung, wie „Gesetzgeber gibt vor, Anbieter setzen um und der Klient bleibt außen vor", aufgegeben werden zugunsten wirklicher Partnerschaft.

Tendenz zur Globalisierung bei gleichzeitiger Regionalisierung

Spätestens mit dem Zusammenbruch der Planwirtschaft sozialistischer Prägung ist der Beweis erbracht, daß zentrale Steuerung, im Sinne zentralisierter Planung und Direktive, nicht geeignet ist, die Anforderungen aus der relevanten Umwelt adäquat und zeitnah zu beantworten.

Aber auch in der westlichen Welt scheinen die zentralen Steuerungsmedien der Politik für das Sozial- und Gesundheitswesen, die maßgeblich die Entwicklung des Wohlfahrtsstaates begünstigten, zunehmend vor der steigenden Komplexität der Aufgabe zu versagen. Beobachtbar ist die politische Bestrebung, sich aus der unmittelbaren Verantwortlichkeit zurückzuziehen und die Bereiche den Kräften eines freien Marktes zu überlassen.

Übergang von der modernen Produktionsgesellschaft in eine postmoderne Informationsgesellschaft

Der gegenwärtige Umbruch ist in seiner strukturellen Auswirkung vergleichbar mit der industriellen Revolution des 18. Jahrhunderts.

In den traditionellen Bereichen stehen die Länder der Ersten Welt nicht mehr in einem Wachstumsmarkt, sondern vor einem Verteilungsmarkt.

Der Wachstumsmarkt bleibt innovativen Märkten vorbehalten, die relativ schnell einen Sättigungsgrad erreichen.

A Gesundheitswesen im Wandel

Auf der individuellen Ebene ist ein erhöhtes Informationsbedürfnis des einzelnen feststellbar, mit dem Anspruch, selbstbestimmt und autonom seinen Lebensentwurf zu gestalten. Dies impliziert einen Rückgang fremdbestimmender Ansprüche aus Staat und Gesellschaft, wie sie in traditionsgebundenen Gesellschaftsformen bestehen.

Diversifizierung bei gleichzeitiger Spezialisierung

Ehemals einfache Angebotsstrukturen differenzieren sich aus, um ihre Leistungen zu optimieren. Im Zuge dieser Entwicklung, im Sinne der Spezialisierung, wurden aus den Siechenhäusern des Mittelalters Krankenhäuser der Neuzeit, und zur Komplettierung der Angebotsstrukturen entwickelten sich Einrichtungen der stationären Altenhilfe und ambulante Pflegedienste. Aus diesen 3 großen Bereichen kam es dann zu der Ausdifferenzierung in 2 Richtungen:

- die fachliche Spezialisierung
- und die Komplettierung der Angebotsstruktur in teilstationäre sowie prä- und postoperative Behandlungsformen.

Die Vielzahl der entstehenden neuen Dienstleistungssegmente fordert eine Koordination zwischen bestehender Angebotsstruktur und Anbieter, da eine unkoordinierte Angebotsstruktur unter den gegebenen gesellschaftlichen Bedingungen nicht akzeptabel und unter den Bedingungen eines Verteilungsmarktes auch nicht überlebensfähig ist.

4.2 Auswirkungen auf die Sozial- und Gesundheitspolitik

Wenn die Grenzen äußeren Wachstums erreicht sind, muß inneres Wachstum erfolgen.

Die Grenzen äußeren Wachstums sind erreicht. Die Lohnnebenkosten in der Bundesrepublik werden 1997 einen neuen Höchststand erreichen, wobei alle Bemühungen der Politik darauf ausgerichtet sein werden, diese Ausgaben zu begrenzen.

Wenn man in dieser Diskussion um die Sicherung des Wirtschaftsstandortes als Verantwortlicher für das Sozial- und Gesundheitswesen oder als Leistungsanbieter im Gesundheitssektor glaubwürdig erscheinen will, gilt es neben der

Verteidigung von sozialen Standards (als Anwalt der Schwachen oder derjenigen, die keine Lobby haben), auch die kritische Frage zu stellen, welche Einspareffekte ohne qualitative Einbußen zu erzielen sind.

Diese Frage stellt sich um so mehr in einer Situation, in der scheinbar soziale Standards auf dem Altar des Wirtschaftsstandorts Deutschland bedenkenlos geopfert werden können, um Wettbewerbsfähigkeit der Wirtschaft in der Globalisierung der Märkte zu sichern, in der aber andererseits auch zu beobachten ist, daß Renditen und Aktienkurse täglich neue Rekorde erzielen.

Wenn Menschen nicht nur in Angst um ihren Arbeitsplatz sind, sondern auch Unsicherheit besteht, welche sozialen Sicherungssysteme zukünftig überhaupt Bestandschancen haben, sind statt dem Beharren auf traditionellen Positionen und „Erbhöfen" neue kreative Lösungen gefordert, um dem Anpassungsdruck gerecht zu werden.

Wenn die Erschütterungen durch die o.g. Megatrends die Unternehmer zu Innovationen und zur kreativen Zerstörung von Althergebrachtem zwingen, dann erfüllen sie ihren Zweck.
Dann wäre die gegenwärtige Krise eine wirkliche Chance.

4.3 Zielentwicklung und strategische Ausrichtung von Leistungsanbietern

Von der Organisationsorientierung zur Klientenorientierung

Unter welcher Zielsetzung müssen die weiteren Entwicklungen im Gesundheits- und Sozialwesen gestaltet werden?

In der Vergangenheit gab es auf seiten der Leistungsanbieter noch zuwenig Bewußtsein darüber, was der Leistungsempfänger wirklich will. Eine nicht unerhebliche Rolle mag dabei die traditionelle Rollenzuschreibung gespielt haben, in der der Leistungsempfänger als unmündig galt, da die professionellen Helfer wußten, was für den Hilfesuchenden gut war. Der Klient oder Kunde in der Rolle als Patient (Erdulder) war gewünscht, der selbstbewußte und selbstbestimmte Klient galt als Störenfried oder „schwierig", weil er die funktionsorientierten Arbeitsabläufe durcheinanderbrachte.

A Gesundheitswesen im Wandel

In der gegenwärtigen Situation liegt die größte Entwicklungschance darin, das Sozial- und Gesundheitssystem im Spannungsfeld der Interessen von Klienten–Anbietern–Gesellschaft zu verstehen, in dem die Positionen Qualität, Humanität, Machbarkeit und Wirtschaftlichkeit sorgfältig und ständig neu austariert werden müssen, weil sie in einem direkten Zusammenhang miteinander stehen (vgl. Abb. 4-1).

Aus dieser Sichtweise entwickeln sich weitere Orientierungen für die strategische Ausrichtung von Leistungsanbietern, die im Interesse aller Beteiligten liegen.

Vom unkoordinierten Nebeneinander zum kreativen Miteinander

Die Verantwortlichen im Gesundheitswesen müssen zu dem Bewußtsein kommen, daß eine Expansion des Gesundheitswesens nicht mehr möglich ist.

Das Wachstumsstreben der Vergangenheit war bedingt durch die alleinige Orientierung und Zentrierung auf die

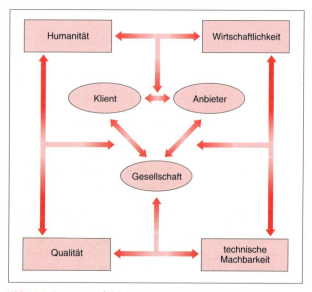

Abb. 4-1 Spannungsfeld der Interessen von Kunden, Anbietern und Gesellschaft

eigene Einrichtung. Die Maxime des Handelns war, die Attraktivität der eigenen Einrichtung zu steigern, was durch ein breites Leistungsspektrum und die Schaffung immer neuer Möglichkeiten garantiert wurde.

Diese Konzentration auf das eigene Leistungsprofil führte zum Verlust der Sichtweise für das gesamte System – mit der Konsequenz eines unkoordinierten Nebeneinanders der Leistungsanbieter.

Dieser Aspekt ist nachvollziehbar unter dem Fokus Eigenlogik des Systems.

Wollen wir jedoch die Leistungsfähigkeit des Gesamtsystems erhalten, ist ein Paradigmenwechsel gefordert, der sich abstrakt beschreiben läßt als „Das Besondere im Gesamten denken". Konkret bedeutet dies, daß sich Verantwortliche von der Zentrierung auf die Eigenlogik verabschieden und die eigene Einrichtung als Teil eines größeren Gebildes sehen müssen. Dies gelingt nicht selbstverständlich.

Dabei auf der Ebene des Gesamtsystems zu operieren, ist schwierig, weil die Komplexität der Zusammenhänge kaum noch zu erfassen ist. Wichtig ist, daß Regionalisierungskonzepte entwickelt werden, in denen Partner konkrete Schritte miteinander entwickeln und vereinbaren können.

Transparenz statt Intransparenz

In einer Umfrage im Dezember 1996 sahen 76% der Versicherten in der Gewährleistung einer Transparenz von Leistung und Kosten eine effektive Maßnahme, die wachsenden Kosten des Gesundheitswesens in den Griff zu bekommen.

Ohne Transparenz von Leistung und Preis ist der Versicherte kein Kunde. Der Zustand der Intransparenz wurde wesentlich durch den Status des Zwangsversicherten unterstützt. Hierdurch entstand die Situation, in der sich weder der Versicherte als Kunde seiner Krankenkasse verstehen konnte, noch die Krankenkasse sich um die Kontrolle effizienter Leistungserbringung zur aktiven Zufriedenstellung ihrer Versicherten kümmern mußte. Hierdurch war und ist der Kunde einer sogenannten Expertenmacht ausgeliefert, die Kundenverhalten nicht wahrscheinlich macht.

Der Gesetzgeber hat diesen Zustand erkannt und ab 01. 07.1997 die Möglichkeit einer Transparenz für die Versicherten geschaffen.

A Gesundheitswesen im Wandel

Von der belehrenden zur lernenden Organisation
(vgl. auch Kap. 5)

In Anlehnung an die systemtheoretische Grundaussage, daß Information nur durch das Treffen von Unterscheidungen entsteht, läßt sich die These formulieren: „Lernende Organisationsformen entstehen dort, wo Dissens und Unterscheidung als Kulturmerkmal kultiviert und prozessiert werden".

Die Unterscheidung als Grundbedingung für organisationales Lernen bedarf einer Organisationsform, in der gewährleistet ist, daß unterschiedliche Sichtweisen, Einschätzungen und wahrscheinlich unterschiedliche Kulturen miteinander in Beziehung treten können, wie es in Netzwerken aus unterschiedlichen Anbietern möglich wird.

Grundvoraussetzung ist dabei, daß alle Beteiligten sich als voneinander Lernende verstehen, die nicht mit dem Selbstverständnis antreten, den anderen die eigenen Sichtweisen als „ultima ratio" überzustülpen.

Die Forderung nach Kooperation der unterschiedlichen Leistungsanbieter sind in der Sozialgesetzgebung der letzten Jahre verankert worden.

Hierzu sei exemplarisch auf entsprechende Aussagen verschiedener Gesetze zur sozialen Sicherung bzw. zur Krankenversicherung hingewiesen (vgl. GKV §1, §12; KFG §1; PflegeVG §69; BSHG §93). Die genannten Gesetzesauszüge stellen insbesondere in den Gebieten Gesundheit und pflegerische Versorgung folgende Kriterien in den Vordergrund: Bedarfsgerechtigkeit, Leistungsfähigkeit und Wirtschaftlichkeit der Leistungsanbieter.

4.4 Konsequenzen aus den gesetzlichen Forderungen zur Kostenbegrenzung

Um Synergieeffekte (→) zu erzielen, müssen die unterschiedlichen Leistungen miteinander strukturell gekoppelt werden. Nur so lassen sich die von Bundesminister Seehofer deklarierten 10 Mrd. DM Wirtschaftlichkeitsreserven dem System selbst zugänglich machen.

Dazu bedarf es neuer Strukturen der Zusammenarbeit.

Welche Organisationsformen müssen entwickelt werden, um die Herausforderungen der Zukunft entsprechend zu beantworten?

4 Vernetzte Versorgungslandschaft

Aus den unterschiedlichen Möglichkeiten der Bündelung von Leistungen, bietet sich der Aufbau eines Netzwerkes zwischen den bestehenden Anbietern an, weil dabei große Synergieeffekte (→) mit einem geringen Aufwand an Ressourcen zu erzielen sind.

4.4.1 Formen der Vernetzung

Vernetzung ist die konsequente Weiterentwicklung des kundenorientierten Ansatzes.

Diese Kundenorientierung wurde von Praktikern nicht erst seit der Verankerung in der gesundheitspolitischen Gesetzgebung praktiziert. Dort, wo die Beziehungsebene zwischen Praktikern der unterschiedlichen Einrichtungen entsprechend gestaltet war, wurde Vernetzung auch schon früher praktiziert.

Die Praktiker aus ambulanten Pflegediensten, Krankenhäusern, Einrichtungen der stationären Altenhilfe sowie niedergelassene Ärzte wurden häufig initiativ, um im Interesse einzelner Patienten oder Bewohner Versorgungslösungen anzubieten, die nur in der Zusammenarbeit entwickelt werden konnten.

Diese Form der Vernetzung wird im folgenden als **primäre Vernetzung** bezeichnet.

A Gesundheitswesen im Wandel

Sie unterscheidet sich von der **sekundären Vernetzung,** die die Vernetzung von Einrichtungen des Sozial- und Gesundheitswesens fokussiert.

Primäre und sekundäre Vernetzung müssen institutionalisiert und aus dem Bereich des Zufalls herausgelöst werden.

Primäre Vernetzung ist auf den Klienten und sein soziales Umfeld bezogen. Zur Institutionalisierung dieser Vernetzungsarbeit ist es notwendig, eine hohe **Transparenz von Informationen** beim Überwechseln des Klienten von der abgebenden in die aufnehmende Einrichtung zu erreichen.

Durch den medizinischen Fortschritt, durch den es möglich geworden ist, viele Krankheiten zu behandeln, aber nicht immer zu heilen, stehen wir heute vor der Situation, daß immer mehr Menschen mit chronischen Erkrankungen oder in pflegebedürftigem Zustand das Krankenhaus verlassen. Die gesetzlich angestrebte Verweildauerverkürzung im Akutbereich, unter der Maxime „ambulant vor stationär" und „Rehabilitation vor Versorgung", verstärkt diese Tendenz und verlangt gleichzeitig, daß den aufnehmenden Einrichtungen mehr Daten des Klienten zur Verfügung stehen, damit eine zielgerichtete Behandlung und Versorgung initiiert werden kann.

Durch unzureichende Information an der Schnittstelle kam oder kommt es häufig zu einem **Qualitätseinbruch,** so daß der übergeleitete Klient erst nach Tagen den Entlassungsstatus wieder erreicht.

Häufig entstehen solche Qualitätseinbrüche, weil keine Transparenz darüber besteht, über welche Versorgungsmöglichkeiten die aufnehmende Institution verfügt.

 Beispiel 1 Patient A wird in pflegebedürftigem Zustand aus dem Krankenhaus entlassen. Wegen einer bestehenden Urininkontinenz liegt ein transurethraler Blasenkatheter. Da aufgrund der Diagnose aus Sicht des Krankenhausarztes und der zuständigen Pflegeperson eine längere Inkontinenz bestehen wird, entschließt sich der behandelnde Arzt, einen suprapubischen Katheter zu legen, um die Gefahr einer Infektion zu minimieren und die Versorgung in der häuslichen Pflege zu erleichtern. Mit hohem Aufwand wird 2 Stunden vor Entlassung diese invasive Maßnahme durchgeführt.

In der Sozialstation, die die Pflege des Patienten im häuslichen Bereich übernimmt, kommt man zu der Einschätzung, daß man die Versorgung mit einem suprapubischen Katheter nicht weiterführen möchte, weil man sich in der Zusammenarbeit mit dem Hausarzt zum Versuch eines Kontinenztrainings entschlossen hat. Der Blasenkatheter wird unmittelbar nach der Übernahme in den häuslichen Bereich entfernt.

Beispiel 2 Patientin B soll in eine Einrichtung der stationären Altenhilfe verlegt werden. In der Abstimmung mit den Beteiligten wird durch den Sozialdienst des Krankenhauses ein Platz in einer Einrichtung in der Nähe des früheren Wohnortes des Patienten besorgt. Aufgrund des Krankheitsbildes ist es erforderlich, daß der Patient mehrmals am Tag, jeweils bei Bedarf, abgehustetes Sekret abgesaugt wird.

Nach der Verlegung in die Einrichtung stellt sich heraus, daß die Einrichtung weder über die logistischen noch über die personellen Ressourcen verfügt, um eine Bewohnerin mit einem solchen Krankheitsbild zu versorgen. Nach 4 Tagen wird die Patientin auf die Intensivstation des Krankenhauses aufgenommen, aus der sie zuvor verlegt worden war.

Wodurch entstehen an der Schnittstelle Qualitätseinbrüche?
- mangelhafte Transparenz in der Leistungsfähigkeit und in der Leistungserbringung
- Fragmentierung der Leistungserbringung
- Diskontinuität der Behandlung

Die **sekundäre Vernetzung** zielt darauf ab, die unterschiedlichen Leistungsanbieter und ihre Angebote zu koordinieren und so weiterzuentwickeln, daß aufeinander abgestimmte Dienstleistungsangebote ohne Versorgungslücken für Klienten vorgehalten werden.

Vernetzungsarbeit ist eine Investition, die in vielfacher Hinsicht nutzerzeugend wirkt, insbesondere in der Beziehung Leistungserbringer, Kassen und Gesetzgeber:
- Für den **Gesetzgeber,** und damit auf der volkswirtschaftlichen Ebene, liegt der Nutzen in der **Kostenentlastung durch Vermeidung von Reibungsverlusten** in der Leistungserbringung. Zusatzkosten, die durch das Bereithal-

A Gesundheitswesen im Wandel

ten von nicht bedarfsgerechten Versorgungsstrukturen entstehen, werden vermieden, ebenso wie Kosten, die durch Verzögerung im Genesungsprozeß entstehen, weil Leistungs- und Hilfsangebote nicht koordiniert werden. Das Einsparpotential ist nicht direkt meßbar, weil es nur auf hypothetischen Grundannahmen formuliert werden kann. Die Wirtschaftlichkeitsreserven, die durch Koordination der Leistungsangebote erzielt werden können, schätzt Bundesminister Seehofer auf etwa 10 Mrd. DM.

- Für die **Leistungserbringer** liegt der eindeutige Vorteil in einer **Qualitätssteigerung,** die dadurch entsteht, daß die Versorgung über die Grenzen der Institution hinaus garantiert wird. Dieser Qualitätsaspekt der extramuralen Versorgung gewinnt in einer abgestuften Versorgungsstruktur zentrale Bedeutung, da er die Grundvoraussetzung zur Implementierung einer solchen Struktur ist. Neue Strukturen wie ambulantes Operieren oder teilstationäre Versorgung wurden nur zögerlich angenommen, weil bestehende Angebotsstrukturen nicht in ausreichendem Maße miteinander kooperieren.

  Ein weiterer Nutzen für die Einrichtungen liegt im **Imagegewinn bei Klienten und Kostenträgern.** Aufgrund der innovativen Konzepte kommen die Leistungsanbieter in die Situation, nicht mehr reaktiv auf Veränderungen zu reagieren, sondern Veränderungen zu initiieren.

- Der unmittelbare Nutzen für die **Netzwerkpartner** durch die direkte Koordination von Leistungsangeboten liegt in der **Vermeidung von Fehlbelegung und finanzieller Benachteiligung** durch Budgetkürzung infolge Fehlbelegung bzw. der Verweildauerverkürzung als Reaktion auf die Einführung von Fallpauschalen und Sonderentgelten.

Sinnvoll wäre auch die Schaffung neuer Angebote, die nur durch die Bündelung im Netzwerk möglich wären. Diese Angebote würden sich an den regionalen Gegebenheiten orientieren, in denen das Netzwerk angesiedelt ist. Dazu bedarf es einer lokalen Autonomie im Sinne dezentraler Steuerung.

Lokale Autonomie ist besonders wichtig in Zeiten schneller Veränderung. Die Personen vor Ort haben oft die aktuelleren Informationen über Präferenzen der Kunden, Aktionen der Konkurrenten und sind somit besser in der Lage, die notwendigen Anpassungen an Veränderungen vorzunehmen.

4.4.2 Voraussetzungen der Vernetzung

Die Voraussetzungen, um als Netzwerkpartner in einem Netz mehrerer Anbieter zu agieren, lassen sich mit 5 Kategorien beschreiben, die *Peter Senge* (1995) in seinem Buch „Die Fünfte Disziplin" für lernende Organisationen formuliert. Organisationen und Einrichtungen können sich nur auf den Weg ins Netzwerk machen, wenn sie die Bereitschaft zur Veränderung entwickeln. Insofern ist Vernetzung ein Schritt in die Organisationsentwicklung.

Die erste Disziplin ist **Systemdenken.** Eine Organisation des Sozial- und Gesundheitswesens muß sich darüber Bewußtheit verschaffen, daß sie Bestandteil eines größeren Komplexes ist. Dies bedeutet, Abschied zu nehmen von traditionellen Gedankenstrukturen, sich selbst als Mittelpunkt zu sehen und alles Handeln und die daraus resultierenden Konsequenzen nur auf sich selbst zu beziehen. Vielmehr müssen Denkstrukturen entwickelt werden, in denen die Wirkung des eigenen Handelns in der Umwelt bewußt wird und Rückkopplungen auf die eigene Handlung erfaßt werden. Diese Ergebnisse müssen dann in Aktionsplänen umgesetzt werden. Hier besteht Lernbedarf, und zwar nicht nur bei den Anbietern, sondern bei allen Beteiligten, dem einzelnen als Klient des Systems, den Kassen als Interessenvertreter der Versicherten und der Gesellschaft, repräsentiert durch die politischen Entscheider. Durchgängig besteht die Tendenz, im jeweils anderen den Verursacher des Übels zu identifizieren und sich auf die Entlastung des eigenen Etats zu fixieren. Nur vor dem Hintergrund solcher Denkschemata sind die paradoxen Wirkungen von sozialpolitischen Gesetzen der jüngsten Vergangenheit erklärbar.

Die zweite Disziplin bezeichnet Senge mit **Personal Mastery.** Der Begriff Mastery bedeutet Herrschaft. Er beschreibt in diesem Zusammenhang die Fähigkeiten und Kompetenzen von Mitgliedern einer Organisation, Situationen zu erfassen und auf der Handlungsebene professionell auszugestalten. Eine Einrichtung, die über ein hohes Maß dieser Kompetenz verfügt, besitzt die Fähigkeit, ihre wahren Ziele konsequent zu verwirklichen. Im Verbund mit Netzwerkpartnern müssen die Ziele der einzelnen Einrichtungen klar sein. Daher erscheint es zu Beginn eines Vernetzungsprojektes unerläßlich, daß das klare Bekenntnis zum gemeinsamen

A Gesundheitswesen im Wandel

Netzwerk von allen Beteiligten formuliert wird. Als größtes Hemmnis in Vernetzungsprojekten erweist sich die latente Allmachtsphantasie potenter Netzwerkpartner, mit geringem Aufwand und unbedingtem Willen die Angebote der jeweils anderen Netzwerkpartner ebenso anbieten zu können. Vernetzung lebt jedoch von der Attraktivität des jeweils anderen.

Die dritte Disziplin **Mentale Modelle** setzt sich mit dem Problem der Sensibilität und Wahrnehmung von Organisationen in bezug auf ihre Umwelt auseinander. Wie nehmen Organisationen wahr, wie sie von anderen wahrgenommen werden, und wie nehmen sie andere wahr? Dies berührt die Frage nach dem Selbstverständnis von Organisationen, nach ihren Grundsätzen und Leitlinien des Handelns und nach dem legitimierten Auftrag der Unternehmung. Ebenso tangiert es aber auch die Fragen nach dem blinden Fleck der Organisation, denn „man sieht nicht, daß man nicht sieht, was man nicht sieht." Bei der Bearbeitung von blinden Flecken können Netzwerkpartner wertvolle Hilfe leisten. Wahrscheinlich liegt in der Bearbeitung des blinden Flecks einer der größten Nutzen für eine sich vernetzende Organisation.

Die **Entwicklung einer gemeinsamen Vision** als vierte Disziplin bekommt als Sinnkonstitution für die neue Form „Vernetzte Organisation" zentrale Bedeutung. Die Netzwerkpartner müssen eine gemeinsame Vision entwickeln, mit der sie sich in ihrer Umwelt präsentieren und im Sinne eines USP (unique selling proposition) zu positionieren. Dazu bedarf es der Klärung von Stärken und Schwächen der einzelnen Teilnehmer und der Entwicklungspotentiale, die sich durch das Netzwerk bieten.

Dies steht in direktem Zusammenhang zur fünften Disziplin **Teamlernen.** Die Disziplin des Teamlernens beginnt mit der Fähigkeit der Netzwerkpartner, eigene Annahmen aufzuheben und sich auf gemeinsames Denken einzulassen. Dazu bedarf es der Fähigkeit, Denk- und Lernblockaden in Projektteams zu erkennen. Eine Möglichkeit, diese Fähigkeit zu erwerben, bietet sich an, wenn in einem Vernetzungsprojekt mehrere Arbeitsgruppen bestehen. Diese Arbeitsgruppen sind in zirkulären Strukturen so zu vernetzen, daß gegenseitige Beobachtung möglich wird.

4 Vernetzte Versorgungslandschaft

Welche Produkte sollten im Rahmen der Vernetzungsarbeit entwickelt werden?

Der erste Schritt zum Einstieg in ein regionales Netzwerk ist der, festzustellen, welche Angebote und Leistungsanbieter vorhanden sind und wer sich zur Kooperation bereit erklärt. Es erscheint sinnvoll, sich in der Analyse nicht nur auf etablierte Anbieter zu fixieren, sondern Selbsthilfegruppen und regionale Initiativen in die Überlegungen mit einzubeziehen. Danach sollte sich eine Steuergruppe konstituieren, die die Ziele, Perspektiven und das Design der Initiative erarbeitet.

Neben der Klärung der Erwartungshaltungen der unterschiedlichen Beteiligten an die Projektgruppen, erscheint es sinnvoll zu überprüfen, inwieweit die Unternehmensphilosophien der Partner miteinander kompatibel sind.

Wenn diese Schritte geleistet sind, sollten folgende Produkte erarbeitet werden:

Entwicklung von Anforderungsprofilen unter den Fragestellungen:

Was benötigen die unterschiedlichen Partner an Informationen über die anderen Netzwerkpartner, um die Kooperation zu optimieren? Welche Besonderheiten müssen berücksichtigt werden, um eine optimale Weiterleitung der Klienten zu gewährleisten?

Entwicklung eines Leistungsprofils

Es ist erstaunlich, wie hoch die Intransparenz bzgl. des Leistungsangebots der einzelnen Leistungsanbieter untereinander ist, oder welche Aufnahme- und Abgabekapazitäten der einzelne besitzt. Transparenz, die aus Anforderungs- und Leistungsprofil gewonnen wird, mündet in die **Kapazitätenkoordinierung.** Sinnvollerweise sollte auch eine **Bedarfsanalyse** für die Region erhoben werden, in der das Netzwerk angesiedelt ist.

Voraussetzung zur Koordination ist die **Schaffung einheitlicher oder kompatibler Dokumentationssysteme** (z. B. Überleitungsbögen für Pflege und Sozialdienste). Eine Vereinheitlichung von Maßnahmen durch Standardisierung ist wünschenswert, bedarf aber eines längeren Prozesses der Zusammenarbeit.

Weitere Möglichkeiten der Zusammenarbeit ergeben sich z.B. durch Schaffung **gemeinsamer Produktkommissionen**

A Gesundheitswesen im Wandel

für Hilfsmittel etc. Hier wird erkennbar, daß die erzielten Synergien (→) auch direkte Einspareffekte beinhalten können.

4 Im Bereich der Personalentwicklung eröffnen sich die **Möglichkeiten gemeinsamer Fort- und Weiterbildung,** regelmäßiger Hospitationen in den vernetzten Einrichtungen bis hin zur Schaffung gemeinsamer Personalpools.

Langfristig erscheint es sinnvoll, auch unterschiedliche Ausbildungen im Gesundheitswesen zu bündeln, um die horizontale Durchlässigkeit für Mitarbeiter zu erhöhen. Dies kann, im Sinne der Vernetzung, ein aktiver Beitrag zur Arbeitsmarktpolitik sein.

Literatur

Herzog, R., Unternehmerische Verantwortung. In: Organisationsentwicklung, Heft 4, 1996.

Krämer, W., Die Krankheit des Gesundheitswesens. Frankfurt a.M. 1989.

Willke, H., Systemtheorie. Bd. 2. Stuttgart 1995.

Senge, P., Die fünfte Disziplin. Stuttgart 1995.

5 Das Krankenhaus als lernende Organisation – Ein neues Leitbild für die Gestaltung der Krankenhausarbeit?

Gabriele M. Borsi

5.1 Integratives Management für langfristigen Wandel

Das deutsche Gesundheitssystem mit seinen Versorgungssubsystemen für akut und chronisch Kranke, behinderte und alte Menschen steht vor Aufgaben und Anforderungen, die sich in den letzten Jahren von Grund auf verändert haben.

Ein Change-Management, also ein langfristiger Wandel im Gesundheitswesen, wird allerorten diskutiert. Der Präsident der Ärztekammer Berlin, *Ellis E. Huber* (1995, 9) fordert auf: „das Gesundheitssystem neu denken!". „Alle beteiligten Berufsgruppen und Institutionen, Sektoren und Spezialitäten an der Gesundheitsversorgung können und müssen das Gesundheitssystem neu denken, ihre Leistungen neu definieren, ihre materielle wie ideelle Kommunikation neu ordnen und ihre kooperativen Beziehungen neu gestalten." „Wenn wir das Unternehmen Gesundheit so ganzheitlich verstehen, (müssen wir dieses) zur lernenden Organisation weiterentwickeln" (*Huber* 1995, 10).

Das Gesamtunternehmen Gesundheit muß in seinem Gesundheitssystem für die gesamte Bevölkerung möglichst viel Gesundheit zu minimalen Kosten produzieren. Man spricht oft von der Produktion von Gesundheit. „In einer sozialen Marktwirtschaft ist (das Gesundheitssystem) für das Soziale verantwortlich und mit seiner preiswerten Produktivität die Grundlage für eine schlagfähige und konkurrenzfähige Volkswirtschaft. Die soziale Krankenversicherung und das gesellschaftliche Versorgungssystem zum Schutz der Gesundheit und zur Überwindung der Krankheiten stellt ein Gesamtunternehmen dar" (*Huber* 1995, 9).

Nach der gesundheitspolitischen Maxime **ambulant vor stationär** führt die Reflexion dieses Systemumbaus zu neuen Kooperationserfordernissen in neuen Versorgungsformen und zur Notwendigkeit multiprofessionellen Arbeitens, was nur durch ein optimales Schnittstellenmanagement zwischen allen Beteiligten und Betroffenen bewältigt werden kann.

Es geht bei der notwendigen Gestaltung dieser neuen Versorgungslandschaft vorrangig um die Bewältigung komplexer Probleme, die einen neuen systemorientierten Denk- und Gestaltungsansatz erforderlich machen. Durch ein effizientes Schnittstellenmanagement müssen neue Kooperationsbeziehungen zwischen Selbsthilfe und professionellem System, zwischen Professionellen und Laien, aufgebaut und verknüpft werden. Bei diesem Systemumbau geht es aber nicht mehr um kurzfristige Planungs-, Veränderungs- und Reorganisationsprozesse, sondern um ein **integratives Management langfristigen Wandels,** vor allem langfristiger Vernetzungsprobleme kontinuierlicher Versorgung auf den verschiedenen Ebenen sozialer Systeme.

Die interdisziplinäre und partizipative Systemgestaltung durch Kommunikation, Kooperation und Integration – als neue Schlüsselkategorien – rückt ins Blickfeld. Sie bezieht den Patienten als Laien-Experten und als Ressourcenpotential in Diagnose, Behandlungsverlauf und -erfolg mit ein. Nach der WHO-Maxime „Gesundheit für alle bis zum Jahr 2000" (vgl. Kap. 49.1) tritt die Leitidee der Selbsthilfe und der Selbstbestimmung des einzelnen Menschen in den Vordergrund. Vorrangig soll die individuelle Lebensqualität des Bürgers in einer Gemeinde unter den Aspekten Selbstbestimmung und den damit verbundenen Bewältigungsressourcen gesichert werden; also eine gesundheitliche Versorgung, die am sozialen Umfeld des Menschen ansetzt und die sich an individuellen Lebensweisen und am individuellen Verlauf orientiert.

Die Steuerung dieses Wandels in sozialen Systemen benötigt deshalb vollkommen neue Managementinstrumente, so auch um die politische Arena „Krankenhaus" zu analysieren und darauf aufbauend weiterzuentwickeln, eine politische Arena, in der konfligierende Motive, Ziele, Machtstrategien der individuellen und korporativen Akteure (→) aufeinanderprallen.

5.2 Lernende Organisation – organisationales Lernen

Die Komplexität dieser neuen Aufgaben und Anforderungen verweist auf quantitative und qualitative Wandlungsprozesse zweiter Ordnung, also auf ganz grundlegende Transformationsprozesse. Mit dem **Konzept der organisatorischen Transformation** kann auf diese neuen Herausforderungen zukünftiger Umweltkonstellationen geantwortet werden. Eine neue Krankenhausvision muß sich auf diese zukünftigen Aufgaben konzentrieren (Tab. 5-1). Für das Management dieser fundamentalen organisatorischen Veränderungen wurde bis vor kurzem das **Konzept der Organisationsentwicklung** empfohlen. Heute dagegen wird in den unterschiedlichsten Wissenschaftsdisziplinen das **Managementmodell der lernenden Organisation** sowohl in der Wissenschaft als auch in der Praxis diskutiert. Der Fokus wird dabei

Tab. 5-1 Unterschiede zwischen Organisationsentwicklung und organisatorischer Transformation (nach *Staehle* 1991)

Organisationsentwicklung	Organizational Transformation
• keine Herausforderung des herrschenden Paradigmas	• Änderung des herrschenden Paradigmas
• beginnt mit Problem-Diagnose und Suche nach Lösungen	• beginnt mit einer neuen Vision oder einer Krise der alten
• zielorientiert	• zweckorientiert (neue Mission)
• Betonung von Werten, Normen, Einstellungen	• Betonung von Ideologie, Politik und Technik
• Einigung über Lösungen	• Ausrichten von Personen und Systemen
• gegenwartsorientiert	• zukunftsorientiert
• Kontinuität mit der Vergangenheit	• Beginn einer neuen Zukunft

A Gesundheitswesen im Wandel

auf das Lernen sozialer Systeme gerichtet; also nicht lediglich auf die lineare Addition individuellen Wissens, sondern auf die wechselseitigen Interaktionsprozesse von Individuen, Kollektiven und die emergenten Prozesse organisationalen Lernens, die etwas Neues entstehen lassen. Es geht nicht mehr vorrangig um den Transfer von Wissen, sondern um die **kollektive Konstruktion von Wissensstrukturen.** Dabei müssen Macht-, Führungs- und Kommunikationsstrukturen in ihren Handlungsroutinen hinterfragt und reflektiert werden.

Bei der Einführung eines neuen Stationskonzeptes oder einer neuen Behandlungsmethode geht es um vielschichtige Prozesse der Veränderung der individuellen und kollektiven Wissensbasis der Station, also um Umlernen, Verlernen, Neulernen.

Mit den Begriffen „lernende Organisation" und „organisationales Lernen" (Tab. 5-2) wird die gemeinsame Gestaltung von Veränderungsprozessen durch die Systemmitglieder, in diesem Falle die Mitarbeiter des Krankenhauses, beschrieben. So beispielsweise zwischen den auf einer Station zusammenarbeitenden Professionen, um „gemeinsam" den

5 Das Krankenhaus als lernende Organisation …

Tab. 5-2 Merkmale des organisationalen Lernens

Organisationsentwicklung	Lernende Organisation
• Wandel als Sonderfall/Ausnahme	• Wandel als Normalfall
• Wandel als separates Problem	• Wandel als Teil der Prozesse
• Direktsteuerung des Wandels	• Indirekte Steuerung des Wandels
• Wandel der Organisation und deren Mitglieder erfolgt durch Experten	• Wandel als generelle, flächendeckende Kompetenz der Organisation

Aufbau eines normativen Stationsleitbildes zu erstellen oder um einen ethischen Konsens über anstehende Behandlungs- oder Forschungsfragen zu erreichen. Hier werden Fragen der kollektiven Verantwortlichkeit virulent.

Das Schlagwort „lernende Organisation" durchläuft derzeit eine beachtliche Karriere und droht zu einem neuen Modebegriff der Managementlehre, nicht nur in den Wirtschaftswissenschaften, in den Organisationstheorien der Soziologie und Psychologie, sondern auch in den Gesundheits- und Pflegewissenschaften zu werden. *Chrobok* macht folgendes Definitionsangebot:

„Der organisatorische Wandel mit Organisationsprojekten und Maßnahmen der Organisationsentwicklung erfolgt durch bewußte Intervention (**Anpassungslernen**). Organisationales Lernen will den Wandel quasi automatisieren; er ‚ergibt' sich, sobald die Organisationskultur ein Lernklima bietet (**Veränderungslernen**). Wird Anpassungs- und Veränderungslernen reflektiert, um damit eine bewußte Gestaltung der Lernprozesse zu unterstützen, spricht man von **Prozeßlernen.**

Organisationales Lernen ist ein Prozeß, der die Fähigkeit einer Organisation fördert, ihre Zwecke und deren Erfüllung an geänderte Bedingungen zeitnah anzupassen. Das Konzept des organisationalen Lernens will das individuelle Lernen der Organisationsmitglieder durch offene Kommunikation koordinieren und das so entstehende kollektive Wissen für den stetigen organisatorischen Wandel abrufbar halten" (*Chrobok* 1996, 53).

A Gesundheitswesen im Wandel

Es ist schwierig, sich derzeit einen Überblick über den schillernden Begriff „organisationales Lernen" und „lernende Organisation" in allen interdisziplinären Varianten zu verschaffen. Jeder Managementtheoretiker und -autor sowie jeder Praktiker versteht etwas anderes unter einer lernenden Organisation. Die Bandbreite ist so zahlreich wie die bisher zum Thema „lernende Organisation" erschienenen Veröffentlichungen. Übereinstimmend wird hervorgehoben, daß die wissenschaftliche Theorienbildung sich noch im Aufbau befindet und daß man von einer ganzheitlichen **Theorie der lernenden Organisation** derzeit noch nicht sprechen kann. Vorläufig existieren nur einzelne, puzzleartige Ansätze zu einer Theorie der lernenden Organisation (vgl. *Reinhardt* 1993; zum Thema Krankenhaus *Borsi* 1994). Folgende Zusammenfassung gibt einen Überblick:

„In der Praxis versteht man eine lernende Organisation entweder im institutionalen Sinne als Organisations- bzw. Systemstruktur:
- die lernende Organisation ist ‚ein lebendiges soziales System';
- die lernende Organisation setzt sich aus ‚vernetzten Kommunikations- und Informationsstrukturen' zusammen;
- die lernende Organisation besteht aus ‚Strukturen, in denen die Mitarbeiter von sich aus (auch in Gruppen) den Anfordernissen folgen'

oder im funktionalen Sinne als Managementkonzeption:
- die lernende Organisation ist die ‚Basis aller Managementstrategien';
- die lernende Organisation ist ein Managementkonzept, das ‚Entscheidungen und Problemlösungen produziert';
- die lernende Organisation ist die ‚Keimzelle jeder Veränderung'" (*Güldenberg/Eschenbach* 1996, 6).

Im folgenden wird das Konzept der lernenden Organisation auf den Arbeitsort Krankenhaus bezogen. Hierzu wird das Krankenhaus als soziales, kulturelles und wissensbasiertes System definiert und das Managementmodell der lernenden Organisation dazu benutzt, eine Lernkultur zu entwickeln, die die notwendige Vernetzung der verschiedenen Wissenskulturen und/oder Berufsgruppen im Krankenhaus herstellt.

5.3 Lernmuster in der Krankenhauskultur

Soziale Organisationen, hier Krankenhäuser und Gesundheitsversorgungsstrukturen, entwickeln kollektives „Wissen" über sich selbst, über den Umgang miteinander, mit Menschen, Objekten, Sachzwängen und Technologien. Krankenhäuser bilden also ein „Organisationswissen" und ein „Organisationsgedächtnis", einen spezifischen Code mit unterschiedlichen, auch berufsständischen Sprachspielen und Handlungsroutinen, die oft bewußte und unbewußte Machtspiele enthalten. Organisationspraktiker kennen sicher aus eigener Erfahrung dieses sog. „Organisationsgedächtnis" und damit verbundene Probleme, Ängste und Widerstände beim Verlernen alter bewährter Handlungsmuster nach dem Motto „Das haben wir immer so gemacht!". Damit verbunden sind die Schwierigkeiten beim Erarbeiten, Implantieren und praktischen Umsetzen eines „neuen Interpretationssystems", wie neue Behandlungskonzepte, neue Stationskonzepte, neue Klinik- und Pflegeleitbilder. Auch die **neue Sichtweise auf den Patienten** kann als ein solches neues Interpretationssystem bezeichnet werden, das den Blick auf die notwendige **Patientenpartizipation** lenkt, die den Patienten als notwendigen Ko-Therapeuten aufwertet.

Der Patient gilt als **Behandlungspartner und Koproduzent,** d.h. er ist ein autonomes Subjekt, statt passives Objekt der Behandlung und Pflege.

Es geht dabei um vielschichtige Lernprozesse wie Neulernen, Verlernen und Umlernen dieses Organisationswissens, das in den Köpfen der Mitarbeiter sozusagen über die ganze Organisation verteilt und verstreut ist und ggf. verändert werden muß, um systemisches Handeln in kollektiven Arbeitsbeziehungen zu ermöglichen oder zu verbessern. In dieser Perspektive geht es in einer lernenden Organisation um den Aufbau und die Veränderung von Handlungsmustern und -routinen, die im **kollektiven Gedächtnis der Organisation** verankert sind. Dies kann auch mit dem Begriff „Krankenhauskultur" umschrieben werden.

5.4 Wir sind für unsere Wirklichkeiten verantwortlich

Folgt man einem Grundverständnis der sozialen Konstruktion von Wirklichkeit, also einer paradigmatischen Perspektive der interpretativen Organisationstheorie, so führt dieser Blickwinkel zu weitreichenden Implikationen und Gestaltungsoptionen für die **Gestaltung von Management,** von **Personalarbeit und Personalentwicklung** (Stichwort: kooperative, delegative Führungsmodelle und Führungsbeziehungen). Die Wirklichkeit unserer sozialen Welt, auch das Feld des Gesundheitssystems, kann in dieser paradigmatischen Sichtweise nur als eine interpretierte erfaßt werden, als von uns konstruierte und konstituierte Wirklichkeit, die von Interpretationen, Zuschreibungen und Beschreibungen abhängig ist. So entsteht ein Feld von verschiedenen subjektiven Wirklichkeitskonstruktionen, die in einem „System", d.h. in die „Konstruktion einer intersubjektiv geteilten institutionellen Wirklichkeit" integriert werden müssen und dort auch zur Entwicklung beitragen. Innerhalb der betriebswirtschaftlichen Managementlehre faßt *Probst* (1993) folgende Thesen über die Konstruktion sozialer Systeme prägnant zusammen:

„Die von uns wahrgenommenen Wirklichkeiten sind ‚erfundene'; wir sind für ihre Konsequenzen verantwortlich.

Soziale Systeme brauchen ein gemeinsames Fundament an intersubjektiv geteilten Wirklichkeitskonstruktionen. Diese ermöglichen es, Sinn und Identität des Systems zu erkennen und zur Bezugsgröße von Handlungen zu machen. Eine Wirklichkeit oder Wahrheit darf nicht als statisch betrachtet werden, sondern sie wird fortlaufend neu konstruiert.

Damit diese Wirklichkeitskonstruktion der Komplexität unserer Umwelt gerecht wird und die Akteure innerhalb des Systems wirklich Verantwortung tragen, müssen sowohl das System als auch jedes seiner Mitglieder tolerieren, daß neben der eigenen Wirklichkeitsvorstellung auch noch andere bestehen und deren Entwicklung begünstigen" (*Probst* 1993, 464).

Der Mitarbeiter wird also in dieser paradigmatischen Perspektive als Mit-Konstrukteur der Wirklichkeit gesehen, was eine Aufwertung der Bedürfnisse und Ziele der Mitarbeiter, auch eine neue Führungsethik notwendig macht.

5.5 Die lernende Organisation als Form der Personalentwicklung

Innerhalb einer stimmigen Krankenhausphilosophie, die die verschiedenen **Krankenhauskulturen** (Ärzte-, Pflege-, Verwaltung/Technik- und Patientenkultur) integriert, muß Personalentwicklung deshalb um ein **strategisches Gesamtkonzept der betrieblichen Gesundheitsförderung und Personalpflege** erweitert werden.

Dazu ist es notwendig, die (neuen) Bedürfnisse der Mitarbeiter auf- und anzunehmen, diese aber nicht als Störfaktoren zu beseitigen, sondern sie als Abbild der bunten Vielfalt einer pluralisierten Gesellschaft zu begreifen. Individuelles Lernen muß also mit Hilfe einer entwicklungsförderlichen Lernkultur und Kommunikationskultur zu einem organisationalen Lernen transformiert werden. Die **Entwicklungs- und Lernfähigkeit des Krankenhauses** erlangt eine neue Bedeutung und eine beträchtliche Aufwertung.

Das Krankenhaus-Management muß also individuelle und kollektive Wissenspotentiale verbinden und auch kreativ kombinieren.

Management kann, so gesehen, als Wissensmanagement dieser individuellen und kollektiven Wissensressourcen betrachtet werden, das die ständige Weiterentwicklung dieser (gesamten) organisatorischen Wissensbasis innerhalb des turbulenten Umfeldes „Deutsches Gesundheitssystem" sicherstellt (vgl. Abb. 5.1). Kollektives Wissen und Lernen in Organisationen kann nach *Güldenberg/Eschenbach* (1996, 8) durch folgende Maßnahmen gefördert werden:
- „Kontinuierliche Verbesserung in Lernteams;
- Selbstorganisierende Projekt- und Produktionsgruppen;
- Koordinationskreise;
- Betriebliches, gruppenorientiertes Vorschlagswesen;
- Abbau von Hierarchie-, Funktions- und persönlichen Grenzen;
- Förderung der formellen wie informellen Kommunikation."

Die Betrachtungsweise der lernenden Organisation als wissensbasierendes System grenzt sich somit von neueren Strömungen der Organisationstheorie, den Evolutions- und Organisationskulturmodellen, ab. Der Aufbau und die Weiterentwicklung dieser organisationsinternen, berufsgruppen-

A Gesundheitswesen im Wandel

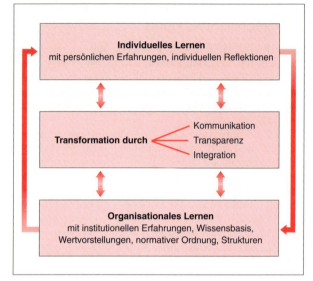

Abb. 5-1 Zusammenhänge zwischen individuellem und organisationalem Lernen

übergreifenden Wissensbasis des Krankenhauses führt zu **neuen Fort- und Weiterbildungskonzepten,** die das Lernen sozialer Systeme zugrunde legen. *Probst/Büchel* (1994, 17) verstehen unter organisationalem Lernen einen „Prozeß der Erhöhung und Veränderung der organisationalen Wert- und Wissensbasis, die Verbesserung der Problemlösungs- und Handlungskompetenz sowie die Veränderung des gemeinsamen Bezugsrahmens von und für Mitglieder innerhalb der Organisation".

Durch ein entwicklungsorientiertes Management kann ein kultureller Lern- und Entwicklungsprozeß angestoßen werden, der flexibles Denken und Handeln sowie das Reflektieren verschiedenartigster, auch alternativer Wirklichkeitswahrnehmungen eröffnet.

Diese Flexibilisierung der kognitiven Strukturen, die erst organisationales Lernen ermöglichen, kann nur durch eine Selbstorganisationsperspektive erreicht werden. Jeder beteiligte Mitarbeiter des Krankenhauses wird dadurch (potentieller) Mitgestalter. Dies führt zu „fluktuierenden Hierarchien" im Sinne von *Klimecki et al.* (1994, 88) oder, anders bezeichnet, zu „Heterarchie", die Verantwortungs- und Kompetenzbereiche über das gesamte System verteilt.

5.6 Zusammenfassung

Durch die Anerkennung des „social construction paradigm", also der Auffassung der sozial konstruierten Realität (vgl. Kap. 5.4) in der Arbeitsorganisation Krankenhaus, wird der Mitarbeiter als Experte seiner eigenen Arbeitsumwelt aufgewertet. Das Alltagslernen vor Ort durch den „heimlichen Lehrplan des Betriebes" erlebt eine neue Renaissance. Die Bedeutung der **Kontextgestaltung** wird dadurch zentral hervorgehoben, was vielfältige Auswirkungen auf die Fort- und Weiterbildungsangebote haben kann. Der Denk- und Gestaltungsansatz „lernende Organisation" verknüpft deshalb die individuellen und organisatorischen Lernebenen, -muster und verschiedenen Lernforen.

Das Managementkonzept „lernende Organisation" lenkt den Blick auf die systemtheoretische Erkenntnis, daß das Ganze nicht nur mehr, sondern etwas anderes ist als die Summe seiner Teile. Bezogen auf vorliegenden Themenkomplex bedeutet dies beispielsweise, die 4 Krankenhauskulturen (Kap. 5.5) zu koordinieren und als Teilleitbilder in eine übergeordnete Krankenhausphilosophie zu integrieren. Durch diese Perspektive wird der Fokus verstärkt auf die Kommunikation, Koordination und die Integration dieser Teile oder Systemkomponenten gerichtet; hier also auf die Integration der Wissensstrukturen der verschiedenen Berufsgruppen im Krankenhaus (sog. Organisationswissen).

Von zentraler Bedeutung in diesem Zusammenhang ist die Aussage der Systemtheorie, daß nur durch Kommunikation die Interferenz dieser Wissensstrukturen der verschiedenen Berufsgruppen und -kulturen gewährleistet ist. Damit wird eine **neue Kommunikationskultur** unter gleichwertigen professionellen Experten angestrebt, die von einer dialogorientierten kommunikativen Ethik ausgeht.

A Gesundheitswesen im Wandel

Literatur

Borsi, G. M., Das Krankenhaus als lernende Organisation. Zum Management von individuellen, teambezogenen und organisationalen Lernprozessen. Heidelberg 1994.

Borsi, G. M., Neue Fragen zum Begriff „Personalentwicklung im Krankenhaus". In: *Hoefert, H.-W.; Büssing, A.; Füllgraff, G.-M.; Rosemeier, H. P.* (Hrsg.), Führung und Management in Krankenhäusern und Kliniken. Göttingen 1996.

Chrobok, R., Organisationales Lernen. zfo-Stichwort, zfo, Heft 1, 1996, 52–53.

Güldenberg, S.; Eschenbach, R., Organisatorisches Wissen und Lernen – erste Ergebnisse einer qualitativ-empirischen Erhebung. zfo, Heft 1, 1996, 4–9.

Huber, E. E., Das Gesundheitssystem neu denken! Forum Public Health Nr. 10, 1995, 8–10.

Klimecki, R.; Probst, G.; Eberl, P., Entwicklungsorientiertes Management. Stuttgart 1994.

Probst, G., Organisation. Strukturen, Lenkungsinstrumente, Entwicklungsperspektiven. Landsberg am Lech 1993

Probst, G.; Büchel, B., Organisationales Lernen. Wiesbaden 1994.

Reinhardt, R., Das Modell Organisationaler Lernfähigkeit und die Gestaltung lernfähiger Organisationen. Frankfurt a. M. 1993.

Schreyögg, G.; Noss, Ch., Organisatorischer Wandel: Von der Organisationsentwicklung zur lernenden Organisation. Die Betriebswirtschaft 55, Heft 2, 1995, 169–185.

Staehle, W., Management. Eine verhaltenswissenschaftliche Perspektive. München, 6. Aufl. 1991.

6 Einführung eines Erfolgssteuerungsinstrumentes am Beispiel des Universitätsklinikums Magdeburg

Veronika Rätzel und Anke Bindemann

6.1 Ausgangssituation am Universitätsklinikum Magdeburg

Die Kliniken der Otto-von-Guericke-Universität Magdeburg gingen aus den ehemaligen Sudenburger Krankenanstalten hervor, die zum Ende des 19. Jahrhunderts im Süden Magdeburgs entstanden sind. 1954 wurde eine eigenständige Medizinische Hochschule unter der Bezeichnung „Medizinische Akademie Magdeburg" gegründet.

Durch Beschluß des Landes Sachsen-Anhalt wurden im Jahr 1993 die 3 in Magdeburg ansässigen eigenständigen Hochschulen in die Otto-von-Guericke-Universität Magdeburg überführt. Seitdem ist auch die ehemalige Medizinische Akademie als Medizinische Fakultät deren Bestandteil.

Derzeit gehören zum Universitätsklinikum 30 Kliniken, die teilweise in Medizinischen Zentren zusammengefaßt sind, 14 klinisch-theoretische Institute, 6 vorklinische Institute und die entsprechenden Betriebseinheiten, wie die Zentrale Apotheke, das Medizinische Rechenzentrum, das Medizintechnische Servicezentrum sowie eine Berufsfachschule zur Ausbildung in Krankenpflegeberufen und in medizinisch-technischen Berufen.

Der zum Zeitpunkt der Wiedervereinigung überhöhte Bettenbestand von 1919 Betten im Jahr 1989 wurde durch Abbau sukzessive auf derzeit 1314 Betten zurückgeführt. Diese Zahl entspricht den Empfehlungen des Wissenschaftsrates, der den durchschnittlichen Bettenbestand an Universitätsklinika bei 1350 sieht.

Trotz des Bettenabbaus haben die stationären Fallzahlen 1996 einen neuen Höchststand seit 1990 erreicht. Damit ein-

A Gesundheitswesen im Wandel

her geht eine Senkung der Verweildauer von 13,4 Tagen im Jahr 1990 auf 10,07 Tage im Jahr 1996 (vgl. Abb. 6-1).

Ausgelöst durch die Überlegungen der Kultusministerkonferenz, die Eigenständigkeit der Universitätsklinika zu erhöhen und unter Beachtung der derzeit knappen öffentlichen Gelder zum weiteren Ausbau der Universitätsklinika, insbesondere in den neuen Ländern, hat das Land Sachsen-Anhalt mit dem neuen „Gesetz zur Entwicklung der medizinischen Fachbereiche" den Versuch unternommen, die Voraussetzungen für eine **effektivere Wirtschaftsführung** der beiden Universitätsklinika des Landes Sachsen-Anhalt zu schaffen. Kerngedanke ist dabei die Übertragung von Kompetenzen in der Mittel- und Stellenbewirtschaftung sowie bei der Durchführung von Baumaßnahmen. Das Gesetz sieht vor, daß spätestens im Jahr 2000 eine Evaluierung der Wirksamkeit der Regelungen erfolgen soll. Als Zielbettenzahl wurde die Zahl von 1000 Betten bis zum Jahr 2000 neu definiert.

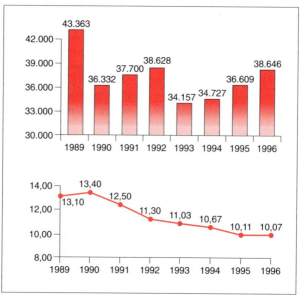

Abb. 6-1 Entwicklung der Belegungsdaten

6.2 1993 – Wendepunkt durch gesetzliche Änderungen und interne Umstrukturierungen

Das Universitätsklinikum Magdeburg wurde nach der Wiedervereinigung und der Neugründung der Länder zunächst kameralistisch als Bestandteil des Landeshaushaltes geführt. Durch die konsequente Bindung an die kameralistische Titelstruktur (ein Titel ist vergleichbar mit einem Konto in der kaufmännischen Buchführung) war eine interne Steuerung im Sinne der Umwidmung von Kostenarten als Reaktion auf veränderte Leistungserbringungen dem Grunde nach nicht möglich.

Bereits in den Jahren 1990/91 begann das Klinikum auf der Basis eines Krankenhausinformationssystems (KIS) mit dem Ausbau eines klinikumsweiten Rechnernetzes. Damit waren die Voraussetzungen geschaffen, mit dem Umstieg auf das kaufmännische Rechnungswesen ab dem 1.1.1993 die notwendigen DV-Subsysteme für die Betriebswirtschaft zu installieren. Diese waren im einzelnen:

- Patienteninformationssystem
- Finanzbuchhaltung mit Anlagenbuchhaltung
- Kostenrechnung
- Materialwirtschaft
- Zentrale Apotheke

Weitere Bausteine des Krankenhausinformationssystems, wie das Labordatensystem und das Radiologiesystem, wurden zwischenzeitlich installiert, womit auch die konkrete Leistungserfassung in diesen Bereichen gewährleistet werden konnte. Bisher nicht durch DV-Subsysteme ausgestattete Leistungsbereiche werden durch ein belegleserfähiges Formularwesen erfaßt. (Die Anforderung der Leistung erfolgt auf einem Beleg, welcher nach der Einbringung der Leistung zentral über einen Belegleser in das DV-System der Kostenrechnung eingelesen wird.)

Mit der Einführung der betriebswirtschaftlichen Software wurde die Verwaltung, insbesondere die Finanzbuchhaltung, umstrukturiert, die Abteilung Kosten- und Leistungsrechnung geschaffen sowie die Abteilung Controlling als Stabsstelle des Verwaltungsdirektors etabliert. Damit waren die **technischen Voraussetzungen** für ein durch das Gesundheitsstrukturgesetz 1993 erforderlich gewordenes **internes Steuerungssystem** gegeben.

6.3 Entwicklung des internen Steuerungssystems

Mit der **Abkehr vom Selbstkostendeckungsprinzip** und der Deckelung des mit den Krankenkassen verhandelten Budgets entstand die Notwendigkeit, durch interne Steuerungsmaßnahmen mit den vorhandenen Finanzmitteln die geplanten Leistungsmengen sicherzustellen.

Hierzu war schnellstmöglich ein **internes Steuerungssystem** zu installieren, welches sowohl dem Klinikumsvorstand als auch den Klinik- und Institutsdirektoren sowie den Leitern der Zentralen Bereiche die Möglichkeit bot, Entwicklungen im Leistungs- und Kostengeschehen so frühzeitig zu erfahren, daß eine effektive Beeinflussung noch erfolgen konnte.

6 Einführung eines Erfolgssteuerungsinstrumentes ...

Ausgangspunkt dieses internen Steuerungssystems war die Definition der Aufgaben des Universitätsklinikums Magdeburg, welche sich in Kurzform wie folgt zusammenfassen lassen:

Das **Ziel** ist es, **Forschung, Lehre** und **Krankenversorgung auf höchstem Standard** mit **größtmöglicher Wirtschaftlichkeit** zu erbringen. Dies sollte ebenfalls im Einklang mit der **Schaffung angenehmer Arbeitsbedingungen** für die Mitarbeiter und der **Gewährleistung der Umweltverträglichkeit** geschehen.

Aus heutiger Sicht kann gesagt werden, daß bisher alle Jahresabschlüsse „schwarze Zahlen" auswiesen. Die steigenden Fallzahlen im stationären Bereich lassen darauf schließen, daß die Patienten mit der Qualität der Behandlung am Universitätsklinikum Magdeburg zufrieden sind; die Studenten liegen mit ihren Studienabschlüssen oberhalb des Durchschnittes, und auch die Arbeitsbedingungen der Mitarbeiter konnten in den letzten Jahren deutlich verbessert werden.

Diese **Erfolgsbilanz** ist nicht zuletzt auf die Wirkung des seit 1993 sukzessive eingeführten und permanent überarbeiteten und erweiterten internen Steuerungssystems zurückzuführen. Es setzt sich aus den Teilen Aufwandssteuerung, Ertragssteuerung, Leistungssteuerung, Liquiditätssteuerung und Qualitätssicherung zusammen, wobei sich die Schwerpunkte innerhalb dieser 5 Bausteine in den letzten Jahren verschoben haben.

Berücksichtigung der Belange von Forschung und Lehre

Ein großer Teil der Aufgaben eines Universitätsklinikums besteht in der Ausbildung der Studenten und der Facharztausbildung sowie in der aktiven Forschung. Diese Spezifika grenzen ein Universitätsklinikum grundsätzlich von anderen Krankenhäusern, auch von Krankenhäusern der Maximalversorgung, ab. Es bestehen Verknüpfungen zwischen allen Kliniken und Instituten. Gleichzeitig mit der Behandlung des Patienten findet auch Forschung und Lehre statt. Eine Abgrenzung, wann die Behandlung des Patienten in Forschung oder Lehre übergeht, bzw. ab wann diese Prozesse gleichzeitig stattfinden, ist nicht möglich.

Eine weitere Abweichung von anderen Krankenhäusern besteht darin, daß die Universitätskliniken gemäß § 117 SGB V in dem für Forschung und Lehre erforderlichen Umfang zur ambulanten Patientenbehandlung zugelassen sind. Hierdurch entstehen Kosten, die durch die begrenzte pauschalierte Vergütung der Kassenärztlichen Vereinigungen in keiner Weise gedeckt werden und durch den Landeszuschuß für Forschung und Lehre aufgefangen werden müssen.

Bisher ist eine eindeutige Trennung der Kosten der stationären Patientenversorgung, der ambulanten Patientenversorgung und der von Forschung und Lehre verursachten Kosten nur bedingt möglich. Eine der **Hauptaufgaben des internen Steuerungssystems** besteht daher darin, eine weitestmögliche **Zuordnung der Aufwendungen** zu den 3 Säulen stationäre Behandlung, ambulante Behandlung und Forschung und Lehre zu ermöglichen, da nur, wenn die Ursachen der Aufwendungen bekannt sind, eine effektive Steuerung erfolgen kann.

Am Universitätsklinikum Magdeburg wird gegenwärtig ein Modell der Kostenzuordnung entwickelt. Anregungen hierzu werden auch durch das vom Bundesministerium für Bildung, Wissenschaft, Forschung und Technologie und vom Bundesministerium für Gesundheit ausgeschriebene Gutachten zur Ermittlung der Kosten von Forschung, Lehre und Krankenversorgung in der klinischen Hochschulmedizin erwartet (Ausschreibung in „Die Zeit" vom 12.4.1996).

6.4 Aspekte des internen Steuerungssystems

6.4.1 Aufwandssteuerung

Die Aufwandssteuerung war bisher Schwerpunkt der internen Aktivitäten. Sie ist als ständiger **Kreislauf** zwischen
- Budgetierung,
- Soll-Ist-Vergleichen
- und Analysen und Gegensteuerungsmaßnahmen zu sehen.

Budgetierung

Mit der Installierung der o.g. DV-Subsysteme war ab 1993 die Zuordnung der Kosten und Leistungen zu den einzelnen Kostenstellen möglich. Den Kliniken, Instituten und Zentralen Bereichen konnten somit 1993 erstmals Budgets vorgegeben werden. Zunächst geschah dies nur für die größte Kostenart im Sachkostenbereich, den Medizinischen Sachbedarf. Bis zum Jahr 1997 wurden in die Budgetierung alle Sachkostenarten einbezogen, die von den Kliniken und Instituten direkt beeinflußt werden können.

Die **Budgetierung** erfolgt **im Gegenstromverfahren** mit Bottom-up-Eröffnung, d.h. die Kliniken und Institute mit medizinischen Versorgungsaufgaben planen den aus ihrer Sicht erforderlichen Aufwand in Abhängigkeit von der geplanten Leistungsmenge. Zu diesen Planungen findet jeweils ein Gespräch bei der Verwaltungsdirektorin statt, in welchem diese Zahlen nochmals diskutiert werden. Nach Vorliegen aller Zuarbeiten werden diese mit den verwaltungsintern für das gesamte Universitätsklinikum geplanten sonstigen Sachkostenarten (z.B. Wäsche, Reinigung) und den Personalkosten zu einem Gesamtbudget zusammengefaßt und geprüft, ob die verfügbaren Einnahmen zur Deckung des Gesamtbudgets ausreichen. Nach dieser Prüfung wird ein Vorschlag zur Budgetvergabe erarbeitet und dem Klinikumsvorstand zur Entscheidung vorgelegt. Dieser reicht die Budgets an die Kliniken und Institute mit medizinischen Versorgungsaufgaben aus.

Die Budgetierung für die vorklinischen Institute erfolgt seit 1997 auf der Grundlage eines von der Forschungskommission entwickelten Vergabesystems, welches zum einen den erforderlichen Basisbedarf für die vorklinischen Institute sichert. Zum anderen bewertet es die erbrachten Leistungen (z.B. eingeworbene Drittmittel oder Publikationen). Budgetiert wird ein **Verfügungsrahmen**, welcher als Gesamtsumme in den Kostenarten Medizinischer Sachbedarf, Wirtschafts- und Verwaltungsbedarf, Möbel und Geräte bis DM 800,– verausgabt werden kann.

Soll-Ist-Vergleiche

Die Kontrolle der Einhaltung der ausgereichten Budgets erfolgt für die Kliniken und Institute durch monatliche Soll-Ist-Vergleiche. Die Leiter der Bereiche erhalten hierzu monatlich einen Bericht, aus welchem jeweils die zeitanteilige Auslastung der Budgets in den verschiedenen Sachkostenarten hervorgeht.

A Gesundheitswesen im Wandel

Analysen und Gegensteuerungsmaßnahmen

Bei Überschreitung des zeitanteiligen Budgets um mehr als 5% werden gemeinsam mit den verantwortlichen Klinik- und Institutsdirektoren die Ursachen analysiert, z.B. durch ABC-Analysen (→) in den DV-Systemen der Zentralen Apotheke und der Materialwirtschaft. Es werden Maßnahmen definiert, wie eine Gegensteuerung erfolgen kann. Bei den periodischen monatlichen Kontrollen wird gleichzeitig geprüft, ob die vereinbarten Maßnahmen wirksam waren, ggf. werden weitere Festlegungen getroffen.

In den vergangenen Jahren konnte eine deutliche Zunahme des Kostenbewußtseins in allen Bereichen verzeichnet werden.

Der Klinikumsvorstand wird im Monatsbericht der Abteilung Controlling ebenfalls aktuell über die Entwicklung der Belegungsdaten, der Kosten und Aufwendungen gesamt und in den einzelnen Bereichen sowie über die Entwicklung der Personalzahlen informiert (vgl. Abb. 6-2).

Ursache für den in Abbildung 6-2 ersichtlichen rasanten Anstieg der Sachkosten ist die Ausweitung des Leitungsspek-

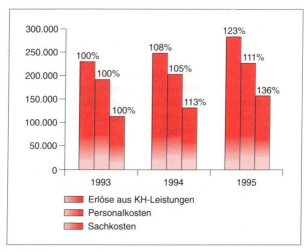

Abb. 6-2 Entwicklung der Personalkosten, Sachkosten und der Erlöse aus Krankenhausleistungen

trums des Universitätsklinikums Magdeburg. Durch die in den Jahren 1993 bis 1995 im Zusammenhang mit der personellen Erneuerung der Hochschulen in den neuen Bundesländern durchgeführten Neuberufungen der Professoren in fast allen Fachgebieten wurden zum Teil völlig neue Behandlungseinheiten, z.B. die Klinik für Herz- und Thoraxchirurgie, installiert. Diese Entwicklung hat naturgemäß einen Anstieg der Kosten im Medizinischen Sachbedarf zur Folge, welcher aufgrund der Leistungserweiterungen als Aufwuchs auf das gedeckelte Budget mit den Krankenkassen verhandelt werden konnte.

Bemühungen des Universitätsklinikums, ein **Anreizsystem** (Bonus-Malus-System) einzuführen, sind bisher in Sachsen-Anhalt an den haushaltsrechtlichen Vorschriften gescheitert.

Denkbar ist hier, bei Unterschreitung der leistungsabhängigen Budgets einen noch zu definierenden Prozentsatz z.B. zur Beschaffung von Möbeln und Geräten oder zur Nutzung als Reisekosten freizugeben. Im Fall der Überschreitung des leistungsabhängigen Budgets könnten Investitionsmittel oder Reisekosten gekürzt werden.

Es wird erwartet, daß sich mit der neuen Gesetzeslage hier weitere Freiräume für die Universitätsklinika in Sachsen-Anhalt ergeben.

Bisher wurde auf die **Budgetierung der Personalkosten** am Universitätsklinikum Magdeburg bewußt **verzichtet.** Durch die stringenten Vorgaben des Landes zur Gestaltung und Bewirtschaftung des Stellenplanes war eine flexible Umwidmung von Stellen und Personalkosten im laufenden Haushaltsjahr nicht möglich. Die Steuerung erfolgte deshalb ausschließlich über den Stellenplan, welcher die Anzahl der Stellen je Bereich nach Dienstarten und Vergütungsgruppen definiert.

Kostenprobleme wurden über eine gezielte Einstellungspolitik beeinflußt. Gemäß dem neuen Gesetz soll der Stellenplan nicht mehr wie bisher Bestandteil des Landeshaushaltsplanes sein, sondern intern im Universitätsklinikum geführt werden. Dies ermöglicht wesentlich schnellere Reaktionen auf Leistungsveränderungen in den Bereichen durch Stellenneuzuordnungen bzw. Stellenhebungen oder -senkungen.

A Gesundheitswesen im Wandel

Ein weiterer Aspekt innerhalb der Aufwandssteuerung ist die permanente **Prüfung zur Konzentration der Leistungserbringungen** im Universitätsklinikum und die Prüfung von **Einsparmöglichkeiten** durch die **Fremdvergabe von Leistungen.**

 So wurden bisher Wasch- und Reinigungsleistungen, Patiententransporte, Grünanlagenpflege sowie die Bewachung des Geländes an fremde Dienstleister vergeben.

6.4.2 Ertragssteuerung

Die Ertragssteuerung erfolgt in bezug auf die stationären Leistungen, welche den überwiegenden Teil der Gesamterträge verursachen, im Rahmen der Leistungssteuerung, da die stationären Erträge unmittelbare Folge der stationär erbrachten Leistungen sind. Die zweitgrößte Ertragsposition, der Landeszuschuß, ist eine fixe Größe pro Jahr und Steuerungsaktivitäten nicht zugänglich.

Alle weiteren Ertragspositionen, z.B. Einnahmen aus ambulanten Leistungen, aus Nebentätigkeit der Chefärzte, aus Leistungserbringung für andere Einrichtungen und für Mitarbeiter (Mitarbeiterverpflegung, Kindertagesstätte, Berechnung der Gebühren für private Telefonate) werden permanent hinsichtlich der Erschließung weiterer Ertragsquellen geprüft.

 So wurden Apothekenversorgungsverträge abgeschlossen, die Leistungserbringung für andere Krankenhäuser (z.B. in der Nuklearmedizin oder im Bereich der Blutbank) forciert, die Möglichkeiten zur Erbringung der Wahlleistungen 1- und 2-Bett-Zimmer verbessert.

6.4.3 Leistungssteuerung

 Mit der Einführung der Bundespflegesatzverordnung 95 tritt die Leistungssteuerung an die **erste Stelle innerhalb des internen Steuerungssystems.** Die Ursache liegt darin, daß für Leistungen, die über den vereinbarten Rahmen hinaus erbracht werden, keine bzw. nur eine geringe Erstattung erfolgt. Wird der vereinbarte Leistungsrahmen unterschritten, wird das Budget um einen bestimmten Prozentsatz gekürzt. Dieser Satz ist so hoch, daß er deutlich in den Fixkostenbereich eingreift und somit direkte Verluste verursacht.

6 Einführung eines Erfolgssteuerungsinstrumentes ...

Eine besondere Bedeutung kommt daher einer möglichst **treffsicheren Planung** der innerhalb eines Jahres zu erbringenden Fallpauschalen, Sonderentgelte, vor-, nach- und teilstationären Behandlungen, Abteilungs- und Basispflegesätze zu. Die mengenmäßige Planung der Fallpauschalen und Sonderentgelte erfolgte erstmals im Jahr 1996 auf der Grundlage der Einschätzung der Klinikdirektoren. Problematisch war hier, daß keinerlei Erfahrungswerte vorlagen. Die Ist-Zahlen für 1996 weichen daher auch in erheblichem Maße von den Plangrößen ab, da das Eintreffen bestimmter Kombinationen von Diagnosen- und Operationsschlüsseln nicht vorhersehbar war. Bisher konnten derartige Verschiebungen innerhalb des Gesamtbudgets des Universitätsklinikums aufgefangen werden.

Seit 1996 wird im Sinne eines permanenten Überwachungssystems monatlich ein Soll-Ist-Vergleich aller stationären Entgeltformen für das gesamte Universitätsklinikum und je Klinik durchgeführt. Diese Auswertung wird den Klinikdirektoren zur Verfügung gestellt. Ausgewiesen wird ebenfalls die Verweildauer gesamt und die Verweildauer je Fallpauschale. Hierbei hat sich bereits gezeigt, daß die planmäßige Verweildauer bei den Fallpauschalen gemäß der Festlegung in der Bundespflegesatzverordnung im Universitätsklinikum Magdeburg nicht immer zu erreichen ist. Die Ursache liegt hier vor allem darin, daß zumeist ältere und mehrfach kranke Patienten eingewiesen werden.

Als Schwerpunkt der Weiterentwicklung des internen Steuerungssystems wird 1997 die interne Leistungsverrechnung gesehen. Bisher wurden die Sekundärleistungen zwar nach erbringender und empfangender Kostenstelle erfaßt, eine Mitteilung dieser Zahlen an die Klinik- und Institutsdirektoren erfolgte jedoch nicht. In diesem Bereich existiert noch ein großes Einsparpotential.

Geplant ist zunächst eine monatliche Mitteilung an die Klinik- und Institutsdirektoren, welche Kosten für den Bezug von Sekundärleistungen aus den einzelnen Bereichen angefallen sind (z.B. Labor, Radiologie, Mikrobiologie, Pathologie, Anästhesie etc.). Ab 1998 wird auch für Sekundärleistungen ein Budget vergeben.

6.4.4 Liquiditätssteuerung

Als weiterer Bestandteil des internen Steuerungssystems ist die Liquiditätssteuerung anzusehen, welche sowohl **aufwands- als auch ertragsseitig** betrieben wird.

Die Begleichung der Verbindlichkeiten wird durch das Finanzbuchhaltungssystem exakt zu den in der Rechnung genannten Fristen, unter **Nutzung von** eingeräumten **Skonti-Fristen,** veranlaßt. Bei Zahlung von Jahresbeiträgen, z.B. bei Versicherungen und Wartungsverträgen, wurden monatliche bzw. quartalsweise Abschlagszahlungen vereinbart.

Das **Forderungsmanagement** entspricht den in der freien Wirtschaft üblichen Verfahrensweisen: Da der überwiegende Teil der Erträge aus der Behandlung stationärer Patienten resultiert, wurde ein Arbeitsablauf organisiert, der gewährleistet, daß die Entlaßscheine sofort nach der Entlassung der Patienten von den Kliniken an die Verwaltung übersandt werden, so daß die Rechnungslegung innerhalb kürzester Zeit an die Krankenkassen erfolgen kann. In einer internen Richtlinie wurde die Verfahrensweise und der zeitliche Ablauf des außergerichtlichen und gerichtlichen **Mahnwesens** eindeutig definiert. Bei gerichtlichen Mahnverfahren werden die Mitarbeiter der Finanzbuchhaltung im Bedarfsfall durch die Rechtsabteilung des Universitätsklinikums unterstützt.

Problematisch ist die Realisierung von Forderungen bei **ungeklärtem Krankenversicherungsverhältnis** der Patienten bzw. bei unklarem Versicherungsverhältnis ausländischer Patienten. Hier erstreckt sich der Schriftwechsel mit diversen in- bzw. ausländischen Krankenkassen oft über mehrere Monate.

Durch die ständige Kontrolle und Steuerung der Bestände an Forderungen und Verbindlichkeiten war es in der Vergangenheit nur in Ausnahmefällen erforderlich, kurzzeitige Kredite von der Regierungsbezirkskasse des Landes Sachsen-Anhalt abzufordern.

6.4.5 Qualitätssicherung

Ein weiterer Baustein im internen Steuerungssystem ist die Qualitätssicherung. Generell ergibt sich bereits aus den §§ 70 und 137 SGB V die Verpflichtung, eine bedarfsgerechte und gleichmäßige Versorgung der Patienten, die die neuesten Erkenntnisse berücksichtigt, zu gewährleisten sowie

Maßnahmen zur Qualitätssicherung vorzunehmen. Hierzu gibt es im Universitätsklinikum Magdeburg mehrere Ansatzpunkte:
- Mitarbeit der Klinikdirektoren in diversen Fachgesellschaften und Forschungsarbeit, um sicherzustellen, daß medizinische Fortschritte und neue Behandlungsmöglichkeiten den Patienten sofort zugute kommen
- kontinuierliche Optimierung der internen Arbeitsabläufe zwischen ärztlichem, pflegerischem und Verwaltungsbereich
- permanente Fort- und Weiterbildung der Mitarbeiter
- Akkreditierung des Zentrallabors nach DIN EN 45001; die Zentrale Apotheke strebt ebenfalls eine Zertifizierung an
- Qualitätszirkel in den Pflegebereichen
- Modellprojekte zur Qualitätssicherung im ärztlichen Bereich (Peri- und Neonatologie, Operation von Gallenblasen); auch klinikinterne Projekte

6.5 Perspektive zur Weiterentwicklung des internen Steuerungssystems

Das Universitätsklinikum Magdeburg hat mit den beschriebenen Strukturen und technischen Voraussetzungen die Grundlagen für eine zukunftsorientierte Steuerung der Betriebsprozesse geschaffen und in den Jahren ab 1993 erfolgreich angewandt.

Grenzen der ökonomischen Steuerung werden auch zukünftig durch nicht konkret planbare Patientenzuweisungen in der Funktion als Krankenhaus der Maximalversorgung bestehenbleiben.

Ein internes Steuerungssystem ist nicht als statische Größe zu sehen, sondern unterliegt einer ständigen Anpassung an die internen und externen Umweltbedingungen. In der nächsten Zeit sind folgende Probleme zu lösen:
- **Ausbau der Leistungserfassung, Leistungsplanung und -überwachung:** Die Einführung der DV-Subsysteme „Arzt-Arbeitsplatz" und „Pflegedokumentation" ist in Vorbereitung.
Die Abteilung Kosten- und Leistungsrechnung arbeitet zur Zeit an der Verfeinerung der Planungsmethoden, um zukünftig eine Abweichung der geplanten Leistungszahlen unter 5% je Klinik zu halten.

A Gesundheitswesen im Wandel

- **Einführung eines Personalmanagementsystems:** Die bisherige Situation, daß alle Auswertungen im Personalbereich, z.B. Fluktuation, Krankenstand, Altersstruktur der Mitarbeiter, umfangreiche manuelle Arbeiten voraussetzen, wird sich mit der Einführung des Personalmanagementsystems 1997 grundsätzlich ändern. Hieraus werden neben der Erleichterung der täglichen Arbeit im Personalbereich auch Ansatzpunkte zur flexibleren Personalbewirtschaftung sowie aufgrund der variablen Analysemöglichkeiten langfristige Einsparungen im Personalkostenbereich (z.B. Abbau von Überstunden) resultieren.
- **Ausbau der Profit-Center-Rechnung:** Zur Zeit wird daran gearbeitet, eine leistungsgerechte Zuordnung aller Aufwendungen und Erträge zu den Kliniken und Instituten vorzunehmen. Dies schließt den Ausbau der innerbetrieblichen Leistungserfassung und einer Umlage für alle Vorkostenstellen ein. Auf diesem Wege wird es möglich, genau zu ermitteln, ob eine Klinik „rote" oder „schwarze" Zahlen schreibt. Damit stehen dem Management Informationen beispielsweise zur künftigen Bettenplanung zur Verfügung. Den Klinikdirektoren soll diese Information weitere Anregungen zur Beeinflussung der Wirtschaftlichkeit der Leistungsprozesse in ihren Kliniken geben. Allerdings gibt es hier noch eine Reihe von Problemen zu lösen, z.B. die Frage, nach welchen Kriterien den Kliniken Teile des Landeszuschusses für Forschung und Lehre zugeordnet werden können.

  Um die Profit-Center-Konzeption effektiv und sinnvoll zu gestalten, ist auch die Schaffung bestimmter Entscheidungsfreiräume für die Leiter (z.B. die Möglichkeit zur Umwidmung zwischen Personal- und Sachkosten) erforderlich. In engem Zusammenhang ist daher die Installierung eines Anreizsystems zu sehen.

Zusammenfassend läßt sich sagen, daß die ständige Weiterentwicklung der medizinischen Behandlungsmethoden und -geräte eine weitere Erhöhung der Ausgaben im Gesundheitswesen bewirken wird.

In dieser Situation, dem Spannungsfeld zwischen Anspruch auf optimale Leistung und Finanzierbarkeit der Leistungen, trägt ein internes Steuerungssystem wesentlich dazu bei, die Existenz des jeweiligen Krankenhauses zu sichern. Die überwiegende Zahl der Krankenhäuser und Universitätskliniken hat mit der Installierung derartiger Systeme bereits begonnen. Sie sollten ausgebaut, erweitert und den veränderten Rahmenbedingungen angepaßt werden.

7 Umgang mit Rechtsunsicherheit und Gesetzesinflation am Beispiel der Pflegesatzverhandlungen

Bernd Molzberger

7.1 Krankenhäuser im „Irrgarten gesetzlicher Bestimmungen"

Der Sachverständigenrat für die konzertierte Aktion im Gesundheitswesen (SVRKAiG) stellte 1994 in den Ergebnissen eines Sondergutachtens **„Gesundheitsversorgung und Krankenversicherung 2000"** zu den Strukturen einer zukünftigen Steuerung im Gesundheitswesen fest: „Die gemeinsame Selbstverwaltung von Kostenträgern und Leistungserbringern wird zur Wahrnehmung übergreifender Aufgaben tätig. Sie kann damit staatliche Eingriffe ersetzen bzw. mit der Wahrnehmung staatlicher Aufgaben betraut werden. Lenkung durch den Staat erfolgt vornehmlich durch Gesetze. Strittig ist, wann und wie der Staat eingreifen soll. Versteht man den Gesundheitssektor als eigenständigen Teilsektor, so sind spezielle Eingriffe gerechtfertigt. Wird der Gesundheitssektor als Teil einer gesamten Wirtschaftsordnung verstanden, so gelten auch für ihn die allgemeinen Rahmenbedingungen. Bislang wurde der Gesundheitssektor weitgehend als gesondert zu regulierender Teil betrachtet, wie die Kostendämpfungsgesetze belegen. Diese häufig praktizierten Interventionen können zumindest teilweise abgebaut werden, wenn die allgemeinen Grundsätze unserer Wirtschaftsordnung umgesetzt werden. (...) Eine Reihe von Einzelproblemen aktueller staatlicher Lenkung zeigt, daß bislang trotz der Veränderungen durch das Gesundheitsstrukturgesetz 1993 mehr der Regulierung als dem wettbewerblichen Konzept vertraut wurde. Beispielhaft wird dies mit der Krankenhausbedarfsplanung, der Großgeräteplanung und der vertragsärztlichen Bedarfsplanung sowie mit Zulassungsbeschrän-

7 Umgang mit Rechtsunsicherheit und Gesetzesinflation ...

kungen gezeigt. Ziel einer Reform 2000 sollte die Stärkung des **Selbststeuerungspotentials der GKV** sein. Dies verlangt eine Neustrukturierung der Steuerung derart, daß – dem **Subsidiaritätsprinzip** folgend – die Steuerungskompetenzen der Individualebene ausgebaut und die der Verbandsebene wettbewerblich neu strukturiert werden."(1)

Bundesgesundheitsminister Horst Seehofer erklärte in seiner Rede anläßlich der zweiten und dritten Lesung des Haushaltes des Bundesministeriums für Gesundheit am 26.11.1996: „Die Kombination von mehr Gestaltungsmöglichkeiten der Selbstverwaltung bei gleichzeitig gestiegener Finanzverantwortung und eine Erweiterung der Versichertenrechte bei gleichzeitig wachsender Individualverantwortung stärkt die Leistungsfähigkeit und die Finanzgrundlagen der gesetzlichen Krankenversicherung. Das sind Voraussetzungen dafür, daß eine Politik fortgesetzter Eingriffe des Gesetzgebers der Vergangenheit angehört und unser Krankenversicherungssystem auch für die Zukunft ein stabiles Fundament erhält."(2)

Die von der politischen Seite beabsichtigte vornehme Zurückhaltung bei neuen Gesetzgebungsverfahren wird von der Realität nicht bestätigt:

- Für den Krankenhausbetrieb sind mehrere tausend gesetzliche oder verordnungsrechtliche Bestimmungen zu beachten, eine wahre **Regelungsflut,** die nur noch wenig überschaubar ist, geschweige denn in allen Einzelheiten präzise eingehalten werden kann.
- **Aufbau- und Ablauforganisation** im Krankenhaus werden insbesondere durch den ordnungsbehördlichen Charakter der Gesetze, die bußgeldbewehrte Sanktionen bei Nichtbeachtung nach sich ziehen, in einen „lähmenden" Zustand versetzt.

Als Beispiel aus der letzten Zeit mit besonderer Tragweite ist die Umsetzung des **Arbeitszeitrechtsgesetzes** bei der Dienstplangestaltung zu nennen.
Gewerbeaufsichtliche Maßnahmen bei Nichteinhaltung des Arbeitszeitrechtsgesetzes konnten nur umgangen werden, indem von den Aufsichtsbehörden stillschweigend Schonfristen eingeräumt wurden.

Die besonders nachteilige **Uneinigkeit zwischen den Landesministerien** als Förderbehörden **und den Krankenkassen** bei der Klärung der **Kostenübernahme für Instandhaltungen** in den letzten 3 bzw. 4 Jahren hat in einer ganzen Reihe von Krankenhäusern zur behördlichen Androhung der (Teil-)Betriebsschließung geführt, die in existenzgefährdender Weise die Krankenhausunternehmungen berührt.

Die Reglementierung des Krankenhauses hat für den unbefangenen Beobachter zwischenzeitlich ein Ausmaß angenommen, daß die Frage durchaus berechtigt gestellt werden kann, ob das übermäßig reglementierte Krankenhaus überhaupt noch den gesetzlichen Bestimmungen gemäß betrieben werden kann.

7.2 Das Pflegesatzverfahren – ein „reiner Formalismus"

Ein erhebliches Maß an Rechtsunsicherheit regierte auch die Pflegesatzverhandlungen der vergangenen Jahre.

Waren die Kostendämpfungsgesetze der 80er Jahre noch markant bestimmt vom Selbstkostendeckungsprinzip, so entwickelte sich unter der Geltung des Gesundheitsstrukturgesetzes 1993 und der damit verbundenen ständigen Änderung der Bundespflegesatzverordnung das Problemfeld, die gesetzlichen Anforderungen mit der „vollen Wucht" der Betriebswirtschaft umzusetzen, wobei ethische Fragen im Krankenhaus von der allgemeinen politischen Tagesordnung gänzlich verschwunden zu sein scheinen.

Patientenorientierte Leistungserfassung, internes Budgetieren und eine straffe Controllinginstanz dienten vor Ort dazu, Leistungstransparenz in den Krankenhäusern zu schaffen und den Weg zu ebnen, eine Äquivalenz zwischen angebotener medizinischer, pflegerischer Leistung und dem zu zahlenden „Preis" herbeizuführen.

Die Pflegesatzverhandlungen bewegten sich aber noch in bekanntem „Fahrwasser", da „Kaufleute" unter sich das Pflegesatzgeschäft betrieben.

Mit dem Streit um die Pflegesatzfähigkeit von Kosten für Instandhaltungsaufwendungen nach der bundesverwaltungsgerichtlichen Rechtsprechung aus dem Jahre 1993 gerieten die Pflegesatzverhandlungen in den Jahren 1993 bis 1995 zu einem komplexen Verhandlungsgeschäft, in dem Betriebswirte und Juristen beider Vertragsparteien sich

7 Umgang mit Rechtsunsicherheit und Gesetzesinflation ...

zunächst in den Verhandlungen, aber dann auch vor der Schiedsstelle und den Gerichten auseinandersetzten.

Vollends unübersichtlich erwies sich die Verhandlungssituation für alle Beteiligten mit rückwirkendem Erlaß des **Gesetzes zur Stabilisierung der Krankenhausausgaben 1996.** Dem Vernehmen nach wurde dieses Gesetz in nur einem Arbeitstag ausformuliert und enthielt dementsprechend eine Fülle von Unklarheiten und Interpretationsmöglichkeiten.

Die mit dem Stabilisierungsgesetz verbundene Rechtsunsicherheit führte in einer ganzen Reihe von Bundesländern, wie etwa in Rheinland-Pfalz oder im Saarland, zu einem recht seltsamen **Procedere unter den Pflegesatzparteien:** Krankenkassen wie auch das jeweilige Krankenhaus auf der Ortsebene, tauschten die von ihnen vertretenen Rechtsstandpunkte bei der Auslegung des Stabilisierungsgesetzes „mehr oder weniger" formal anläßlich des ordnungsgemäß anberaumten Verhandlungstermins zur Vereinbarung von Budget und Pflegesätzen aus; i.d.R. wurden bereits zum Verhandlungstermin mitgeführte schriftliche Nichteinigungsprotokolle von beiden Seiten überreicht, unterzeichnet und damit der Weg freigemacht, die Schiedsstelle zur Festsetzung der Krankenhauspflegesätze anzurufen.(3)

Es zeigte sich, daß das abgestufte Konsens- und Vereinbarungsprinzip nach dem Krankenhausfinanzierungsgesetz bzw. der aktuellen Bundespflegesatzverordnung 1995 tatsächlich außer Kraft gesetzt wurde.

Im **Saarland** beispielsweise schlossen sämtliche Krankenhäuser des Landes bereits 1995 unter Anwendung der Bundespflegesatzverordnung (BPflVO 1995) **vorläufige Pflegesatzvereinbarungen,** die behördlich genehmigt wurden.

Beide Verhandlungsseiten hatten sich kollektiv durch Vermittlung auf der Landesebene, durch die Krankenhausgesellschaft bzw. die Verhandlungsführer der Kassenseite, auf einen Vorbehalt in der Pflegesatzvereinbarung verständigt, nach dem die Pflegesatzverhandlungen wieder aufzunehmen seien, sofern neue gesetzliche Bestimmungen für 1996 – also für den Gültigkeitszeitraum der vorläufigen Pflegesatzvereinbarung – wirksam würden.

Als im Frühjahr 1996 das Gesetz zur Stabilisierung der Krankenhausausgaben in Kraft trat und durch die Fortsetzung der Budgetdeckelung eine eindeutige Verschlechte-

A Gesundheitswesen im Wandel

rung der Budgets drohte, stellten sich die Krankenhäuser auf den Standpunkt, das **Stabilisierungsgesetz,** welches nach § 4 zum 01.01.1996 rückwirkend in Geltung gesetzt wurde, sei **rechtswidrig bzw. verfassungswidrig.**

Nachdem die Kassen zur erneuten Pflegesatzverhandlung für den Zeitraum 1996 aufgefordert hatten, die Parteien sich nicht einigen konnten und sämtliche Krankenhäuser die **Schiedsstelle zur Festsetzung der Krankenhauspflegesätze im Saarland** anriefen, war völlig offen, ob die Schiedsstelle die verfassungsrechtlich äußerst schwierige Frage der Rückwirkung des Stabilisierungsgesetzes (StabG) klären würde.

Die Schiedsstelle, die aufgabengemäß auch zur Entscheidung in Rechtsfragen aufgerufen ist, entzog sich dieser Mühe, indem sie die Parteien auf den Rechtsweg verwies. Im

7 Umgang mit Rechtsunsicherheit und Gesetzesinflation ...

Verständnis ihrer selbst als „behördliches Vollzugsorgan" ging die Schiedsstelle in der mündlichen Verhandlung konsequenterweise von der amtlichen Begründung zum StabG in allen seinen Regelungsbestandteilen als gültiges Recht aus.

Das daraufhin von der Kassenseite eingeleitete Genehmigungsverfahren nach der BPflVO wurde jedoch gestoppt. Das zuständige Ministerium sah sich außerstande, den Schiedsstellenbeschluß zu genehmigen. Es hielt den Beschluß, wenn auch aus anderen als verfassungsrechtlichen Gründen, für rechtswidrig. Eine behördliche Rückverweisung nach § 20 III BPflVO 95 erfolgte nicht.

Der Rechtsweg war verschlossen, da die Verwaltungsgerichte mangels behördlicher Genehmigung von Krankenhausseite nicht angerufen werden konnten.

Die Rechtsunsicherheit hat in diesem Beispiel, das wegen seines Präzedenzcharakters für sämtliche, im übrigen noch anhängigen Schiedsstellenverfahren der Krankenhäuser im Saarland von besonderer Tragweite ist, dazu geführt, daß Pflegesatzverhandlungen blockiert und das Konsens- bzw. Vereinbarungsprinzip in der Pflegesatzrunde 1996 außer Kraft gesetzt worden sind. Ob es zu einer nachträglichen Klärung – etwa durch Festlegung eines „Ausgleichsbetrages" in 1997 kommen wird – bleibt abzuwarten.

7.3 Pflegesatzverhandlungen: „Wer zahlt, bestimmt und verhandelt nicht"

Die vorgenannten Erfahrungen legen hinsichtlich einer Prognose für die nächste Budgetrunde 1997 und für die Folgejahre den Verdacht nahe, daß **Konsensuallösungen** – wie vom Gesetzgeber intendiert – nur noch in **Ausnahmefällen** möglich erscheinen. Die Situation wird aufgrund des **Beitragsentlastungsgesetzes 1997** und der als flexible Deckelung bezeichneten Regelungen nach Art. 6 des Referentenentwurfes zur Neuordnung von Selbstverwaltung und Eigenverantwortung der gesetzlichen Krankenversicherung (2. GKV-NeuordnungsG = 2. NOG) weiter verschärft.

Die unklare Gesetzeslage ist nicht zuletzt wegen der aus betriebswirtschaftlicher Sicht unsicheren Planungssituation – auch das 2. NOG wird als rückwirkendes Gesetz in seiner end-

A Gesundheitswesen im Wandel

gültigen Fassung voraussichtlich im Juni 1997 bekannt sein – Ursache dafür, daß in 1997 eine krankenhausinterne Budgetkontrolle kaum in eine exakte Dimension kommen kann.

Das Schlagwort von der **Mobilisierung der Wirtschaftlichkeitsreserven** im Krankenhausbereich hat damit, spätestens seit dem StabG 1996, wesentlich an Zugkraft und Plausibilität für die Krankenhausbetriebe verloren.

In der gemeinsamen Presseerklärung der Spitzenverbände der Krankenkassen vom 27.11.1996 ist sogar die Rede davon, im Rahmen einer konsequenten Sparpolitik den Krankenkassen Kündigungsbereitschaft für unwirtschaftliche Kapazitäten in Krankenhäusern zu empfehlen, um nachdrücklich auf einen Bettenabbau und die Mitsprache der gesetzlichen Krankenversicherung bei der Krankenhausplanung hinzuwirken.

Die ersten Empfehlungen zu den Pflegesatzverhandlungen 1997 der Spitzenverbände der Krankenkassen, sowohl auf der Orts- wie auch auf der Landesebene, lassen „Schlimmes" befürchten. Dort ist ausgeführt: „Gem. § 17 III BPflVO sollten die Pflegesatzverhandlungen so rechtzeitig abgeschlossen werden, daß das neue Budget und die neuen Pflegesätze mit Ablauf des laufenden Pflegesatzzeitraumes in Kraft treten können. (...) Es wird erwartet, daß neben einer Fortsetzung der ‚Deckelungsphase' auch weitergehende gesetzliche Regelungen zur Budget- und Pflegesatzermittlung eingebracht werden. Durch das rückwirkende Inkrafttreten des Gesetzes zur Stabilisierung der Krankenhausausgaben 1996 ist es in einigen Bundesländern zu Unstimmigkeiten in den Fällen gekommen, in denen bereits im Vorfeld Budgets und Pflegesätze für den Zeitraum 1996 vereinbart und zum Teil genehmigt wurden. Um eine Wiederholung derartiger Probleme zu vermeiden, empfehlen die Spitzenverbände der Krankenkassen, z.Zt. keine Pflegesatzverhandlungen aufzunehmen. (...) Bis zum Vorliegen der zu erwartenden neuen Gesetzentwürfe sollten verstärkt Strukturgespräche mit den Krankenhäusern geführt werden, um das Mengengerüst für 1997 festzulegen und die Umsetzung des Art. 3 des Beitragsentlastungsgesetzes sicherzustellen. Die dort genannten Budgetkürzungen von mindestens 1% wegen Fehlbelegung führen langfristig nur dann zu Minderausgaben bei den Krankenkassen, wenn bei

7 Umgang mit Rechtsunsicherheit und Gesetzesinflation ...

den Strukturgesprächen neben einer entsprechenden Bereinigung der Belegung auch die Kalkulationsansätze abgesenkt werden." (4)

Schon jetzt bahnt sich ein neuer Streit um das Beitragsentlastungsgesetz und die vorgesehene jährliche einprozentige Budgetminderung der Krankenhäuser innerhalb eines Drei-Jahres-Zeitraumes von 1997 an.

Die bisher bekanntgewordenen gesetzgeberischen Bemühungen verheißen für 1997 und die Folgejahre eine deutliche, massive **Budgetreduktion.**

Das von den Versicherten voraussichtlich gesetzlich geforderte **Notopfer** in Gestalt eines Zuzahlungsbetrages von DM 20,– für die Finanzierung von Instandhaltungen nach § 17 IV b KHG (neu) in Verbindung mit § 7 I S. 2 Nr. 4 BPflVO 95 (neu) wird sich aufgrund der im Referentenentwurf zum 2. NOG vorgesehenen Budgetkürzungen für die Krankenhäuser nicht auszahlen:

- So soll eine **Grundlohnsummenanbindung** auf Dauer gemäß § 6 BPflVO 95 mit dem sog. negativen Struktureffekt des neu hinzugezogenen Bestimmungsfaktors für die Veränderungsrate in Gestalt der beitragspflichtigen Einnahmen der Rentner eintreten.
- Im Budgetbereich ist das sog. **Selbstbindungskonzept** der Deutschen Krankenhausgesellschaft, welches von ihr im Frühjahr 1996 vorgeschlagen wurde, modifiziert in den Referentenentwurf aufgenommen worden. Die Ausgleichsquoten bei Mehr- und Mindererlösen werden krankenhauslastig gekürzt.

Wenigstens soll nach ministerieller Verlautbarung im März dieses Jahres die bisher noch bestehende gravierende gesetzliche Auflage der **Kostenausgliederung** zum 01.01.1998 für Fallpauschalen und Sonderentgelte, die bisher nur getrennt nach Erlösen neben dem Budget ermittelt wurden, auf weitere 2 Jahre bis 1999 **hinausgeschoben** werden. (5)

Und zu alledem verkünden die Spitzenverbände der Krankenkassen in einer Mitteilung im Januar 1997, obwohl sich die Pflegesatzparteien bereits jetzt auf unversöhnlichem Konfrontationskurs befinden, daß zum Ende dieses Jahres mit einem zweistelligen Milliardendefizit bei den gesetzlichen Krankenkassen zu rechnen ist. (6)

Wegen des vielzitierten **„Wegbrechens der Finanzierungsgrundlagen"** (7) ist nicht erkennbar, daß auf Kostenträger-

A Gesundheitswesen im Wandel

seite oder auf seiten der Krankenhäuser ein ins Gewicht fallender Verhandlungsspielraum für die kommenden Budgetrunden auf Ortsebene tatsächlich besteht. Inwieweit die Krankenhausträger den teilweise auf Landesebene abgeschlossenen Empfehlungsvereinbarungen Folge leisten und beitreten, ist auch wegen des vorläufigen Charakters der Vereinbarungen noch nicht absehbar.

Vereinbarungs- und Konsensprinzip schlagen um in einen offenen Streit um Budgetreduktion. Die bereits in Gang gekommene Rationalisierungsdebatte medizinischer Leistungen wird sich unter Rationierungsaspekten verschärfen.

Es ist daher kaum verwunderlich, wenn die Rufe nach staatlicher Regulierung – etwa nach dem Vorbild der Preisbildungsstellen in den 50er Jahren – in Bonn immer lauter werden, und die bisherige Praxis der Pflegesatzverhandlungen einem behördlichen „Budget-Zuteilungssystem" weichen wird.

Anmerkungen

(1) Sachverständigenrat für die Konzertierte Aktion im Gesundheitswesen, „Gesundheitsversorgung und Krankenversicherung 2000", Eigenverantwortung, Subsidiarität und Solidarität bei sich ändernden Rahmenbedingungen. Sachstandsbericht 1994 (Kurzfassung) 51 ff.

(2) Pressemitteilung des Bundesministeriums für Gesundheit Nr. 90 vom 26.11.1996, 9.

(3) Im Schrifttum sind zu den einzelnen Streitpunkten ausführliche Darstellungen erfolgt; vgl. auch *Mohr 1996*, 892 ff.

(4) Empfehlung der Spitzenverbände der Krankenkassen, abgedruckt in: Die Ortskrankenkasse (DOK), Heft 22, 1996, 694 ff.

(5) *Mohr 1996*, 892 ff.

(6) Die Ortskrankenkasse (DOK) Heft 1/2, 1997, 12.

(7) *Derwein*, Perspektiven für eine integrierte Gesundheitsversorgung. Rede auf der gesundheitspolitischen Tagung der Gewerkschaft ÖTV am 23.04.1996.

Literatur

Mohr, F. W., Die neue Bescheidenheit: 2. NOG. In: Krankenhaus-Umschau, Heft 12, 1996, 892–898.

8 Selbstverwaltung im Pflegesatzrecht – Die Rolle der Schiedsstellen

Bernd Molzberger

Das Wort von der „Vorfahrt für die Selbstverwaltung", welches die politische Diskussion um die dritte Stufe der Gesundheitsreform im Spätsommer 1995 inaugurierte, wurde zunächst auf der politischen Bühne in Bonn als beschönigendes Etikett für ein ganzes Arsenal beabsichtigter Restriktionen verwandt, das an das staatliche Reglement der 50er Jahre im Krankenhausbereich erinnerte.

Die **Neuorganisation der Krankenhausgesellschaften** zu **Körperschaften des öffentlichen Rechtes** und zwangsmitgliedschaftliche Rekrutierung ihrer Mitglieder, die die Verwaltung von landesweiten Globalbudgets mit Rückforderungsansprüchen gegenüber den Krankenhäusern bei Überschreiten der ihnen zugewiesenen Budgetgrenzen vorsah, sorgte für allgemeine Verwirrung.

Die kirchlich, kommunal und privat geführten Krankenhausunternehmen, die als traditionelle Leistungserbringer die Erfüllung der Gesundheitsversorgung gewährleisten, hätten unter staatlichem Kuratel ihre – zum überwiegenden Teil im privaten Vereinsrecht gewonnene – eigenständige Rolle in der Krankenhauspolitik verloren. Die Krankenhausgesellschaften und ihre Mitglieder wären in die mittelbare Staatsverwaltung eingerückt.

Das Gesetz zur Stabilisierung der Krankenhausausgaben 1996 (StabG) bereitete dieser Entwicklung ein vorläufiges Ende. Die Auseinandersetzung um die Neuverteilung der Verantwortlichkeiten des chronischen Finanzdefizits der gesetzlichen Krankenversicherungen bleibt bestehen. Nach einer Pressemitteilung vom 26.09.1996 in A & S Aktuell beklagte der Geschäftsführer des Verbandes der Angestellten-Krankenkassen ein Finanzdefizit von 7 Mrd. DM für das Jahr 1995.

Die Bestimmungen zur Krankenhausneuordnung im jetzt vorliegenden Referentenentwurf zur Neuordnung von

A Gesundheitswesen im Wandel

Selbstverwaltung und Eigenverantwortung der gesetzlichen Krankenversicherungen (2. GKV-Neuordnungsgesetz = 2. NOG) enthalten weiterhin die Tendenz, eine Umstrukturierung der Krankenhausorganisationen auf Landes- und Bundesebene vorzubereiten. § 108 a SGB V enthält nach dem Referentenentwurf lediglich eine Statusbeschreibung der Landeskrankenhausgesellschaften als Vereinigung der Träger von Krankenhäusern und deren Spitzenverbänden. Wie sich die Entwicklung nach den Bundestagswahlen 1998 darstellen wird, bleibt abzuwarten.

In der verbleibenden Zeit ist es allerdings auch Sache der Vertreter der Krankenhausseite, sich den Organisations- und Strukturfragen in der Selbstverwaltung intensiver zu widmen.

Die nachstehenden Ausführungen wollen hierzu einen Beitrag leisten. Sie befassen sich mit dem **Kernstück der Selbstverwaltung im Bereich der Krankenhausfinanzierung,** welches neben

- den Pflegesatzverhandlungen auf Ortsebene
- auch eigenständige Schiedsstellenverfahren gesetzlich bzw. verordnungsrechtlich vorsieht.

Dieses hergebrachte **Instrumentarium der Schlichtung** zwischen den Pflegesatzparteien erscheint als geeigneter Anknüpfungspunkt, die Selbstverwaltungskräfte sowohl auf Krankenhaus- wie auch auf Krankenkassenseite zu stärken; dies um so mehr, als ein faires Verfahren unter gleichberechtigten Partnern das politische und daher häufig einseitige Kalkül auszuklammern vermag.

Zu Beginn steht ein kurzer Abriß der **Entwicklung des Schiedsstellenverfahrens** im Krankenhausrecht seit den 80er Jahren; es folgen Ausführungen zum **Selbstverständnis der Schiedsstellen** in ihrer Spruchpraxis und schließlich wird eine stärkere **Institutionalisierung der Schiedsstellen** aus rechtspolitischer Sicht vorgeschlagen.

8.1 Entwicklung der Institution der Schiedsstellen nach dem Pflegesatzrecht

Die heutige Form der Schiedsstellen zur Festsetzung der Krankenhauspflegesätze in den Bundesländern wurde im wesentlichen durch die Bundespflegesatzverordnung vom 21.08.1985 geschaffen. In den dortigen §§ 16 bis 19 ist festgelegt, daß für den Fall der Nichteinigung in den Pflegesatzverhandlungen unverzüglich die Schiedsstelle über diejenigen Gegenstände zu entscheiden hat, über die eine Einigung nicht erzielt werden konnte.

Dabei sollte die Schiedsstelle an das für die Vertragsparteien geltende Recht gebunden sein. Die Festsetzungen der Schiedsstelle bedürfen der Genehmigung durch die staatliche Aufsichtsbehörde. Nur gegen die Genehmigung kann die eine oder andere Vertragspartei den Verwaltungsrechtsweg beschreiten.

Erste Überlegungen im Rahmen der Reformversuche der Jahre 1959 bis 1963 standen für die derzeit gültigen Schiedsstellenregelungen „Pate". Damals „vermittelten" noch die Preisbildungsstellen nach der Verordnung PR 7/54, über Pflegesätze von Krankenanstalten (Bundesanzeiger Nr. 173 vom 09.09.1954) staatlicherseits die Pflegesätze nach gesetzlichen Preisvorschriften. Kam eine Einigung zwischen den Vertragsparteien nicht zustande, so setzten die Behörden der Länder im Rahmen ihrer Zuständigkeit die Pflegesätze fest.

In Anlehnung an die Schiedsverfahren im Kassenarztrecht wollte der Gesetzgeber mit der Bundespflegesatzverordnung 1985 eine vergleichbare Entwicklung einleiten.

In der Begründung zu § 18 des damaligen Krankenhausfinanzierungsgesetzes in Gestalt des Regierungsentwurfes wird ausgeführt: „Die Möglichkeiten der Krankenhäuser, ihre Rechte und Interessen wahrzunehmen, werden also nicht (durch das Schiedsstellenverfahren) geschmälert, sondern in eine dem Grundsatz der Subsidiarität entsprechende Selbstverwaltungslösung eingebunden."

Ein Schiedsstellenverfahren in „Reinkultur" – also ein Verfahren ohne staatliche Einflußnahme in Gestalt behördlicher Genehmigungsvorbehalte – scheiterte Mitte der 80er Jahre an der fehlenden Zustimmung durch die Länder im Bundesrat.

Insgesamt war man sich aber darüber einig, daß die **Schiedsstelle als Regulativ der Interessengegensätze** zwischen Krankenhäusern und Krankenkassen in Finanzierungsfragen als sachnäheres Instrument anzusehen war, weil es der privatrechtlichen Struktur der überwiegenden Zahl der Krankenhausträger eher entsprach. Auch die damals schon virulente Diskussion um eine Körperschaftslö-

A Gesundheitswesen im Wandel

sung der Krankenhausgesellschaften wurde wegen erheblicher verfassungsrechtlicher Bedenken, insbesondere der privatrechtlichen Konstitution der Krankenhausträger und der Einschränkung ihrer Vereinigungsfreiheit, nicht weitergeführt. Auch wenn in dem vergangenen Gesetzgebungsverfahren viele Verfechter der Schiedsstellenlösung zur Stärkung der Selbstverwaltungskräfte im Krankenhausbereich das zweiaktige Verfahren der Schiedsstellenentscheidung und ihrer nachfolgenden Rechtskontrolle durch die Aufsichtsbehörde mit Genehmigungsvorbehalt nicht befriedigte, so tröstete man sich doch mit dem Gedanken, einen **ersten rechtspolitischen Schritt hin zur Entstaatlichung des Krankenhauswesens** getan zu haben (vgl. *Jung* 1989, 1 und 13 ff.)

8.2 Das Selbstverständnis der Schiedsstellen in ihrer Spruchpraxis

In der Folgezeit entwickelte sich eine rege Spruchpraxis der Schiedsstellen. Das Selbstverständnis der Schiedsstellen, das sich dabei herausbildete, soll an einigen Beispielen skizziert werden.

Die **Funktion der Schiedsstelle** wird überwiegend als sog. **Vertragshilfeorgan** verstanden.

Entsprechend der nach wie vor als offen zu bezeichnenden **Frage,** ob die **Schiedsstelle eine Behörde** im Sinne des Verwaltungsverfahrensgesetzes ist, oder aber doch eher einem schiedsgerichtlich organisierten **Streitentscheidungsgremium** ähnelt, ist aus der Fülle der Schiedsstellenentscheidungen das Bild eines auch **ambivalenten Selbstverständnisses** ableitbar. Es ist zunächst gekennzeichnet durch die Grundhaltung, daß die Vertragsparteien Herren des Schiedsverfahrens sind. Der Grundsatz der Verfahrensherrschaft der Parteien wird nur dann durchbrochen und wandelt den Charakter der Schiedsstelle als Vertragshilfeorgan um in eine **„Quasi-Preisbildungsstelle",** wenn die Gefahr besteht, daß innerhalb des vorgegebenen Pflegesatzzeitraumes zwischen den Parteien eine autonome Pflegesatzvereinbarung nicht mehr zustande kommt. Dieser, vordem von der Schiedsstelle zur Festsetzung der Krankenhauspflegesätze für die Regierungsbezirke Freiburg und Tübingen im Jahre 1987 entwickelte Verfahrensgrundsatz, hat allerdings im

Laufe der Zeit bei verschiedenen Schiedsstellen zu einer formalen Ausprägung geführt.

Die Schiedsstelle zur Festsetzung der Krankenhauspflegesätze in Rheinland-Pfalz hielt sich – nach der Spruchpraxis der letzten Jahre – in verschiedenen Fällen dann nicht für zuständig, wenn die Vertragsparteien zwar nach § 17 BPflVO prinzipiell zulässig die Schiedsstelle angerufen hatten, indes ein Nichteinigungsprotokoll schriftlicher Art dem Entscheidungsgremium nicht vorgelegt worden ist. Gemäß der Schiedsstelle gilt dann die widerlegliche Vermutung, daß die Pflegesatzparteien ihrer Verhandlungspflicht noch nicht nachgekommen sind.

Summarisch kann festgestellt werden, daß sich insbesondere die Schiedsstellenvorsitzenden mit Rücksicht auf das Konsensprinzip doch um einige Zurückhaltung bei der Pflegesatzfestsetzung bemühen, indem sie eher einer Zurückweisung der Parteien in nochmalige Pflegesatzverhandlungen den Vorzug geben. Dennoch ist am Beispiel und der praktischen Umsetzung des Gesetzes zur Stabilisierung der Krankenhausausgaben 1996 eine **Krise der Schiedsstellenpraxis** (vgl. *Jung* 1989, 1 und 13 ff. und *Wagner* 1989, 210 ff.) zu diagnostizieren, die nicht zuletzt auch auf die Gesetzeshektik und die enormen Interpretationsschwierigkeiten neuer Gesetze und damit der Verrechtlichung der Pflegesatzverhandlungen zurückzuführen ist.

Wie noch zu zeigen sein wird, ziehen sich die Schiedsstellen immer häufiger auf den Standpunkt zurück, die Auslegung der neuen Krankenhausgesetze sei im wesentlichen von der amtlichen Begründung des Gesetzgebers bestimmt. Darüber hinausgehende Überlegungen zur Streitschlichtung im Rahmen der gesetzlichen Möglichkeiten haben eher Seltenheitswert, soweit es um das Kriterium „individueller, krankenhausbezogener Budgetgerechtigkeit" für das einzelne, in seinem Bestand geschützte Plankrankenhaus geht.

8.3 Die Schiedsstellenpraxis unter Geltung des Gesetzes zur Stabilisierung der Krankenhausausgaben 1996 (StabG)

Dem Verfasser lagen aus 8 Bundesländern Schiedsstellenentscheide zum Vergleich vor, wobei die Geschäftsführungen der Landeskrankenhausgesellschaften dreier Bundesländer mitteilten, daß Schiedsstellenverfahren zum Stabilisierungsgesetz entweder nicht eingeleitet wurden oder aber noch nicht zum Abschluß gekommen sind.

Eine Analyse der Entscheidungen der Schiedsstellen der einzelnen Bundesländer zum StabG bietet keine Überraschungen (Fundstellen in Tab. 8-1).

Durchgängig kann aber, nach dem bereits oben dargestellten Charakter der Schiedsstellen als Vertragshilfeorgan mit behördlichem Einschlag, weitgehend von **einem Nachvollzug des gesetzgeberischen Willens** und der dazu ergan-

Tab. 8-1 Fundstellen der Schiedsstellenentscheidungen

Schiedsstelle	Aktenzeichen (Az)
Baden-Württemberg:	07/96 (11.09.1996)
	08/96 (18.09.1996)
	10/96 und 11/96 (beide vom 25.09.1996)
Rheinland-Pfalz:	Beschluß vom 19.06.1996
	(Musterverfahren)
Rheinland:	29/96 (17.09.96)
	26/96 (23.09.96)
	14/96 (17.09.96)
	10/96 (17.09.96)
	07/96 (21.08.96)
	12/96 (01.10.96)
	13/96 und 14/96 (09.10.96)
	15/96 (22.10.96)
Westfalen-Lippe:	SchSt KHG 08/96 (04.10.96)
Sachsen-Anhalt:	S4/96 (03.07.96)
	S5/96 (05.09.96)
	S6/96 (08.07.96)
	S7/96 (09.08.96)
	S9/96 (13.08.96)
	S10/96 (08.08.96)
Saarland:	Beschluß vom 29.11.96 (Musterverfahren)

genen Stellungnahmen des Bundesgesundheitsministeriums ausgegangen werden.

 Als Beispiel für eine darüber hinausgehende „schlichtende Übung" kann der Beschluß der **Schiedsstelle KHG Rheinland** Verf. Nr. 26/96 vom 23.09.1996 (vor allem S. 6 des Beschlusses) herangezogen werden.

Der hier exemplarisch behandelte Gegenstand betrifft die Gleichbehandlung von tarifvertraglich vereinbarten Einmalzahlungen für 1996 in Höhe von DM 300,– mit den linearen prozentualen Personalkostensteigerungen, wie sie in § 1 I Satz 2, 1. Halbsatz StabG geregelt sind.

Grundsätzlich erkennt die Schiedsstelle in ihrer Entscheidung die amtliche Begründung zum Gesetzentwurf des Stabilisierungsgesetzes wie auch der hierzu ergangenen behördlichen Stellungnahmen als Ausgangspunkt ihrer wertenden Betrachtung an.

Im weiteren Verfolg löst sich die Schiedsstelle allerdings von einer rein formalen Sicht der Gesetzesauslegung und der gesetzgeberischen Motivation und beschäftigt sich in einem zweiten Schritt mit dem **finanzpolitischen Problem der Zweckverwendung von Arbeitsentgelten** im Bereich der Lohnnebenkosten in Gestalt (hier) der Krankenkassenbeiträge. Sie stellt sich auf den Standpunkt, daß ein proportionaler Zufluß der Vergütungsanhebungen nach BAT, und damit verbunden die Steigerung der Krankenkassenbeiträge, auch und vernünftigerweise einen Budgetanstieg generell für die Krankenhausseite begründen muß. Im Sinne der Verteilungsgerechtigkeit kommt in dieser Argumentation die Schlichtungsfunktion der Schiedsstelle deutlich zum Ausdruck.

Die sich hier stellende Frage nach der Reichweite der Einschätzungsprärogative (→) der Schiedsstellen für die Krankenhausbewirtschaftung eines Bundeslandes wird in ständiger Praxis von der **Schiedsstelle zur Festsetzung der Krankenhauspflegesätze für Baden-Württemberg** (Verfahren unter dem Aktenzeichen 07/96 vom 11.09.1996, beispielhaft für die ständige Entscheidungspraxis dieser Schiedsstelle) ganz anders beurteilt.

Die Schiedsstelle Baden-Württemberg wendet den kompletten Katalog der Gesetzesauslegung dem Wortlaut nach, der dokumentierten gesetzgeberischen Absicht nach sowie entsprechend der Möglichkeiten der gesetzlichen Analogie im Rahmen der Auslegung an.

Die Schiedsstelle hält allerdings das formale Argument des Gesetzeswortlauts für ausschlaggebend und lehnt die Vergleichbarkeit der Einmalzahlung mit einer linearen prozentualen Vergütungssteigerung nach Tarifvertrag ab. Sie hält dem Gesetzgeber zugute, daß er sich auf „ungewohntem begrifflichem Terrain bewege" (Wortlaut der Entscheidung auf S. 6).

Im weiteren der Entscheidung (S. 8) wird eine interessante Anmerkung vorgenommen, die das Selbstverständnis dieser Schiedsstelle deutlich macht: „Im allgemeinen Teil der (Gesetzes-)Begründung zu diesem Problemkreis schließlich wird als Anlaß für das Handeln des Gesetzgebers herausgestellt: Die Empfehlung der konzertierten Aktion zur Beachtung des Grundsatzes der Beitragssatzstabilität findet in den Verhandlungen vor Ort offensichtlich nicht die erforderliche Beachtung" (womit wohl auch die Schiedsstellen gemeint sind).

Diese Selbstkritik beim Umgang mit dem Stabilisierungsgesetz bzw. mit dem Krankenhausfinanzierungsrecht allgemein gipfelt dann in der Feststellung: „Mit der hier vertretenen Auffassung wird auch dem Gebot der Rechtsklarheit und damit der Rechtssicherheit Rechnung getragen. Sie stellt bewußt die rechtsstaatlichen Grundnormen des Art. 20 III GG und des Art. 25 II Landesverfassung (Baden-Württemberg), wonach die vollziehende Gewalt an Gesetz und Recht gebunden ist, in den Vordergrund." (S. 10)

In vollständiger Abkehr von dem Verständnis der Schiedsstelle als Vertragshilfeorgan, welches nach dem Vorbild des bürgerlichen Rechtes als Gremium zur Leistungsbestimmung durch Dritte im Sinne der §§ 317 ff. BGB verstanden wird, ist hier eine strenge behördliche, gesetzesgebundene Wahrnehmung der Schiedsstellenaufgaben unverkennbar. Die Schiedsstelle diszipliniert die Pflegesatzparteien.

Die unterschiedlichen Sichtweisen der Schiedsstellen und die nicht abzuschätzende fiskalische Tragweite für die Krankenhauseinrichtungen werfen die Frage nach der Einschätzungsprärogative (→) der Schiedsstelle auf.

Die Rechtsprechung des Bundesverwaltungsgerichts im Urteil vom 19.01.1984 (Aktenzeichen 3 C 45/81) ist eindeutig.

Dort ist ausgeführt, daß die Genehmigungsbehörde lediglich auf eine Rechtmäßigkeitskontrolle beschränkt ist und auch die Gerichte die Einschätzungsprärogative (→) der Schiedsstellen akzeptieren, sofern nicht die Grenzen des gewährten Beurteilungs- und Ermessensspielraums überschritten werden.

8.4 Die Schiedsstellen als „Schiedsgerichte"

Die vorher skizzierten Unterschiede im Selbstverständnis der Schiedsstellen geben allerdings zu der rechtspolitischen Diskussion Anlaß, ob die Schiedsstellen als justiz- und staatsentlastendes Gremium zur Entscheidung über die prospektive Pflegesatzgestaltung eines Krankenhauses eine Aufwertung erfahren sollten.

Wie eingangs ausgeführt, kann die Schiedsstelle als Kernstück der Selbstverwaltung dann ihre Bedeutung beibehalten und nicht von den Vertragsparteien als „Umweg" bis zur Pflegesatzfestsetzung durch die Genehmigungsbehörden aufgefaßt werden, wenn ihr tatsächlich streitschlichtende Entscheidungskompetenz zugestanden wird, d.h. wenn auch eine Vollziehung der Schiedsstellenentscheidungen selbst möglich ist.

Rechtspolitisch ist es wünschenswert, den Schiedsstellen den Charakter eines **Vorbereitungsgremiums** für behördliche Genehmigungsentscheidungen zu nehmen und sie **schiedsgerichtsähnlich** vergleichbar den Vorschriften der Zivilprozeßordnung auszugestalten, um dem Schlichtungscharakter der Entscheidungen besser Rechnung zu tragen.

Das behördliche Genehmigungserfordernis sollte wegfallen und der Klageweg gegen die Schiedsstellenentscheide unmittelbar eröffnet werden.

Diese Lösung und Aufwertung der Schiedsstelle käme auch der Forderung der Kassenseite entgegen, den staatlichen Einfluß durch Verwaltungsentscheidungen im Pflegesatzrecht zu begrenzen. Für das Krankenhaus günstige Schiedsstellenbeschlüsse könnten sofort vollzogen und damit der Liquiditätsvorteil gesichert werden.

Abschließend sei festgehalten, daß dem derzeit politisch favorisierten Weg, die Selbstverwaltung eher unter dem Blickwinkel der Neuorganisation und strafferen Strukturierung der Krankenhausgesellschaften zu diskutieren, auch eine effektive Alternativlösung zur Seite gestellt werden kann. Die hier erhobene rechtspolitische Forderung, das **Schiedsstellenwesen** im Krankenhausrecht zu **reformieren,**

- sichert die Pflegesatzverhandlungen auf Ortsebene
- und gestattet weiterhin die Aufrechterhaltung der Trägervielfalt im Sinne der individuellen Budgetverantwortung für das jeweilige einzelne Krankenhaus.

Delegation von Verantwortlichkeiten auf höhere Organisationsebenen, wie etwa die Landeskrankenhausgesellschaften, wird dadurch vermieden.

Das Thema der Verkörperschaftlichung der Landeskrankenhausgesellschaften bzw. die Verkammerungsdiskussion könnte durch den Ausbau der bestehenden, in der Praxis erprobten und bewährten Institutionen der Selbstverwaltung endgültig ad acta gelegt werden.

Literatur

Heinze, M.; Wagner, V., Die Schiedsstelle des Krankenhausfinanzierungsgesetzes. Köln, Berlin, Bonn, München 1989.

Jung, K., Aufgaben und Funktion der Schiedsstellen im Rahmen des Krankenhausfinanzierungsgesetzes. In: *Heinze, M.; Wagner, V.,* Die Schiedsstelle des Krankenhausfinanzierungsgesetzes. Köln, Berlin, Bonn, München 1989, 1–20.

9 Einblick in das Gesundheitssystem des Stadtstaates Singapur

Bruder Athanasius Burre

Eigentlich will dieser Artikel doch gar nicht so recht in dieses Buch passen. Was soll eine Ausführung über ein asiatisches Gesundheitssystem in einem Kompendium über Management im Gesundheitswesen? Warum sollte eine Beschreibung über das Miteinander von traditionellen Heilsystemen und westlicher Medizin für uns in diesem Zusammenhang von Interesse sein? Wenn wir in diesen Jahren ein sich rasant änderndes Gesundheitswesen erleben und immer neue Sparzwänge ihre Schatten vorauswerfen, so löst das in den Gedanken unserer Bundesbürger in erster Linie Angst und Unsicherheit aus. Angst aber, so wissen wir alle, ist einer der schlechtesten Ratgeber, und wenn wir gemeinsam an unserer Zukunft und damit auch an unserem Gesundheitssystem arbeiten wollen, kann ein Blick auf ein System ganz anderer Art sehr hilfreich sein.

9.1 Singapur, die Stadt in Geschichte und Gegenwart

Über die frühe Geschichte von Singapura (Löwenstadt) ist uns heute relativ wenig bekannt. Als Sir Stamford Raffles 1819 auf der Insel landete, fand er dort ein malaiisches Fischerdorf mit ungefähr hundert Einwohnern und einigen chinesischen Händlern vor. Dieser Zeitpunkt seiner Landung gilt weithin als Beginn der Geschichte Singapurs. Raffles schloß mit dem malaiischen Sultan von Johore einen Pachtvertrag, und innerhalb von Monaten kamen chinesische, malaiische und indische Immigranten zu Tausenden auf die Insel, um in dem von den Briten gepachteten Handelsposten für ein besseres Leben zu arbeiten. 1836 dominierten die Chinesen bereits über die anderen ethnischen Gruppen (*Bach* 1991, 21–22). Als 1931 die Bevölkerung eine

A Gesundheitswesen im Wandel

Tab. 9-1 Fakten zu Singapur

- Lage: Südostasien
- Fläche: 622,6 km^2
- Einwohner: 2,8 Mio. (1996)
- Hauptstadt: Singapur (2,49 Mio. Einwohner)
  Singapur ist ein echter Stadtstaat
- Sprachen: Englisch (Amts- und Bildungssprache), Malaiisch (Nationalsprache)
- Klima: tropisch mit ganzjährigen Niederschlägen
- Entfernung: 10500 km (von Frankfurt a.M.)

halbe Million überschritt, erschwerten die Briten die Immigration, und 1940 kamen die Einwanderungswellen ganz zum Erliegen. Während der ganzen britischen Regierungszeit wurde eine Politik der kulturellen Vielfalt und Abgrenzung betrieben. Die ethnischen Gruppen wurden ermuntert, in eigenen Vierteln ihre Kultur und ihren Lebensstil zu bewahren und zu tradieren, sie waren verantwortlich für die Überwachung von Recht und Ordnung in ihrer Gemeinde und hatten jede ihr eigenes Schulsystem. Diese von den Briten über 140 Jahre praktizierte kulturelle Abgrenzung blieb bis in die sechziger Jahre bestehen, und ihre Auswirkungen sind bis in die Gegenwart hinein zu spüren. 1959 erhielt Singapur die innere Selbstverwaltung mit Lee Kwan Yew als amtierendem Ministerpräsidenten. Von 1963 bis 1965 war Singapur Teil der Föderation Malaysia, bis die Republik Singapur am 9. August 1965 ausgerufen wurde. Heute leben in Singapur 2,8 Mio. Menschen auf einer Fläche von 622,6 km^2 (*Singapore Tourist Promotion Board* 1996, 14; vgl. auch Tab. 9-1). Platzmangel ist eines der größten Probleme Singapurs. Die Hälfte der Insel ist mit einer durchschnittlichen Bevölkerungsdichte von mehr als 4000 Einwohner pro km^2 besiedelt; die landwirtschaftliche Nutzung ist auf 5% der Fläche gesunken. 1987 lebten 86% aller Singapurianer in staatlichen Hochhaussiedlungen. Noch heute besteht die Gesamtbevölkerung Singapurs aus 3 großen ethnischen Gruppen. Die Chinesen stellen 76% der Bevölkerung dar, die Malaien 15% und die Inder 6,5% (*Singapore Tourist Promotion Board* 1996, 14).

9.2 Gesundheitsversorgung in Singapur – zwischen westlicher Medizin und traditioneller Heilkunde

Wie bereits oben erwähnt, wirkt sich die Politik der Briten bezüglich der Abgrenzung der ethnischen Gruppen bis in die Gegenwart aus. Dies hat natürlich auch nicht zu unterschätzende Folgen für die medizinischen Traditionen der Chinesen, Malaien und Inder.

9.2.1 Die Rolle der traditionellen Heilsysteme

Offizielle Anerkennung oder gar Integration erfährt keine der vorhandenen medizinischen Traditionen. Solange von seiten traditioneller Heilkunde kein Zweifel an der Überlegenheit der westlichen Medizin laut wird, wird sie von den gesundheitspolitischen Planern als etwas geduldet, das sich von selbst überleben wird. In den wenigen Veröffentlichungen, die sich mit der Rolle traditioneller Medizin beschäftigen, wird ihre Nutzung wie eine **aussterbende Tradition** behandelt. Eine Untersuchung des Gesundheitsministeriums von Singapur ergab, daß ein Großteil der Bürger durchaus die westliche Medizin in Anspruch nimmt und einen Arzt aufsucht. Diese Untersuchung ist aber kein Spiegelbild der sozialen Wirklichkeit Singapurs. Ein Transportarbeiter, der selbst als Heiler tätig ist, wurde gefragt, was er tue, wenn er selbst krank sei: „Wenn ich selbst krank bin? Dann gehe ich natürlich zum Arzt." Auf die Nachfrage, warum er lache, antwortet er: „Wir wollen die Krankschreibung, nicht wahr?"

Chinesische und indische Medizin im Überblick

Traditionelle chinesische Medizin wird in Singapur in großer Bandbreite praktiziert. Am sichtbarsten tritt die **institutionalisierte, klassische Heilkunde** hervor, weniger zugänglich, aber weiter verbreitet als angenommen, sind **religiöse Heilungen**. Dazwischen liegen die meist **institutionalisierten Bereiche von Prävention und Therapie** durch verschiedene **traditionelle Bewegungskünste**. Im Stadtbild Singapurs wird chinesische Heilkunde in den vielen „medical halls" sichtbar, die man nicht nur in Chinatown, sondern auch in den „new towns" findet. In diesen traditionellen Apotheken hat man das Gefühl, daß die Zeit stehengeblieben ist. Große Gläser mit getrockneten Pflanzenteilen, Hirschgeweihe und Sehnen, Schwalbennester und Tigerpenise, Symbole der Lebenskraft, ermitteltes Wissen aus jahrtausendelanger Naturbeobachtung. Zwar gibt es auch hier Ansätze zu Veränderung: Es gibt bereits standardisierte Medikamente, diese sind jedoch nicht die Regel. Verschiedene **traditionelle Körperbewegungskünste,** in China seit Jahrzehnten ein Massensport, werden in Singapur nur in staatlich registrierten Organisationen zugelassen.

Die großen indischen Traditionen spielen in Singapur nur eine sehr geringe Rolle. Zwei Indizien unterstützen die Annahme, daß Inder in Singapur mehr Gebrauch von den Medizinsystemen der „anderen" machen, als von den eigenen: Die hohen Nutzungsquoten der Inder im offiziellen Gesundheitssystem, wie auch die häufige Konsultation chinesischer und malaiischer Heiler. Erwähnenswert sind jedoch die jährlichen institutionalisierten Massenheilrituale, an denen Tausende teilnehmen.

Malaiische Medizin

Für die Malaien ist **Krankheit** im allgemeinen unhinterfragter Teil des menschlichen Lebens, der **Wille Allahs,** den sie hinnehmen. Dies im Extremfall bis zum totalen Fanatismus gehende Akzeptieren von Krankheit wird von Ärzten in Singapur gern gesehen, gelten malaiische Patienten doch als sehr pflegeleicht. Innerhalb der Familie wird die Bedeutung von Krankheit jedoch genauer differenziert. Allahs Wille steht zwar hinter allen Erkrankungen, aber mangelnde Gesundheit kann von Allah auferlegtes Schicksal sein oder situationsbedingte Prüfung, um Gott näherzukommen. Hier wird **Krankheit als Weg, als Aufgabe** gesehen. Gesundheitsverhalten von Malaien spielt sich immer zwischen diesen beiden Polen ab. Es würde den Rahmen dieses kurzen Berichtes sprengen, malaiische Medizin hier im einzelnen darzustellen. Ein besonderer Schwerpunkt ist die **Prävention** und **Selbstmedikation,** die vor allem durch eine gesunde Lebensführung, sowie durch die Anwendung von **Heilpflanzen** durchgeführt wird. Der Islam gibt seinen Gläubigen zahllose Anleitungen zur Pflege von Leib und Seele.

Konfliktfeld Medizin

Die hier kurz angerissenen traditionellen Heilsysteme der 3 großen Bevölkerungsgruppen Singapurs zeigen deutlich, wie verschieden die Medizinformen der ethnischen Gruppen dort sind. Noch werden sie staatlicherseits geduldet, denn nach Ansicht von Vertretern des Gesundheitsministeriums sind viele Bürger mental noch nicht in der Lage, auf traditionelle Heilkunde zu verzichten. Daher begnügt man sich damit, „das Schlimmste" zu verhüten und vertraut auf den weiteren Prozeß der Modernisierung.

9.2.2 Staatliche Gesundheitsversorgung durch westliche Medizin

„Die Bürger Singapurs erfreuen sich bester Gesundheit" (*Ministry of Information and the Arts* 1996, 221) lautet die Einschätzung zum Gesundheitsstatus der Bevölkerung Singapurs im jährlich erscheinenden Singapore Facts and Pictures. Gute Erreichbarkeit der Versorgungseinrichtungen, konsequente Kontrollen im Gesundheitssektor und ein stetig steigender allgemeiner Lebensstandard werden als Begründung für den hohen Gesundheitsstatus angegeben, der sich in einer hohen **Lebenserwartung** von 76 Jahren, einer geringen **Säuglingssterblichkeitsrate** von 4,0 pro 1000 Lebendgeburten und der sinkenden Inzidenzrate von Infektionskrankheiten widerspiegelt. Die hauptsächlichen **Todesursachen** in Singapur gleichen denen in anderen Industrienationen, unterscheiden sich jedoch deutlich von denen der anderen Staaten in der Region, wo Infektionskrankheiten noch immer die größte Rolle spielen. Die ersten 3 Plätze unter den 10 Haupttodesursachen in Singapur nehmen
- Krebserkrankungen,
- Herzkrankheiten
- und zerebrovaskuläre Erkrankungen ein.

Diabetes und Bluthochdruck stehen auf sechstem und siebtem Rang. Krebserkrankungen sind in Singapur die Ursache von fast einem Viertel aller Todesfälle. Sie sind von 15,1% im Jahr 1970 auf 22,8% im Jahr 1990 gestiegen. Die Krebsinzidenz liegt bei Malaien niedriger als bei Chinesen und Indern. Auch die Herzinfarkt-Rate ist bei Malaien geringer als bei den anderen Ethnien. 1987 betrafen 58,6% aller Herzinfarkte Chinesen, 21,5% Inder und nur 16,1% Malaien. Die Zunahme von Diabetes jedoch ist unter den Malaien am größten, von 1970 bis 1986 nahm die Inzidenzrate bei ihnen um 270% zu, gegenüber 150% bei Chinesen und 46% bei Indern. Ein

A Gesundheitswesen im Wandel

ähnliches Bild ergibt sich bei Bluthochdruckbeschwerden, unter denen die Malaien besonders zu leiden haben. Eine 1986 erstellte Grafik zeigt, daß unter den Männern Inder und unter den Frauen Malaien am stärksten von Krankheiten betroffen sind (Abb. 9-1).

Das **Gesundheitsministerium Singapurs** hat seine Dienstleistungen in 4 große Bereiche organisiert:

Basisgesundheitsdienste

Basisgesundheitsversorgung hat in Singapur die Prämisse, eine für jeden erschwingliche Gesundheitsversorgung in der Nachbarschaft anzubieten. Eine Konsultation in einer Poliklinik kostete 1988 inklusive Medikation 7 Singapur-Dollar; ein privater Arztbesuch war ungefähr doppelt so teuer. Die Basisgesundheitseinrichtungen unterstehen den allgemeinen Krankenhäusern, und bei Bedarf werden Patienten an diese überwiesen. Was bietet eine solche **Poliklinik** ihren Patienten? In einer seit 1963 bestehenden und seit 1988 voll computerisierten Poliklinik beispielsweise stehen

- täglich 5 Allgemeinmediziner den Patienten zur Verfügung,
- einmal pro Woche ein Orthopäde
- und alle 2 Wochen ein Internist.

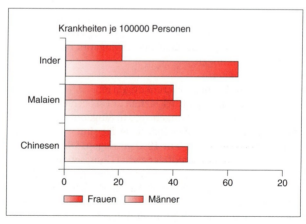

Abb. 9-1 Verteilung von Krankheiten, abhängig von Geschlecht und ethnischer Zugehörigkeit

- Einmal im Monat kommt ein Röntgenmobil für kostenlose Lungenvorsorgeuntersuchung der über 45jährigen Patienten.
- Der Klinik ist eine Apotheke angeschlossen.
- Größtes Gewicht wird in der Poliklinik auf Vorsorgeuntersuchungen gelegt, wobei Frauen und Kinder besonders im Zentrum der Aufmerksamkeit stehen.
- Über persönliche Beratung hinaus offerieren die Polikliniken eine Flut von Gesundheitserziehungsbroschüren (*Bach* 1991, 54).

Einige Polikliniken bieten auch Rehabilitationsmöglichkeiten für Senioren und tägliche Pflegedienste in ihren Versorgungszentren an (*Ministery of Information and the Arts* 1996, 252).

Unterstützende wissenschaftliche Einrichtungen

Das Gesundheitsministerium Singapurs hält einige unterstützende wissenschaftliche Einrichtungen bzw. Abteilungen vor, die bereichsübergreifende Dienstleistungen vorhalten:

- **Blutspendesystem**

Der Bluttransfusionsdienst Singapurs betreibt ein nationales Blutspendeprogramm, das auf freiwilliger Blutspende basiert. Außerdem ist er zuständig für spezielle Dienste, wie z.B. intraoperative Cell-Saver-Programme, die 1996 eingeführt wurden. Der Bluttransfusionsdienst Singapurs ist für die Beibehaltung der Sicherheitsstandards und die Blutversorgung der anfordernden Krankenhäuser verantwortlich. Seit 1992 ist er Mitglied für Transfusionsmedizin der Weltgesundheitsorganisation (WHO).

- **Institut für Wissenschaft und Rechtsmedizin**

Unter dem Institut für Rechtsmedizin stehen die Abteilung des Wissenschaftsdienstes und die Abteilung für Rechtsmedizin am Gesundheitsministerium. Die Abteilung des Wissenschaftsdienstes ist zuständig für analytische und wissenschaftliche Dienstleistungen in bezug auf Lebensmittel- und Arzneimittelkontrolle, Schutz der Umwelt, Prüfung von Zigaretten, Gesundheit in der Industrie sowie für Betäubungsmittel. Die Abteilung für Rechtsmedizin besteht aus zwei Einheiten: forensische Pathologie und klinisch-forensische

Medizin. Die Einheit für forensische Pathologie dient im wesentlichen der Polizei in der rechtsmedizinischen Untersuchung von Todesfällen, die dem staatlichen Leichenschauer gemeldet werden. Die Einheit für klinisch-forensische Medizin beschäftigt sich mit der Altersschätzung bei gerichtlichen Angelegenheiten, Blutproben zur Vaterschaftsbestimmung und wird in Verdachtsfällen von Kindesmißhandlung angerufen.

- **Pharmazeutische Abteilung**

Die pharmazeutische Abteilung ist für die regelmäßige Kontrolle von Medizinprodukten verantwortlich und überwacht ihre Sicherheit, Wirksamkeit und Qualität. Außerdem setzt die Abteilung die Vorschriften über Rauchverbote in Kraft. Zusätzlich zu seinen Regulationsfunktionen kauft und verteilt die Abteilung pharmazeutische Produkte und chirurgische Materialien zur primären Gesundheitsversorgung an die öffentlichen Krankenhäuser und an Polikliniken.

Zahnärztliche Dienste

Bei der zahnärztlichen Versorgung der Bevölkerung wird Wert darauf gelegt, Karies zu verhindern und einen guten Zahnstatus zu fördern. Aus diesem Grunde wird das **Trinkwasser** von Singapur seit 1957 **fluoriert.** Zusätzlich gibt es ein Netzwerk von 183 Kliniken an den Grundschulen und 3 mobile Klinikeinheiten. Die Regierung unterhält 9 Kliniken, eingeschlossen eine Klinik am National University Hospital. Außerdem gibt es 411 private Zahnkliniken, um Bewohner von großen Wohnsiedlungen und Büroangestellte im Stadtzentrum zu versorgen (*Ministry of Information and the Arts* 1996, 254).

Krankenhäuser

Im Zentrum des offiziellen Gesundheitssystems stehen in Singapur nach wie vor die Krankenhäuser. Von 22 Krankenhäusern sind 4 staatlich, 6 sind restrukturierte öffentliche Krankenhäuser und die restlichen 12 sind Privatkrankenhäuser. Zusammen stellen sie 10537 Betten oder 3 Betten pro 1000 Einwohnern zur Verfügung. Singapur erhebt den Anspruch, fachspezialistisches, medizinisches Zentrum für die Region Südostasien zu werden, und in der Tat ist die technische Ausrüstung der Krankenhäuser in dieser Region beispiellos.

Es gibt 4 Krankenhäuser mit spezialisierten Funktionen. Eines ist auf Geburtshilfe und Gynäkologie spezialisiert, zwei auf Psychiatrie und eines auf übertragbare Krankheiten.

- **Staatliche bzw. restrukturierte öffentliche Krankenhäuser**

Das staatliche Programm zur Restrukturierung von Krankenhäusern wurde 1986 begonnen, um öffentlichen Krankenhäusern eine größere Unabhängigkeit bei der Bewältigung ihrer Verwaltungsaufgaben zu gewährleisten. Dies sollte die Krankenhäuser befähigen, mit größerer Flexibilität auf die Bedürfnisse ihrer Patienten zu reagieren.

Das Ang Mo Kio Community Hospital nimmt eine Mittelstellung der Krankenhausversorgung für Patienten ein, die einer ausgedehnteren Zeitspanne der Genesung und der Rehabilitation bedürfen (*Ministry of Information and the Arts* 1996, 255).

- **Privatkrankenhäuser am Beispiel des Mount Alvernia Hospitals**

Das 240-Betten-Krankenhaus „Mount Alvernia" wurde im Jahre 1961 gebaut und wird von den Franziskanermissionarinnen von der göttlichen Mutterschaft (FMDM) getragen. Das Hospital hat sich als **„Non-profit-Hospital"** der karitativen Arbeit verpflichtet. Mehr als 60% des Überschusses des Krankenhauses wird karitativen Projekten zugeführt.

Mehr als 1 Mio. Dollar trägt das Haus jährlich zum Assisi Home & Hospice bei. Das Hospiz hält 39 Betten für unheilbar krebskranke Patienten bereit und bietet 3 Dienstleistungen an: Vollstationäre Versorgung, Tagespflege und häusliche Pflege.

Patienten der unteren Einkommensgruppen werden durch das Hospital subventioniert. Die St.-Franziskus-Station hält 7 Betten für weniger bemittelte Patienten bereit.

Das Mount Alvernia Hospital ist mit 16 Fachbereichen ausgestattet (Tab. 9-2), zusätzlich verfügt es über eine Reihe von Sondereinrichtungen (Tab. 9-3).

Am 7. Juli 1996 hat das Mount Alvernia Hospital das Zertifikat ISO 9002 erhalten. Mit 300 Besuchern und Mitarbeitern wurde diese Auszeichnung gebührend gefeiert.

A Gesundheitswesen im Wandel

Tab. 9-2 Fachbereiche des Mount Alvernia Hospital

- Geburtshilfe und Gynäkologie
- Allgemeine Chirurgie
- Bauchchirurgie
- Urologie
- Innere Medizin
- Neurologie
- Gastroenterologie
- Endokrinologie
- Pädiatrie
- Orthopädie
- Augenabteilung
- Plastische Chirurgie
- Kardiologie
- HNO-Abteilung
- Nephrologie
- Anästhesie

Tab. 9-3 Sondereinrichtungen des Mount Alvernia Hospital

- 24-Stunden-Notruf- und Ambulanzservice
- 10 Entbindungsräume
- 6 Operationssäle
- Endoskopie
- Rehabilitationsservice
- Intensivstation
- Neugeborenen-Intensivstation
- Kinder-Intensivstation
- Diagnostik-Abteilung mit CT, Mammographie und Ultraschall
- Labor und Blutbank
- Diätberatung
- Diagnose und Vorsorgezentrum

Finanzierung des Gesundheitswesens

Die Preise für Krankenhausaufenthalte variieren stark. Im Singapore General Hospital kostete schon 1983 ein Tag zwischen S$ 45,– und S$ 300,–. Malaiische Bürger bezeichnen die Kosten für Krankenhausaufenthalte generell als beängstigend hoch, wobei sie die billigste, vierte Klasse als „Ziegenklasse" beurteilen. Die Ausgaben des Gesundheitswesens in Singapur beliefen sich 1995 auf S$ 3,8 Mrd. (S$ 1270 pro Kopf) oder 3% des Bruttosozialproduktes (*Ministry of Information and the Arts* 1996, 260). Zwar werden staatliche Gesundheitseinrichtungen hoch subventioniert, gemessen am europäischen Standard sind die Pro-Kopf-Ausgaben im Gesundheitswesen jedoch extrem niedrig. Sie liegen um zwei Drittel unterhalb der niedrigsten in Europa. Einer der Gründe hierfür ist, daß Singapur eine sehr „junge Nation" ist, nur 8% der Bevölkerung waren 1988 über 60 Jahre alt und so waren bisher die Kosten für altersbedingte Krankheiten gering. Um die medizinische Grundversorgung gewährleisten zu können, wurde in Singapur ein **zweigleisiger Ansatz** von **Verantwortung des einzelnen** und **staatlicher Bezuschussung** gewählt. Die Patienten bezahlen einen Teil der von ihnen genutzten medizinischen Dienste und zahlen mehr, wenn ein höheres Dienstleistungsniveau verlangt wird. Dieses **Prinzip der Mitbezahlung** wird allen auferlegt, um die Fallen eines komplett kostenlosen Gesundheitssystems zu vermeiden. Damit der einzelne Verantwortung für seine eigenen Ausgaben im Gesundheitsdienst übernimmt, wurden verschiedene Finanzierungsmodelle eingeführt: eine **Krankenversicherung** nach europäischem System sowie ein **Stiftungsfonds** für weniger Bemittelte.

9.3 Medizinkultur in Singapur – zwischen Hochleistungsmedizin und Aberglaube

Eine Doktorandin der Universität Hamburg berichtete in ihrer Doktorarbeit von folgendem Erlebnis, während eines Singapuraufenthaltes:

„Leichenblaß und in einem erregten Gemisch aus Englisch und Malaiisch erzählte uns Roosli, ein leitender Ingenieur der staatlichen Elektrizitätswerke, was ihm widerfahren war: Auf dem Heimweg stand plötzlich wie aus dem Nichts eine junge Frau am Rand der Landstraße, die offensichtlich mitgenommen werden wollte. Als Roosli das Tempo verlangsamte, sah er, daß sie blutüberströmt war und sich merkwürdig schwankend bewegte. Vor Schreck erstarrt gab er Gas und raste nach Hause. Als ich im Stimmengewirr der Kommentare endlich durchkam und entsetzt fragte, warum er nicht gehalten und geholfen habe, sahen mich alle gleichermaßen fassungslos an. Was würde eine ‚normale' Frau allein in einer unbewohnten Gegend tun? Nein, auch für seine drei Freunde stand fest, Roosli war dem versuchten Angriff eines Geistes entkommen. Erst nach längerem Streiten konnte ich die vier Männer überreden, gemeinsam noch einmal zurückzufahren. Am Ort des Geschehens war von der jungen Frau keine Spur mehr zu finden, ein Grund mehr, an der übernatürlichen Erklärung festzuhalten. Ich war er-

A Gesundheitswesen im Wandel

schrocken und verwirrt. Waren das die gleichen Freunde, die mit mir während ihres Studiums in England und Deutschland über Emanzipation und Verantwortung diskutiert hatten, die, ausgebildet an naturwissenschaftlich-technischen Fakultäten, jetzt in verantwortlichen Positionen die Zukunft ihres Landes mitentschieden?" (*Bach* 1991, 1).

Die Erzählung der Doktorandin faßt in sehr eindrucksvoller Weise noch einmal die unterschiedlichsten Aussagen dieses Artikels zusammen. Wer sich mit Medizin, Gesundheit und Gesundheitsversorgung in Singapur befaßt, darf sich nicht nur in den Mauern der staatlichen Einrichtungen und Krankenhäuser bewegen. **Krankheit, Gesundheitsverhalten und Gesundheitsversorgung** sind in starkem Maße abhängig von

- religiöser Einstellung,
- der ethnischen Gruppe,
- dem sozialen Netz,
- vielfältigen Traditionen
- und unvereinbar scheinenden Weltbildern, die in einer Person tatsächlich nebeneinander oder – genauer gesagt – übereinander existieren können.

Das kleine Fischerdorf Singapur hat sich in einer rasanten Entwicklung zu einer modernen Großstadt entwickelt. Aber jedes System, das versucht, ein Gesundheitswesen in Singapur zu etablieren, das die alteingesessenen Vorstellungen der Bevölkerung von Gesundheit und Krankheit außer acht läßt, wird zum Scheitern verurteilt sein. Eine Erkenntnis, die

uns lehrt, auch in unseren Breitengraden kein Gesundheitssystem zu etablieren, das sich an den Bedürfnissen und Ängsten unserer Bürger vorbeientwickelt.

Literatur
Bach, G., Zwischen Staatsideologie und Islam: Malaiische Medizin in Singapore. Münster 1991.
Singapore Tourist Promotion Board (Hrsg.), Singapore – Official Guide. Singapore 1996.
Ministry of Information and the Arts, Health. Singapore 1996.

B

Bausteine zur Modernisierung des Klinikmanagements

Systemmanagement

10 Das Krankenhaus als System

Heribert W. Gärtner

Das Krankenhaus in heutigem Verständnis gibt es erst seit Beginn der naturwissenschaftlichen Medizin. Gleichzeitig ist es eine Organisation, die im christlichen Hospital einen jahrhundertealten Vorgänger hat: Eine uralte Tradition der Hilfe in Krankheit und Bedrohung, in ihren Ursprüngen wesentlich motiviert durch die christliche Krankenhilfe. Diese Herkunft war für das Bild des Krankenhauses prägend.

Auch wenn das Krankenhaus ein Ort modernster **Hightech-Medizin** und sich entwickelnder **professioneller Dienstleistung** geworden ist, spielt seine Herkunft aus der Hospitaltradition für das Berufsverständnis und seinen Wandel, vor allem in der Pflege, eine wichtige Rolle. Im Vordergrund dieser Krankenhaustradition steht die Behandlung des Kranken und das, was er nach Meinung der Experten zu seiner Genesung braucht, auch wenn sich die Begründung des helfenden Tuns inzwischen säkularisiert hat. Auch die Erwartungen der Patienten sind von dieser Tradition mitgeprägt. Sie wollen in ihrer oftmals bedrohten Situation als Individuum gesehen, behandelt und gepflegt werden. Diese Zielbestimmung des Krankenhauses findet einerseits bei Insidern Zustimmung und gleichzeitig weiß jeder von ihnen, daß diese Sichtweise idealisiert ist und von anderen Interessen überlagert wird. Patienten sind in ihrer Individualität darüber hinaus das „störendste, was es im Krankenhaus gibt".

Die **medizinisch-pflegerische Wirklichkeit** im Krankenhaus steht in einem **Spannungsverhältnis** zum **hochtechnisierten Krankenhausbetrieb** mit seiner Eigenlogik aus Technikbestimmung und Arbeitsteilung. Hinzu kommen weitere **Zweckbestimmungen** des Krankenhauses, die auch innerhalb des medizinisch-pflegerischen Bereiches als handlungsbestimmende Werte einen großen Einfluß haben: Geld zu verdienen, seine Aus- und Weiterbildung zu absolvieren und in der Forschung sich zu profilieren.

B Systemmanagement

Das heutige Krankenhaus ist somit eine Organisation, die durch mehrere unterschiedliche Aufträge mit eigener Logik bestimmt ist.

Das medizinisch-pflegerische Tun ist nur ein Teil der Krankenhauswirklichkeit, auch wenn es auf den ersten Blick und für Außenstehende und dort Arbeitende anders aussieht. Um das Krankenhaus in seiner Dynamik zu verstehen, braucht es deshalb erweiterte Verständnisfolien.

Die Folie, der heute eine zentrale Bedeutung zukommt, ist das **Verständnis des Krankenhauses als Betrieb.** Dies ist inzwischen unbestritten. Wie noch zu zeigen sein wird, geht es dabei nicht um eine Sichtweise unter anderen, die etwa nur die Verwaltung zu interessieren hätte. Das Krankenhaus ist zum Medizin-Betrieb geworden. Damit hat sich das Organisationsparadigma geändert. Das hat grundlegende **Konsequenzen,** wobei jedoch zu berücksichtigen ist, daß eine rein finanzwirtschaftliche Orientierung der Betriebsführung im Krankenhaus und ein monokausales Betriebsverständnis seiner Wirklichkeit ebenfalls nur ungenügend gerecht werden.

Das Krankenhaus als Organisation funktioniert nicht wie eine perfekt zusammengesetzte Maschine. Es ist nicht mit einem Tanker vergleichbar, der durch einen Kapitän gesteuert wird, sondern eher mit einem Orchester, das nach anderen Prinzipien zu leiten ist. Es kommt im Organisationsalltag, auch bei optimaler Strukturierung der Routinevorgänge, regelmäßig anders, als man sich die Sache ausgedacht hat. Die Ursachen hierfür sind vielfältig:

- Zum einen hängt es mit dem **Produktgegenstand** dieses Betriebes, der optimalen Bearbeitung von akuter oder chronischer Lebensgefährdung und Lebensbedrohung, zusammen.
- Zum anderen bedingt die **Größe und Komplexität der Leistungsbereiche** einen Kooperations- und Abstimmungsbedarf, auf den Krankenhäuser auch heute noch in vielen Fällen überfordert reagieren.
- Hinzu kommt, daß Menschen im Regelwerk der Organisation immer wieder eigene (offiziell nicht vorgesehene) Wege gehen.

Deshalb ist es nicht erstaunlich, zu beobachten, wie immunisiert die Organisation gegenüber der Genialität ihrer Führungsleute oftmals reagiert und an welchen Stellen im System plötzlich Turbulenzen entstehen.

Die **Systemtheorie als entwickelte sozialwissenschaftliche Theorie sozialer Systeme** schafft einen Zugang zu der vielschichtigen Realität des Krankenhauses als Organisation, wie sie durch die medizinisch-pflegerische Fachsprache und betriebswirtschaftliche Zugänge nicht ermöglicht werden. Sie stellt eine Sprache zur Verfügung, in der diese Realitätsebenen des Krankenhauses in einem konsistenten Bezugsrahmen benennbar und verstehbar sind.

10.1 Gesundheitswesen und Krankenhaus als gesellschaftliches Teilsystem

Moderne Gesellschaften entwickeln zur Bewältigung ihrer anstehenden Aufgaben funktionale Teilsysteme. Gesellschaftliche Teilbereiche wie Politik, Wirtschaft, Erziehung und Kunst haben sich spezialisiert und autonomisiert, um dadurch schneller und effektiver ihre Fragestellungen und Aufgaben bearbeiten zu können.

Das Gesundheitssystem ist ein solches gesellschaftliches Teilsystem, das Krankenhaus sein höchstentwickeltes Strukturelement.

Die Besonderheiten gesellschaftlicher Teilsysteme treffen auch auf ihre Organisationen zu. Das Gesundheitswesen als gesellschaftliches Subsystem ist keine Organisation, aber die Voraussetzung, daß in ihm Organisationen des Gesundheitswesens, wie Arztpraxen, Sozialstationen und Krankenhäuser, entstehen können. Diese Einrichtungen sind Systemtypen eigener Art (*Wimmer* 1993, 272). Die Aufgabe des Systems Krankenhaus ist es, Krankheiten festzustellen, zu heilen und Leiden zu lindern (§ 2 KHG).

Um funktionsfähig zu sein, **entwickeln Systeme ihre eigene Sprache** und eigene Fachkriterien, nach denen sie kommunizieren, arbeiten und ihre Arbeit bewerten. Das Gesundheitssystem und das Krankenhaus im besonderen haben zur Bewältigung ihrer Aufgaben eine eigene, z.T. hochspezifizierte medizinisch-pflegerische Fachsprache und Denk- und Handlungslogik entwickelt, die für Außenstehende oft nicht verstehbar und durchschaubar ist. Dies betrifft vor allem operative und pharmakologisch-therapeutische Interven-

B Systemmanagement

tionen. Aus dieser Undurchschaubarkeit ergibt sich u.a., daß neben dem medizinischen Behandlungserfolg für den Patienten im Hinblick auf die Bewertung des Krankenhausaufenthaltes vor allem die erlebte Interaktions- und Servicequalität eine entscheidende Rolle spielt. Diese ist für sie eher faß- und bewertbar.

Ein Problem des Krankenhauses ist, daß es neben dem **medizinisch-pflegerischen Code** zur Bearbeitung von Fachproblemen einen **nur gering entwickelten Code zur Lösung der organisatorischen Probleme** zur Verfügung hat.

Medizinisch-pflegerische Sachverhalte sind meist hervorragend geregelt. Dies ist vor dem angedeuteten geschichtlichen Hintergrund des Krankenhauses verstehbar (*Großmann*, Lernende Organisation, 1995, 203–222). Krankenhausmitarbeiter versuchen deshalb mit ihrer medizinisch-pflegerischen Fachsprache, organisatorische Probleme – z.B. jene der berufsübergreifenden Kooperation – zu bearbeiten. Strukturelle Fragen werden deshalb nicht selten als Beziehungsprobleme zwischen den Beteiligten abgehandelt. Da die Ebenen verwechselt werden, kann dies nicht gut funktionieren. Organisatorische Fragen haben oftmals eine viel geringeren Regelungsdichte und erreichen bisweilen nicht einmal das Stadium der Mündlichkeit. Der Professionalisierungsgrad dieser hochspezialisierten Organisation ist also in ihren Handlungsbereichen sehr unterschiedlich.

Das angesprochene Problem ist nicht allein über eine funktionierende Klinikverwaltung zu lösen, sondern über die **Entwicklung der Managementkompetenz der Verantwortlichen** in den unterschiedlichen Berufsgruppen.

Die Entwicklungen in Medizin und Medizintechnik haben zunehmend Möglichkeiten eröffnet, den „prinzipiell unbegrenzten Bedarf an Heilung in der Gesellschaft" (*Großmann*, Selbstorganisation, 1995, 56) scheinbar immer mehr zu decken. Besonders im Bereich der Akutmedizin haben sich **Systemdifferenzierung** und **gesellschaftliche Erwartungshaltung** lange Zeit entsprochen. Die Probleme, die durch chronische Erkrankungen verursacht werden, sind mit den gängigen Denkmodellen der naturwissenschaftlichen Medizin nicht zu bewältigen (*Siebolds/Risse* 1997). Festzuhalten ist, daß die Möglichkeiten und Verheißungen der medizinischen Versorgung von der Gesellschaft nach dem Motto „Gesundheit ist das höchste Gut" gerne in Anspruch genommen wurden und vielen Menschen geholfen haben. Die Tatsache, daß Systeme gegenüber sonstigen gesellschaftlichen Funktionserfordernissen zunächst indifferent und immun sind, wurde somit von der Öffentlichkeit für das Gesundheitssystem und das Krankenhaus lange Zeit akzeptiert. Es entwickelte sich unter dem Schutz des Selbstkostendeckungsprinzips nach seinen eigenen Kriterien weiter. Deshalb konnte es nach seiner inhärenten medizinisch-pflegerischen Sachlogik eine hohe Leistungsfähigkeit entwickeln. Dies ist positiv zu würdigen.

10.2 Systemwandel: Von der Hilfeleistung zur Dienstleistung

Das Gesundheitssystem selbst brauchte sich lange Zeit nicht um seine Selbstbeschränkung zu kümmern und hat dies auch nicht getan. Die Auseinandersetzung um die Begrenzung des Gesundheitswesens wurde ihm in den letzten Jahren von der Politik durch die zugespitzte Finanzlage aufgezwungen. Wenn Standesvertreter unter sich sind, hört man jetzt ab und zu das Bekenntnis, daß sie zu einer selbstbeschränkten Regelung nicht in der Lage waren.

Knappheit finanzieller Ressourcen und die zu erwartende **Steigerung der Nachfrage nach medizinisch-pflegerischen Leistungen** sind Mechanismen, die das Gesundheitswesen insgesamt und das Krankenhaus zur Systembegrenzung und zum Systemwandel zwingen. Durch geänderte gesellschaftliche und wirtschaftliche Bedingungen ist die gesellschaftliche Integration des Systems „Gesundheitswesen" zur Diskussion gestellt. Der Streit, welche Leistungen durch die Solidargemeinschaft und nach welchen Kriterien zu finanzieren sind, ist entbrannt.

Medizinische und pflegerische Leistung kann nun nicht mehr ausschließlich ihrer eigenen Sachlogik folgen, sondern wird durch eine explizit **ökonomische Perspektive** ergänzt. Es geht nun um definierte Leistungserbringung und Leistungsbestimmung auch im patientennahen Bereich. Leistung, Qualität, Geld und Zeit sind miteinander in Beziehung zu setzen. Dabei ist zu berücksichtigen, daß erfolgreiche Krankenhausarbeit Gefühls- und Interaktionsarbeit

B Systemmanagement

beinhaltet. Diese sind nicht nur private Nebenprodukte des beruflichen Handelns der Mitarbeiter im Krankenhaus, sondern Bestandteile ihres beruflichen Handelns (*Badura* 1994). Das neue Entgeltsystem symbolisiert diese modifizierte Denk- und Handlungsweise. Mit ihr ist eine einschneidende Systemkorrektur vollzogen, deren Auswirkungen für das Krankenhaus als Organisation und seine Mitarbeiter noch nicht abzuschätzen sind. Dadurch, daß Krankenhausarbeit in „preisgeregelte Kosten-Nutzen-Kalküle" (*Willke*, Systemtheorie II, 1994, 59) gebracht wird, wird neben der medizinisch-pflegerischen auch eine ökonomische Handlungslogik wirksam.

Indem das Krankenhaus wirklich zu einem Unternehmen geworden ist, hat sich seine Systemlogik qualitativ gewandelt. **Ökonomische Gesichtspunkte** sind – mit allen einseitigen Brüchen auch in der politischen Willensbildung – **konstitutiver Bestandteil des Gesundheitswesens** geworden.

Das Problem besteht darin, daß dies eine Denk- und Arbeitsweise beinhaltet, in der die patientennahen Berufe im Krankenhaus (vor allem Ärzte und Pflegepersonal) nicht sozialisiert wurden. Diese Personengruppe spielt aber für die Leistungserbringung die entscheidende Rolle. Es ist ein Spezifikum der Krankenhausarbeit als personenbezogene Dienstleistung, daß Umfang, Anfang und Ende der Leistung in hoher Autonomie durch die beteiligten Mitarbeiter geregelt werden. Diese Dienstleistung ist nur in begrenztem Maße direkt kontrollierbar. Deshalb kommt der Qualifikation und der Selbständigkeit der Mitarbeiter eine zentrale Funktion zu. Die sich derzeit abspielenden Veränderungen erfordern, daß sich Einstellungen wandeln und Kompetenzen entwickeln.

Zur Logik dieser Entwicklung gehört die **Entdeckung des Patienten als Kunde**. Es wird zumeist von dem „politisch getauften" Modewort „Qualitätssicherung" begleitet.

Damit vollzieht das Krankenhaus eine Entwicklung, die sich insgesamt in der Wirtschaft beobachten läßt: den **Wechsel von der Produkt- zur Kundenorientierung** (*Wimmer* 1993, 278).

Es scheint, daß die Änderungen der Rahmenbedingungen des Gesundheitswesens eine Entwicklung in Gang bringen, die aus fachlichen und inhaltlichen Erwägungen heraus bisher nur schwer realisierbar war. „Patientenorientierung" war nur eine andere, aber oft erfolglose Chiffre des gleichen Anliegens. Viele hegen nun die Hoffnung, daß knappere Ressourcen bei gleichzeitigem Wettbewerb eine neue Handlungsdynamik auslösen, die auch positive Entwicklungen ermöglicht. Eine pragmatische Nähe zwischen „Gesinnungswandel und Geld" ist vermutlich in allen gesellschaftlichen Teilbereichen gegeben. In guten Zeiten wird der König Kunde dann schnell wieder zum Feind, der den eigenen Arbeitsablauf stört (*Bolz/Bosshart* 1995, 229–263).

Das neue Etikett „Kunde" ist allerdings kein vollständiger Ersatz für den größeren Würdetitel „Patient". Im Krankenhaus sollte auf die Ehrfurcht vor dem Leidenden nicht verzichtet werden.

Das Etikett „Kunde" macht aber unmißverständlich klar, wofür ein Krankenhaus und seine Mitarbeiter da sind. Dies ist nicht selbstverständlich und deshalb ist die Kundenperspektive nützlich. Sie verdeutlicht, daß der Patient nicht für die empfangene Leistung dankbar zu sein hat, sondern daß er einen Anspruch auf angemessene und professionelle medizinisch-pflegerische Leistungen hat. Patienten fordern dies auch zunehmend ein.

Ironischerweise kehrt in der **Kundenorientierung** auf akzeptierte Weise die aus Professionalisierungsgründen so strikt abgewiesene **Dimension des Dienens** in gewandelter Gestalt wieder.

Diese ansatzweise beschriebene Systemmodifikation hat logischerweise in der Diskussion um die geeignete Rechtsform von Krankenhäusern ihren Niederschlag gefunden. **Systemwandel** heißt immer **Regeländerung** und ist nie bloß ein geistiger Prozeß. Bei freigemeinnützigen Trägern ist die (g)**GmbH** zu einer **bevorzugten Rechtsform** geworden. Öffentliche und kommunale Träger wandeln seit einiger Zeit ebenfalls viele ihrer Krankenhäuser von Regie- in Eigenbetriebe oder GmbHs um. Die von den Krankenhausmanagern schon lange geforderte Ausgliederung und Verselbständigung der Krankenhäuser ist dabei, flächendeckende Wirklichkeit zu werden. Es ist zu hoffen, daß gleichzeitig auch über die **Steuerungs- und Kontrollfunktion** als **Trägerauf-**

B Systemmanagement

gabe nachgedacht und diese auch wahrgenommen wird. Auf organisatorisch-symbolischer Ebene ist damit endgültig der Abschied der alten gemeindlichen oder kirchlichen Wohlfahrtseinrichtung als Ort praktizierter Nächstenliebe vollzogen.

Das heißt nicht, daß sich diese nicht mehr im Handeln der Mitarbeiter und in der Unternehmenspolitik widerspiegelt, sondern daß der Bezugsrahmen für die Krankenhausarbeit ein anderer geworden ist: Aus dem **Ort karitativer Liebestätigkeit** sind **Unternehmen** geworden, auch wenn sie sich in freigemeinnütziger Trägerschaft befinden.

Dieser Kulturwechsel des Systems hat sich über die Jahre schleichend vollzogen. Vor allem kirchliche Träger beschäftigt dabei sehr, wie sie die Bindung an ihren kirchlichen Trägerauftrag aufrechterhalten können und wie neue Identitäten gefunden werden können (*Gärtner* 1995).

Mit der sich durchsetzenden Verselbständigung ist gleichzeitig die Chance verbunden, daß sich Krankenhäuser nach ihrer inneren Logik selbst organisieren und nicht mehr unnötig durch langsame Trägerorgane gehemmt werden, soweit dies die zum Teil noch planwirtschaftlichen Rahmenbedingungen staatlicher Krankenhauspolitik zulassen.

10.3 Das System Krankenhaus und seine Subsysteme

Systeme unterliegen bei Wachstum dem faktischen Zwang und der Chance, sich auszudifferenzieren und damit Subsysteme zu bilden, die dann den Hang haben, sich zu verselbständigen. Dies läßt sich auch für das Krankenhaus gut nachzeichnen. Durch die Entwicklung der naturwissenschaftlichen Medizin ergab sich für das Krankenhaus ein solcher **Differenzierungsvorgang**, der zum Entstehen neuer klinischer Disziplinen und damit dem Anwachsen des Leistungsspektrums von Krankenhäusern führte. Medizinische und naturwissenschaftliche Spezialisten schufen die Voraussetzung, daß es neue Spezialisierungen geben konnte. So entstanden neue Kliniken, Abteilungen und Funktionsbereiche, die in die Gesamtorganisation zu integrieren waren. Damit verbunden waren eine verstärkte Arbeitsteilung, erhöhte Anforderungen an die Ausbildung und eine Ausdifferenzierung der Gesundheitsberufe. Der von vielen diagnostizierte Gewinn für die gesundheitliche Versorgung der Bevölkerung führte gleichzeitig zu einem erhöhten Komplexitätsgrad der Organisation Krankenhaus.

Mit dieser Entwicklung sind 2 Fragen verknüpft:
- Wie ist die **Zuordnung der Subsysteme** zum Gesamtsystem geregelt?
- Wie ist das Problem der **Systemsteuerung** (der Krankenhausleitung) zu lösen?

Je spezifizierter und autonomer die einzelnen Arbeitsbereiche werden, um so schwieriger ist es, sie in die Gesamtorganisation zu integrieren und zur Kooperation zu befähigen. Der **Reibungsverlust** an diesen Stellen ist teilweise sehr hoch. Abteilungen verhalten sich wie „Fürstentümer", und Chefärzte versuchen – um in diesem Bild zu bleiben –, den inzwischen angegriffenen Fürstenstand vehement zu verteidigen. Medizin und Pflege gelingt es oftmals nur schwer, zu kooperativen Arbeitsformen zu kommen, weil Mediziner die Pflegenden vielfach noch als Zuarbeiter der eigentlichen, d.h. diagnostisch-therapeutischen Krankenhausarbeit, begreifen.

Neben der Differenzierung im medizinischen Bereich beginnt nun auch die Pflege, ihren Arbeits- und Aufgabenbereich durch Verwissenschaftlichung deutlicher zu bestimmen. Die Auswirkungen dieses Vorgangs sind noch nicht abzusehen.

Dieser Prozeß beschränkt sich nicht auf die Akademisierung der Leitungs- und Lehrfunktionen, sondern führt mit inhärenter Logik, wie in anderen europäischen Ländern auch, zur Akademisierung der Pflege selbst. Dies ist für das Krankenhaus nützlich, weil dann auch in rationalen Kategorien verdeutlichbar wird, welchen Beitrag der Leistungsbereich Pflege für die Gesamtleistung des Krankenhauses und für den Behandlungserfolg erbringt.

Darüber hinaus werden Pflegekräfte dann nicht nur in Kategorien der Betroffenheit, sondern in jenen der Argumentation zu emanzipierten Mitspielern in der Machtkonstellation des Krankenhauses werden. Das über lange Zeit eingespielte Regelset zwischen Medizin und Pflege wird sich verändern. Die an dieser Stelle immer wieder geäußerte Befürchtung, daß dann „niemand mehr da wäre, der die Arbeit am Bett macht", hat sich in anderen europäischen Ländern mit vergleichbaren Vorgängen nicht bestätigt. Die verbesserte Selbstdefinition der Pflege wird das Kooperationspotential im Krankenhaus erhöhen. Wenn Pflege fähig ist, ihr eigenes Arbeitsfeld in Differenz darzustellen und zu bearbeiten, wird Zusammenarbeit besser gelingen. Die hierzu notwendigen Spielregeln sind allerdings neu auszuhandeln. Der naturwissenschaftliche Sprachcode ist dann um einen sozialwissenschaftlich begründeten Code zu ergänzen.

Die unterschiedlichen Differenzierungsprozesse erfordern eine besondere Integrationsleistung des Krankenhausmanagements sowohl auf der Ebene des Personalmanagements wie auf der Ebene der Organisation. Für diese Arbeit wird es erforderlich sein, daß auch der ärztliche Direktor – zumindest in größeren Häusern – hauptamtlich im Direktorium vertreten ist und in Angelegenheiten der Organisation und übergreifender Fragen ein Weisungsrecht gegenüber den Chefärzten hat. Das Denken in Berufsgruppen ist dabei keine nützliche Kategorie mehr.

Die geschichtliche Antwort des Krankenhauses, seine Organisation über Hierarchie und berufsständische Gliederung herzustellen, hat sich überholt.

10.4 Über das Verhältnis von Individuum und Organisation im Krankenhaus

Unter dem Blick der Systemtheorie zeigt sich, daß die Basis auch der Organisation Krankenhaus Regeln sind, die durch das Handeln der Organisationsmitglieder über die Zeit hinweg entstanden sind (*Willke*, Systemtheorie II, 1994, 157 ff.). Diese Regeln stellen die organisationale Grundstruktur eines Hauses dar. Sie sind eingebettet in die Normen des gesellschaftlichen Teilsystems, zu dem die Organisation gehört. Systemregeln zeigen sich z.B.

- in der Art, wie miteinander kommuniziert wird,
- in dem praktizierten Leitungsverständnis und der Auslegung von Hierarchie,
- in den vorhandenen Tätigkeitsspielräumen und der Möglichkeit zur Rollenausgestaltung der Krankenhausberufe, wie sie in Stellenbeschreibungen und Funktionendiagrammen sichtbar werden,

10 Das Krankenhaus als System

- in den Normen dessen, was möglich ist und was auf keinen Fall passieren darf,
- im Umgang mit Leben und Tod.

Besonders gut werden die Organisationsregeln durch **betriebliche Entscheidungen** sichtbar gemacht. In ihren Entscheidungen zeigt eine Organisation, wie sie sich intern versteht und von außen gesehen werden will.

Das **konkrete Regelwerk** eines Krankenhauses entsteht durch gemeinsames Handeln konkreter Organisationsmitglieder (Gründer, Orden und Genossenschaften, Leitungen und Teams, prägende Ausbildungsstätten). Das oft nicht schriftlich kodifizierte und auch nicht bewußte Regelsystem löst sich dann von den einzelnen handelnden Personen ab und tritt als tradiertes Erwartungssystem den einzelnen Mitarbeitern gegenüber. Dadurch wird eine eigenständige Realität erzeugt, die nicht mehr auf das Handeln von Personen allein rückführbar ist. Ihre Regeln sind im „Gedächtnis" der Organisation gespeichert und werden über verschiedene Medien tradiert: Hausinterne Geschichten, Symbole, schriftliche Dokumente etc. In diesem Regelwerk der Organisation spiegelt sich die Fähigkeit von Systemen zur Selbstorganisation wider.

Wenn derzeit viele Träger versuchen, dieses Regelsystem durch die Entwicklung von Unternehmensleitbildern zu strukturieren, ist zu beachten, daß die Anschlußfähigkeit an die eigene Organisationsgeschichte gewahrt wird.

Mitarbeiter und Patienten sind von dieser Organisationsarchitektur abhängig. Im Krankenhausalltag wird dies leicht deutlich:

Überschreitet ein kranker Mensch die Schwelle zum Krankenhaus, so wird er nach einem bestimmten Ritus zum Patienten gemacht. Diese Riten funktionieren in Krankenhäusern prinzipiell ähnlich und sind gleichzeitig individuell. Aufgrund ihrer (bedrohlichen) Situation fügen sich die meisten Patienten diesem Aufnahme- und Versorgungsritus schnell.

Auch Mitarbeiter, vor allem Berufsanfänger, geraten häufig in den Sog des „so geht es bei uns zu, so hat es sich bewährt". Sozialisation oder Trennung ist irgendwann das Entscheidungskriterium, mit dem sich Mitarbeiter auseinan-

B Systemmanagement

dersetzen müssen. Sie lernen, welche Gestaltungsspielräume es in diesem Haus gibt und welche Regeln für welche Bereiche gelten – im Stationsteam, im OP, zwischen den Berufsgruppen und gegenüber den Funktionsbereichen.

Durch das gewandelte und professionalisierte Bewußtsein im Personalmanagement wird dieser Anpassungs- und Lernprozeß als **betriebliche Sozialisation** kultiviert und durch Mitarbeitereinführungsprogramme standardisiert.

Mitarbeitereinführung ist immer auch ein **Anpassungsprozeß** an die Organisation. Dabei ist klar, daß die Regeln eines Hauses nicht in jeder Hinsicht auf dem höchsten Stand der Rationalität sind. Jeder weiß, daß „die Neuen" oft recht haben und trotzdem keine Chance bekommen. Systeme und Menschen verhalten sich nicht in jedem Fall optimal rational. Gleichwohl wird jedes System versuchen, sein Verhalten rational zu begründen.

Man muß sich auf dieses Spiel strategisch einstellen und versuchen, seine Handlungslogik zu verstehen.
Für die Stellung von Mitarbeitern in der Organisation Krankenhaus wird zweierlei deutlich:
- Mitarbeitern kommt innerhalb der geltenden Regeln für die Systemausgestaltung eine zentrale Bedeutung zu, d.h. dafür, daß die Krankenhausarbeit nach den Regeln des jeweiligen Hauses möglichst optimal geschieht.
- Bei Fragen der Systemgestaltung und des Systemwandels stoßen Mitarbeiter mehr oder weniger schnell an Grenzen.

Um es in dem schon verwendeten Bild der Architektur auszudrücken: Mitarbeiter haben in der Regel die Möglichkeit, auf die „Inneneinrichtung" eines Hauses Einfluß auszuüben, auf die Farben von Einrichtungsgegenständen und deren Standort. Baupläne für „Neubau- und Umbaumaßnahmen" und die „zentralen Einrichtungsgegenstände" sind ihrem Einflußbereich in der Regel entzogen.

Werden Regeln allerdings längerfristig nicht mehr von den Mitgliedern eines Systems geteilt, führt dies zu Einbrüchen. Oftmals werden dann Personen ausgewechselt, ohne daß sich Strukturen ändern. Es ist erstaunlich, systemtheoretisch jedoch durchschaubar, wie oft dieses Spiel wiederholt und berufliche Karrieren der Systemstabilität geopfert werden, bis es zu Veränderungen kommt.

Eine solche Sicht auf die Funktion der Personen im System Krankenhaus macht einerseits klar, daß Mitarbeiter für das Innenleben sehr wichtig sind und andererseits ihr Einfluß begrenzt ist. Ohne das Engagement von Personen hat ein Krankenhaus kein Gesicht und kann es keine Leistung erbringen. Andererseits wird deutlich, daß Mitarbeiter Spieler in einem noch durch andere Kräfte bestimmten Krankenhausspiel sind. Es gilt zu unterscheiden, welchen Anteil Personen an der Konstruktion der organisationalen Wirklichkeit haben und welcher Anteil dem Regelsystem als der Architektur der Organisation zuzuweisen ist (*Willke*, Systemtheorie II, 1994, 153).

Für das Management ist es wichtig, diese Ebenen zu unterscheiden. Es bewahrt vor Energieverschwendung und falschen oder nutzlosen Interventionen. Manche Krankenhauskonflikte, die scheinbar Beziehungsprobleme sind (z.B. der Dauerkrach bei der OP-Planerstellung), werden tatsächlich durch das Regelwerk der Organisation produziert und die sich darin widerspiegelnden Machtkonstellationen am Leben erhalten. Sie wiederholen sich deshalb regelmäßig.

Dieser Sachverhalt ist auch der Grund, warum Supervision in diesen Fällen versagt und managerielles Chaos noch stabilisiert. Supervision ist kein „Breitbandmedikament", sondern eine „spezifische Arznei", die organisationale Konfliktursachen nicht verändert.

Regeln werden nicht durch Beziehungsklärung modifiziert, sondern nur durch Regelveränderungen. Diese betreffen die Organisation.

Personalmanagement spielt sich auf einer anderen Ebene ab als organisatorisches Handeln. Regeländerungen sind natürlich möglich und sogar notwendig. Es sind vor allem Träger und Leitungen, die hier Gestaltungsspielräume haben, wenn auch keine unbegrenzten.

10.5 Warum die Spielregeln im Krankenhaus so schwer zu verändern sind

Das Krankenhaus ist gegenwärtig noch ein teilweise feudales und streng hierarchisches System mit wenig Flexibilität in seinen Spielregeln. **Hierarchie,** funktional verstanden, regelt Aufgaben und Zuständigkeiten. Hierarchie, die nicht

B Systemmanagement

zwangsläufig Befehlshierarchie sein muß, sorgt dafür, daß nicht mehr alle alles tun, sondern Arbeitsebenen getrennt werden. Dieses **Ordnungsprinzip** ermöglicht ungestörteres Arbeiten und definiert die Kanäle, über die andere in den eigenen Arbeitsbereich eingreifen können bzw. müssen (*Baecker* 1995, 216–218). In komplexen Organisationen sind solche Ordnungsprinzipien notwendig. Entscheidend ist die Frage, ob sie für die zu bewältigenden Aufgaben in der Organisation und für die Entwicklung der Mitarbeiter **nützlich** sind oder nicht. Hierarchie als **eine** Ordnungsform der Organisation ist ein möglicher Ausdruck, wie sich das Regelsystem im Krankenhaus darstellt.

Die Stabilität der Regeln ist in einem Betrieb, der in einem hohen Maße „Lebensdramatiken" zu bearbeiten hat, grundsätzlich von Nutzen. Ein Krankenhaus ist keine Marketingfirma, bei der es darauf ankommt, möglichst ständig neue Produkte und Ideen zu produzieren. Das Krankenhaus ist eine Organisation, in deren Routinebereich der Krankenversorgung ein Höchstmaß an Verläßlichkeit sicherzustellen ist. Es ist deshalb ein System, das eher konservativ reagiert und sich in seinen Strukturen stabilisiert.

In der Frühphase der Systemtheorie wurde besonders die **Offenheit von sozialen Systemen** betont und diese als **Kriterium ihrer Überlebensfähigkeit** verstanden. Diese Verbindung zur Außenwelt als Verbindung zum politischen und wirtschaftlichen Kontext spielt bei der derzeitigen Debatte um die Zukunft des Gesundheitswesens in der Tat eine wichtige Rolle. Das Krankenhaus ist in seiner Anpassungsfähigkeit gefragt. Unter der Perspektive der Zukunftssicherung geht es z.B. um die Verbindung zum politischen Umfeld, zu den einweisenden Ärzten, zu den kooperierenden Einrichtungen der Pflege, um die Kooperation mit anderen Krankenhäusern bei Großgeräten und der Abstimmung von Leistungsspektren.

Gleichzeitig gilt, daß **Systeme** ebenso **von sich selbst abhängig** sind, von ihrer Vergangenheit und von dem Bild, das sie sich über ihre Zukunft machen. Wie ein Krankenhaus die gegenwärtigen Herausforderungen meistert, hängt deshalb nicht nur von externen Faktoren ab, sondern auch von seiner betrieblichen und medizinisch-pflegerischen Alltagspraxis, seiner innerorganisatorischen Bewältigungskapazität.

Krankenhäuser unterscheiden sich voneinander. Im günstigsten Fall wird dieser Unterschied von den Kunden (den potentiellen Patienten, den einweisenden Ärzten) gewürdigt. Um dieses Eigen- und Überleben entfalten zu können, schließen sich Organisationen nach außen ab. Sie entwickeln über die Zeit hinweg eine innere Struktur, ihr Regelwerk, das sie vor Reizüberflutung schützt. Die Systemtheorie nennt diesen zentralen, selbsterhaltenden Vorgang **operative Geschlossenheit.**

Organisationen stehen also nicht nur in einer Verbindung zu ihrer Außen- und Umwelt, sie entwickeln ebenso eine Innenperspektive und ein Eigenleben mit einem eigenen Sprachcode und spezifischen Kommunikationsbeziehungen, mit Regeln. Die **Fähigkeit von Organisationen zur operativen Geschlossenheit** ist die **Voraussetzung**, daß man von der **Corporate Identity** (→), der Identität eines Krankenhauses oder eines Trägers, als unterscheidendes Merkmal im Markt der weiteren Anbieter überhaupt sprechen kann.

Die sich in dieser notwendigen Geschlossenheit entwickelnden Regeln speisen sich aus dem Wechselspiel der Tradition des Gesamtsystems Krankenhaus und der konkreten Geschichte eines Hauses. Hieraus entsteht das, was heute mit Unternehmenskultur bezeichnet wird. Durch die Abschließung nach außen entwickelt ein Haus die notwendige Stabilität und Erkennbarkeit, die es braucht, um seiner Zielbestimmung nachzukommen. Systeme haben den Hang, sich selbst aufrechtzuerhalten und fortzuschreiben und den Einflußbereich auf sich selbst zu beschränken. Sie tendieren nach Selbsterhalt und sind in diesem Sinne konservativ.

Aus diesem Grund suchen sich Systeme in der Regel Mitarbeiter, die zu ihnen passen. Dies gilt vor allem für die Führungskräfte. Hier wird klar, warum der „richtige" Mitarbeiter nicht in jedem Fall der „bestqualifizierteste" sein muß. Manche Führungskraft hatte seine Organisation überstrapaziert und fand sich deshalb plötzlich ausgeschieden; dann war die produzierte und vielleicht tatsächlich vorhandene Kompetenz der Führungskraft nicht anschlußfähig, und die Organisation konnte ihr betriebliches Handeln nicht angemessen verwerten. Der Hang von Systemen zur Stabilisierung ist sowohl positiv bewahrend als auch problematisch verhärtend. Notwendige Veränderungen und Entwicklungen können auch verpaßt werden, wenn die betrieblichen und personel-

B Systemmanagement

len Seismographen nicht funktionieren und die leisen Warnsignale überhört werden.

Organisationen brauchen unverzichtbar, allerdings in unterschiedlichem Ausmaß, ein **Irritationspotential,** das die notwendigen Anpassungsleistungen fördert.

Für die Änderung und Weiterentwicklung der Systemregeln kommt den **Führungskräften** im Krankenhaus eine zentrale Bedeutung zu.

Zu ihrer beruflichen Rolle gehört es, notwendige Änderungen zu erkennen, mit Mitarbeiterinnen und Mitarbeitern zu entwickeln und im System zu moderieren. Sie sind es, die Veränderungen im Umfeld des Krankenhauses und in seinem Innenleben wahrnehmen und im System kommunizieren müssen. Deshalb brauchen Führungskräfte über die erforderliche **handwerkliche Führungskompetenz** für das Alltagsgeschäft hinaus **systemdiagnostische Fähigkeiten** und **Interventionskompetenz.** In der gegenwärtigen Krankenhauslandschaft gehört die Fähigkeit, Wandlungsvorgänge zu initiieren und durchzuführen, auf der Ebene der Betriebsleitung zu den wichtigen Fähigkeiten und Fertigkeiten. Der vollzogene und bevorstehende Wandel des Krankenhauses erfordert organisatorische und personelle Änderungsprozesse, die nicht nebenbei und ohne gediegene Leitungsarbeit leistbar sind.

10.6 Gegenwärtige Ansätze zur Systementwicklung

Der Forderung, dem Krankenhaus mehr Selbständigkeit zu verleihen, haben inzwischen viele Träger durch die Veränderung der Rechtsform ihrer Krankenhäuser entsprochen. Durch die Stärkung der Betriebsleitung bzw. der Geschäftsführung wurde die Voraussetzung für eine unternehmerische Führung des Krankenhauses geschaffen.

Bei aller „GmbH-Euphorie" ist jedoch darauf hinzuweisen, daß die erwartete **erhöhte Handlungsfreiheit** durch die **Änderung der Rechtsform** allein nicht gewährleistet ist. Entscheidend ist, daß dem Geschäftsführer und der Betriebsleitung durch eine adäquate Aufgabendefinition der Gesellschaftsorgane genügend Rechte übertragen werden. Daran entscheidet sich für das Krankenhausmanagement der reale Handlungsspielraum. Dieser Schritt ist notwendig, denn das sich durchsetzende Verständnis des Krankenhauses als Unternehmen braucht seine Entsprechung in der organisationalen Gestalt, also in der Ausgestaltung des Systems Krankenhaus.

Zwei systemrelevante Fragestellungen bestimmen derzeit die Diskussion:
- Die Einführung des **Center-Prinzips** als neue Krankenhausorganisationsstruktur. Sie betrifft Fragen der Aufbauorganisation des Krankenhauses.
- Die Idee der **Geschäftsprozeßoptimierung,** welche Fragen der Arbeitsablauforganisation verhandelt.

Ausgangspunkt des Center-Prinzips ist die Gliederung des Krankenhauses nach selbständigeren organisatorischen Geschäftseinheiten (z.B. Kliniken, Küche, Labor). Damit ist im Kern die Ablösung des berufsständischen Strukturierungsprinzips verbunden. Die jeweiligen Geschäftseinheiten erhalten auf operativer Ebene bezüglich ihres Ressourceneinsatzes zur Zielerreichung weitgehende Autonomie.

Jene Krankenhausbereiche, die „Entscheidungen über Erlöse und den Verbrauch von Dienstleistungen innerhalb bestehender Kapazitäten" (*Strehlau-Schwoll* 1996, 320) treffen (z.B. Kliniken), gelten als **Profit-Center** (→). Die Krankenhausarbeitsbereiche, welche Entscheidungen über den Verbrauch von Gütern und Dienstleistungen innerhalb bestehender Kapazitäten oder über den Einsatz von Ressourcen im Zusammenhang mit einer mengenmäßig meßbaren Leistung treffen (z.B. Küche, Labor), sind **Cost-Center.** Zwischen den einzelnen Arbeitsbereichen besteht eine innerbetriebliche Leistungsverrechnung nach Selbstkosten oder Marktpreisen. Die einzelnen Arbeitsbereiche handeln, auch wenn sie keine direkten Gewinne erwirtschaften (Cost-Center), wie Unternehmen im Unternehmen. Auf der Ebene der Krankenhausleitung kommt es zu einer Straffung und Stärkung der Zentralbereiche Personal/Administration und Finanzen und der Schaffung eines Zentralbereichs Medizin und Pflege. Ärztliche und pflegerische Gesamtleitung wären somit vor allem für den produktorientierten Tätigkeitsbereich zuständig und von Aufgaben aus den Bereichen Organisation und Personal entlastet. Personalwirtschaftliche Aufgaben könnten dienstartenübergreifend bearbeitet werden.

 Der **medizinisch-pflegerische Produktbereich** sollte ebenfalls durch eine **Geschäftsführungsposition** vertreten sein.

Dieses zur Zeit intensiv diskutierte Organisationsprinzip hat für das System Krankenhaus 2 **Vorteile:**
- Entsprechend den Regeln der Selbstorganisation wird den einzelnen Organisationseinheiten eine **größere Handlungsautonomie** mit gleichzeitiger **Budgetverantwortung** zugestanden. Dadurch ist die Möglichkeit eröffnet, die Handlungsspielräume für die Mitarbeiter in dem Arbeitsbereich zu vergrößern. Der Zusammenhang von Handlungsspielräumen und beruflicher Zufriedenheit ist inzwischen gut erforscht. Gleichzeitig wird transparent, wie wirtschaftlich in den jeweiligen Bereichen gearbeitet wird.
- Der zweite Vorteil betrifft das Problem der Integration der so gestärkten Bereiche in das Gesamtsystem Krankenhaus. Die erhöhte **Eigenverantwortlichkeit** für die Wirtschaftlichkeit und Qualität installiert in allen Subsystemen durchgängig ein zentrales ökonomisches **Systemmerkmal.** Alle Unternehmensteile (Kliniken, Küche, Labor usw.) haben somit die Logik des Ganzen: das Verständnis des Krankenhauses als Unternehmen. Unternehmerisches Denken ist dann kein leerlaufender Appell der Geschäftsführung an die Führungskräfte, sondern organisationales Strukturierungsprinzip des Systems Krankenhaus.

In Verträglichkeit zu diesen aufbauorganisatorischen Gesichtspunkten versucht das **Modell des Geschäftsprozeßmanagements** (GPM), die Leistungsstrukturen des Krankenhauses an der Erfüllung berechtigter Patientenwünsche auszurichten. Dieser ablauforganisatorische Ansatz ist die organisationale Umsetzung der Kundenorientierung im Krankenhaus. Bleibt die Kundenorientierung nur individueller Appell, wird es keine bleibenden Auswirkungen geben.

Ausgangspunkt der Krankenhausarbeit sind beim GPM nicht mehr die aneinandergefügten Einzelbeiträge bestimmter Berufsgruppen. (Patienten wurden den einzelnen Bereichen nach deren innerer Logik auf deren Abruf zugeordnet.) Die Idee des Geschäftsprozeßmanagements nimmt als Ausgangspunkt der Krankenhausarbeit die Patientenbehandlung von der Aufnahme über die Operation bis zur Entlassung. Die einzelnen Bereiche haben sich dem Patientenversorgungsprozeß zuzuordnen und nicht umgekehrt der Patient den Wünschen und dem Bedarf der Abteilungen und Funktionsbereiche. Systematisierte und standardisierte Prozeßorganisation ermöglicht es, Schnittstellen zu definieren und Kooperationsmodalitäten auszuhandeln und festzulegen. Bei diesem Aushandlungsprozeß ist der Ausgangspunkt z.B. nicht mehr der Einfluß des mächtigsten Operateurs, sondern die kundenbezogene Abwägung und Abstimmung zwischen allen beteiligten Kooperationspartnern. Diese Absprachen beruhen nicht auf hierarchischen Entscheidungen, sondern sind Ordnungen durch Selbstbindung der Beteiligten, welche die unterschiedlichen Interessen zu vermitteln versuchen. Leitungen haben hierbei eine zentrale Moderatorenfunktion.

Das Krankenhaus ist derzeit in einem interessanten, z.T. erzwungenen Systemwandel begriffen. Die Systemtheorie kann helfen, diesen Wandel zu verstehen und mit seinen Schwierigkeiten realistisch umzugehen. Die Unterscheidung zwischen den Gestaltungsmöglichkeiten der Personen und der Eigendynamik des Systems bewahrt einerseits vor Leitungsgrößenwahn und hilft andererseits, reale Möglichkeiten der Reveländerung durchzusetzen. In diesem Sinne ist sie für das Krankenhausmanagement von praktischem Nutzen.

Literatur

Badura, B., Arbeit im Krankenhaus. In: Systemgestaltung im Gesundheitswesen. Zur Versorgungskrise der hochtechnisierten Medizin und den Möglichkeiten ihrer Bewältigung, hrsg. von *B. Badura; Feuerstein, G.*, Weinheim, München 1994, 21–82.

Baecker, D., Durch diesen schönen Fehler mit sich selbst bekannt gemacht. Das Experiment der Organisation. In: Managerie. Jahrbuch für systemisches Denken und Handeln im Management. Bd. 3. Heidelberg 1995, 210–230.

Bolz, N.; Bosshart, D., Kult-Marketing. Die neuen Götter des Marktes. Düsseldorf 2. Aufl. 1995.

Gärtner, H. W., Zwischen Management und Nächstenliebe. Zur Identität des kirchlichen Krankenhauses. Mainz 2. Aufl. 1995.

B Systemmanagement

Großmann, R., Das Krankenhaus auf dem Weg zur „lernenden Organisation". Zum Verhältnis von Qualifizierung und Personalentwicklung. In: Gruppendynamik, Heft 26, 1995, 203–222.

Großmann, R., Die Selbstorganisation der Krankenhäuser. Ein Schlüssel für die Organisationsentwicklung im Gesundheitswesen. In: Veränderung in Organisationen. Management und Beratung, hrsg. von *Großmann, R.; Krainz, E. E.; Oswald, M.* Wiesbaden 1995, 55–88.

Siebolds, M.; Risse, A., Phänomenologische und interaktive Probleme in der Diabetologie. Berlin 1997.

Strehlau-Schwoll, H., Die Profit-Center-Konzeption. Bausteine der Führungsorganisation des Krankenhauses. In: führen & wirtschaften, 13. Jg., 1996, Heft 4, 317–323.

Willke, H., Systemtheorie. Eine Einführung in die Grundprobleme der Theorie sozialer Systeme. Stuttgart, Jena 4. Aufl. 1993.

Willke, H., Sytemtheorie II. Interventionstheorie. Stuttgart, Jena 1994.

Wimmer, R., Zur Eigendynamik komplexer Organisationen. In: Organisationsentwicklung für die Zukunft. Ein Handbuch, hrsg. von *G. Fatzer*, Köln 1993, 255–308.

11 Unternehmensphilosophie – Schlüssel zum Unternehmenserfolg

Eduard Zwierlein

11.1 Was bedeutet „Unternehmensphilosophie"?

In seiner Philosophie bestimmt ein Unternehmen die Grundlagen und den Rahmen seiner Entscheidungen und Handlungen – und damit zugleich seine Identität. Dabei prägen 6 entscheidende Elemente die Unternehmensphilosophie: Die Unternehmensmission, die Unternehmenspolitik, die Unternehmenskultur, die Unternehmensethik, die Unternehmensstrategie und die Unternehmensvision.

In der **Unternehmensmission** wird der genaue Auftrag des Unternehmens oder der Unternehmenszweck festgelegt. Dafür werden insbesondere die einzelnen Leistungs-, Markt- sowie Finanz- und Ertragsziele definiert. In dieser Zieldefinition werden die relativen Stärken oder Erfolgspotentiale eines Unternehmens ebenso berücksichtigt wie die relevanten Zielgruppen aller Entscheidungen und Aktivitäten einschließlich konkurrierender Unternehmen.

Die Aufgabe der **Unternehmenspolitik** ist durch die Gestaltung der Unternehmensgrundsätze, insbesondere der Führungs- und Geschäftsgrundsätze, und der Unternehmensbeziehungen zu allen internen und externen Kunden charakterisiert. Ist die Unternehmenspolitik an einer umfassenden Stakeholderphilosophie (→) ausgerichtet, unterstützt sie ein wichtiges Anliegen der Unternehmensphilosophie: Sie fördert die Ganzheitlichkeit der Betrachtungsweise und ein vernetztes Denken.

Die Unternehmensbeziehungen nach innen werden vor allem durch die **Unternehmenskultur** geprägt. In ihr finden sich die Werte und Normen sowie die Sinndimension, die das Miteinander und den Umgang, speziell die Kommunikation und Kooperation der Mitarbeiter, gestalten. Jede gute Unternehmenskultur leistet Integration von Vielfältigkeiten, schafft einen verbindlichen Sinn für Wechselwirkungen und setzt Standards für die Verhaltensformen.

Mit der **Unternehmensethik** sind alle Aspekte der unternehmerischen Aktivitäten angesprochen, die die Themen soziale Verantwortung, ökonomische Fairneß und ökologisches Management betreffen. Sie beziehen sich z.B. auf die Arbeitsbedingungen („Humanisierung der Arbeit"), Arbeitsplatzsicherung oder den gerechten Lohn der Mitarbeiter, auf die Qualität integrer Produkte und Dienstleistungen für die Kunden und einen fairen Preis, auf gesellschaftliche Verantwortung oder etwa auf eine durch Umweltmanagement und Umweltkostenrechnung gestützte Inanspruchnahme natürlicher Ressourcen.

Die verschiedenen Facetten von Unternehmensmission, Unternehmenspolitik, Unternehmenskultur und Unternehmensethik finden ihre mittel- bis langfristige Koordination und Planung in der **Unternehmensstrategie.** Sie legt die Mittel und Wege fest, um die geplanten Ziele zu erreichen. Des weiteren wird durch einen regelmäßigen Statusbericht und Checkup der internen Potentiale, der externen Rahmenbedingungen und durch genaue Risikoanalysen eine Art strategischen Radars eingerichtet, der beispielsweise die erfolgversprechendsten Geschäftsfelder oder strategische Allianzen und Kooperationschancen mit Konkurrenten und Partnern prüft. Strategie ist die Kunst, Entwicklungen und Handlungsalternativen/Opportunitäten abzuschätzen und die richtige Alternative zu selegieren.

Durch die **Unternehmensvision** schließlich wird der strategische Zielhorizont noch einmal um einen Blick in die weitere Zukunft ergänzt. Die Vision ist keine trübe Kristallkugel, mit der ein vager und nebulöser Blick in die Zukunft gewagt wird. Eine Vision ist auch kein (langfristiges) Ziel; dafür fehlen ihr die Detailschärfe und die genaue Planbarkeit. Sie ist auch nicht mit Strategie zu verwechseln, weil sie uns zunächst einmal nichts über den Weg ihrer Erreichbarkeit verrät. Oft zitiert, bereits ein Klassiker des visionären Managements, faßt das Wort Antoine de Saint-Exupérys den Grundgedanken einer Vision zusammen:

„Wenn du ein Schiff bauen willst, dann trommle nicht Männer zusammen, um Holz zu beschaffen, Aufträge zu vergeben und Arbeit zu verteilen, sondern lehre sie die Sehnsucht nach dem weiten, endlosen Meer."

Eine Vision ist also ein Wunsch-Bild der optimalen Systembalance aller relevanten Teilsysteme, eine bildhafte Vorstellung davon, wie ein Unternehmen in Zukunft aussehen kann und aussehen soll, wo es einmal stehen soll, was es sein wird, welche Werte und Normen, welche Aufgaben und Herausforderungen es bestimmen werden. Eine solche Vision setzt als Motivations- und Energiequelle Kräfte frei und mobilisiert die latent vorhandenen Energieressourcen eines Unternehmens. Sie zieht die Kräfte der Mitarbeiter nach vorn und regt zu engagiertem Handeln an. Sie stimuliert Kreativität und inspiriert ein positives „Wir-Gefühl". Eine Unternehmensvision ist also nichts, was auf Papier steht. Sie besteht vielmehr aus lebendigen, zukunftsweisenden und zukunfterschließenden Bildern in den Köpfen und Herzen der Führungskräfte und Mitarbeiter.

Wer keine Vision hat, wonach er strebt, sich sehnt und wohin es ihn zieht, der hat auch kein zentrales Motiv, das ihn bewegt.

11.2 Unternehmensidentität

Alle Aufgaben, Ausrichtungen, Überzeugungen und Haltungen in einem Unternehmen laufen auf die Fragen hinaus, die die Identität des Unternehmens und seiner Mitarbeiter betreffen. Diese Fragen lauten:

Wer oder was ist dieses Unternehmen eigentlich, in dem wir arbeiten?

Und: Können wir uns mit diesem Unternehmen identifizieren?

Nach dem Konzept der **Corporate Identity** (→), das auch zur Beschreibung der materiellen Aspekte der Unternehmenskultur benutzt werden kann, wird die Unternehmensidentität durch 3 Sektoren mit entscheidender Signalwirkung geprägt:
- Corporate Communication
- Corporate Behavior
- Corporate Design

Dabei umschreibt die **Corporate Communication** alle Aspekte der Unternehmenskommunikation, also z.B. Umgangston, Offenheit und Vertrauen, Konfliktverhalten, aber auch die Zuverlässigkeit und Transparenz des Informationssystems sowie alle dialogorientierten Werkzeuge, die nach außen und innen verwendet werden, etwa Public-Relations-Maßnahmen, Marketingformen, Sponsoring, Mitarbeiterzeitungen, Rundschreiben u.ä. Mit dem **Corporate Behavior** werden alle Verhaltensformen, Entscheidungswege, die Kooperationsqualität, aber auch der Führungsstil angesprochen. Das **Corporate Design** schließlich zielt auf die optische Erscheinung eines Unternehmens und kann sich von der Kleidung über Markenzeichen, Logo, Gestaltung von Geschäftsunterlagen oder Business-Grafiken bis hin zur Raumgestaltung, Innenarchitektur, Gebäudearchitektur und die Einbindung von Kunstobjekten erstrecken.

Die **Funktionen** der Corporate Identity (→) sind nach innen gerichtet Motivation, Orientierung und Legitimation, nach außen dient sie der Imagebildung und Profilierung des Unternehmens, der Wertetransparenz und der Visionspräsentation.

Die Identitäts- und Identifikationsfrage, also die Kernfrage der Unternehmensphilosophie, zielt nicht nur auf einen **rationalen,** sondern auch auf einen **emotionalen Konsens** in bezug auf ein Unternehmen. Diese Kernfrage wird einerseits durch die **Geschichte** und **Tradition** eines Unternehmens geprägt. Die **Herkunftsidentität** beantwortet die Frage: Wie sind wir zu dem geworden, was wir heute sind? Welche Entwicklung hat uns bisher bestimmt? In der Herkunftsidentität eines Unternehmens, seiner Historie und dem „Unternehmensgedächtnis", liegen häufig die entscheidenden Quellen für seine **normative** Dimension.

Andererseits sind die **Absichten, Ziele** und **Visionen** des Unternehmens maßgeblich. Mit ihnen wird die **Zukunftsidentität** umrissen und eine Antwort auf die andere Frage versucht: Wer wollen wir künftig sein? Hier kann ein Unternehmen beispielsweise bekunden, daß es in Zukunft einer größeren Kunden-, Mitarbeiter- und Prozeßorientierung folgen will, daß es die Unternehmensstrukturen so umbauen möchte, daß die Reaktionsfähigkeit, Flexibilität und die gezielte Wertschöpfung verbessert werden. Die Zukunftsidentität eines Unternehmens generiert wesentliche Aspekte seiner **strategischen** Dimension.

Zwischen der Herkunfts- und der Zukunftsidentität steht

nun die tatsächlich wirksame **Erlebnisidentität**, in der sich vor allem der Grad der Mitarbeiteridentifikation andeutet. Die Erlebnisidentität verdankt sich dabei insbesondere der Glaubwürdigkeit der Absichtserklärungen, ob nämlich den Worten auch die Taten folgen, und damit auch der wirklichen Lern-, Veränderungs- und Innovationsbereitschaft des Unternehmens. Sie reflektiert darüber hinaus die aktuell wahrnehmbare Qualität der Beziehungen der Mitarbeiter untereinander, das Führungsverhalten der Vorgesetzten, die Chancen, produktive Arbeit auch unter schwierigen Bedingungen leisten zu können und anerkannt zu erhalten, also insgesamt das, was auch als das (de-)motivierende **Betriebsklima** in der **operativen Dimension** bezeichnet werden kann.

Der Begriff des Betriebs**klimas** macht offensichtlich Anleihen beim meteorologischen Klimabegriff. Wie das Wetter ist auch das Betriebsklima von vielen Faktoren abhängig, und selbstverständlich kann man hier wie dort nicht ständig mit einem „Hoch" rechnen. Im Unterschied zum Wetter, das wir gewöhnlich hinzunehmen haben, ist das Betriebsklima als hochrangige, wenn auch schwierige Gestaltungsaufgabe des Managements anzusehen. Und wenn auch nicht alle „Hochs" und „Tiefs" aus den Führungsetagen kommen mögen, und wenn es auch nicht die Aufgabe der Führungskräfte sein mag, für eine permanente, d.h. illusorische Hochstimmung im Betrieb zu sorgen, sondern vielmehr für ein kontinuierlich günstiges, berechen- und überschaubares Arbeitsklima und eine optimistische Grundstimmung, so haben sie doch sowohl die Verantwortung als auch die Gestaltungsmittel, das Betriebsklima zu fördern. Eines dieser Gestaltungsmittel ist das Leitbild.

11.3 Leitbild und Unternehmensphilosophie

Wenn ein Unternehmen eine prägnante Corporate Identity (→) formuliert und professionell nach innen und außen kommuniziert, ist dies noch keine Garantie dafür, daß die Unternehmensphilosophie erfolgreich umgesetzt und mit Leben erfüllt wird. Wichtig ist es, die Mitarbeiter dafür zu gewinnen, als Repräsentanten oder Botschafter des Unternehmens zu fungieren. Die Identifikationsstärke der Mitarbeiter ist wesentlich davon abhängig, ob die proklamierte Unternehmensphilosophie kein Lippenbekenntnis bleibt, sondern auch tatsächlich gelebt und erlebt werden kann. Identifikationsdefizite sind daher auch nicht durch Seminare zur Unternehmensphilosophie oder autoritäre Verfügungen zu beseitigen. Ein hilfreicher Weg, die Mitarbeiter als Botschafter der Unternehmensphilosophie zu gewinnen, stellen Leitbilder dar.

Leitbilder sind in Unternehmen mittlerweile so bedeutsam und attraktiv, daß sie oft mit der Unternehmensphilosophie gleichgesetzt werden. Zugleich bieten sie, richtig genutzt und eingesetzt, eine hervorragende Chance, das Betriebsklima positiv zu gestalten und damit die Erlebnisidentität günstig zu beeinflussen. Was aber genau ist ein Leitbild?

Ein **Leitbild** ist die „Kurzversion" und **Quintessenz** der Unternehmensphilosophie. Sie beinhaltet den maßgeblichen Wertepool oder das Grundgesetz eines Unternehmens.

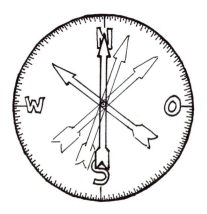

Als **Inhalte** des Leitbildes können alle für ein Unternehmen maßgebliche Themen angesprochen werden, z.B. die Kommunikations-, Kooperations- und Führungskultur, die Stakeholderphilosophie (→), das Qualitätsmanagement. Das inhaltliche Profil des Leitbildes hängt dabei insbesondere von seinen Funktionen ab.

Zu den **Hauptfunktionen** eines Leitbildes gehören vor allem die folgenden vier:

11 Unternehmensphilosophie – Schlüssel zum Erfolg

- **Orientierung:** Ein Leitbild soll das Wesentliche und Entscheidende einer Unternehmensphilosophie herausdestillieren. Damit übernimmt es eine Art Kompaß-, Leuchtturm- oder Navigationsfunktion, die anzeigt, was als essentiell zu beachten ist.
- **Motivation:** Ein Leitbild soll die Mitarbeiter begeistern, stimulieren und durch Sinnvermittlung den Grad der Identifikation mit dem Unternehmen steigern.
- **Legitimation:** Da ein Leitbild die zentralen Charakteristika eines Unternehmens umreißt, können sich Konfliktparteien zur Behebung ihrer Differenzen auf das Leitbild beziehen. In diesem Sinne hat das Leitbild eine integrative, konsensstiftende und konfliktsenkende Wirkung.
- **Innovation:** Ein Leitbild skizziert nicht nur den Status quo, sondern verweist, beispielsweise durch visionäre Elemente, auf die Zukunft. Ein Leitbild ist Impulsgeber, es stößt an und provoziert Veränderungsprozesse.

11.4 Der Leitbildprozeß

Ein wesentlicher Faktor für ein erfolgreiches Leitbild, das die Unternehmensidentität profiliert und die Mitarbeiter zu Botschaftern des Unternehmens macht, ist die Art und Weise, in der das Leitbild **gewonnen, umgesetzt** und **betreut** wird.

Dabei ist nicht nur an den effektiven Einsatz von Moderationstechniken und Projektmanagement gedacht. Bei der **Entstehung** des Leitbildes ist darauf zu achten, daß es nicht allein oder primär „top down" oder „bottom up", sondern in einer Art „Gegenstromverfahren" so organisiert wird, daß Topmanagement und Belegschaft demokratisch-kooperativ einen gemeinsam abgestimmten Weg beschreiten. Die Koordinierungsgruppe des Leitbildes sollte also nicht nur durch die Leitung eines Hauses und externe Moderatoren repräsentiert werden. Ebenso muß auch die eigentliche Leitbild-Projektgruppe breit aus allen Berufsgruppen besetzt sein, so daß sich möglichst viele in den bearbeiteten Schwerpunktthemen wiederfinden können. Durch Fragebögen oder Kontaktpersonen der Projektgruppe können alle Mitarbeiter mit ihren Interessen und Gesichtspunkten in den Entstehungsprozeß des Leitbildes eingebunden, ein umfangreiches Feedback ermöglicht und damit alle Betroffenen zu direkt oder indirekt Beteiligten gemacht werden.

B Systemmanagement

11

Ist ein Leitbild erarbeitet und ausformuliert worden, endet der Leitbildprozeß nicht damit, eine attraktive Broschüre unter den Mitarbeitern zu verteilen und das Leitbild offiziell vorzustellen. Im Gegenteil muß diese Leitbildvorstellung als „Kickoff-Veranstaltung" betrachtet werden, der eine aktive und gezielte **Umsetzung** des Leitbildes in die Praxis zu folgen hat. Das Leitbild muß mit Leben erfüllt und im Alltag erlebbar werden. Dafür können beispielsweise gezielt praxisnahe, kleine Projekte der Leitbildverwirklichung von Mitarbeitern definiert und durchgeführt werden. Das Topmanagement kann sich durch Selbstverpflichtung für die Realisierung eines Leitbildaspektes symbolisch einsetzen (Commitment der Führungskräfte). Zugleich sollte das Leitbild Teil der Öffentlichkeitsarbeit und Außendarstellung eines Unternehmens sein. Ebenso kann es eine wichtige Rolle bei der Gewinnung und Auswahl von Personal spielen.

Schließlich ist ein Leitbild nicht ein für allemal abgeschlossen und endgültig ausformuliert. Ein Leitbild ist als lebendige Urkunde eines Unternehmens aufzufassen, mit dem es lebt, mitwächst und sich entsprechend verändert. Eine kontinuierliche **Kontrolle, Revision** und **Verbesserung** des Leitbildes muß daher sichergestellt werden. Dazu könnte etwa ein Arbeitskreis gebildet werden, der in regelmäßigen Abständen das Leitbild überprüft, aktualisiert und fortschreibt. Um möglichst viele Mitarbeiter für die Fortentwicklung des Leitbildes zu interessieren, könnte auch ein Ansprechpartner für Leitbildfragen benannt, ein spezifisches Vorschlagswesen oder ein Leitbild-„Kummerkasten" eingerichtet werden.

11.5 Erfolgskriterien der Leitbildentwicklung

Zusammenfassend sind hier noch einmal die wichtigsten Stolpersteine und Erfolgskriterien aufgelistet und kurz paraphrasiert:

- **Der Prozeß der Leitbildentwicklung**

Stellen Sie sicher, daß möglichst alle Betroffenen zu Beteiligten gemacht werden und auf demokratische Weise Einfluß nehmen können.

- **Die Aufgaben des Leitbildes**

Bestimmen Sie genau, welchen Zielen und Themen das Leitbild dienen und welche Funktionen es erfüllen soll. Ein Leit-

bild ist keine Oberflächenkosmetik und dient nicht zur Verschönerung von Fassaden.
- **Praxisnähe des Leitbildes**
Achten Sie darauf, daß das Leitbild eine realitätsnahe Orientierung und praxistaugliche Hilfestellung gibt.
- **Kürze und Konkretheit des Leitbildes**
Versuchen Sie, das Leitbild in knapper Weise zu formulieren (10-Gebote-Effekt) und trotzdem Vagheit, Leerformelcharakter und Austauschbarkeit zu vermeiden.
- **Leit-BILD**
Versuchen Sie, das Leitbild auch in eine einprägsame summarische Formel (Slogan) oder in ein plastisches Bild/Metapher zu kleiden, um das ikonische Moment im Leit-BILD zu nutzen, das auf besondere Weise die emotionale Identifikation der Mitarbeiter anspricht.
- **Crossmatching**
Stimmen Sie gegebenenfalls einzelne berufsspezifische Leitbilder mit einer eventuell existierenden Unternehmensphilosophie, einem Unternehmensleitbild oder anderen Leitbildern Ihres Hauses ab.
- **Implementation**
Stellen Sie sicher, daß Ihr Leitbild wahrgenommen, kommuniziert und Schritt um Schritt in die Praxis umgesetzt wird: Nicht „Machen", sondern „Entwickeln", ist die richtige Devise.
- **Leitbildeinführung**
Seien Sie kreativ in der Einführung und der aktiven und gezielten Umsetzung des Leitbildes. Fahren Sie kein zu hohes, überforderndes Tempo bei der Einführung, sondern setzen Sie auf kontinuierlichen Wandel. Nutzen Sie dafür auch präzise „Ausführungsbestimmungen", damit das Leitbild nicht zu einer bloßen Dekoration des Selbstverständnisses verkommt.
- **Commitment**
Auch das Topmanagement sollte sich durch gezielte Selbstverpflichtung (symbolisches Commitment) für eine glaubwürdige Verwirklichung des Leitbildes, sozusagen als aktives Vorbild und „Change Agent", persönlich einsetzen.
- **Evaluation**
Fassen Sie Ihr Leitbild als einen wachsenden und sich verändernden Organismus auf, der von Zeit zu Zeit überprüft und weiterentwickelt werden muß.

B Systemmanagement

- **Veränderungswille**

Erwarten Sie, daß das Leitbild auf Schwierigkeiten, Widerstände und Blockaden stößt. Es ist oft schwierig, sich von alten Grundsätzen und Besitzständen zu lösen. Wer Veränderungen will, muß das Bewußtsein der Führungskräfte verändern und die Rahmenbedingungen. Sprechen Sie diese Probleme offen an. Nehmen Sie die Probleme als Chancen wahr und sorgen Sie, wo immer dies möglich ist, für Entängstigung und „winner-winner-Situationen", d.h. solche Ergebnisse, die alle Beteiligten zu Gewinnern und keinen zum Verlierer einer Lösung machen.

Wählen wir noch einmal Antoine de Saint-Exupéry als hilfreichen Ideengeber, der diesen Erfolgsfaktoren eine umfassende Perspektive zuweisen kann, wenn er sagt:

„Wie kannst du ein Haus lieben, das ohne Gesicht ist und in dem deine Schritte keinen Sinn haben?"

Ein Leitbild ist dazu da, einem Haus, einem Unternehmen ein Gesicht zu geben und für alle seine Aktivitäten einen glaubwürdigen, sinnhaften und motivierenden Rahmen abzustecken.

Literatur

Bickmann, R.; Schad, M., Integratives Management. Das Ende des Thomas-Prinzips. München 1995.

Doppler, K.; Lauterburg, Chr., Change Management. Den Unternehmenswandel gestalten. Frankfurt a. M., New York, 4. Aufl. 1994.

Grässle, A. A., Quantensprung. Durch Veränderungsmanagement zur Unternehmensidentität. München 1993.

Jung, R. H.; Kleine, M., Management. Personen – Strukturen – Funktionen – Instrumente. München, Wien 1993.

Mayer, E.; Walter, B. (Hrsg.), Management und Controlling im Krankenhaus. Stuttgart 1996.

Meier, J. (Hrsg.), Das moderne Krankenhaus. Managen statt verwalten. Neuwied, Kriftel, Berlin 1994.

Peters, S. H. F.; Schär, W. (Hrsg.), Betriebswirtschaft und Management im Krankenhaus. Berlin 1994.

Sachs, I., Handlungsspielräume des Krankenhausmanagements. Bestandsaufnahme und Perspektiven. Wiesbaden 1994.

Shapiro, E. C., Trendsurfen in der Chefetage. Unternehmensführung jenseits der Management-Methoden. Frankfurt a. M., New York 1996.

Steger, U., Future Management. Europäische Unternehmen im globalen Wettbewerb. Frankfurt a. M. 1992.

Wolf, J. (Hrsg.), Das Management-Handbuch. Aktuelles Wissen für Führungskräfte. München 1993.

Young, A., Das Manager-Handbuch. Düsseldorf, Wien, New York 1988.

12 Unternehmensphilosophie und Leitbildentwicklung

Herbert Asselmeyer und Erwin Wagner

Ein gutes Leitbild präsentieren zu können, gehört heutzutage für viele Unternehmen geradezu zum guten Ton. Von manchen wird es als ein Ausweis dafür gesehen, auf der Höhe der Zeit zu sein. Andere nutzen Leitbilder vor allem für Marketing. Dritte halten sie für ein Essential ihrer Unternehmenskultur und führen zum Teil ihre Erfolge darauf zurück. Kritische Beobachter dagegen stellen gerne fest, es handele sich um ein schlichtes Phänomen des Zeitgeistes. Diese Kritik tritt insbesondere dann auf den Plan, wenn nicht klar ist, wofür ein Leitbild gebraucht werden soll, und wenn es ohnedies viele Gründe gibt, derartige Entwicklungen abzulehnen.

Leitbilder sind in den letzten Jahren auch im Krankenhausbereich populär geworden (*Bellabarba* 1996). Dennoch kann man gerade hier oft der Frage begegnen: Haben wir nichts Wichtigeres zu tun (z.B. unsere Patienten gut zu versorgen)? Der Nutzen bzw. die Notwendigkeit einer Unternehmensphilosophie bzw. eines Leitbildes im Krankenhaus erklären sich nicht von selbst. Beides erscheint angesichts der „harten Tatsachen" von Medizin oder Ökonomie manchen eher als überflüssiges Gerede oder als Marketing-Gag. Leitbilder können in bestimmten Situationen nützlich und notwendig sein. Sie können aber auch schaden. Daher lohnt es, sich einige Gedanken über die Funktion, die Aussagen (die Botschaft) und den Entstehungsprozeß von Leitbildern auch und gerade in Krankenhäusern zu machen.

12.1 Leitbilder wofür?

Von Krankenhäusern wird erwartet, daß sie sich am Markt orientieren (mit ihrem Profil und ihren Leistungen), daß sie ökonomisch wirtschaften und daß sie neue Produkte auf den Markt bringen, wenn sie überleben wollen. Auch wenn viele

12 Unternehmensphilosophie und Leitbildentwicklung

Mitarbeiter in und Berater von Krankenhäusern heute oft und flüssig die entsprechenden Vokabeln im Munde führen: Diese Erwartungen und Beschreibungen wirken einerseits wie eine Selbstverständlichkeit und andererseits nachhaltig verunsichernd auf das berufliche und persönliche Selbstverständnis von Ärzten und Pflegekräften in Krankenhäusern.

Hinter den Oberflächenerscheinungen vollzieht sich ein längerfristiger Prozeß des Wandels, der viele unterschiedliche Aspekte hat und mit gesellschaftlichen Verschiebungen eng verknüpft ist. Krankenhäuser stehen schon seit längerem von innen wie von außen unter erheblichem **Anpassungsdruck** (*Badura et al.* 1993, *Grossmann* 1995). Zu den wichtigsten Einflüssen gehören:

- die wachsende Bedeutung von Gesundheit und Prävention
- neue Konkurrenz durch Organisationen der Gesundheitsberatung (z.B. entsprechende Zentren der Krankenkassen)
- veränderte Aufgabenteilungen zwischen niedergelassenen Ärzten, Praxiskliniken und Krankenhäusern
- die gestiegenen Erwartungen an eine jederzeit optimale Versorgung
- Fortschritte der Medizin (und insbesondere der Medizintechnik)
- Verschiebungen im Wertesystem (z.B. hinsichtlich „Dienst", „Caritas")
- veränderte Vorstellungen von/Erwartungen an Führung und Management
- die zunehmende Bedeutung von Qualität und Effizienz
- weitere Ausdifferenzierung der Berufsgruppen und bleibende bzw. partiell sogar zunehmende Statuskonflikte im Krankenhaus

Die Situation von Krankenhäusern ist – ähnlich wie die vieler anderer großer Organisationen – gekennzeichnet durch existentielle Herausforderungen, durch Unruhe und Unklarheit darüber, was künftig sein und gelten wird. In solchen Situationen der Unsicherheit neigen viele **Führungskräfte** auf allen Ebenen dazu (getreu dem Prinzip „mehr vom Gleichen"), schärfer durchzugreifen, noch genauer zu planen, Vorschriften bzw. Anordnungen noch genauer zu fassen und stärker zu kontrollieren. Dies bedeutet den Versuch, **Sicherheit**

durch mehr Härte („alte Tugenden"), strikte Regelung von Details und durch ein „Anziehen der Zügel" wiederzugewinnen. Dieses Vorgehen kann in gewisser Hinsicht und in begrenztem Rahmen durchaus **erfolgreich** sein.

Die Entwicklung einer tragfähigen Unternehmensphilosophie und einer förderlichen Unternehmenskultur – mit der Formulierung von Leitbildern, der Klärung von gemeinsam verbindlichen Werten und Zielen sowie der Betonung gemeinschaftsstiftender Rituale – setzt sich ein anderes Ziel und setzt methodisch grundlegend anders an (*Steinmann/ Schreyögg* 1991). Sie steht einem straffen Management nicht entgegen, setzt jedoch in wesentlichen Teilen auf die **Kultur als Steuerungsinstrument.** Damit trägt diese Strategie u.a. der Beobachtung Rechnung, daß viele Details vorweg und allgemein überhaupt nicht (mehr) sinnvoll geregelt werden können und daß viele Menschen zwar gut und sorgfältig, aber auch selbstbestimmt arbeiten wollen. Dieser Ansatz bezieht in sein Kalkül mit ein, daß Patientenorientierung, hohe Leistungsqualität und Wirtschaftlichkeit am ehesten dann zu sichern sind, wenn verschiedene Personen und Professionen in einem Team flexibel und der jeweiligen Situation angemessen zügig und kreativ handeln können – und handeln wollen, weil sie wissen und akzeptieren, wofür sie es tun.

Die Betonung der Leitbildentwicklung gehört zu einer Führungskultur, in der darauf gesetzt wird, daß die Richtung vorgegeben werden muß, die Details jedoch besser und schneller vor Ort durch die fachlich kompetenten Kräfte gelöst werden.

Von ihr erhofft man sich Sinn, Orientierung und Entlastung in schwierigen Verhältnissen, in denen mit überkommenen Methoden nichts mehr zu gewinnen ist. „Es gibt letztlich keine effizientere Steuerung als eine ausgeprägte, in sich stimmige Unternehmenskultur. Wenn nämlich die allgemeine Marschrichtung stimmt, kann man den Rest vertrauensvoll der dezentralen Selbstorganisation überlassen. Aufwendige Koordinations- und Kontrollsysteme entfallen. Dies ist der Hauptgrund, weshalb ‚Unternehmenskultur' mittlerweile die Bedeutung eines zentralen Erfolgsfaktors erlangt hat" (*Doppler/Lauterburg* 1994, 301).

Leitbilder und Unternehmensziele erfüllen verschiedene Funktionen; sie dienen

12 Unternehmensphilosophie und Leitbildentwicklung

- der **Legitimation** (Begründung des Handelns nach innen und außen),
- der **Orientierung** (handlungsleitende Vorstellungen für Mitarbeiter und Führung)
- und der **Motivation** (Identifikation mit dem Unternehmen erhöhen).

Anschaulich werden diese Funktionen in Tabelle 12-1 dargestellt.

Mit einem **Leitbild definiert** ein Unternehmen sein **Selbstverständnis.** Es bekennt sich.

Tab. 12-1 Funktionen eines Leitbildes

Merkmale der gegenwärtigen Situation	Funktionen eines Leitbildes
	Legitimation
• Unübersichtlichkeit der Entwicklung	• Orientierung und Halt bieten
• geringe Planbarkeit angesichts wenig berechenbarer Randbedingungen	• Sinn stiften
• hohes Tempo von Veränderungen	• Kontinuität im Wandel erhalten (Sicherheit und Vertrauen fördern)
	Orientierung
• Interessensunterschiede	• Konsensfähigkeit für notwendige Entscheidungen erhöhen
• Widersprüchlichkeiten und Konflikte	
• starre Organisationsstrukturen und festgefahrene Abläufe	• Energie für Veränderungen fördern
	Motivation
• Bedarf an wirksamer Führung steigt	• Bezugspunkte für das „Ganze" schaffen
• Kommunikation muß verbessert werden	• Klarheit und Disziplin unterstützen
• Veränderungen brauchen Motivation	• Kräfte freisetzen und bündeln
• Qualität wird zu einer zentralen Anforderung für die Zukunft	• inhaltliche Grundlage für Qualitätspolitik bieten

B Systemmanagement

Ein Leitbild drückt nach innen und außen in möglichst prägnanter Weise aus, wofür dieses Krankenhaus steht, was es von anderen unterscheidet und was in besonderer Weise die Qualität der eigenen Leistungen ausmacht. Wenn erreicht werden soll, daß Mitarbeiter das Leitbild als Botschafter an die Kunden herantragen, muß für alle Beteiligten der Leitbild-Entwicklungsprozeß sorgfältig geplant und hinreichend transparent sein sowie in einem gewissen Umfang mitgestaltet werden können.

12.2 Chancen und Grenzen von Leitbildern

Die Entwicklung von Leitbildern geschieht im allgemeinen in einer Spannung zwischen anspruchsvollen Zielen und einer eher leidgeprägten Ausgangssituation. Dies ist von großer Bedeutung für die Frage, wie ein Leitbild durch die Mitarbeiter akzeptiert und als Herausforderung angenommen werden kann. Folgende **Anlässe für Leitbildentwicklungen** lassen sich unterscheiden, denen jeweils bestimmte Annahmen über die erhoffte Wirkung des Leitbildes zugrunde liegen:

- **Leitbild als Instrument zur Beseitigung von Störungen und zur Konfliktlösung**

Anlaß: Die häufig seit längerem bestehenden Konflikte innerhalb und zwischen den Berufs- und Statusgruppen eines Krankenhauses sind nicht durch Appelle, Ermahnungen, Führungsgespräche o.ä. beizulegen. Sie sind nicht nur unproduktiv, sondern auch in hohem Maße belastend.

Annahme: Es besteht die Hoffnung, daß mittels eines Leitbilds Gemeinsamkeiten gefördert, die Identifikation gestärkt und die Motivation verbessert werden kann.

- **Leitbild zur Imageförderung**

Anlaß: Leitbilder haben derzeit Konjunktur, und ein fortschrittliches Krankenhaus-Management wünscht es sich als Zeichen der eigenen Modernität.

Annahme: Ein Leitbild fördert die Akzeptanz des Hauses im (regionalen) Markt.

- **Leitbild als Bestandteil eines kompatiblen Zielsystems**

Moderne Managementvorstellungen gehen davon aus, daß eine zukunftsweisende Strategie der Unternehmensentwicklung ein kompatibles Zielsystem benötigt. Zielsetzungen müssen demnach in unterschiedlichen Konkretisierungsgraden formuliert und zueinander in Beziehung gesetzt werden.

Anlaß: Im Zusammenhang mit der Entwicklung einer „Corporate Identity" (→) sowie unternehmerischer Grundsätze wird notwendigerweise ein Leitbild formuliert.

Annahme: Das Leitbild ist die Grundlage für weitergehende konkrete Zielformulierungen (operative Ziele für das gesamte Haus und auf Abteilungsebene).

- **Leitbildentwicklung als Element eines Qualitätsmanagement-Systems**

Qualitätsmanagement setzt in aller Regel die Existenz einer allgemeinen Richtschnur als Bezugsgröße voraus. Häufig existieren solche Festlegungen (z.B. Unternehmensziele) noch nicht, wenn ein QM-System eingeführt werden soll.

Anlaß: Damit ein QM-System in allgemeineren Zielsetzungen begründet werden kann, muß ein Leitbild und müssen Grundzüge der Unternehmensphilosophie entwickelt werden. Diese bilden die Grundlage für die Unternehmensziele, an denen Qualität und Qualitätsfortschritte „gemessen" werden können.

So unterschiedlich die Anlässe und die damit verknüpften Erwartungen und Erfolgsaussichten sein mögen: **Leitbilder** sind für ein Krankenhaus in jedem Fall nur dann **nützlich,** wenn sie

- an **Geschichte** und **Traditionen** eines Hauses **anknüpfen** und hierfür eine zukunftsfähige Fortsetzung eröffnen können (z.B. vorhandene Leitsätze oder ein identitätsstiftendes Logo aufgreifen),
- **konkret, knapp** und **einprägsam** formuliert sind, von **Führungskräften** und **Belegschaft** in Wort und Tat **gelebt werden** (können),
- im **Kontakt** zwischen Führung und Mitarbeitern **entwickelt** und ausformuliert werden (weder nur „von unten" noch nur „von oben")
- und immer wieder auf ihre Gültigkeit und **Aktualität überprüft** werden.

Die Erfahrung mit Leitbild-Entwicklungen zeigt, daß eine große Gefahr darin besteht, sich in wohlklingende, aber zu allgemeine, unrealistische oder den Erfahrungen der Mitarbeiter massiv widersprechende Aussagen zu flüchten. Dies würde nicht nur eine Verschwendung von Arbeit und Zeit bedeuten, sondern sich nachteilig auf die Identifikation und

B Systemmanagement

Leistungsbereitschaft der Mitarbeiter auswirken. Ähnlich schädlich wäre es, wenn ein einmal gefundenes konsensfähiges Leitbild nicht gepflegt, sondern mißachtet oder vergessen wird.

Während das Leitbild in erster Linie die Verortung und Identifikation in unsicheren Zeiten erleichtern soll, dienen **Unternehmungsziele** dazu, die Organisation und den Ressourceneinsatz effektiv auszurichten. Deshalb müssen sie so konkret wie möglich sein. Sie sind **logisch** dem **Leitbild untergeordnet,** obwohl sie sich nicht allein daraus ableiten lassen.

Außerdem sind sie auf wenige prägnante Zielbeschreibungen zu konzentrieren. Sie müssen nicht unbedingt durch quantitative Kenngrößen definiert sein, aber es muß innerhalb wie außerhalb des Hauses klar sein, mit welchen Kriterien man den Erfolg überprüfen kann.

Welche Elemente sollte ein Krankenhaus-Leitbild enthalten?

Das Leitbild eines Krankenhauses muß, abgesehen von den Eigenheiten des jeweiligen Hauses, typische Aspekte von Krankenhäusern ansprechen, z.B.:
- medizinische Schwerpunkte und Versorgungsqualität (Profil, Selbstanspruch)
- Patientenorientierung (Angebote, Würde, Organisation, Patient als Kunde?)
- Menschenbild und Kommunikation untereinander (Respekt, Achtung)
- konfessionelle oder andere ideelle Ausrichtung
- Verbindung von Professionalität und Menschlichkeit (Dienen, Entwicklung)
- Gesundheitsförderung und weitere Dienstleistungen bzw. Angebote
- Innovation (Technik, Organisation, Flexibilität, etc.)
- Führung und Mitarbeiterförderung (Selbständigkeit, Karriere)
- das Krankenhaus im regionalen bzw. gesellschaftlichen Umfeld

12 Unternehmensphilosophie und Leitbildentwicklung

12.3 Leitbild-Entwicklung: Anregungen zum Vorgehen

In manchen Fällen liegen in Krankenhäusern bereits Leitbilder, Teile davon oder ansatzweise Formulierungen von Unternehmungszielen vor, z.B.:

- Eine Klinik hat ein „fertiges Leitbild in der Schublade", das im Rahmen einer Qualitätsstudie von einer Beratungsfirma formuliert worden war. (Da die meisten Mitarbeiter diese Studie nicht kennen und das Leitbild nicht in anderer Form kommuniziert wird, bleibt es praktisch folgenlos.)
- Bestimmte Berufsgruppen (vor allem der Pflegebereich), Abteilungen, Arbeits- oder Projektgruppen haben in Ermangelung eines Leitbilds für das jeweilige Krankenhaus bereits in Selbstinitiative solche Entwürfe entwickelt.
- Es liegen explizite Profilbeschreibungen einzelner Kliniken/Abteilungen vor, aus denen Ziele und Ansprüche ableitbar sind.
- Es gibt schon eingeführte Logos, Leitsprüche u.ä.

Solches Material kann für die Entwicklung eines guten Leitbildes, das mit der Wirklichkeit, den Herausforderungen, den Hoffnungen und Zukunftsvorstellungen (Visionen) der Menschen eines Krankenhauses verknüpft ist, genutzt werden. In vielen Fällen müssen allerdings noch eher vage oder konflikträchtige Vorstellungen konkreter beschrieben werden, so daß sie im gesamten Krankenhaus zielorientiert zu kommunizieren sind. Unabhängig davon, ob solches „Rohmaterial" vorliegt, gibt es verschiedene Wege, um zu einem Leitbild in dem oben beschriebenen Sinne zu kommen:

- Die Leitung des Hauses kann eine **Projektgruppe** mit der Koordinierung und Entwicklung im Hause beauftragen.
- Die verschiedenen **Abteilungen/Kliniken** können aus ihrer Sicht **Entwürfe** erstellen, die dann zentral gesammelt und weiter abgestimmt werden.
- Es können für die gesamte krankenhausinterne Öffentlichkeit **Info-Märkte** zur Leitbildentwicklung veranstaltet werden, die der Sammlung und fortlaufenden Kommentierung dienen.
- In mehreren **Workshops** mit Beteiligten aus unterschiedlichen Bereichen werden die Elemente und Botschaften für das Leitbild entwickelt.

In diesem Zusammenhang kann es sinnvoll sein, **externe Berater/Begleiter** um Unterstützung zu bitten. Diese können die Moderation von Workshops übernehmen, ihre Außensicht nutzen, um die Merkmale eines Hauses besser herauszufinden, oder auch in Einzel- oder Gruppensituationen Problembereiche klären, Kompromißbildung fördern oder auch Notwendigkeiten für Entscheidungen zuspitzen. Ob eine professionelle externe Unterstützung erforderlich ist, hängt vor allem davon ab, wie konflikträchtig die Frage der Grundorientierung ist, wie lange Konflikte sich bereits verfestigt haben und welche Ressourcen bzw. Kompetenzen im Hause selbst für solche Gestaltungs- und Steuerungsaufgaben nutzbar sind. Als grobe Orientierung mag der in Abbildung 12-1 dargestellte idealtypische Ablauf dienen, der je nach den Gegebenheiten variieren kann.

Zeit- und Sozialökonomie der Leitbildentwicklung

Welcher Aufwand ist nötig? Angesichts vieler drängender Probleme im Krankenhausalltag sowie begrenzter Ressourcen und Unterstützung ist die Frage nach dem Aufwand und

12 Unternehmensphilosophie und Leitbildentwicklung

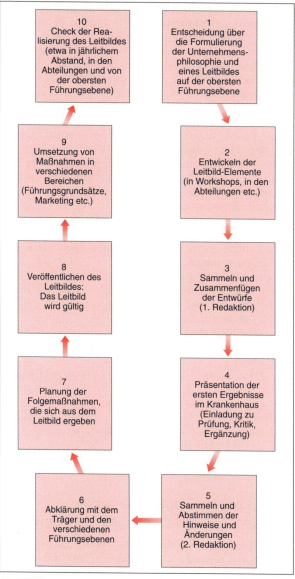

Abb. 12-1 Idealtypischer Ablauf zur Entwicklung eines Leitbildes

dem Entwicklungsweg entscheidend. Wenn man akzeptiert, daß ein wirksames Leitbild und eine funktionale Unternehmensphilosophie weder nur „top down" noch nur „bottom up" entwickelt werden können, führt dies zur Suche nach einer geeigneten Verknüpfung beider Zugänge. Wie im Ablaufschema (s. Abb. 12-1) angedeutet, kann ein Leitbild – als zentrales Element wie als Ausdruck der Unternehmensphilosophie – nicht ohne eine klare und eindeutige Entscheidung der obersten Führungsebene realisiert werden. Diese muß entsprechend im Hause kommuniziert werden. Ebenso grundlegend ist, daß ein möglichst großer Teil der Mitarbeiter auf allen Ebenen und in allen Bereichen aktiv an der Formulierung mitwirken kann und die wesentlichen Aussagen akzeptieren und praktisch umsetzen will.

Welche Ressourcen genutzt werden können, hängt von der jeweiligen Situation ab. Erfahrungen zeigen, daß es sinnvoll ist

- die Leitbild-Entwicklung in einem **strukturierten Projektmanagement** zu betreiben,
- die **Entwicklungszeit** und **-ressourcen** von vornherein sinnvoll zu **begrenzen** (je nach Vorarbeiten ca. 1–2 Jahre),
- die **Entwurfs- und Sammelphase** möglichst **zeitgleich** bzw. parallel durchzuführen,
- die **Verantwortung** für den Entwicklungsprozeß möglichst weit **oben** im zentralen Krankenhaus-Management anzusiedeln,
- die **Ziele,** die mit der Entwicklung verknüpft sind, **klar** zu formulieren,
- bereits **vorhandene** Kommunikations- und Informations-**infrastrukturen** effektiv zu **nutzen** (Publikationen, Besprechungen etc.) und pointiert durch besondere Ereignisse zu ergänzen (z.B. Workshops, Info-Markt),
- im Bedarfsfalle gezielt **externe Unterstützung** einzusetzen (z.B. Orientierung, Konfliktklärung).

12.4 Leitbilder – leben oder lassen! Und: Das Wichtigste geschieht danach

Über das Schicksal bzw. den Nutzen von Unternehmensphilosophie und Leitbild wird nicht in erster Linie während der Entwicklungszeit entschieden. Das Wesentliche geschieht, wenn der Text und das Layout längst abgeschlossen und das

12 Unternehmensphilosophie und Leitbildentwicklung

Leitbild intern und extern veröffentlicht sind. Die größten Gefahren sind nicht unzureichende Formulierungen, sondern Gleichgültigkeit und Zynismus. Sicherlich hat ein ausformuliertes Leitbild (wie eine entsprechende Unternehmensphilosophie generell) wenig Chancen, wenn bereits der Entwicklungsprozeß durch Begleiterscheinungen geprägt war, die viele als unglaubwürdig oder gar als zynisch empfinden. Häufiger dürfte es jedoch vorkommen, daß solche Erfahrungen nachträglich die Bemühungen um eine klare gemeinsame Orientierung unterlaufen. Dem entgegenzuwirken, gibt es mehrere Möglichkeiten:

Leitbilder brauchen Leben und engagierte Pflege.

Leitbilder müssen
- Beschäftigten, Patienten, Besuchern, Anlieferern und anderen Kooperationspartnern **„ins Auge fallen"**. Das heißt, daß Unternehmensphilosophie und Leitbild ein wesentlicher Teil des Informationsmanagements werden müssen. Dies ist kein Plädoyer für einen Informationsoverkill, sondern für gezielte Präsentation (z.B. durch Plakate);
- in ihren wesentlichen Inhalten **vorgelebt** werden. Dies betrifft insbesondere die **Führungskräfte** auf allen Ebenen und in allen Bereichen des Krankenhauses. Die Personalvertretung frühzeitig einzubeziehen mit dem Ziel, die Entwicklung eines Leitbildes als **kooperative** Unternehmung zu vereinbaren, ist dafür eine günstige Voraussetzung;
- im Prinzip **einklagbar** sein. Zwar erscheint es meist übertrieben, dafür eine eigene Schiedsstelle einzurichten. Gleichwohl dürfte es von Vorteil sein (und deutlich präventiv gegen leichtfertige Verstöße, Gleichgültigkeit oder Zynismus wirken), wenn es eine anerkannte Möglichkeit gibt, die Umsetzung des Leitbildes ohne großes Risiko anzumahnen bzw. auf die Tagesordnung zu setzen.

Es ist hilfreich, sich dann, wenn man ein Leitbild offiziell einsetzt, bereits Gedanken darüber zu machen, wie die Folgen dieses Schritts später eingeschätzt werden, um produktiv handeln zu können. Angenommen, man befragte z.B. 2 Jahre nach Einführung des Leitbilds die Mitarbeiter sowie mit dem Alltag vertraute Beobachter eines Unternehmens, was sich seit seiner Einführung verändert habe, so sind 3 mögliche Befragungsergebnisse vorstellbar:

B Systemmanagement

Erstens: **Es hat sich nichts verändert.** Nach anfänglichem Optimismus und vielem Reden hat sich das Umfeld nicht verändert. Man weiß gar nicht mehr, warum überhaupt ein Leitbild produziert wurde. Fehlendes Interesse am Leitbild oder Gleichgültigkeit gegenüber Veränderungen kennzeichnen die Erklärungen.

Zweitens: **Es ist noch schlimmer geworden als vorher.** D.h. die Einführung eines Leitbilds wird im nachhinein als „negativer Wendepunkt" gedeutet (Kriterien könnten sein: Verhalten der Führungskräfte, Wahrnehmung des Arbeitsklimas u.ä.).

Drittens: **Es hat sich vieles positiv entwickelt.** Die Einführungsphase wird positiv erinnert, und insgesamt hat sich der Eindruck verfestigt, daß mit Einführung des Leitbilds eine „Wende zum Positiven" im Krankenhaus eingeleitet wurde. Das Schaffen ermutigender Umgangsformen, das vorbildliche Verhalten der Führungskräfte und ein Klima von Wertschätzung und Anerkennung gegenüber Mitarbeitern werden positiv erlebt.

In allen drei Fällen geht es rückblickend darum, was getan wurde, um das Leitbild „zu leben", die Erfolgschancen zu erhöhen und die Risiken zu mindern, das Leitbild im Alltag zu verankern und seine Bedeutung spürbar werden zu lassen. Welche konkreten Schritte und Maßnahmen wurden für die Implementation und Pflege des Leitbilds unternommen (evtl. mit einem effektiven Einführungs- und Umsetzungsverfahren und besonderen Kommunikationsgeboten wie Besprechungen, Foren zur Klärung, besonderen Schulungen der Führungskräfte, periodischen Gesprächen, mit dem Ziel der engagierten Auseinandersetzung, geregelten Überprüfungen u.ä.)? Wurden konkrete Perspektiven zur Weiterentwicklung des Leitbilds angeboten (eindeutige Bekanntgabe einer Stelle, die die Erfahrungen mit dem Leitbild und weiterführende Anregungen aufgreift, dokumentiert und fruchtbar werden läßt, jährliche Leitbild-Workshops o.ä.)?

Nach dem Einführen eines Leitbildes können alle Beteiligten aus den unternommenen (oder unterlassenen!) Aktivitäten erkennen, wie ernst ein Unternehmen das Leitbild bzw. die Unternehmensphilosophie nimmt, inwieweit eine Wechselwirkung zwischen Leitideen und den das Verhalten bestimmenden Einflußnahmen besteht. Leitbild-förderndes Handeln muß kein besonderes Lob erfahren, wohl aber

12 Unternehmensphilosophie und Leitbildentwicklung

offene Anerkennung im Hinblick auf die gemeinsamen Vereinbarungen. Es sollte indes vermieden werden, das Gegenteil explizit oder implizit zu belohnen. Weil die Basis für produktives Miteinander und hohen Einsatz im Bereich der **Werte** liegt, sind die Beschäftigten hier für Verstöße oder Unernsthaftigkeit besonders sensibel.

Unternehmen können gezielt und kreativ dafür sorgen, daß ein Leitbild auch zu Konsequenzen im Alltag führt.

Als ein sehr konsequentes Beispiel kann **die Praxis der fortlaufenden Bestätigung und Erneuerung** in einem amerikanischen Unternehmen gesehen werden (*Ledford et al.* 1996, 56 ff.). Es wurde eine Kultur „gegenseitiger Werksbesuche" entwickelt mit dem Ziel, daß das neue Leitbild zur „Lebensart" aller Mitarbeiter werden sollte. Das Verfahren sah zunächst vor, daß „Teams aus dem Unternehmen Einzelbesuche bei einer Reihe von Werken organisierte(n), um dort die Anwendung des Leitbildes zu überprüfen". Später wurden die jährlichen Werksbesuche so gestaltet, daß relativ junge Führungskräfte als geschultes Team andere Unternehmensteile aufsuchten, um sich typische Situationen aus der Praxis schildern zu lassen. Es geht dabei den Besuchern (und Evaluierern) nicht in erster Linie darum, die Umsetzung des Leitbilds unmittelbar zu überprüfen. Vielmehr versuchen sie, einen Einblick in die Alltagskultur und das alltägliche Gestalten von Änderungen zu erleben und zu erfahren. Diese Eindrücke werden in fairer Weise, aber direkt und ungeschönt an die Betreffenden zurückgemeldet, so daß diese selbst ihre Schlüsse – auch im Hinblick auf das Leitbild – ziehen und praktische Folgerungen realisieren können.

Im Rahmen einer Leitbildstudie in einem mittelgroßen Krankenhaus ließ sich eine sehr positive Resonanz auf die Frage feststellen, inwieweit Führungskräfte bzw. Chefärzte derartige Besuche in anderen Kliniken unterstützen würden. Vorteile wurden vor allem darin gesehen, daß die Besuchsaufgabe und die Rückmeldung

- zu Leitbild-orientiertem Handeln anspornt (prohibitive Wirkung),
- die aktive Auseinandersetzung mit der Unternehmensphilosophie fördert,
- ein fruchtbares Feedback für den eigenen Bereich verspricht.

B Systemmanagement

Solchen Vorhaben stehen i. d. R. viele Hindernisse im Weg. Ein guter Beitrag zu einem lebendigen Leitbild wäre, diese Hürden mutig zu nehmen und jeweils eigene Erfahrungen damit zu machen.

Literatur

Badura, B.; Feuerstein, G., Systemgestaltung im Gesundheitswesen. Weinheim, München 1994.

Badura, B.; Feuerstein, G.; Schott, T., System Krankenhaus. Weinheim, München 1993.

Bellabarba, J.; Schnappauf, D., Organisationsentwicklung im Krankenhaus. Göttingen 1996.

Beyer, H.; Fehr, U.; Nutzinger, H. G., Vorteil Unternehmenskultur. Partnerschaftlich handeln – den Erfolg mitbestimmen. Fazit des gemeinsamen Forschungsprojekts der Bertelsmann-Stiftung und der Hans-Böckler-Stiftung „Unternehmenskultur zwischen Partnerschaft und Mitbestimmung". Gütersloh 1994.

Doppler, K.; Lauterburg, Chr., Change Management. Frankfurt a. M., New York 1994.

Grossmann, R., Die Selbstorganisation der Krankenhäuser. Ein Schlüssel für die Organisationsentwicklung im „Gesundheitswesen". In: *Grossmann, R. et al.*, Veränderung in Organisationen. Wiesbaden 1995, 55–78.

Ledford, G. E.; Wendenhof, J. R.; Strahley, J. T., Die Verwirklichung eines Unternehmensleitbildes. In: Organisationsentwicklung Heft 1, 1996, 46–60.

WBO-Team für Weiterbildung, Beratung, Organisationsentwicklung, Krankenhaus als soziales System. Hildesheim 1993.

Sennlaub, U.; Stein, F.; Passavant, C. von, Entwicklung und Umsetzung eines Unternehmensleitbildes einer Betriebskrankenkasse. In: Organisationsentwicklung, Heft 4, 1996, 20–31.

Steinmann, H.; Schreyögg, G., Management. Grundlagen der Unternehmensführung. Wiesbaden 1991.

13 Der Prozeß der Leitbildentwicklung und -umsetzung am Beispiel der St.-Elisabeth-Stiftung in Dernbach

Josef Grandjean

13.1 Leitbild in einem christlichen Unternehmen

Leitbilder sind heute aus Wirtschaftsunternehmen nicht mehr wegzudenken. Die Erarbeitung von Leitbildern hat in letzter Zeit aber auch in Non-Profit-Organisationen Hochkonjunktur. Verbände, Krankenhäuser, Altenheime, Jugenddörfer, Stiftungen und Vereine stellen sich mehr und mehr dieser Aufgabe. In der „Grundordnung des kirchlichen Dienstes im Rahmen kirchlicher Arbeitsverhältnisse", die am 22. September 1993 von der Deutschen Bischofskonferenz verabschiedet wurde, werden die Träger kirchlicher Einrichtungen aufgefordert, eine christliche Unternehmenskultur zu entwickeln. Diese Kultur findet ihren Ausdruck in der Unternehmensphilosophie und dem sich daraus ergebenden Leitbild.

Eine christliche Organisation muß sich dabei beispielsweise mit folgenden Fragen auseinandersetzen:
Was macht das Profil einer christlichen Einrichtung aus?
Welches Menschenbild vertritt sie?
Wie durchdringt die Praxis Jesu das Alltagsgeschäft?
Wie garantiert sie hohe fachliche und personale Qualität?
Welches Klima herrscht in der Einrichtung?

Alle Leitungsverantwortlichen müssen sich demnach Gedanken darüber machen, ob und wie der Geist des Evangeliums in ihrer Einrichtung lebendig ist.

13.2 Die St.-Elisabeth-Stiftung

Die St.-Elisabeth-Stiftung wurde Ende 1993 von den Ordensgemeinschaften der Franziskanerinnen von Waldbreitbach und der Armen Dienstmägde Jesu Christi von Dernbach ins Leben gerufen. Das Unternehmen besteht heute aus 30 Krankenhäusern, 22 Altenheimen und 3 Kinderheimen. Es ist einer der größten freigemeinnützigen Träger von Gesundheits- und sozialen Einrichtungen in Deutschland.

In der von dieser Stiftung geschaffenen St. Elisabeth GmbH, die als Holding die Geschäftsführung wahrnimmt, gibt es mit der Marienhaus GmbH und der Maria Hilf GmbH zwei gleichberechtigte Unternehmen. In ihnen sind die bis 1994 von den Orden getragenen Einrichtungen neu zusammengefaßt worden.

In der Trägerschaft der St. Elisabeth GmbH arbeiten mehr als 14 000 Frauen und Männer. Die Einrichtungen liegen in den Bundesländern Rheinland-Pfalz, Saarland, Nordrhein-Westfalen und Hessen.

In den Krankenhäusern des Trägers stehen mehr als 7000 Krankenbetten. In den Altenheimen werden gut 2000 Plätze angeboten und in den Kinderheimen mehr als 270 Plätze.

13.3 Die Entwicklung des Leitbildes

Der Stiftungsvorstand gab auf der Grundlage der kirchlichen Grundordnung den Auftrag zur Entwicklung eines Stiftungsleitbildes (Juni 1995). Dabei lag von Anfang an das **Hauptaugenmerk** nicht auf dem Entstehungsprozeß, sondern auf dem **Prozeß der Umsetzung.**

So wurde eine zentrale **Projektgruppe** ins Leben gerufen, die sich zusammensetzt aus:

- 8 Mitgliedern aus dem Krankenhausbereich (Ärztliche Direktoren, Verwaltungsdirektoren, Pflegedirektoren, Krankenhausoberinnen),
- 4 Mitgliedern aus dem Altenheimbereich (Heim- und Pflegedienstleitung),
- 1 Mitglied aus dem Kinderheimbereich (Heimleitung),
- 2 Mitgliedern der Stabsstellen und Zentralen Dienste
- sowie 2 Mitgliedern der Mitarbeitervertretung.

Zunächst erarbeitete die Gruppe **Kriterien** für das zu entwickelnde Leitbild. Danach sollte das Stiftungsleitbild:

13 Der Prozeß der Leitbildentwicklung und -umsetzung...

- Merkmale einer christlichen Organisationskultur herausarbeiten;
- Entwicklungsbedürfnisse der Mitarbeiter berücksichtigen;
- die Perspektive der Klienteninteressen beinhalten;
- die Positionierung in einer Marktsituation mit Konkurrenz ermöglichen;
- ökonomische und Managementgrundsätze berücksichtigen;
- nicht zu idealistisch, nicht zu heroisch, nicht zu akademisch formuliert sein;
- ein Leitbild sein, das in den Einrichtungen konkretisiert wird;
- einen Prozeß einleiten, an dem die Leitungen der Einrichtungen sowie die Mitarbeiter intensiv beteiligt werden.

Die Projektgruppe entwickelte anschließend **Kernthemen,** die in einer Leitungskonferenz präsentiert und zur Diskussion gestellt wurden. Dabei wurde deutlich, daß in einer kirchlichen Organisation **Menschlichkeit** und **Christlichkeit für** die Mitarbeiter erfahrbar sein muß und nicht nur **durch** sie. Das Leitbild stellt somit eine **Selbstverpflichtung** des Trägers gegenüber seinen Mitarbeitern aber auch gegenüber den Menschen, die diese Einrichtungen nutzen, dar. Es soll weiterhin einen **Orientierungsrahmen** bieten für Probleme der Arbeitsprozesse, der Ablauforganisation, der Besprechungskultur etc. So soll das Leitbild helfen, konkrete Alltagsprobleme zu bewältigen und vorhandene Erfahrungen von Personen und Gruppen aus Projekten und Gremien zu integrieren.

Folgende 7 Kernthemen wurden im November 1995 im Führungskreis der St. Elisabeth GmbH vorgestellt:

- Definition der Stiftung
- Umgang mit den uns anvertrauten Menschen
- Umgang mit Mitarbeitern
- Umgang mit den Menschen in unserem Umfeld
- Ethische Grundfragen
- Qualitätsentwicklung und -kontrolle
- Öffentlichkeitsarbeit

Die Projektgruppe „Stiftungsleitbild" hat die **Rückmeldungen zu diesen Kernthemen** analysiert. Dabei wurde deutlich, daß zusätzliche Themen, wie Umwelt, Wirtschaftlichkeit, Aus-, Fort- und Weiterbildung, in den Themenkatalog aufzunehmen sind. Außerdem sollte das christliche Proprium der St.-Elisabeth-Stiftung dezidiert herausgearbeitet werden. Gleichzeitig wurde gewarnt vor praxisfernen und unverständlichen Formulierungen im Leitbild. Es sollte eine Sprache gefunden werden, die jeder versteht. Angemahnt wurde auch die Entwicklung einer **Umsetzungsstrategie** für das Leitbild. Dieser wurde mehr Bedeutung zugemessen als einer langen inhaltlichen Auseinandersetzung. Das Einbeziehen aller Berufsgruppen und aller Mitarbeiter im Leitbildprozeß wurde als unabdingbare Voraussetzung für eine erfolgreiche Leitbildumsetzung definiert.

Auf der Grundlage dieser breiten Rückmeldung erarbeitete die Zentrale Projektgruppe den Leitbildtext. Sie konnte im Mai 1996 den **ersten Entwurf** des Leitbildes präsentieren. Er sollte zu kontroverser Diskussion über die Grundlagen, Ziele und Visionen der St.-Elisabeth-Stiftung ermutigen.

Im Oktober 1996 fand eine zentrale Auftaktveranstaltung zur Umsetzung des Leitbildes statt. Gleichzeitig wurde die **erste Fassung** des Leitbildtextes vom Stiftungsvorstand verabschiedet und veröffentlicht. Diese umfaßt die Kapitel:

I   Wurzeln, aus denen wir kommen
II Grundsätze, für die wir eintreten
III Menschen, für die wir da sind
IV Menschen, die mit uns arbeiten
V   Lebensräume, die wir mitgestalten
VI Vorbild, an dem wir uns orientieren

13.4 Die Umsetzung des Leitbildes in den Einrichtungen der St. Elisabeth GmbH

Alle Einrichtungen der St. Elisabeth GmbH wurden eingeladen und aufgefordert, das Leitbild mit Leben zu füllen – in allen Arbeitsbereichen und allen Arbeitsgruppen. Die eigene Arbeit soll schrittweise am Leitbild ausgerichtet und überprüft werden. Anhand der praktischen Erfahrungen wird das vorliegende Leitbild gemeinsam weiterentwickelt.
Folgende Vorgehensweise wurde vereinbart (vgl. auch Abb. 13-1):

- Die erste Fassung des Leitbildes wird auf einer gemeinsamen **Auftakt-Veranstaltung** aller Einrichtungen mit den Entscheiderkreisen und Projektleitern vorgestellt.
- Die Projektgruppen richten danach in den einzelnen Ein-

13 Der Prozeß der Leitbildentwicklung und -umsetzung...

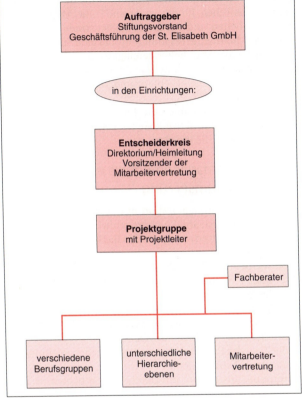

Abb. 13-1 Projektstruktur

richtungen **Modellprojekte** ein, in denen die Inhalte des Leitbildes exemplarisch überprüft und realisiert werden. In den ersten 2 Jahren werden die Einrichtungen aufgefordert, zu dem Kapitel III (Menschen, für die wir da sind) und Kapitel IV (Menschen, die mit uns arbeiten) Projekte durchzuführen.

- Nach einem Jahr findet eine **Zwischenbilanzklausur** statt.
- Die Projekte sind **nach 2 Jahren** zum **Abschluß** zu bringen, auszuwerten und zu dokumentieren. Die Ergebnisse und Erfahrungen werden in die Weiterentwicklung des Stiftungsleitbildes einfließen.

B Systemmanagement

Die Projektthemen greifen insbesondere die Intentionen der Kapitel „Menschen, für die wir da sind" und „Menschen, die mit uns arbeiten" auf. An der Themenauswahl sollen – z.B. über eine Mitarbeiterversammlung oder eine Ausschreibung – möglichst alle Mitarbeiter beteiligt werden. Nur wenn die „Korridorthemen" erkannt und in Projekten aufgegriffen werden, ist eine hohe Akzeptanz und Mitwirkung der Mitarbeiter zu erwarten.

Der Projektgruppe und dem Entscheiderkreis kommt in diesem Prozeß eine aktive Rolle zu. Letztlich nominiert der Entscheiderkreis die Projekte.

13.5 Projektmanagement als Instrument der Leitbildumsetzung

Damit die Gesamtorganisation in die Auseinandersetzung mit dem Stiftungsleitbild einbezogen wird, sind neben diesen 4 Hauptschritten eine Reihe von **flankierenden Maßnahmen** geplant.

So wurden alle Projektleiter in 3tägigen Schulungen auf ihre Aufgabe vorbereitet. Der **Projektleiter** als „Schlüsselfigur" des Projektes trägt nicht die alleinige Verantwortung für den Projekterfolg, er bildet aber die **Schnittstelle** zum Entscheiderkreis und ist **Ansprechpartner** für die Projektgruppenmitglieder. Zu seinen Aufgaben zählen:
- die Ziele des Projekts mit dem Auftraggeber abstimmen
- das Projekt strukturieren
- Termine, Kosten und die Durchführung planen, steuern und überwachen
- das Projektziel planmäßig erreichen
- den Kosten- und Terminplan einhalten
- alle am Projekt Beteiligten informieren
- Verhandlungen mit dem Entscheiderkreis führen

Projektleiter sind somit auch Manager und müssen sich folglich **Grundkenntnisse des Projektmanagements** aneignen. Projektmanagement ist ein effektiver Weg, um komplexe oder neue Aufgaben zu bewältigen. Hauptwerkzeug ist die systematische Planung und Organisation der Sach- und Qualitätsziele sowie der Termin- und Kostenziele mit begrenzten und fest definierten zeitlichen, finanziellen und personellen Ressourcen. Folgende Aspekte sind für ein erfolgreiches Projektmanagement erforderlich:

13 Der Prozeß der Leitbildentwicklung und -umsetzung...

- ein qualifizierter Projektleiter
- eine engagierte und motivierte Projektgruppe, die ganzheitlich und übergreifend denkt
- eine klare und konstruktive Zusammenarbeit zwischen Entscheiderkreis und Projektgruppe
- Übernahme von Verantwortung durch die Projektgruppe
- zeitnahe und unbürokratische Entscheidungen des Entscheiderkreises
- eine systematische Ergebnisdokumentation

13.6 Leitbildkonferenzen und Dokumentation

Regelmäßige Leitbildkonferenzen dienen dazu, den Projektfortschritt zu diskutieren sowie offene Fragen und Problemstellungen des Projektmanagements zu bearbeiten. Außerdem können fachliche Anregungen in die Projekte eingebracht und interessante Schwerpunkte herausgearbeitet werden, um so evtl. Projekte verschiedener Einrichtungen zu vernetzen.

Im Verlauf von 2 Jahren werden für alle Entscheiderkreise und Projektleiter der St. Elisabeth GmbH Leitbildkonferenzen mit einer Dauer von 1$^{1}/_{2}$ Tagen stattfinden. Sie sollen dem Prozeß in der Gesamtorganisation Lebendigkeit und Stabilität geben. Da in jeder der 55 Einrichtungen 2 Projekte auf den Weg gebracht werden, sollen die Leitbildkonferenzen in jeweils 2 Durchgängen abgehalten werden: einer für die mitarbeiterbezogenen und einer für die klientenbezogenen Projekte. An diesen Leitbildkonferenzen nehmen neben den Projektleitern Vertreter des Stiftungsvorstandes, der Geschäftsführung, der zentralen Leitbildgruppe und externe Berater teil.

Im Rahmen einer Zwischenbilanzklausur nach 1 Jahr und einer Abschlußveranstaltung nach dem 2. Jahr wird der Gesamtprozeß ausgewertet. An der Zwischenbilanzklausur und an der Abschlußtagung nehmen die Projektleiter und die Entscheiderkreise der Einrichtungen teil. Die Projekte und ihre Ergebnisse werden dabei öffentlich gemacht, interessante Schwerpunkte diskutiert und die Konsequenzen für die Fortschreibung des Leitbildes formuliert. Des weiteren kann dabei der Leitbildprozeß der St. Elisabeth GmbH Vertretern anderer Einrichtungen zugänglich gemacht werden.

Die Dokumentation und Evaluation der Projekte ist ein wesentliches und verbindliches Element des Leitbildprozesses. Die Einrichtungen und Projektgruppen erhalten Instrumente und fachliche Unterstützung, um ihre Maßnahmen beobachten und beschreiben zu können. Diese Dokumentationen dienen als Grundlage des Austauschs der Einrichtungen untereinander, sie unterstützen das Lernen der Gesamtorganisation und können Erfahrungen auch anderen Trägereinrichtungen mit vergleichbaren Problemen zugänglich machen.

Damit alle Mitarbeiter erreicht werden, ist eine gute **Öffentlichkeitsarbeit** unabdingbar. Eine regelmäßige Berichterstattung in der zentralen Mitarbeiterzeitung und in den Organen der Einrichtungen bildet die Grundlage dafür.

13.7 Das Stiftungsleitbild

„Das Leitbild der St.-Elisabeth-Stiftung ist der entscheidende Wegweiser für unsere Zukunft. Es beschreibt die Grundlagen, Ziele und manchmal auch die Visionen unserer großen Trägerschaft. Das Leitbild, davon bin ich überzeugt, wird uns helfen, unsere christliche Unternehmenskultur neu zu definieren und zu festigen (...). Die Arbeit am Leitbild ist ein ständiger (Lern-)Prozeß und damit offen", so schreibt Sr. M. Christeta Hess, die Vorsitzende des Stiftungsvorstandes, in ihrem Vorwort zum Leitbild.

Dies bedeutet allerdings auch, daß die Folgen dieses Leitbildprozesses nicht vorhersehbar sind. Die Leitungen (Stiftungsvorstand, Geschäftsführung, Direktorien und Heimleiter der Einrichtungen) werden in ihren Handlungen am Leitbild gemessen. Die Erwartungen der Mitarbeiter werden steigen, und die Ansprüche der „Menschen, für die wir da sind", wachsen. Einmal initiierte Leitbildprozesse können sich verselbständigen, was allerdings nur bedeutet, daß sich die Menschen im Leitbildprozeß entwickelt haben.

Mit dem Leitbild bekennt sich die Organisation zu ihrem Selbstverständnis. Die christliche Einrichtung soll zuallererst an ihren Werken erkennbar sein. Dies erfordert das Engagement und die Beteiligung aller Mitarbeiter in den Einrichtungen, wobei die Leitungen besonders in der Verantwortung stehen. Ausgehend von den Ideen und Visionen der beiden Ordensgründerinnen M. Katharina Kasper und

13 Der Prozeß der Leitbildentwicklung und -umsetzung...

M. Rosa Flesch soll das Leitbild Ziele für eine menschlichere Zukunft beschreiben.

Das Leitbild ist dann keine zusätzliche Belastung für die Einrichtungen, sondern es bietet die Chance,
- der Einrichtung ein erstklassiges Profil zu geben,
- die Motivation und das Engagement der Mitarbeiter zu steigern,
- das Betriebsklima zu verbessern,
- die der Einrichtung anvertrauten Menschen als Geschöpfe Gottes zu sehen,
- der Einrichtung ein christliches Gesicht zu geben.

Literatur

Leitbild der St.-Elisabeth-Stiftung, Katharina-Kasper-Str. 10, 56428 Dernbach

Schein, E. H., Unternehmenskultur, Ein Handbuch für Führungskräfte. Frankfurt a. M. 1995.

Neumann, R.; Redemeier, K., Projektmanagement von A–Z. Frankfurt a. M. 1996.

Achterholt, G., Corporate identity. Wiesbaden 1991.

CARITAS, Zeitschrift für Caritasarbeit und Caritaswissenschaft. 98. Jg., Heft 1, 1997.

Deutscher Caritas Verband (DCV) Materialien 19, Leitbildprozesse vor Ort, Grundfragen, Beispiele, Materialien. Freiburg 1996.

14 Die Diagnose ist die Therapie – Schwachstellenprofil als Stärkefaktor

Joachim Bovelet

14.1 Die Rahmenbedingungen: Dynamischer Wandel im deutschen Gesundheitswesen

Die Gesundheitsreformen führen zu einschneidenden Veränderungen in der deutschen Krankenhauslandschaft. Krankenhäuser unterliegen stärker dem Wettbewerbs- und Konkurrenzdruck des Marktes. Sie fungieren zunehmend als „Unternehmen" im Gesundheitsmarkt.

Politik und Krankenkassen gehen davon aus, daß in den nächsten 10 Jahren etwa 20% der bundesdeutschen Krankenhäuser aufgrund mangelnder Wettbewerbsfähigkeit schließen müssen. Bundesweit sind rund 300 Gesundheitsbetriebe akut in ihrem Bestand bedroht. (1) Der Erhaltungsaufwand der Krankenhäuser wird drastisch beschnitten, nachdem gerichtlich festgestellt worden war, daß eine Verpflichtung der Bundesländer zur Zahlung nicht bestehe. Das Geld für dringende Rationalisierungs- und Modernisierungsmaßnahmen fehlt. Die Folge: Der Handlungsdruck im Gesundheitswesen nimmt rapide zu. Neue Lösungsansätze sind gefordert, die sich auf die Kurzformel bringen lassen: Profitabel arbeiten, Potentiale aufdecken und Ressourcen nutzen! Dabei sind die Einsparungs- und Rationalisierungspotentiale im organisatorischen und administrativen Bereich der Krankenhäuser begrenzt oder schon weitgehend ausgeschöpft.

Was für Unternehmen gilt, hat auch für Krankenhäuser Bedeutung. Wer heute im Gesundheitsmarkt erfolgreich operieren will, muß ökonomische Kompetenz im kommunikativen Bereich beweisen und sein Krankenhaus als ein unverwechselbares im Konkurrenzumfeld positionieren. Er muß die Mitarbeiter motivieren, ihre Identifikation mit dem Arbeitsfeld und dem Krankenhaus in seiner Gesamtheit stärken und dies auch nach innen und außen dokumentieren. Wer dies erreichen will, muß alle Facetten des „kollektiven Selbstverständnisses" – der Unternehmensidentität (Corporate Identity) – kennen, um sie im Sinne seiner Ziele einsetzen zu können.

Eine präzise **Diagnose,** d.h. die Analyse der Fähigkeiten, Eigenschaften und Entwicklungsmöglichkeiten, kurz: **aller Schwächen** und **Stärken des Unternehmens** steht daher am **Anfang dieses Ansatzes.**

Im Mittelpunkt muß das „Unternehmen Krankenhaus" als soziales System stehen, dessen „Unternehmenspersönlichkeit" sich aus harten und weichen Faktoren zusammensetzt. Betriebswirtschaftliche Zielsetzungen konkurrieren mit dem Anspruch, optimale Versorgungsbedingungen für den Patienten und optimale Arbeitsbedingungen für die Mitarbeiter zu schaffen. Kurzfristiges Kostenmanagement steht damit zunehmend in Konkurrenz zu einer langfristigen Unternehmenspolitik, die zwar eine Strukturreform der harten Faktoren (Strukturorganisation, Kostenreduktion) ermöglicht, aber gleichzeitig die Ausschöpfung vorhandener Potentiale, der weichen Faktoren, fördert (Erhöhung von Mitarbeiteridentifikation und -motivation, Verringerung von Reibungsverlusten zwischen Management und Personal, Optimierung der Beziehungsverhältnisse zwischen Kunde/Patient, Unternehmen/Krankenhaus und Öffentlichkeit). Mögliche Strategien haben unterschiedliche Perspektiven, Eigenschaften und Zeithorizonte, die Aufschluß über die Wirkungstiefe ihrer Umsetzung geben (vgl. Tab. 14-1).

Will man sich mit dem **„Unternehmen Krankenhaus" als sozialem System** befassen, so kann man mit einigen einfachen Fragen beginnen:
- Wie gehen wir, d.h. die Mitarbeiter des Krankenhauses, miteinander um?
- Wie werden ältere Kollegen und Mitarbeiter behandelt?
- Wie kann der Führungsstil beschrieben werden – als kooperativ oder als autoritär?
- Wie ist das Verhältnis zu den Patienten?
- Wie steht es um die Beziehung zu unseren externen Kooperationspartnern?

B Systemmanagement

Tab. 14-1 Unternehmenspotentiale (Fähigkeiten und Fertigkeiten) im Vergleich

Unternehmenspotential	Eigenschaften	Zeithorizont
Technisches Potential: u.a. durch technologisches Know-how, Apparaturen	Technologische Kompetenz: • harter Faktor • leicht imitierbar • selbstverständliche Voraussetzung	schnell realisierbar und kurzfristig wirksam: Technik hat ein schnelles „Verfallsdatum".
Konzeptionelles Potential: u.a. durch Planung, Steuerung	Konzeptionelle Kompetenz: • weicher/harter Faktor • schwierig zu imitieren • führt zur Bündelung der Kräfte	mittelfristig realisierbar und wirksam: Konzepte müssen immer wieder angepaßt werden.
Menschliches Potential: u.a. durch Information, Kommunikation	Menschliche Kompetenz: • weicher Faktor • nicht imitierbar • dient der langfristigen Existenzsicherung	langfristig realisierbar und wirksam: • Außenwirkung: Attraktivitätssteigerung • Innenwirkung: Identitätserhöhung

- Wie wird der Wert und die Qualität unserer Dienstleistungen von den Mitarbeitern und der Öffentlichkeit eingeschätzt?
- Welchen gesellschaftlichen Beitrag leistet unser Krankenhaus?
- Worauf kann unser Krankenhaus stolz sein?
- Wo sind Probleme und Konfliktlinien festzustellen?
- Wo können Grenzen der Handlungsfähigkeit des Krankenhauses festgelegt werden?

Das Ziel ist, die **Untersuchungsperspektive** von **den harten zu den weichen Faktoren** zu wechseln, um neue und weiterführende Informationen und Aspekte aus Sicht der „human ressources" zu gewinnen, die über rein betriebswirtschaftliche Analysen hinausgehen. Einige Krankenhäuser, zum Beispiel das Aachener Klinikum, führen aus diesem Grund großangelegte **Image- und Kommunikationsanalysen** (rund 12 000 Interviews) durch, um die individuellen Bedürfnisse ihrer Patienten, die Einstellungen und Sichtweisen ihrer Mitarbeiter und des Umfeldes des Krankenhauses erfassen, auswerten und damit berücksichtigen zu können.

14.2 Die Diagnose: Die Stärken-/Schwächen-Analyse als ganzheitlicher Ansatz

Modernes Management im Gesundheitswesen heißt heute Kostenreduktion bei gleichzeitiger Aufdeckung und Nutzung vorhandener Produktivfaktoren. Management kann in einer Minimaldefinition als die systematische und koordinierte Erfassung, Auswertung und Planung aller unternehmensrelevanten Bereiche und Faktoren definiert werden. Das Ziel muß in einer Vernetzung vorhandener, bislang wenig genutzter Wissensbestände liegen, die durch eine konsequente Stärken-/Schwächen-Analyse aller Unternehmensfaktoren aufgedeckt werden. Deren Diagnose eröffnet neue Handlungsoptionen: Sie eröffnet den Blick auf das Unternehmen als Ganzes, macht strategische Prozesse transparent und setzt die Einzelteile und Maßnahmen des Unternehmens in einen sinnhaften Gesamtzusammenhang.

Nur wer weiß, wo die Stärken und Schwächen des Unternehmens Krankenhaus liegen und sie im Kontext der vorgegebenen Unternehmensziele auswertet, kann sie flexibel, angemessen und nachhaltig planen und steuern. Eine offene und stringente Informations- und Kommunikationspolitik ist Mittel, Voraussetzung und Ziel dieses Ansatzes.

Damit rücken die Träger und Zielgruppen der internen und externen Kommunikation, die Mitarbeiter und Patienten, ins Zentrum der Bemühungen um die Erhaltung und Steigerung der Wettbewerbsfähigkeit von Krankenhäusern.

Der Krankenhauspatient wird zum „Kunden", der Mitarbeiter wird zur „wichtigsten Ressource" des Dienstleisters Krankenhaus. An ihrer Zufriedenheit und ihrem Engagement wird in Zukunft die Funktions- und Leistungsfähigkeit des Krankenhauses gemessen. Mitarbeiter und Patient prä-

B Systemmanagement

gen in Zukunft stärker als je zuvor das Innen- und Außenbild (Selbst- und Fremdbild) eines Krankenhauses.

Die Planung hat zur Aufgabe, die Unternehmensziele und -wünsche mit den Möglichkeiten und Potentialen des Unternehmens in Einklang zu bringen. Die Frage nach der **Leistungsfähigkeit der Unternehmens** provoziert einen Blick auf die **inneren Qualitäten.** Die Lern- und Kommunikationsfähigkeit der Mitarbeiter sowie ihre Innovationsfreudigkeit, das koordinierte und wechselseitige Zusammenspiel von Organisation und Personal spielen im Krankenhausbereich eine immer größere Rolle bei der Erfüllung der gestellten komplexen Aufgaben und Erwartungen.

Die Krankenhausverwaltung trägt dieser Entwicklung Rechnung, indem sie das Wissen, die Fähigkeiten und Vorstellungen von Mitarbeitern und Kunden bei Planungen stärker berücksichtigt. Sie bindet sie durch informative und kommunikative Maßnahmen in Entscheidungsabläufe ein und beteiligt sie frühzeitig durch einen kooperativen Führungsstil an Entscheidungsprozessen.

Eine konsequente Analyse befaßt sich mit den Stärken und Schwächen des Krankenhauses zugleich. Sie fördert gehaltvolle Informationen und Ansatzpunkte zutage, die eine Optimierung sowohl der Managementstrategien als auch der Marketinginstrumente zur Folge haben. Dies bedarf der Festlegung von Qualitätskriterien, deren Entwicklung in Soll-Ist-Vergleichen überprüft und bei Bedarf durch Gegenstrategien korrigiert werden. Exemplarisch werden 6 Bereiche kurz vorgestellt:

Qualitätskriterium 1: **Information**
- Haben wir genügend – und vor allem die richtigen – Informationen über die Konkurrenz-, Markt- und Umfeldsituation des Krankenhauses?
- Werden sie regelmäßig erhoben, ausgewertet und diskutiert?
- Stellen wir den Mitarbeitern, den Patienten und der Öffentlichkeit ausreichend Informationen zur Verfügung, um eine effiziente Kommunikation zu garantieren?

Qualitätskriterium 2: **Kommunikation**
- Wie und in welcher Form kommunizieren die Mitarbeiter des Krankenhauses untereinander?
- Wie kommuniziert das Krankenhaus mit der Öffentlichkeit?

14 Die Diagnose ist die Therapie – Schwachstellenprofil ...

- Wie stellt es sich dar?
- Wie werden Konflikte und Probleme thematisiert und diskutiert?
- Ist der Umgang der Mitarbeiter untereinander auf allen Ebenen offen und vertrauensvoll?

Qualitätskriterium 3: **Motivation**
- Ist die innere Einstellung der Mitarbeiter untereinander und zu den Zielen des Krankenhauses spannungsfrei?
- Werden die Arbeitsanforderungen kreativ und engagiert angegangen?
- Gibt es (geschriebene oder ungeschriebene) Richtlinien und Leitbilder, an denen sich die Mitarbeiter orientieren können?

Qualitätskriterium 4: **Organisation**
- Haben wir eine eindeutige und funktionsfähige Organisationsstruktur, die sich durchgängig an den Wünschen der Patienten, den Möglichkeiten der Mitarbeiter und den Qualitätszielen unserer Dienstleistungen ausrichtet?
- Sind alle Organisations- und Arbeitsabläufe mitarbeiterfreundlich und alle Anwendungen patientenfreundlich geregelt?
- Gibt es Über- und Unterregulierungen?
- Ermöglichen die Organisationsstrukturen kreative und innovative Lösungen und Verbesserungen?

Qualitätskriterium 5: **Planung**
- Hat das Krankenhaus ein stringentes und effizientes Planungs- und Koordinationssystem, das alle Ebenen und Bereiche des Krankenhauses abdeckt und in Beziehung setzt?
- Werden bei der Planung unterschiedliche Zeithorizonte (kurz-, mittel-, langfristig) abgedeckt?
- Sind die Pläne zu detailliert oder zu ungenau?
- Sind die Verantwortungszuordnungen der Planung eindeutig?

Qualitätskriterium 6: **Kontrolle**
- Werden die eigenen Zielvorgaben einer regelmäßigen und systematischen Kontrolle unterzogen?
- Gibt es entsprechende Verfahren und Leitlinien?

Die Bereiche Kommunikation und Information werden den weichen Produktivfaktoren zugerechnet, obwohl gerade diese das „Bindemittel" zwischen allen anderen Bereichen und Faktoren darstellen. Eine Kommunikationsanalyse ergibt daher gehaltvolle Aussagen zum Gesamtunternehmen.

B Systemmanagement

Kommunikation bedeutet immer den Austausch von Informationen. Auch wer nichts sagt, kommuniziert: „Man kann nicht nicht kommunizieren." (*Watzlawick* 1969). Nachrichten, d.h. Informationen, enthalten nach einem klassischen Modell der zwischenmenschlichen Kommunikation (*Schulz von Thun* 1981) stets 4 Aspekte, die an dieser Stelle den Nutzen einer internen und externen Kommunikationsanalyse verdeutlichen sollen (vgl. auch Kap. 46.1):

- Sachinhalt
- Selbstoffenbarung
- Beziehung
- Appell

Die detaillierte Analyse dieser 4 Aspekte hat unterschiedliche Informationsebenen. Sie

- gibt „harte" Sachinformationen über konkrete Zusammenhänge,
- läßt Rückschlüsse auf den „Sender" (Person/Unternehmen-Krankenhaus) zu,
- gibt Aufschluß über die Beziehung zwischen „Sender" und „Empfänger",
- beinhaltet Hinweise über Ziele und Wünsche des Senders.

Die **Kommunikationsanalyse** ist ein erster Schritt, um zu einer ganzheitlichen Sichtweise des Unternehmens zu gelangen, da sie nicht nur Aufschluß über die 4 genannten Aspekte gibt, sondern auch Innen- und Außenbild (Identität und Image) des Krankenhauses in Beziehung setzt. Sie kann die Grundlage bilden, einen dauerhaften Prozeß des Austausches im Unternehmen Krankenhaus in Gang zu setzen.

14.3 Die Therapie: Stärken betonen, Schwächen abbauen – am Beispiel einer strategischen Corporate-Identity-Politik

Corporate-Identity-Politik ist eine **zentrale Unternehmensstrategie,** die sich mit dem Selbstbewußtsein des Unternehmens und seiner Basiselemente befaßt. Es handelt sich dabei um einen institutionalisierten Prozeß, der sich fortentwickelt und äußerer Impulse und der (Selbst-)Kontrolle bedarf. Die Ziele der CI-Politik sind: Stärken betonen, Schwächen abbauen.

Die **Unternehmensidentität** ist Ausdruck und Mittel der bestehenden **Unternehmenskultur.** Ihre Analyse und Weiterentwicklung sind notwendige Voraussetzungen, um das qualifizierte und erfolgreiche Fortbestehen eines Unternehmens sicherzustellen. Am Anfang muß daher die Analyse der schon tradierten bzw. in ihren Teilen unverbundenen Unternehmensidentität und -kultur stehen. Fehlende Identifikation der Mitarbeiter mit ihrem Unternehmen und dessen Kultur kann bei gravierenden Veränderungen der Arbeitsbedingungen und -anforderungen weitreichende Folgen haben: Die Mitarbeiter gehen im Extremfall in die „innere Kündigung".

Corporate-Identity-Politik muß ein Gespür für die internen Zusammenhänge und das Klima im Unternehmen entwickeln. Sie muß ein „neues Denken" anregen, das die vorhandenen Möglichkeiten (Potentiale) im Unternehmen aufgreift und sie behutsam mit den neu gewonnenen Erkenntnissen der Analysen und den zukünftigen Anforderungen zusammenführt.

Corporate-Identity-Politik ist die strategisch geplante und operativ eingesetzte Selbstdarstellung und Verhaltensweise eines Unternehmens nach innen und außen.

Dies erfolgt auf der Basis einer fest umrissenen **Unternehmenspersönlichkeit,** mit dem Willen, alle Handlungsweisen des Unternehmens in dem einheitlichen Rahmen dieses Selbstverständnisses einzufassen. Das Ziel ist, die in sich geschlossene, harmonische und überzeugende Unternehmenspersönlichkeit wirksam werden zu lassen – sowohl bei den Mitarbeitern als auch in den Augen von Kooperationspartnern und der Öffentlichkeit.

Als Richtschnur für zukünftiges Entscheiden, Handeln und Kommunizieren dient die **Unternehmensphilosophie,** an der sich alle Entscheidungen und Entwicklungen orientieren. Sie wird zur „Verfassung" des Krankenhauses.

Unternehmensphilosophie und Unternehmenskultur stehen in einer wechselseitigen Beziehung. So hat jedes Unternehmen sowohl eine Unternehmenskultur als auch eine Unternehmensphilosophie – ob niedergeschrieben oder nicht. Eine positive Unternehmenskultur basiert auf dem Vertrauen in die innere Stärke des Unternehmens, in die Kreativität und das Engagement der Mitarbeiter. Die Unternehmensphilosophie ist das kodifizierte Extrakt aus der Unternehmenskultur und beschreibt die Grundregeln des „kollektiven

Selbstverständnisses" des Unternehmens: die Unternehmensidentität (Corporate Identity). Corporate-Identity-Politik heißt Bewußtmachen, Vermitteln, Weiterentwickeln der Unternehmensidentität. Strategische Corporate-Identity-Politik will die Unternehmensidentität stärken.

In einem ersten Schritt (**Analyse**) werden Elemente und „Fragmente" der vorhandenen Unternehmenskultur untersucht. Intensive Analysen (u.a. Befragungen, Recherchen) decken das Selbstverständnis des Unternehmens auf:
- Was macht das Besondere des Unternehmens aus?
- Welcher Zweck wird unter Zuhilfenahme welcher Mittel erreicht?
- Welche Werte, Normen und Ziele sind wesentlicher Teil der Unternehmensstrategie?

Das Unternehmen wird also in erster Linie als Sozialgefüge gesehen, in dem sich Erfahrungen, Überzeugungen, bewußte und unbewußte Verhaltensweisen, Einstellungen und Eigenschaften vereinigen und das Handeln der Mitarbeiter prägen. Das Selbstbild des Unternehmens spiegelt sich im Fremdbild, im Image, das das Unternehmen in der Öffentlichkeit genießt.

Im zweiten Schritt (**Konzeption**) werden die unternehmensspezifischen Ziele, Normen, Wertvorstellungen und Potentiale auf der Grundlage der Analyse definiert. Ein Corporate-Identity-Soll-Konzept legt verbindliche Grundsätze und Richtlinien für die drei Unterbereiche Corporate Design (Erscheinung des Krankenhauses), Corporate Communication (Kommunikation im Krankenhaus) und Corporate Behavior (Verhalten im Krankenhaus) fest. Die Unternehmensphilosophie wird in einem Leitbild und einer „Kompetenz-Formel" konkretisiert.

Im dritten Schritt (**Realisation**) werden die Inhalte des Corporate-Identity-Soll-Konzepts den Mitarbeitern des Unternehmens (Innenwirkung) und der Öffentlichkeit (Außenwirkung) durch entsprechende Informations- und Schulungsveranstaltungen vermittelt. Die Unternehmensidentität wird auf diesem Wege weiterentwickelt: Unternehmensrealität und -identität werden einander angenähert. Die Mitarbeiter werden engagierter mitarbeiten, weil sie die Richtlinien und Ziele des Unternehmens erkennen, als sinnvoll akzeptieren und sich aneignen können. Das Unternehmen erhält in der Öffentlichkeit ein schärferes und positiveres Profil, weil es sich in seinem selbstgesetzten Aufgabenprofil und in seiner Außendarstellung klarer von der Konkurrenz abhebt.

14.4 „Corporate Identity" als Strategie auf 3 Säulen

Die augenfälligste, aber nicht unbedingt wichtigste Säule heißt **Corporate Design (CD)** und meint das äußere, visuelle Erscheinungsbild. Die Außendarstellung hat Rückwirkungen nach innen, weil sie auch die interne Wahrnehmung und damit die „visuelle Kultur" prägt. Corporate Design setzt auf das symbolische Wirken eines entsprechend gestalteten Designs. Es wird zum **Kommunikationsträger** der zum Unternehmen gehörenden Idee und ihrer Philosophie und trägt zur **Differenzierung gegenüber der Konkurrenz** bei. Produkte und Dienstleistungen sprechen durch ihre visuelle Aufbereitung für sich selbst und sind visueller Ausdruck der Unternehmensphilosophie.

Die zweite Säule befaßt sich mit der **Corporate Communication (CC),** die die innere und äußere Unternehmenskommunikation abdeckt (von Gesprächszirkeln, Mitarbeiter- und Hauszeitschriften bis hin zur Werbung und Öffentlichkeitsarbeit). Grundlegende Idee ist **die Transformation der Unternehmensphilosophie** für alle nach innen und außen gerichteten Kommunikationsaktivitäten des Unternehmens. Die generelle Zielsetzung der Corporate Communication ist, bei allen Mitarbeitern und (externen) Partnern Unterstützungsbereitschaft zu wecken und Glaubwürdigkeit zu vermitteln. Eine negative Beeinflussung des Außenbildes durch äußere Einflüsse wird frühzeitig vermieden. Dialogbereitschaft und die Bereitschaft zu Selbstkritik schaffen einen Wertekonsens nach innen und außen.

Die wichtigste und zugleich am schwierigsten zu integrierende Säule widmet sich dem **Corporate Behavior (CB),** dem Verhalten zwischen dem Unternehmen und den Mitarbeitern, den „Kunden/Patienten" und Partnern sowie gegenüber der Öffentlichkeit. Es geht darum, wie die Menschen miteinander im Unternehmen und mit den Menschen außerhalb des Unternehmens umgehen, wie Konflikte und Probleme gelöst werden und mit wieviel Offenheit und Vertrauen der Öffentlichkeit begegnet wird.

B Systemmanagement

Tab. 14-2 Zielsetzung einer Corporate-Identity-Strategie im Überblick

Ebene	Interne Dimension	Externe Dimension	Ebene
„Unternehmen Krankenhaus"	Mehr **Dienstleistungsqualität** durch: • Offenlegung von Rationalisierungsreserven durch Stärken-/Schwächen-Analyse • Berücksichtigung weicher Faktoren • Prozeßorientierung • horizontale und vertikale Kooperationsoptimierung (u.a. Profit-Center) • Organisationsverschlankung • Verringerung von Reibungsverlusten	Mehr **Attraktivität** durch: • neues Kundenverständnis (Patient = Kunde) • Verkürzung der Aufenthaltsdauer • Kommunikationsqualifizierung • Transparenz • Akzeptanzerhöhung • Kompetenzvorsprung durch „höhere Dienstleistungsqualität"	Patient = „Kunde"
„wichtigste Ressource": die Mitarbeiter	Mehr **Identifikation** durch: • dialogische Informations- und Kommunikationsangebote • Motivationsanreize • Engagementsanreize • Leistungssteigerung • Innovationsfähigkeit • Identitätsverdeutlichung	Ein besseres **Image** durch: • Informationsqualifizierung • Kompetenzverdeutlichung • Transparenz • bessere Positionierung im Markt • Erhöhung der gesellschaftlichen Akzeptanz	„Zielgruppe" Öffentlichkeit
	Innenwirkung	Außenwirkung	

Corporate Behavior umfaßt die Verhaltensweisen des Unternehmens, die intern und extern wahrgenommen und auch als „Stil des Hauses" beschrieben werden. Handlungsvorgaben und -alternativen werden in einem Rahmenkonzept festgehalten, mit dem Ziel, verhaltensorientierend zu wirken. Die Personalpolitik leitet beispielsweise Führungsgrundsätze – ein personalpolitisches Instrumentarium – ab, die den Führungsstil, die Gestaltung der Arbeitsbedingungen, die Einstellungs- und Ausbildungspolitik konkretisieren.

Untersuchungen zeigen, daß Unternehmen mit einer strategischen CI-Politik folgende Ziele erreichen (vgl. auch Tab. 14-2):
- eine klare Positionierung im Markt
- eine Verdeutlichung der Kompetenz des Unternehmens
- eine starke Identifikation der Mitarbeiter
- eine Steigerung der Arbeitszufriedenheit
- eine Leistungssteigerung der Mitarbeiter
- ein hohes Zusammengehörigkeitsgefühl
- eine große gesellschaftliche Akzeptanz
- eine „Goodwill"-Übertragung auf Produkte und Dienstleistungen
- eine verbesserte Berichterstattung in den Medien
- insgesamt: Kosteneinsparungen für das Unternehmen durch positive Synergie-Effekte (→) in einem homogenen und dadurch effizienten Unternehmen

Anmerkungen

(1) Vgl. Aachener Nachrichten (15.11.1996): „Jeder wird die Folgen spüren"

Literatur

Antonoff, R., Die Identität des Unternehmens. Ein Wegbegleiter zur Corporate Identity, Frankfurt a. M. 1987.

Körner, M., Leitbildentwicklung als Basis der CI-Politik. Stuttgart 1990.

Lettau, H.-G., Ganzheitliches Marketing. Entwicklung, Bedeutung, Umsetzung. Landsberg am Lech 1990.

Ollins, W., Corporate Identity, Strategie und Gestaltung. Frankfurt a. M. 1991.

Watzlawick, P.; Bearin, J. H.; Jackson, D. D., Menschliche Kommunikation: Formen, Störungen, Paradoxien. Bern 1969.

Schulz von Thun, F., Miteinander Reden. Bd. 1. Reinbek bei Hamburg 1981.

Qualitätsmanagement

15 Qualitätsmanagement

Eduard Zwierlein

15.1 Qualitätsdefinition

Die Gesetzgebung verlangt von Einrichtungen des Gesundheitswesens Qualitätsmanagement. Beispielsweise fordert der § 137 SGB V in Verbindung mit den §§ 70 und 112 SGB V, aber auch § 1 Abs. 3 der Pflegepersonalverordnung und § 4 des Krankenpflegegesetzes, als Rahmenempfehlung Maßnahmen der Qualitätssicherung, die sich auf die Qualität der Behandlung, der Versorgungsabläufe und der Behandlungsergebnisse beziehen. In Pflegesatzverhandlungen haben diese Gesichtspunkte und Forderungen eine wachsende Bedeutung. Auch die Mitarbeiter und Patienten orientieren sich zunehmend sensibler an der Qualität eines Hauses. Gelegentlich findet man bereits Ranglisten von Krankenhäusern, die auf der Basis von Qualitätsmerkmalen erstellt wurden. Was steht hinter diesem ominösen Wort „Qualität"?

Qualität ist ein schillernder, gleichwohl unentbehrlicher Begriff, um das **Leistungsgeschehen in Unternehmen** zu **kennzeichnen.** Qualität sagt etwas aus über die Güte von Dienstleistungen und Produkten, aber auch über die Rahmenbedingungen, innerhalb derer sich die Dienstleistungen vollziehen und die Produkte erzeugt werden. In einer engeren, eher technisch angelegten Version der Internationalen Standardisierungsorganisation, die sich auf ein nach der Normenreihe DIN EN ISO 9000 **zertifizierbares Qualitätsmanagementsystem** bezieht, ist die Qualität auf eindeutige und meßbare Ziele hin formuliert, wie Wartezeiten, Kosten, Liegezeiten, Infektionsstatistik etc. Ist der Qualitätsbegriff ein umfassenderer Leitbegriff eines Unternehmens, der sich auf alle seine Facetten und Dimensionen, auch auf seine vielfältigen „weichen", kaum quantifizierbaren Aspekte auswirkt sowie auf alle Stufen der betrieblichen Wertschöpfungen bezieht, kann man von einem **Total Quality Management**-Ansatz (→) sprechen, in dem jeder sowohl Kunde als auch Lieferant ist. Zertifizierte, bescheinigte Normqualität ist nicht identisch mit umfassender und tatsächlich gelebter Qualität. Wichtige Schlagworte für das TQM sind Kundenorientierung, Prozeßorientierung, Präventionsorientierung, permanente Verbesserung, Servicequalität, Produktqualität, Know-how-Qualität.

Aber welche „Eigenschaft" ist es denn nun genau, die beispielsweise ein Produkt oder eine Dienstleistung qualitativ macht? Traditionellerweise wurde versucht, diese Qualitätseigenschaft unmittelbar über Gebrauchs- und Funktionseigenschaften der Produkte oder spezifische Merkmale der Dienstleistung selbst zu definieren. Mit diesem produktorientierten Qualitätsbegriff war typischerweise die Sicht des Herstellers oder Anbieters maßgebend.

Wenn man heute ein Produkt, einen Prozeß, eine Struktur oder eine Dienstleistung als qualitativ kennzeichnet, dann sind für die Qualitätsbestimmung die an sie gerichteten Anforderungen des Kunden entscheidend:

Was Qualität ist, definiert der Kunde.

Die Anforderungen des Kunden, seine Erwartungen und seine Zufriedenheit und Unzufriedenheit spezifizieren, was als Qualität anzusehen ist. Man könnte daher sagen, daß Qualität ein Maß dafür ist, in welchem Ausmaß eine Einheit (Produkt, Prozeß, Dienstleistung etc.) im Vergleich mit einer Anforderung (dem spezifizierten Kundenwunsch) diese Anforderung erfüllt. Dies gilt ebenso für das sog. „Null-Fehler-Prinzip". Auch diese Qualitätsmaxime, nach der grundsätzlich keine Fehler toleriert werden dürfen und nachhaltig zu beseitigen sind, hat sich am Kundenwunsch oder der Kundenakzeptanz auszurichten. Die Anforderungen, Wünsche und Spezifikationen des Kunden optimal zu befriedigen, ist also das Ziel von Qualität. Diese Kundenorientierung des Qualitätsbegriffs muß allerdings beachten, daß der Kundenbegriff selbst sehr umfangreich ist und sowohl interne als auch externe Kunden umfaßt. Statt „Kunde" kann man daher von „Stakeholdern" (→) sprechen, also von allen Anspruchsgruppen, die von den jeweiligen unternehmerischen Aktivitäten betroffen und an ihnen interessiert sind. Wir können deswegen auch sagen:

B Qualitätsmanagement

Qualität ist ein Stakeholder-Begriff.

Wie umfangreich die Stakeholder-Situation von Krankenhäusern tatsächlich ist, wird daran deutlich, daß zu den Stakeholdern beispielsweise folgende zählen: Träger, Geschäftsführung, Mitarbeiter, Patienten, Krankenkassen, Gesundheitsindustrie, Lieferanten, Politik und Gewerkschaft, Sozialstationen, Medien, Apotheken. Jeder dieser Kunden hat seine spezifischen Qualitätserwartungen an die unternehmerischen Aktivitäten, und ihnen ist Rechnung zu tragen.

15.2 Qualitätsdimensionen

Der Qualitätsbegriff ist mehrdimensional ausgelegt. Um die Bereiche zu bestimmen, auf die sich der Qualitätsbegriff bezieht, kann man auf 2 Strukturierungsvorschläge zurückgreifen. Der erste Vorschlag faßt als Qualitätssegmente auf:
- die **technisch-sachliche Qualität** (Maschinen, Werkzeuge, Material, Fachwissen, Kundenservice etc.),
- die **methodische Qualität** oder Verfahrensqualität (Aufbau- und Ablauforganisation, Systemstrukturen, Arbeitsmethoden etc.),
- die **soziale Qualität** (Kommunikation, Kooperation, Teamfähigkeit, Lernbereitschaft, Führungsstil etc.).

Der zweite Vorschlag folgt einer 3teiligen Sequenz des Leistungsgeschehens (Input-Betrachtung = Strukturqualität, Throughput-Betrachtung = Prozeßqualität und Output-Betrachtung = Ergebnisqualität) und definiert die folgenden Qualitätsdimensionen:
- **Strukturqualität** (Ausstattung der Rahmenbedingungen und Aufbauorganisation: z.B. räumliche und apparative Ausstattung, Materialvorhaltung, Hotelservice, EDV-Situation, Verfügbarkeit medizinischer Technologie, Zahl, Qualifikation und Kompetenz des Personals, Sicherung der Arbeitsplätze, Sicherungsbedürfnis der Privat- und Intimsphäre von Patienten, rechtlicher Rahmen, bauliche Gegebenheiten)
- **Prozeßqualität** (Versorgungsqualität und Ablauforganisation: z.B. Durchführung der ärztlichen, diagnostischen, therapeutischen und pflegerischen Maßnahmen, Sicherung von verbindlichen Qualitätsniveaus/Standards, be-

rufsübergreifende Zusammenarbeit, Aus-, Fort- und Weiterbildung der Mitarbeiter, Sicherung des individuellen Lebensrhythmus des Patienten)
- **Ergebnisqualität** (alle angezielten Sollwerte und Aussagen über den geplanten Erfolg: z.B. Veränderung des Gesundheitsstatus und der Lebensqualität der Patienten, sinkende Komplikations- und Beschwerderaten, fallende Mortalitätsziffern)

15.3 Qualitätsziele

Die Geschichte des Qualitätsmanagements hat sich von der Produktkontrolle hin zur Prozeßoptimierung entwickelt und umfaßt heute eine Optimierung aller Prozesse und Faktoren eines Unternehmens. Damit diese Umorientierung greift, müssen zunächst einige **allgemeine Ziele** beachtet werden. Das wichtigste Ziel für eine unternehmerische Qualitätsinitiative und ein neues Qualitätsdenken dürfte es sein, das **Qualitätsbewußtsein** der Mitarbeiter zu wecken. Zentrum dieses Qualitätsbewußtseins muß ein **umfassender Kundenbegriff** sein, durch den Qualität definiert wird. Das Qualitätsbewußtsein der Mitarbeiter darf nicht primär in einer Qualitätskontrolle bestehen, die dazu tendiert, Qualität durch ergebnisorientierte Überwachung, Sanktionen und bürokratischen Aufwand zu gewinnen. Qualitätsmanagement auf der Grundlage von Qualitätskontrolle beruht auf Mißtrauen und fördert, Fehler zu verschweigen. Zu bevorzugen ist darum ein Denken in Kategorien der **Qualitätsentwicklung,** das primär präventions-, prozeß- und kundenorientiert und dezentral angelegt ist und Fehler als Chancen wahrnimmt. Qualität wird hier als Prinzip einer vertrauensorientierten Unternehmenskultur verstanden. Es ist grundsätzlich besser, Qualität von vornherein zu erzeugen, statt Qualität nachträglich zu kontrollieren: Prozeßqualität geht vor Ergebnisqualität.

Zugleich ist es wichtig, Qualitätsmanagement selbst als einen fortgesetzten **Lernprozeß** zu verstehen, der auf den permanenten Wandel in Gesellschaft, Technik und Ökonomie reagiert, und sich vor der Idee eines irgendwann erreichbaren, fixen und dann nur noch zu kontrollierenden Endzustandes zu hüten. Qualitätsverbesserung muß als ein stetiger und dynamischer Lernprozeß angelegt werden. Damit das Qualitätsmanagement nicht ideologisch wird, sondern **reflexiv,** d.h. hier selbst lernfähig bleibt, muß es sich selbst immer wieder auf den Prüfstand stellen und die eigene Qualität kritisch betrachten. **Kaizen,** das in der japanischen Managementphilosophie so bezeichnete ständige Streben nach Verbesserung, ist demnach nicht nur eine Haltung im Qualitätsmanagement, sondern auch eine Denkweise, die sich auf das Qualitätsverständnis selbst bezieht.

15.4 Wege zum Qualitätsmanagement

Generell gilt, daß das Qualitätsmanagement durch verschiedene Maßnahmen des Personalmanagements und der Organisationsentwicklung, aber auch durch das Einrichten spezieller Qualitätszirkel (s.u. Kap. 15.5) unterstützt werden kann.

Um die **strukturelle Qualität** eines Krankenhauses anzuheben, kann man beispielsweise versuchen:
- den Ausbildungsstand des Personals anzuheben und Personal zusätzlich zu qualifizieren,
- die Bedarfsgerechtigkeit und Zuverlässigkeit der Technologieausstattung zu prüfen,
- die berufsgruppenspezifischen Aufgaben und Kompetenzen allen transparent zu machen
- die Mitarbeiter- und Patientenangepaßtheit der baulich-funktionellen Gegebenheiten zu analysieren.

Um die **Prozeßqualität** zu verbessern, ist es sinnvoll:
- das Verständnis und Vertrauen zwischen den Berufsgruppen zu erhöhen,
- Informations-, Kommunikations- und Kooperationswege auf Effizienz, Effektivität und Transparenz zu prüfen,
- Qualifikationsmaßnahmen anzubieten und zu unterstützen,
- Organisationspathologien, Besitzstände, Barrieren und Mauern abzubauen,
- den Führungs- und Kommunikationsstil zu beleuchten,
- Standards zu bilden und Dokumentation zu nutzen,
- Räumlichkeiten und Zeiten auf die Patienten- und Mitarbeiterbedürfnisse abzustimmen,
- den Technikeinsatz zu optimieren und die psychophysischen Belastungen von Patienten zu minimieren etc.

Um die **Ergebnisqualität** anzuheben, ist daran zu denken:
- die Struktur- und Prozeßqualität zu verbessern; denn sie werden die Ergebnisqualität entscheidend beeinflussen,
- den Patienten umfassend aufzuklären und an Technikeinsatz, Planung, Organisation etc. soweit als möglich zu beteiligen,
- Feedback-Mechanismen einzurichten, durch die Patienten- und Mitarbeiterzufriedenheit sicher erfragt werden kann.

Wer durch Maßnahmen des Qualitätsmanagements Prozesse beschleunigt und vereinfacht, Reibungsverluste gering hält, Doppelarbeit vermeidet, Fluktuation, Absentismus, innere Kündigung und Burnout reduziert, Intrigen und Machtspiele verhindert, steigert die Zufriedenheit und Motivation aller Beteiligten, senkt Kosten, entwickelt marktorientierte, flexible Betriebspraktiken, nutzt Qualität als Wettbewerbsfaktor, bindet Kunden und hebt den Ruf eines Hauses.

15.5 Qualitätszirkel

Qualitätsmanagement ist eine Führungsaufgabe und sollte, etwa in Form eines Qualitätslenkungsausschusses und der Übernahme von Patenschaften für Qualitätsprojekte, deutlich durch die Geschäftsleitung repräsentiert werden. Das Top-Management muß seine Qualitätsphilosophie, die entscheidenden Ziele und Umsetzungsregeln definieren. Es muß auch dafür sorgen, daß sich ein klares Qualitätsbekenntnis und eine prägnante Kundenorientierung durchsetzt. Bei der Einführung des Qualitätsmanagements wird es darauf achten, daß bestehende Aktivitäten, z.B. das betriebliche Vorschlagswesen oder Konzepte zur Arbeitssicherheit, einbezogen werden. Gleichzeitig sollte sich das Qualitätsmanagement möglichst umfassend und ganzheitlich auf das ganze Unternehmen beziehen und von allen Mitarbeitern getragen und vollzogen werden. Ein effektiver Weg der Mitarbeiterpartizipation sind Qualitätszirkel. (Die nachfolgende Charakteristik bezieht sich nicht auf die Zertifizierung durch DIN EN ISO 9000, die die Ablauf-, Verfahrens- und Dokumentationsprozeduren sehr strikt vorgibt.)

Qualitätszirkel sind **interkollegial** (berufsgruppenübergreifend) zusammengesetzte und **interdisziplinär** (fach-

B Qualitätsmanagement

und problemübergreifend) denkende, weitgehend hierarchiefreie bzw. hierarchieübergreifende, aber häufig moderatorengestützte Teams mit einer typischen Gruppengröße von 6–12 Personen.

Natürlich gibt es nach Bedarf auch berufsgruppenspezifische Qualitätszirkel. Diese Teams arbeiten **ohne zeitliche Befristung** in regelmäßigen Treffen an **selbstgewählten** Themen (z.B. Optimierung der berufsgruppenübergreifenden Information und Kommunikation, Schwachstellenanalyse in der Patientenbetreuung, Erarbeitung von Standards etc.), die sie kennen und betreffen (Eigenantrieb), die sie für wichtig halten und beeinflussen können (Selbststeuerung), mit dem allgemeinen Ziel der Qualitätsverbesserung. Obwohl die Teams auch **methodisch autonom** vorgehen dürfen, wählen sie häufige Varianten des Projektmanagements zur Strukturierung ihrer Vorgehensweise. In jedem Fall sind sie angehalten, ihren Weg und ihre Ergebnisse **systematisch zu dokumentieren** und **zu evaluieren.**

Verschiedene simultane Qualitätszirkel werden durch **Koordinatoren** (auf der Bereichsleiterebene) oder **Qualitätsmanager** betreut, die ihre Arbeit untereinander abstimmen. Auf der Leitungsebene sollte ein gemischtes **Steuerungsteam** oder ein entsprechender **Lenkungsausschuß** existieren, die den Qualitätszirkeln und Koordinatoren z.B. Rückendeckung geben, Mittel/Etat zuteilen, Controlling-Funktion übernehmen und die Vorschläge der Qualitätszirkel unterstützen und realisieren helfen.

Die Qualitätszirkel wählen sich ihr Thema und diagnostizieren in einer Problemanalyse die Ausgangssituation. Dann legen sie Ziele, Prioritäten, Meilensteine und Erfolgskriterien fest. Während kontinuierlich die Praxiseffekte beobachtet werden, werden die geplanten Maßnahmen realisiert und in strukturierten Problemlösungszyklen bearbeitet. Soll-Ist-Abgleiche, Planaktualisierungen und Steuerungsinterventionen prägen die Realisationsphase. Zu gesetzten Zeitpunkten werden Evaluationen vorgenommen und die Effektivität der bisherigen Maßnahmen geprüft. Ein mögliches Ergebnis könnten beispielsweise Entwürfe für die Erarbeitung von Standards sein. Der Qualitätsverbesserungsprozeß selbst wird allerdings nie beendet, sondern zu einem selbstverständlichen Moment einer lernenden und sich ständig optimierenden Kultur werden.

Literatur

Arnold, M.; Paffrath, D. (Hrsg.), Krankenhaus-Report ´95. Aktuelle Beiträge, Trends und Statistiken. Stuttgart, Jena 1995.

Buck, R. A. J.; Vitt, K. D. (Hrsg.), Pflege vor neuen Aufgaben. Arbeitsplatz Krankenhaus. Stuttgart, New York 1996.

Katz, J.; Green, E., Qualitätsmanagement. Überprüfung und Bewertung des Pflegedienstes. Berlin, Wiesbaden 1996.

Knappe, E.; Berger, S. (Hrsg.), Wirtschaftlichkeit und Qualitätssicherung in sozialen Diensten. Frankfurt a. M. 1994.

Raem, A. M.; Schlieper, P. (Hrsg.), Der Arzt als Manager. München, Wien, Baltimore 1996.

Spörkel, H.; Birner, U.; Frommelt, B.; John, Th. P. (Hrsg.), Total Quality Management. Forderungen an Gesundheitseinrichtungen. Berlin, München 1995.

Stauss, B. (Hrsg.), Qualitätsmanagement und Zertifizierung. Von DIN ISO 9000 zum Total Quality Management. Wiesbaden 1994.

Szecsenyi, J.; Gerlach, F. M. (Hrsg.), Stand und Zukunft der Qualitätssicherung in der Allgemeinmedizin. Nationale und internationale Perspektiven. Stuttgart 1995.

Viethen, G., Qualität im Krankenhaus. Grundbegriffe und Modelle des Qualitätsmanagements. Stuttgart, New York 1995.

Viethen, G.; Maier, I. (Hrsg.), Qualität rechnet sich. Erfahrun-

gen zum Qualitätsmanagement im Krankenhaus. Stuttgart, New York 1996.
Weh, B.; Sieber, H., Pflegequalität. München, Wien, Baltimore 1995.
Management & Krankenhaus spezial „Total Quality Management", Heft 7, 1995, 17–32.

16 Das Modulare Konzept für Qualität im Krankenhaus ("Heidelberger Modell")

Johannes Möller und Jörg-Peter Schröder

Eine medizinische Dienstleistung ist qualitativ hochwertig, wenn sie die Anforderungen der Patienten (Leistungsempfänger), der Mitarbeiter (Leistungserbringer) und der Krankenhausträger (Leistungsfinanzierer) unter primären Nutzengesichtspunkten auf wirkungsvolle (= effektive), zugleich kostengünstige (= effiziente) Art und Weise erfüllt. Dabei dient die **Qualitätssicherung** der Verbesserung der vorhandenen bzw. Erhaltung einer bereits erzielten hohen Qualität, während die Maßnahmen des **Qualitätsmanagements** die hierzu erforderlichen Rahmenbedingungen (z.B. Organisation, Information, Motivation) festlegen und umsetzen (*Bundesministerium* 1994, 10–12).

An eine geeignete Vorgehensweise zur Umsetzung von Qualität im Krankenhaus werden zahlreiche Anforderungen gerichtet. Zwei der wichtigsten sind:
- einfache Nachvollziehbarkeit bzw. Systematik (1. Gütekriterium)
- und situationsbezogene Flexibilität (2. Gütekriterium).

Einfache Nachvollziehbarkeit bzw. Systematik fordert, daß ein geeignetes Konzept für Qualität im Krankenhaus nach einheitlichen, für den Anwender nachvollziehbaren Prinzipien aufgebaut ist und dadurch im Bedarfsfall sukzessive übertragbar, verallgemeinerbar und erweiterbar ist. Dieses unterstützt die vom Gesetzgeber geforderte Vergleichbarkeit von Qualitätssicherungsmaßnahmen (§ 137 SGB V) und damit die regelmäßig dokumentierte, objektive Standortbestimmung des eigenen Krankenhauses relativ zu anderen.

Das **Flexibilitätskriterium** fordert die Anpassungsfähigkeit eines geeigneten Konzepts an die vorgefundenen Strukturen und Prozesse desjenigen Krankenhauses, welches sich für die Umsetzung von Qualitätssicherungsmaßnahmen entschlossen hat. Durch die Flexibilitätsforderung wird gewährleistet, daß die jeweilige Ausgangssituation eines Krankenhauses (z.B. Versorgungsstufe und -auftrag, Ausstattung, Spezialisierung, Vorleistungen, Rechtsform etc.) im Konzept für Qualität Berücksichtigung findet. Gewachsenen Krankenhausstrukturen soll kein vorgefaßtes Qualitäts-Konzept übergestülpt werden.

Sowohl die Nachvollziehbarkeit bzw. einheitliche Systematik als auch die Flexibilität des Ansatzes zeichnen das Modulare Konzept für Qualität im Krankenhaus („Heidelberger Modell") aus, welches seit 1992 durch die heutige Fachgesellschaft für Organisation, Qualität und EDV im Gesundheitswesen am Klinikum der Universität Heidelberg entwickelt und erprobt wurde und seitdem in Krankenhäusern der Grund-, Zentral- und Maximalversorgung angewendet und regelmäßig evaluiert wird.

Die Überprüfung der Aktualität und Praxistauglichkeit des Konzepts erfolgt unter Einbezug der Umsetzungserkenntnisse. Das Heidelberger Modell bezieht für die jeweiligen Bereiche die zugehörigen **Spezialnormen** ein, z.B.

- für Labor und Zentralsterilisation die Prinzipien von **GLP** (Good Laboratory Practice) und **GMP** (Good Manufacture Practice),
- für Apotheke und Medizintechnik die **DIN ISO 9000** ff.,
- für den Küchenbereich die **HACCP** (Hazard Analysis on Critical Control Points) Vorgaben
- und für den Bereich der medizinischen bzw. pflegerischen Qualitätssicherung die Vorgaben der **AWMF** (Arbeitsgemeinschaft Wissenschaftlicher Medizinischer Fachgesellschaften) bzw. des Beirates der Pflegeorganisationen für die Konzertierte Aktion im Gesundheitswesen (zur Integrationsfähigkeit [„Bridging-Charakteristik"] des Modularen Konzepts vgl. *Möller/Schröder* 1996, 24).

16.1 Aufbau des Modularen Konzepts für Qualität im Krankenhaus

Das Modulare Konzept für Qualität im Krankenhaus (fortan: „Heidelberger Modell") wurde aus 2 Betrachtungsperspektiven heraus entwickelt (s. Abb. 16-1 und Abb. 16-2).

Zum Zwecke der nachvollziehbaren Strukturierung und einfachen Systematik des Ansatzes besteht das Heidelberger

16 Das Modulare Konzept für Qualität im Krankenhaus

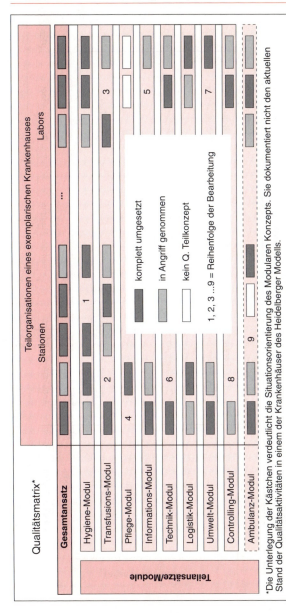

Abb. 16-1 Modulares Konzept für Qualität im Krankenhaus (Teilorganisationen)

*Die Unterlegung der Kästchen verdeutlicht die Situationsorientierung des Modularen Konzepts. Sie dokumentiert nicht den aktuellen Stand der Qualitätsaktivitäten in einem der Krankenhäuser des Heidelberger Modells.

Qualitätsmatrix		Gliederungskriterien: Organisation	Gliederungskriterien: Information	Gliederungskriterien: Motivation	
Gesamtansatz		Q.-Beauftragter, Q.-Zirkel	Q.-Daten	Q.-Anreize	
	Ziel:	Q.-Foren	Q.-Fähigkeit	Q.-Bereitschaft	
Teilansätze/Module	Hygiene-Modul	Hyg. Kommission	Hyg. Standards	Bonussystem	(Bsp.)
	Transfusions-Modul				
	Pflege-Modul	Q.-Steuergruppe	Pflege Standards	Q.-Verantwortung	(Bsp.)
	Informations-Modul				
	Technik-Modul				
	Logistik-Modul				
	Umwelt-Modul				
	Controlling-Modul				
	Apotheken-Modul	Antibiot/Arzn. Komm.	einheitl. Regime	Bonussystem	(Bsp.)

Abb. 16-2 Modulares Konzept für Qualität im Krankenhaus (Gliederungskriterien)

Modell aus einem **Gesamtansatz** und verschiedenen **Teilansätzen (Qualitäts-Modulen)**.

Im Rahmen des Gesamtansatzes wird das Qualitäts-Zielsystem sowie die Qualitäts-Strategie einschließlich des Qualitätsbekenntnisses durch die Klinikleitung verabschiedet.

Im nächsten Schritt wird der individuelle Beitrag der einzelnen Stationen, Labors und sonstigen Organisationseinheiten zur Erreichung der Gesamt-Ziele und -Strategien ermittelt (*Möller et al.* 1996, 830). Ihre Erfüllung obliegt den Stationen bzw. Labors in Eigenverantwortung. Sie profitieren hierbei von den zahlreichen Teilansätzen (Qualitäts-Modulen) innerhalb der Klinik.

Die Teilansätze behandeln jeweils den ihnen zugewiesenen, funktionsspezifischen Qualitätsaspekt (s. Abb. 16-1, Zeilen 2 ff.). Ihre Konzipierung als Querschnittsaufgabe innerhalb der Klinik bewirkt keine Abschottung der Aktivitäten gegeneinander, sondern gewährleistet vielmehr, daß die Definition der Qualitätskriterien für die verschiedenen Funktionsbereiche durch die hierfür kompetentesten ärztlichen bzw. pflegerischen Spezialisten erfolgt. Konkret sind in verschiedenen Krankenhäusern des Heidelberger Modells folgende Personen qualitätsverantwortlich:

- ein Hygienebeauftragter für die Qualitätskriterien in der Hygiene,
- ein Ambulanz-Oberarzt für optimierte Abläufe in der Ambulanz,
- eine Fachärztin der Blutbank für Qualitätsaspekte in der Transfusionsmedizin,
- eine Vorsitzende der Steuerungsgruppe Qualität in der Pflege für die pflegerischen Qualitätsstandards,
- ein Leiter der Medizinischen Biometrie und Informatik für die Qualität der Informationsverarbeitung,
- ein technischer Leiter für Qualitätsaspekte im (medizin-)technischen Bereich,
- ein Leiter der Materialwirtschaft für Qualitätsaspekte im Bereich Logistik,
- eine Leiterin der Umweltschutzgruppe für Umweltgerechtigkeit als Qualitätskriterium,
- ein Controller für die Schnittstelle zwischen Qualität und Controlling,
- ein Chef-Apotheker für Qualität im Arzneimittelbereich etc.,

B Qualitätsmanagement

- ein Leiter der Radiologie für rasch befundete, patientennahe Röntgenbilder (ausführliche Literaturangaben zu allen Modulen beim Erstautor).

Im Hinblick auf das zweite Gütekriterium, die situationsbezogene Flexibilität des Ansatzes, bietet das Heidelberger Modell ebenfalls praktikable Vorteile. Durch die Gegenüberstellung der Stationen und Labors/Funktionsbereiche (Spalten in Abb. 16-1) zu den Qualitäts-Themen (Zeilen in Abb. 16-1) wird zunächst der maximale Umfang (Gesamtheit der Kästchen in Abb. 16-1) des Projekts „Qualität im Krankenhaus" sichtbar. Durch nähere Bezeichnung der „Kästchen" kann nun die **spezielle Ausgangssituation eines Krankenhauses** gekennzeichnet und die **weitere Vorgehensweise** durch die Beantwortung zweier Fragen abgeleitet werden:

- „Welche Module definieren die Qualitätsmatrix?" und
- „Welche Kästchen der Qualitätsmatrix sind in welcher Reihenfolge zu bearbeiten?"

Ferner bietet sich die Möglichkeit der sukzessiven organisatorischen sowie inhaltlichen **Ergänzung der Matrix.**

Gewinnt beispielsweise eine neue Organisationseinheit an Qualitätsrelevanz, wird diese der bestehenden Matrix als weitere Spalte hinzugefügt (z.B. Zentral-OP, Röntgen). Wird ein neues Qualitätsthema identifiziert (z.B. Wartezeiten in der Ambulanz, innerklinischer Patiententransport), wird dieses der Matrix als „neue Zeile" hinzugefügt. Die Thematisierung wird daraufhin für alle betroffenen Bereiche zur Pflicht (vgl. die der Matrix in der „Ambulanz-Zeile" hinzugefügten Kästchen).

Damit die jeweilige qualitätsbezogene Fachkompetenz dem gesamten Krankenhaus zugute kommt, erfolgt eine **netzwerkähnliche Verbindung der Module** untereinander. Als Ergebnis einer „Analyse und Synthese von Entwicklungslinien innerhalb der Umwelt- und Qualitätsdiskussion des Gesundheitswesens" sowie einer „Qualitätsbezogenen Systemanalyse von Krankenhäusern" haben sich die Ansatzpunkte Organisation, Information und Motivation als sinnvolle Schnittstellen herauskristallisiert (s. Abb. 16-2, Gliederungskriterien). Folgerichtig differenzieren sowohl der Gesamtansatz als auch die Teilkonzepte (Qualitäts-Module) nach folgenden **Qualitätsaspekten:**

- **organisatorischen** Ziel: Schaffung von Qualitäts-Foren
  Maßnahme: Beauftragte benennen, Teams einrichten
- **informatorischen** Ziel: Schaffung der Qualitäts-Fähigkeit
  Maßnahme: Kriterien, Standards definieren
- **motivationsbezogenen** Ziel: Gewinnung der Qualitäts-Bereitschaft
  Maßnahme: Anreize bieten, Ressourcen zur Verfügung stellen, Verantwortung delegieren

Abbildung 16-2 zeigt entsprechende Praxisbeispiele bzw. Stichwörter für die Bereiche Hygiene, Pflege und Apotheke.

Insgesamt werden durch das Modulare Konzept für Qualität im Krankenhaus sowohl die Gesamtklinik betreffende als auch stationsbezogene bzw. themenspezifische Aspekte auf nachvollziehbare Weise und durch systematisches Vorgehen (1. Gütekriterium) berücksichtigt. Dieses geschieht dezentral durch die jeweiligen Experten vor Ort. Darüber hinaus ermöglicht das Heidelberger Modell eine sukzessive Vorgehensweise und die flexible Berücksichtigung der individuellen Ausgangssituation des jeweiligen Krankenhauses (2. Gütekriterium). Hierbei haben sich bei den bisherigen Anwendungen die drei Schnittstellen zwischen den Modulen und dem Gesamtkonzept – Organisation, Information, Motivation – bewährt.

16.2 Schnittstellen des Modularen Konzepts für Qualität im Krankenhaus

Die einheitliche Gliederung der Module in einen Organisations-, Informations- und Motivationsansatz (Abb. 16-2) gewährleistet, daß in der ganzen Klinik auf die Qualitätserkenntnisse der jeweiligen Funktionsspezialisten zurückgegriffen werden kann.

Organisationsansatz

Der Organisationsansatz („Top-down-Ansatz") sorgt durch die Benennung von Qualitätsverantwortlichen in unterschiedlichen Funktionsbereichen für die **organisatorische Präsenz des Qualitätsgedankens** im Krankenhaus. Ferner bietet die Einrichtung verschiedener Zirkel den Qualitätsakteuren unterschiedlicher Funktionsbereiche des Krankenhauses die Möglichkeit zur **problembezogenen Zusammenarbeit** (z.B. Arbeitskreis „Qualität in der Informationsverarbeitung",

Steuerungsgruppe für Qualität in der Pflege, Material-Kommission, Hygiene-Kommission, Infektiologischer Arbeitskreis, Arzneimittel-Kommission inkl. Antibiotika-Subkommission, Umweltschutzgruppe, Spar-Kommissionen). Letztendlich stellt der Organisationsansatz sicher, daß für die Thematisierung des Qualitätsgedankens in allen Funktionsbereichen des Krankenhauses ein **Forum** zur Verfügung steht.

Bei den bisherigen Anwendungen hat sich folgende **Umsetzung des Organisationsansatzes** bewährt (Abb. 16-3):

Auf oberster Ebene des Organigramms befindet sich die Klinikleitung, welche in ihrer Tätigkeit durch mehrere zentrale Einheiten (z.B. Medizinische DV) unterstützt wird.

Die Stationen bzw. Labors erbringen die medizinische Dienstleistung als mittelbare bzw. unmittelbare Patientenversorgung, während die Verwaltung die hierfür benötigten Rahmenbedingungen gewährleistet.

In allen Anwendungsfällen des Heidelberger Modells wurde einem Mitglied der Klinikleitung als zusätzliche (nebenberufliche) Verantwortung die Richtlinienkompetenz für Qualität übertragen (Q-Verantwortlicher).

Zur Konzipierung und Umsetzung von Qualitätsaktivitäten wurde ein Qualitätskoordinator (QK, meistens auf 0,5-Stelle) benannt, dem ein Budget zur Inanspruchnahme externen Know-hows zur Verfügung steht. Der Qualitätskoordinator – idealerweise Arzt oder Pflegekraft – organisiert und evaluiert regelmäßig die Qualitätsaktivitäten in den verschiedenen Funktionsbereichen der Klinik. Seine Ansprechpartner sind die Qualitätsverantwortlichen der Funktionsbereiche (s.o.), welche ihrerseits im Bedarfsfall Qualitäts-Zirkel einrichten und leiten (s. obige Aufzählung von Qualitäts-Zirkeln und deren praktische Ausgestaltung in *Klinikum der Universität Heidelberg* 1995, 1996).

Koordinator und qualitätsverantwortliches Mitglied der Klinikleitung ergänzen sich wie ein sich gegenseitig stützendes Gespann, welches aufgrund der Kombination von Leitungskompetenz (Klinikleiter) und Fachwissen (QK) effektiv und effizient arbeitet (Promotorenansatz).

Der Qualitätskoordinator übernimmt ebenfalls die Aufgabe, ein qualitätsbezogenes **Anreiz- und Weiterbildungskonzept** zu etablieren (vgl. Motivationsansatz).

Charakteristisch für das Modulare Konzept ist, daß verschiedene Qualitätsverständnisse und die zugehörigen Er-

16 Das Modulare Konzept für Qualität im Krankenhaus

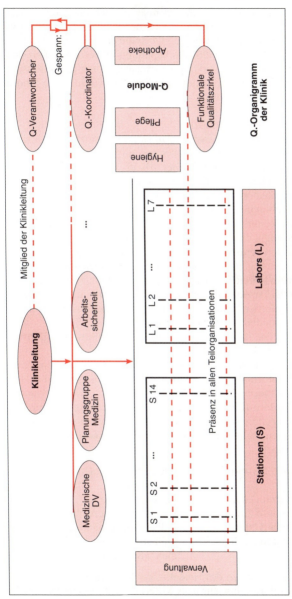

Abb. 16-3 Organisationsansatz des Modularen Konzepts für Qualität im Krankenhaus

gebnisse und Konzepte regelmäßig durch die Verantwortlichen der Funktionsbereiche aus deren jeweiliger Perspektive heraus dargestellt werden (*Klinikum der Universität Heidelberg* 1994, 1995, 1996). Die separaten Teilverrichtungen sind miteinander zu verknüpfen, weshalb der Informationsansatz als Kommunikationsschnittstelle zwischen den Modulen gewählt wurde.

Informationsansatz

Der Informationsansatz („Outside-In-Ansatz" bzw. „Inside-Out-Ansatz") regelt den Austausch von Informationen zwischen den getrennten, aber arbeits- und ergebnisabhängigen Stellen des Krankenhauses in prozeßorientierter Form. Zum Zwecke der **informationsbezogenen Brückenbildung** zwischen den Qualitäts-Modulen wird hier idealerweise gewährleistet, daß die richtigen Informationen und das benötigte Wissen zum erwünschten Zeitpunkt am richtigen Ort den verantwortlichen Personen unter Berücksichtigung der strengen Anforderungen des **Datenschutzes** in der gewünschten Form zur Verfügung stehen. Hierzu können neben „spektakulären", insbesondere soft- und hardwaretechnischen Lösungen, auch „einfache", klassische Informationsmedien eingesetzt werden.

Zu ersteren zählen insbesondere **Klinikinformationssysteme** (vgl. Kap. 42).

Qualitätsverbesserungen im Krankenhaus können durch den Informationsansatz **meßbar** nachgewiesen werden (vgl. 16 Fallbeispiele bei *Möller/Majerus* 1996, 101–115). Um die Anforderungen der eingangs erwähnten Leistungsempfänger, Leistungserbringer und Leistungsfinanzierer besser zu erfüllen, haben sich insbesondere **Kriterien und Standards** bewährt:

Qualitäts-Anforderung:	Reduzierung der Durchlaufzeit der Patienten
Kriterium (stat.):	Liegezeit in Tagen
Kriterium (ambul.):	Wartezeit in der Ambulanz
Standard (stat.):	indikationsbezogen max. 7 Tage
Standard (ambul.):	indikationsbezogen max. 2 Stunden

In den Häusern des Heidelberger Modells werden im Zuge des Informationsansatzes Kriterien und Standards, mittels

derer der Grad der Erfüllung der Qualitäts-Anforderungen gemessen werden kann, konzipiert, erprobt und turnusmäßig evaluiert, z.B.:
- Zeitraum zwischen (Not-)Aufnahme und Arztvorstellung,
- Häufigkeit von nosokomialen Infektionen,
- Antibiotikaverbrauch pro Patient,
- Konsultations- und Obduktionsfrequenz pro Indikation und Patientengut,
- durchschnittliche Verweildauer,
- Rechtzeitigkeit der Arztbriefe u.a.

Hierbei werden die Qualitäts-Vorgaben der AWMF besonders sorgfältig mit einbezogen.

Die Rückmeldungen über den Erfolg und die Nebenwirkungen einer Therapie mit einem neuen Breitbandantibiotikum wurden zentral an die Antibiotika-Kommission weitergeleitet. Aus den einzelnen Meldungen wurde ein Gesamtbild generiert und nach kritischer Wertung das Indikationsspektrum eingeengt und über das Informationssystem für die betreffende Klinik als Richtlinie verbindlich gemacht. Für die klinische Entscheidungs- und Qualitätsunterstützung können hierzu Erfahrungen aus dem Einsatz von wissensbasierten Teilfunktionen mit einbezogen werden (*Schröder et al.* 1993, 80–82).

In einigen Anwendungsbeispielen haben sich neben **Qualitäts-Entwicklungsplänen** (matrixähnliche Darstellung des „Wer" macht „Was" „Wann" und „Wo" unter Einsatz „Welcher Mittel") insbesondere **hierarchische Zielsysteme** bewährt. Während erstere regelmäßig hinsichtlich der verfolgten Prioritäten und dem beabsichtigten Zeitablauf aktualisiert und den betroffenen Mitarbeitern zugänglich gemacht werden, konkretisieren letztere das vorrangige Qualitätsziel der jeweiligen Klinik in vielerlei Hinsicht, bis letztlich jeder Station, Labor und Verwaltungeinheit deren funktionsspezifische Qualitätsziele – im Kontext des Gesamten – bekannt sind. Daneben tragen Organigramme (s. Abb. 16-3), Stellenbeschreibungen und Handbücher (z.B. Hygiene-Ordner, Umweltschutz-Konzept, Pflege-Handbuch) ebenso zur Kommunikation des Qualitätsgedankens bei wie eine entsprechende Kolumne in der Krankenhauszeitung.

Informationen und Auskünfte sind jedoch nicht nur zwischen den Mitarbeitern, sondern insbesondere auch den Patienten zu erteilen. Patienten wollen ihre Krankheit und Therapie „verstehen" und wissen, wie sie den Jahren Leben und nicht nur dem Leben Jahre geben können. Hier reichen kurze Hinweise nicht aus; statt dessen wurden prä- und postoperative Informationszeiten für Ärzte, das Pflege- und Funktionspersonal eingeplant.

Bislang führten adäquate Informations- und Kommunikationsstrukturen zu einer (meßbar) gestiegenen Motivation der Patienten und insbesondere der Mitarbeiter. Die zugrunde gelegten Standards waren u.a.: Fehlzeiten, Fluktuationsrate, Anzahl der Beschwerden, Anzahl der Rückfragen von Patientenseite, Anzahl der Rückfragen vom Pflegebereich an den ärztlichen Bereich, Reaktionszeit auf Patientenklingeln. Diesen Trend gilt es für den Qualitätsgedanken im allgemeinen und für den Genesungsprozeß im speziellen zu nutzen.

Motivationsansatz

Der Erfolg qualitätsverbessernder Maßnahmen hängt entscheidend von der Motivation der Mitarbeiter zur praktischen Umsetzung der Qualitätsidee ab („Bottom-up-Ansatz").

Der Mitarbeiterwille läßt sich u.a. auf die Faktoren Ausbildungsstand/Qualifikation und Anreizspektrum zurückführen (*Kätelhöhn* 1991, 32)

Die **Fähigkeiten** (Ausbildungsstand bzw. Qualifikation) der Mitarbeiter der Anwenderhäuser des Heidelberger Modells werden durch gemeinsame, d.h. klinikübergreifende Aus- und Weiterbildungsmaßnahmen gefördert. Diese gehen allgemein, modulübergreifend oder modulspezifisch auf die jeweilige Qualitätsproblematik ein. Hierbei wurden die individuellen Vorkenntnisse der Teilnehmer berücksichtigt und themenbezogen komplettiert. In einigen Häusern wurden die Lehrinhalte der Hygienefachkraft-, Pflege-, Hebammen- oder MTA-Ausbildung qualitätsbezogen ergänzt. Außerdem führen einzelne Abteilungen und Zirkel (z.B. Abteilung Umweltschutz, Infektiologischer Arbeitskreis, Material-Kommission) allgemeinverständliche Konsile, Produktdemonstrationen, Posterveranstaltungen und „Tage der offenen Tür" durch, deren Inhalte sich an den problembezogenen Anfragen aus den Kliniken orientieren. Auf diese Weise resultierte ein an den Bedürfnissen der Mitarbeiter des Krankenhauses ausgerichteter **Aus- und Weiterbildungskatalog** in Sachen „Qualität im Krankenhaus". Die Bedeutung der mitarbeiterbezogenen Aus- und Weiterbildung für die Praxis der Qualitätssicherung wird auch durch andere Autoren unterstrichen (*Sachverständigenrat* 1988).

Der **Motivation** der Mitarbeiter zu qualitätsgerechtem Verhalten dienen sowohl finanzielle als auch ideelle Anreizformen.

Zum Zwecke der Mitarbeitermotivation durch **finanzielle Anreize** wurde in einem Fall ein leistungsbezogenes Bonus-System eingerichtet. Es beinhaltet, daß der Betrag, der bei gleichbleibender Leistung und vorgegebenem Budget von den Abteilungen eingespart wird, ihnen im Folgejahr zur freien Verfügung belassen wird; konkret werden die auf den Stationen bzw. in den Labors eingesparten Verbrauchsmittelkosten dem Investitionsetat des Folgejahres gutgeschrieben. Um Budgetüberschreitungen und damit verbundene Sachmittelkürzungen und Stellensperrungen im Personalbereich zu vermeiden, haben sich entsprechende Spar-Kommissionen gebildet, und es hat sich ein erhebliches **Kostenbewußtsein** entwickelt. Gerade durch die Qualitätsverbesserungen sind zahlreiche Kosteneinsparungen zu erzielen. So kann durch sorgfältigen Einkauf und Einsatz langlebiger Produkte der Energie-, Wasser- und Wärmeverbrauch reduziert bzw. unökonomische Materiallagerung (besser: -hortung) vermieden werden; eine Verminderung der Infektionsraten führte zu einem Rückgang des Antibiotikaverbrauchs. Mit dem finanziellen Anreizsystem ging daher auch ein **gestiegenes Qualitätsbewußtsein** einher (*Klinikum der Universität Heidelberg* 1994, 1995, 1996).

Ideelle Anreize in Form von Anerkennung für vorbildliches Verhalten können ebenfalls geboten werden, z.B. durch Hervorhebung besonderer Qualitätsaktivitäten bzw. -innovationen in der Krankenhauszeitung unter Hinweis auf die Initiatoren. In einigen Kliniken erwies sich das durch aktives Mitdenken und Mitgestalten der Kollegen gebotene Verbesserungspotential als erheblich und war für das gesamte Krankenhaus nutzbar (insbesondere Ambulanz-Reorganisation und OP-Optimierung). Um diesen Fundus an Verbesserungsmöglichkeiten auszunutzen, wurde in einem anderen Krankenhaus des Heidelberger Modells ein krankenhausinterner Qualitäts-Wettbewerb – als Ideenfindungsbörse – ausgerufen. Die Auswertung erfolgt derzeit.

Generell stärkt der Motivationsansatz das Bewußtsein, daß es von jedem einzelnen Mitarbeiter abhängt, ob das angestrebte Qualitätsziel erreicht wird. Viele Mitarbeiter hinterfragen die Qualität der eigenen Leistung und beteiligen sich als „Unternehmer im Unternehmen" an deren Verbesserung.

16.3 Schlußfolgerungen für die klinische Praxis

Mit dem skizzierten Modularen Konzept für Qualität im Krankenhaus wird zahlreichen theoretischen Ansätzen ein etabliertes Praxiskonzept zur Seite gestellt, welches sich durch folgende Faktoren auszeichnet:

- Es bedient sich einer für den Anwender einfach nachvollziehbaren Systematik (s. Abb. 16-1). Der modulare Charakter und die Systemoffenheit ermöglichen eine sukzessive Ergänzung bisheriger Qualitätsaktivitäten und einen Vergleich der erzielten Ergebnisse untereinander.
- Es vermag, die spezielle Ausgangssituation der qualitätsbezogen zu modifizierenden Klinik flexibel zu berücksichtigen (s. Abb. 16-2) und ist dadurch mehr auf einen langfristigen Qualitätsentwicklungsprozeß als auf den kurzfristigen Erfolg ausgerichtet.
- Es gründet auf der Einsicht, daß Qualitätsverbesserungen nicht aus der starren Befolgung von Normen-Vorschriften, sondern vielmehr aus **Motivation** und **Lernprozessen** der Mitarbeiter resultieren. Folgerichtig wird neben dem Angebot an **Lern-Foren** (z.B. Qualitäts-Zirkel des Organisationsansatzes) auch die **Lernfähigkeit** der Mitarbeiter unterstützt (z.B. durch das adäquate Datenmaterial des Informationsansatzes) und deren **Lernbereitschaft** erhöht (z.B. Anreizsystem des Motivationsansatzes). Durch derartige Lernprozesse nimmt die qualitätsbezogene Problemlösungs- und Handlungskompetenz der Klinik stetig zu (*Bandura* 1993, 10).
- Es baut konsequent auf dem Expertenwissen der Mitarbeiter und den Erfahrungen weniger, im medizinischen Bereich ausgewiesener Fachleute auf und läßt sich nicht von dem Profilierungsstreben Krankenhausexterner und

16 Das Modulare Konzept für Qualität im Krankenhaus

deren nahezu täglich variierenden Qualitätsvorgaben und Zertifikatsdrohungen irritieren.
- Es wird seit geraumer Zeit in Krankenhäusern verschiedener Versorgungsstufen erfolgreich in die Praxis umgesetzt. Umsetzungsergebnisse verschiedener Anwendungen sind z.B:
  - Rückgang der Rezidiv-, Infektions-, Thrombose- und Dekubitusraten
  - Reduzierung von Wartezeiten in der Ambulanz
  - Reduzierung von Durchlaufzeiten im OP
  - Reduktion des Verbrauchs und des Verfalls von Antibiotika
  - Reduktion der Verbrauchsmittel in den einzelnen Abteilungen
  - Reduktion des Restmülls pro Krankenbett

(vgl. 16 Fallbeispiele bei *Möller/Majerus* 1996, 101–115)

Das hier unterbreitete Modulare Konzept für Qualität im Krankenhaus bildet einen aus der Praxis für die Praxis entwickelten Bezugsrahmen, welcher den Nutzen der Dienstleistung einer Klinik für die Patienten (als Leistungsempfänger), die Mitarbeiter (als Leistungserbringer) und die Krankenhausträger (als Leistungsfinanzierer) durch nachvollziehbare, kleine Schritte kontinuierlich – und zahlenmäßig nachgewiesen – verbessert.

Literatur

Bandura, A., Social Learning Theory. London, 3. Aufl. 1993, 9–11.

Bundesministerium für Gesundheit und Konsumentenschutz (Hrsg.), Leitfaden zur Qualitätssicherung im Krankenhaus. Wien 1994, 10–12.

Kätelhön, J. E., Untersuchung zur Arbeitszufriedenheit und Motivation im Krankenhausbetrieb. Köln 1991, 32–33.

Klinikum der Universität Heidelberg (Hrsg.), Praxis der Qualitätssicherung im Krankenhaus. Band 1, 2, 3. Heidelberg 1994, 1995, 1996.

Möller, J.; Bach, A.; Sonntag, H.-G., Modulares Konzept für Qualität im Krankenhaus („Heidelberger Modell"). In: Zbl. für Chirurgie, Sonderdruck Krankenhausökonomie 1996, 828–835.

Möller, J.; Majerus, J., Externe Anleitung zur internen Qualitätssicherung im Krankenhaus. 16 Praxisbeispiele. In:

Klinikum der Universität Heidelberg (Hrsg.), Total Quality Management 3. Heidelberg 1996, 101–115.

Möller, J.; Schröder, J. P., Implementierung eines Integrativen Ansatzes für TQM im Krankenhaus am Beispiel des Modularen Konzepts als „Bridging-Standard". In: Management & Krankenhaus, Heft 8, 1996, 24.

Sachverständigenrat für die Konzertierte Aktion im Gesundheitswesen (Hrsg.), Jahresgutachten 1988, Ziffern 58–64 und 391–393, Baden-Baden 1989.

Schröder, J. P., Integration heterogener Subsysteme in einem Krankenhaus-Informations-System auf der Basis von HL7. In: *Bullinger, H.-J.* (Hrsg.), Management im Krankenhaus der Zukunft. Stuttgart 1995, 163–180.

Schröder, J. P.; Kuhlmann, W. D.; Trendelenburg, Chr., Knowledge-based approach to clinical decision-support system, with an application in Tetanus serology. In: Clin. Chim. Acta, 222, 1993, 79–83.

17 Erfahrungen mit der Einführung eines Qualitätsmanagementsystems im Krankenhaus

Tilo Morgenstern

Qualitätssicherung im Gesundheitswesen erscheint als das Gebot der Stunde. Sie wird vor allem von Politikern und Kostenträgern gefordert zu einer Zeit, in der die Mittel immer knapper werden. Nicht wenige allerdings, namentlich Ärzte, weisen (zu Recht) darauf hin, daß Qualitätssicherung in Deutschlands Krankenhäusern und Arztpraxen seit langem betrieben wird, ohne daß dafür bisher „Qualitätsmanager" notwendig gewesen seien. Welche Gründe sollten eine Krankenhausleitung also veranlassen, nicht unerhebliche Summen aufzuwenden, um im eigenen Betrieb beispielsweise ein Total Quality Management (→) einzuführen?

17.1 Ausgangssituation

Nach § 137 SGB V vom 01.01.1990 sind die nach § 108 zugelassenen Krankenhäuser sowie diejenigen Vorsorge- und Rehabilitationseinrichtungen, mit denen ein Vertrag nach § 111 besteht, verpflichtet, sich an Maßnahmen zur Qualitätssicherung zu beteiligen. Diese müssen sich auf die Qualität der Behandlung, der Versorgungsabläufe und der Behandlungsergebnisse erstrecken (Struktur-, Prozeß- und Ergebnisqualität). Sie sind so zu gestalten, daß „vergleichende Prüfungen" möglich sind.

Über eine Verbesserung der Prozeßqualität können Kosten eingespart werden. Dies kann in der gegenwärtigen Situation für manche Institution eine Überlebensfrage sein. Für andere, weniger existentiell gefährdete Betriebe stellt es eine Möglichkeit dar, einen gewissen Gestaltungsspielraum zu behalten. Dies berührt vor allem die drohende Rationierung medizinischer Leistungen und die Allokation spezieller Leistungen durch die Kostenträger.

Es besteht ein zunehmendes Bedürfnis der Öffentlichkeit nach mehr Transparenz im Bereich der Gesundheitsversorgung. Die Massenmedien greifen die neuesten wissenschaftlichen Erkenntnisse auf und machen sie dem Laien zugänglich. Eine deutliche Positionierung einzelner Anbieter von medizinischen Leistungen wird damit dringend notwendig.

17.2 Zeitlicher Ablauf

Im folgenden wird die Chronologie der TQM-Einführung am Klinikum Kaiserslautern geschildert. Die örtliche Besonderheit liegt im schnellen Wachstum der Einrichtung vom Städtischen Krankenhaus zum Klinikum der Maximalversorgung. Der politische Wille sah einen Ausbau am alten Standort vor. Dies erforderte schrittweise Anpassungen, die aber im Kontext der ursprünglichen baulichen und organisatorischen Struktur verhaftet bleiben mußten, ein Schicksal, das allerdings viele Krankenhäuser erleiden. Als jüngste Entwicklung ist die Gründung einer GmbH und der Zusammenschluß mit dem Kreiskrankenhaus Kusel zum Westpfalz-Klinikum zu nennen.

Am 20.05.1994 hat die „Zukunftsinitiative Rheinland-Pfalz" (ZIRP) gemeinsam mit dem Klinikum Kaiserslautern eine Fachtagung zum Thema „Qualitätsmanagement im Krankenhaus" abgehalten. Alle Teilnehmer waren sich darin einig, daß „Fragen der Qualitätssicherung und -förderung in Verbindung mit der Notwendigkeit zu stärkerem wirtschaftlichem Handeln und Denken (...) eine zentrale Bedeutung für das Management von Krankenhäusern (erhalten)."

Seit längerem besteht eine Zusammenarbeit des Klinikums mit der Universität Kaiserslautern auf dem Gebiet „Medizin, Naturwissenschaft und Technik". Der Lehrstuhl für Industriebetriebslehre und Arbeitswissenschaft beschäftigt sich seit langem intensiv und kompetent mit Fragen des Total Quality Management (→), so daß es nahe lag, auch auf diesem Gebiet eine Kooperation zu suchen. Im Frühjahr 1995 kam der Beschluß zustande, TQM am Klinikum Kaiserslautern einzuführen.

17 Einführung eines Qualitätsmanagementsystems

Visionsworkshop
(Mai 1995)
Es wurden Elemente einer möglichen künftigen Entwicklung aus Sicht der Teilnehmer zusammengetragen und erste Schwerpunkte für mittel- und langfristige Anstrengungen in der Zukunft formuliert. Außerdem wurde den Teilnehmern der weitere Weg der TQM-Umsetzung erläutert. Dabei kristallisierten sich Schwerpunkte heraus, denen für die zukünftige Arbeit der Westpfalz-Klinikum GmbH besondere Bedeutung beigemessen wurde:
- Verstärkung der Kunden- und Mitarbeiterorientierung
- Steigerung der Effizienz bei der Erbringung unterschiedlichster Dienstleistungen
- systematische und kontinuierliche Förderung der Kompetenz (im Sinne der Erbringung von Spitzenleistungen)

Kommentar: Mitarbeiter aus den unterschiedlichsten Bereichen wurden mit einer für manche neuen Materie konfrontiert. Eine in anderen Betrieben seit Jahrzehnten etablierte Arbeitsmethode im Management konnte im Krankenhaus angewendet werden, wo dies bisher, wenn nicht unbekannt, so doch zumindest unüblich war. Berufsgruppenübergreifend wurde über entscheidende Entwicklungen in der Zukunft beraten.

Selbstbewertung der Qualitätsorientierung
(Self Assessment, Juli 1995)
Diese erfolgte anhand des Kriterienmodells der EFQM (European Foundation for Quality Management).

Kommentar: Beim Fragebogen zur Selbstbewertung handelte es sich um ein zeitaufwendiges Verfahren. Die Akzeptanz unter den Befragten war sehr unterschiedlich, ebenso wie das zeitliche Engagement bei der Beantwortung. Die Analyse ergab jedoch ein für weitere Planungen aufschlußreiches Bild des Verbesserungspotentials des gesamten Betriebes.

Visionsworkshop – Präsentation der Ergebnisse des Self-Assessments
(November 1995)
Als Ergebnis der Auswertung des Self-Assessments wurden folgende Maßnahmen für vordringlich erachtet:

B Qualitätsmanagement

- Maßnahmen zur Erhöhung der Kunden- bzw. Patientenorientierung
- Maßnahmen zur Erhöhung der Mitarbeiterorientierung
- Maßnahmen zur Verbesserung der Prozeßorganisation
- Messung von Qualität

Für die Organisation des weiteren Vorgehens wurden 2 **Leitungsgremien** eingerichtet: **Steuerkreis** und **Entwicklungsgruppe** (Tab. 17-1).

Der Steuerkreis wird gebildet aus Geschäftsführung, den Mitgliedern des Direktoriums, den Betriebsratsvorsitzenden der beiden Häuser und 2 Mitgliedern des externen Beratungsunternehmens.

In der Entwicklungsgruppe arbeiten der Verwaltungsdirektor, der stellvertretende Krankenpflegeleiter, die Personalchefs beider Häuser, die leitende Unterrichtsschwester, der Chef der EDV-Abteilung, die Geschäftsführerin und ein Oberarzt.

Im weiteren sollen Gruppen mit der Bearbeitung konkreter Projektaufträge befaßt werden. **Merkmale dieser Projektgruppen** sind:
- zeitlich befristete Kooperation
- personelle Zusammensetzung auf der Grundlage fachlicher Eignung
- Koordinierung und Evaluation durch die Entwicklungsgruppe

Tab. 17-1 Aufgaben der Leitungsgremien

Aufgaben des Steuerkreises	Aufgaben der Entwicklungsgruppe
• Formulierung von Zielen und Grundsätzen	• Umsetzung der vom Steuerkreis beschlossenen Aktivitäten
• Planung, Veranlassung und Steuerung von Aktivitäten mit grundsätzlicher Bedeutung	• Abstimmen von Aktivitäten
• Sicherstellung erforderlicher Rahmenbedingungen	• Information und Unterstützung des Steuerkreises
• Verfolgung der Aktivitäten bezüglich der Ziele und Grundsätze	• Dokumentation von Aktivitäten und Ergebnissen

17 Einführung eines Qualitätsmanagementsystems

Projektübersicht für die TQM-Einführung (Januar´96)
Diese basierte auf den Beschlüssen des 2. Visionsworkshops (vgl. auch Tab. 17-2).

Tab. 17-2 Projektübersicht für die TQM-Einführung im Klinikum Kaiserslautern

Thema	Ziele
Leitbildentwicklung	• Formulierung • Ausgestaltung • Aufbereitung • Verbreitung
Patientenbefragung	• Vorbereitung • Durchführung • Auswertung
Prozeßgestaltung OP	• Problemanalyse • OP-Koordination
Prozeßgestaltung Entlassung	• Prozeßanalyse • Identifikation der Kernprobleme • Optimierung
Aufnahmeprozeß	• räumliche und personelle Neustrukturierung der Patientenaufnahme • Schaffung einer Zentralambulanz
Prozeßgestaltung Station – Radiologie	• aufbauend auf Vorprojekt Entwicklung einer Vision • Prüfung der Umsetzungsmöglichkeiten • Koordination mit zweitem Standort
Prozeßgestaltung Station – Labor	• Kundenorientierung der Laborleistung • EDV-Anbindung • Koordination mit zweitem Standort
Kennzahlsysteme	• Herausarbeiten sinnvoller medizinischer Kennzahlen für den externen Vergleich • Darlegung wirtschaftlicher und finanzieller Kennzahlen zur Darstellung der Geschäftsergebnisse • Aufbereitung finanzieller Kennzahlen für interne Kunden
Hauszeitung	• Schaffung eines Forums zur Darstellung der Betriebsentwicklung • Information aller Mitarbeiter über TQM-Neuerungen im Klinikum und Absichten der Führung

B Qualitätsmanagement

Tab. 17-2 Fortsetzung

Thema	Ziele
Befragung zuweisender Ärzte	• „Bedarfsermittlung" • Förderung der Kooperation ambulant/stationär
Aufbau eines Weiterbildungszentrums	• Teil der Umsetzung „höchste fachliche Kompetenz" gemäß dem Leitbild
Vorbereitung einer Mitarbeiterbefragung	• Erhöhung von Mitarbeiterzufriedenheit und -motivation

17.3 TQM: Die ersten Maßnahmen

• **Leitbildentwicklung**

Als Leitbild wurde formuliert:

„Westpfalz-Klinikum: Moderne Medizin mit menschlichem Gesicht

Hervorragende Patientenversorgung

durch höchste fachliche Kompetenz
durch motivierte und zufriedene Mitarbeiter
auf einer tragfähigen ökonomischen und ökologischen Basis"

Es wurden 20 jeweils 2stündige Informationsveranstaltungen zur Einführung von TQM und zur Vermittlung des Leitbildes für Führungskräfte aus allen Fachabteilungen durch die Mitglieder der Entwicklungsgruppe abgehalten. An die Diskussion schloß sich der Auftrag für jede Abteilung, in internen Veranstaltungen zu erarbeiten, wie das Leitbild in der eigenen Abteilung „mit Leben gefüllt" werden könnte. Dieser Auftrag wurde von den einzelnen Gruppen mit unterschiedlichem Engagement erfüllt, und es wurde, wie angefordert, ein Bericht hierüber verfaßt. Diese Berichte werden zur Zeit noch ausgewertet und sollen in ihrer Quintessenz in Form einer Broschüre veröffentlicht werden. Weiterhin werden die darin enthaltenen, z.T. sehr konkreten Gestaltungsvorschläge und Kritiken Ausgangspunkt für weitere Projektgruppen in der Zukunft sein. Wegen des Interesses der Mitarbeiter am TQM-Projekt erfolgten 3 weitere Informationsveranstaltungen, die für alle Mitarbeiter offen waren und rege besucht wurden.

• **Patientenbefragung**

Die Erarbeitung der Fragen erfolgte durch die Krankenpflegeschule in Zusammenarbeit mit dem externen Berater und einer Diplomandin des Fachbereiches Industriebetriebslehre und Arbeitswissenschaft.

Kommentar: Die außerordentliche Datenmenge und die Stichprobe dürften bei angemessener Auswertung ein detailliertes und repräsentatives Bild des Westpfalz-Klinikums aus der Sicht der Patienten zeichnen und den Weg für Verbesserungen aufzeigen.

- **OP-Koordination**

Zielsetzungen waren:
- Erhöhung von Patientensicherheit und -komfort
- verbesserte Auslastung der vorhandenen OPs
- Verkürzung von Warte- und Transportzeiten beim Ein- und Ausschleusen
- Verbesserung der Einhaltung von Hygienevorschriften
- Verbesserung der Weiterbildungsmöglichkeiten für die Mitarbeiter im OP

Es wurden verbindliche Regeln getroffen, die die organisatorische Situation entschärfen sollten. Ferner wurden Entschließungen zur Zielrichtung der anstehenden Baumaßnahmen verabschiedet sowie ein allgemeiner Konsens über die medizinische und ökonomische Notwendigkeit, einen zentral koordinierten OP-Bereich zu schaffen, erzielt.

Kommentar: Das Klima der Zusammenarbeit wurde verbessert. An der Erreichung der gesetzten Ziele muß weiter gearbeitet werden. Die Darstellung der erzielten Erfolge durch vergleichende Messungen steht noch aus.

- **Patienten-Entlassungsprozeß**

Die Zielsetzung war, die Kunden- und Patientenorientierung bei der Entlassung zu steigern, z.B. durch:
- Verbesserung der Informationsübermittlung zwischen Krankenhaus und weiterbehandelndem Arzt
- schnelleren Versand der Arztbriefe
- Verbesserung der Servicequalität beim Patiententransport
- Steigerung der Aktualität und Korrektheit von Entlassungsanzeigen an die Verwaltung
- Steuerung des Entlassungsprozesses mit Kennwerten

Die Gruppe hat nach 7 Sitzungen ihre Ergebnisse schriftlich vorgelegt. Sie bestanden im wesentlichen aus Empfehlungen zur Standardisierung des organisatorischen Ablaufes der Entlassung unter besonderer Berücksichtigung der Patientenbelange. Vordringliches Ziel muß die **geplante Entlassung** sein. Dies dürfte in einer weiteren Stufe auch die Voraussetzung für eine frühzeitige Arztbrieferstellung sein, idealerweise bis zum Entlassungstag. Die Gruppe erarbeitet Vorschläge zur Umsetzung der Empfehlungen.

- **Überleitungspflege**

Die kurzen Verweilzeiten des Akutkrankenhauses führen dazu, daß Patienten mit Residualzuständen nach Hause entlassen werden, bei denen eine weitere Versorgung durch ambulante Dienste erforderlich ist. Das Klinikum sieht seine Aufgabe darin, den nahtlosen Übergang aus der stationären Behandlung in eine andere Einrichtung bzw. die kontinuierliche Versorgung durch Pflege und Medikamente sicherzustellen. Die Überleitungspflege ist ein Projekt der Pflegedienstleitung, das sich ca. 10 Monate nach Beginn als sehr erfolgreich erweist. Ziele sind die Vermittlung zwischen stationärer und ambulanter Versorgung, Information und Koordination der ambulanten Dienste, des Hausarztes und der Angehörigen bis zum Zeitpunkt der Entlassung. Weiterhin wird den Angehörigen Hilfestellung bei der Selbstorganisation der häuslichen Pflege gegeben. Das Projekt wird zur Zeit von 2 Pflegekräften geleitet, die Kooperation des Kostenträgers ist gegeben. Geplant sind wiederholte Informationsveranstaltungen für pflegerisches und ärztliches Personal, um die Nutzung des bestehenden Angebotes zu verbessern.

- **Arztbriefe**

Wegen der Komplexität der Materie wurde das Thema Entlassungsbrief aus dem Projekt Entlassungsprozeß herausgelöst. Eine separate Gruppe wurde beauftragt, die sich z.B. mit Fragen der elektronischen Spracherkennung, der Standardisierung von Arztbriefen in den verschiedenen Fachabteilungen, dem Diktattraining für Ärzte und den organisatorischen Möglichkeiten der Beschleunigung des Verfahrens beschäftigen sollte. Bisher liegen noch keine Ergebnisse vor. Eine der Medizinischen Kliniken hat sich der Aufgabe angenommen und verfolgt das Ziel: „Arztbrief fertig bei Entlassung". Das Weiterbildungszentrum des Klinikums wird ein Diktattraining für Ärzte anbieten.

Kommentar: Jede Klinik kennt das Problem der Arztbriefe. Autoritär durchgesetzte Lösungen laufen Gefahr, den prozessualen Charakter der Entlassung aus den Augen zu verlieren. Der erzielte Gewinn (z.B. Image bei zuweisenden Ärzten) wird dabei vielleicht mit Nachteilen in anderen Belangen erkauft (Qualität und Vollständigkeit des Briefes, Kosten für Schreibkräfte).

• Aufnahmeprozeß
Die Verbesserung der Patientenaufnahme wurde schon früh als dringendes Problem erkannt. Noch vor der TQM-Einführung wurde eine Arbeitsgruppe initiiert, die die bis dahin getrennte Medizinische und Chirurgische Aufnahme- und Notfallambulanz zusammenführen und ein Konzept für die bauliche und organisatorische Realisierung einer Aufnahmestation entwickeln sollte. Mittlerweile ist die Umbaumaßnahme nach den Vorstellungen der Gruppe vollzogen. Die beiden Ambulanzen sind räumlich zur gemeinsamen Zentralambulanz verbunden und haben eine gemeinsame pflegerische Leitung. Die Ambulanzgruppe entwickelte ein Konzept für den Betrieb dieser Station.
Kommentar: Die Möglichkeit, den eigenen Arbeitsplatz neu zu gestalten und umzuorganisieren, fand ein sehr positives Echo bei den Mitarbeitern. Das Projekt zeigt beispielhaft den Vorteil auf, der sich ergibt, wenn organisatorische Änderungen in ein den Notwendigkeiten angepaßtes bauliches Konzept eingefügt werden können.

• Wartezeiterfassung
Um das Problem der als zu lange empfundenen Wartezeiten anzugehen, wurde eine weitere Gruppe gebildet, die einen **Zeiterfassungsbogen** erarbeitet hat. Dieser soll es ermöglichen, Wartezeiten zu analysieren und systematische Schwachstellen im Prozeß aufzudecken.
Kommentar: Die Messung von Wartezeiten stellt eine Möglichkeit dar, Prozeßqualität quantitativ darzustellen.

• Pilotprojekt „Qualitätszirkel Radiologie"
Bereits Anfang ´95 hatte sich, durch die Schwierigkeiten im Alltag angeregt, spontan ein Qualitätszirkel zusammengefunden, der sich mit den Möglichkeiten **zur Verbesserung der Kooperation** zwischen der Radiologie und den bettenführenden Abteilungen beschäftigen wollte. Die Arbeit bestand zunächst in einer Prozeßanalyse „Röntgen". Das

B Qualitätsmanagement

Hauptproblem ist bei der Größe des Betriebes darin zu sehen, daß das Röntgenbild als „Hardcopy" für die am Prozeß Beteiligten nicht schnell genug verfügbar ist und Gefahr läuft, verlorenzugehen.

- **Interne Kundenbefragung Radiologie**

Es folgte im Rahmen einer **Diplomarbeit** eine **Umfrage bei den Anforderern von Röntgenleistungen,** die modellhaft den Bedarf interner Kunden und ihre Zufriedenheit mit der gegenwärtigen Leistung ermitteln sollte. Daraus resultierte eine Darstellung des Leistungsverbesserungspotentials der zentralen Röntgenabteilung.

Die im Anschluß daran konstituierte **Projektgruppe Radiologie** beschäftigt sich mit den strukturellen und finanziellen Aspekten einer digitalisierten Bildgebung als Lösung des Kernproblems.

- **Labor**

Die Arbeitsgruppe beschäftigt sich mit der **Ermittlung von Leistungszahlen,** die als Basis für eine interne Budgetierung dienen könnten. Weitere Themen sind die **Integration des EDV-Systems** mit dem Krankenhaus-Informationssystem, die Verbesserung des Service für (interne) Kunden und die organisatorische Anbindung des zweiten Standortes.

Kommentar: Mit einem neuen EDV-System wurde ein neues Verfahren zur Kennzeichnung von Blutproben sowie neue Anforderungsprofile eingeführt. Weitere Ergebnisse sind in Kürze zu erwarten.

- **Medizinische Kennzahlen**

Es sollen Kennzahlen für Medizinische Leistungen benannt werden, die die Basis u.a. für den vom Gesetzgeber geforderten Vergleich zwischen Krankenhäusern gleicher Versorgungsstufe sein könnten. Konkrete Ergebnisse liegen noch nicht vor.

Kommentar: Das Problem ist komplex: Fallmix, Auswahl des Indikators und die Frage, welche Art von Qualität gemessen wird, sind zu berücksichtigen. Der US-Bundesstaat Pennsylvania veröffentlicht seit 1992 den „Consumer Guide to Coronary Artery Bypass Graft Surgery", in dem nicht nur die risikobereinigten Mortalitäten der einzelnen Krankenhäuser, sondern die der einzelnen Chirurgen nachlesbar sind.

17 Einführung eines Qualitätsmanagementsystems

Die Tatsache, daß schwierige Fälle vom Operateur mit der meisten Erfahrung operiert werden, kann dazu führen, daß seine „Statistik" schlechter ist als die eines jungen, unerfahrenen Operateurs. In Pennsylvania hat diese Art der Offenlegung dazu geführt, daß zuweisende Kardiologen Probleme haben, komplizierte Fälle operieren zu lassen (*Schneider/Epstein* 1996). Dieses Beispiel veranschaulicht die Problemstellung für die „Kennzahlgruppe".

Das **Pilotprojekt Infektionskontrolle** ist Teil der Beschäftigung mit medizinischen Kennzahlen. Die Erfassung nosokomialer Infektionen soll prospektiv erfolgen. Die Arbeitsgruppe hat ein EDV-gestütztes Infektionskontrollprogramm entwickelt und dieses modellhaft in der Transplantationsabteilung des Klinikums eingesetzt. Eine weitere Anwendung wurde kürzlich initiiert: Infektionskontrolle bei stationär durchgeführten Shuntoperationen mit anschließender ambulanter Nachbetreuung durch niedergelassene Kollegen.

- **Hauszeitung**

Die erste Hauszeitung wurde in einfacher Form und mit relativ geringen Mitteln herausgegeben. Mitglieder der Entwicklungsgruppe lieferten Beiträge oder lasen Korrektur. Bisher wurden zwei Ausgaben in einer Auflage von 500 Exemplaren kostenlos verteilt.

Kommentar: Die Schaffung eines Mediums zur Verbreitung des TQM-Gedankens einerseits und als Teil der TQM-Umsetzung andererseits erscheint obligat. Schwierigkeiten entstehen durch die Knappheit der Mittel. Beiträge von Mitarbeitern sind genügend vorhanden.

- **Befragung zuweisender Ärzte**

Das Thema wurde aus Zeitmangel auf einen späteren Zeitpunkt verschoben, um zu vermeiden, daß es unter hohem Zeitdruck inadäquat behandelt wird.

- **Aufbau eines Weiterbildungszentrums**

Es wurden die Stellen einer Fortbildungskoordinatorin für den Pflegebereich und eines Leiters des Weiterbildungszentrums geschaffen. Für Weiterbildungszentrum und Krankenpflegeschule wurden Räume angemietet und ausgebaut. Mittlerweile liegt ein umfangreiches Angebot vor, das im ersten Halbjahr 1997 zusammen 760 Stunden Fort- und

Weiterbildung umfaßt und sich in folgende Bereiche unterteilt:
- „Pflichtveranstaltungen" (Brandschutz, Reanimation, Pflegedokumentation etc.)
- „Freiwillige Fachfortbildungen" zu verschiedenen Themen
- „EDV-Kurse"
- „Kommunikation und Betriebswirtschaft"
- „Offene Veranstaltungen"

Die Kurse sind in der Regel für Mitarbeiter kostenlos und in unterschiedlicher Weise auf die Arbeitszeit anrechenbar. Eine Reihe von Kursen wird auch der Bevölkerung im Umkreis angeboten.

Kommentar: Die Fort- und Weiterbildung ist ein zentrales Element der TQM-Einführung. Sie dient direkt dem im Leitbild formulierten Ziel höchster fachlicher Kompetenz.

• **Vorbereitung einer Mitarbeiterbefragung**

Es wurde beschlossen, Mitarbeiterbefragung und Patientenbefragung alternierend jeweils alle 2 Jahre durchzuführen. An der Verwirklichung der Mitarbeiterbefragung 1997 wird zur Zeit gearbeitet.

• **Pflegestandards**

Pflegedienstleitung und Krankenpflegeschule haben in den letzten Jahren kontinuierlich an Standards für die Pflege und deren Verbreitung gearbeitet. Ein Projekt von TQM wird die Bildung von **Arbeitsgruppen** sein, die die **Umsetzung dieser Standards** auf der eigenen Station oder Abteilung betreiben, für ihre Verbreitung sorgen und neue Mitarbeiter damit vertraut machen.

Kommentar: Der Erfolg der Maßnahme muß sich daran messen lassen, wie bekannt die Standards den Mitarbeitern sind und wie gewissenhaft und kompetent sie von ihnen eingehalten werden. Die Mitarbeiterbefragung könnte hierüber Erkenntnisse liefern.

17.4 Die Reaktion der Mitarbeiter

Mitarbeiterreaktionen zeigten sich vor allem bei den Veranstaltungen zur Leitbildausgestaltung und im Form schriftlicher Dokumentationen der abteilungsinternen Diskussionen. In 13 Veranstaltungen wurden die Reaktionen als positiv, in 4 als negativ eingestuft. In den Veranstaltungen wurde kritisiert, daß gerade unter dem Aspekt der Mitarbeiterorientierung eine Information aller Beschäftigten über das geplante Projekt früher hätte erfolgen müssen. Kritisiert wurde auch, daß TQM – als „Konzept aus der Industrie" – auf das Krankenhaus nicht anwendbar sei. Auch der Begriff des „Kunden" wurde kontrovers diskutiert.

Positive Äußerungen kamen vor allem von Personen, die bereits mit konkreten Projekten in Berührung gekommen waren (z.B. Aufnahmeambulanz). In der Mehrzahl der Beiträge zur Leitbildausgestaltung kommt der Wille zum Ausdruck, auf höchstem fachlichen Niveau zu arbeiten. Als Mittel hierzu werden eine verbesserte Aus-, Fort- und Weiterbildung, die Arbeit im Team und in Projektgruppen, die Erstellung von Leitlinien und der Einsatz der EDV genannt.

17.5 Die Rolle der Chefärzte

Den Chefärzten kommen bei der Einführung eines Qualitätsmanagementsystems mehrere Aufgaben zu:
- Vorbildfunktion für die Akzeptanz eines QM-Projektes durch die Mitarbeiter
- Initiieren von Projektgruppen in der eigenen Abteilung
- Entscheidungskompetenz bei der Umsetzung erarbeiteter Konzepte (besonders bei abteilungsübergreifenden Lösungen)

Es muß also alles daran gesetzt werden, sie als Mitstreiter zu gewinnen. Das Verfolgen von legitimen Abteilungsinteressen einerseits muß in ein ausgewogenes Gleichgewicht zum Einsatz für das Ganze andererseits gesetzt werden. Daß sich dieser Einsatz letztlich wiederum für den einzelnen positiv auswirkt und daß er möglicherweise Bedingung für den Fortbestand des Unternehmens ist, muß überzeugend dargelegt werden.

17.6 Gegenwärtige Situation und Ausblick

Das Projekt ist derzeit in einem Stadium der **Neuorientierung** begriffen. Die Zahl der aktiv Beteiligten ist von anfänglich 9 auf etwa 50 in den verschiedenen Projektgruppen angewachsen. In Steuerkreis und Entwicklungsgruppe ist sehr

B Qualitätsmanagement

viel Arbeit geleistet worden. Insgesamt haben bisher 19 Sitzungen von je 3 Stunden stattgefunden. Die zeitlichen Prognosen haben sich nur teilweise erfüllt. Eine Reihe wichtiger Projekte sind auf den Weg gebracht worden, die zur Zeit noch bearbeitet werden. Ergebnisse liegen teilweise vor. Es zeigt sich, daß die Mehrheit der Mitarbeiter noch nicht genügend informiert ist. Dies unterstreicht die künftige Bedeutung der Betriebszeitung.

Das Projekt muß auf eine **breitere Basis** gestellt werden. Es müssen weitere Personen gewonnen werden, die als Moderatoren Projektgruppen initiieren und betreuen können. In engem Zusammenhang damit stehen aber auch Fragen der Betriebsorganisation: Wer soll intern die Koordination übernehmen, wenn sich der externe Berater zurückzieht? Wie soll die Position des Qualitätsmanagers aussehen? Ist sie als solche umfassend genug definiert?

Die Koordination der einzelnen Arbeitsgruppen, die Auswertung der Ergebnisse und die Umsetzung in die Betriebsabläufe erfordert eine Vollzeitkraft.

Eine Aufgabe des Qualitätsmanagements ist es, das kreative Potential der Mitarbeiter zur Verbesserung der Prozeßqualität nutzbar zu machen. Materielle Anreize, z.B. im Rahmen eines Vorschlagswesens, sind dabei möglicherweise weniger bedeutend als die Verbesserung der Arbeitsabläufe und Vermeiden von Leerlauf, was zu höherer Befriedigung bei der Arbeit führt. Das Maß, in dem Projektgruppenarbeit Erfolg hat, ist im Sinne einer positiven Rückkopplung wiederum entscheidend für die Motivation der Mitarbeiter, sich weiterhin in ihrem Bereich für kontinuierliche Qualitätsverbesserung zu engagieren.

Eine weitere Aufgabe ist die Bewertung der erreichten Verbesserungen durch Messung von Kenngrößen, z.B.:
- Wartezeit in der Ambulanz
- Rate postoperativer Wundinfektionen
- durchschnittliche Körpertemperatur von Patienten während einer Operation

Auch in der Verbesserung der Strukturqualität liegt eine Chance. In Zeiten extrem knapper Mittel ist dies weniger durch Investitionen in Sachmittel, sondern eher durch Höherqualifizierung möglichst vieler Mitarbeiter zu verwirklichen.

Eine Gefahr besteht in zu hoher Erfolgserwartung, die häufig enttäuscht wird und Demotivation nach sich zieht.

17 Einführung eines Qualitätsmanagementsystems

Auch die Vorstellung, TQM sei ein Patentrezept, kann zum Scheitern führen (*von Eiff* 1996).

Jedes Krankenhaus muß seine eigene Lösung finden. Jede Maßnahme muß kritisch daraufhin überprüft werden, welchen wirklichen Nutzen sie für die individuelle Einrichtung hat. Keinesfalls darf sie Selbstzweck sein.

Unter diesen Voraussetzungen stellt nach den bisherigen Erfahrungen im Westpfalz-Klinikum Total Quality Management (→) ein nützliches Instrument zur Verbesserung der Unternehmensqualität dar.

Literatur

A consumer guide to coronary artery bypass graft surgery. Vol. I–IV, 1990–1993, Data. Harrisburg: *Pennsylvania Health Care Cost Containment Council* (ed.) 1992, 1994, 9195.

Schneider, E.C.; Epstein, A. M., Influence of cardiac-surgery performance reports on referral practice and access to care. In: New England Journal of Medicine 1996, 335, 252–256.

von Eiff, W., Die TQM-Falle. In: Management & Krankenhaus, Heft 11, 1996, 6.

18 Ärzteschaft und Verwaltung – Auf dem Weg zu einem gemeinsamen Management

Thomas Oppermann

Um zu verstehen, was das heutige Krankenhaus eigentlich ist, muß man zurück in die 50er Jahre. Damals waren die Patienten halb so häufig im Krankenhaus, aber in der Regel doppelt so lange. Die Struktur der Krankenhäuser war auf einen Patienten ausgerichtet, dessen Krankheitsverlauf im Normalfall von „schwerkrank" bei der Aufnahme, bis zu „gehfähig-mobil" bei der Entlassung über 20 Tage ging. Der Chefarzt als Betriebsleiter sah seine Aufgabe darin, für das Patientenwohl zu sorgen, ohne betriebswirtschaftliche Aspekte berücksichtigen zu müssen.

Heute hat das Krankenhaus immer noch die gleiche Grundkonzeption, nur sind doppelt so viele Patienten in der jeweils halben Durchlaufzeit zu bewältigen. Der Chefarzt hat sich längst – wie seine Kollegen – zum Spezialisten entwickelt. An seine Stelle ist ein ebenfalls spezialisierter „primus inter pares" gerückt. Die Krankenhausleitung wird von einer berufsständisch orientierten Dreier- oder Vierergemeinschaft (z.B. bei einem kirchlichen Träger) regiert. Deren jeweilige Leitung (z.B. Pflegedienstleitung, Verwaltungsdirektor) orientiert sich primär an den Mitarbeiterinteressen und erst sekundär an den Interessen der Patienten. Daß das Krankenhaus trotz dieser Struktur funktioniert, liegt an der Qualität und Motivation der Beteiligten.

Die Tatsache, daß weder die im Krankenhaus tätige Verwaltungsleitung Einsicht in medizinische Sachverhalte noch die Ärzte Einsicht in die betriebswirtschaftlichen Zusammenhänge haben, trägt wesentlich zur Misere im Krankenhauswesen bei.

Die alten Trennungen müssen daher überwunden werden.

18 Ärzteschaft und Verwaltung ...

In Zukunft wird der Wettbewerb der Leistungsanbieter im ambulanten und stationären Gesundheitswesen die Krankenhäuser zu einer patienten-, d.h. kundenorientierten Philosophie zwingen. Die Organisation der Klinik muß sich den Kunden anpassen.

Unter diesen neuen Rahmenbedingungen liegt die **Managementverantwortung** nicht mehr nur bei der Krankenhausleitung bzw. Krankenhausverwaltung. Diese Verantwortung sollte **auf allen Ebenen** wahrgenommen werden. Auch der medizinisch-pflegerische und der technische Bereich bedürfen einer Managementkompetenz. Nur vereinzelt konnte dies bis heute umgesetzt werden. Ein wesentlicher Grund dafür ist die unterschiedliche Sichtweise von Managern und Fachleuten im Gesundheitswesen. Egoismus von einzelnen oder Gruppen sollte durch ein gemeinsames Unternehmensziel ersetzt werden.

18.1 Darstellung derzeitiger Strukturen im Krankenhaus

Dreiteilung der Krankenhausleitung (Abb. 18-1)
Die Krankenhausleitung gliedert sich in die Bereiche **Verwaltungsleitung, Pflegedienstleitung und Ärztliche Leitung.** Bei

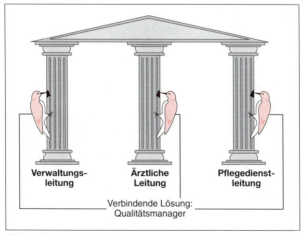

Abb. 18-1 Dreiteilung der Krankenhausleitung

B Qualitätsmanagement

dieser berufsgruppenorientierten Aufteilung spricht man auch von einem **„versäulten" System,** da sie sich bis in die unterste Ebene fortsetzt und keine der 3 Berufsgruppen Weisungsbefugnis gegenüber den anderen, über das fachliche Maß hinausgehend, besitzt. Konflikte, besonders in der Pflege, entstehen durch unklare Weisungsbefugnisse, da das Pflegepersonal persönlich der Pflegedienstleitung, fachlich den Ärzten und – bei Verfügung über das Wirtschaftsgut – dem Verwaltungsleiter unterstellt ist.

Schwachstellen im System

Schwachstellen in den Organisationsabläufen des Dreisäulensystems bestimmen den Klinikalltag:

- ineffiziente Terminplanung
- unverhältnismäßig hohe Ressourcenbindung
- überproportional viele administrative Aufgaben in allen Bereichen
- mangelhafte Verfügbarkeit aller relevanten medizinischen und administrativen Daten
- niedrige Geschwindigkeit des Informationsflusses
- Medienbrüche (wiederholtes Bearbeiten auf Papier/DV)
- redundante Tätigkeiten (nicht sinnvolle Datenerfassung, ohne Konsequenz für statistische Auswertungen)
- Fehleranfälligkeit und mangelnde Aufschlüsselung manuell ausgewerteter Ergebnisse
- niedrige Qualitätssicherungs- und Qualitätskontrollmöglichkeiten bei der ärztlichen und pflegerischen Versorgung
- keine verursachungsgerechte Zuordnung der Kosten und Leistungen
- unterschiedliche Interessen der Rechenzentren, Verwaltungen und Klinikleitungen

Das Bereitstellen entscheidungsrelevanter aktueller Daten in ausreichender Qualität und Quantität ist eines der gravierenden Probleme im Krankenhausbereich. Informationen stellen Ressourcen dar, deren zeitgerechte Verfügbarkeit und deren richtiger Einsatz letztlich entscheidend für die Effizienz und Effektivität eines Krankenhauses sind.

Die Position des Ärztlichen Direktors

Die Berufsauffassung der Ärzte orientiert sich stark am Fachlichen und mißt Führungsaufgaben zuwenig Bedeutung bei.

Selbst die Tätigkeit der Krankenhausärzte in Führungspositionen (z.B. **Ärztlicher Direktor**) bleibt überwiegend fachlich geprägt (*Kaltenbach* 1993, 192–196).

In Krankenhäusern werden leitende Ärzte nicht nach ihrer Führungs-, sondern nach ihrer fachlichen Qualifikation ausgewählt. Führungskompetenzen tragen nur wenig zur beruflichen Anerkennung bei. Die Position eines **Ärztlichen Direktors** ist nicht als hauptamtliche Tätigkeit vorgesehen, sondern sie wird von einem Chefarzt neben seiner ärztlichen Tätigkeit ausgeführt.

Es stellt sich die Frage, ob eine solche Position, die einen starken Einfluß auf die Leistungserbringung im Krankenhaus hat, in Zukunft ihre essentiellen Führungsaufgaben in nebenamtlicher Tätigkeit ausführen soll.

18.2 Neuorientierung im Krankenhauswesen

Bisher ließen sich die gesetzlichen Vorgaben und eine buchhalterische Ordnung mit Hilfe einer Finanzbuchhaltung, einer Personalabteilung und eines zentralen Einkaufs einhalten. Diese Aufgaben wurden in den letzten 40 Jahren von der Verwaltung hervorragend bewältigt.

Unter den Rahmenbedingungen knapper werdender Ressourcen und der Veränderung des Sozialdenkens der Bevölkerung ist diese Form von Verwaltung im ärztlichen und pflegerischen Dienst nicht mehr ausreichend, und eine Umorientierung im Gesundheitswesen ist erforderlich. An erster Stelle ist politisch zu klären, was die Gesellschaft für ihre Gesundheit ausgeben will, um solidarisch eine Krankenhausleistung für jedermann zu gewährleisten.

An zweiter Stelle müssen alle (Chef-)Ärzte, die sich um das Wohl der Patienten kümmern, an der Umsetzung des Krankenhauses der Zukunft mitbeteiligt werden.

Diese Neuorientierung des Krankenhauswesens bedarf eines betriebswirtschaftlich orientierten Managements. Alle pflegerischen und ärztlichen Leistungen sowie die der Verwaltung, werden erfaßt und im Controlling, das sich aus der Finanzbuchhaltung entwickelt hat, aufgearbeitet, um alle Entscheidungsträger im Krankenhaus mit Daten und Informationen auszustatten. Folgende **Ziele** sollten dabei verfolgt werden:

B Qualitätsmanagement

- schneller und flexibler Zugriff auf alle medizinischen und klinischen Patientendaten
- Gewährleisten der Datenkonsistenz innerhalb des Krankenhaussystems
- Vermeiden redundanter Datenerfassung
- Nutzung gespeicherter Informationen durch flexible Report- und Formulargeneratoren
- differenzierte Einzelleistungserfassung

Maßgebliche Forderung an eine effiziente Qualitätssicherung ist die Unterstützung medizinischer Routinetätigkeiten durch EDV-gestützte Dokumentation und die damit verbundene Auswertbarkeit der erfaßten medizinischen Daten.

Ein Krankenhaus bildet insgesamt eine lernfähige Organisation, wenn es eine Änderung seines Umgangs mit Aufgaben und Problemen aufgrund des Lerneffektes von Gruppen zuläßt. Der Lernprozeß Individuum → Gruppe → Krankenhaus ist im Krankenhaus insbesondere im qualitativen Kontext bekannt:

„Für den Bereich der kurativen Medizin stellt Qualitätssicherung (...) ein (...) ärztliches Paradigma dar. (...) Als wesentliche Parameter dienen dabei

- der durch die ärztliche Tätigkeit gewonnene Erfahrungszuwachs,
- der intensive Erfahrungsaustausch in innerklinischen respektive überklinischen ärztlichen Behandlungsteams und Fachkreisen (z.B. auf Tagungen und in Workshops),
- die Umsetzung der Erfahrungswerte in diagnostische und therapeutische Maßnahmen und
- die kritische Überprüfung (Standardisierung, Validierung) dieser Maßnahmen an einem entsprechenden Patientengut (z.B. flächendeckende Vergleichsanalysen)" (*Möller/Bach/Sonntag* 1996, 28).

Ein solcher Lernprozeß muß in den Strukturen eines Krankenhauses verankert werden. Die Erhöhung der Wissensbasis, die Verbesserung der Problemlösungs- und Handlungskompetenz, bringt Vorteile für alle Bereiche und die gesamte Einrichtung mit sich.

18.3 Voraussetzungen für Qualitätsmanagement

Multiprofessionalität

Qualitätssicherung muß im Krankenhaus durch alle Berufsgruppen erfolgen. Die berufsgruppenübergreifende Kooperation, also multiprofessionelle Zusammenarbeit (z.B. durch fachübergreifende Arbeitsgruppen, regelmäßige Treffen zwischen verschiedenen Abteilungen), bedarf der Unterstützung durch die Krankenhausleitung und führt somit zur Legitimation von oben.

Weiterhin ist erforderlich, daß sich die Mitglieder der einzelnen Arbeitsgruppen professionalisieren, z.B. durch gezielte weiterführende Ausbildung.

Um die angestrebten Ziele, wie Marktführerschaft oder Patienten-/Kundenorientierung, zu realisieren, braucht man hauptverantwortliche professionelle Mitarbeiter.

Kommunikation (vgl. Kap. 26)

Controlling

Bis vor einiger Zeit beschränkte man sich im Krankenhausbereich überwiegend auf die Kostenkontrolle direkter Kosten (Personalbereich), medizinischer Sekundärleistungen (Röntgen, Labor) und auf die Kosten der medizinischen Sachmittel. Diese Beschränkung wird den zukünftigen Anforderungen eines modernen Krankenhausmanagements nicht mehr gerecht.

Mit der Einführung des Gesundheitsstrukturgesetzes (GSG) wurde das bisher gültige Selbstkostendeckungsprinzip aufgehoben und eine medizinisch leistungsgerechte Vergütung im Rahmen des Versorgungsauftrages in den Vordergrund gestellt. Eine wesentliche Änderung, für alle Krankenhäuser seit dem 1. Januar 1996 gültig, besteht in der Einführung von Fallpauschalen und Sonderentgelten. Die Höhe der Fallpauschalen und Sonderentgelte wird auf Landesebene ohne weitere Einflußmöglichkeit des Krankenhauses beschlossen. Weiterhin werden krankenhausindividuell die Budgets für den Basis- und Abteilungspflegesatz vereinbart.

Mit **Fallpauschalen** werden alle Leistungen eines bestimmten Behandlungsfalls vergütet, z.B. FP 17.06 Hüftendoprothese: enthalten sind die sog. Hotelkosten, Prothesen und sonstiges Material, Mitarbeiterkosten. Wenn nun eine Verkürzung der Verweildauer erreicht und gleichzeitig der Sachmitteleinsatz möglichst niedrig gehalten wird, kann die Fallpauschale eine durchaus günstige Abrechnungsform für das Krankenhaus darstellen.

Die **Sonderentgelte** beinhalten einen Teil der erbrachten medizinischen Leistung (z.B. die reinen Operationskosten) während eines bestimmten Behandlungsfalles. Gleichzeitig können der Basispflegesatz und der um 20% gekürzte Abteilungspflegesatz abgerechnet werden.

Für jedes Krankenhaus besteht nun die unumgängliche Forderung, die Kosten mit den Erlösen zu vergleichen. Dazu werden für das Controlling benötigt:
- Erfassung der Einzelkosten (z.B. teure Hüftendoprothesentypen)
- Leistungsbewertung (Pflege- und Arztkosten)
- patientenbezogene umfassende Leistungserfassung
- genaue Kostenrechnungen

Im Rahmen der aufgetretenen Diskussionen, daß eine Betonung der Ausgabenreduzierung die Qualität der Patientenversorgung mindern kann, kommt dem Controlling eine wichtige Rolle zu. Es unterstützt die Zielorientierung des Krankenhauses, die Planung und Entscheidungsvorbereitung, die Verbesserung des kaufmännischen Informationssystems des Krankenhauses und dient der Krankenhausführung als zeitnaher Datenlieferant. Das Controlling im Krankenhaus unterbreitet internen Verantwortungsträgern hinsichtlich der gesetzten Kosten- und Erlösziele aktuelle und gezielt zukunftsorientierte Informationen in der gewünschten, situationsgerechten Form. Das Controlling wirkt damit auf die Erzielung des kaufmännischen Erfolgs der medizinischen bzw. pflegerischen Behandlungsleistung (*Möller/Geis* 1996).

Die Position eines Ärztlichen Qualitätsmanagers

Qualitätsmanagement aus ärztlicher Sicht erfordert eine Auseinandersetzung mit dem Begriff. Die Weiterbildungsordnung zum Facharzt gilt als eine Vorgabe für Qualitätssicherung. Diese Verpflichtung zur Weiterbildung ist ein wesentlicher Bestandteil des Qualitätsmanagements. Auch **nach** der Weiterbildung ist in der Berufsordnung eine das ärztliche Berufsleben begleitende Fortbildung bindend. Bereits 1988 hat der Deutsche Ärztetag die Pflicht der Beteiligung aller Ärzte an Qualitätssicherungsmaßnahmen der Ärztekammern in die Muster-Berufsordnung eingefügt.

Fortbildung ist ein klassisches Instrument der Qualitätssicherung. Ohne Fortbildung kann eine verantwortliche ärztliche Tätigkeit nicht fortgesetzt werden.

Verschiedene Gründe sprechen dafür, eine **Fortbildung** im Bereich **des Qualitätsmanagements für Ärzte** zu beginnen: Das notwendige Basiswissen in Fragen der Qualitätssicherung wird bisher weder während der universitären Ausbildung vermittelt, noch im Rahmen der ärztlichen Weiterbildung ausreichend vertieft. Daher werden zukünftig weitere Programme zur Sicherung der Qualität in der Medizin notwendig.

Die Gründe, warum Ärzte sich intensiver mit der Qualitätsausbildung befassen müssen, sind vielfältig:

- Die fortschrittsbedingte Komplexität der Medizin und die damit verbundene Intransparenz verunsichern die Öffentlichkeit. Der wissenschaftlich-technische Fortschritt der Medizin, die zunehmende fachliche Differenzierung und Spezialisierung mit immer neuen, komplizierteren diagnostischen Techniken und therapeutischen Verfahren verlangen nach qualitätssichernden Maßnahmen.
- Auch der Einfluß der Gesundheitspolitik spielt eine große Rolle. Sie will mit Hilfe der Qualitätssicherung erreichen, daß die Qualität der medizinischen Versorgung der Bevölkerung trotz knapper Ressourcen, Sparpolitik und neuer Finanzierungsformen einen gleichbleibend hohen Stand behält.
- Budgetierungen, Fallpauschalen und Sonderentgelte, wie sie in letzter Zeit in die ambulante und stationäre Versorgung eingeführt wurden, machen Qualitätssicherung – nicht zuletzt auch aus ethischen Gründen – unverzichtbar.
- Das wichtigste Argument für eine organisierte und von der Ärzteschaft selbst durchgeführte Qualitätssicherung in der Medizin ist ohne Zweifel die Erhaltung des Vertrauens der Öffentlichkeit und der Patientinnen und Patienten in die Ärzteschaft (*Curriculum Qualitätssicherung* 1996, 11–15).

B Qualitätsmanagement

Die logische Schlußfolgerung aus den oben genannten Gründen kann nur sein, einen Arzt mit der Position der Qualitätssicherung im Krankenhaus zu beauftragen (vgl. Abb. 18-1).

Ärzte werden zunehmend aktiv Qualitätssicherung bzw. Qualitätsmanagement in allen Versorgungsbereichen betreiben müssen. Managementaufgaben im Krankenhaus werden einen zunehmend größeren Raum einnehmen. Hier muß auch zusätzliche **Kompetenz** erworben werden. Die Landesärztekammern sind aufgefordert, ein entsprechendes Weiterbildungssystem einzurichten, um den gestiegenen Qualitätsbedürfnissen ein adäquates Instrument zur Fortbildung zur Verfügung zu stellen, wie es bereits durch die Landesärztekammer Baden-Württemberg durchgeführt wird.

Die erfolgreiche Zusammenarbeit mit unterschiedlichen Berufsgruppen (Kaufleute, Verwaltungs- und Finanzfachleute, Volkswirte, Soziologen, Juristen) setzt beim Ärztlichen Qualitätsmanager die Bereitschaft voraus, unterschiedliche Denkweisen zu einem Konzept zusammenzuführen und dieses nach innen und außen zu vertreten.

18.4 Managementaufbau

Der Mensch soll überall im Mittelpunkt stehen, aber als Partner im Sinne von „Kunde" wird er selten gesehen. Erst der internationale Markt hat gelehrt, daß nur bestehen kann, wer die Bedürfnisse seiner Kunden (Patienten) kennt und sie zu erfüllen weiß.

Patienten empfinden subjektiv verschiedene Arten von Qualität, die mit der Patientenzufriedenheit gleichzusetzen sind, z.B. Strukturqualität (z.B. Zimmerausstattung) oder Prozeßqualität (z.B. Freundlichkeit des Personals).

Der Anlaß, weswegen ein Patient ins Krankenhaus kommt, ist die Medizin, eine Wissenschaft von Experten auf ihren Gebieten, deren Ergebnisse durch die Kunden (Patienten) allein nicht allumfassend beurteilt werden können.

Für die Bewertung und Verbesserung der Prozesse ist daher das möglichst objektive medizinische Ergebnis noch wichtiger als Kundenzufriedenheit. Auf dieser Ergebnisqualität liegt der Hauptschwerpunkt des Qualitätsmanagements in

18 Ärzteschaft und Verwaltung ...

den nächsten Jahren. Hier ist ein gezieltes Management einzusetzen.

Was kann man vom Management für das Krankenhaus lernen? Vor allem, daß es primär für den Patienten und die Erfüllung des individuellen und gesellschaftlichen Versorgungsauftrages da ist und damit die Qualität der medizinischen und pflegerischen Arbeit der Leitgedanke des Krankenhausmanagements sein muß. Die gemeinsame Anstrengung aller Mitarbeiter des Krankenhauses und die Organisation aller Elemente müssen daraufhin orientiert sein, ärztliche und pflegerische Leistungen wirksam, sicher, angemessen, annehmbar und für alle zugänglich zu machen.

Maßnahmen der ärztlichen Qualitätssicherung unterstützen die Krankenhausleitung, indem sie die Arzt-Patienten-Beziehung entwirren und die Diagnose- und Behandlungsprozesse transparent machen.

Durch das **Zusammenspiel** von **Qualitätssicherung** und **Controlling** im Krankenhaus werden folgende Ziele erreicht:
- Das Krankenhaus erfüllt mit begrenztem Ressourceneinsatz (Deckelung) ein Maximum an Patienten-, Mitarbeiter- und Träger-/Kassenanforderungen.
- Vorgegebene Patienten-, Mitarbeiter- und Träger-/Kassenanforderungen werden mit einem Minimum an Ressourceneinsatz erfüllt.
- Beides geschieht in Kooperation der Hauptverantwortungsbereiche im Krankenhaus: administrativer (Controlling) bzw. ärztlicher Dienst (Qualitätssicherung) (*Möller/Geiss* 1996).

Ein Krankenhaus der Zukunft kann nicht ohne ein gemeinsames Management von Verwaltung und Ärzteschaft existieren. Die Überlebensstrategie erfordert eine **synergistische** (→) **Vernetzung der Berufsgruppen.**

Es hängt von der Überzeugungsarbeit und Motivation derjenigen Ärzte ab, die durch zusätzliche Qualifikationen und Weiterbildungen die starren Berufsgruppengrenzen überschritten haben, Arztkollegen für neue Qualitätsmethoden und organisiertes Qualitätsmanagement zu gewinnen, um eine Qualitätssicherung in der Medizin zu etablieren. Die Verantwortung des einzelnen Arztes für die Qualität muß geschärft und Maxime seines eigenen Handelns und Leistens werden.

Diese Verantwortung kann der qualifizierte Arzt nutzen, um in Verbindung mit der Verwaltung dazu beizutragen,

- vorbeugend und rechtzeitig Fehler zu erfassen oder zu vermeiden,
- die Kommunikation zu verbessern
- und die Qualitätsverantwortung bei den Ausführenden zu festigen.

Aufgrund seiner erweiterten Managementkenntnisse kann er der Klinikleitung helfen, Problemlösungen effektiv und zeitgerecht zu erarbeiten.

Voraussetzung für ein integriertes Krankenhausmanagement ist eine **enge Kooperation** zwischen ärztlichem Dienst und Verwaltungsdienst (Abb. 18-2). Bezogen auf den Leistungserbringer Krankenhaus ist die Verbesserung der Qualität aber nicht allein Aufgabe der Ärzteschaft, sondern betrifft alle Berufsgruppen. Das zentrale Handlungsfeld für das Management besteht darin, alle Berufsgruppen eines Krankenhauses in die Diskussion um mehr Wirtschaftlichkeit einzubinden.

In gleicher Weise wie sich der Ärztliche Direktor betriebswirtschaftliches Wissen aneignen muß, wird sich auch der Kaufmännische Direktor stärker als bisher mit Art und Umfang medizinischer Leistungserbringung beschäftigen müssen. Gerade auf dem Gebiet der Fallpauschalen und Sonderentgelte ist eine Kooperation mit ärztlichem Wissen

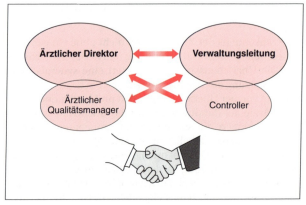

Abb. 18-2 Ein Modell kooperativen Handelns

erforderlich, um die vorgegebenen landeseinheitlichen Vergütungen nachzukalkulieren und eine Kostendeckung für das Krankenhaus zu sichern. Ein zeitnahes Reagieren kann für das Überleben des Krankenhauses von entscheidender Bedeutung sein.

18.5 Zusammenfassung und Ausblick

Im Krankenhaus der Zukunft ist eine ergänzende integrative Führungsposition erforderlich, die sowohl die wirtschaftlichen als auch die medizinischen Zusammenhänge kennt und aus diesem Wissensstand heraus Entscheidungen treffen kann, die beide Bereiche berücksichtigen.

Für eine solche Aufgabe eignet sich die Position des Ärztlichen Direktors. Ein Abteilungschefarzt stünde im Interessenskonflikt zwischen der eigenen und anderen Krankenhausabteilungen und könnte sowohl zeitlich als auch organisatorisch weder den Anforderungen an den Ärztlichen Direktor noch an seine Abteilung gerecht werden.

Dabei sollte der Ärztliche Direktor sowohl medizinische als auch Managementkompetenz mitbringen, die durch betriebswirtschaftliche Kenntnisse ergänzt werden muß.
Ein erster integrativer Schritt in diese Richtung ist der **Ärztliche Qualitätsmanager**. Gemeinsam mit dem Ärztlichen Direktor ist er durch Schaffen neuer Strukturen in der Lage, einen Synergismus (→) für das Qualitätsmanagement zum Wohle des Patienten im Krankenhaus hervorzurufen.

Von einem Ärztlichen Qualitätsmanager wird eine hohe Bereitschaft erwartet, sein Know-how auch in nicht-ärztlichen Gebieten einzubringen. Das erfordert eine große Akzeptanz von seiten der Verwaltung und der Mitärzteschaft. Dieser neu definierte Schnittstellenmanager versteht sich als Mittler zwischen Verwaltung und Ärzteschaft. Um eine solche Position zu schaffen und die scheinbaren Gegensätze zwischen Medizin und betriebswirtschaftlichem Management zu überwinden, bedarf es allerdings noch großer Anstrengungen.

Literatur

Curriculum Qualitätssicherung/Ärztliches Qualitätsmanagement. Hrsg.: Bundesärztekammer, kassenärztliche Bundesvereinigung, Arbeitsgemeinschaft der Wissenschaftlichen Medizinischen Fachgesellschaften e.V., Teil 1, Köln, 1. Aufl. 1996.

Kaltenbach, T., Qualitätsmanagement im Krankenhaus. Melsungen 1993.

Möller, J.; Geiss, H. K., Gegenseitiges Profitieren von Controlling und Qualitätssicherung im Krankenhaus. In: Qualitätsmanagement in Klinik und Praxis, Heft 5, 1996.

Möller, J.; Bach, A.; Sonntag, H.-G., Qualitätsbezogene Lernprozesse in Krankenhäusern. In: Qualitätsmanagement in Klinik und Praxis, Heft 4, 1996, 4–28.

19 Die Einführung pflegerischer Qualitätsverbesserung als zentrale Managementaufgabe

Susanne Hasenfuss

Die Verbindung von humanitärem Auftrag und Wirtschaftlichkeit empfinden Mitarbeiter im Gesundheitswesen häufig als unauflösbaren Widerspruch. Dazu hat sicherlich beigetragen, daß der wirtschaftliche Aspekt medizinische und pflegerische Leistungen in den letzten Jahrzehnten nicht in dem notwendigen Maße berücksichtigt wurde.

Mit der gesetzlichen Aufforderung, geeignete Maßnahmen zur Sicherung der Qualität im Gesundheitswesen zu ergreifen, eröffnet sich erstmals eine Lösung dieses scheinbaren Widerspruchs.

Das Erheben von Pflegequalität und die Durchführung entsprechender Maßnahmen zur Sicherung und Verbesserung gibt den Mitarbeitern im Krankenhaus ein Instrument an die Hand, ihre Arbeit sowohl unter wirtschaftlichen als auch professionellen Aspekten sichtbar zu machen.

Die Aufgabe erfordert von den Pflegenden, eine Position im Management des Systems Krankenhaus zu beziehen.

19.1 Die Entwicklung der pflegerischen Qualitätsverbesserung

Die Begriffe Qualitätssicherung, Qualitätsverbesserung und Qualitätsmanagement (1) sind in der Bundesrepublik zu einem festen Bestandteil in der Umstrukturierung des Gesundheitswesens geworden. Die gesetzliche Verpflichtung im Gesundheitsstrukturgesetz und in der Pflegeversicherung zur Sicherung der Qualität werden vom Bundesministerium für Gesundheit in vielfältigen Aktionen unterstützt. Damit hat sich nun auch in der Bundesrepublik eine Bewegung etabliert, die in anderen Ländern bereits zum beruflichen Alltag im Gesundheitswesen gehört.

Der Deming-Zyklus

Als Begründer der Qualitätssicherung und des Qualitätsmanagements gilt der Amerikaner Edward Deming, der in den 50er Jahren für die industrielle Fertigung umfangreiche Konzepte zur Verbesserung von Produktionsabläufen unter Beteiligung der Mitarbeiter entwarf. Seine zentrale These war es, den **Kunden in den Mittelpunkt** des gesamten Leistungsgeschehens zu stellen. Alle Vorgänge und Produktionsabläufe wurden im Sinne der Prozeß- und Kundenorientierung gestaltet.

Der von Deming entwickelte Zyklus basiert auf dem Prinzip der ständigen Verbesserung. Die Vorgehensweise in der Bearbeitung ist **Plan–Do–Check–Act** (PDCA). Deming ging davon aus, daß jeder Vorgang als Prozeß betrachtet werden kann und als solcher schrittweise verbesserbar ist.

Demings Qualitätsphilosophie und die daraus entwickelten Methoden wurden später auf den Dienstleistungssektor übertragen.

USA – Niederlande – Deutschland

Qualitätsmanagement für das Gesundheitswesen wurde in den 60er Jahren führend von Donabedian (USA) beschrieben und zu einer Systematik geführt. Donabedian unterscheidet Struktur-, Prozeß- und Ergebnisqualität. Die von Donabedian entwickelten Grundelemente für das Qualitätsmanagement im Gesundheitswesen fanden in späteren Konzepten Eingang.

Norma Lang (USA) adaptierte 1982 den Deming-Zyklus für das Gesundheitswesen. Sie modifizierte den vierstufigen Kreislauf in ein **Sieben-Schritte-Modell.**

Diesem Ansatz folgte 1982 auch Patricia Schroeder (USA). Sie entwickelte die **Methode der dezentralen Qualitätssicherung,** die alle Mitarbeiter in den Qualitätssicherungsprozeß einbezieht.

In ähnliche Richtung arbeiteten seit 1985 auch die Pflegeexperten in den Niederlanden. Hannie Giebing vom Centraal Begleidingsorgaan voor de interkollegiale Toetsing (CBO), Utrecht, NL, modifizierte die Modelle von Lang und Schroeder für niederländische Verhältnisse und entwickelte daraus die **Methode der stationsgebundenen Qualitätssicherung.**

Die Entwicklung dieser Konzepte für das Gesundheitswesen entsprach der Forderung der Weltgesundheitsorganisation (WHO) zu Beginn der 80er Jahre. In Zusammenhang mit dem Projekt „Gesundheit für alle" plädierte die WHO für Qualitäts- und Leistungskontrolle im Gesundheitswesen.

Im Gegensatz zu den europäischen Nachbarländern hatte dieser Appell in Deutschland keine Konsequenzen.

Eine Ausbildung wird installiert

Erst mit der gesetzlichen Neuregelung des Gesundheitswesens zu Beginn der 90er Jahre nahm der Gedanke der systematischen Verbesserung der Pflegequalität in Deutschland Gestalt an.

Die Niedersächsische Akademie für Fachberufe im Gesundheitswesen e.V., Osnabrück, installierte im Jahr 1993 eine **Ausbildung für Qualitätssicherungsexperten** in der Pflege in Deutschland. In Kooperation mit der CBO adaptierte die Niedersächsische Akademie das niederländische Modell der stationsgebundenen Methode zur Qualitätssicherung in der Pflege an deutschen Gegebenheiten.

19.2 Die Methode der stationsgebundenen Qualitätsverbesserung

19.2.1 Die sieben Schritte

Die Methode der dezentralen Qualitätssicherung beschreibt ein entwicklungsförderndes, prozeßorientiertes Verfahren, das Pflegeleistungen systematisch und kontinuierlich erfaßt und verbessert. Die Qualität der geleisteten Arbeit wird sichtbar, im Pflegeetat kalkulierbar und kann durch Innovationen verbessert werden. Die Methode bietet zwei Vorteile:

- Der Qualitätsgedanke kann mittels Reflexion und Analyse der eigenen Arbeit von den einzelnen wie auch vom Team internalisiert werden.
- Die qualitätssichernden Maßnahmen fördern die Professionalität der Krankenpflege auf der jeweiligen Station.

Die Pflegenden begründen und definieren gestützt auf wissenschaftlichen Erhebungen, was sie unter Qualität ihres beruflichen Handelns verstehen und wie sie diese sichern wollen.

Die dezentrale, stationsgebundene Methode Qualitätssicherung arbeitet nach dem Prinzip der ständigen Verbesserung mit dem Deming-Zyklus **Plan–Do–Check–Act** (PDCA).

B Qualitätsmanagement

Für die Durchführung der pflegerischen Qualitätssicherung wurde dieser Zyklus in **7 Einzelschritte** unterteilt (Abb. 19-1). Dabei werden im 3. Schritt – in Übereinstimmung mit der **Trias von Donabedian** – Struktur-, Prozeß- und Ergebniskriterien festgelegt. Die **Standards und Kriterien** werden von der Pflegedienstleitung bestätigt. So kann die Pflegedienstleitung die Ergebnisse nutzen und die Pflegequalität strukturell planen und steuern.

19.2.2 Aufgaben und Arbeitsgruppen

Auf der Station oder in einer ambulanten Einrichtung ist das gesamte Team für die Durchführung von Qualitätssicherung verantwortlich. Für vorbereitende Arbeiten wird eine **Stationsarbeitsgruppe** gegründet. Mitglieder sind die Stationsschwester, 2 bis 3 Pflegekräfte, Praxisanleiter oder Mentoren. Bei Langzeiteinrichtungen wie Psychiatrien, Altenpflegeheime oder Dialysestationen, empfiehlt es sich, einen Patienten zu beteiligen.

Die Arbeitsgruppe wird von einem **Internen Prozeßberater für Qualitätsverbesserung** (IPB) unterstützt. Der IPB ist

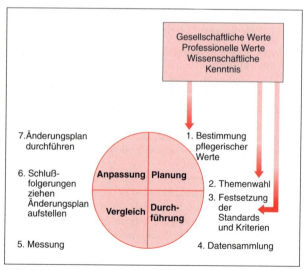

Abb. 19-1 Die sieben Schritte (Niedersächsische Akademie, Osnabrück 1995)

mit den geläufigen Qualitätswerkzeugen, der Analyse und den Auswertungsinstrumenten vertraut. Der Prozeßberater wird kontinuierlich in der Wahrnehmung interaktiver Prozesse und in der Leitung von Gruppen geschult. Bei der Einführung von Qualitätszirkeln werden die IPB extern beraten und begleitet. Die Aufgaben der IPB sind:
- Leiten/Moderieren von Arbeitsgruppen
- Durchführen von Schulungen
- Weiterleiten der Ergebnisse an das Management
- Beschaffen von Literatur
- Dokumentation der Ergebnisse

Neben den Arbeitsgruppen auf den Stationen existiert eine übergeordnete **Qualitätskommission** (= Koordinierungsgruppe). Mitglieder dieser Gruppe sind: Pflegedienstleitung, Vorsitzende der Stationsarbeitsgruppe, Mitarbeiter der Innerbetrieblichen Fortbildung und pflegerische Spezialisten.

Diese Gruppe hat die Aufgabe, die qualitätssichernden Aktivitäten der Stationen zu koordinieren. Standards und Kriterien, die auf den Stationen erarbeitet wurden, werden besprochen und ausgetauscht.

Dieses Vorgehen begünstigt das Erstellen von Institutionsstandards. Durch den ständigen Austausch können viele von den Ergebnissen profitieren, und die erarbeiteten Institutionsstandards können in ein Konzept umfassenden Qualitätssicherungsmanagements einfließen.

Organisationsprobleme, die den Verantwortungsbereich der Pflege übersteigen, sind durch die Qualitätskommission zu erfassen und an die entsprechenden Stellen weiterzuleiten.

Der Vorsitzende der Koordinierungsgruppe hält regelmäßig über die Resultate mit der Krankenhausleitung bzw. der Geschäftsführung Rücksprache.

Der Interne Prozeßbegleiter für Qualitätssicherung unterstützt die Koordinierungsgruppe bei ihrer Arbeit.

19.3 Pflegequalität und Management

19.3.1 Erfolgreiches Qualitätsmanagement

Die Erfahrungen zeigen, daß die Einführung der stationsgebundenen Methode der Qualitätssicherung zugleich der Startschuß für die Installierung eines Konzepts von Umfassendem Qualitätsmanagement (UQM) sein kann, welches interdisziplinär in der Institution angewandt werden kann und in einem Klinikleitbild die unternehmenseigene Qualitätsphilosophie beschreibt.

Voraussetzungen eines erfolgreichen Qualitätsmanagements im Krankenhaus sind:
- Das Management muß eine Vision über die Ziele eines umfassenden Qualitätssicherungsprozesses haben.
- Die Bereitschaft, die erforderlichen Kapazitäten freizustellen, muß gegeben sein.
- Das Management muß die Einbindung der Qualitätsbeauftragten in die bestehenden Strukturen des Krankenhauses tragen.
- Eine Verständigung über bestehende Qualitätsteilsysteme muß bestehen.
- Das Management muß sich über die Konsequenzen, einen kontinuierlichen Prozeß zu unterstützen, bewußt sein.

19.3.2 Chancen und Risiken

Im Jahr 1996 begann die Niedersächsische Akademie mit einer Studie (Abschluß Ende 1997), die die Praxiserfahrungen der bislang ausgebildeten Internen Prozeßberater evaluiert. Auf der Grundlage qualitativer Interviews lassen sich bislang folgende Ergebnisse festhalten:

Zum einen stoßen die IPB bei der Implementierung der Qualitätsverbesserung häufig auf **Vorurteile** und **Ängste** bei **Kollegen** und **Vorgesetzten.** Die erste Aufgabe der Ausgebildeten besteht häufig darin, alle Beteiligten über die Methode und die Aufgaben der dezentralen Qualitätsverbesserung zu informieren. Hierbei müssen die IPB Überzeugungsarbeit leisten, obwohl sie selbst noch keine praktischen Erfahrungen in der Anwendung der Methode haben.

Laut Aussagen der IPB beziehen sich die Vorurteile und **Ängste der Mitarbeiter** gegen Qualitätsverbesserung auf folgende Punkte:
- die Kontrolle des Arbeitsalltags
- das Aufdecken von Fehlern
- befürchtete Mehrarbeit
- Veränderung eingespielter Arbeitsweisen
- Bevormundung durch zu differenzierte Arbeitsablaufbeschreibungen in den Standards

Leitungskräfte hingegen befürchten eher, Aufgaben und Kompetenzen zu verlieren.

19 Die Einführung pflegerischer Qualitätsverbesserung ...

Zum anderen berichten dreiviertel der Interviewten – trotz der genannten Anlaufprobleme – von einer positiven Aufnahme sowie von der **begeisterten Mitarbeit** in den Arbeitsgruppen und Qualitätszirkeln.

Nach Ansicht der Interviewten realisieren die Mitarbeiter, daß sie mit dieser Methode eine **Verbesserung** ihrer **Arbeit** und ihrer **Kooperation** erreichen können. Sie erkennen, daß sich ihnen **neue Handlungsspielräume** eröffnen. Sie erhalten ein Werkzeug, das es Ihnen ermöglicht, Probleme zu benennen und eigene **Problemlösungen zu formulieren.** Sie werden aufgefordert, ihr berufliches Selbstverständnis zu hinterfragen und mit eigenen Messungen im Alltag zu kontrollieren und zu verändern. In diesem Prozeß wachsen die Beteiligten in ihrer Persönlichkeit. Ein **neues berufliches Selbstbewußtsein** entsteht.

Neben diesen Erfolgen der Qualitätssicherung berichten die Interviewten von **weiteren positiven Effekten,** die durch den Qualitätssicherungsprozeß initiiert wurden:
- Kosteneinsparung
  - durch das Optimieren von Arbeitsabläufen,
  - durch den bewußteren Umgang mit Materialien.
- Kleine Störungen werden unproblematischer gelöst.
- Vorbehalte gegenüber anderen Stationen verschwinden (Klimaverbesserung).

B Qualitätsmanagement

- Die Mitarbeiter identifizieren sich eher mit der Einrichtung.
- Die Motivation für die Gestaltung der eigenen Weiterqualifizierung steigt.

Eine durchweg positive Einführung qualitätssichernder Maßnahmen in einer Institution ist von vielen Faktoren abhängig. So zeigt sich in den Interviews, daß verschiedene **strukturelle Bedingungen** erfüllt sein müssen, um die positiven Erfahrungen der Mitarbeiter auf den Stationen effektiv zu nutzen.

Zusammenfassend lassen sich aus den Interviews bislang folgende **Fehlerquellen** bei der Implementierung von Qualitätssicherung konstatieren, die den Prozeß deutlich behindern oder zum Scheitern bringen können:

- fehlende Einbindung der QS-Maßnahmen in ein Gesamtkonzept der Klinik
- fehlende Unterstützung durch das Management
- Widerstände und Irritationen bei Kollegen und Vorgesetzten durch unzureichende Kenntnis der Methode
- unzureichende Einbeziehung von Pflegekräften, die folglich nicht motiviert werden können
- unzureichende Kommunikationsstrukturen

Der formalen und ideellen **Akzeptanz der IPB durch das Management** der Institution kommt besondere Bedeutung zu. Wird die Arbeit der Prozeßberater eher halbherzig unterstützt, bestehen kaum Chancen, einen globalen Prozeß der Qualitätsverbesserung zu implementieren.

Es ist weiterhin notwendig, daß diese Qualitätsbeauftragten **in bestehende Hierarchien** und **Besprechungsstrukturen** der Institution **integriert** werden. Wird dieser Aspekt vernachlässigt, entstehen Widerstände und Irritationen bei den betroffenen Funktionsträgern. Sie sehen sich in ihren Kompetenzen beschnitten und fürchten um ihren Einfluß auf wichtige Entscheidungsprozesse.

Im Fortbildungskonzept „Interne Prozeßberatung für Qualitätsverbesserung" wird die Empfehlung an die Pflegedienstleitungen ausgesprochen, das erste Fortbildungsmodul gemeinsam mit dem zukünftigen Internen Prozeßberater zu besuchen. Hierdurch soll ein gemeinsamer Informationsstand darüber erreicht werden, welche Chancen und Risiken ein Qualitätsverbesserungsprozeß bergen kann.

Die Erfahrungen zeigen inzwischen, daß Pflegedienstleitungen, die an der Fortbildung teilgenommen haben, diese unterstützenden Funktionen in der Praxis übernehmen. Die Studie zeichnet hier einen gelungenen Transfer in der Kooperation von IPB und PDL im Berufsalltag und den Transport der Informationen in das Management eines Krankenhauses.

19.4 Resümee

Die Beschäftigung mit Pflegequalität ist ein entscheidender Faktor, um Qualitätsmanagement im Krankenhaus zu installieren. Weiterhin ist dafür die Bereitschaft zur Auseinandersetzung mit Ideen, Visionen und Zielen erforderlich. Das Problem der Organisation Krankenhaus ist dabei nicht das Erkennen der Zielsetzung, sondern die Suche nach geeigneten Wegen, um die Ziele zu erreichen.

Qualitätsmanagement ist weder eine Kontrollmethode, noch formaler Bürokratismus. Qualitätsmanagement ist dort notwendig, wo hochkomplexe und interdisziplinäre Leistungen gefragt sind.

Anmerkungen
(1) Die Begriffe Qualitätssicherung (quality assurance) und Qualitätsverbesserung (quality improvement) werden in diesem Beitrag synonym verwendet. In der Literatur stellt Qualitätsverbesserung die Weiterentwicklung der Qualitätssicherung dar. Qualitätsmanagement hingegen umfaßt den gesamten, über die Methode der Qualitätsverbesserung hinausgehenden Prozeß.

Literatur
Deming, W. E., Quality, Productivity and Competetive Position. Massachusets Institute of Technology, Cambridge 1982.

Donabedian, A., Evaluating the Quality of Medical care. In: Milbank Memorial Fund Quarterly, 44 (1966), 166–203.

Giebing, H.; François-Kettner, H., Pflegerische Qualitätssicherung. Konzept, Methode, Praxis. Bocholt 1996.

Hasenfuss, S., Qualitätsmanagement in der Pflege – Investition in die Zukunft. In: *Viethen, G.; Maier, I.*, Qualität rechnet sich. Erfahrungen zum Qualitätsmanagement im Krankenhaus. Stuttgart, New York 1996, 36–40.

Hasenfuss, S., Wie erreicht man Pflegequalität? In: *Buck, R. A. J.; Vitt, K. D.*, Pflege vor neuen Aufgaben: Praxishandbuch zum Arbeitsplatz Krankenhaus. Stuttgart, New York 1996, 142–148.

Lang, N.; Clinton, J., Assessment on Assurance of the Quality of Nursing Care. In: Evaluation and Health Profession, No. 6, 1983.

Katz, J.; Green, E., Qualitätsmanagement. Überprüfung und Bewertung des Pflegedienstes. Berlin, Wiesbaden 1996.

20 Qualität als Thema der Pflege

Andrea Rall

Qualität, Qualitätsmanagement, Qualitätssicherung sind Begriffe, die heute im Gesundheitswesen und somit in den Krankenhäusern aktueller denn je sind.

Was bedeutet eigentlich Qualität?

Unter Qualität versteht man das Übereinstimmen der Ergebnisse mit den definierten Anforderungen, das Einhalten von vorgegebenen Normen, die Erfüllung der Anforderungen.

Warum ist das Thema Qualität in der Pflege so wichtig?

Die immer knapper werdenden finanziellen Ressourcen im Gesundheitswesen zwingen zum Beschreiten von neuen Wegen, damit das Krankenhaus sich wegentwickelt von einem Zuschußbetrieb hin zu einem wirtschaftlich arbeitenden und **konkurrenzfähigen Unternehmen.** Dieses Ziel gilt es zu erreichen. Alle im Krankenhaus tätigen Mitarbeiter sind betroffen und haben nun die neue Aufgabe, ihr Dienstleistungsangebot, das aus Diagnostik, Therapie, Pflege und Hotelleistungen besteht, attraktiv für den Kunden „Patient" zu gestalten. Für das Pflegepersonal bedeutet dies, daß die **Leistung Pflege** als qualitative Dienstleistung **transparent** gemacht wird, damit der Kunde (Patient) die Pflegeleistung unterscheiden kann und in die Lage versetzt wird, die für ihn beste Leistung auszuwählen (Wettbewerb).

Damit ein Unterscheiden möglich ist, mußte zuerst eine Definition von Pflegequalität erarbeitet werden. Sie lautet:

Pflegequalität ist der Grad der Übereinstimmung zwischen erbrachter Pflege und den bestehenden Kriterien für diese Pflege.

20.1 Pflegequalität definieren und umsetzen

Aller Anfang ist schwer, und mit was soll man beginnen?

Zuerst sollte man sich mit den **Faktoren** auseinandersetzen, die **die Pflege direkt** beeinflussen und die das Pflegepersonal selbst z.T. unabhängig von anderen Berufsgruppen beeinflussen kann. Es geht um die Auseinandersetzung mit eigenen Werten und das Verändern von individuellen Handlungen. Diese Faktoren sind im inneren Kreis der Abbildung 20-1 dargestellt.

Der äußere Kreis in der Abbildung stellt Faktoren dar, die Pflegequalität **indirekt beeinflussen,** die jedoch nicht unabhängig von Pflegenden zu verändern sind. Vor allem ist hier die Zusammenarbeit mit anderen Berufsgruppen sowie deren Kooperation erforderlich.

Pflegequalität steht im direkten Zusammenhang mit dem Gesamtsystem Krankenhaus und kann sich ohne Vernetzung nicht entwickeln.

20.2 Fünf Faktoren, die die Pflege direkt beeinflussen

Das Pflegeverständnis, die Pflegewerte

Professionell Pflegende entwickeln aufgrund uneinheitlicher Erziehung, Ausbildung und Erfahrung ein unterschiedliches Pflegeverständnis. Dies ist bei der **Entwicklung** eines **gemeinsamen Pflegeverständnisses** zu berücksichtigen. Bei der Suche nach einem Konsens müssen subjektive Sichtweisen verändert werden. Für die einzelnen Personen bedeutet dies, ihr tägliches Handeln zu modifizieren. Dies ist einer der ersten und schwierigsten Schritte bei der Umsetzung.

Über das Thema „Was ist Pflege" muß ausführlich im Team diskutiert werden. Je nach Station und Fachrichtung werden sich unterschiedliche Schwerpunkte ergeben. Erst wenn **Einigkeit** und **Einsicht** bestehen, können pflegerische Werte (*Giebing* 1996, 50) bestimmt werden.

Nach Donabedian (zitiert nach *Giebing* 1996, 21) wird von drei Komponenten der **Qualitätsdimension** gesprochen, die bei der Teamdiskussion einzubeziehen sind:
- Technik der Pflege
- interpersonelle Beziehung/professionelle Haltung
- Organisation der Pflege

Am Beispiel der Ganzheitlichen Pflege können in bezug auf die drei genannten Komponenten viele Fragen gestellt werden:

20 Qualität als Thema der Pflege

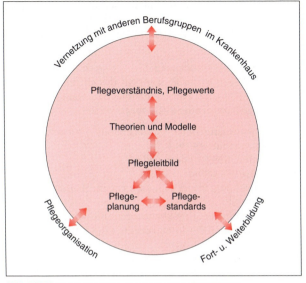

Abb. 20-1 Komponenten der professionellen Pflege

- Wie ist die Vorbereitung, Durchführung und Nachbereitung der Pflege?
- Wird der Patient überpflegt oder erhält er eine geplante, aktivierende Pflege?
- Ist er über die Pflegemaßnahme informiert?
- Kennt der Patient den Tagesablauf?
- Wird seine Intimsphäre gewahrt?

Theorien und Modelle

Der zweite Faktor ist die Auseinandersetzung mit Pflegemodellen und -theorien, von denen es inzwischen eine Vielzahl gibt, z.B. das Verhaltenssystemmodell von Dorothy Johnson, das Selbstpflegemodell von Dorothea Orem und die Fürsorgetheorie von Patricia Benner und Judith Wrubel.

Die teilweise noch existierende Meinung „jeder/jede kann pflegen" wurde aufgrund der seit den 50er Jahren vor allem in den USA entwickelten Pflegemodellen widerlegt. Auch Florence Nightingale vertrat schon 1859 folgende Ansicht: „Es wurde schon unzählige Male gesagt oder geschrieben,

B Qualitätsmanagement

daß jede Frau eine gute Krankenschwester abgebe. Ich glaube im Gegenteil, daß selbst die Elemente der Pflege nahezu unbekannt sind." (zitiert nach *Roper/Logan/Thierney* 1987, 9)

Die Krankenpflegemodelle und -theorien sind von den individuellen Wegen in der Pflegepraxis des einzelnen geprägt. Sie sollen helfen, das Phänomen Pflege zu erklären, vorherzusagen, zu ändern oder auch nur zu verstehen.

Dabei kristallisieren sich folgende Elemente heraus, die allen Modellen gemeinsam sind:
- die Person, die der Pflege bedarf
- der Pflegende selbst
- die Umgebung, in der sich eine Person (Patient/Pflegende) befindet
- das Gesundheits-/Krankheitskontinuum, in dem sich die Person während der Interaktion mit der Pflegeperson befindet
- die pflegerische Handlung selbst

Aus den einzelnen Elementen läßt sich folgendes pflegewissenschaftliches Metaparadigma (= das allgemeinste Bild einer wissenschaftlichen Disziplin) ableiten: „Pflege befaßt sich in Wissenschaft und Praxis mit Personen, die Pflege erhalten, mit der Umgebung, in der sich pflegebedürftige Personen und Pflegepersonen befinden und in welcher der pflegerische Handlungsprozeß realisiert wird, mit dem Gesundheits- und Krankheitskontinuum, in dem sich pflegebedürftige Personen befinden und in welcher der pflegerische Handlungsprozeß realisiert wird" (*Krohwinkel* 1993, 184).

Welche Bedeutung haben die **theoretischen Modelle** für die Praxis, und warum ist es wichtig, sich auf ein Modell, nach dem gepflegt wird, zu einigen?
- Sie strukturieren die Pflegepraxis.
- Sie bieten Hilfe, um ganzheitliche Bedürfnisse zu erfassen und Pflege entsprechend zu planen.
- Sie spezifizieren die Pflegeerhebung, Handlung und Evaluation.
- Sie helfen, daß Elemente der Pflege vorausgesehen, vorweggenommen und somit kontrolliert werden können.
- Sie beschreiben das Soll in der Pflege.

- Sie ermöglichen eine geplante Pflege, denn ohne theoretische Zielvorgaben ist Pflegeplanung nicht möglich.

Pflegeleitbild

Der dritte Faktor ist die Entwicklung eines gemeinsamen Pflegeleitbildes. Dies geschieht im Pflegeteam in Zusammenarbeit mit der Klinikleitung.

Um dem Dienstleistungsauftrag „Der Mensch steht im Mittelpunkt" gerecht zu werden, ist eine **Orientierungshilfe** notwendig. Hierbei wird – falls vorhanden – das Leitbild des Trägers umgesetzt, und es werden speziell für die Pflege Handlungsorientierungen angebahnt. Die jeweilige Einrichtung hat dann die Möglichkeit, die eigene Arbeit schrittweise am Leitbild auszurichten, zu überprüfen und im Sinne eines dynamischen Prozesses gemeinsam mit den Mitarbeitern und der Führungsebene weiterzuentwickeln.

Für die Umsetzung des Leitbildes ist es wichtig, daß es sich an der realen Wirklichkeit orientiert, die Mitarbeiter sich mit den Zielen identifizieren können und es öffentlich gemacht wird.

(Näheres zur Leitbildentwicklung siehe Kapitel 11, 12, 13.)

Pflegeprozeß und Pflegeplanung

Geplante Pflege, d.h. die Orientierung der Pflege am Pflegeprozeß, ist der vierte Faktor, der die Pflege(qualität) beeinflußt. Sie ist notwendig, um **Pflege beweisbar** zu **machen.**

Der Pflegeprozeß entstand in Verbindung mit den Pflegetheorien in den 50er Jahren in den USA. Er ist ein Problemlösungsprozeß, der die Pflegepraxis organisiert und strukturiert. Die Schweizer Autorinnen Fichter und Meier prägten den Namen **Krankenpflegeprozeß** (Abb. 20-2): „Der Krankenpflegeprozeß hat zum Ziel, auf systematische Art und Weise dem Bedürfnis des Patienten nach pflegerischer Betreuung zu entsprechen. Der Krankenpflegeprozeß besteht aus einer Reihe von logisch voneinander abhängigen Überlegungs-, Entscheidungs- und Handlungsschritten, die auf eine Problemlösung, also auf ein Ziel hin, ausgerichtet sind und im Sinne eines Regelkreises einen Rückkoppelungseffekt (Feedback) in Form von Beurteilung und Neuanpassung erhalten" (*Fichter/Meier* 1988, 30).

Der Regelkreis selbst bietet nur die Technik der Umset-

B Qualitätsmanagement

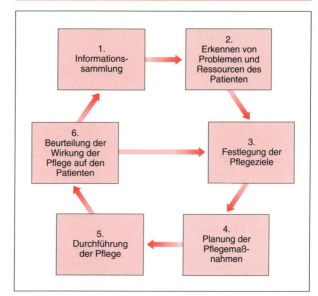

Abb. 20-2 Krankenpflegeprozeß

zung einer individuellen Pflege und ist nicht ohne eine Krankenpflegetheorie zu verwirklichen.

Der Problemlösungsprozeß ist nicht einseitig zu verstehen und nur durch die **Pfleger-Patient-Interaktion** wirksam. Der Patient wird in die Pflegeplanung einbezogen; eine Beziehung wird angebahnt. Dies fördert den Abbau von Unsicherheiten und Ängsten, die die Heilung und Genesung verzögern können. Umgekehrt fördert dieser Beziehungsprozeß eine vertrauensvolle Atmosphäre und das Wohlbefinden des Patienten. Die **Patientenzufriedenheit** steigt. Der Patient wird die Pflegequalität für gut befinden und die Station/das Krankenhaus ggf. bei erneuter Erkrankung wieder aufsuchen **(Kundenbindung).**

 Ein Pflegeprozeß, der sich nur am Schreibtisch vollzieht, behindert den oben beschriebenen Beziehungsprozeß und kann nicht zum Ziel Patientenzufriedenheit führen.

Bei der Pflegeprozeßdokumentation, d.h. bei der schriftlichen Pflegeplanung, ist es notwendig, parallel auf Pflegestandards zurückgreifen zu können, damit die zum Teil sehr komplexen Beschreibungen pflegerischer Schritte reduziert werden.

Pflegestandards

Um den Kundenwünschen zu entsprechen, ist es erforderlich, eine kontinuierliche und qualitativ hochwertige Pflege zu gewährleisten. Deshalb bietet es sich an, Pflegestandards zu entwickeln.

Nach Donabedian 1966 (zitiert nach *Giebing 1996*) unterteilt man in:

- **Strukturstandards:** Voraussetzungen, unter denen Pflege zu erbringen ist, z.B. Personalausstattung, Material;
- **Prozeßstandards:** Art und Umfang des pflegerischen Handelns, z.B. einzelne Maßnahmen im Rahmen der Dekubitusprophylaxe oder Standardpflegepläne, z.B. bei Patient mit Ulcus cruris;
- **Ergebnisstandards:** Hier werden die angestrebten Veränderungen, die generellen Pflegeziele beschrieben. Der Ist-/Soll-Zustand kann gemessen werden.

Stösser (1993) stellt folgende **Definition** von **Pflegestandards** vor:

Pflegestandards sind allgemeingültige akzeptierte Normen, die den Aufgabenbereich und die Qualität der Pflege definieren. Pflegestandards legen themen- oder tätigkeitsbezogen fest, was die Pflegepersonen in einer konkreten Situation leisten wollen/sollen, und wie diese Leistung auszusehen hat. Im folgenden werden die Anforderungen und Aufgaben bzw. Funktionen von Pflegestandards genannt:

- Standards sind verbindlich, haben den Charakter einer Dienstanweisung.
- Standards müssen fachlich auf dem neuesten Stand sein.
- Standards müssen vom gesamten Team akzeptiert werden.
- Sie definieren das Ziel der jeweiligen Aktivität.
- Sie bieten eine Möglichkeit zur Überprüfung der Qualität.
- Sie vereinheitlichen die Pflegehandlungen.
- Sie machen pflegerische Leistung nachvollziehbar.

Mit Hilfe von Standards kann die Pflegequalität definiert werden. Voraussetzung für die praktische Umsetzung ist, daß sich alle Pflegepersonen an die Standards halten und

B Qualitätsmanagement

daß der richtige Einsatz der Standards regelmäßig kontrolliert und evaluiert wird. Standards müssen immer wieder überarbeitet werden, damit neue Erkenntnisse in der Pflege dem Patienten zugute kommen. Nur dann kann man von einer guten Pflegequalität sprechen.

20.3 Drei Faktoren, die die Pflege indirekt beeinflussen

Pflegeorganisation

Nach welchem Organisationsprinzip auf einer Station, in einem Krankenhaus gepflegt wird, ist abhängig von der Größe der Einrichtung, von der Quantität und Qualität der Mitarbeiter, den Erkrankungen der Patienten etc.

Nach *Elkeles* (1990) sind zwei idealtypische Modelle der Aufbauorganisation beschrieben:

- **Traditionelle Funktionspflege** (TFP = Arbeitsverteilung nach Funktionen)

Diese Pflegeorganisationsform findet ihre Maximen in der Fließbandarbeit und ist ein Produkt der Industrialisierung und Technisierung. Das Ziel heißt, mit möglichst hohem Tempo viel Leistung zu erbringen. Die Identifikation mit der Arbeit ist erschwert, da kein Gesamtzusammenhang erlebt wird. Im pflegerischen Arbeitsablauf spricht man von Stationspflege oder auch Rundenpflege. Hier findet eine Zuweisung von einzelnen oder mehreren Pflegetätigkeiten an einzelne Pflegepersonen pro Schicht statt. Diese führen die ihnen übertragenen Aufgaben bei allen in Frage kommenden Patienten der Station aus. Die Funktionspflege ist für die Umsetzung des Pflegeprozesses eine nicht akzeptable Methode, da sie den Aufbau einer Beziehung zwischen Patient und Pflegekraft verhindert und eigenverantwortliches Handeln unterdrückt. Übertragene Aufgaben sollen lediglich ausgeführt werden, ohne z.B. Notwendigkeit und Zeitpunkt der Maßnahmen zu reflektieren. Die Funktionspflege behindert die Umsetzung der in Abbildung 20-1 beschriebenen Faktoren im inneren Kreis.

- **Ganzheitspflege** (GP = Arbeitsverteilung nach der Patientenzuordnung)

Dieser Arbeitsverteilung liegt die vorindustrielle, handwerkliche Tradition zugrunde, nach der ein Werkstück von einer

Person von Anfang bis Ende bearbeitet wurde. Diese Art der Arbeit bietet eine hohe Arbeitszufriedenheit. Für die Pflege bedeutet das, daß alle Pflegemaßnahmen einer bestimmten Anzahl von Patienten von einer Pflegekraft pro Schicht eigenverantwortlich vorgenommen werden. Die Ganzheitspflege ist in **verschiedenen Pflegesystemen** zu gestalten: Bereichspflege, Gruppenpflege, im Idealfall von der Aufnahme bis zur Entlassung (Primary Nursing →). Innerhalb dieser Pflegesysteme ist eine Beziehung zwischen Patient und Pflegekraft möglich. Die Pflege ist **patientenorientiert** und fördert die Patientenzufriedenheit.

Fort- und Weiterbildung

Die Fort- und Weiterbildung muß eine Vernetzung des Theorie-Praxisbezugs leisten. Das bedeutet konkret, daß Pflegemodelle und Pflegestandards den Pflegenden nahegebracht werden müssen, damit diese in der Lage sind, ihre eigenen Handlungen zu hinterfragen und ggf. zu modifizieren.

Die Inhalte sind immer mit der praktischen Arbeit zu verbinden. Nur so werden Mitarbeiter bereit sein, alte Vorstellungen aufzugeben und neue anzunehmen. Unterstützend wirken hier Projektarbeiten mit begleitender Gruppensupervision, in denen anhand einer konkreten Aufgabe gelernt wird, Veränderungen in Einrichtungen systematisch vorzunehmen.

Vernetzung mit anderen Berufsgruppen im Krankenhaus

Qualität in der Pflege ist ein wichtiges Ziel – nicht nur für Pflegende, sondern für alle im Krankenhaus Tätigen.
Pflegequalität ist ein Maß für den Kunden/Patienten, ein bestimmtes Krankenhaus auszuwählen, seine Dienstleistungen in Anspruch zu nehmen, um wieder gesund zu werden bzw. in Würde zu sterben.

Die Pflegequalität ist ein Faktor, der in der Zukunft das Überleben der Einrichtung maßgeblich beeinflussen wird. Es muß daher im Interesse aller sein, die Qualität der Pflege zu fördern und zu sichern. Auch das Gesamtsystem, also auch Medizin und Verwaltung, müssen mit den Zielen der Pflege übereinstimmen.

B Qualitätsmanagement

Die patientenzentrierte Pflege ist sehr schwer umzusetzen, wenn z.B. festgelegte Visitenzeiten von den Medizinern nicht eingehalten oder die Essenszeiten nicht den Gewohnheiten des Patienten angepaßt werden können.

Allein der Pflege die Aufgabe „der Mensch im Mittelpunkt" zu stellen, ist nicht sinnvoll. In Kooperation mit anderen Berufsgruppen dagegen kann Pflege mit hoher Qualität einen bedeutenden Beitrag im Krankenhaus der Zukunft leisten.

Literatur

Elkeles, T., Arbeitsorganisation in der Krankenpflege – zur Kritik der Funktionspflege. Hochschulschriften 1. Frankfurt a. M. 1990.

Fichter, V.; Meier, M., Pflegeplanung, eine Anleitung für die Praxis. Basel 1985.

Giebing, M.; François-Kettner, M., Pflegerische Qualitätssicherung. Konzept, Methode, Praxis. Bocholt 1996.

Kalmus, M., Pflegeleitbild – Der Weg ist schon ein Ziel. In: Die Schwester, der Pfleger, Heft 12, 1996, 1095.

Kellnhauser, E., Pflegequalität durch pflegerische Emotionsarbeit. In: Die Schwester, der Pfleger, Heft 8, 1996, 809.

Krohwinkel, M., Wege zur Entwicklung einer praxisintegrierenden Pflegewissenschaft. In: Pflege, 6. Jg., Heft 3, 1993, 183–184.

Lingenbug, E.; Reimann, R., Der Pflegedienst im Krankenhaus. Grundlagen zur Organisation einer Pflegeeinheit. 5. Aufl. 1995.

Mischo-Kelling, M.; Wittneben, K., Pflegebildung und Pflegetheorien. München, Wien, Baltimore 1995.

Roper, N.; Logan, W. W.; Thierney, A. J., Die Elemente der Krankenpflege. Basel 1987.

Schniedz, S., Professionelle Erarbeitung eines Grundkonzeptes zur Erstellung und Umsetzung von Standards in der Pflege. In: Die Schwester, der Pfleger, Heft 1, 1997, 56.

Stösser, A. von, Pflegestandards. Erneuerung der Pflege durch Veränderung der Standards. Berlin, Heidelberg, New York, 2. erw. Aufl. 1993.

21 Pflegeforschung – ein Beitrag zum Qualitätsmanagement im Krankenhaus

Sabine Bartholomeyczik

21.1 Strukturierung von Forschungsbereichen

Die Pflege in Deutschland befindet sich seit etwa eineinhalb Jahrzehnten auf einem Weg, der ihr nicht nur größere **Selbständigkeit** und **umfassendere Aufgaben** zuweist, der nicht nur eine bedeutende **gesellschaftliche Relevanz** im Zuge der Einführung einer Pflegeversicherung mit sich bringt, sondern sie befindet sich auch auf dem **Weg zu einer eigenständigen Wissenschaft.** Äußeres Kennzeichen dieses Weges zur Wissenschaft ist die Einrichtung einer Vielzahl von pflegeorientierten Studiengängen, vorwiegend an Fachhochschulen und an einigen Universitäten. Die inhaltliche Entwicklung der Pflegewissenschaft steckt allerdings noch stark in den Anfängen, und das gilt insbesondere für die Pflegeforschung (*Bartholomeyczik et al.* 1997).

In der Denkschrift der Robert Bosch Stiftung mit dem Titel „Pflegewissenschaft" (1996) wird Pflegeforschung in 5 Bereiche aufgeteilt: Pflegepraxis als zentraler Bereich der Pflegeforschung, Pflege als Organisation und Institution, Pflegepolitik als Teil der Gesundheits- und Sozialpolitik, historische Pflegeforschung und Bildungsforschung in der Pflege. Festgestellt wird hier auch, daß es bisher viele Arbeiten über die Rahmenbedingungen pflegerischer Arbeit gäbe sowie über Ausbildungsfragen, jedoch nur in wenigen Beispielen Arbeiten über die Inhalte der Pflege. Außerdem seien in Anbetracht der wissenschaftssystematischen Defizite noch intensive Forschungsanstrengungen nötig, „um die theoretisch-konzeptionellen Grundlagen der Disziplin Pflege zu entwickeln" (*Robert Bosch Stiftung* 1996, 15).

In einem Informationsblatt der Zentralen Arbeitsgruppe

Pflegeforschung des Deutschen Berufsverbandes für Pflegeberufe (DBfK) erfährt die Pflegeforschung lediglich eine Zweiteilung, nämlich in die Forschung **in** der Pflege und in jene **über** die Pflege, wobei nur die erstere Pflegeforschung im engeren Sinne sei. Demnach befaßt sich die Forschung in der Pflege „mit der Pflegepraxis, den Pflegemethoden, deren Effizienz und der Pflegebeziehung", während die Forschung über Pflege sich „mit Pflege als Beruf, Pflegeorganisationen, Berufspolitik" beschäftigt. Für den letzteren Bereich könnten Erkenntnisse sehr wohl auch aus anderen Forschungsperspektiven als denen der Pflege gewonnen werden.

Da Forschung **in** der Pflege eine wesentliche **Basis für die Beurteilung von Pflegequalität** darstellen sollte, wird im folgenden die Forschung **über** die Pflege eher vernachlässigt. Drei **Schwerpunkte,** die sich nur analytisch und forschungstechnisch trennen lassen, sind dafür auszumachen:

- Die **pflegerischen Maßnahmen** zunächst in einem verengten technischen Sinne und deren Auswirkungen. Darüber hinaus sind diese als Bestandteil eines Beziehungsgeschehens zwischen Pflegenden und Pflegebedürftigen zu untersuchen.
- Die systematische Untersuchung von **Pflegebedarf und -bedürfnissen,** deren Ursachen und pflegerischen Beeinflussungsmöglichkeiten.
- Da Pflege in der Regel nicht auf eine Dyade zwischen Pflegender und Patientin (1) beschränkt ist, gehören zu der Forschung in der Pflege die engeren organisatorischen **Rahmenbedingungen,** ohne die effektive Pflegemaßnahmen nicht durchgeführt werden können. Hier zeichnen sich u.U. Überschneidungen zur Forschung über die Pflege ab.

Im folgenden seien beispielhaft einige Ergebnisse aufgeführt und Probleme dargestellt, wobei Vollständigkeit keineswegs beabsichtigt ist.

21.2 Forschungsbeispiele und -notwendigkeiten

21.2.1 Pflegerische Maßnahmen

Obwohl die Unterstützung bei alltäglich durchgeführten Handlungen einen ganz wesentlichen Bestandteil pflegerischer Aufgaben darstellt, spielt sie in der Pflegeforschung kaum eine Rolle. Langsam beginnt sich hier etwas zu ändern, wenn z.B. zunehmend Arbeiten über die Unterstützung bei der Nahrungsaufnahme erscheinen. Typischerweise kamen die ersten Veröffentlichungen aus dem Ausland, hier aus Schweden, wo sich einige Pflegewissenschaftlerinnen intensiver mit diesem Thema im Zusammenhang mit der Pflege bei dementen Patientinnen befaßt haben.

Der Dekubitus, schon von Florence Nightingale 1859 als Pflegefehler beschrieben, stellt das bekannteste Beispiel für die Forschung zu pflegerischen Maßnahmen dar. Eines der ersten deutschen Bücher zu einem umschriebenen Pflegebedarf, das sich mit Prophylaxe und Therapie des Dekubitus befaßte, ist jetzt völlig überarbeitet neu herausgegeben (*Bienstein et al.* 1997). Anhand der Forschung zu Methoden der Dekubitusprophylaxe läßt sich beispielhaft zeigen, wie traditionelle und meist **unhinterfragte Methoden zu Ritualen** gerinnen, nach deren Begründung nicht mehr gefragt wird.

In den 70er und 80er Jahren wurde in deutschsprachigen Pflegelehrbüchern zur Dekubitusprophylaxe u.a. eine abwechselnde Kälte- und Wärmebehandlung empfohlen, die zur damaligen Zeit selbstverständlicher Bestandteil eines Pflegestandards geworden wäre. Vor etwa 10 Jahren initiierte eine Gruppe Pflegender eine Untersuchung, bei der die Hautdurchblutung und die Keimbesiedelung unter diesen Anwendungen analysiert wurden mit dem Ergebnis, daß sowohl die Hautdurchblutung keineswegs verbessert als auch eine Keimbesiedlung – gefährlich für jede risikobehaftete und möglicherweise bereits lädierte Haut – durch das Fönen gefördert wird. Heute gilt Eisen und Fönen als Pflegefehler.

Das Thema Dekubitusprophylaxe eignet sich auch hervorragend als Beispiel dafür, daß es nicht reicht, ein Forschungsergebnis zu haben und damit die Weisheit der Methode für alle Zeiten festhalten zu können. So können zwar Superweich-Matratzen eine erhebliche Druckentlastung erzeugen, gleichzeitig aber verliert eine Person auf einer solchen Matratze den für sie deutlich wahrnehmbaren Kontakt zu ihrer Auflegefläche. Die so verminderte basale Stimulation reduziert die Bewegungsfähigkeit sowie die Körperorientierung und beeinträchtigt die Wahrnehmungsfähigkeit. Ver-

B Qualitätsmanagement

schiedene Forschungsergebnisse können also zu widersprüchlichen Handlungen führen.

Für einen wissenschaftlichen Diskurs jedoch sind gerade konkurrierende und **widersprüchliche Forschungsergebnisse** dringend nötig. Um die richtigen Maßnahmen, für die es sicher keinen übergreifenden, grundsätzlich gültigen Standard geben kann, muß fundiert gestritten werden können.

Darüber hinaus unterstreicht das Beispiel Dekubitusprophylaxe die Forderung, daß Pflegerichtlinien – meist als Standard bezeichnet – erst veröffentlicht werden sollten, wenn sie auf ausreichenden Forschungsergebnissen aufbauen können. Da die Umsetzung dieser Forderung derzeit reichlich illusorisch ist, sollte zumindest bei der Diskussion um die Qualitätskriterien sehr deutlich gemacht werden, wo welche Art von Forschungsergebnissen zugrunde liegt, und vor allem, wo es sich um bisher nicht belegte Annahmen handelt.

21.2.2 Pflegebedarf und -bedürfnisse

Im vorigen Abschnitt wurde der Eindruck erweckt, als stünde fest, wo pflegerisches Handeln ansetzen muß und als wäre im Prinzip auch klar, was mit pflegerischen Maßnahmen erreicht werden kann, nur die richtigen Mittel wären nicht immer untersucht. Das ist jedoch keineswegs der Fall.

Verbunden mit der erst spät entstandenen inhaltlichen Auseinandersetzung um die Eigenheit pflegerischer Aufgaben im Gesamt der Gesundheitsversorgung entwickelt sich erst in neuerer Zeit ein Verständnis für eine **eindeutige und gemeinsame Sprache** zur fachlichen Bezeichnung komplexer Sachverhalte. Dies gilt sowohl für die Fachsprache zur Bezeichnung von Pflegebedarf sowie von pflegerischen Methoden und Zielen. In der Diskussion um die gemeinsame Sprache drücken sich auch die inhaltlichen Unklarheiten um Eigenheiten und Abgrenzungen der Pflege aus. Diese späte sprachliche und damit inhaltliche Entwicklung hat Konsequenzen, die z.B. im Zusammenhang mit der Pflegeversicherung deutlich werden.

In den USA hat man sich inzwischen mit dem System der **Pflegediagnosen** weitgehend auf eine komplexe Grundlage mit einer einheitlichen Sprache für die Feststellung des Pflegebedarfs geeinigt. Die sich weiterhin in der Entwicklung befindenden Pflegediagnosen verlangen allerdings Kenntnisse und Fähigkeiten zur Anwendung eines diagnostischen Prozesses im Rahmen des Pflegeprozesses. D.h. Merkmale, also Symptome, sowohl aus Patientinnensicht als auch aus Sicht der Pflegenden, müssen erhoben, Prioritäten gesetzt und die Informationen analysiert werden, bevor eine Diagnose als Bezeichnung für den Pflegebedarf gestellt werden kann. Dieses Vorgehen ist zwar in der üblichen Pflegebedarfserhebung angelegt, aber kaum bewußt vorhanden. Es soll hier keineswegs Propaganda für die unbesehene Übernahme der US-amerikanischen Pflegediagnosen gemacht werden.

Allerdings wäre es sehr zu wünschen, wenn sich Forschung zur Art des Pflegebedarfs, zur Analyse und Bündelung von Pflegesymptomen, zur Kennzeichnung von Pflegephänomenen und zur Entwicklung einer in diesen Bereichen **einheitlichen Pflegesprache** entwickelte.

Eine Fachsprache sollte auch ein Bewußtsein für die Abkehr von der Beschränkung der Pflege ausschließlich auf die handwerklichen Verrichtungen mit sich bringen. Insbesondere im Zusammenhang mit der zunehmenden Ausweitung der häuslichen und ambulanten Pflege bedarf es der Abrechnungsmodi, die nicht nur die pflegerische Handlung direkt, also z.B. die Körperpflege, sondern auch die Pflegeanamnese, die Kennzeichnung und Analyse prioritärer Pflegeprobleme, also die Diagnosestellung und die Überprüfung und Beurteilung der Pflegeergebnisse bezahlbar machen. Darüber hinaus kann eine solche Systematik von Pflegediagnosen auch benutzt werden, um den Pflegebedarf von Gruppen oder Gesellschaften besser einschätzen zu können, also um eine Pflegeberichterstattung als Teil der bereits existierenden Gesundheitsberichterstattung durchführen zu können.

Während in den USA eine Diagnosensystematik in Form der Bearbeitung und Überprüfung eingereichter Diagnosen mit Forschungsnachweisen durch ein Fachgremium (North American Nursing Diagnosis Association, NANDA) aufgebaut wird, wurde in Dänemark empirisch von der vorhandenen Pflegepraxis ausgegangen (*Nielsen* 1995). Nach einer Schulung über Diagnose-Prinzipien wurde gefragt, auf welche Pflegediagnosen die Pflegenden treffen und welche Merkmale sie diesen Diagnosen zuordnen. Bezeichnend für die **Diffusität der Pflegesprache** und wahrscheinlich auch für unterschiedliche Prioritätensetzungen und Wahrnehmungen ist, daß aus 1808 Pflegediagnosen mit 8982 klinischen Merkmalen sich nach der Validierung 272 Diagnosen mit 1937 Merkmalen herauskristallisierten. Eine semantische Analyse zeigt, daß Pflegende bei identischen Merkmalen unterschiedliche Diagnosebegriffe verwenden und daß sie denselben Diagnosebegriff unterschiedlichen Merkmalen zuordnen.

Für die **Beurteilung des Pflegebedarfs im Zusammenhang mit der Pflegeversicherung** könnte eine Systematik wie die der Pflegediagnosen außerordentlich hilfreich sein.

Ein valider, differenzierter und reliabler Fragebogen müßte hier entwickelt werden, der allerdings entsprechender Forschungsgrundlagen bedürfte. Mögliche Arbeitsgrundlagen hierfür sind u.a. aus den USA bekannt. Die derzeitige Fassung des Begutachtungsbogens hat jedoch einige Kategorien sozialmedizinischer Begutachtungstraditionen mit Kategorien einiger in der Pflege häufig verwendeten Aktivitäten des täglichen Lebens gemischt, die beide kaum differenzierte und trennscharfe Kriterien liefern können.

Zu dem Themenbereich Pflegebedarf und -bedürfnisse gehören als konstitutiver Bestandteil die Wahrnehmungen und Äußerungen der Pflegebedürftigen. Ein professionelles pflegerisches Urteil kann kaum ohne die Beteiligung der zu Pflegenden gefällt werden. Dieser Aspekt wird bisher in der Forschung noch wenig berücksichtigt. In der Systematik der Pflegediagnosen wird ihnen ein Stellenwert dann zugeschrieben, wenn „subjektive Merkmale" als definitorische Bestandteile der Diagnose bezeichnet werden. Professionelle Entscheidungen sollten idealerweise auf einem Aushandlungsprozeß beruhen.

Wesentlich hierfür ist auch die Kenntnis von Kranksein in seiner Bedeutung für die Betroffenen. Dieses **Krankheitserleben** ist Gegenstand einer kürzlich in einem deutschen Artikel ansatzweise vorgestellten amerikanischen Forschungsarbeit (*Schnepp* 1997). Es wird in vier Stadien beschrieben: Im ersten Stadium herrschen Unsicherheit und Verwirrung vor. Das zweite Stadium, das nach der Festlegung der medizinischen Diagnose beginnt, wird als „Disruption" bezeichnet und ist immer noch mit Unsicherheit behaftet. Es kennzeichnet den Beginn der Auseinandersetzung mit der Bedeutung der Diagnose. Das dritte Stadium ist geprägt durch das Bestreben, das eigene Selbst wiederzufinden, während die letzte Phase beherrscht wird durch die Suche nach Wohlbefinden und den Umgang mit möglichen Einschränkungen.

Das Interesse an der Sicht der Pflegeempfängerinnen ist in einer verkürzten Version im Zusammenhang mit den aus der Industrie übernommenen Qualitätsdimensionen mit dem **Begriff des Klienten** in die Pflege eingegangen.

So wichtig es ist, daß die Notwendigkeit einer Klientensicht betont wird, so differenziert sollte auch beleuchtet werden, was Zufriedenheit von Pflegeempfängerinnen beeinflußt und ob tatsächlich die Zufriedenheit das übergreifende Pflegeziel darstellen sollte. Hierzu fehlen empirische Arbeiten nahezu völlig, wenn von einfachen Zufriedenheitsumfragen, die keinerlei Erkenntnisgewinn bringen, abgesehen wird.

21.2.3 Rahmenbedingungen

Gerade in der äußerst komplexen Organisation Krankenhaus, in der viele verschiedene Personen direkt und indirekt mit der Versorgung von Patientinnen befaßt sind, ist das **Inter-Agieren** von großer Bedeutung.

In einer beispielhaften Untersuchung über die Pflege bei Schlaganfallpatientinnen, die alle hier genannten Bereiche der Pflegeforschung berührt, wurde nicht nur die Wirkung einzelner Methoden untersucht, sondern auch analysiert, welche Bedeutung dieses genannte Inter-Agieren in der Pflege hat (*Krohwinkel* 1993). Es ließ sich zeigen, daß z.B. eine fehlende fachliche Kontinuität sämtliche Bemühungen einzelner um die Förderung von Ressourcen zunichte machen kann. Eine weitere wesentliche Dimension, die die Probleme derzeitiger Pflege kennzeichnet, ist nach dieser Untersuchung die fehlende Sichtbarkeit der Pflege. Dies bedeutet die mangelnde Fähigkeit Pflegender, den Pflegebedarf überhaupt adäquat einschätzen und entsprechende Maßnahmen dafür einsetzen zu können. Darüber hinaus wird der Pflegebedarf fragmentiert, also in Einzelteile zerlegt und nicht wieder für das Individuum, das Ungeteilte, zusammengeführt. Und schließlich ist die Pflege insgesamt auf Abhängigkeit gerichtet, sie orientiert sich an den Defiziten der

Patientinnen und nicht an deren verbliebenen Fähigkeiten. Diese Orientierung wird verstärkt durch die genannte Diskontinuität, die Fragmentierung und die Unsichtbarkeit. In dem Projekt wurden aufbauend auf dieser Schwachstellenanalyse Maßnahmen zur Qualitätsverbesserung durchgeführt, vor allem in ausführlichen Schulungen des Pflegepersonals. Bei der Umsetzung der Schulungsergebnisse zeigten sich dann die Restriktionen, die außerhalb der Pflege einschränkend wirksam werden können.

Wenn organisatorische Rahmenbedingungen, auch in Form der Unterstützung durch andere Berufsgruppen, vor allem natürlich der Ärzte, Minimalbedingungen nicht genügen, dann sind die besten Pflegekompetenzen kaum umzusetzen.

Diskontinuität und Fragmentierung werden durch die aufgabenorientierte Pflege, meist als Funktionspflege bezeichnet, gefördert. Dem werden als patientenorientierte Pflege das ebenfalls aus den USA stammende **Primary Nursing** (→) oder dessen Modifikationen in Form von Bezugs-, Bereichs- oder Zimmerpflege gegenübergestellt. Über die fachliche Notwendigkeit zur Einführung einer patientenorientierten Pflegeorganisation herrscht Einigkeit mit der Annahme, daß dies nicht nur aus ethischen Gründen besser für die Patientinnen sei, sondern dadurch sowohl die Pflegequalität als auch die Arbeitszufriedenheit der Pflegenden steigen müßten. In Nordamerika wurden bereits seit den 60er Jahren Arbeiten über Primary Nursing geschrieben, die sich auch mit den genannten Variablen befassen. In einem 1986 veröffentlichten Review-Artikel wurden systematisch alle englischsprachigen Veröffentlichungen zu dem Themenbereich untersucht mit der Frage, ob sich die genannten Zusammenhänge tatsächlich verallgemeinern ließen (*Giovannetti* 1986). Zunächst stellt die Autorin fest, daß unter mehreren hundert Artikeln nur 29 empirische Forschungsberichte zu finden waren, die methodischen Mindestkriterien genügten. Bei der Analyse dieser Berichte kommt sie zum Schluß, daß die Ergebnisse der Studien kaum zu vergleichen sind, weil vor allem die unabhängige Variable, patientenorientierte Arbeitsorganisation, nicht genau definiert wurde, weil andere Methoden ungenau beschrieben und vieles nicht eindeutig nachvollziehbar ist. Aus diesem Grund könne nicht belegt

21 Pflegeforschung – ein Beitrag zum Qualitätsmanagement

werden, daß Primary Nursing die erwarteten positiven Auswirkungen habe – das Gegenteil natürlich auch nicht.

 Soll Forschung weiterhelfen, sollte sie sorgfältig durchgeführt werden, so lehrt dieser Artikel.

Der Begeisterung für Primary Nursing (→) steht eine kaum auszurottende Idee gegenüber, daß nämlich Funktionspflege schneller und billiger sei als eine patientenorientierte Pflegeorganisation. Letztere sei vielleicht humaner, aber nicht funktioneller.

Völlig übersehen wird dabei, daß bei Funktionspflege gravierende Fehler dadurch entstehen, daß Aufgaben nicht bearbeitet werden, weil die eine Pflegende denkt, die andere habe das bereits erledigt. Und die scheinbare Rationalität verkehrt sich vor allem auch deswegen in ihr Gegenteil, weil nachweisbar bei Funktionspflege viele Dinge doppelt gemacht werden, ebenfalls wegen mangelhafter Inter-Aktion (*Elkeles* 1994).

Die Klage über Zeitdruck ist die verbreitetste Klage in allen Pflegebereichen, und diese nimmt zu im Zusammenhang mit der derzeitigen Kostendiskussion. Der Zeitdruck muß auch dafür herhalten, daß keine Pflegeplanung gemacht wird, daß die Dokumentation vernachlässigt wird etc.

 In diesem Zusammenhang ist eine z. Zt. nicht ganz abgeschlossene Untersuchung aus einem Altenheim sehr aufschlußreich (*Brater et al.* 1996). Den Forscherinnen fiel auf, daß einige Pflegende am Schichtende völlig erschöpft waren und sich ausgebrannt fühlten, während andere, die unter denselben Bedingungen arbeiteten, recht gut mit ihren Aufgaben zurechtzukommen schienen. Die Forscherinnen hatten die Vorstellung, daß die weniger Gestreßten wohl über organisatorische Tricks verfügten, mit denen sie ihre Arbeit kräftesparender bewältigen könnten. Es stellte sich jedoch heraus, daß die Unterschiede der äußeren Organisation nur minimal waren, daß aber der größte Unterschied in der Art lag, mit der die Pflegenden an ihre Arbeit herangingen, die Ausdruck einer inneren Einstellung war. Die Gestreßten stürzten sich morgens in die Arbeit, um möglichst schnell alles abzuarbeiten und zu sehen, daß sie irgendwie bis zum Schichtende über die Runden kamen. Die Nicht-Gestreßten dagegen „verschwendeten" sogar erst einmal Zeit, indem sie

B Qualitätsmanagement

„ihre" Pflegebedürftigen zunächst kurz begrüßten, um sich dabei ein Bild von der Situation der Bewohnerinnen zu machen. Erst danach planten sie ihre Arbeitsschritte gezielt und mit freien Zeitspielräumen.

Die aus Zeitgründen leicht als unmöglich dargestellte reflektierte Planung erhöht zumindest die Wahrscheinlichkeit, mit der großen Arbeitsbelastung besser umgehen zu können als ohne sie. Voraussetzung sind jedoch Rahmenbedingungen, unter denen sinnvoll gearbeitet werden kann, d.h., unmenschliche Bedingungen sind nicht mit einer inneren Haltung zu überwinden.

Ein zunehmend wichtiger Aspekt der Rahmenbedingungen ist die Frage, wie die Versorgungs- und insbesondere die Pflegekontinuität auch über Institutionengrenzen hinweg gewährleistet werden kann. Unter den Stichworten **Pflegeüberleitung,** Case- oder Care-Management (→) werden verschiedene Ansätze untersucht.

21.3 Weitere Forschungsanliegen

Die bisherigen Aufzählungen benennen zwar wichtige Forschungsbereiche, zeigen in ihrer thematischen Eingrenzung aber auch, daß wesentliche Fragen noch offen sind. Dennoch werden auf allen Ebenen Maßnahmenstandards entwickelt, denen in vielen Fällen eine fundierte Grundlage noch völlig fehlt. Dies ist jedoch nicht nur ein Problem in einem Land wie Deutschland, in dem die Pflegeforschung nur eine äußerst kurze Tradition hat.
Eine stark vernachlässigte Forschungsproblematik ist die des **Zusammenhangs zwischen Kosten und Pflegequalität.**

Die Forderung der **Wirtschaftlichkeit** in der Sozialgesetzgebung wird meist einseitig mit Sparen gleichgesetzt. Dabei wird übersehen, daß der Begriff Wirtschaftlichkeit immer ein Verhältnis zwischen 2 Dimensionen ausdrückt, neben den aufzuwendenden Kosten sind die inhaltlich zu erreichenden Ziele genauso wichtig.

Die Diskussion um die Wirtschaftlichkeit wird selten pflegeinhaltlich geführt. So wird als ein Argument für den Einsatz der teureren, aber qualifizierten Pflegekräfte dann die Erkenntnis angeführt, daß Qualifizierte doppelt so schnell

21 Pflegeforschung – ein Beitrag zum Qualitätsmanagement

pflegen könnten wie Angelernte, z.B. Zivildienstleistende oder Praktikantinnen. Nicht hinterfragt wird, welches Qualitätskriterium die Schnelligkeit ist, ob Geschwindigkeit in der Pflege das Wohlbefinden und die Gesundheitsentwicklung von Pflegebedürftigen fördert. Bekanntermaßen jedoch ist in vielen Fällen Schnelligkeit absolut kontraproduktiv, denn sie kann leicht dazu führen, daß alles länger dauert.

Es müßte dringend untersucht werden, welche Art von Pflege wieviel kostet, welche Finanzmittel was ermöglichen. Und hierbei sind auch längerfristige Perspektiven zu beachten.

Trotz vielfach beobachteter Innovationswiderstände wird in vielen Bereichen der Pflege seit einigen Jahren sehr viel ausprobiert, z.B. die Umsetzung einer patientenorientierten Arbeitsorganisation, die Einführung von Pflegediagnosen, die Erprobung von Überleitungsmodellen oder die Integration neuer Methoden wie Kinästhetik oder Basale Stimulation. Begleitforschungsprojekte sollten bei den unzähligen Innovationsversuchen eine zentrale Rolle spielen, um die Übertragbarkeit dieser Versuche oder auch ihre Fehlschläge und Widerstände zu analysieren.

Dabei sollte durchaus gezielt nach fehlgeschlagenen Projekten gesucht und diese untersucht werden, da sich gerade aus Fehlern Strategien zur Verbesserung leichter entwickeln lassen.

Schließlich wird bei der Diskussion um Forschungsnotwendigkeiten und -prioritäten sehr schnell die Bedeutung einer philosophisch-theoretischen Grundlage deutlich. Voraussetzung für die Pflegeforschung ist auch die Auseinandersetzung mit Fragen, was Pflege ist, was sie erreichen kann, welche grundsätzlichen Methoden ihr zur Verfügung stehen und welche ethischen Normen in das Pflegeverständnis eingehen. Hier können manche der vorwiegend aus den USA stammenden Pflegetheorien bzw. -modelle wertvolle Grundlagen liefern.

Da viele dieser Modelle eine Leitbildfunktion beanspruchen, eignen sie sich auch dazu, ganz oder in Teilen in die im Zusammenhang mit der Qualitätsentwicklung geforderten Leitbilder einzugehen.

B Qualitätsmanagement

Im übrigen bilden diese meistens handlungsleitenden und normativen Theorien eine Wissensgrundlage für die praktische Disziplin Pflege, auf die wohl sonst kaum eine Praxisdisziplin zurückgreifen kann.

21.4 Entwicklungen

In den USA wurde bereits 1910 in Minnesota der erste grundständige Pflegestudiengang eingerichtet. Diese frühe akademische Entwicklung bedeutet jedoch nicht, daß Pflegetheorien und Pflegeforschung bereits zu jener Zeit intensiv bearbeitet worden wären. Die entscheidende Wissenschaftsentwicklung in der Pflege fand auch in den USA erst nach dem 2. Weltkrieg statt.

Sie wird in 4 Phasen beschrieben (*Abdellah et al.* 1994), die ähnlich auch in der BRD zu beobachten sind.

Die erste wird als **Dienstleistungsphase** (service phase) bezeichnet. Beeinflußt wurde sie durch Nightingales' Vorstellungen, nach der die Dienstleistung als berufliche Hauptaufgabe Ziel einer an Krankenhäuser gebundenen Lehre ist. Verstärkt durch die vielen Krankenschwestern, die während des 2. Weltkriegs im Militär benötigt wurden, entwickelte sich mit einer Reihe von Pflege-Hilfsberufen auch in den Krankenhäusern eine differenzierte Hierarchie. Notwendigkeiten zur Verbesserung des Pflegedienstes wurden daher vorrangig im administrativen Bereich wahrgenommen. In den USA wird diese Phase nach dem 2. Weltkrieg, 1946, als beendet angesehen.

Daran schließt sich die **akademische Phase** (academic phase) an, die vor allem durch die Einrichtung von Pflege-Studiengängen an Universitäten gekennzeichnet ist. Diese ersetzten aber noch nicht die Grundausbildung, sondern boten Abschlüsse für Managementaufgaben oder für die Lehre an. Für die Pflegepraxis entwickelte sich in dieser Phase wenig.

Abgelöst wurde die akademische Phase zu Beginn der 60er Jahre durch die **klinische Phase** (clinical phase), in der Pflegemethoden endlich Gegenstand akademischer Bildung wurden. Damit erhielten die Aufgaben der täglichen Pflegepraxis eine neue Bedeutung und Reflexion. Gleichzeitig wurden Praxisfelder erweitert und präzisiert, Spezialisierungen wurden definiert und in weiterführenden Studiengängen ausgebildet, z.B. die Familien-Pflege (family nurse practitioner) für Aufgaben der Gesundheitsvorsorge, Hebammen, Anästhesie-, gerontologische und Intensivpflege.

Erst für den Beginn der 90er Jahre wird die neueste Phase gekennzeichnet, die sich nun umfassender auf einer wissenschaftlichen Basis mit der Art und Effektivität pflegerischer Inhalte und Methoden beschäftigt.

Die Entwicklung der Pflegeforschung in der BRD war zunächst auf Einzelinitiativen zurückzuführen, beginnend mit verschiedenen Forschungsseminaren, die in Fortbildungseinrichtungen angeboten wurden. Gefördert wurden dann kleinere Projekte durch die im Jahr 1984 gegründete Agnes Karll-Stiftung für Pflegeforschung, die heute, bekannter und größer geworden, **„Stiftungsfonds zur Förderung von Pflegeforschung und Entwicklung"** heißt.

1988 bewilligte das Bundesgesundheitsministerium den Forschungsantrag für das bereits erwähnte Projekt zur Pflege bei Schlaganfallpatientinnen (*Krohwinkel* 1993). Dies ist insofern von besonderer Bedeutung, als sich das Ministerium auf die unübliche Ansiedlung des Projektes bei der genannten Agnes Karll-Stiftung einließ und die Leitung einer Forscherin überließ, die ein hierzulande kaum bekanntes pflegewissenschaftliches Studium in England absolviert hatte. In einem frühen Ergebnisband über das Projekt ist erstmalig eine Denkschrift zum Stand und der Perspektive der Pflegeforschung enthalten (*Krohwinkel et al.* 1992). Schließlich errichtete der DBfK 1991 das zunächst mit sehr geringen Mitteln ausgestattete **Agnes Karll-Institut für Pflegeforschung** als erstes Forschungsinstitut dieser Art in Deutschland.

Bereits 1987 wurde an der Fachhochschule Osnabrück die erste Professur für Pflege mit Ruth Schröck besetzt. Auf Anregung der Leiterinnen der Weiterbildungsinstitute für Pflegeberufe wurde 1989 der **„Deutsche Verein zur Förderung von Pflegewissenschaft und -forschung"** gegründet, in dem sich mittlerweile mehrere Sektionen mit intensiver, teilweise internationaler wissenschaftlicher Arbeit herausgebildet haben. Im selben Jahr (1989) fand das erste deutsche Treffen der Workgroup of European Nurse Researchers (WENR, Arbeitsgruppe der Europäischen Pflegeforscherinnen) mit anschließender wissenschaftlicher Konferenz in Frankfurt am Main statt. Im Jahr 1991 schließlich begann der erste pflegeorientierte Regelstudiengang in den alten Bundesländern mit dem Ziel des Pflegemanagements an der Fachhochschule Osnabrück.

Dem westlichen Teil Deutschlands war die DDR zeitlich insofern weit voraus, als hier bereits 1963 an der Humboldt-Universität zu Berlin ein Studiengang für zukünftige Lehrerinnen für Medizinalfachberufe, also auch für die Pflege, eingerichtet worden war. 1988 folgte in Halle ein zweiter. Ab 1984 konnten ebenfalls in Berlin Pflegende unter dem Titel „Diplom-Krankenpflege" sich durch ein Studium für Leitungsaufgaben im Krankenhaus vorbereiten. Entsprechend den akademischen Strukturen wurden Forschungsprojekte vor allem zur Weiterqualifikation bis einschließlich der Habilitation durchgeführt.

Trotz der späten Akademisierung der Pflege in der BRD hat diese ihre Vorgeschichte, die bis in die Nachkriegszeit reicht. Verschiedene Versuche scheiterten jedoch oder gelangten nur bis zu einem Modellstadium, u.a. weil sie berufspolitisch zu früh kamen, d.h. nicht ausreichend durch die Berufsgruppe selbst gestützt wurden.

Dabei war wohl vergessen worden, daß es bereits seit 1912 an der privaten Hochschule für Frauen in Leipzig einen 2jährigen Studiengang für Krankenschwestern in Führungspositionen gegeben hatte. Diese private Hochschule mußte jedoch während der Inflation 1921 schließen.

Vor etwa 100 Jahren gab es in Deutschland noch eine ganz andere Auffassung von Krankenpflege in Verbindung mit Wissenschaft. So habilitierte sich der Arzt Martin Mendelsohn 1895 im Fach Krankenpflege an der Berliner Humboldt-Universität mit dem Thema „Krankenpflege und spezifische Therapie". Mendelsohn war auch Herausgeber der Zeitschrift „Krankenpflege" mit dem Untertitel „Monatsschrift für die gesamten Zweige der Krankenpflege und Krankenbehandlung in Wissenschaft und Praxis".

Mit ihrer Herkunft aus dem männlichen ärztlichen Wissenschaftsverständnis verbunden ist allerdings, daß die wissenschaftliche Krankenpflege nicht für die beruflich pflegenden Frauen vorgesehen war.

Gegenwärtig (1997) sind über 30 Studiengänge unterschiedlicher Zielrichtung in unterschiedlichen Hochschularten zu zählen. Die meisten Studiengänge beziehen sich auf das Pflegemanagement, einige bilden Lehrerinnen für die

21 Pflegeforschung – ein Beitrag zum Qualitätsmanagement

Pflege aus, und einige bilden Pflegeexpertinnen aus, die in der Praxis die Schnittstelle zur Wissenschaft ausfüllen sollen. Nur ein universitärer Studiengang befaßt sich mit der Pflegewissenschaft im engeren Sinne, nämlich mit der Ausbildung des wissenschaftlichen Nachwuchses. Eine Tradition der Pflege drückt sich wohl darin aus, daß viele der Studiengänge an Hochschulen in kirchlicher Trägerschaft angesiedelt sind.

Trotz dieser beachtlichen Zahl an Studiengängen steht die Entwicklung ausreichender Forschungsstrukturen noch aus. Hier fehlen Institutionen mit einer umfassenden Forschungsausstattung sowohl in materieller als auch in personeller Hinsicht. Kleinere Ansätze sollten vernetzt werden können, Vorhandenes muß ausgebaut werden. Und schließlich müssen Forschungsförderorganisationen noch lernen, die Pflegewissenschaft als unterstützungsnotwendiges Feld adäquat wahrzunehmen.

Anmerkung

(1) Bei Personenbezug wurde die weibliche Form gewählt, die die männliche Person mit einschließt.

Literatur

Abdellah, F. G.; Levine, E., Preparing Nursing Research for the 21st Century. New York 1994.

Bartholomeyczik, S.; Müller, E. (Hrsg.), Pflegeforschung Verstehen. München 1997.

Bienstein, C.; Schröder, G.; Braun, M.; Neander, K.-D. (Hrsg.), Dekubitus, Die Herausforderung für Pflegende. Stuttgart 1997.

Brater, M.; Maurus, A., Materialien aus dem Projekt „Flexible und situative Arbeitsorganisation in der integrierten stationären Altenpflege" (BMBF-Projekt Nr. 01 HK 122). Typoskript 1996.

Elkeles, T., Arbeitsorganisation in der Krankenpflege – Zur Kritik der Funktionspflege. Frankfurt a. M. 5. Aufl. 1994.

Giovannetti, P., Evaluation of Primary Nursing. In: Annual Review of Nursing Research, 4, 1986, 127–151.

Krohwinkel, M.; Schröck, R.; Bartholomeyczik, S., Denkschrift zur Lage der Pflegeforschung in der Bundesrepublik

Deutschland. In: Der pflegerische Beitrag zur Gesundheit in Forschung und Praxis, hrsg. von *Krohwinkel, M.*, Baden-Baden 1992, 13–19.

Krohwinkel, M. (Hrsg.), Der Pflegeprozeß am Beispiel von Apoplexiekranken. Baden-Baden 1993.

Nielsen, G. H., Entwicklung von Pflegediagnosen. In: Pflegediagnosen, hrsg. von *Höhmann, U.*, Eschborn 1995, 21–31.

Robert Bosch Stiftung (Hrsg.): Pflegewissenschaft. Grundlegung für Lehre, Forschung und Praxis. Denkschrift. Gerlingen 1996.

Schnepp, W.: Perspektiven der Pflegewissenschaft. In: Pflege, Jg. 10, 1997, 96–101.

Organisation und Zusammenarbeit

22 Organisationsentwicklung im Krankenhaus

Erwin Wagner

22.1 Krankenhaus unter Druck: Kann Organisationsentwicklung helfen?

Das Krankenhaus ist krank! So kann man es seit Jahren polemisch formulieren hören. „Kostenexplosion", „Bettenüberschuß", „unmenschliche" Medizin, „Pflegenotstand" o.ä. sind die Stichworte. Gemeinsam ist diesen Beschreibungen, daß das Krankenhaus weniger als **Lösung eines Problems** erscheint (nämlich der gesellschaftlichen Bewältigung komplizierter Krankheiten), sondern **selbst als Problemfall.** Hinter der Fassade öffentlicher Krisenrhetorik verbergen sich tiefgreifende gesellschaftliche Verschiebungen, die erhebliche Auswirkungen auf die Krankenhäuser im besonderen und das Gesundheitswesen insgesamt haben (u.a. *Grossmann* 1995, *WBO-Team* 1993, *Westphal* 1995). Diese Feststellung ist nicht neu. Sie ist jedoch die Grundlage dafür, zu fragen, was sich in Krankenhäusern weshalb und in welcher Richtung verändert – und mehr noch, in welcher Hinsicht zielgerichtete und planvolle Projekte bzw. Maßnahmen der Organisationsentwicklung dafür hilfreich sein können. Auch diese Frage ist nicht neu. Es liegen inzwischen verschiedene Berichte zur Organisationsentwicklung in Krankenhäusern vor, die sehr unterschiedliche Ziele, Probleme, Projekte und Erfahrungen beschreiben (u.a. *Bellabarba* 1996, *Grossmann* 1994, *Novak et al.* 1994, *Pelikan et al.* 1992, *Schmitt/Hinkel*). Organisationsentwicklung in Krankenhäusern ist also kein gänzlich unbekanntes Gelände mehr. Dieser Beitrag be-

B Organisation und Zusammenarbeit

leuchtet, in welchen Situationen und für welche Ziele Organisationsentwicklung sinnvoll ist und wer was dafür unternehmen kann, daß diese Versuche erfolgreich verlaufen.

Ein größeres OE-Projekt in einem mittelgroßen Krankenhaus der Akutversorgung, das sich die Entwicklung zu einem „Gesundheitsfördernden Krankenhaus" zur Aufgabe machte, wird dabei als Folie zur Konkretisierung und Illustration herangezogen.

„Wer verändern will, muß den Ausgangspunkt kennen. Er muß wissen, warum die Dinge so sind, wie sie sind" (*Doppler* 1994, 129). Was also geschah und geschieht in den Krankenhäusern und im Umfeld der Krankenhäuser, das einen nachhaltigen Veränderungsdruck erzeugt? Es ist hilfreich, hierbei zwischen **extern** (in Gesellschaft und Gesundheitssystem insgesamt) **verursachten Herausforderungen** einerseits und **intern** (im jeweiligen „Einzel"system Krankenhaus) **erzeugten Spannungslagen** andererseits zu unterscheiden, auch wenn diese nicht unabhängig voneinander existieren. Eine knappe (unvollständige) Übersicht zeigt Tabelle 22-1.

22.2 Strukturen und Abläufe verändern – im Team lernen – neue Lösungen (er)finden

Organisationsentwicklung steht für eine bestimmte Verknüpfung aus Denkweisen, Strategien und Methoden zur Veränderung von organisatorischen Verhältnissen. Als Kurzformel hat sich dafür etabliert: „Betroffene zu Beteiligten machen" (vgl. *Schmitt/Hinkel*). Damit wird einer der Leitpunkte genannt, der dieses Konzept in besonderer Weise charakterisiert (aber auch begrenzt). Seit seiner Einführung vor über 30 Jahren geht es darum, in einer bestimmten Weise mit den Herausforderungen des Wandels umzugehen. Folgende Unterscheidungen können hilfreich sein, sich eine Vorstellung zu machen, worum es geht:

- Im Unterschied zur klassischen Unternehmensberatung werden Diagnosen und Lösungen nicht durch Fachexperten von außen erstellt, sondern durch Mitglieder der Organisation, die tagtäglich mehr oder weniger direkt von den Problemen „betroffen" sind (s.o.) – und ohnedies dazu beitragen, daß Verhältnisse bleiben, wie sie sind, oder sich ändern.

22 Organisationsentwicklung im Krankenhaus

Tab. 22-1 Externe und interne Herausforderungen an Krankenhäuser

Stichwort	Beschreibung	Folgen
Externe Bedingungen/Einflüsse		
Ökonomisierung	Kostenaspekte und -kontrolle bestimmen immer stärker die Randbedingungen der Krankenhäuser (vgl. GSG); Dienstleistungen müssen neu gestaltet werden (z.B. ambulante Versorgung)	Machtverschiebungen in der Führung, Identitätsprobleme (u.a. bei Pflege und Ärzten), Führungsinstrumente sind erforderlich
Wettbewerb	Krankenhäuser treten stärker in Konkurrenz zueinander sowie zu anderen Organisationen im Gesundheitsbereich	Profilbildung/Schwerpunktbildung sowie Marketing und Qualitätsmanagement werden unabdingbar
Lebensstile	Zusammenhang von Lebensumständen und -gestaltung mit Krankheit/Gesundheit	Beratung und „ganzheitliche" Betreuung gewinnen an Bedeutung
Fokus Gesundheit	Aufmerksamkeit wendet sich partiell von Krankheit und Therapie zu Prävention und Gesundheitsförderung	neue Arbeitsteilungen im Gesundheitsbereich, Professionen geraten in (Legitimations-)Krisen
Patient als Kunde/ Patientenrechte	Selbstverständnis und Erwartungen von Patienten und deren gesellschaftlichem Umfeld ändern sich	neue Beziehungs- und Kommunikationsmuster werden erforderlich: Dienstleistungen
Entwicklung der Medizin	Entwicklung vor allem der technischen Fortschritte ist ungebremst mit entsprechenden Kostenwirkungen, Erwartungshaltungen hoch	Kosten „dämpfungen", Machbarkeits- und Legitimationsprobleme, Schwerpunktbildung und Kooperation

B Organisation und Zusammenarbeit

Tab. 22-1 Fortsetzung

Stichwort	Beschreibung	Folgen
Professions- und Statuskonflikte	Statuskonflikte zwischen Ärzten und Pflegekräften sind nicht gelöst; „neue" Professionen kommen hinzu; Arbeitsmarktentwicklungen	patientenorientierte Kooperation gelingt zu wenig; Akademisierung der Pflege; neue Konfliktlinien
Interne Bedingungen/Einflüsse		
Strukturmängel	starre Abteilungsgrenzen, Ressortdenken, parallele Hierarchien („Fachsäulen"), Unübersichtlichkeit der Organisationsstruktur	Mehrfacharbeit bzw. Ineffizienz, Blockaden, Konzentration auf Bearbeitung „interner" Probleme
Managementmängel	komplizierte und oft unklare Führungsstrukturen/-kompetenzen auf allen Ebenen; unzureichende Managementfunktionen/-qualifikationen	Intransparenz der Ziele, Aufgaben, Chancen; Vorherrschen informeller Kommunikation und Problemlösung
Infrastrukturdefizite	Ausstattungsdefizite (vor allem im EDV-Bereich), mangelndes Controlling, Defizite in der internen Kommunikation	fehlende Informationen; lange Wege, „Nischenwirtschaft", unzureichende Steuerungsinstrumente
„alte" Konflikte	Konflikte werden oft eher „eingefroren" als gelöst, Gegnerschaften „vererbt";	Immobilität bei hohem Entwicklungsbedarf, Abgrenzungen

- Im Unterschied zur Personalentwicklung stehen nicht Einzelpersonen (bzw. deren Fähigkeiten und Karriereperspektiven) im Zentrum, sondern organisatorische Muster, Strukturen und Abläufe. Die Entwicklungsarbeit sowie das

Lernen finden im allgemeinen in Teams statt und sind dadurch geprägt.
- Im Unterschied zu Seminaren und Trainings ist das Ziel nicht in erster Linie das Lernen und die Entwicklung von Fähigkeiten bzw. der Erwerb von Kenntnissen. Organisationsentwicklung geht nicht ohne Lernen. Dies geschieht jedoch sozusagen „nebenbei" und unmittelbar auf die anstehenden praktischen Aufgaben bezogen. Erfolg bemißt sich an praktischen Folgen.
- Im Unterschied zur schlichten Umsetzung bekannter Verfahren steht das (Er-)Finden neuer Möglichkeiten im Vordergrund. Indem die detaillierte Kenntnis der bestehenden Strukturen, Abläufe und Regeln verknüpft wird mit darüber hinausgehenden Herausforderungen sowie mit gezielten Irritationen, sollen praxisnahe Innovationen gefördert werden, die im Alltag Bestand haben und nachhaltige Verbesserungen bewirken können.
- Im Unterschied zu Gruppenarbeit setzt Organisationsentwicklung meist auf den (Zusatz)Nutzen systematischen Vorgehens und professioneller Unterstützung in der Prozeßsteuerung sowie auf ein strukturiertes und konsequentes Projektmanagement.
- Im Unterschied zu sehr kleinräumigen Verbesserungen oder groß angelegten Reorganisationsprozessen hat Organisationsentwicklung seine Domäne eher in Herausforderungen „mittlerer Größe". Dies kann dennoch die gesamte Organisation betreffen und muß diese als Umwelt mit einbeziehen.
- Im Unterschied zu außengeleiteten Umstrukturierungen setzt Organisationsentwicklung auf die Verbesserung der Verhältnisse durch Selbstorganisation. In jedem Fall (unabhängig vom jeweiligen konkreten Anlaß und Problem), sollen zugleich die organisationsbezogene Reflexivität und Problemlösefähigkeit erweitert werden.
- Im Unterschied zur Fortführung der gewohnten „Mikropolitik" im Alltag der Organisation setzt Organisationsentwicklung auf Transparenz, Zielklarheit, Öffentlichkeit und teilweise auf Formalisierung bzw. explizite Regelung.

Organisationsentwicklung verknüpft die verschiedenen Ebenen des Lernens in konkreten Projekten miteinander (Tab. 22-2).

B Organisation und Zusammenarbeit

Tab. 22-2 Ebenen des Lernens

Person/Mitarbeiter	Gruppe/Team	System/Unternehmen
• individuelles Lernen	• kollektives Lernen	• Organisationslernen
• persönliche Weiterbildung	• Teamentwicklung	• lernendes Unternehmen
• Personalentwicklung	• Organisationsanpassung	• Transformation

Eine Entscheidung für Organisationsentwicklung ist immer eine Entscheidung unter Unsicherheitsbedingungen. Solche Projekte sind Versuche, „sich im Undurchschaubaren (zu) bewegen" (*Luhmann* 1995). Da Führungskräfte und Mitarbeiter in Krankenhäusern für die Bewältigung alltäglicher Unsicherheiten im allgemeinen ihre eigenen Strategien entwickelt haben (z.B. Begrenzung auf informelle Kommunikation und Absicherung, Ab- und Ausgrenzungen, „sich in der Ohnmacht einrichten" u.ä.), fällt die Entscheidung für Organisationsentwicklung meist nicht leicht. Viele Fragen stehen im Weg, z.B.: Wo kann man ansetzen? Wann soll man damit beginnen? Wer soll es tun? Wer kümmert sich darum? Was halten die nicht beteiligten Mitarbeiter davon? Wie reagiert das Umfeld? Wie sind die Kosten abzuschätzen und aufzubringen? Wie gewinnt man den Träger? Wer trägt die Risiken?

Das Projekt „Gesundheitsförderndes Krankenhaus" wurde als Organisationsentwicklung konzipiert. Nachdem diese Entscheidung getroffen war, mußte zunächst ein Rahmen für die Durchführung des Projektes geschaffen werden. Dies verlangte praktische Antworten u.a. auf folgende Fragen:
- Was genau sind die Ziele und Erwartungen hinsichtlich der Ergebnisse?
- Welches sind geeignete Arbeitsformen (Projektgruppen, Leitung/Steuerung)?
- Wie werden die Projektabläufe gesteuert?
- Wer kann welche Entscheidungen treffen (Kompetenzen von Projektgruppen)?
- Wofür sind Rückkopplungen nötig (interne Kommunikation)?

Der Gestaltung dieses Projektrahmens wurde große Aufmerksamkeit gewidmet. Die wichtigsten Träger des Projekts waren die Subprojektgruppen. Diese wurden mit kurzen Themenbeschreibungen zunächst im gesamten Krankenhaus offen ausgeschrieben, da in den Projeken abteilungs- und hierarchieübergreifend gearbeitet werden sollte.

Projektgruppen können mit einer klaren Zielsetzung, geeigneten (Steuerungs-)Ressourcen und projektbezogenen Erfahrungen/Fähigkeiten bei den Beteiligten auch aus eigenen Kräften zu guten Ergebnissen kommen. Im Projekt „Gesundheitsförderndes Krankenhaus" wurde entschieden, von vornherein die Unterstützung durch eine **externe professionelle Moderation** und Beratung zu nutzen. Dies hat sich als hilfreich erwiesen. Zum einen zeigte sich schnell, daß mit der Projektarbeit viel Unsicherheit einherging: Was sind die „wirklichen" Ziele? Wie weit dürfen wir gehen? Womit können wir arbeiten? Wen müssen wir beteiligen? Welche Rechte haben wir? Diese und ähnliche Fragen wurden in den Anfangsphasen der einzelnen Projekte gestellt. Mit Hilfe externer Moderation konnte diese (notwendige) Unsicherheit genutzt werden, um arbeitsfähige Gruppen zu bilden, die auch in unklaren und entmutigenden Situationen „am Ball" blieben.

Externe Moderation und Beratung wurde auch für die Projektsteuerung genutzt. In einem Lenkungsausschuß waren das Krankenhaus und die externe Beratergruppe „gleichgewichtig" vertreten. In einem „kooperativen Projektmanagement" wurden alle wesentlichen Entscheidungen getroffen, Ziele definiert und Ergebnisse bewertet.

22.3 Ansatzpunkte und Richtungen: Über Entscheidungskriterien

Anlässe für Veränderungs- bzw. Organisationsentwicklungs-Maßnahmen gibt es in Krankenhäusern derzeit und in nächster Zukunft viele (vgl. die eingangs skizzierte Situation). Wann erscheint es sinnvoll, daraus ein Projekt der Organisationsentwicklung zu machen? Anders gefragt: Wann verspricht es den größten Nutzen, in einem abgrenzbaren Feld, das gleichwohl in einer erkennbaren Verknüpfung mit der Gesamtorganisation steht, mit den Betroffenen in einem zumeist relativ aufwendigen Prozeß systematisch, aber offen nach neuen und besseren Wegen auf der Ebene der Organisation zu suchen? Diese Frage ist nicht leicht zu beantworten, da es weder aus der Praxis noch aus der Forschung und der Reflexion von Projekten verläßliche Abgrenzungskriterien gibt – schon überhaupt nicht für den Bereich Krankenhäuser.

Angelehnt an *Grossmann* (1995) lassen sich **„Angelpunkte" für Organisationsentwicklung** im Krankenhaus benennen:

- Überwindung des alltäglichen **„Chaosmanagements"** (mit seiner starken Inanspruchnahme informeller Beziehungen) und der Ambivalenz der Professionen gegenüber dem „Übel Organisation" durch eine gleichfalls **professionelle Gestaltung der Organisation,** d.h. ihrer Abläufe und Zusammenhänge (grundlegend u.a. für ein „patientenorientiertes" oder „kundenfreundliches" Krankenhaus)
- Entwicklung der **medizinisch definierten Abteilungen/ Kliniken/Einheiten** zu handlungsfähigen und effektiven **„Geschäftseinheiten"**
  - Verknüpfung unterschiedlicher Dienstleistungen und Versorgungsprozesse
  - Optimierung der Arbeitsabläufe
  - Budget- bzw. Kostenverantwortung
  - Schaffung einer klaren und wirksamen Führungsstruktur und -kommunikation
  - Entwicklung eines überzeugenden und attraktiven fachlichen Konzepts und Leitbilds
  - Qualitätsmanagement und Personalentwicklung
- Entwicklung von **funktionalen Führungs- und Leitungsstrukturen** der Gesamtorganisation
  - Entwicklung eines effektiven „General Managements"
  - Klärung der Kompetenzen zwischen Träger und Top-Management/Geschäftsführung im Krankenhaus
  - Informationsflüsse und Kommunikation
  - Koordination und Führung
  - Leitbild-Entwicklung und Qualitätsmanagement für das gesamte Krankenhaus
  - Öffentlichkeitsarbeit und Marketing
- Entwicklung der **„Krankenhaus-Verwaltung"** zu einem internen **„Dienstleister"**
  - Professionalisierung der Planungs-, Controlling- und Entscheidungsstrukturen

- Bereitstellung von Informationen für die Abteilungen
- Steigerung von Autonomie und Flexibilität in der Gestaltung von Organisationslösungen
- Initiierung und Koordination von Projekten für abteilungsübergreifende Aufgaben
- Entwicklung **interprofessioneller Teamarbeit**
  - Einrichtung fachübergreifender Arbeitseinheiten auf allen Ebenen
  - Abbau von Hierarchien in allen Berufsgruppen
  - Einführung verbindlicher Standards/Kriterien für kooperative Aufgabenerfüllung und Qualitätsanforderungen
  - Fähigkeit der Selbststeuerung von Arbeitsgruppen und Projekten
  - Reflexion und Weiterentwicklung der Arbeitsorganisation
- Entwicklung von **Organisations- und Leitungskompetenzen**
  - Formulierung geeigneter Ober- und Teilziele
  - zielorientierte Organisation der Arbeitsabläufe
  - Nutzen der vorhandenen Kompetenzen für Effizienzsteigerungen und Entlastung
  - Bildung teilautonomer Subeinheiten

Zwar sind alle diese Aufgaben (in jeweils unterschiedlicher Ausprägung) zur Weiterentwicklung der Organisation Krankenhaus zu bearbeiten. Es eignen sich jedoch nicht in jedem Fall dieselben methodischen Konzepte und Projektstrukturen. So dürfte die Einrichtung einer längerfristigen Projektgruppe um so weniger geeignet sein, je mehr es um Führungsstrukturen und Restrukturierungsfragen auf der Ebene des gesamten Krankenhauses geht. Hier wären knappen und prägnant gestalteten Workshops mit der obersten Führungsebene der Vorzug zu geben. Oft muß allerdings auf dieser Ebene zunächst der Fokus (nicht der Arbeitsinhalt) auf die Förderung einer kooperationsfreundlichen Kultur und einer besseren Vertrauensbasis gerichtet werden, bevor Fortschritte in den Sachfragen möglich werden (*Schmitt/Hinkel*).

Als **Entscheidungshilfen** für den Start von Projekten/Prozessen der Organisationsentwicklung könnten folgende Kriterien bzw. Fragen dienen:
- Ist eine organisatorische/organisationsbezogene Änderung unabdingbar?

B Organisation und Zusammenarbeit

- Ist bei Betroffenen und bei den Führungskräften genügend Energie, Entschiedenheit und Durchhaltevermögen dafür vorhanden bzw. mobilisierbar?
- Ist die Bereitschaft vorhanden, die nötige Zeit und finanziellen Ressourcen zu investieren?
- Sind die Zielsetzungen der Veränderungen klar (Ergebnis-Vorstellungen)?
- Ist die Bereitschaft vorhanden, sich auf Unsicherheit, Delegation und Freiräume für die Projektgruppen einzulassen?
- Sind für zukunftsgerichtete Problemlösungen intern ausreichend Kenntnisse und Kompetenzen vorhanden?
- Kann eine kompetente externe Beratung und Moderation genutzt werden?
- Können frühere Projekterfahrungen aus dem Hause genutzt werden?
- Können interne oder externe Netzwerke genutzt werden?

In den Projekten zum „Gesundheitsfördernden Krankenhaus" wurden unterschiedliche Aufgaben bearbeitet. Die Ergebnisse zeigen deutlich sichtbare Unterschiede. So waren die Projektgruppen erfolgreicher, die neue Lösungen oder Aktivitäten erdachten bzw. kreative Vorschläge für eher konfliktarme Probleme entwickeln sollten. Die Projekte hingegen, die in einen unvermeidlichen Konflikt mit „gewachsenen" Abteilungs- oder Professionsinteressen gerieten, (er)fanden zwar interessante Ideen, konnten diese jedoch kaum nachhaltig umsetzen. Die Gruppen entwickelten viel Elan und Engagement weit über ihre tägliche Arbeitszeit hinaus – besonders, als für sie erste Erfolge sichtbar wurden. Im Laufe der Projektarbeit wurden die Gruppenentscheidungen um so motivierter und klarer gefaßt,

- je klarer ein Problem als Ergebnis vorangegangenen Handelns erkennbar wurde,
- je mehr Bedürfnisse und Wünsche der einzelnen Mitglieder berücksichtigt wurden,
- je besser das Problem analysiert und Ziele definiert wurden,
- je interessierter die Beteiligten an dem Problem bzw. an dessen Lösung waren,
- je mehr Lösungsoptionen vorgeschlagen werden konnten,
- je mehr Mitglieder die Durchführung selbst unmittelbar mitsteuern konnten,

- je genauer die Mitglieder den Erfolg der Maßnahmen selbst kontrollieren konnten.

Dort, wo die Aufgabenstellung, die Zusammensetzung der Gruppe und das Umfeld für die praktische Umsetzung günstig waren, gelangen wirksame strukturelle Entwicklungsschritte. In den Fällen, in denen „stellvertretend" für andere gearbeitet und entwickelt wurde, waren die praktischen Erfolge (und die Zufriedenheit mit der Projektarbeit) merklich geringer.

22.4 Womit man rechnen muß: Über Erfolgsbedingungen

Der Erfolg von Organisationsentwicklung hängt nicht nur von den Entscheidungen im Vorfeld bzw. zu Beginn der Arbeit ab. Genauso wesentlich sind Entscheidungen, Maßnahmen, Signale während der Projekt- und Entwicklungsprozesse. Es lassen sich einige **„Schlüsselthemen" für Organisationsentwicklung** im Krankenhaus benennen. Diese mögen zwar generell gelten, werden hier jedoch unter den spezifischen Bedingungen im Krankenhausbereich betrachtet.

Ziele

Krankenhäuser kranken als Organisation tatsächlich daran, daß es auf allen Ebenen nur sehr unklare Vorstellungen von Zielen und im allgemeinen keine praktische Orientierung an Zielen gibt. Im Vordergrund stehen Versorgung und Stetigkeit der Aufgabenerfüllung. Hier wirken noch stark bürokratische Organisations- und Verhaltensmuster (*Doppler* 1994). Soll Organisationsentwicklung in einem solchen Kontext erfolgreich werden, muß über Ziele auf allen Ebenen und im Blick auf die künftig für relevant gehaltenen Herausforderungen klar entschieden werden. Projekte können um so erfolgreicher neue Wege beschreiten, je klarer anzugeben ist, was dabei herauskommen soll. Unklare oder nicht erkennbare Ziele verwirren eher und unterminieren die anfänglich vorhandene Bereitschaft zum Engagement. Projektgruppen können an der Zielformulierung mitwirken (als 2. Schritt nach einer Situationsanalyse). Dann allerdings muß dieser Schritt eng an die Gesamtleitung zurückgekoppelt werden. Es erscheint günstig, sich vor Beginn der Projektarbeit über die Kriterien zu verständigen, an denen Erfolg oder Mißerfolg bemessen werden sollen.

22 Ressourcen

Projekte/Prozesse der Organisationsentwicklung brauchen notwendig Ressourcen: Mitarbeiter, Zeit, Beratung, Aufträge, Grenzen und nicht zuletzt Finanzmittel. Das letztere hat allerdings im Vergleich zu regulären Aufwendungen und Kosten im Krankenhaus meist keine herausragende Bedeutung (in gewisser Weise abhängig von Umfang und Aufwand für externe Beratung). Die verfügbaren Ressourcen sollten vorab im Verhältnis zu Auftrag und Ergebniserwartung klar definiert bzw. vereinbart werden. Die Verantwortung für die wirtschaftliche Verwendung sollte bei den Akteuren liegen.

Zeit

Entwicklungsprozesse dauern in aller Regel länger, als (vor allem) die Führungskräfte zunächst annehmen. Dennoch oder gerade deswegen sollten über die Zeithorizonte klare Vereinbarungen getroffen werden. Verlängerungen sind für die Projektarbeit günstiger als zu lange „offene" Zeiträume. Die Strukturierung der Zeit (wie im klassischen Projektmanagement üblich etwa durch „Meilensteine") erleichtert nicht nur die Projektsteuerung von außen, sondern auch die Binnensteuerung. Wenn Projekte bzw. Entwicklungsprozesse zu lange dauern, erlahmt selbst das größte Engagement der Betroffenen, oder es richtet sich auf Ersatzthemen. Es ist ratsam, mit unterschiedlichen Zeitkonzepten (darunter auch sehr kompakten) zu experimentieren.

Macht

Ohne Macht kann man nichts machen! Macht ist in „sozialen" Organisationen (denen auch Krankenhäuser meist zugerechnet werden), nicht nur im allgemeinen tabuisiert (*Hinkel/Ryser* 1994), sondern im Zusammenhang mit Organisationsentwicklung im besonderen. Da Organisationsentwicklung per Definition bzw. Methode auf Partizipation setzt, entstehen in Projektgruppen leicht Mißverständnisse über die Notwendigkeit von Macht zur Veränderung von Organisationen. Dies ist gerade in Krankenhäusern besonders prekär, da diese durch starke Hierarchisierung und alltägliche Machtausübung wie Machtzuschreibungen gekennzeichnet sind. Projekte der Organisationsentwicklung sollten (bzw. müssen) häufig als Bedingung ihres Erfolgs das Thema „Macht" explizit behandeln, den Umgang mit Macht neu kultivieren. Dies wird besonders deutlich an der Frage, wie die Grenzen und Verbindungen zwischen Projekt und Organisationsalltag im Entwicklungsprozeß thematisiert und bearbeitet werden. Ohne externe Beratung bzw. Moderation ist dies kaum erfolgreich möglich.

Management

Es ist entscheidend, für Organisationsentwicklung günstige Projektstrukturen, Rahmensetzungen, Steuerungsinstrumente, Kommunikationsfor(m)en sowie Erfolgskontrollen zu schaffen. Effektives Management ist sowohl im Projektumfeld als auch innerhalb der Projekte erforderlich. Dies steht nicht im Gegensatz zu der notwendigen Offenheit der Entwicklungsarbeit. Vielmehr trägt ein wirksames Management dazu bei, Risiken von Fehlentscheidungen oder unrealistischen Plänen zu mindern, indem sie thematisiert werden.

Öffentlichkeit

Organisationsentwicklung profitiert im allgemeinen davon, daß sie (zumindest organisations-)öffentlich inszeniert wird und werden muß. Das Umfeld von Projekten (z.B. die Kollegen der Projektmitglieder) muß informiert und gewonnen werden. Die Belegschaft will wissen, mit welchen Zielen die Maßnahmen in Gang gesetzt werden. Unterstützung und kritische Begleitung (die als Rückmeldung oft unverzichtbar ist) sind nur bei einer hinreichenden Transparenz zu erhalten. Die Gestaltung des Umfeldes für Organisationsentwicklung trägt so mit zu dem bei, was diese selbst erreichen soll, nämlich Organisationsprozesse professionell zu betrachten und zu gestalten.

Literatur

Bellabarba, J.; Schnappauf, D. (Hrsg.), Organisationsentwicklung im Krankenhaus. Göttingen 1996.
Doppler, K., Es muß im Leben noch mehr als Profit geben. Was steuert Verhalten und Strukturen im Non-Profit-Dienstleistungsunternehmen. In: Organisationsentwick-

B Organisation und Zusammenarbeit

lung (Spezial 2): Veränderungsstrategien im Non-Profit-Bereich, 1994, 128–139.

Grossmann, R., Gesundheit durch Projekte fördern. Weinheim, München 1994.

Grossmann, R., Die Selbstorganisation der Krankenhäuser. Ein Schlüssel für die Organisationsentwicklung im „Gesundheitswesen". In: *Grossmann, R.; Krainz, O.* (Hrsg.), Veränderung in Organisationen. Wiesbaden 1995, 55–78.

Häfele, W., Systemische Organisationsentwicklung. Frankfurt a.M. 1995.

Hinkel, N.; Ryser, P., Macht – das tabuisierte Thema in Non-Profit-Organisationen. In: Organisationsentwicklung (Spezial 2): Veränderungsstrategien im Non-Profit-Bereich, 1994, 140–148.

Novak, P.; Pelikan, J.; Lobnig, H., Organisationsentwicklung einer Krankenhausstation. In: Organisationsentwicklung, Heft 3, 1994, 12–22.

Pelikan, J.; Grossmann, R.; Dalheimer, V., „Neue Wege" der Organisationsberatung im Krankenhaus am Beispiel des WHO-Projekts „Gesundheit und Krankenhaus". In: *Wimmer, R.* (Hrsg.), Organisationsberatung. Neue Wege und Konzepte. Wiesbaden 1992, 285–322.

Schmitt, I. M. Sr.; Hinkel, N. (Hrsg.), Betroffene beteiligen. Prozesse der Organisations- und Kulturentwicklung in den Krankenhäusern der Franziskanerinnen von Waldbreitbach. o.J.

WBO-Team (Hrsg.), Krankenhaus als soziales System. Hildesheim 1993.

Westphal, E., Das Krankenhaus im Umbruch. Anforderungen an die Organisationsentwicklung aus der Sicht eines Krankenhausmanagers. In: *Grossmann, R.; Krainz, O.* (Hrsg.), Veränderung in Organisationen. Wiesbaden 1995, 217–237.

23 Aufgaben und Chancen der Organisationsveränderung im Krankenhaus

Heinz Ebner

Die Auseinandersetzung mit Organisationsentwicklung gerät häufig zur allzu theoretischen Übung, bei der die Bezugnahme auf die erlebte Realität von Organisationen zu kurz kommt. Der vorliegende Beitrag versucht daher eine möglichst **praxisnahe Aufarbeitung** dieses Themengebietes.

Dabei stehen 4 Fragen zur Organisationsentwicklung im Krankenhaus im Mittelpunkt:
Wozu entwickeln?
Wohin entwickeln?
Was entwickeln?
Wie entwickeln?

23.1 Wozu entwickeln?

Was haben die Veränderungen auf Gesundheitssystemebene und die Ausgangssituation im Krankenhaus mit der Notwendigkeit zur Entwicklung der Organisation zu tun?

Die Gesundheitssysteme der entwickelten Industrieländer befinden sich in einer Phase tiefgreifender Veränderungen, deren Höhepunkt im deutschsprachigen Raum noch nicht erreicht sein dürfte. Als Ausgangspunkt dieser instabilen und vielfach als verunsichernd erlebten Situation läßt sich die nach Jahren des uneingeschränkten Wachstums im Leistungs- und Kostenbereich erhobene Kernfrage nach dem entsprechenden Nutzen dieser Ausweitung ausmachen. Die verstärkte gesundheitspolitische Auseinandersetzung mit damit verbundenen Themen wie Leistungsmenge, Leistungsqualität, Leistungsfinanzierung und Versorgungssicherheit mündet konsequenterweise in Reformansätze, die allesamt das Ziel der Effizienzsteigerung im Sinne einer verbesserten Aufwand-Nutzen-Relation bei der Erbringung von Gesundheitsleistungen verfolgen (*Koeck* 1996).

B Organisation und Zusammenarbeit

Zwei wesentliche, als **paradigmatisch** zu bezeichnende **Veränderungen** der Rahmenbedingungen für Krankenhäuser sind hervorzuheben:

- **Verlust der Existenzgarantie**

Erstmals sind im deutschsprachigen Raum davon auch Krankenhäuser mit bislang öffentlichem Versorgungsauftrag betroffen. Die öffentliche Hand zieht sich aus ihrer schützenden, weil unreflektiert finanzierenden und damit existenzsichernden Funktion gegenüber Krankenhäusern zurück. Nur dadurch kann dem Anspruch nach einer Effizienzsteigerung in der Gesundheitsversorgung entsprechender Nachdruck verliehen werden. Dahinter steht der Grundgedanke, daß die verschiedenen zumeist ökonomischen Anreizfunktionen, die auf Gesundheitssystemebene etabliert werden, nur dann ihre Wirkung voll entfalten können, wenn Krankenhäuser sowohl die vorteiligen als auch die nachteiligen Konsequenzen ihres Handelns zu spüren bekommen. Damit verbunden ist aber auch die Ausdifferenzierung in wirtschaftlich erfolgreiche und weniger erfolgreiche Gesundheitsunternehmen. Dies kann, wie zahlreiche Beispiele aus der jüngsten Vergangenheit belegen, so weit führen, daß Krankenhäuser nicht nur von der Schließung bedroht sind, sondern tatsächlich liquidiert werden, wenn sie nicht zeitgerecht in der Lage sind, sich entsprechend an die neuen Bedingungen anzupassen.

- **Dezentralisierung von Verantwortung und Kompetenz**

Parallel zur Etablierung ökonomischer Anreizfunktionen im Zuge der Umstellung der Leistungsfinanzierung ist auch ein allgemeiner Trend zur Dezentralisierung der Steuerungsverantwortung und der Steuerungskompetenzen zu verzeichnen. Die Träger von Krankenhäusern gestehen diesen immer mehr Autonomie bei der strategischen Ausrichtung sowie beim internen Management zu.

Je nachdem, wie ernsthaft diese Dezentralisierungsbemühungen verfolgt werden, entsteht damit für Krankenhäuser ein vorerst ungewohntes **Potential an Einfluß- und Steuerungsmöglichkeiten,** sowohl gegenüber dem externen Umfeld als auch im innenwirksamen Management. Im selben Maße wächst aber auch der **Verantwortungsumfang,** sowohl für positive als auch für negative Ergebnisse, die aus der selbst gestalteten Betriebsführung resultieren.

23 Aufgaben und Chancen der Organisationsveränderung

Bezüglich der Veränderung der Rahmenbedingungen läßt sich zusammenfassend also ein grundsätzlicher Wandel hinsichtlich der Position feststellen, in der sich Krankenhäuser gegenüber ihren Leistungsfinanzierern und Trägerinstitutionen befinden. Einerseits erfahren sie durch den gesteigerten Effizienzdruck und die veränderten ökonomischen Anreizbedingungen in ihrem Wirken eine deutliche Verunsicherung, die bis zur Existenzgefährdung reichen kann. Andererseits erhöht sich durch die zunehmenden Dezentralisierungstendenzen der Gestaltungsspielraum und damit verbunden auch die Risikoverantwortung beträchtlich.

Viele, wenn nicht die meisten Krankenhäuser, sind auf diese radikal veränderte Situation wenig bis gar nicht vorbereitet. Die stabilen Rahmenbedingungen der letzten Jahrzehnte und das traditionell gewachsene Wertsystem haben zumeist entsprechende Organisationsformen hervorgebracht, die zur Bewältigung der neuen Herausforderungen kaum geeignet sind. Diese Beobachtung trifft gleichermaßen auf die bestehenden Aufbaustrukturen, die strategische Ausrichtung und das Personalmanagement zu. Ausgehend von einer unterstellten Diskrepanz zwischen dem neuen Anspruch und der zur Zeit erkennbaren Unerfüllbarkeit dieses Anspruches läßt sich die Notwendigkeit zur Organisationsveränderung ableiten.

23.2 Wohin entwickeln?

Welche generellen Zielvorstellungen können für die Entwicklung von Krankenhäusern in der heutigen Situation aufgestellt werden?

Die Frage, wohin sich Krankenhäuser zukünftig entwickeln, läßt sich nicht ohne Darlegung eines Sollkonzeptes beantworten. Die nachfolgend angeführten **Zielvorstellungen** für die Entwicklung von Krankenhäusern haben einen normativen Charakter, der sich ausschließlich aus der Analyse der im ersten Abschnitt beschriebenen Umfeldanforderungen in Zeiten von Gesundheitsreformen herleitet. Ohne diese Anforderungen sind auch die Entwicklungsziele als irrelevant und unangemessen anzusehen. Abhängig davon, wie die Situation des Umfelds eingeschätzt wird, werden diese Entwicklungsziele in Krankenhäusern zu Recht unterschiedlich hoch bewertet und in weiterer Folge auch unterschiedlich ambitioniert angestrebt.

- Entwicklungsziel 1: **Kundenorientierung (Patientenorientierung)**

Hinter diesem Schlagwort steht eine Neuorientierung der Organisation Krankenhaus. Gemeint ist die tiefgreifende und umfassende Ausrichtung der handlungsbestimmenden Werte auf die Bedürfnisse jener Menschen, die Spitalsleistungen in Anspruch nehmen bzw. auf die Erwartungen jener Institutionen, die diese Leistungen finanzieren. Darunter sind insbesondere die behandelten und betreuten Patienten, aber auch die gesamte Bevölkerung zu verstehen, die letztendlich für den Aufwand aufkommt und zugleich potentieller Nutznießer der Leistungen ist.

In letzter Konsequenz bedeutet gelebte Kundenorientierung für ein Krankenhaus, wie übrigens für jede dienstleistende Organisation, daß die Legitimation für das eigene Wirken und die Existenz nicht von innen heraus entsteht, sondern ausschließlich auf der Erfüllung von Bedürfnissen bzw. Erwartungen von Leistungsempfängern beruht.

Damit einher geht die grundlegende Bereitschaft, Expertentum und Professionalität einer externen Beurteilungs- und Bewertungsinstanz unterzuordnen.

Das Krankenhaus wandelt sich dementsprechend von einer Expertenorganisation, die ihre eigenen Werte und die daraus abgeleiteten Handlungsprämissen verwirklicht, zu einer Beratungsorganisation, die ihre Expertise in den Dienst der leistungsempfangenden Patienten und der zahlenden Institutionen stellt (*Ebner/Köck* 1996).

Diese Umorientierung im Selbstverständnis der Organisation rührt zugleich an den Grundmustern der professionellen Identität der im Krankenhaus tätigen Berufsgruppen und stellt alleine schon dadurch eine große Herausforderung für Krankenhäuser dar.

- Entwicklungsziel 2: **Effizienzorientierung**

Vielfach wird darunter die bedingungslose Reduktion der Kosten im Krankenhaus verstanden. Statt dessen sollte es um die **Optimierung des Verhältnisses** von **Aufwand und**

23 Aufgaben und Chancen der Organisationsveränderung

Nutzen gehen, indem entweder mehr Nutzen bei gegebenem Aufwand oder der gleiche Nutzen bei reduziertem Aufwand erzielt wird (*Köck* 1991). Dazu müßten diese beiden Dimensionen in der Betrachtung zusammengeführt werden und unmittelbar auf der Ebene der Leistungserbringung Berücksichtigung finden. Bis vor kurzem war es möglich, daß sich die medizinisch tätigen Professionen, beispielsweise Ärzte und Pflegekräfte, ausschließlich auf die Nutzendimension konzentrierten und die sog. wirtschaftlichen Angelegenheiten dem administrativen Bereich überließen. Umgekehrt beschäftigten sich die Mitarbeiter der Wirtschaftsabteilungen fast gar nicht mit der Leistungsqualität und dem Nutzen der erbrachten Leistungen. Die neuen Anreizsysteme der verschiedenen Gesundheitsreformmodelle legen die Auflösung dieser Polaritäten nahe, um erfolgreich im Umfeld bestehen zu können. Auch mit dieser Zielvorstellung wird das Selbstbild der Organisation Krankenhaus zumindest auf der Ebene der dort tätigen Professionen grundlegend in Frage gestellt und herausgefordert.

Neben diesen nach **außen wirksamen Entwicklungszielen** können auch einige **innenwirksame** Entwicklungsziele angeführt werden, die als Grundvoraussetzung für die ersten beiden Ziele anzusehen sind:

- Entwicklungsziel 3: **Prozeßorientierung**

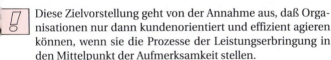

Diese Zielvorstellung geht von der Annahme aus, daß Organisationen nur dann kundenorientiert und effizient agieren können, wenn sie die Prozesse der Leistungserbringung in den Mittelpunkt der Aufmerksamkeit stellen.

Diesem Ansatz entsprechend beruht das Grundverständnis der Organisation nicht auf der Differenzierung nach Berufsgruppen und Fachbereichen, sondern auf der Untergliederung nach den wesentlichen Prozessen der Leistungserbringung, die auch als Kern- oder Schlüsselprozesse bezeichnet werden. In diesem Zusammenhang findet häufig das Bild der **quervernetzten** bzw. **horizontal aufgebauten Organisation** in Unterscheidung von der vertikal, streng hierarchisch aufgebauten Organisation Verwendung. Als konsequent durchdachtes Umsetzungsmodell dieses Grundprinzips stellt sich das Konzept des Business Process Reengineering dar (*Hammer/Chamy* 1993). Auch im Lean-

B Organisation und Zusammenarbeit

Management (→) findet sich eine deutliche Bezugnahme auf diese Grundvorstellung (*Krafcik* 1988; *Heimerl-Wagner* 1996). Die Stärke der Prozeßorientierung liegt darin, daß die übergeordneten Organisationsziele gegenüber den Teilzielen, die der Verwirklichung von professioneller bzw. fachlicher Identität dienen, Vorrang bekommen. Ähnlich wie die zuvor angeführten Entwicklungsziele stellt auch dieses eine tiefgreifende Herausforderung für Krankenhäuser dar.

Insbesondere wird die traditionell gewachsene Struktur der Aufbauorganisation, die der Differenzierung nach Berufsgruppen und Fachbereichen folgt, in Frage gestellt. In die Praxis umgesetzt, würde dies eine Zurücknahme der Bedeutung von Berufsgruppen und Fachbereichen als organisationsbestimmende Gruppierungen bedeuten.

- Entwicklungsziel 4: **Die lernende Organisation**

Ein dynamisches Umfeld und komplexe Aufgabenstellungen verlangen Organisationen ein hohes Maß an Flexibilität und Lernfähigkeit ab. Zur Sicherung der eigenen Existenz ist es daher unabdingbar, daß Organisationen sich nicht nur an statischen Entwicklungszielen orientieren, sondern sich auf einer übergeordneten (Meta-)Ebene der Entwicklung ihrer dynamischen Anpassungsfunktionen widmen. Dazu gehören die organisationalen Fähigkeiten im Bereich der Umfeldanalyse, der Selbstreflexion eigener Stärken und Schwächen, der Kreativität, Veränderungsstrategien und Arbeitsabläufe auszuarbeiten, um- und durchzusetzen. Für dieses übergeordnete dynamische Entwicklungsziel wird gerne der Begriff der lernenden Organisation verwendet, die aus sich heraus im Stande ist, angemessen auf die sich verändernden Umfeldbedingungen zu reagieren (*Senge* 1990).

Voraussetzung dafür ist die Bereitschaft innerhalb der Organisation, Routineaktivitäten ständig zu hinterfragen, konstruktive Prozeßkritik zu üben und damit auch ein hohes Maß an Instabilität zu tolerieren.

Auch wenn dieses Grundmuster im Rahmen von wissenschaftlicher Tätigkeit gerade im klinisch-medizinischen Bereich über eine lange Tradition verfügt, ist es aus einer organisationsbezogenen Sicht ein ungewohnter Anspruch, der auf die Krankenhäuser zukommt.

23 Aufgaben und Chancen der Organisationsveränderung

- Entwicklungsziel 5: **Mitarbeiterorientierung**

Als zentrale Ressource zur Erreichung der angeführten Ziele müssen die Mitarbeiter im Krankenhaus erkannt werden. Sie sind es, auf denen die Entwicklung der Organisation aufbaut und die die damit verbundenen Auswirkungen persönlich zu tragen haben.

Ihre professionelle und funktionelle Identität ist in mehrerlei Hinsicht gefordert. Kundenerwartungen als zielbestimmende Größe einzubeziehen, Kosten- und Nutzenüberlegungen als Entscheidungsgrundlage zu integrieren, berufsgruppen- und fachorientierte Sichtweise zugunsten einer prozeßorientierten zurückzunehmen sowie die Bereitschaft zur Selbstreflexion und Veränderung sind Anforderungen, die – konsequent gelebt – auf allen Ebenen im täglichen Handeln wirksam werden. Damit verbunden ist auch eine weitreichende Dezentralisierung der Organisationsverantwortung auf die Ebene der unmittelbaren Leistungserbringung. Gerade weil diese Ansprüche in der Folge auch leicht zu einer Überforderung der Mitarbeiter führen können, kommt dem sensiblen Umgang mit den Potentialen der Mitarbeiter große Bedeutung zu.

Nur wenn diese **gesteigerte Verantwortung** auch mit mehr **Autonomie** in der Gestaltung der eigenen Arbeit einhergeht, der Sinn der eigenen Tätigkeit dadurch deutlich hervortritt und Mitarbeiter in verstärkter Weise Feedback und **Anerkennung für ihre Leistungen** bekommen, wird das Entwicklungsziel der Mitarbeiterorientierung auch tatsächlich erreicht werden können.

23.3 Was entwickeln?

In welchen Bereichen muß die Entwicklung der Organisation Krankenhaus ansetzen?

Um die normativen Entwicklungsziele zu erreichen, wird es notwendig sein, die Organisationsentwicklung inhaltlich auf der strukturellen, strategischen und auf der personellen Ebene zu betreiben. Während die Konzentration auf einen dieser 3 Bereiche die Defizite in den anderen beiden um so deutlicher zutage bringen könnte, ist von sich ergänzenden Aktivitäten ein synergetischer Effekt (→) zu erwarten. Die entsprechende Gewichtung der Veränderungsmaßnahmen sollte von der jeweiligen Situation, in der ein Krankenhaus steht, abhängig gemacht werden.

Strukturelle Faktoren

• Aufbaustruktur

Wie unter dem Schlagwort Prozeßorientierung beschrieben, kommt der Aufbaustruktur bei der Veränderung von Organisationen eine zentrale Bedeutung zu, die sowohl für die Ausprägung der Organisationskultur als auch für das Erreichen der Organisationsziele gilt. Die Entwicklung von einer vertikalen und damit vorrangig berufsgruppen- bzw. fachorientierten Organisationsstruktur zu einer quervernetzten, prozeßorientierten zählt zu einem der massivsten Umbrüche, die in der gegenwärtigen Situation für Krankenhäuser vorstellbar ist. Als Grundvoraussetzung dafür müßten die wesentlichsten Geschäftsbereiche und die damit verbundenen Zielsetzungen verbindlich festgelegt sein (s. strategische Faktoren weiter unten). Darüber hinaus müßten die sogenannten Kern- bzw. Schlüsselprozesse, die für die Erstellung der Produkte unabdingbar sind (z.B. Aufnahme, Diagnostik, Therapie, Entlassung, Tagesbetreuung), definiert sein. Erst dann lassen sich prozeßbezogene Organisationsverantwortungen mit entsprechender Ressourcenkompetenz im Personal- und Budgetbereich festlegen.

• Sekundäre Organisationsstrukturen

Wie weiter unten in Kapitel 23.4 dargestellt, kann es für Krankenhäuser Sinn machen, Veränderungstendenzen und -potentialen durch Schaffung sekundärer Organisationsstrukturen Platz zu geben und sie zugleich institutionell abzusichern. Dazu gehören insbesondere alle Formen der Projektorganisation, die eine steuerbare Auseinandersetzung mit Veränderung in klar abgesteckten Verantwortungsbereichen bzw. zeitlich abgegrenzten Phasen erlauben (*Heimerl-Wagner* 1996). Über die Wirkung dieser sekundären Organisationsformen entscheidet zumeist der Grad der Verbindlichkeit, mit der sie ausgestattet werden. Dieser drückt sich durch das Schaffen der entsprechenden Strukturen, das Bereitstellen der erforderlichen Ressourcen und die Unterstützung seitens der Führung aus.

23 Aufgaben und Chancen der Organisationsveränderung

- **Informations- und Kommunikationsstrukturen**

Neben der Schaffung von Verantwortlichkeiten entlang der festgelegten Kern- und Schlüsselprozesse kommt der Etablierung angemessener Informations- und Kommunikationsstrukturen große Bedeutung zu. Jenseits des übergeordneten, ideellen und kulturellen Wertes von Information und Kommunikation sind auf der **operativen Ebene 3 Prinzipien** wirksam:

– Erstens kann die Steuerung des eigenen Verantwortungsbereiches nur dann wahrgenommen werden, wenn zu den jeweiligen Prozessen relevante Daten und Informationen erhoben, ausgewertet und auch interpretiert werden.
– Zweitens stellen diese Daten und Informationen die Grundlage für den Austausch interner Leistungen an den sog. internen Kundenschnittstellen dar.
– Drittens muß die Auseinandersetzung bzw. Kommunikation zum organisationsinternen Leistungserstellungsprozeß und dem damit verbundenen, internen Leistungsaustausch in einer Art gewährleistet sein, die gute Ergebnisse sicherstellt.

Die Qualität der Informations- und Kommunikationsstrukturen kann daran gemessen werden, wie kreativ und effizient diese genutzt werden, und spiegelt häufig den Reifegrad der Organisation wider.

Strategische Faktoren

Zu diesem Bereich zählen jene Faktoren, die darüber bestimmen, ob das Krankenhaus mit seinen Geschäftsbereichen bzw. Produkten (Dienstleistungen) erfolgreich in einem zunehmend kompetitiven Umfeld bestehen kann. Als vorrangig ist dabei die **Ausdifferenzierung von Leistungsangeboten** anzusehen, für die einerseits genügend Bedarf und andererseits die Bereitschaft zur Finanzierung seitens der Patienten oder aber der finanzierenden Institutionen besteht. Darüber hinaus macht es Sinn, sich auf jene Leistungen zu spezialisieren, bei denen im Fall der **Leistungsausweitung** die Möglichkeit gewinnbringender Rationalisierungspotentiale erkennbar ist. Um ergänzende, nicht in der eigenen Kernkompetenz liegende Leistungen abzudecken, ist die Kooperation mit anderen Krankenhäusern in diagnostischen, aber auch in therapeutischen Belangen zu überlegen. Weitere marketingorientierte Elemente der strategischen Ausrichtung sind:

- kontinuierliche Erfassung von Kundenerwartungen
- die professionelle Pflege des Images auf der Ebene der Zuweiser, der finanzierenden Institutionen und der Bevölkerung
- Betreuung der relevanten Medien
- Erfassung der Patientenzufriedenheit

Personelle Faktoren

Wesentlicher Erfolgsfaktor, um organisationale Entwicklungsziele (vgl. Kap. 23.2) zu erreichen, sind in jeder Organisation die Mitarbeiter. Diese Annahme gilt um so mehr, je deutlicher der Dienstleistungscharakter eines Unternehmens ist. Das **Personalmanagement** in Krankenhäusern weist in vielen Bereichen wesentliche **Defizite** auf. So erfolgt die Auswahl von Führungskräften bzw. die Besetzung von Schlüsselpositionen in den leistungsbestimmenden, medizinischen Bereichen nur selten nach Kriterien, die für die Organisation relevant sind. Organisationsbezogene Qualifikationen nehmen bei der Entscheidung letztendlich nur einen untergeordneten Platz ein. Für die Mitarbeiter der nächsten Ebenen bestehen in den seltensten Fällen Anreizsysteme zur Erreichung der Organisationsziele. Vor allem im ärztlichen Bereich sind weder die Entlohnungspraktiken noch die Karriereentwicklung darauf ausgerichtet. Darüber hinaus setzt die Schulung und Fortbildung vielfach im rein fachlichen Bereich an und berücksichtigt kaum organisationsbezogene oder gar prozeßrelevante Fähigkeiten. In all diesen Bereichen bestehen große Entwicklungspotentiale, die in vielen Krankenhäusern nicht einmal ansatzweise genutzt werden.

23.4 Wie entwickeln?

Welche Gesichtspunkte sollen bei der Gestaltung von Entwicklungsprozessen berücksichtigt werden?

Gerade zu dieser erfolgsentscheidenden Frage gibt es eine Vielzahl von unterschiedlichen Theoriegebäuden und Modellen zur praktischen Umsetzung. Die Auswahl einer angemessenen und erfolgversprechenden Interventionsstrategie hängt sehr mit dem zugrundeliegenden Organisationsverständnis zusammen. Als differenzierendes Merkmal ist dabei der Glaube an die externe Steuerbarkeit bzw. Beeinflußbarkeit der Organisation anzusehen. Es lassen sich grob

23 Aufgaben und Chancen der Organisationsveränderung

3 Ausrichtungen anhand der folgenden Organisationsmodelle bzw. Interventionsgrundsätze beschreiben (*Heimerl-Wagner/Ebner* 1996):

- Organisation als **Maschine:** Wie bringt der Manager bzw. Berater die Organisation dazu, das zu tun, was er (als Außenstehender) will?
- Organisation als **Organismus:** Wie bringt der Manager bzw. Berater die Organisation dazu, selbst das zu tun, was die Umwelt erfordert?
- Organisation als **selbstreferentielles System:** Wie kann der Manager bzw. Berater dazu beitragen, daß die Organisation das tut, was sie selbst für sinnvoll hält?

Im folgenden wird die Frage dieses Kapitels, wie Entwicklungsprozesse gestaltet werden sollen, anhand von Dimensionen aufgearbeitet, die unabhängig vom dahinterliegenden Organisationsverständnis Bedeutung haben. Sie sind jeweils als Polaritäten beschrieben:

- 1. Interventionsdimension: **Bewahren versus Verändern**

Es ist für eine Organisation kaum möglich, ausschließlich auf **Bewahren** oder ausschließlich auf **Veränderung** zu setzen. Bedeutsam ist, ob sie einen für sich stimmigen Umgang mit den auseinanderstrebenden Tendenzen finden kann. Das bewahrende Element im Krankenhaus steht dabei einerseits für zumeist positiv konnotierte Eigenschaften wie Tradition, Sicherheit, Berechenbarkeit, andererseits aber auch für z. T. negativ behaftete Eigenschaften wie Bürokratie oder Trägheit. Veränderung steht gleichermaßen für Innovation, Entwicklung, Flexibilität und Lernfähigkeit, aber auch für Unsicherheit oder Orientierungslosigkeit. Gerade bei dieser Dimension wird der externe Veränderungsdruck entscheidend für die Einstellung des Gleichgewichtes zwischen Bewahren und Veränderung sein müssen.

- 2. Interventionsdimension: **Struktur versus Chaos**

Für die Entwicklung von Organisationen und die entsprechenden Interventionsansätze stellt diese Polarität eine große Herausforderung dar. Es erhebt sich die grundlegende Frage, wieviel Planung, Steuerung und Kontrolle für den Entwicklungsprozeß notwendig und hilfreich ist, um in einer Phase der Veränderung bzw. Entwicklung ausreichend Sicherheit und Schutz signalisieren zu können. Auf der anderen Seite muß aber auch berücksichtigt werden, daß ein Zuviel an Struktur in Veränderungsprozessen das kreative

B Organisation und Zusammenarbeit

Potential und damit die Entwicklungsenergien lähmen kann, beispielsweise dann, wenn sich die Struktur für die Entwicklungsprozesse in ihrer Starrheit kaum von der primären Organisationsstruktur eines Krankenhauses unterscheidet.

- Interventionsdimension: **Top-down versus Bottom-up**

Top-down steht für einen Veränderungsprozeß, der hierarchisch gesehen von der Führungsspitze weg zur Basis hin Stufe um Stufe weitervermittelt wird. Bottom-up steht für das Prinzip, daß sich auf den unteren Ebenen Keimzellen der Veränderung bzw. der Entwicklung bilden, die langsam nach „oben" hin zu wirken beginnen und damit eine grundlegende Umorientierung der Organisation ermöglichen sollen. Auch wenn sich fast alle Betreiber und Berater von Veränderungsprozessen darin einig sind, daß eine umfassende und nachhaltige Entwicklung weder ohne die Identifikation der Führungskräfte noch ohne die Akzeptanz der Mitarbeiter an der sogenannten Basis stattfinden kann, gibt es gerade zur Frage, von welcher Ebene aus dieser Prozeß gestartet werden soll, unterschiedliche Zugänge. Geht man allerdings von der Vorstellung aus, daß Krankenhäuser nicht vollständig autonom von allen Mitarbeitern gemeinsam geführt werden, so muß unterstellt werden, daß auch die Strategie eines Bottom-up-Prozesses von der Führung beabsichtigt und gesteuert sein sollte, sofern sie ihre Führungsverantwortung wahrnehmen will.

Je nachdem, welche Rolle man im Veränderungsprozeß übernimmt, besteht im Verlauf dieser Entwicklung eine unterschiedliche Verantwortung für die Gestaltung, Betreibung und Begleitung dieser Prozesse. Unabhängig davon, welchem Organisationsverständnis man anhängt und welcher grundsätzliche Entwicklungs- und Interventionsansatz daraus abgeleitet wird, erweist es sich als vorteilhaft, dabei in **selbstreflexiven Lernschleifen** zu denken und zu handeln. Grob dargestellt handelt es sich dabei um einen Zyklus von:
Planen: Hypothesen bilden (zur Organisation, zum Umfeld, etc.) und Interventionen planen
Handeln: Interventionen durchführen
Vergleichen: Interventionserfolg und Hypothese prüfen

Der Entwicklungsprozeß wird um so erfolgreicher geführt oder begleitet werden können, je zeitnäher diese Lernschleifen durchlaufen werden können und je rascher und angemessener auf die Situation, in der die Organisation in ihrer Entwicklung steht, eingegangen werden kann. Im Sinne einer Grundvorstellung der Organisationsentwicklung, daß nämlich der Weg schon das Ziel sei, kommt daher der **ständigen Adaptionsfähigkeit,** die in den Lernschleifen zum Ausdruck kommt, auch im Entwicklungsprozeß große Bedeutung zu. Dies trifft um so mehr zu, je komplexer sich die Ausgangslage für einen Veränderungsprozeß darstellt. Aus den Erfahrungen im Umgang mit Krankenhäusern und deren Entwicklungsbestrebungen kann konstatiert werden, daß die dort festgestellte Komplexität im Hinblick auf das Umfeld, die Aufgabenstellung sowie die kulturellen und sozialen Werte kaum zu überbieten ist.

 Die Lernfähigkeit im Entwicklungsprozeß ist daher als erfolgsentscheidender Faktor für komplexe Veränderungen anzusehen.

Daraus leitet sich für **Führungskräfte** und interne sowie **externe Berater** ein entsprechend hoher **Qualifikationsanspruch** ab, der sich insbesondere auf die Gestaltung und die Begleitung von Veränderungsprozessen bezieht. Die ausschließlich fachliche Kompetenz und die Fähigkeit, Bekanntes zu managen, reichen heute nicht mehr aus, um in diesen Rollen erfolgreich für das Krankenhaus und seine Entwicklung wirken zu können.

Literatur

Koeck, C. M., Qualitätsmanagement im Krankenhaus. Was können wir von japanischen Industriefirmen lernen? In: *Hauke, E. (Hrsg.),* Qualitätssicherung im Krankenhaus. Wien 1991, 109–27.

Koeck, C. M., Das Gesundheitssystem in der Krise: Herausforderungen zum Wandel für System und Organisation. In: *Heimerl-Wagner, P.; Koeck, C. M.* (Hrsg.), Management in Gesundheitsorganisationen. Wien 1996.

Ebner, H.; Koeck, C. M., Das Personal als strategische Ressource im Qualitätsmanagement des Krankenhauses. In: *Müller, M.* (Hrsg.), Personalmanagement im „Unternehmen" Krankenhaus. Wien 1996.

Hammer, M.; Chamy, J., Reengineering the Corporation: A Manifesto for Business Revolution. London 1993.

B Organisation und Zusammenarbeit

Heimerl-Wagner, P.; Ebner, H., Handhabung von Veränderungsprozessen in Gesundheitsorganisationen. In: *Heimerl-Wagner P.; Koeck, C. M.* (Hrsg.): Management in Gesundheitsorganisationen. Wien 1996.

Heimerl-Wagner, P., Organisationsbilder und Managementkonzeptionen in Gesundheitsorganisationen. In: *Heimerl-Wagner, P.; Koeck, C. M.* (Hrsg.), Management in Gesundheitsorganisationen. Wien 1996.

Krafcik, J. F., Triumph of the Lean Production System. In: Sloan Management Review, Fall 1988, 41–52.

Senge, P. M., The fifth discipline: The art and practice of the learning organization. New York 1990.

24 Teammanagement

Eduard Zwierlein

24.1 Was ist ein Team?

Ein Team ist natürlich nicht durch das gekennzeichnet, was das scharfzüngige Anagramm „**t**oll, **e**in **a**nderer **m**acht's" ironisch suggeriert. Teams sind vielmehr eine Form der Gruppenarbeit, in der verschiedene Menschen mit unterschiedlichen Aufgaben über eine längere Zeit hinweg in engem Kontakt unter einer gemeinsamen Zielsetzung erfolgreich zusammenarbeiten sollen. Dabei ist die Zahl der Teammitglieder, die in einem Team kommunizieren und interagieren, in der Regel überschaubar, so daß sich auch zahlenmäßig eines der wichtigsten und doch nur schwer faßbaren Teammerkmale einstellen kann. Dieses Merkmal ist die **Kohäsion** des Teams, d.h. das Zusammengehörigkeitsgefühl der Teammitglieder, das auch als „Wir-Gefühl", „Wir-Bewußtsein" oder „Team-Geist" beschrieben werden kann.

Da Teams gewöhnlich formell entstandene und zweckhaft organisierte Arbeitsgruppen darstellen, ist der „Team-Geist" nicht auf spontane Sympathiewahl zurückzuführen. Er entsteht vielmehr aus bestimmten Haltungen und Einstellungen sowie einer professionellen Form der Zusammenarbeit. Ein Team ist kein Sympathiegefüge, sondern ein Empathiegefüge, keine Zuneigungsgemeinschaft, sondern ein **Empathienetz,** in dem jeder jedem grundsätzlich vertrauensvoll, aufgeschlossen, aufmerksam, wohlwollend und respektvoll entgegentritt, um durch Zusammenführung unterschiedlicher Persönlichkeiten und Kompetenzen vorgegebene Aufgaben und Leistungen gemeinsam zielgenau und erfolgreich zu bewältigen. Zur professionellen Zusammenarbeit in einem Team gehört dabei natürlich nicht nur die Beachtung der formellen Aufgabenteilung, Kompetenzstrukturen, Entscheidungs- und Informationswege etc., sondern auch die Pflege der psychosozialen und kommunikativen Faktoren.

24.2 Aufgaben des Teammanagements

Was macht ein Team erfolgreich? Grundsätzlich ist für Teams die Beantwortung von 4 Fragen wichtig, hinter denen sich bestimmte Problemlandschaften verbergen:
- Was ist unsere **Aufgabe?** (Genaue Bestimmung der Ziele, Kosten, Qualitätsanforderungen, Zeitmanagement, strukturelle Einbindung in das Unternehmen)
- Wie sollen wir uns **organisieren?** (Sind die richtigen Leute im Team? Ist das Team gut und ausgewogen zusammengesetzt? Sind die Aufgaben, Rollen und Kompetenzen klar verteilt und geregelt?)
- Welche **Störfaktoren** (hard und soft factors) gibt es? (Gibt es Sachkonflikte, Rollenkonflikte, Qualitätsprobleme, Informationsmängel, Entscheidungsdefizite? Fehlt Konfliktfähigkeit, Team-Geist, liegen negative Konkurrenz, Kommunikationskonflikte oder andere Beziehungsstörungen vor?)
- Über welche **Lösungsmöglichkeiten** verfügen wir? (Verfügt das Team über einen „Methodenkoffer", um Probleme angemessen bearbeiten zu können?)

Entsprechend ist es die Aufgabe des **Teammanagements** oder **Teamcoachings,** optimal leistungsfähige Teams zu bilden oder existierende Teams zu Spitzenteams zu entwickeln. Hierbei gilt es, einerseits verschiedene Aspekte zu beachten, wie etwa Probleme der **Teambildung,** der **Teamzusammensetzung,** der **Teamführung** oder der **Teamentwicklung.** Andererseits ist es unumgänglich, möglichst die **„harten"** und die **„weichen"** Faktoren der Teamarbeit und der Teambeziehungen im Auge zu behalten, also sowohl Fragen der Zielsetzung, der Planung, der vereinbarten Vorgehensweise und Methoden, der Ressourcen etc. als auch des Wir-Gefühls, der Kommunikation, der Konfliktbearbeitung oder der Vertrauenskultur und Akzeptanz aller Teammitglieder.

24.3 Teambildung

Mit Teambildung als Moment des Teammanagements ist hier zum einen die Konstitution des Teams durch die **Aufgabe** und die **sachlichen Randbedingungen** gemeint. Ein Team ist als Arbeitsgruppe definiert, die klar gesetzte Ziele zu erreichen und auf diesem Weg Probleme zu lösen hat. Als „Pro-

24 Teammanagement

blemlösungsgemeinschaft" ist das Team durch eine gemeinsame Aufgabenerledigung und Leistungserbringung miteinander „verbunden". Das Team bildet sich um ein Zentrum von Zielen und Aufgaben.

Zum anderen durchlaufen Teams in der Teambildung 4 typische Phasen, die als **„Team-Uhr"** (nach Francis und Young) beschrieben werden können (Abb. 24-1).

Dabei bedeuten:

- **Forming:** Orientierungs- oder Testphase, in der sich die Teammitglieder zum erstenmal oder wieder neu begegnen und sich in der Regel noch vorsichtig, abwartend, gespannt, höflich und unpersönlich verhalten. Die Teambeziehung ist eher angepaßt, die Aufgabenreife improvisierend.
- **Storming:** (Nah-)Kampfphase, in der Terrains und Reviere abgesteckt und Cliquen und Clans gebildet werden, Konfrontationen aufbrechen oder unterschwellige Konflikte lauern; der Arbeitsprozeß ist mühsam, der Arbeitsertrag eher gering.
- **Norming:** Organisierungsphase, in der sich das Team klare Spielregeln gibt, neue, offene Umgangsformen und

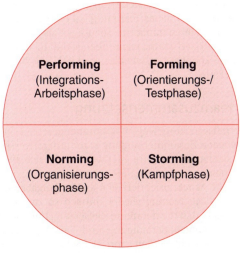

Abb. 24-1 „Team-Uhr"

konstruktive Verhaltensweisen entwickelt, Standpunkte, Ziele und Wege klärt, funktionierende Feedbackmechanismen einrichtet: der Weg zur Produktivität ist frei. Die Teambeziehung ist durch Geschlossenheit und Abgrenzung charakterisiert, die Aufgabenreife äußert sich in Strategiefindung und Positionierung.

- **Performing:** Integrations- und Arbeitsphase, in der das Team als „high performance team" in offener Kommunikation, konstruktiver Kritik und gegenseitiger Unterstützung solidarisch, vertrauensvoll, ideenreich, flexibel, leistungsstark und hilfsbereit seine Aufgaben erledigt, Leistung erbringt und seine Ziele anstrebt. Die Teambeziehung hat einen unabhängigen und offenen Status erreicht, die Aufgabenreife ist durch Selbstverpflichtung und Engagement geprägt.

Teams sind besonders gefährdet, zwischen der zweiten und dritten Phase steckenzubleiben oder zu oszillieren. Hier ist eine besondere Aufgabe und Verantwortung der Teamleitung zu sehen.

Des weiteren ist die Team-Uhr nicht ein für allemal durchlaufen, wenn ein Team alle 4 Phasen absolviert hat. Vielmehr ist zu berücksichtigen, daß der Prozeß in Variationen wieder einsetzen wird, wenn z.B. neue Aufgaben auf das Team zugekommen oder ein neues Teammitglied einbezogen werden muß, und daß er en miniature, sozusagen als Zeitrafferphänomen, auftreten kann, wenn Teams nur in bestimmten Intervallen kooperieren, wie dies etwa bei Projektteams der Fall sein kann.

24.4 Teamzusammensetzung

Teams müssen ausgewogen zusammengesetzt sein. Eine ausgewogene Zusammensetzung kann unter 3 verschiedenen Gesichtspunkten betrachtet werden, die sich allerdings überschneiden und miteinander verbunden sind.

Der erste Aspekt orientiert sich an der **Aufgabenstellung** des Teams. Die Teammitglieder müssen so zusammengestellt werden, daß die definierte Zielsetzung und die mit ihr verknüpfte Aufgabenerledigung und Leistungserbringung erfolgreich erreicht werden kann. Der Schwerpunkt der Aufgabenorientierung für die Zusammensetzung eines Teams liegt in diesem Fall vor allem auf der Wahl von Teammitgliedern nach ihrer **Qualifikation** und **Kompetenz.**

Der zweite Aspekt zielt auf die **Teamrollen,** die typischerweise in einem Team zu finden sind. Diese Teamrollen beziehen sich sowohl auf die Aufgaben und Arbeitsfunktionen (z.B. Beraten, Innovieren, Überwachen, Entwickeln, Organisieren, Koordinieren) als auch auf die Beziehungen, Kommunikation und Interaktion zwischen den Teammitgliedern. Zu diesen Rollen zählen z.B. die der „Kreativen", die Ideen schmieden, der „Inspiratoren" und „Promoter", die die Ideen vorantreiben, dafür werben, Begeisterung erzeugen und Ideenaustausch sicherstellen, der „Macher", die für die Durchsetzung und Umsetzung der Ideen sorgen, der „Organisatoren", „Koordinatoren" und „Planer", die für die notwendigen Ressourcen, einen stimmigen Ablauf und ein gezieltes Controlling sorgen u.a. Besondere Bedeutung besitzt die Rolle des sogenannten **„linker",** der dafür sorgt, daß die verschiedenen Arbeitsfunktionen im Team ineinandergreifen, Information rechtzeitig an alle fließt, der die Beziehungs- und Kommunikationskultur der Teammitglieder pflegt und das Team nach außen repräsentiert.

Der dritte Aspekt schließlich richtet das Augenmerk auf die Zusammensetzung hinsichtlich der **Persönlichkeitstypen.** Auch im Blick auf die unterschiedlichen Naturelle, Temperamente, natürlichen Verhaltens- und Einstellungspräferenzen sowie Kommunikationsstile sollte ein Team möglichst vielseitig und vielfältig, „bunt" und ausgewogen besetzt sein. Zugleich werden die persönlichkeitsspezifischen Potentiale auch wiederum ihren Niederschlag in der Wahl der Teamrollen und ebenso in der präferierten Aufgabenwelt finden. Um diese Zusammenhänge professionell zu erkennen und zu nutzen, kann man auf verschiedene Modelle zum Teamaufbau und zur Teamgestaltung zurückgreifen (z.B. INSIGHTS Teamdynamik, DISG-Profil, TMS von Margerison & McCann). Trotz dieser Schwerpunktbildungen ist selbstverständlich darauf zu achten, daß die einzelnen Teammitglieder genügend **Flexibilität** bewahren oder erarbeiten, daß sie einander effektiv unterstützen und gegebenenfalls auch einander effektiv vertreten können.

24.5 Teamführung

Jeder gute Teamleiter oder Teamcoach will, daß seine Mannschaft ein „dream team" wird. Er fragt sich, wann sein Team optimal arbeitet und höchste Produktivität erbringt. Er weiß, daß hochqualifizierte Spitzenkräfte oder hochbezahlte Superstars noch keine Garantie für meisterliche Leistungen bieten. Ein „team of stars" ist noch lange kein „star team". Wie jeder gute Trainer wird der Teamleiter darauf achten, daß sein Team gut besetzt und gut zusammengesetzt ist. Sonst rudern alle in verschiedene Richtungen und verschleudern Energie. Wer bereits bei der Teambildung und Teamzusammensetzung seine Hausaufgaben versäumt, dem kann es rasch ergehen, wie in Goethes Bonmot prophezeit: Wer das erste Knopfloch verpaßt, wird beim weiteren Zuknöpfen gar nicht mehr zu Rande kommen.

Wenn ein Team existiert, sind die beiden wichtigsten Aufgaben der Teamführung eine exzellente Teammoderation und Teamentwicklung.

Unter **Teammoderation** ist dabei ein methodisches Vorgehen zu verstehen, das einen bestimmten Moderationszyklus beachtet, um effektive und effiziente Teamsitzungen und Teambesprechungen zu organisieren. Teamsitzungen sind in der Regel keine Sozialveranstaltungen und sollten deshalb einem gut organisierten, disziplinierten „Drehbuch" folgen. Die Grundstruktur des Moderationszyklus kann auf sehr einfache Weise beschrieben werden:

- **Einstieg:** Begrüßen, konstruktive Arbeitsatmosphäre schaffen, Orientierung über Anlaß und mögliche Themen geben, Protokollant bestimmen, Zeitrahmen vereinbaren.
- **Themen sammeln:** Die Teammitglieder klären, an welchen Themen sie arbeiten wollen.
- **Themen priorisieren:** Die Teammitglieder legen die Reihenfolge der Themenbearbeitung fest (Agenda der „Tagesordnungspunkte") und einigen sich auf ein orientierendes Zeitbudget pro Thema. Tagesordnungspunkte ohne realistisches Zeitlimit sind riskant.
- **Themen bearbeiten:** Jedes einzelne Thema kann man beispielsweise nach dem Schema „Diagnose – Pathogenese – Therapie-Ziel – Therapie-Weg" bearbeiten. Eine „Liste offener Punkte" sollte geführt und festgehalten werden. Zu

24 Teammanagement

jedem Thema sollte ein konkreter Aktionsplan mit entsprechenden Maßnahmen und verantwortlichen Teammitgliedern bestimmt werden.
- **Abschluß:** Zum Ende der Sitzung werden noch Fragen und Absprachen zur „Liste offener Punkte" vorgenommen, ein (reflektierendes) Feedback zur aktuellen Sitzung (Zufriedenheit, Effizienz, Effektivität) eingeholt, nächste Teamsitzungen u.ä. vereinbart und die Teammitglieder mit Dank für ihre Mitarbeit verabschiedet.

Insbesondere die Teamleitung sollte die Moderationsmethode professionell anwenden können. Da sie neben dem „1×1" des Moderationszyklus noch weitere Elemente einschließt, z.B. diverse Visualisierungs- und Kreativitätstechniken, erweist sich eine entsprechende Schulung der Teamleitung als wünschenswert.

Grundlage der **Teamentwicklung** ist es, für eine Balance zwischen Synergie ($\rightarrow$) und schöpferischer Spannung in einer lebendigen Lernkultur zu sorgen. Dabei ruht die Wertebasis eines Teams darauf, daß die Vielfalt und Verschiedenheit der Teamrollen, Charaktere, Naturelle und persönlichkeitsspezifischen Potentiale und Präferenzen als Chance betrachtet und als Reichtum erlebt wird. Harmoniezwang, Konformismus und Uniformierungstendenzen dürfen nicht künstlich auferlegt und gegen eine respektvolle, rivalitätsarme Streitkultur und eine vielfältige Arbeitskultur ins Feld geführt werden. Ein Team lebt auch von seiner Vielfalt und Buntheit. Ein wirkliches „Wir-Gefühl" kann nur in dem Maße entstehen, in dem jedes „Ich" sich mit seinen Besonderheiten in dem „Wir" ernstgenommen und aufgenommen fühlt.

Um die Teamentwicklung zu leisten, bedient sich die Teamleitung des **„enablement"**, d.h. der Befähigung der Mitarbeiter, die durch verschiedene Methoden und Unterstützungen kompetenter gemacht werden, und des **„empowerment"**, d.h. der Bevollmächtigung der Mitarbeiter, indem sie mehr Kompetenzen im Sinne von Befugnissen, Verantwortung, Rechte und Pflichten, erweiterte Spielräume erhalten und ihre strukturellen Rahmenbedingungen verändert werden. Diesem Vorgehen korrespondiert ein **kooperativ-partnerschaftlicher Führungsstil**, der letztlich auf **Delegation** von Aufgaben und Verantwortung und **Dezentralisierung** von Macht zielt. Die Macht einer vorgesetzten Führungskraft liegt nicht in ihrem Vorgesetztenstatus, sondern in ihrer

B Organisation und Zusammenarbeit

Kompetenz und Persönlichkeit sowie der Bereitschaft, andere zu entwickeln und zu ermächtigen.

Im folgenden sind einige Beispiele aus dem „Methodenkoffer" aufgeführt, die hier eingesetzt und durch Vorbild, Coaching, Supervision, Schulung, Seminare, Trainings, IBF und andere Qualifikationsformen unterstützt werden können:

- Eine offene Vertrauenskultur begünstigen.
- Explizite Teamspielregeln aufstellen.
- Konfliktfähigkeit und eine konstruktive Streitkultur entwickeln.
- Verständnis für verschiedene Kommunikationsstile, Einstellungs- und Verhaltenspräferenzen wecken.
- Wissen zu Persönlichkeitstypologien und ihren Interaktionen gewinnen.
- Team-Dynamik-Know-how nutzen.
- Problemlösungsfähigkeit steigern.
- Zeitmanagement, Moderationstechnik, Visualisierung, Kreativitätstechniken, Dokumentation konsequent einsetzen.
- Denken und Vorgehen in Form von Projektkultur unterstützen.
- Eine faszinierende gemeinsame Team-Vision entwickeln.
- Interdisziplinäres Denken und Handeln (z.B. durch berufsgruppenübergreifende Arbeitsformen, Qualitätszirkel, Netzwerkarchitektur) fördern.

Als ein Beispiel möchte ich das Stichwort „Teamspielregeln" herausgreifen. Solche Spielregeln, die gemeinsam vereinbart werden, steuern und kontrollieren das Miteinander der Teammitglieder. Sie können in Form von Geboten, Erlaubnissen und/oder Verboten formuliert werden. Vorschläge für eine solche „Team-Charta" könnten lauten:

Unsere Team-Spielregeln
- Wir begegnen einander respektvoll!
- Jeder ist ein wertvolles Teammitglied!
- Erfolg ist nur gemeinsamer Erfolg!
- Vereinbarte Termine halten wir genau ein!
- Sitzungen werden moderiert, visualisiert und dokumentiert!
- Wir fassen uns kurz und kommen auf den Punkt!
- Informationen tauschen wir offen und ehrlich untereinander aus!

24 Teammanagement

- Informationen gehen nur nach außen, wenn das Team dies will!
- Störungen werden von uns klar benannt und nicht unter den Teppich gekehrt!
- Wir sind hart in der Sache, aber fair zu Personen!
- Kritik äußern wir als Ich-Botschaft!
- Kritik äußern wir konstruktiv und annehmbar!
- Wir engagieren uns für eine fruchtbare Vertrauenskultur!

Am wichtigsten in der Teamführung durch Teamentwicklung scheint der Aspekt des **Vertrauens** zu sein. Das erwachsene und mündige Team ist kein Orchester mit Dirigent und starrer Partitur, sondern eine Mannschaft mit einem Coach, der sie auf ihr Spiel vorbereitet, sie trainiert, unterstützt, berät und begleitet. Er muß dem Team die Chancen geben, sich selbstorganisierend und selbstkontrollierend zu einem unternehmerischen Team zu entwickeln. Der Coach beachtet die Maxime: „Hilf mir, es selbst zu tun!" Das Team muß dazu geführt werden, daß es eigeninitiativ und selbstmotiviert handelt. Der Coach fördert das Team als ein unternehmerisch denkendes Führungs-Team und sorgt dafür, daß das Team für sich selbst sorgen kann.

Literatur

Blanchard, K.; Carew, D.; Parisi-Carew, E., Der Minuten-Manager schult Hochleistungsteams. Reinbek bei Hamburg 1996.

Bucher, D.; Lasko, W. (Hrsg.), Vorsprung im Wettbewerb. Ganzheitliche Veränderungen, Netzwerke, Synergie, Empowerment, Coaching. Wiesbaden 1996.

Haug, Chr. V., Erfolgreich im Team. Praxisnahe Anregungen und Hilfestellungen für effiziente Zusammenarbeit. München 1994.

Kunz, H. U., Team-Aktionen. Ein Leitfaden für kreative Projektarbeit. Frankfurt a.M., New York 1996.

Lumma, K., Die Team-Fibel. Das Einmaleins der Team- & Gruppenqualifizierung im sozialen und betrieblichen Bereich. Hamburg, 1. Aufl. 1994.

Seifert, J.W., Gruppenprozesse steuern. Als Moderator Energien bündeln, Konflikte bewältigen, Ziele erreichen. Offenbach 1995.

25 Überwindung der Bereichsegoismen/Vernetzung im Krankenhaus

Sr. M. Basina Kloos

25.1 Das Krankenhaus als Institution mit Egoismenpflege – Vergangenheit?

Krankenhäuser, deren Mitarbeiter Defizite im Bereich der Organisation, Kommunikation und Kultur analysieren und feststellen konnten, hat es immer gegeben. Krankenhäuser, die aus eigenem Vermögen ihre Organisation erfolgreich weiterentwickelt haben, gibt es auch hier und da. Diese Einrichtungen sind gekennzeichnet durch eine hohe fachliche Qualifikation und großes menschliches Engagement ihrer Mitarbeiter für die Patienten.

Diese Krankenhäuser weisen über die Medizin hinaus in das soziale Umfeld, sind kooperationsbereit und tragen ökologische Verantwortung.

Wo nimmt ein solches Krankenhaus die Energie her, die der Organisation Lebendigkeit und Wachstum oder Entwicklung ermöglicht?

Es ist der Geist, der in einem solchen Haus wirkt und herrscht, der Geist in den Köpfen und auch in den Herzen der Mitarbeiter – der Mensch mit seinen psychosozialen Fähigkeiten, die hervorkommen dürfen.

Ehrgeiz, Imageentwicklung und -pflege können als Energieträger oder Hilfsmotoren zur Entwicklung gute Unterstützung leisten, doch fehlt derartigen äußeren Antrieben der lange Atem.

Die Zahl der Kliniken, die aus eigenem Vermögen die Kräfte mobilisieren, um so innovativer zu werden und für die Veränderungen im Gesundheitswesen gerüstet zu sein, ist klein. Dafür gibt es verschiedene Ursachen, z.B.:

- Institutionen und Organisationen verändern sich meistens nur unter dem Druck der Verhältnisse.

25 Überwindung der Bereichsegoismen/Vernetzung ...

- Die Leitung oder das obere Management dürfen nicht nur Impulsgeber des Veränderungsprozesses sein. Als Träger dieser Veränderungen müssen sie zeigen, daß neue Ideen und der Wandel tatsächlich „gelebt" werden.
- Teamarbeit, in der sich Bereiche vernetzen, wird zwar viel beschworen, aber wenig praktiziert.
- Bereichsegoismen, die an der Spitze vorgelebt werden, lassen kaum ein innovationsfreundliches Klima im Hinblick auf Vernetzung aufkommen.
- Menschen lernen und verändern ihr Verhalten nur durch direkte Kommunikation. Wenn die interne Kommunikation im Hinblick auf Effizienz und Qualität nicht stimmt, versagt häufig die Gesamtsteuerung.

Das Kernstück der innerbetrieblichen **Kommunikation** ist ein Netzwerk **regelmäßiger Führungsbesprechungen.** Inzwischen gehören Führungsbesprechungen in vielen Krankenhäusern zur Routine. Häufig sind jedoch die **Effizienz**, d.h. das Verhältnis von Aufwand und Nutzen, und die **Qualität der Verständigung** verbesserungsbedürftig. Bei der Vorbereitung sollten daher die folgenden Punkte berücksichtigt werden:

- Tagesordnung

Das Einbringen der Besprechungsthemen ist grundsätzlich eine Bringschuld aller Teilnehmer. Die Koordination liegt in der Regel beim Leiter.

- Vorbereitung der Teilnehmer

Anspruchsvolle Sachfragen können nur effizient bearbeitet werden, wenn alle Mitglieder sich vorher informiert und auf die Diskussion vorbereitet haben.

- Protokoll der Ergebnisse

Am Ende der Sitzungen sollten die wichtigsten Punkte für das Protokoll sowie Inhalt, Form und Adressate der Information kurz besprochen werden.

Ein wesentlicher Teil der Führungsarbeit ist es, Entscheidungen durchzusetzen und umzusetzen. Wenn getroffene Entscheidungen und Vereinbarungen bereits auf der oberen Etage nicht in Aktionen umgesetzt werden, kann nicht erwartet werden, daß die Mitarbeiter sie ernst nehmen.

Ein sinnvoll vernetztes System gut funktionierender Führungsbesprechungen ist grundlegende Voraussetzung nicht nur für die Steuerung des gesamten Krankenhauses im Nor-

B Organisation und Zusammenarbeit

malbetrieb, sondern insbesondere auch für die Bewältigung des organisatorischen Wandels.

Die Entwicklung eines solchen Systems beginnt nicht selten bei der **Optimierung** dieser **Kommunikationsinfrastruktur.**

Der Prozeß sollte an der Spitze, der Krankenhausleitung, beginnen. Was dort praktiziert und vorgelebt wird, prägt die Kommunikation und die Kooperation auf den nachfolgenden Hierarchiestufen entscheidend.

Wenn es nicht gelingt, Bereichsegoismen zu überwinden, sind häufig tieferliegende Gründe dafür verantwortlich. Oft sind es Tabuthemen.

Auch wenn monetäre Beweggründe hin und wieder ausschlaggebend für die Bereichsegoismen bleiben, so bringt die **Angst vor Machtverlust** viel mehr Abwehrmechanismen in Gang, damit die notwendige Vernetzung so lange wie möglich hinausgeschoben wird.

25.2 Tabuthema Macht

Jede Organisation kann als lebendiger Organismus gesehen werden. Er wird einerseits von einer Leitung beeinflußt, andererseits beeinflußt der Organismus als System das Handeln der Leitung.

25 Überwindung der Bereichsegoismen/Vernetzung ...

Es entsteht ein Kräftespiel mit einer Dynamik, die auf Gegenseitigkeit beruht. Transparenz und Offenheit verringern in diesem Kräftespiel die Ambivalenz. In der Organisation Krankenhaus fällt der Mangel an Transparenz auf durch:
- Vorenthalten von Informationen
- Ausschweigen
- Hinhaltetaktik
- unklare Stellungnahmen

Solches Verhalten löst die Reaktion aus: „Mit dieser Person kenne ich mich nicht aus." Die so gelebte **vertikale Macht** erschwert Veränderungsprozesse und fördert die Bereichsegoismen.

Interessant ist, daß tabuisierte Themen bei Mitarbeitern mit besonderen Fachkenntnissen (im kommunikativen, psychologischen und sozialen Bereich) nicht oder eher selten aufgedeckt werden. Daraus läßt sich ableiten:

Jede Machtausübung ist ein Beziehungsgeschehen.

Jede Macht ist eine vernetzte Macht.

Wo immer Veränderungen anstehen, neue Wege ausprobiert werden sollen, sind Interessen tangiert; Positionen und Privilegien, feingesponnene Netzwerke sind bedroht. Die sonst gegebene Botschaft „alle sitzen im gleichen Boot" wird in derartigen Situationen zeitweise vergessen.

Wenn alle ihre Interessen offen auf den Tisch legen und bereit sind, die Interessen der anderen als gleichberechtigt anzuerkennen, kann Veränderung dennoch erfolgen.

Der **Machtkampf** ist dabei ein normaler Weg der Auseinandersetzung. Es dauert oft sehr lange, bis artikuliert werden kann, daß es sich um einen Machtkampf handelt.

Eine traditionell-hierarchische Organisation steht dem Vernetzungsmodell, das mehr Gesamteffektivität bringt, im Wege. Hierzu einige Beispiele aus dem Krankenhausalltag:
- Das Denken in Positionen, statt in Aufgaben und Funktionen, behindert oder verhindert das Denken und Handeln in dynamischen Abläufen, d.h. in Prozeßketten.
- Die Wege zwischen oben und unten sind zu lang; zuviel Information versickert auf den verschlungenen Pfaden von unten nach oben und von oben nach unten.
- Der Kult der Einzelverantwortung – eine Konsequenz der strikten Arbeitsteilung – führt zu Konkurrenz statt zu Kooperation. Es gibt zu viele, die in Stabsstellen und Linienfunktion täglich versuchen, ihre Existenz zu rechtfertigen.

B Organisation und Zusammenarbeit

Die Organisation wird dadurch schwerfällig. Der Kult der Einzelverantwortung bringt mit sich, daß nicht die fähigsten Personen, wie Querdenker, gefördert werden, sondern eher die Personen, die die Macht des einzelnen erhalten. Die schriftliche Form der Kommunikation hat Hochkonjunktur, weil dadurch die Macht festgeschrieben ist.

In allen Führungspositionen spielt Macht eine zentrale Rolle, offiziell ist sie aber kein Thema.

Tabus sind immer auch, manchmal sogar bewußt eingesetzte Mittel, um bestehende Machtverhältnisse zu erhalten. Wer in Organisationen Veränderungsprozesse steuern und etwas bewegen will, kann es sich nicht leisten, das Thema „Macht" zu ignorieren. Er braucht dazu selbst Macht. Macht ist an sich weder gut noch schlecht. Die Bewertung hängt ausschließlich von den Zielen ab, für die sie eingesetzt wird.

In einer Gesellschaft, in der es mehr auf das Haben als auf das Sein ankommt, ist es vor diesem Hintergrund nicht so leicht, die Bereichsegoismen zu überwinden. Die Chance liegt in der **Überwindung von Denkmustern** und einer **gemeinsamen Vision.**

25.3 Überwinden von Denkmustern!

Die auch im Krankenhausbereich notwendig gewordene Vernetzung der Bereiche hat begonnen und dennoch sind einige alte Denkmuster in den Köpfen. Die klassische Organisation mit Tannenbaumcharakter hat sich weitgehend überlebt. Die statischen Strukturen der Linien und Stabsabteilungen bestimmen teilweise noch heute das Denken.

Auch heute denken noch viele Führungskräfte, daß es für Veränderungen lediglich entsprechender Handlungsanweisungen bedürfe und die konkreten Umsetzungen würden unmittelbar erfolgen.

Zentralabteilungen entwickeln Richtlinien und intervenieren mit Vorschriften; Kompetenzgerangel ist an der Tagesordnung.

Es werden auch noch Workshops zur Ideenfindung veranstaltet. Wenn die Ideen nicht in das eigene Konzept passen, hören die Mitarbeiter nichts mehr davon.

Das Umdenken fällt schwer. Der inzwischen erfolgte Paradigmenwechsel hat sich ereignet, die Führung nimmt ihn nur ungern wahr, die Mitarbeiter werden unzufrieden.

25.4 Entwickeln einer gemeinsamen Vision

Im Gegensatz zu den negativen demotivierenden Folgen von Kostensenkungsprogrammen und Konzepten zum Arbeitsplatzabbau hat die Vision einen positiven, **motivierenden Charakter.**

Neue Impulse und die Mobilisierung von Reserven bei den Mitarbeitern entstehen nur auf der Grundlage einer gemeinsam entwickelten Vision als Energiequelle.

Was ist konkret zu tun?

- Die Leitung eines Krankenhauses ist in ihrer Vorbildfunktion ein permanenter Signalgeber in der Organisation.
- Veränderungsprozesse müssen gesteuert werden. Ein erfahrener externer Moderator kann dabei hilfreich sein und überprüfen, ob die Vision innovativ, offen angelegt und energiebringend ist.
- Gemeinsamkeiten bergen Chancen, Verbündete zu gewinnen.
- Erst wenn alle eine gemeinsam akzeptierte Grundlage erarbeitet haben, kann der Prozeß beginnen. Alle Beteiligten müssen eine klare Vorstellung vor Augen haben,
  - welche Bedeutung die Vernetzung für das Krankenhaus im Hinblick auf die Schnittstellenproblematik hat,
  - wie das Ergebnis aussehen soll,
  - welche Rolle die Funktionsträger im Prozeß wahrnehmen sollen.

In der Krankenhauslandschaft ist zu beobachten, daß Visionen **Antreiber für Veränderungsprozesse** sind. Ein Wort von Bert Brecht birgt einen anderen Ansatz in sich, der häufiger Motor für die Überwindung der Bereichsegoismen ist:

„Lernen geschieht nicht ohne Not!"

„Ich habe gehört, ihr wollt nichts lernen.
Daraus entnehme ich: ihr seid Millionäre.
Eure Zukunft ist gesichert – sie liegt
vor euch im Licht. Eure Eltern
haben dafür gesorgt, daß eure Füße
an keinen Stein stoßen. Da mußt du
nichts lernen. So wie du bist,
kannst du bleiben.

Sollte es dann noch Schwierigkeiten geben,
da doch die Zeiten,

B Organisation und Zusammenarbeit

wie ich gehört habe, unsicher sind.
Hast du deine Führer, die dir genau sagen
was du zu machen hast, damit es euch gut geht.
Sie haben nachgelesen bei denen,
welche die Wahrheiten wissen.
Die für alle Zeiten Gültigkeit haben
und die Rezepte, die immer helfen.

Wo so viele für dich sind,
brauchst du keinen Finger zu rühren.
Freilich, wenn es anders wäre,
müßtest du lernen."

Bert Brecht

Literatur
Doppler, K.; Lauterburg, Chr., Change Management. Den Unternehmenswandel gestalten. Frankfurt a.M., New York, 4. Aufl. 1994.

26 Kommunikation und Kooperation am Beispiel des ärztlichen Bereichs

Britta Grunert

Die gesetzlichen Rahmenbedingungen mit dem Ziel der Beitragssatzstabilität zwingen die Krankenhäuser mit zunehmend knapperen Ressourcen auszukommen und ihre Leistungsfähigkeit zudem noch zu steigern. Die jetzt konkurrierenden Häuser haben sich in den letzten Jahren bezüglich ihrer Strukturqualität tendenziell angenähert. Noch bestehende Mängel können aufgrund des Investitionsstaus seit 1992 und der Finanzierungsfrage nicht kurzfristig wettbewerbswirksam beseitigt werden, so daß den sog. **„weichen Faktoren"**, wie Zusammenarbeit, Patientenorientierung, Qualitätsbewußtsein, Innovationsfähigkeit, Führungsstil, aus betriebswirtschaftlicher Sicht eine **entscheidende Bedeutung** zukommt. Patientenzufriedenheit resultiert nicht nur aus einer optimalen medizinisch-technischen Versorgung mit entsprechendem Ergebnis, sondern auch daraus, wie sich der Patient in seiner individuellen Krankheitssituation von Ärzten und Pflegepersonal verstanden fühlt und in den Behandlungsprozeß miteinbezogen wird.

> Verhalten, Umgang miteinander, die Qualität der Kommunikation und des Informationsaustausches in und außerhalb des Krankenhauses sind Größen, die der Patient durchaus beurteilen kann und wird, da sie sein Wohlbefinden nachhaltig beeinflussen können.

Der Kommunikation und der Zusammenarbeit der verschiedenen Berufsgruppen im Krankenhaus kommt bei der Ausgestaltung des Verhältnisses zum Patienten somit eine wesentliche Rolle zu.

Da zudem weitreichende Veränderungen im Versorgungsablauf selbst erforderlich sind, um Optimierungs- und Effizienzreserven im System Krankenhaus aufzudecken und strategisch wirksam umzuleiten, kann in Zukunft nicht mehr auf das innovative Potential und die Mitarbeit aller am Versorgungsprozeß beteiligten Gruppen und der einzelnen Mitarbeiter verzichtet werden. Die **Qualität** berufsgruppenübergreifender, **interdisziplinärer Zusammmenarbeit** und Kooperationen auf der Basis offener Kommunikation und gemeinsamer Zielvereinbarungen werden vor diesem Hintergrund zur **Überlebensfrage.**

Doch gerade hier liegt ein von allen im Krankenhaus Tätigen unbestrittener und allseits beklagter Mangel vor.

Die **Ursachen fehlender Zusammenarbeit und Kooperation** sind vielschichtig und werden auch von Größen beeinflußt, die nicht unmittelbar steuerbar sind. Ganz wichtig ist es deshalb, sich diese bewußt zu machen und ihre verstärkenden Faktoren auszuschalten. Hierzu zählen Arbeitsbedingungen, Persönlichkeitsstrukturen, Rollenideologien, Interaktionsbeziehungen, Menschenbild und Organisationspathologien.

Von zentraler Bedeutung ist hier die **Qualität der Kommunikation,** denn in ihr verwirklichen sich Wissen und Kompetenz, Verständnis für den anderen, Transparenz sowie die Motivation, etwas zu ändern.

26.1 Was ist Kommunikation?

Kommunikation bedeutet die direkte oder über ein Medium vermittelte Kontaktaufnahme und Herstellung einer Beziehung zu einer anderen Person, bei der die Partner ihre Aufmerksamkeit einander zuwenden, alle vitalen Äußerungen des anderen in ihre Wahrnehmung aufnehmen und mit ihrem Verhalten und ihrer Reaktion ihr Verstehen ausdrücken.

Die Kommunikation wird von verschiedenen Faktoren beeinflußt, z.B. von dem Zweck des Gesprächs, den äußeren Rahmenbedingungen, sozialen Normen und Ritualen, der gegenwärtigen Verfassung der Kommunikationspartner.

Eine **gute Kommunikation** zeichnet sich durch folgende Faktoren aus:
- günstige Rahmenbedingungen (ausreichend Zeit, Ruhe und Ungestörtheit)
- Offenheit und Bereitschaft, sich einzulassen
- Unvoreingenommenheit und Vorurteilsfreiheit

- gleiche Sprache
- gegenseitige Akzeptanz
- Respekt und Achtung vor der Person des anderen, Empathie
- Berücksichtigung psychosozialer Bedürfnisse
- Fähigkeit, Konflikte zuzulassen und Konsens anzustreben
- Gleichberechtigung der Partner
- Einhalten von sozialen Normen, konsensgebundenen Verhaltensregeln

26.2 Wer oder was beeinflußt die Kommunikation im Krankenhaus?

26.2.1 Einflußfaktoren auf der zwischenmenschlichen Ebene

Der Sozialisationsprozeß des Arztes und seine Auswirkungen

Das Medizinstudium hat trotz der hohen Zahl an Absolventen nicht an gesellschaftlichem Ansehen eingebüßt oder an Attraktivität verloren. Die **Motivation** zum **Studium** und späteren **Arztberuf** ist sehr unterschiedlich, allen gemein ist aber der Wunsch, die eigene Person und das Wissen für den Patienten einzusetzen und ihm in seiner Krankheit beizustehen – ein idealistisches und an abstrakten humanitären Werten orientiertes Motiv.

Die **erste Enttäuschung** erwartet den Studenten durch die streng reglementierten Vorgaben und Lernstrukturen, die dem reinen Wissenserwerb und der ausschließlichen Vermittlung naturwissenschaftlich-analytischer Denkweisen und Methoden dienen. Problemorientiertes Lernen oder Gruppenarbeit mit der Möglichkeit, Teamgeist, Kommunikationsfähigkeit, Denken in Systemen zu fördern, sind nur rudimentär vorhanden und finden im Alltag des Frontalunterrichts wenig Raum. Jeder bleibt sich selbst und seinen Büchern überlassen, die Qualität der Lehre wird nicht überprüft, der Erfolg des Unterrichtes nicht evaluiert, so daß ein Studienabbruch letztlich als persönliches Versagen gedeutet und mangelnde Eignung zum Arztberuf unterstellt wird. Ein einmal erlangtes Privileg mit entsprechendem Status, Prestige und Zukunftsperspektive aufzugeben, fällt schwer. Durch

B Organisation und Zusammenarbeit

diesen Druck und die hohe Erwartungshaltung, sich unter allen Umständen erfolgreich behaupten zu müssen, sowie die Erkenntnis, daß nur Fachkompetenz und nicht persönliche soziale Befähigung zählen, wird frühzeitig der Boden bereitet für spätere Isolation, Einzelkämpfertum, Konkurrenzkampf und Neid. Leistungsfähigkeit, Durchsetzungskraft und Durchhaltevermögen, die auch einer späteren Klinikkarriere förderlich sind, werden positiv verstärkt, während Freundlichkeit, Einfühlungsvermögen und Hilfsbereitschaft, die für den Arztberuf wichtig sind, als hinderlich bewertet und zunehmend unterdrückt werden.

Der Kontakt zum Patienten und den anderen Berufsgruppen im Krankenhaus bleibt im Studium fokussiert auf die reine Falldemonstration mit dem Ziel, Diagnoseverfahren und Therapieansätze zu erklären und in den allgemeinen Wissenskontext einzuordnen. Die naturwissenschaftlich-analytische Vorgehensweise trennt die lebendige Person als Subjekt von ihrer Krankheit, zu welcher eine Objektbeziehung hergestellt wird. Der Mensch wird zum Fall.

Diese **Objektivierung** ermöglicht einerseits einen emotionslosen, sachorientierten Zugang zu ihm und begünstigt andererseits seinen vollständigen Ersatz durch Modellkonstruktionen, in denen eine Problemlösung versucht werden kann. Es handelt sich hier um eine **funktionale Beziehung.** Sie findet in der zynischen Formulierung Ausdruck, „Medizin ließe sich am besten ohne Patienten betreiben".

Durch die naturwissenschaftliche Ausrichtung des Studiums ist die Sicht auf den Patienten eingeschränkt; der Student erfährt sich als Wissenschaftsvertreter. Auf die ethische Dimension seines Berufes, auf die Problematik von Rollenideologien und ritualisierten Interaktionsformen im Krankenhaus, wird er im Studium nicht vorbereitet. Zudem fehlen ihm Fähigkeiten und Fertigkeiten, die eine schnelle und reibungslose Adaptation seines Fachwissens ermöglichen.

Um unvorhergesehene Anforderungen zu bewältigen, sind **Schlüsselqualifikationen** erforderlich, z.B. psychologische und soziale Kompetenz mit der Befähigung zu direkter, offener Kommunikation und Konfliktbewältigung, Selbstreflektion, konzeptionelles, ganzheitliches Denken und Kreativität.

Auswirkungen der Krankenhaushierarchie auf die Ausführungsebene

Es folgt die **zweite Enttäuschung,** die in Publikationen als „Berufseintrittsschock" bezeichnet wird (*Sieverding* 1993). Der Begriff als solcher weist schon auf die konfliktträchtige Diskrepanz zwischen eigenen Vorstellungen und der Realität des Berufsalltages hin. Aus der „Begegnung des Arztes mit der Organisation Krankenhaus" resultiert häufig die Enttäuschung ursprünglicher Ideale und Hoffnungen.

Entgegen allen gesellschaftlichen Entwicklungen hat sich im Krankenhaus eine hierarchisch geprägte Struktur mit **patriarchalischen Machtverhältnissen** gehalten.

Durch den Abteilungsleiter werden Leistungsspektrum, Arbeitsinhalte und -methoden sowie Tagesabläufe bestimmt, für deren Umsetzung die nachgeordneten Kollegen zuständig und rechenschaftspflichtig sind. Die ärztliche Tätigkeit beinhaltet hauptsächlich das Ausführen von Instruktionen der Leitungsebene und damit der Behandlungsvorstellungen des vorgesetzten Mediziners. Dem persönlichen Handlungsspielraum sind enge Grenzen gesetzt. Eine selbständige Ausübung des Arztberufes im Sinne der erteilten Approbation ist zu Beginn der beruflichen Entwicklung praktisch nicht möglich.

Universitär vermittelte Lehrmeinungen stehen im Gegensatz zu tatsächlich ausgeübter Praxis, mit der jeder Abteilungsleiter seinen persönlichen Arbeitsstil und Erfahrungsschatz, seine sog. Schule, weitergibt, auf der auch die Reputation und der Erfolg seiner Abteilung beruhen.

Um die hieraus entstehende **Unsicherheit** zu verarbeiten und beruflichen Erfolg und Anerkennung zu erlangen, muß sich der Berufsanfänger in die arbeitsteilige, mechanistische Organisation reibungslos einfügen und sich den abteilungsspezifischen Erfordernissen unterordnen. Mangelndes Fachwissen und fehlende praktische Erfahrung verstärken seine Unsicherheit ebenso wie das Fehlen von Arbeitsanweisungen und Verfahrensregeln, abgegrenzten Verantwortlichkeiten und eindeutigen Informationen. In der Regel erfährt er keine konsequente Einführung oder Betreuung. Die entstehende diffuse **Angst** wird möglicherweise mit individuell erlernten **Abwehrstrategien,** wie aggressiv-überheblicher Distanzierung, Abspaltung von Emotionen, Projektion, Negation und Regression, kompensiert. Dies drückt sich aus in

B Organisation und Zusammenarbeit

Ignoranz gegenüber Bedürfnissen anderer, Konformismus, Aktionismus und reduzierter Verantwortungsbereitschaft.

Je schneller die Rolle als Arzt im rationalisierten Arbeitsablauf erfüllt wird, desto positiver fällt die Bewertung durch die Vorgesetzten aus. Sie honorieren „das Funktionieren" durch Zuteilen von Privilegien und Zugang zu exklusiven Informationen. Sie fördern damit den **Konkurrenzkampf** und verhindern Partnerschaft und Kollegialität.

Der Erwerb fachlicher Kompetenz erfolgt primär durch Übernahme von Erfahrungen anderer und Lernen am Vorbild. Hier kann im besten Falle ein auf Vertrauen basierendes Mentor-Schüler-Verhältnis entstehen. Da eine zeitlich und inhaltlich strukturierte und auch verbindliche Ausbildungsplanung nicht existiert, kann **Ausbildung** oder Nicht-Ausbildung als **Sanktionsmittel** verwendet werden.

Die angespannte Lage auf dem Arbeitsmarkt, der Konkurrenzdruck und die rasche Austauschbarkeit von Personen durch eine rein funktionale Rollenausrichtung sowie zeitlich befristete Verträge verstärken dieses **Abhängigkeitsverhältnis** gegenüber den Vorgesetzten. Eine Ausweichmöglichkeit besteht kaum, denn berufliche Karriere und wirtschaftliche Sicherheit sind nur über den Weg durch die Klinik zu erreichen.

In der Person des Chefarztes konzentrieren sich Verantwortung, Information, Fachkompetenz, Weisungsbefugnis und Macht – eine **Autoritätsbeziehung** entsteht. Die Folgen für das Arbeitsklima sind bekannt: mangelnde Solidarität und Kooperation, Besitzstandswahrung und Abgrenzung, Demotivation, Resignation, Burn-out-Syndrom und Fehlerhäufung.

Hohe Arbeitsbelastung und unregelmäßige Dienste strapazieren zudem familiäre und soziale Bindungen außerhalb des Krankenhauses und begünstigen **Entfremdung** und **Isolation.** Der Mitarbeiter wird verdinglicht.

Mit dem **Leistungsprinzip** geht die Forderung nach maximalem persönlichen Einsatz bis an die Grenze der individuellen physischen und psychischen Belastbarkeit einher. Übt der Untergebene daran Kritik, so stehen seine Berufsmotivation, seine Berufung zum Arztsein und sein Idealismus zur Diskussion und in Einzelfällen sogar seine Stellung zur Disposition. Idealismus und Motivation werden per Autorität angemahnt, um Organisationsmängel zu verschleiern und zu kompensieren.

Es stellt sich die Frage, warum diese Organisationsmängel trotz Unzufriedenheit hingenommen werden. Verschiedene Gründe sind denkbar:
- Alltag und Streß erlauben selten das Reflektieren der Situation und des eigenen Handelns und begünstigen die Mentalität, durchhalten zu müssen bzw. zu resignieren. Diese ist häufig mit der Hoffnung verknüpft, von der Problematik persönlich ausgenommen zu sein oder die humanitären Ideale zu einem späteren Zeitpunkt verwirklichen zu können.
- Es handelt sich hier um ein **Tabuthema,** das Kollegen aus Angst vor Repressalien selten erörtern und das Standesvertretungen nicht ernsthaft verfolgen.
- Derartige Verhaltensweisen unterstützen die rationalisierten Arbeitsabläufe der bisherigen Organisation.

Ein Krankenhausmanagement, welches in Zukunft auf die Kreativität und die Innovationskraft auch seiner ärztlichen Mitarbeiter zurückgreifen will, darf sich seiner Fürsorgepflicht nicht entziehen und muß dazu beitragen, die Rahmenbedingungen zu ändern.

Erst dann ergeben sich zeitliche und individuelle Kapazitäten und die Motivation, diese für gemeinsame betriebliche Ziele einzusetzen.

Es ist nicht verständlich, daß einerseits partnerschaftliches Verhalten und Ganzheitlichkeit für den Patienten proklamiert werden, andererseits Mitarbeiter auf ihre Teilfunktion reduziert und dabei ihrer menschlichen Würde beraubt werden. Dies gilt für alle Berufsgruppen gleichermaßen.

Auswirkungen der Krankenhaushierarchie auf die Leitungsebene

Führungspositionen in der Medizin werden, abgesehen von Status- und Imagezuwachs, angestrebt, um eigenen medizinischen Vorstellungen in Diagnostik und Therapie in relativer beruflicher Freiheit nachgehen zu können und damit die fachliche Kompetenz unter Beweis zu stellen, hierbei seinen persönlichen Stil auszudrücken und eigene humanitäre und ethische Zielvorstellungen zu verwirklichen.

Die Auswahl der Personen erfolgt nach Kriterien wie Fachkompetenz und berufliche Erfahrung, die zur Übernahme

B Organisation und Zusammenarbeit

der medizinischen Verantwortung befähigen. Auf **Qualifikationen** zur Übernahme von **Führungsverantwortung** wird dagegen kaum geachtet.

Die berufliche Realität führt auch hier zu Enttäuschungen der persönlichen Erwartungen und zu Unzufriedenheit. Umfangreiche administrative und organisatorische Aufgaben der Abteilungsführung und die zunehmende betriebswirtschaftliche Verantwortung absorbieren Zeit, erfordern zusätzliche Qualifikationen und bereichsübergreifendes Wissen und entfernen vom medizinischen Tagesgeschäft.

Dafür übernimmt der Abteilungsleiter aufgrund seiner Position die fachliche Verantwortung. Die Qualität seines Handelns ist dabei abhängig von den ihm zugetragenen Informationen, der korrekten Umsetzung und der Klarheit seiner Instruktionen. In Zweifelsfällen und unklaren Situationen, in denen menschliches Schicksal auf dem Spiel steht oder sich Grenzen des Machbaren auftun, obliegt ihm die letzte Entscheidung. Die Mitarbeiter ziehen sich hinter ihn zurück und erwarten eine „perfekte Leistung". Die Entlastung von der Verantwortung bringt im Gegenzug für sie Kontrolle und enge Handlungsspielräume mit sich.

Auch der Vorgesetzte wird auf seine Rolle reduziert und nicht als Person gesehen.

Der Versuch, Schlimmeres zu verhüten, Fehler und kritische Situationen möglichst geringzuhalten, kann in einen **Kreislauf des Mißtrauens** einmünden (Abb. 26-1). Diesem liegt ein pessimistisches Menschenbild zugrunde, das den Menschen als passiv, faul und verantwortungsscheu beschreibt: Eine self-fullfilling prophecy, erinnert man sich an die oben ausgeführten Auswirkungen von Machtverhältnissen auf das Verhalten von Mitarbeitern.

Auswirkungen der Krankenhaushierarchie auf der Patientenebene

Im **Ritual der Visite** tritt die hierarchische Rollenverteilung demonstrativ zutage, indem sie entsprechend der Anwesenheit des ranghöchsten Arztes als Chef-, Ober- bzw. Stationsarztvisite bezeichnet wird. Der Ablauf spiegelt die patriarchale Ordnung wider.

Die Visite ist in erster Linie zentraler **Ort des Informationsaustausches** und dient der Entscheidungsfindung zwischen

26 Kommunikation und Kooperation ...

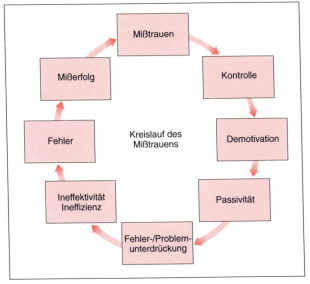

Abb. 26-1 Kreislauf des Mißtrauens

Arzt, Pflegekraft und Patient. Weitere Funktionen sind die Kontrolle der Leistung, die Aufsicht über die Leistungserbringer und Unterricht. Damit sind die Voraussetzungen für eine gute Kommunikation nicht mehr gegeben. Einheit und Einigkeit werden demonstriert, um dem Patienten und den Mitarbeitern gegenüber Sicherheit zu vermitteln, ein echter Dialog kommt selten zustande.

Für das Personal ist die Visite eine Routinetätigkeit, für den Patienten oft die einzige Gelegenheit des Tages, spezifische Informationen und persönliche Zuwendung vom Arzt zu erfahren. Sie ist eine der **zentralen Gesprächssituationen** neben Aufnahme-, Aufklärungs- und Entlassungsgespräch. Der Wunsch des Patienten nach personaler Interaktion – durch die Krankheitserfahrung noch wesentlich verstärkt – wird aber enttäuscht. Der Kontakt ist versachlicht, distanziert und krankheitsorientiert. Nicht der Patient, sondern seine Krankheit steht im Mittelpunkt der Aufmerksamkeit.

Dem Aufbau einer persönlichen Beziehung wird ausgewichen. Als Grund hierfür gelten die bereits genannten Arbeitsbedingungen. Dies ist aber nur begrenzt richtig, denn

B Organisation und Zusammenarbeit

Distanz wird sogar auch als nötig erachtet und zu einer Überlebensfrage für den Arzt im Klinikalltag erklärt. Dieser Haltung liegen **Leidabwehrmechanismen** zugrunde und das Wissen um eigene psychologische und kommunikative Insuffizienzen. Die Barriere zwischen Arzt und Patient wird durch den unterschiedlichen Wissensstand, Sprachunterschiede, das Abhängigkeitsverhältnis zum Therapeuten, die oft einseitige Gesprächsführung und die Überhöhung des Arztes aus Patientenperspektive begünstigt.

In seiner Therapeutenrolle stößt der Arzt dagegen oft an die Grenzen des medizinisch Machbaren. Die Erkenntnis, daß Ursachen von Krankheit vielfach in der Lebensgeschichte und dem sozialen Umfeld des Patienten zu finden sind, die sich seiner unmittelbaren schulmedizinischen Einflußmöglichkeit entziehen und die angestrebte restitutio ad integrum oft nicht möglich ist, löst Hilflosigkeit und Ohnmachtsgefühle aus. Diese sind mit der Allmachtserwartung des Patienten nur schwer vereinbar. Um den Erwartungen gerecht zu werden, Sicherheit und Hoffnung zu vermitteln und das Patientenvertrauen zu bewahren, werden Informationen vorenthalten oder Insuffizienzgefühle mit Aktionismus beantwortet. Im Glauben, selbst am besten beurteilen zu können, was der Patient braucht und was für ihn richtig ist, wird der Patient entmündigt.

Um eine partnerschaftliche Arbeitsbeziehung aufbauen zu können, ist es nötig, vorherrschende Verhaltensweisen selbstkritisch in Frage zu stellen.

Fehlt hierzu die Bereitschaft, werden Unzufriedenheit des Patienten und Skepsis gegenüber der medizinischen Versorgung zunehmen. Dann muß man es auch akzeptieren können, vom Patienten ebenfalls nur rein funktional gesehen und als Folge davon ausschließlich am medizinischen Erfolg der Behandlung als Kriterium für fachliche Güte gemessen zu werden. Die zunehmenden Regreßforderungen zeugen von dieser Entwicklung.

26.2.2 Einflußfaktor Organisation

Aufbauorganisation

Welche strukturellen Aspekte der Organisation wirken sich nachteilig auf Kommunikation und Kooperation aus? Hier ist sicher der mechanistische Ansatz der Arbeitsorganisation nach Taylor anzuführen, welcher eine strikte Trennung von Hand- und Kopfarbeit vorsieht und in Rationalisierung und Arbeitsteilung mündet.

Diese **Aufgabenteilung** drückt sich im Krankenhaus in der Einlinienorganisation mit Versäulung und Abgrenzung der einzelnen Bereiche und Berufsgruppen aus, in der Kompetenzen und Verantwortlichkeiten unterschiedlich geregelt sind.

Durch diese strikte Trennung fehlt zum einen die Sicht auf den gesamten horizontalen Versorgungsprozeß und das Gesamtunternehmen Krankenhaus, zum anderen die Kenntnis der Arbeitsorganisation und das Verständnis für die Erfordernisse anderer Bereiche.

Da keine gemeinsamen und einheitlichen, übergeordneten Zielvereinbarungen existieren, versucht jeder für sich ein optimales Ergebnis zu erzielen und eigene Interessen zu fördern, ob es sich nun um Investitionsentscheidungen, Personalbeschaffung oder Aspekte der Arbeitsorganisation handelt. Der Schutz des eigenen Territoriums endet in Abteilungsegoismus und Rivalität.

Die **Intransparenz der Entscheidungswege** und Abläufe erschwert zudem eine Fehlerzuordnung, denn Verantwortung kann ohne weiteres weitergegeben werden, was zeitaufwendige Kontrollen notwendig macht und die Effektivität der Arbeit mindert.

Vorhandene Interdisziplinarität basiert meist auf dem Einsatz und Engagement von Einzelpersonen und folgt dabei informellen Strukturen und Verfahrensweisen, was zwar mehr Flexibilität für schnelle Entscheidungen ermöglicht, aber auch Informationsverluste und Intransparenz fördert.

Schnittstellen zu anderen Abteilungen und Berufsgruppen sind nicht definiert, die Zusammenarbeit in Form von Verfahrensanweisungen, in der auch Erwartungen und Wünsche an eine Zusammenarbeit formuliert werden könnten, ist nicht geregelt.

Ablauforganisation

Entgegen allen Absichtsbeteuerungen ist die Rolle des Patienten in der Ablauforganisation peripher. Er muß sich in die Organisation einfügen. Die Abläufe sind starr und mechani-

B Organisation und Zusammenarbeit

stisch. Auch wegen des Arbeitsumfangs können sie kaum flexibel gehandhabt werden.

In der Regel bestimmen die ärztlichen Arbeitsaufgaben und deren Zeitrahmen den Ablauf des Abteilungsalltages, dem sich die Patienten als Zielgruppe und das Pflegepersonal als Weisungsempfänger unterzuordnen haben.

Die **Definitionsmacht des ärztlichen Bereichs** liegt darin begründet, daß sie als Leistungserbringer die medizinische Leistung selbst bestimmt. Für andere Bereiche ergeben sich daraus organisatorische Konsequenzen. Was als medizinische Notwendigkeit deklariert ist, fordert keine Kritik heraus, da medizinische Verantwortung nicht delegierbar ist und auch der Intervention von Kollegen durch das Autoritätsgefüge Grenzen gesetzt sind.

Der ärztliche Tagesablauf orientiert sich an der Person des Vorgesetzten und dessen Vorgaben sowie an den erforderlichen diagnostischen und therapeutischen Maßnahmen. Da es **keine** verbindlichen Absprachen bzw. keine alle Bereiche **koordinierende Ablaufplanung** gibt, unterbrechen bzw. behindern Frühbesprechungen die Pflegeabläufe, Chefvisiten die ärztlichen Aufnahmeuntersuchungen, der OP-Beginn die Stationsvisiten und diagnostische Maßnahmen die Patientenroutinen. Die Folgen sind Ohnmacht, Hilflosigkeit, Wut, Streß und Hetze. Unterbrochene Tätigkeiten müssen wieder aufgenommen und zu Ende geführt werden. Von Patienten-, Prozeß- oder Mitarbeiterorientierung ist wenig zu spüren.

Arbeitsunterbrechungen aufgrund von Organisationsmängeln bei ohnehin hohem Arbeitsaufkommen führen zu Kollisionen mit anderen Bereichen und persönlichen Konflikten. Die **ökonomischen Auswirkungen** sind in Zeiten begrenzter Ressourcen kaum noch tolerabel. Hier sind wichtige Ansatzpunkte für Arbeits- und Organisationsentwicklung gegeben.

26.2.3 Einflußfaktor Management

Die Aufgabe eines Krankenhausmanagements ist es, neben der betriebswirtschaftlichen Führung und Existenzsicherung des Unternehmens, die Gesamtzusammenhänge des Tagesgeschäftes zu überblicken und zu koordinieren, gemeinsame Ziele zu definieren, Zukunftsstrategien zu entwickeln und den ärztlichen und pflegerischen Dienst zu unterstützen.

Diesen Aufgaben kann die derzeitige Geschäftsführung nur schwer nachkommen. Die drei formal gleichberechtigten Berufsgruppen konkurrieren im Führungsgremium eines Krankenhauses miteinander. Ein Vorsitzender, der die Interessen im Hinblick auf eine gemeinsame, übergeordnete Zielsetzung koordiniert und die Kommunikation fördert, fehlt in der Regel genauso wie eine gemeinsame Zielsetzung in Leitbild und Unternehmenskultur.

Die Erfahrungen zeigen, daß die positive Selbsteinschätzung der **Verwaltung** als **interner Dienstleister** erheblich von dem Fremdbild der anderen Dienste abweicht. Diese bewerten die Kommunikation mit der Verwaltung, deren Koordinationskompetenz und Innovationsfähigkeit eher negativ. Ursachen sind in der Distanz der Verwaltung zum medizinischen Alltag und in ihrer mangelhaften Informationspolitik zu suchen. Entscheidungen der Verwaltung stoßen auf Unverständnis bei den Mitarbeitern. Diese sehen ihre Belange wegen fehlender Transparenz der Entscheidungswege und mangelnder Beteiligung an der Entscheidungsfindung nicht genügend berücksichtigt und fürchten, durch betriebswirtschaftliche Ziele in der Autonomie ihres Handelns eingeschränkt zu werden.

Andererseits sind kaum Kenntnisse über betriebswirtschaftliche Zusammenhänge und Leistungsdaten in den anderen Bereichen vorhanden. Dem liegt ein Defizit in der innerbetrieblichen Fortbildung zugrunde, aber auch eine verfehlte, weil den offiziellen Dienstweg einhaltende Informationspolitik.

26.3 Auswirkungen fehlender Kommunikation und Kooperation

Die Ausführungen zeigen, daß alle Ebenen im System zu einer defizitären Kommunikation beitragen.

Tabelle 26-1 verdeutlicht, welche Folgen sich innerhalb der einzelnen Ebenen ergeben und wie sich einzelne Aspekte von Ebene zu Ebene auswirken und summieren können.

26.4 Ansatzpunkte zur Verbesserung

Die zukünftige Existenz eines Hauses wird entscheidend davon abhängen, wie flexibel und innovativ es auf die wech-

B Organisation und Zusammenarbeit

Tab 26-1 Auswirkungen fehlender Kommunikation und Kooperation

auf die Mitarbeiterebene	auf die **Arbeits- und Organisationsebene**	auf die **Management- und Systemebene**	auf die Patientenebene
• Berufsunzufriedenheit	• mangelndes Engagement • geringe Einsatzbereitschaft	• mangelnde Identifikation mit Unternehmenszielen • fehlende Zielharmonie	• gestörtes Arzt-Patienten-Verhältnis
• fehlender Teamgeist, Solidarität, Kollegialität	• fehlende gemeinsame Zielvereinbarungen und Absprachen • fehlende Organisationsentwicklung	• Ineffektivität	• verminderte Prozeß- und Ergebnisqualität
• Burn-out-Syndrom	• hoher Krankenstand • Fehlzeiten	• steigende Personalkosten • erschwerte Einsatzplanung	• wechselnde Bezugspersonen
• Demotivation, nachlassende Kreativität	• mangelnde Flexibilität und Problemlösungskompetenz	• geringes Innovationspotential	• fehlende Anpassung an wechselnde Patientenbedürfnisse
• Informationsmängel • mangelndes bereichsübergreifendes Wissen	• Intransparenz der Prozesse, Arbeitsaufgaben, Zuständigkeiten und Ziele	• keine strategische Steuerungsmöglichkeit • Aufdeckung von Optimierungspotentialen problematisch	• mangelhafte Aufklärung • Verunsicherung • fehlende Compliance
• fehlendes ganzheitliches Denken	• verminderte Teambildungs- und Integrationsfähigkeit	• fehlende Vernetzung • beeinträchtigte Ausbildung strategischer Allianzen • Zieldefinitionsprozeß erschwert	• fehlende Partnerschaft und Mitverantwortung • keine Integration in Arbeitsbeziehung

26 Kommunikation und Kooperation ...

Tab 26-1 Fortsetzung

auf die **Mitarbeiterebene**	auf die **Arbeits- und Organisationsebene**	auf die **Management- und Systemebene**	auf die **Patientenebene**
• mangelhaftes Qualitätsbewußtsein	• Qualitätsverluste • Dokumentationsmängel	• Haftungskostenanstieg • steigender Mitteleinsatz • Ineffizienz	• verminderte Patientenzufriedenheit • Vertrauensverlust • geringe Ergebnisqualität
• fehlende Selbstkritik	• Ressourcenverschwendung • fehlende Problemerkennung	• Fehlallokation von knappen Mitteln	• Therapieeinschränkungen
• verminderte Eigenverantwortung	• erschwerte Fehlerzuordnung	• steigender Kontrollaufwand • Mißtrauenskultur	• Risikoanstieg
• Isolation	• fehlende Interdisziplinarität	• steigender Koordinationsaufwand	• Kontrollverlust • fehlende Bewertungsmöglichkeit
• schlechtes Arbeitsklima	• hohe Fluktuationsrate	• steigende Personalentwicklungs- und -beschaffungskosten	• mangelhafte Betreuungsqualität
• Konflikte	• Ablaufstörungen	• Ineffektivität • Potentialverluste	• Unzufriedenheit
• Qualifikations- und Kompetenzmängel	• Fehlerhäufung • enges Leistungsspektrum • eingeschränkte Leistungsfähigkeit	• steigende Imageverluste • Anstieg der Regreßkosten • geringes Verbesserungs- und Entwicklungspotential • Wettbewerbsnachteile	• verminderte Ergebnisqualität • Regreßforderungen • rückläufige Patientenzahlen

selnden Anforderungen reagieren kann und welche internen Reserven in Zeiten knapper Mittel durch Verbesserungsstreben und Qualitätsbewußtsein mobilisiert werden können.

Das Ziel des Managements muß es daher sein, die **betriebsinternen Mängel** ursächlich zu **beheben,** die seine Innovationsfähigkeit, Flexibilität, Planungssicherheit und strategische Steuerbarkeit neben seiner Leistungsfähigkeit in der Zukunft negativ beeinflussen. In einem solch komplexen Problemfeld lassen sich Verbesserungen nicht von oben verordnen, sondern sie müssen gemeinsam entwickelt werden, um in „gelebte" Praxis überzugehen. Dazu ist die Integration der Ärzte und der Pflege in die Krankenhausführung erforderlich.

Voraussetzung ist der von oben erklärte und getragene Wille zu Veränderungen, der in klaren, **gemeinsam erarbeiteten Unternehmenszielen, Leitbild** und **Führungsgrundsätzen** niedergelegt wird und dem sich alle verpflichtet fühlen.

Dieser Zielvereinbarung sollte eine langfristig angelegte, **interne Krankenhausreform** folgen, deren Gesamtansatz auf den Säulen Information, Motivation und Organisation ruht, da in diesen Bereichen die wesentlichen Ursachen für Kommunikations- und Kooperationsprobleme gefunden werden.

Die Maßnahmen erfordern einen **Umdenkprozeß** in Richtung Ganzheitlichkeit und Partnerschaft, Kollegialität und Interdisziplinarität, Team- und Patientenorientierung.

Um die Akzeptanz während des Verlaufs nicht zu gefährden, ist es möglicherweise strategisch vorteilhafter, im strukturellen und organisatorischen Bereich zu beginnen und durch neue Arbeitsweisen indirekt Einfluß auf das Verhalten zu nehmen, als dieses ausschließlich mit sozialpsychologischen Interventionen angehen zu wollen.

Informationsansatz

Ziel dieses Ansatzes ist es,
- durch Aufklärung ein **Bewußtsein** zu schaffen für Ursachen und Ausprägungsformen gestörter Kommunikation und deren Auswirkungen auf das unmittelbare Arbeitsumfeld und die Organisation selbst;
- eine **Informationspolitik** zu betreiben, die zu Transparenz in Prozessen, Entscheidungen und Ergebnissen ermutigt

und die Ausbildung eines offenen, kommunikativen Netzes fördert.

Möglichkeiten, diese Ziele zu erreichen, sind u.a.:
- in Schulungen und **Seminaren** problembezogenes Fachwissen zu vermitteln, z.B. zu Kommunikationspathologien und Kooperationsstörungen, Burn-out-Syndrom, Haftungsfragen, Betriebswirtschaft oder Führungsstilen;
- durch **Veröffentlichung** von konkreten internen Daten (z.B. Inhalten von Patientenbeschwerden, Umfrageergebnissen, Leistungsstatistiken) eine Problemerkennung und -definition zu ermöglichen;
- durch **Projektmanagement** kontinuierlich Kenntnisse zu Methoden und Instrumenten der Problemanalyse und zu Strategien der Problemlösung zu vermitteln, die befähigen sollen, konkrete Themen zu visualisieren und zu bearbeiten.

Motivationsansatz

Ziel dieses Ansatzes ist es,
- die latent vorhandene Bereitschaft, an Veränderungen mitzuwirken, zu wecken;
- durch immaterielle und materielle Anreize die Motivation weiter zu stärken;
- die Berufszufriedenheit und die individuelle Leistungsbereitschaft zu steigern sowie das Interesse an Teamarbeit zu wecken;
- die Identifikation mit den Unternehmenszielen und die Einbindung in ein gemeinsames Zielsystem zu erleichtern;
- Selbstverantwortung zu steigern.

Möglichkeiten, diese Ziele zu erreichen, sind:
- berufliche **Fort- und Weiterbildung** mit Vermittlung von bereichsübergreifendem Wissen und Entwicklung von zusätzlichen Qualifikationen wie Sozial- und Führungskompetenz
- differenzierte **Personalentwicklung** unter Berücksichtigung individueller Zielvorstellungen
- Partizipation aller Mitarbeiter an der Gestaltung der sozialen und organisatorischen Bedingungen innerhalb der Organisation durch Mitarbeit in Qualitätszirkeln, betriebliches Vorschlagswesen, Mitarbeiterbefragungen

B Organisation und Zusammenarbeit

- **Übertragung** von Ergebnis**verantwortung** und Erweiterung des persönlichen Kompetenz- und Handlungsspielraumes
- Verfahrensanweisungen und dezidierte Stellenbeschreibungen

Organisationsansatz

Um Veränderungen in der Kommunikation und Kooperation realisieren zu können, müssen neben der klaren Zielvereinbarung **Rahmenbedingungen** von seiten des Managements geschaffen werden, die Aspekte wie Zeit, Ort, Organisation und Mittel betreffen. Dazu zählen:

- Einführung neuer Arbeitszeitmodelle und Umsetzung des Arbeitszeitgesetzes für alle Bereiche, um
  - zeitliche Flexibilität zu begünstigen,
  - Freiräume für innovative Maßnahmen zu schaffen,
  - Kreativität durch Verringerung der Routinebelastungen möglich zu machen.
- Schaffung von Gesprächsforen für einen interdisziplinären Gedanken- und Erfahrungsaustausch mit
  - festem örtlichem, zeitlichem und thematischem Rahmen,
  - freiem Zugangs- und Vorschlagsrecht,
  - Anwesenheit eines Moderators.
- Implementierung von ergebnisorientierten Problemlösegruppen und Qualitätszirkeln
- Einrichtung einer im Führungsgremium angesiedelten Steuerungs- und Koordinierungsgruppe, die die erarbeiteten Verbesserungsvorschläge auf ihre Zielharmonie überprüft, die Ergebnisse kontrolliert und evaluiert
- Stellenbeschreibungen und Schnittstellendefinition im Organigramm, um Transparenz bzgl. Verantwortung, Weisungsbefugnis, Aufgabenstellung, Kompetenzen und Regelung der Zusammenarbeit zu schaffen.
- Bereitstellen finanzieller Mittel für
  - Informationsbearbeitung und -bereitstellung in Form eines KIS,
  - Kommunikations- und Moderatorentraining, Schulung in Konfliktmanagement,
  - erhöhten Personal- und Sachkostenaufwand im Rahmen von Projekten.

26.5 Strategien zur Umsetzung

Zustandsdiagnose
Um zu adäquaten Interventionsstrategien zu gelangen, bedarf es im ersten Schritt fundierter **organisationsdiagnostischer Maßnahmen,** die theoretisch begründet und empirisch abgesichert sein sollten und zum Ziel haben, den **Ist-Zustand** der Organisation abzubilden. Verschiedene Analyseverfahren stehen dafür zur Verfügung.

- **Arbeits- und Organisationsanalyse**

Auf der Grundlage von Datenmaterial aus Arbeits- und Ablaufbeschreibungen, Dienstplänen, Interviews, begleitender Beobachtung, Checklisten und Weg-Zeit-Messungen als möglichen Analyseinstrumenten werden vor Ort bestehende Schwachstellen aufgedeckt. Diese werden nach ihrer Wichtigkeit, Relevanz und Dringlichkeit für eine effiziente und effektive Zusammenarbeit aufgelistet, einer Priorisierung unterzogen und in das Zielsystem zur Bearbeitung aufgenommen.

Bei der Ermittlung des Ist-Zustandes sind auch Inhalte von Patientenbeschwerden und interne Fehlermeldungen einzubeziehen, um Off-time-Ereignisse (außerhalb des Erhebungszeitraumes) zu berücksichtigen.

Personalausstandsgespräche, Beobachtung des Einweiseverhaltens und möglicher Änderungen können zusätzlich wichtige Aufschlüsse über längerfristig bestehende, unterschwellige Probleme geben.

- **Kommunikationsanalyse**

Sie dient der Darstellung der wichtigsten Kommunikationswege und beinhaltet:
  – die Analyse der Qualität der Beziehungen (z.B. mittels Fragebogen-Interviews bei Niedergelassenen, Patienten, Mitarbeitern und Bereichsleitern)
  – die Analyse der Auswirkungen räumlicher Aufteilungen
  – die Analyse der Art der bevorzugten Kommunikation und der Möglichkeiten ihrer evtl. technischen Unterstützung

- **Marktanalyse**

Sie dient der Feststellung der eigenen Wettbewerbsposition im Vergleich zu anderen Krankenhäusern ähnlicher Struktur, der Beobachtung von Entwicklungen im Gesundheitswesen sowohl des medizinisch-technischen Fortschritts als auch

B Organisation und Zusammenarbeit

der gesetzlichen Vorgaben und Anforderungen der einzelnen Anspruchsgruppen.

Mit ihren Ergebnissen ist eine strategische Planung des zukünftigen Bedarfs möglich, an dem sich Personalentwicklungsmaßnahmen – nach Personalbestandsanalyse – orientieren können.

Die Untersuchungsergebnisse der Zustandsdiagnose müssen als Problemfelder und zukünftige Aufgabenbereiche den Mitarbeitern transparent gemacht werden.

Beispiel 1: Ein Arztbriefrücklauf von 8 Wochen hat zu einer Zunahme der Beschwerden aus dem Bereich der niedergelassenen Ärzte geführt. Bei einzelnen Kollegen ist ein Rückgang der Einweisungen statistisch auffällig.
Probleme: zu lange Rücklaufzeiten für Arztbriefe, kein Feedback-Verfahren bei Beschwerden
Ursachen: mangelhafte Kommunikation mit niedergelassenen Ärzten, inadäquater Umgang mit Beschwerden
Ziele/Vision: Wiederherstellung des Vertrauens
Meilensteine: Arztbrieforganisation und Einführung eines standardisierten Beschwerdemanagements

Beispiel 2: In einer Abteilung belasten persönliche Rivalitäten das Klima zwischen den Mitarbeitern und der Leitung. Unzufriedenheit der Mitarbeiter, häufige Fehlzeiten und psychische Belastungen sind die Folge.
Probleme: hoher Krankenstand und steigende Fluktuationsrate in einer Abteilung
Ursachen: schlechtes Arbeitsklima, negatives Führungsverhalten und Kommunikationsprobleme
Ziele/Vision: Verbesserung der Arbeitsbedingungen, Steigerung der Mitarbeiterzufriedenheit
Meilensteine: Ursachenanalyse, Konfliktmanagement, Training des Führungsverhaltens

Ursachenanalyse

Die Diagnose des Ist-Zustandes ermöglicht zunächst nur, Schwachstellen in der Aufbau- und Ablauforganisation aufzudecken. Anschließend müssen die Probleme einer differenzierten Ursachenanalyse zugeführt werden, um wirksame, umsetzbare Verbesserungsansätze erarbeiten zu können.

26 Kommunikation und Kooperation ...

Ist die Arbeitszufriedenheit der Mitarbeiter gering und die Kommunikation untereinander aufgrund des Vorgesetztenverhaltens schlecht, bleibt es offen, ob ein Training des Führungsverhaltens tatsächlich zu einer Verbesserung der Arbeitszufriedenheit führt.

Möglich wäre auch, daß als eigentliche Ursache Organisationsmängel vorliegen, die sich erstmals in Form von Konflikten mit Kollegen offenbaren und von den Beteiligten wegen Intransparenz der Abläufe personalisiert und dem Vorgesetztenverhalten zugeschrieben werden.

Hier ist es wichtig zu differenzieren, denn in letzterem Fall wäre eine Intervention auf der personalen Ebene der falsche Ansatz und würde auf der Führungsebene zu Recht auf Widerstand stoßen.

Die Betroffen müssen daher von Anfang an in die Ursachenanalyse und in die Erarbeitung von Interventionsstrategien eingebunden werden. Externe **Experten** und **Supervisoren** müssen die „Diagnostik und Therapie" begleiten. Sie sollten neben empirischen Kenntnissen in Organisationspsychologie und Betriebswirtschaft auch über fundierte Methodenkenntnisse verfügen. So ließen sich derartige Interpretationsfehler vermeiden.

Problemauswahl und Planung

Nachdem die Probleme auf **Wichtigkeit, Relevanz** und **Dringlichkeit geprüft** wurden, werden diejenigen zur Lösung vorgeschlagen, die als **Hauptursachen** erkannt wurden und deren Lösung den größtmöglichen Erfolg verspricht.

Da nicht alle Probleme gleichzeitig in Angriff genommen werden können, schließt sich hier eine **Priorisierung** und **strategische Planung** an, d.h., der zukünftige Handlungsbedarf, das Ziel und die Reihenfolge der Inangriffnahme werden festgelegt und inhaltlich spezifiziert, wobei auch Aspekte wie Ausgaben, Chance auf Zielerreichung und Dauer bis zur Zielerreichung eine Rolle spielen.

Nachdem diskutiert wurde, welchen Beitrag die einzelnen Bereiche bzw. Abteilungen leisten können, sind entsprechende Themenkomplexe festzulegen und zur Bearbeitung an **Projektgruppen** zu delegieren. Beispiele für **Themenkomplexe:**

B Organisation und Zusammenarbeit

- interdisziplinäre Zusammenarbeit bei Notfällen in der Geburtshilfe/im Bereitschaftsdienst
- Ablauf von Konsiliar-Untersuchungen
- Ausbildungsplanung
- Standardarbeitsanweisungen für Routineabläufe und -maßnahmen (clinical guide lines)

Die Themenkomplexe können je nachdem, wie die Situation es erfordert, abteilungsintern, an individuellen Bedürfnissen ausgerichtet oder in speziellen Arbeitskreisen und Zirkeln allgemeingültig geregelt werden.

Die erarbeiteten Lösungsvorschläge werden in der **Steuerungsgruppe** auf ihre Umsetzbarkeit und Zielerfüllung geprüft, zur Umsetzung an die Projektgruppen mit Ergebnisverantwortung delegiert und deren Aktivitäten koordiniert.

Der Erfolg der Maßnahmen wird abschließend anhand festgelegter Methoden evaluiert, dokumentiert und öffentlich gemacht. Das Management in der Führungsebene folgt in seinem Vorgehen den Verfahrensregeln des Projektmanagements.

26.6 Ausblick

Die Umstrukturierung der hierarchischen, arbeitsteiligen Krankenhausorganisation in Richtung Lean-Management (→) und die Ausbildung von kooperierenden, therapeutischen Teams im Sinne vernetzter Versorgungslandschaften (vgl. Kap. 4) ist die Vision der Zukunft. Sie läßt sich nicht ad hoc umsetzen.

Ein Umdenkprozeß ist erforderlich, dessen Grundlage heute zu schaffen ist. Massive Eingriffe in die noch bestehende Struktur, die den Ablauf und die Leistungsfähigkeit gefährden, sind derzeit nicht die Lösung.

Vielmehr ist eine Suborganisation aus Arbeitskreisen, Problemlösegruppen und interdisziplinären Therapieeinheiten anzustreben, in der neue teamorientierte Arbeitsweisen erprobt werden können.

Der unmittelbare Nutzen für die Mitarbeiter liegt – innerhalb dieses Interaktionsrahmens – in der Entwicklung von sozialen Kompetenzen, wie Dialog- und Konfliktfähigkeit, Befähigung zu Teamarbeit, kollegialer Interaktion und zu ganzheitlichem Denken. Die Erweiterung des persönlichen Handlungs- und Entscheidungsspielraumes innerhalb dieser Gruppen und die sichtbaren Veränderungen der eigenen Arbeitssituation werden sich positiv auf Verhalten und die Qualität der Kommunikation auswirken und die Berufszufriedenheit erhöhen.

Ebenso wie schlechte Kommunikation eine Kaskade negativer Auswirkungen auf die Organisation Krankenhaus und die Versorgungsqualität nach sich zieht, so wird gute Kommunikation den Weg in eine erfolgreiche Zukunft bestimmen.

Literatur

Biertz-Conte, M., Praxisschock. In: Ärzteblatt Rheinland-Pfalz, Heft 12, 1996, 374–377, Heft 1, 1997, 9–10.

Gebert, D.; von Rosenstiel, L., Organisationspsychologie. Stuttgart 1996.

Hopfenbeck, W., Allgemeine Betriebswirtschafts- und Managementlehre. Landsberg/Lech 1995.

Jaster, H-J. (Hrsg.), Qualitätssicherung im Gesundheitswesen. Stuttgart 1997.

Sieverding, M., Psychologische Barrieren in der beruflichen Entwicklung von Medizinerinnen. Vortragsmanuskript, Mainz 1993.

Shem, S., House of God. Stuttgart 1996.

Viethen, G., Qualität im Krankenhaus. Stuttgart 1995.

Weidmann, R., Rituale im Krankenhaus. Berlin 1996.

27 Die Stellung des Ärztlichen Direktors zwischen Gesamtverantwortung und Interessenvertretung

Hans-Anton Adams

Der nachfolgende Beitrag befaßt sich mit sowohl grundsätzlichen wie praxisrelevanten Aspekten der Aufgaben des Ärztlichen Direktors unter besonderer Berücksichtigung der herausragenden Bedeutung dieser Position für das Gesamtsystem Krankenhaus. Der Beitrag beruht wesentlich auf den Erfahrungen, die der Verfasser in einer über 4jährigen Tätigkeit als Ärztlicher Direktor in einem Krankenhaus der Grundversorgung mit zuletzt 5 Fachabteilungen sammeln konnte.

27.1 Historischer Rückblick

Das Krankenhausdirektorium in seiner derzeitigen Konstellation als Dreier- oder Vierer-Direktorium hat eine bewegte Geschichte. Der Gedanke einer **gemeinschaftlichen Leitung und Verantwortung** wurde nicht erst in unserer Zeit geboren; schon das „Reglement für die Friedens-Lazarethe der Königlich Preußischen Armee" vom 5. Juli 1852 sah für die Leitung der Militärlazarette eine Kommission vor, der ein Truppenoffizier, ein Arzt und ggf. ein Verwaltungsbeamter angehörten (*Adams* 1978). Diese waren ausdrücklich zur Zusammenarbeit verpflichtet (*Reglement* 1852):

„Die Lazareth-Commissionen bestehen aus einem militärischen, einem ärztlichen und, jedoch nur bei größeren Lazarethen, aus einem ökonomischen Mitgliede (Lazareth-Inspector, resp. Ober-Lazareth-Inspector)."

„Die Lazareth-Commissionen bilden ein collectives Ganzes und repräsentieren eine moralische Person."

„Die Verwaltung ist kollegialisch, doch theilen die Mitglieder der Lazareth-Commissionen sich dergestalt in die Ge-

27 Die Stellung des Ärztlichen Direktors ...

schäfte, daß das militärische Mitglied vorzugsweise den allgemeinen polizeilichen und ökonomischen, das ärztliche Mitglied ausschließlich den auf den Krankendienst im Allgemeinen bezüglichen und den medizinisch-polizeilichen und diätetischen Theil der Verwaltung leitet."

Bei genauem Lesen wird klar, daß die Leitung durch „eine moralische Person" sehr wohl mit Abstufungen der Verantwortlichkeit verbunden war; so ist der Bereich des militärischen Mitglieds mit „vorzugsweise", der des ärztlichen Mitglieds dagegen mit „ausschließlich" umrissen. Letztlich hat sich diese Konstruktion im militärischen Bereich nicht bewährt; mit Wirkung vom 1. Januar 1873 wurden die „Lazareth-Commissionen" aufgelöst und ein verantwortlicher Chefarzt bestimmt (*Adams* 1978). Dabei ist es bis heute, zumindest formell, geblieben.

Die **Leitung der konfessionellen Krankenhäuser** läßt den **umgekehrten Weg von der Einzel- zur Gesamtverantwortung** erkennen. In der Gründungsphase vieler katholischer Krankenhäuser war die Oberin allein für die Führung des Hauses verantwortlich. Diese Leitungsform erklärt sich u.a. aus dem Umstand, daß es sich bei den meist kleinen Krankenhäusern eher um Pflegeeinrichtungen als um Kliniken im heutigen Sinne gehandelt hat; die ärztliche Behandlung stand zurück und erfolgte vielfach durch am Ort niedergelassene Ärzte ohne festes Anstellungsverhältnis.

In der Folge blieb die rasche Entwicklung der diagnostischen und therapeutischen Möglichkeiten jedoch nicht ohne Einfluß auf die Leitung der Häuser; neben der Oberin trat ein Chefarzt bzw. Ärztlicher Direktor in die Leitung ein. Im Zuge der damit verbundenen Abtrennung des ärztlichen Bereichs behielt die Oberin neben der Pflegedienstleitung die allgemeine Verantwortung für Wirtschaft und Verwaltung; die Einrichtungen blieben innerlich und äußerlich von der Präsenz der Ordensschwestern geprägt. Zunehmende Anforderungen im Verwaltungs- und Wirtschaftsbereich machten dann innerhalb weniger Jahre die Einrichtung des Dreier-Direktoriums aus Oberin, Ärztlichem Direktor und Verwaltungsdirektor erforderlich. Mit dem Rückzug der Ordensschwestern aus den Krankenhäusern und der damit verbundenen Etablierung einer weltlichen Pflegedienstleitung entstand schließlich als jüngste, nicht in allen Krankenhäusern anzutreffende Variante das Vierer-Direktorium aus

Krankenhausoberin, Pflegedirektorin, Ärztlichem Direktor und Verwaltungsdirektor, wobei das Amt der Krankenhausoberin grundsätzlich auch weltlich besetzt sein kann. In Krankenhäusern, in denen auch Ordensschwestern arbeiten, gibt es darüber hinaus ggf. eine Konventsoberin, die jedoch nicht mehr mit der Leitung des Krankenhauses befaßt und damit nicht Mitglied des Direktoriums ist.

Die entsprechenden Daten des Marienkrankenhauses Trier-Ehrang geben exemplarisch die zeitliche Abfolge wieder (*Adams* 1995):

1895 Gründung der Niederlassung und alleinige Verantwortung der Oberin
1956 erster Chefarzt bzw. Ärztlicher Direktor
1972 erster Verwaltungsdirektor
1996 erste weltliche Pflegedienstleitung
1996 Vierer-Direktorium mit weltlicher Oberin

27.2 Das Vierer-Direktorium

Die mit Wirkung vom 19. November 1996 in Kraft gesetzte „Geschäftsordnung für die Direktorien der Krankenhäuser" der St. Elisabeth Kranken- und Pflege GmbH Waldbreitbach kann beispielhaft zur Darstellung der gemeinsamen und besonderen Aufgaben der Mitglieder des Direktoriums dienen.

In der Präambel der Geschäftsordnung werden zunächst der karitative Auftrag der Kirche und die Intentionen der Ordensgründerinnen Mutter M. Rosa Flesch und Mutter M. Katharina Kaspar als Fundament der Einrichtungen der St.-Elisabeth-Stiftung betont. Gleichzeitig wird, unbeschadet aller Verschiedenheit, die gemeinsame Verantwortung aller Mitarbeiter in der Dienstgemeinschaft des Krankenhauses hervorgehoben.

Das Direktorium besteht aus der **Krankenhausoberin,** dem **Ärztlichen Direktor,** der **Pflegedirektorin** und dem **Kaufmännischen Direktor.** Die Mitglieder des Direktoriums sind gleichberechtigt; sie leiten und führen das Krankenhaus gemeinsam unter ausdrücklichem Hinweis auf den Grundgedanken der Caritas, das Stiftungsleitbild und das Prinzip der Subsidiarität(→). Der jeweilige Geschäftsführer ist Dienstvorgesetzter der Direktoriumsmitglieder, diese sind im Rahmen der Geschäftsordnung unmittelbare Dienstvorgesetzte für ihre Einrichtungen bzw. Bereiche. Das Direktorium faßt seine Beschlüsse einstimmig; in Konfliktfällen entscheidet der Geschäftsführer. Für die genauere Regelung der internen Zusammenarbeit gibt sich das Direktorium eine Geschäftsordnung. Das Direktorium ist zur vertrauensvollen Zusammenarbeit mit der Mitarbeitervertretung verpflichtet.

Die gemeinsamen Aufgaben der Direktoriumsmitglieder

- Patientengerechte Versorgung
- Mitarbeitergerechte Dienstgestaltung
- Zukunftsgestaltung und Weiterentwicklung des Krankenhauses
- Mitarbeiterführung und Personalpolitik
- Wirtschaft und Finanzen
- Information und Kommunikation
- Aus-, Fort- und Weiterbildung
- Repräsentation und Öffentlichkeitsarbeit
- Vertretung des Krankenhauses nach innen und außen

Die besonderen Aufgaben der einzelnen Direktoriumsmitglieder

Die Geschäftsverteilung sieht u.a. folgende besondere **Aufgaben für die Krankenhausoberin** vor:
- Bewußtmachung christlich-karitativer Werte
- Geistliche Führung und Kulturgestaltung
- Repräsentation der Stiftung
- Anwalt für Kranke, Sprachlose und Schwache
- Ansprechpartner und Bindeglied

Der **Pflegedirektorin** werden insbesondere zugeordnet:
- Leitung und Führung des Pflege- und Funktionsdienstes
- Gesamtverantwortung für die qualifizierte Krankenpflege
- Verantwortung für das Teilbudget
- Weiterbildung und praktische Ausbildung im Pflegebereich

Zu den wesentlichen **Aufgaben des Kaufmännischen Direktors** gehören:
- besondere Verantwortung für Wirtschaft und Finanzen
- Leitung und Führung der entsprechenden Dienste
- Rechtlich-disziplinarische Verantwortung gegenüber allen Mitarbeitern
- Umsetzung der vom Direktorium entwickelten Gesamtstrategie
- Geschäftsführung des Direktoriums

B Organisation und Zusammenarbeit

Die **Aufgaben des Ärztlichen Direktors** sind insbesondere:
- Koordinierung des ärztlichen Dienstes
- Sicherstellung der Zusammenarbeit der Fachabteilungen
- Sicherstellung der ärztlichen Aufzeichnungs- und Meldepflicht sowie des Datenschutzes
- Sicherstellung der Fachaufsicht über medizinische, pflegerische und Funktionsdienste
- Verantwortung für die Krankenhaushygiene
- Überwachung der Wirtschaftlichkeit der medizinischen Versorgung mit Überwachung der Gesamt- und der Abteilungsbudgets, Beurteilung der Notwendigkeit bei Beschaffung größerer medizinischer Anlagegüter
- Beobachtung der medizinischen Gesamtentwicklung mit entsprechendem Vorschlagsrecht
- Kontaktpflege und Kommunikation nach innen und außen
- Öffentlichkeitsarbeit

Die Stellenbeschreibung des Ärztlichen Direktors ist die umfangreichste und detaillierteste aller Direktoriumsmitglieder. Die mit diesen vielfältigen Aufgaben verbundenen Probleme werden in der Folge genauer betrachtet.

27.3 Gesamtverantwortung und Interessenvertretung

Das christliche Krankenhaus als Ziel und Umfeld

Der spezifisch **karitative Anspruch** des christlichen Krankenhauses kann weder organisatorisch verordnet noch materiell-baulich fixiert werden. Einziger Maßstab der Caritas im christlichen Krankenhaus ist das **lebendige Beispiel und Vorbild** der handelnden Personen. Dieser Forderung muß die Dienstgemeinschaft aller Mitarbeiter tagtäglich genügen – nach außen und innen, gegenüber Patienten und Mitarbeitern. Karitativer Anspruch bedeutet gleichzeitig absolute und vorbildliche medizinische Leistungsfähigkeit. Nur durch hohe medizinische Kompetenz kann das Primärziel des hilfesuchenden Patienten, die Gesundung, erreicht werden.

Der **ärztliche Dienst** ist die **limitierende Größe** der medizinischen Leistungsfähigkeit eines Krankenhauses; ein **leistungsfähiger Pflegedienst** tritt **unverzichtbar** hinzu. Der Verwaltungsdienst sichert den Handlungsrahmen der beiden patientennahen Dienste; zur Erreichung der gemeinsamen Ziele sind alle Dienste zwingend auf **vertrauensvolle Zusammenarbeit** angewiesen. Im Direktorium repräsentiert der Ärztliche Direktor den eigentlichen medizinischen Kernbereich des Krankenhauses, der ohne die anderen Dienste wenig ist, aber ohne den die anderen Dienste nichts sind.

Bestimmende Faktoren für die Stellung des Ärztlichen Direktors

Für die allgemeine Stellung des Ärztlichen Direktors im Spannungsfeld von Gesamtverantwortung und Interessenvertretung sind folgende Faktoren bestimmend:
- Frage des Mandats
- Tätigkeit auf Zeit
- Tätigkeit im Nebenamt
- gleichzeitige Verantwortung für die eigene Fachabteilung
- unzureichende Weisungsbefugnisse

Von grundlegender Bedeutung für Auftrag und Selbstverständnis des Ärztlichen Direktors ist die Frage, von wem er sein Mandat erhält. Grundsätzlich kann er von der **Geschäftsführung ernannt** oder von den **Chef- und Leitenden Ärzten gewählt** werden.

In der vorgestellten Trägerschaft wird der erste Weg beschritten und damit ein deutliches Zeichen im Sinne der Gesamtverantwortung gesetzt. Die mögliche Alternative im Sinne eines gewählten Sprechers muß nicht das Gegenteil bedeuten; in praxi aber ist durch die Abhängigkeit vom Wahlgremium der Weg zur Interessenvertretung vorgebahnt. Insgesamt wird durch die Ernennung des Ärztlichen Direktors dessen Position innerhalb und außerhalb des Direktoriums wesentlich gestärkt.

Es bleibt jedoch dabei, daß der **Ärztliche Direktor auf Zeit** aus einem Kreis von Gleichberechtigten berufen worden ist. Im Gegensatz zu den übrigen Direktoriumsmitgliedern hat er keine Position auf „Lebenszeit", seine **Amtsperiode** dauert in der Regel 4 Jahre oder auch weniger. Damit ist eine erhebliche Schwächung seiner persönlichen Stellung und ggf. der des ärztlichen Dienstes allgemein verbunden.

Zur Wahrung einer gewissen Kontinuität bietet es sich an, die Amtsperiode zumindest einmal zu verlängern. Damit wird dem evtl. Bestreben aller Beteiligten entgegengewirkt, eine Amtsperiode lediglich auszusitzen.

B Organisation und Zusammenarbeit

Ein weiteres Schwächemoment ist die Übernahme der **Aufgabe im Nebenamt** und die damit verbundene **Doppelbelastung** als Chefarzt und Ärztlicher Direktor. Als einziges Direktoriumsmitglied versieht der Ärztliche Direktor sein Amt nicht als Hauptaufgabe; dies muß immer wieder zu Zeitproblemen und Interessenskonflikten führen, die gegenseitiges Verständnis und Abstimmung innerhalb des Direktoriums erfordern. Die gleichzeitige Verantwortung für die eigene Abteilung geht in ihrer Bedeutung jedoch weit über die rein zeitliche Belastung hinaus.

Als einziges Mitglied des Direktoriums vertritt der Ärztliche Direktor nicht nur allgemeine Gruppeninteressen, hier die des ärztlichen Dienstes, sondern innerhalb dieses Gruppeninteresses das Partikularinteresse der eigenen Abteilung. Er muß sich bewußt sein, daß er als Vertreter seines Faches innerhalb und außerhalb des Direktoriums besonders kritisch beobachtet wird und daß seine Aktionen im Hinblick auf eine tatsächliche oder vermutete Bevorzugung der von ihm geführten Fachabteilung kritisch betrachtet werden.

Den größten Mangel jedoch stellen die **unzureichenden Weisungsbefugnisse** des Ärztlichen Direktors dar. Während der Kaufmännische Direktor und die Pflegedirektorin eindeutig an der Spitze der von ihnen geführten und vertretenen Bereiche stehen und über unmittelbare disziplinarische Möglichkeiten verfügen, trifft dies für den Ärztlichen Direktor, ebenso wie für die Krankenhausoberin, nicht zu. Im Fall der Krankenhausoberin ist dieser Umstand wegen der eindeutig querschnittlichen Aufgaben des Amtes erklärlich; beim Ärztlichen Direktor kann diese Tatsache dagegen fatale Bedeutung erlangen.

Dazu muß nochmals betont werden, daß der Ärztliche Direktor in ganz besonderem Maße die medizinische Leistungsfähigkeit des Krankenhauses repräsentiert und zu verantworten hat.

Seine wesentlichen Pflichten, wie Koordinierung des ärztlichen Dienstes, Sicherstellung der Zusammenarbeit der Fachabteilungen, Überwachung der Wirtschaftlichkeit und Beobachtung der medizinischen Gesamtentwicklung, stehen in deutlichem Gegensatz zu seinen Rechten. Sein Agieren gegenüber dem von ihm zwar repräsentierten, aber nicht geleiteten Bereich bleibt auf das Wecken von Verständnis, Beratung und letztlich den Konsens beschränkt. Es wird noch zu erläutern sein, warum dies letztlich nicht anders sein kann.

Wege zum Ziel
Zur Bewältigung der dargestellten systemimmanenten Mängel sind 2 Kardinalwege zu unterscheiden, die bewußt plakativ als „vornehme Resignation" bzw. „offensives Konzept" charakterisiert werden. Mittelwege sind selbstverständlich möglich und häufig.

„**Vornehme Resignation**" bedeutet den weitgehenden Rückzug auf das Unabdingbare und Unvermeidliche, eine insgesamt betont zurückhaltende Mitarbeit, die nur wenig über gutgemeinte Ratschläge hinausgeht. Diese Lösung kommt dem hergebrachten ärztlichen Standesverständnis eines von sozialen Umweltbedingungen weitgehend losgelösten Heilberufes entgegen, der sich in seiner humanistisch geprägten Arbeit am Patienten genügt. Jedem Arzt in Führungsposition wird bald klar werden, daß es damit nicht getan ist. „Vornehme Resignation" bedeutet den Verzicht auf gestalterisches Wirken; dem Direktorium bleibt damit der entscheidende Impuls für die permanente Verbesserung der medizinischen Leistungsfähigkeit des Krankenhauses vorenthalten.

Das „**offensive Konzept**" dagegen stützt sich auf die folgenden Erkenntnisse:
- Nur aktives Mitgestalten führt zum Erfolg des Krankenhauses und schafft die Basis für wahres ärztliches Handeln am Patienten.
- Permanenter Wandel ist der Normalzustand, und jeder Stillstand kann nur Rückschritt bedeuten.

Statt wortreicher Klagen über die „unzumutbaren Verhältnisse" sind Zupacken und Mut zur Veränderung gefordert. Die Fähigkeit zur Vision tritt an die Stelle ängstlichen Haftens an einer vermeintlich besseren Vergangenheit. Der Weg dahin ist mühevoll und oft friedlos und erfordert eine Auseinandersetzung in 3 Richtungen, nämlich innerhalb des Direktoriums und nach außen gegenüber der Geschäftsführung sowie den Chef- und Leitenden Ärzten.

Im Direktorium und gegenüber der Geschäftsführung muß zunächst „**Akzeptanz durch Leistung**" erarbeitet werden, dies bedeutet insbesondere eindeutige Teilnahme an der Gesamtverantwortung und Übernahme konkreter Verpflichtungen. Die bewußte Teilnahme an der Gesamtverantwortung für das Haus erleichtert es dem Ärztlichen Direktor, bei gegebener Veranlassung auch einmal eindeutig die Interessen des ärztlichen Dienstes zu vertreten.

Die Vertretung gemeinsamer Gruppeninteressen des ärztlichen Dienstes ist a priori ein seltenes Ereignis. Dazu trägt insbesondere die Inhomogenität dieses Bereichs mit seiner differenzierten Abteilungsstruktur bei, so daß nur hin und wieder gemeinsame ärztliche Gruppeninteressen berührt sind. Insgesamt sollte die Vertretung reiner Gruppeninteressen jedoch für alle Direktoriumsmitglieder die Ausnahme bilden, weil nur so eine funktionierende Hausleitung erhalten werden kann.

Parallel zur Erarbeitung der Akzeptanz muß der Ärztliche Direktor auf **tatsächlicher und nicht nur formeller Gleichberechtigung** bestehen. Hier sind es oftmals scheinbar belanglose Kleinigkeiten, die in der Summe das Miteinander belasten. Viele Reibungspunkte lassen sich durch die bereits erwähnte interne Geschäftsordnung mit bindenden Absprachen entschärfen. Dazu zählen:
- Behandlung der ein- und ausgehenden Post
- Unterzeichnung im Schriftverkehr
- Absprache der Präsenz bei Einladungen
- Vorbereitung der Direktoriumssitzungen
- gegenseitige Information, wenn die unmittelbare Zuständigkeit eines Direktoriumsmitgliedes überschritten ist
- Information über die wirtschaftliche Gesamtsituation

Konsequentes Bestehen auf Gleichberechtigung vermeidet die Dominanz einzelner Direktoriumsmitglieder und trägt auf Dauer wesentlich zu einer vertrauensvollen Zusammenarbeit bei.

Ein ungelöstes Problem ist die unterschiedliche **Finanzkompetenz** der Direktoriumsmitglieder. Zu den dienstlichen Aufgaben des Kaufmännischen Direktors gehören tägliche finanzielle Transaktionen, darunter auch solche, die nicht das Gesamthaus betreffen und sehr wohl dem unmittelbaren Interessenbereich des Kaufmännischen Direktors zuzuordnen sind. Die übrigen Direktoriumsmitglieder sind dagegen regelmäßig gezwungen, auch kleinere Anschaffungen etc. als Forderung in die Direktoriumssitzung einzubringen. Hier kann von Gleichberechtigung keine Rede sein.

27 Die Stellung des Ärztlichen Direktors ...

Es bietet sich an, allen Direktoriumsmitgliedern einen identischen finanziellen Spielaum für Maßnahmen innerhalb des eigenen Geschäftsbereichs und Budgets zuzubilligen; weitergehende Forderungen wären dann von allen Mitgliedern zunächst im Direktorium abzusprechen.

Infolge der Doppelfunktion als Ärztlicher Direktor und Chefarzt begegnet der Ärztliche Direktor häufig dem **Vorwurf der Parteilichkeit.** Dieser bezieht sich meist auf die Bevorzugung der eigenen Abteilung, seltener auf die Begünstigung dritter Fachabteilungen. Der Ärztliche Direktor muß versuchen, dem durch gemeinsame Sitzungen und regelmäßige Information entgegenzuwirken. Mit dem Hinweis auf die Entwicklung der einzelnen Abteilungen und die Notwendigkeit, Prioritäten innerhalb der Gesamtentwicklung setzen zu müssen, kann er um Verständnis werben.

Noch schwieriger ist es, **übergeordnete Interessen des Hauses** gegenüber dem ärztlichen Bereich zu vertreten und bei Bedarf durchzusetzen. Hausintern gibt es kaum Mittel, die über das Konsensprinzip hinausgehen. Besonders schwierig sind Situationen, in denen die mangelnde medizinische Leistungsfähigkeit des Gesamthauses oder von Fachabteilungen, sei es aus persönlichen, organisatorischen oder materiellen Ursachen, zum Handeln zwingen. Zwangsläufig wird diese Aufgabe im Direktorium zunächst dem Ärztlichen Direktor zugewiesen; ein anderer Weg ist auch nicht möglich, will sich die ärztliche Seite nicht jeden Einflusses auf die Entwicklung begeben. Die schwere Last, im Sinne der Gesamtverantwortung bewußt gegen Gruppen- oder Einzelinteressen vorgehen zu müssen, wird dadurch allerdings nicht erleichtert. Hier hilft nur **solidarisches Zusammenstehen** im Direktorium ohne Verwischen der primären Zuständigkeit. Darüber hinaus ist die Geschäftsführung gefordert, das Erforderliche unverzüglich und entschlossen durchzusetzen.

Einige der genannten Schwierigkeiten können abgemildert werden, wenn der Ärztliche Direktor Vertreter eines interdisziplinäres Faches ist, das Dienstleistungen für alle Abteilungen erbringt und dessen Funktionieren daher von allgemeinem Interesse ist. Hier bieten sich insbesondere die Fachgebiete Anästhesiologie, Radiologie und Labormedizin an, deren Vertreter in der Regel eher geeignet sind, abteilungsübergreifend und ausgleichend im Sinne des Gesamthauses zu agieren.

27.4 Gibt es Alternativen?

Es bleibt die Frage, ob die beiden **wesentlichen Strukturmängel** in der Position des Ärztlichen Direktors, die Tätigkeit im Nebenamt und die unzureichenden Weisungsbefugnisse, überhaupt beseitigt werden können.

Prinzipiell ist es möglich, einen **hauptamtlichen Ärztlichen Direktor** zu berufen, der neben dem Medizinstudium und der Approbation als Arzt über zusätzliche betriebswirtschaftliche und soziale Qualifikationen verfügt. Dieser Weg ist nicht allgemein gangbar, weil einem solchen **„Arzt für Krankenhausmanagement"** seitens des ärztlichen Dienstes in der Regel die ärztliche Kompetenz abgesprochen wird und ihm damit die notwendige Akzeptanz fehlt. Ein hauptamtlicher Ärztlicher Direktor wäre damit weder in der Lage, konstruktiv in der Gesamtverantwortung zu wirken, noch die ggf. notwendige Vertretung der ärztlichen Interessen zu übernehmen. Dazu kommen die mit der Einrichtung einer solchen Position verbundenen finanziellen Belastungen, die zur Zeit nur von größeren Einrichtungen getragen werden könnten. Ob die steigende ärztliche Spezialisierung künftig zu einer Änderung der Situation führen wird, kann derzeit nicht beurteilt werden.

Eine durchaus gebräuchliche Variante besteht darin, einen älteren und **bewährten Chefarzt** gegen Ende seiner Berufstätigkeit mit dem **Amt des Ärztlichen Direktors** zu betrauen. Damit ist im Einzelfall durchaus ein Erfolg zu erzielen; spezifische Risiken sind jedoch nicht zu übersehen. Der großen Erfahrung steht nur zu leicht ein insgesamt nachlassendes Interesse an der allgemeinen medizinischen Entwicklung und der des Hauses entgegen; der unmittelbare Bezug zur eigenen beruflichen Zukunft ist aufgehoben. Ebenso leicht kann die Mentalität eines „das haben wir früher doch nicht gebraucht" entstehen, so daß diese Lösung nur bei besonders günstigen persönlich-charakterlichen Voraussetzungen des Amtsträgers zu empfehlen ist und kein Allheilmittel darstellt.

Auch die mangelnden **Weisungsbefugnisse** sind systemimmanent und nicht ohne weiteres zu kompensieren. In der Regel wird der Krankenhausträger an der Position des Chefarztes festhalten, der in seinem Bereich für die ordnungsgemäße Erfüllung der Aufgaben seiner Abteilung die letzte

Verantwortung trägt. Ein Eingriff in diesen Verantwortungsbereich darf nur ganz ausnahmsweise erfolgen, z.B. bei eklatanten fachlichen Fehlleistungen, persönlichen Mängeln oder unabweisbaren strukturellen Maßnahmen. Hier ist dringend darauf zu achten, daß mit Unterstützung des Direktoriums zunächst die dem Ärztlichen Direktor zur Verfügung stehenden, begrenzten Mittel ausgeschöpft werden. Ist eine hausinterne Lösung dagegen nicht möglich, muß die Geschäftsführung unverzüglich und entschlossen handeln, um ernsthafte Störungen der Beziehungsebene und Resignation zu vermeiden.

27.5 Zusammenfassung

Der karitative Anspruch des christlichen Krankenhauses steht nicht im Gegensatz zur medizinischen Leistungsfähigkeit der Einrichtung; medizinische Kompetenz ist vielmehr eine unabdingbare Voraussetzung zur Erreichung dieses Zieles. Der ärztliche Dienst ist die limitierende Größe der medizinischen Leistungsfähigkeit; der Ärztliche Direktor ist deren wesentlicher Repräsentant und trägt besondere Verantwortung für diesen Bereich. Rechte und Pflichten sind jedoch systemimmanent unausgewogen und erfordern die Entscheidung zwischen „vornehmer Resignation" und einem „offensiven Konzept" mit aktiver Mitgestaltung. Das „offensive Konzept" basiert auf der Erarbeitung von „Akzeptanz durch Leistung" gegenüber Geschäftsführung und übrigen Direktoriumsmitgliedern, bindenden Absprachen innerhalb des Direktoriums und regelmäßiger Information von Chef- und Leitenden Ärzten. Das Mittragen der Gesamtverantwortung wird dann eindeutig im Vordergrund stehen und eine Vertretung der Interessen des ärztlichen Dienstes die Ausnahme bilden. Bei hausintern unlösbaren Problemen und gestörter Beziehungsebene bleibt es Pflicht der Geschäftsführung, unverzüglich und entschlossen einzugreifen.

Literatur

Adams, H. A., Deutsche Marinelazarette von den Anfängen bis heute. Zur Typologie eines Sonderkrankenhauses im Spannungsfeld medizinischer und politischer Entwicklung. Inaugural-Dissertation, Medizinische Fakultät der Universität zu Köln, Köln 1978.

B Organisation und Zusammenarbeit

Adams, H. A., Geschichte der Franziskanerinnen von Waldbreitbach in Ehrang und des Marienkrankenhauses Ehrang 1895–1995. Herausgegeben in der Reihe „Ehranger Heimat"; unter Mitarbeit von Sr. M. Gertraud Biesel, Sr. M. Ernesta Wolter und F. von der Heiden. Trier-Ehrang 1995.

Geschäftsordnung für die Direktorien der Krankenhäuser. St. Elisabeth Kranken- und Pflege GmbH Waldbreitbach, 1996.

Reglement für die Friedens-Lazarethe der Königlich Preußischen Armee (vom 5. Juli 1852). Berlin 1852.

28 Betriebsleitung – eine ärztliche Aufgabe

Franz-Werner Albert

Das Klinikum der Zukunft kann vom Krankenhaus der Vergangenheit lernen.

Bereits im Handbuch des Deutschen Krankenhauses von 1922 favorisierte *Grober* im Kapitel „Leitung und Organisation von Krankenanstalten" nach eingehender kontroverser Diskussion die **Leitung durch einen Arzt:** „Ein nicht ärztlicher Leiter, aus welchem Berufe er auch hervorgegangen sei, ist unter keinen Umständen in der Lage, über die medizinischen, also über die Haupt-, ja die einzigen Aufgaben der Anstalt, ein entscheidendes Urteil zu haben (...). Wenn Krankenhäuser reine, und zwar im medizinischen Sinne, Zweckanstalten sind, so kann es keinem Zweifel unterliegen, daß an der Spitze einer derartigen Anstalt unter allen Umständen ein Arzt als Leiter stehen muß". Er kritisierte in seinem Artikel die schon damals „geringe Neigung der Ärzte zu Verwaltungstätigkeit", entschuldigte diese Haltung andererseits zumindest teilweise durch eine „Überhäufung der Anstaltsärzte mit ärztlichen und medizinischen Geschäften". „Es gehört sicher zu den unumgänglich notwendigen Eigenschaften eines Krankenhausleiters, daß er besonderes Verständnis für die finanziellen Grundlagen und Existenzbedingungen der ihm anvertrauten Anstalten besitzt. Das manchmal deutlich gewordene Fehlen dieses Verständnisses ist mit an der Abneigung, Ärzte als Leiter anzustellen, schuld".

All dies trifft uneingeschränkt auch heute zu und wird die Zukunft des Krankenhauses begleiten. Zunehmend entwickeln sich bei derzeit schmerzhaft spürbarem ökonomischem Druck Krankenhausleitungen unter Aussparung kompetenter ärztlicher Beteiligung. Kaufmännisch Verantwortliche machen dann den Ärzten deutlich, daß nicht mehr das medizinisch Machbare und ärztlich Mögliche, sondern nur noch das finanziell Tragbare Leitlinie des ärztlichen

Handelns sein darf. Ärztliche Leistungen und Anordnungen werden von Nicht-Ärzten hinsichtlich ihrer Verzichtbarkeit und Veränderbarkeit nach Art und Umfang analysiert und reglementiert. Der Arzt muß sich den verschiedensten Fremdanalysen unterziehen.

Unzulängliche Krankenhausstrukturen lassen sich aber nicht dadurch zum Besseren verändern, daß weitere Berufsgruppen ins Krankenhaus drängen und versuchen, medizinischen Sachverstand durch betriebswirtschaftliche Argumente zu verdrängen. Das Krankenhaus der Zukunft wird am ehesten an einer auch **betriebswirtschaftlich sachverständigen ärztlichen Leitung** genesen.

Das zentrale Anliegen des Krankenhauses besteht darin, Menschen in ihrer besonderen Krankheitssituation die bestmöglichen medizinischen Leistungen anzubieten. Der Behandlungsprozeß im Krankenhaus verlangt therapeutische, soziale und logistische Kooperations- und Integrationsleistungen in einer Organisation mit vielen unterschiedlichen Bereichen, Abteilungen und Berufsgruppen (*Hildebrandt* 1996). Nach Meinung des amerikanischen Management-Papstes *Peter Drucker* gehören Krankenhäuser zu den komplexesten Organisationsformen unserer Gesellschaft. Nur ein **berufsübergreifender Prozeß der Zusammenarbeit** bringt die von allen gewünschte optimale Dienstleistung zuwege.

Dem glaubte man am besten durch den **Aufbau dreier organisatorisch getrennter tragender Säulen** – Ärztlicher Bereich, Pflegebereich und Verwaltungsbereich – zu entsprechen. Dieses Organisationsmodell führt aufgrund des sich daraus entwickelnden Spartendenkens zu vielen Reibungsverlusten mit ihrerseits negativen Auswirkungen, wie Motivationsverlust auf der Mitarbeiterseite und Ineffizienz auf der Kostenseite. Auf der Stations- bzw. Bereichsebene stellt sich in der praktizierten Organisationsform leicht ein Entscheidungsvakuum ein. Die hier entstehenden Konflikte werden dann unsinnigerweise zur Leitungsebene „hochdelegiert" (*Hildebrandt* 1996).

Zukunftsträchtige Organisationsformen müssen diese Fehlentwicklungen korrigieren.

28 Betriebsleitung – eine ärztliche Aufgabe

28.1 Das Krankenhaus als Betrieb

Betrieb ist jede Form der Zusammenarbeit von Menschen, die gemeinsam ein für sie wichtiges Ziel zu erreichen beabsichtigen, wobei persönliche Motive zunächst ausscheiden. In der Wirtschaftspraxis ist ein Betrieb definiert als eine planvoll organisierte Einrichtung zur Erstellung von Leistung zur Bedarfsdeckung und zur Leistungsverwertung. Sieht man den Betrieb zusammen mit seinem rechtlich-finanziellen Rahmen, so spricht man von einem **Unternehmen.** Zu einem Unternehmen können mehrere Betriebe gehören. Meist wird die Unternehmensgröße nach der Anzahl der Mitarbeiter beurteilt; als mittlere Unternehmen gelten solche mit bis zu 1000 Mitarbeitern, als große diejenigen ab 1000 Mitarbeitern. Während für die Unternehmensleitung juristische und betriebswirtschaftliche Kenntnisse von höchster Priorität sind, benötigt die Betriebsleitung vor allem Sachverstand in den angewandten Fertigungsverfahren.

Die betriebliche Leistungserstellung erfolgt durch Kombination der Produktionsfaktoren Arbeit, Werkstoffe und Betriebsmittel.

Aus dieser Definition ergibt sich zwanglos, daß Krankenhäuser Betriebe sind, die bestimmte **Dienstleistungen als Produkt** erstellen.

Der Produktionsfaktor „menschliche Arbeit" nimmt wie bei vielen Dienstleistern einen besonders großen Raum ein; ca. 60–70% der sog. Herstellungskosten sind Personalkosten. Unter den dispositiven Faktoren der Leistungserstellung sind gerade im Krankenhaus die Leitung, Planung, Organisation und Kontrolle von besonderer Bedeutung.

Die neuen Herausforderungen des Wettbewerbs zwingen zu unternehmerischem Handeln. Das Krankenhaus als Unternehmen kann sich aber aufgrund ständig neuer reglementierender Gesetzgebung zumindest in Deutschland nicht frei im marktwirtschaftlichen Raum bewegen. Ein semi-marktwirtschaftlicher Ansatz soll dazu dienen, Krankenhäuser zu belohnen, die zu günstigeren Kosten höhere Qualität erbringen, und Krankenhäuser ökonomisch zu bestrafen, die sich nicht auf derartige Anforderungen einstellen können (*Hildebrandt* 1996). Folgen dieser Entwicklung sind Änderungen der Rechtsform und Umstrukturierung der Führungsstrukturen in vielen deutschen Krankenhäusern.

B Organisation und Zusammenarbeit

Häufig werden derzeit Krankenhäuser, die bisher in kommunaler Trägerschaft als Regie- oder Eigenbetrieb geführt wurden, in eigenständige Unternehmen, vorwiegend als Gesellschaft mit beschränkter Haftung (GmbH), umgewandelt. Die Geschäftsführung des Unternehmens liegt dann meist in der Hand von Betriebswirten oder Juristen. Nur selten finden sich auf dieser Ebene Ärzte in der Verantwortung.

Dies mag sich in Zukunft ändern, wenn sich engagierte Ärzte die erforderlichen Zusatzqualifikationen (z.B. Betriebswirtschaftliche Kenntnisse, Erfahrungen im Management) erworben haben. Speziell die visionären Bedürfnisse der Unternehmensleitung können von Führungskräften, die in der Kernkompetenz des Krankenhauses erfahren sind – und dies sind nun einmal die Ärzte –, besser befriedigt werden. Auf der Ebene der Betriebsleitung ist ärztliches Fachwissen jedenfalls für eine im Sinne der Kernkompetenz effektive und effiziente Betriebsführung unabdingbar.

28.2 Betriebsorganisation im Krankenhaus

Die Wurzel allen Organisierens ist die Erkenntnis, daß arbeitsteiliges Verhalten Vorteile bietet. Die **Arbeitsteilung** ist grundsätzlich die sinnvollste Methode, um eine gemeinsame menschliche Leistung wirkungsvoll im Verhältnis zu den aufgewendeten Mitteln zu erbringen (*Thomas* 1996). Arbeitsteilung hat allerdings dort ihre Grenzen, wo sie keinen Sinn mehr ergibt. Je kleiner z.B. ein Betrieb ist, um so mehr verschiedene Tätigkeiten müssen sich zwangsläufig auf einen Ausführenden konzentrieren. Jedes organisatorische Denken wäre zudem lückenhaft, wenn der Kostenaspekt unberücksichtigt bliebe. Das Kosten-Nutzen-Verhältnis ist oftmals erst der Anstoß zu einer Reorganisation.

Die Betriebsorganisation dient durch Erfassen der inneren Zusammenhänge und Abläufe eines Betriebes, deren Gestaltung, Steuerung und Überwachung unter Beachtung eines angemessenen Mittelaufwands zur Erreichung eines Betriebs- bzw. Unternehmensziels (*Thomas* 1996).

Was bedeutet dies für das Krankenhaus?

Wie in allen Betrieben der Wirtschaft ergibt sich auch die Leistung des Krankenhauses aus einer Kombination von menschlicher Arbeit, Sachgütern und Betriebsmitteln. Der

28 Betriebsleitung – eine ärztliche Aufgabe

Kombinationsprozeß wird durch die Krankenhausleitung geplant, organisiert und kontrolliert. Als Besonderheit kommt im Krankenhaus hinzu, daß der Patient nicht nur Objekt des Leistungserstellungsprozesses, sondern gleichzeitig auch aktives Element des Leistungsprozesses ist, indem er durch seine Handlungen den Leistungserstellungsprozeß fördern oder stören kann (*Preuß* 1994).

Die sich in unserem Jahrhundert exponentiell entwickelnden technischen Möglichkeiten der Medizin haben zwangsläufig zu einer ausgeprägten Arbeitsteilung geführt. Inzwischen sind es ca. 200 verschiedene Berufe, die im Krankenhaus vertreten sind. Innerhalb der einzelnen Berufsgruppen haben sich wiederum Arbeitsteilungen durch Spezialisierungen ergeben.

Je leistungsfähiger und größer ein Krankenhaus ist, desto höher muß der Grad der Arbeitsteilung sein. Dies trifft insbesondere auf die Ärzte zu, deren Weiterbildungsordnung in den letzten Jahren immer differenziertere Ausbildungsnormen vorsieht. Diese Entwicklung führt dazu, daß kleinere Betriebe, die bisher auf „Allround-Könner" angewiesen waren, an Qualität und Wirtschaftlichkeit einbüßen und in existentielle Bedrängnis geraten.

Die heute erforderliche multipersonal-arbeitsteilige Organisation im Krankenhaus stellt an das Management hohe Anforderungen, sowohl in Hinblick auf die technisch-organisatorische Betriebsführung als auch auf die Führung der im Krankenhaus beschäftigten Menschen. Auf beiden Feldern besitzen gerade Ärzte ein großes Potential durch ihre Ausbildung und Erfahrung, das es nur zu aktivieren gilt, um es nutzbringend für die Organisation des Krankenhausbetriebes wirksam werden zu lassen.

Jeder Betrieb muß seine eigene Organisationskultur finden; die generell gültige ideale Organisationsform für Krankenhäuser existiert nicht. Es gibt auch keine unmoderne oder moderne Organisationsform, sondern nur eine für den Betrieb und für die Erreichung seiner Ziele passende und finanziell tragbare Lösung (*Thomas* 1996).

Bedingt durch die Gesetzgebung ist die Krankenhausleitung heute in Deutschland **berufsständisch organisiert.** Sie besteht in der Regel aus dem Ärztlichen Leiter, dem Krankenpflegeleiter und dem Verwaltungsleiter. Jedes Mitglied des Krankenhaus-Direktoriums nimmt für seinen Bereich die Betriebs- und Personalführungsaufgaben wahr. Die berufsständisch getrennte Zuständigkeit ist vielfach noch auf der untersten hierarchischen Ebene anzutreffen. Dies kann die bereichsübergreifende Kooperation erheblich behindern und ökonomische Fehlentscheidungen fördern.

Vernünftige zielorientierte Änderungen der Betriebsorganisation könnten in vielen Krankenhäusern ein Rationalisierungspotential zur Wirkung bringen, welches die drohende Rationierung von Leistungen zumindest zeitlich hinauszuschieben in der Lage wäre.

Wenn wir uns schon eine berufsständische Gliederung leisten wollen, dann sollte sich die betriebliche Organisation am medizinischen Kernprozeß des Krankenhauses orientieren und den beiden daran maßgeblich beteiligten Berufsgruppen, Ärzten und Pflegekräften, eine Organisationsform geben, die bis auf die unterste Ebene der Arbeitsteilung durchgesetzt werden kann. Die Fraunhofer-Gesellschaft hat dazu gemeinsam mit der Robert Bosch Stiftung kürzlich ein neues **Konzept der „Dualen Abteilungsleitung"** (vgl. Abb. 28-1a) entwickelt (*Firnkorn*). Aufgaben einer dualen Leitung sollen die Zielbestimmung, Ressourcenplanung, Organisation der Durchführung, Information, Koordination, Motivation, Finanzierung und Kontrolle sein: ein Führungskonzept für die operative Leitung auf Abteilungsebene.

Dies sind Ansätze zur Reorganisation, die allerdings bei der im dualen Organisationsmodell geforderten Verantwortungsteilung unterschiedlicher Qualifikanten noch viele Fragen offen lassen. Die Hauptschwierigkeit einer solchen Spaltung der Leitung liegt darin, daß sich 2 Vorgesetzte die Leitung einer Sub-Organisation teilen, dieser aber nur in einer gleichlautenden Entscheidung gegenübertreten dürfen. Eine doppelte Leitungsfunktion bleibt ohnehin nur den oberen Entscheidungsebenen vorbehalten, da die konsequente Entscheidungsfindung durch zwei Vorgesetzte bis in die unteren Hierarchiestufen allein schon aus Kostengründen abzulehnen ist.

28 Betriebsleitung – eine ärztliche Aufgabe

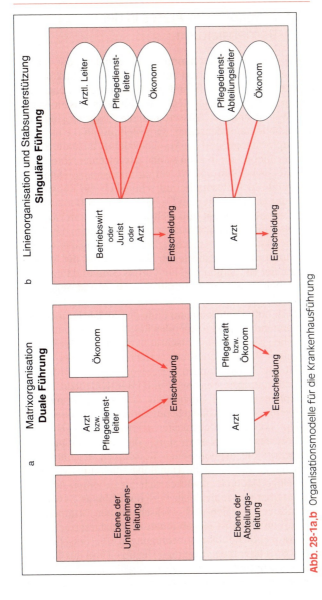

Abb. 28-1a,b Organisationsmodelle für die Krankenhausführung

28.3 Aufgaben des Arztes in der Betriebsleitung

Victor von Weizsäcker nannte 3 Eigenschaften, die den Beruf des Arztes im Idealfall auszeichnen: die Naturkenntnis, die Menschenkenntnis und die Kunstfertigkeit. Nach *Anschütz* (1992) umfassen diese 3 Begriffe alles, was einen guten Arzt ausmacht: „Wissen um die Naturvorgänge der Krankheiten am Menschen, dargestellt durch die moderne Pathophysiologie und die Krankheitslehre, dazu die Kenntnis des Menschen in allen seinen psychischen Nöten, aber auch Lebenserfahrung, Wissen um die gedanklichen Hintergründe in Philosophie und schließlich die Kunstfertigkeit, der Umgang mit dem Skalpell, mit dem Herzkatheter, mit dem Medikament und nicht zuletzt mit dem Wort, das die Kommunikation zwischen dem Leidenden und dem Helfer erst möglich macht". Die Berufsaufgabe sei von 3 Grundprinzipien abgeleitet: von der Idee der Wissenschaft, der Humanität und der Caritas. Sinn und Pflicht der ärztlichen Handlung bestimmten die Mittel und Wege zu ihrer Erfüllung.

Diese Auffassung kann am Ende des 20. Jahrhunderts bei zunehmend knapper werdenden Ressourcen nicht unwidersprochen bleiben. Der Fortschritt biomedizinischer Technik verändert das Patienten-Arzt-Verhältnis. Einerseits werden durch die Entwicklungen der Medizin, wie Antibiotika, Schutzimpfungen, Anästhesie und Intensivmedizin, Organtransplantation und Organersatz, Fortpflanzungsmedizin, Gentechnologie und bildgebende Verfahren, die Handlungs- und Interventionsmöglichkeiten der Ärzte enorm gesteigert, andererseits werden eben durch diesen technologischen Fortschritt die ökonomischen Ressourcen erschöpft und demzufolge der ärztliche Handlungsspielraum wiederum eingeengt. Dadurch entwickelt sich das Patienten-Arzt-Verhältnis über eine individuelle Beziehung hinaus. Es wird beeinflußt von sozialen und gesellschaftlichen Gruppen und Institutionen. Es ist eingebunden in sozialgesetzliche und andere rechtliche Rahmenbedingungen. Die Entscheidung des Arztes über die notwendige Therapie kann letztlich nur uneingeschränkt bleiben, wenn die medizinischen Möglichkeiten und Behandlungsverfahren auch finanzierbar sind (*Albert* 1994).

28 Betriebsleitung – eine ärztliche Aufgabe

Der Arzt an der Schwelle zum 3. Jahrtausend muß sich die Frage stellen, inwieweit er sein Rollenverständnis erweitern soll, um die Interessen seiner Patienten wirksam zu vertreten. Das griechische Wort für den Arzt, „iatros", umfaßt das Retten und Bewahren (z.B. auch in einer politischen Lage) wie das ärztliche Handeln. Eine Neuorientierung des ärztlichen Rollenverständnisses am Vorbild der Antike mit verstärktem gesundheitspolitischem Engagement scheint gerade in unserer Zeit unabdingbar zu sein (*Albert* 1994).

Rationalisierung unter ökonomischen Prinzipien kann nur unter entscheidender Mitwirkung der Ärzte am Aufwand sparen, ohne den Nutzen für den Patienten zu schmälern. Heute wird auch in Deutschland bereits offen über **Rationierung** nachgedacht.

Nach *Krämer* (1996) sind nicht etwa die Mängel der modernen Medizin das Hauptproblem, sondern das Übermaß ihrer Möglichkeiten, das sie in Zukunft immer unbezahlbarer mache. *Fuchs* (1996) konstatiert daher, daß wir in Folge medizinisch begründeter Leistungs- und Mengendynamik eine Unersättlichkeit des Systems zu verzeichnen haben. Hieraus resultieren zwangsläufig Budgetierungen mit der Folge suboptimaler Versorgung. *Fuchs* (1996) unterscheidet

3 Verantwortungsebenen in unserem Gesundheitssystem:
- Auf der **Makro-Ebene** liegt die politische Verantwortung. Dort werden Gesetzgebung oder gesetzgeberische Maßnahmen definiert. Es kann auch um die Festlegung von Budgets gehen.

- Auf der zweiten Ebene, der **Meso-Ebene**, geht es beispielsweise um die Aufteilung von Budgets. Dort kann z.B. entschieden werden, ob man Mittel stärker in die Drogenprävention oder in die psychiatrische Versorgung fließen lassen möchte.

- Die **Mikro-Ebene** ist die Ebene, in der diagnostische und therapeutische Einzelentscheidungen gefällt werden.

Mannigfache Zielkonflikte durch budgetbedingte Mittelknappheit sind vorprogrammiert, wenn ärztlicher Sachverstand lediglich auf der Mikro-Ebene genutzt wird.

Die Betriebsleitung eines Krankenhauses bewegt sich auf der Meso-Ebene. Sie argumentiert gemeinsam mit der Geschäftsführung des Unternehmens nach außen, politischen Institutionen und Krankenkassen gegenüber, für eine adäquate Finanzierung der Krankenhausleistungen, nach innen muß sie sich um die leistungsgerechte Verteilung der zur Verfügung stehenden Mittel nach medizinisch vertretbaren Kriterien bemühen. Rationalisierung ist dabei absolutes Gebot, um die Kernaufgabe des Krankenhauses dauerhaft erfüllen zu können. Rationierung wird in vielen Fällen unumgänglich sein.

Wer anders als ein Arzt könnte in dieser Situation zwischen den Interessen der Patienten und den ökonomischen Mitteln des Betriebs am besten abwägen und vermitteln?

Der in der Krankenhausleitung versierte Arzt kennt das gesamte Führungsinstrumentarium über Budgetierung, Controlling, Personalmanagement, Kosten- und Leistungsrechnung bis hin zu Benchmarking (→) und umfassendem Qualitätsmanagement, wie es z.B. von der Industrie genutzt wird, und versteht es, mit diesem Instrumentarium kunstgerecht umzugehen. Doch wird er die in der Industrie beispielgebenden Strukturen, Prozesse und Hilfsmittel nicht kritiklos kopieren und aus dem Krankenhaus einen reinen medizinischen Industriebetrieb machen, der dann vielleicht noch wirtschaftlich überlebt, aber letztlich die von ihm erwartete Dienstleistung nicht mehr erbringen kann.

Das Gesetz kennt den **Ärztlichen Direktor in der Krankenhausleitung** (*Ulsenheimer* 1996). Er hat die Krankenhaushygiene sicherzustellen. Auch die Sicherstellung des ärztlichen Dienstes, die Koordinierung der medizinischen und medizinisch-technischen Versorgungsdienste sowie die Sicherstellung der ärztlichen Aufzeichnungen und der Dokumentation gehören in der Regel zu seinem Verantwortungsbereich.

Noch in der Mitte des 20. Jahrhunderts organisierte der umfassend orientierte **Chefarzt als Betriebsleiter** sämtliche patientenbezogenen Abläufe im Krankenhaus durch seine Person. Infolge der weitgehenden Spezialisierung der Medizin hat sich auch der Chefarzt zum Spezialisten entwickelt, der die Betriebsleitung nur noch unvollkommen regeln kann. An seine Stelle ist ein ebenfalls spezialisierter „primus inter pares" gerückt. Nach Ansicht von *Münch* (1996) wird das Krankenhaus seitdem von einer ständisch orientierten Dreiergemeinschaft regiert, deren Position und Standpunkt auf Mitarbeiterinteressen, nach Sparten geordnet, ruhe und nicht originär patientenorientiert sei.

28 Betriebsleitung – eine ärztliche Aufgabe

Während innerhalb der Sparten „Verwaltung" und „Krankenpflege" das **Prinzip der Linienorganisation** mehr oder minder exakt eingehalten wird, hat der Ärztliche Betriebsleiter als auf Zeit gewählter „primus inter pares" in der Sparte „Ärztlicher Dienst" nur selten die tatsächlichen Befugnisse der obersten Leitungsfunktion gegenüber seinen chefärztlichen Kollegen. Die stark am Fachlichen ausgerichtete Berufsauffassung der Ärzte hat zur Folge, daß Führungsaufgaben im ärztlichen Bereich zu wenig Bedeutung beigemessen wird (*Kaltenbach* 1993). Für die Funktion des Ärztlichen Direktors ist keine eigene Stelle vorgesehen, sie wird daher auch nicht hauptamtlich, sondern lediglich von einem Chefarzt zusätzlich zu seiner ärztlichen Tätigkeit ausgeführt. Die Qualifikation als Führungspersönlichkeit trägt kaum zur beruflichen Anerkennung eines Arztes bei. Überspitzt könnte man konstatieren, daß die Ärzte, die alle für das Krankenhaus bedeutenden Entscheidungen treffen, gar nicht in die Leitungshierarchie eingegliedert sind.

Daß trotz einer solch inadäquaten Betriebsorganisation manches durchaus gut funktioniere, liegt nach *Münch* an der Qualität und Motivation der Beteiligten.

Wo könnte die **Lösung für das Dilemma** liegen?
- Eine alleinige **Änderung des Strukturaufbaus** wird zur Mobilisierung aller Rationalisierungsreserven nicht ausreichen;
- auch die **Einstellung der Beteiligten zu ihrer Rolle** im Krankhausbetrieb muß sich ändern.

Dabei sind vor allem die Ärzte angesprochen, die aufgerufen sind, Führungskompetenz zurückzugewinnen, um die Rolle, die ihnen zusteht, auszufüllen. Die neuen Aufgaben im Krankenhaus verlangen vom heutigen Chefarzt weit mehr als die selbstverständlich hohe medizinische Qualifikation; er muß auch als Manager Qualitäten haben. Dazu gehören neben betriebswirtschaftlicher Versiertheit u.a. besondere Fähigkeiten, mit den verschiedenen im Krankenhaus Verantwortung tragenden Berufsgruppen partnerschaftlich zu kommunizieren, mündige Mitarbeiter zu führen und zu motivieren.

Die wirtschaftliche Existenz der Krankenhäuser kann längerfristig nur sichergestellt werden, wenn in einer zielorientierten Krankenhausführung medizinische und ökonomische Aspekte integriert werden.

B Organisation und Zusammenarbeit

Expertise im Krankenhaus-Management schafft dazu trotz steigender organisatorischer und wirtschaftlich-administrativer Anforderungen die ärztlich-menschlichen Freiräume bei der Betreuung der dem Arzt anvertrauten Patienten.

Aus der im klinischen Alltag gewonnenen Erfahrung und einer den Anforderungen gemäßen betriebswirtschaftlichen Zusatzqualifikation erwächst die Basis, auf der Ärzte als Betriebsleiter Verantwortung für das gesamte Krankenhaus übernehmen können. Dabei ist eine möglichst breite klinische Erfahrung unentbehrlich, auch um Akzeptanz auf der Ebene der Abteilungsleiter, der Chefärzte, zu gewinnen.

Die Mitwirkung der Ärzte an der Betriebsleitung durch einen auf Zeit gewählten primus inter pares entspricht nicht mehr den Erfordernissen heutiger und zukünftiger Krankenhausstrukturen.

In einer effizienten Organisationsstruktur kann die ärztliche Betriebsleiterposition nur durch einen von sonstiger klinischer Tätigkeit entbundenen Arzt wahrgenommen werden.

Nach heutigem Entwicklungsstand bietet sich für die Krankenhausführung ein **gemischtes Team** aufgrund unterschiedlicher Fachkompetenz an, das aber gemäß einer sog. **Matrixorganisation** (vgl. Abb. 28-1a) nur mit einer Stimme die Entscheidungen trägt. Divergierende Weisungen von 2 gleichberechtigten Vorgesetzten hätten katastrophale Aus-

wirkungen. Unter dieser Prämisse bietet die Matrix im Krankenhaus deutliche Vorteile. Wenn zwei Vorgesetzte ein Problem jeweils von verschiedenen Standpunkten aus sehen und aus der Synthese der verschiedenen Blickwinkel eine gemeinsame Problemlösung formulieren, kann das für das Erreichen der Ziele des Krankenhauses nur hilfreich sein. Dies stellt aber besondere Anforderungen und verlangt besondere fachliche und menschliche Qualifikationen. Ein erneutes Spartendenken muß auf jeden Fall verhindert werden. Beispiele erfolgreicher gemischter Teams von Arzt und Betriebswirt in der Geschäftsführung finden sich inzwischen an verschiedenen deutschen Krankenhäusern.

Eine andere Möglichkeit bietet die **alleinige Geschäftsführung durch eine Person** (Betriebswirt, Jurist oder Arzt), die in der zweiten Ebene durch ein Team von Betriebsleitern (Ärztlicher Leiter, Pflegedienstleiter, Verwaltungsleiter) in Stabsfunktion unterstützt wird. Auch bei diesem Modell (vgl. Abb. 28-1b) kann die Entscheidung von oben nach unten nur einstimmig erfolgen, damit es nicht zu einem Rückfall in die berufsständische Spartenorganisation kommt. Eine singuläre Führungsspitze kann in Zeiten, in denen „Krisenmanagement" notwendig ist, zeitnah Entscheidungen treffen und umsetzen, und ist in der Lage, die berufsgruppenspezifische Orientierung zu überwinden (*Jeschke* 1994).

Wenn die Reorganisation des Krankenhauses mit Hilfe der Ärzte gelingt, wird sich neben dem vorprogrammierten Rationalisierungsgewinn auch ein erheblicher Qualitätsgewinn einstellen. Steigerung der Behandlungsqualität war schon immer ein erstes ärztliches Anliegen, ein Argument mehr für die ärztliche Aufgabenwahrnehmung in der Betriebsleitung.

Literatur

Albert, F. W., Medizinischer Fortschritt, Ökonomie und Verteilungsgerechtigkeit – hat sich die Rolle des Arztes geändert? In: Verantwortung in der Risikogesellschaft, hrsg. von *E. Zwierlein*, Idstein 1994, 83–98.

Anschütz, F., Kultur der Medizin. In: Hauptsache Gesundheit. Herrenalber Protokolle 91, hrsg. von *M. Nüchtern*, Karlsruhe 1992, 21–50.

Arnold, M. (Hrsg.), Krankenhausreport '96 (zusammen mit *D. Paffrath*). Stuttgart, Jena, Lübeck, Ulm 1996.

B Organisation und Zusammenarbeit

Firnkorn, H.-J., persönliche Mitteilung an den Verfasser.

Grober, J. (Hrsg.), Das deutsche Krankenhaus (zusammen mit *E. Dietrich*). Jena 2. Aufl. 1922.

Hildebrandt, H. (Hrsg.), Krankenhäuser in Deutschland – Ein Vergleich (zusammen mit *H. Bexfield* und *G. Besser*). Sankt Augustin 1996.

Jeschke, H. A., Das Gesundheitsstrukturgesetz 1993 – Auswirkungen auf den Krankenhausbetrieb (zusammen mit *B. Hailer*). Basel 1994.

Kaltenbach, T., Qualitätsmanagement im Krankenhaus. Melsungen 1993.

Krämer, W.; Fuchs, Ch., Dialog Sozial – Grenzen der medizinischen Versorgung, Dokumentation eines Streitgespäches. Ministerium für Arbeit, Soziales und Gesundheit Rheinland-Pfalz 1996.

Münch, E., Das Krankenhaus der Zukunft. In: Management & Krankenhaus 1996, 12, 1–2.

Preuß, O., Die Leistungserstellung im Krankenhaus. In: Betriebswirtschaft und Management im Krankenhaus, hrsg. von *S. H. F. Peters* und *W. Schär*, Berlin 1994, 104–109.

Thomas, F., Praxis der Betriebsorganisation – Erfolg durch effiziente Unternehmensführung. München 1996.

Ulsenheimer, K., Arzthaftungsrecht – die zivil- und strafrechtliche Verantwortung des Arztes. In: Der Arzt als Manager, hrsg. von *A. M. Raem* und *P. Schlieper*. München, Wien, Baltimore 1996.

29 High-Tech-Medizin, Standards und der Patient als Individuum – Konkurrenz oder Synergie?

Christoph Stöhr und Henrich Stöhr

„Ich habe übrigens schon seit vielen Jahren das Paradoxon aufgestellt, daß die steigende Vervollkommnung der ärztlichen Kunst wohl dem Individuum zugute kommt, die menschliche Gesellschaft aber ruinieren muß." Diesen Satz schrieb der berühmte Chirurg Theodor Billroth 1892 an seinen Freund Johannes Brahms (zit. nach *Häring* 1996, 352). Auch wenn die apodiktische Formulierung etwas überspitzt erscheint, sind diese Worte heute aktueller denn je, machen sie doch auf die Ambivalenz, die Chancen und Risiken des medizintechnischen Fortschritts aufmerksam. Zunehmende technische Ausrüstung der Kliniken und wachsende Spezialisierung einerseits, knapper werdende materielle Ressourcen und im Gefolge schrumpfende personelle Ausstattung andererseits – das sind nur einige Stichworte, die den gegenwärtigen Krankenhausbetrieb kennzeichnen. Sie verweisen damit zugleich auf die Frage nach dem komplexen Verhältnis zwischen einer expandierenden Hochleistungsmedizin, die objektive Standardisierung erfordert, und der je eigenen Situation des Patienten. Zur Beantwortung dieser Frage ist es notwendig, zuvor den Ausgangspunkt zu klären.

Weil der Patient einzigartige, einmalige Person ist, kann er nie Objekt sein; vielmehr bestimmt er als **Subjekt** das Ziel allen ärztlichen und pflegerischen Handelns und steht so im Mittelpunkt der Bemühungen des Behandlungsteams (vgl. *Heschel* 1985, 21 ff.).

Daraus folgt unmittelbar: Jeder Patient ist in seiner Individualität wahr- und anzunehmen. Jeder Patient bringt seine eigene Krankheitsgeschichte mit, eingebettet in eine spezifi-

B Organisation und Zusammenarbeit

sche Lebensgeschichte. Jeder Patient geht mit seiner Krankheit anders um – der eine nimmt es als eine erträgliche Unterbrechung des Alltags gelassen hin, wenn er wegen einer Blinddarm-OP für einige Tage ins Krankenhaus muß, ein anderer entwickelt angesichts eines solchen, im allgemeinen harmlosen Eingriffs massive Ängste. Darauf kann nur adäquat reagiert werden, wenn vor aller Technik die individuelle, personale Beziehung zwischen dem Patienten und dem Behandlungsteam im Zentrum des Behandlungsgeschehens steht. Von daher ist die Technik nicht Selbstzweck, sondern Helfer und Diener des Behandlers und damit des zu Behandelnden.

All das mag selbstverständlich klingen, ist es aber nicht unbedingt; manchmal scheint der einzige Zweck der technischen Anwendung darin zu liegen, die für teures Geld angeschafften Geräte nun auch auszulasten – die teilweise völlig überflüssige und sogar schädliche CT-Anwendung bei jedem Rückenschmerz ist hier nur ein Beispiel unter vielen.

Wie aber ist nun die gegenwärtige Situation der Hochleistungsmedizin und des Patienten näherhin zu beschreiben? In welchem Verhältnis stehen diese beiden Pole zueinander? Und welche Konsequenzen hat dies für das Behandlungsgeschehen und für die Anwendung technologischer Standards im „Krankenhaus der Zukunft"?

29.1 Versuch einer Situationsbeschreibung

29.1.1 Die Chancen und Risiken des Fortschritts

Die Fortentwicklung der Medizin und der Medizin-Technik haben eindeutig zu einer Verbesserung der Situation der Patienten und damit zu mehr Lebensqualität geführt. Dem Patienten kann rascher und gezielter geholfen werden, und viele Erkrankungen, die vor einigen Jahrzehnten unausweichlich zum Tode führten, sind behandelbar oder sogar vollkommen heilbar geworden. Die **verbesserte Therapierbarkeit** hat unmittelbare Auswirkungen auf das Verhältnis zwischen Patient und Behandlungsteam. Nachweisbare und prognostizierte Erfolge helfen, Ängste abzubauen, und schaffen ein Klima des Vertrauens. Insofern kann High-Tech-Medizin in Diagnostik und Therapie nicht nur die ärztliche Leistung, sondern auch die menschliche Zuwendung erhöhen.

29 High-Tech-Medizin, Standards und der Patient ...

Die Rasanz des medizintechnischen Fortschritts macht es allerdings zunehmend schwieriger, die einzelnen Möglichkeiten der Hochleistungsmedizin konkret und eindeutig zu fassen. Wann ist welche Art von Eingriff gefragt? Bisher antwortete man darauf mit Hilfe des Begriffs des **„Standards"**: Er dokumentiert den jeweiligen Stand der naturwissenschaftlichen Erkenntnis und der realen ärztlichen Erfahrung und hat sich als Konsens in kritischer, langfristiger Erprobung (Evaluation) bewährt. Mit der raschen Entwicklung neuer, teilweise sogar konkurrierender Behandlungsmethoden droht dieser Begriff zu verschwimmen. Zum einen ist oftmals der Nutzen einer neuen Technik noch gar nicht eindeutig abzuklären; zum andern verunmöglicht allein schon das faktische Vorhandensein zweier unterschiedlicher Behandlungsmethoden für ein und dieselbe Erkrankung mit ihren jeweiligen Vor- und Nachteilen, eine von beiden zum Standard zu erklären; als Beispiel mag hier ein Hinweis auf Erkrankungen der Herzkranzgefäße genügen, die kardio-chirurgisch oder transvasal (interventionell) behandelt werden können. Diese Offenheit birgt jedoch auch eine Chance: Steht nämlich die High-Tech-Medizin – wie anfangs gefordert – im Dienste des Patienten, kann sie immer nur individuell abgestimmt und unter Berücksichtigung des Patienten in seiner Ganzheit zum Einsatz kommen. Insofern werden Standards auch unter diesem Aspekt definiert werden müssen, denn nicht alles, was technisch machbar ist, kann jederzeit und in gleicher Weise bei jedem Patienten angewandt werden. Das macht die Sache nicht unbedingt einfacher, aber vielleicht humaner, kann es doch allzu mechanistische und deterministische Auswüchse (im Sinne einer industriell-maschinellen Qualitätssicherungskontrolle) verhindern. Der kranke Mensch ist keine Maschine, die nach einmal festgelegten Kriterien repariert und gewartet werden könnte.

Gefahren des Fortschritts

Der Fortschritt der Medizin birgt freilich auch seine Schattenseiten. Da ist zunächst die Frage der Finanzierbarkeit. Die Entwicklung immer neuer Medizin-Technologien und ihre Anwendung verschlingen immer mehr Geld, zumal die neuen Techniken in der Regel nicht substitutiv an die Stelle älterer Behandlungsmethoden treten, sondern diesen additiv hinzugefügt werden.

B Organisation und Zusammenarbeit

Gefährdet das aber nicht den Anspruch, jedes Mitglied der Gesellschaft habe das gleiche Recht auf die technisch bestmögliche medizinische Versorgung? Droht hier also eine **Zwei-Klassen-Medizin,** in der sich nur die wohlhabenden Patienten die jeweils neueste Therapieform und damit die Aussicht auf die besten Heilungschancen erkaufen können?

Ein Zweites: Zahlreiche der neuen medizinischen Errungenschaften verhindern zwar, daß der Patient stirbt oder übermäßig leidet, sie machen ihn aber auch nicht völlig gesund. Statt dessen sind viele Menschen auf die medizinische Weiterversorgung angewiesen. Der Ökonom und Statistiker Walter Krämer spricht in diesem Zusammenhang von der „Aufenthaltsverlängerung", die die moderne Medizin dem Patienten gewährt und die den Effekt hat, „daß wir immer mehr zu einem Volk von Kranken werden" (*Krämer* 1996, 19).

Zugespitzt (wenn auch wertfrei) formuliert: Bei der modernen Medizin handelt es sich oftmals um eine **„Fortschrittsfalle"** (*Krämer*), die ihre eigene Klientel, die Kranken, allererst produziert – ein paradoxes, irritierendes Phänomen angesichts der Segnungen, die man sich vom medizinischen Fortschritt erhofft.

29.1.2 Der Patient von heute – ein Individuum?

Der mündige Patient

Ähnlich ambivalent wie die technologische Entwicklung der Medizin stellt sich die Situation der Patienten dar. Auf der einen Seite ist der Patient immer besser informiert über Krankheitsverlauf und Therapiemöglichkeiten. Medizinische Themen sind mittlerweile fester Bestandteil der Fernseh- und Hörfunkprogramme und vieler Printmedien. Wird der Patient als ein gleichberechtigter und mündiger Partner des Behandlungsteams angesehen – eine wichtige Voraussetzung für das notwendige Vertrauensverhältnis –, so ist ein solcher **Kompetenzerwerb** prinzipiell nur zu begrüßen.

Letztlich jedoch wird der Patient (sofern er nicht selber Arzt ist) nur schwerlich über den gleichen Wissensstand wie das Behandlungsteam verfügen. Ein Rest an Wissensvorsprung bleibt auf seiten des Behandlungsteams; daß es deshalb sinnvoll sein kann, ihnen die endgültige Entscheidung über die Behandlung zu überlassen, ist manchen aufgeklärten Patienten nur schwer zu vermitteln.

Dem korrespondiert eine **steigende Erwartungshaltung** vieler Patienten. Sie erwarten eine raschere, schmerzfreiere und oft „garantierte" Therapie. Der technische Fortschritt im allgemeinen und in der Medizin im besonderen, die konsumorientierte Prägung der Gesellschaft, ein wachsendes Sicherheitsbedürfnis sowie die mangelnde Fähigkeit, das eigene Leben gerade in seiner Unvollkommenheit und mit seinen Defiziten als wertvoll anzunehmen – all das mögen Faktoren sein, weshalb viele Menschen in ihrer Krankheit nicht mehr als einen „Betriebsunfall" sehen, den es möglichst schnell und möglichst vollständig zu reparieren gilt.

Dadurch wird im übrigen leicht die Grenze zwischen Schicksal und Unrecht verwischt. Wenn alles machbar zu sein scheint, dann können sich im Umkehrschluß viele Außenstehende das Mißlingen einer Routineoperation kaum mehr ohne menschliches Versagen (das es natürlich auch gibt) vorstellen. Schicksalsmäßige, das Individuum betreffende Abläufe im Krankheitsgeschehen werden so zunehmend weniger toleriert, Erfolge in Ausnahmesituationen dagegen verallgemeinert (vgl. *Köhler* 1995, 86 f.).

Der Patient als Objekt

Die falsch verstandene, weil omnipotente Individualität des Patienten ist allerdings nur die eine Seite. Die Kehrseite besteht darin, daß der Patient oftmals im Betrieb der modernen Hochleistungsmedizin überhaupt nicht als Individuum und Subjekt vorkommt. In den Strukturen der hochkomplexen Apparatemedizin verbleibt er häufig auf der reinen Objektebene, und manche behandelnden Ärzte sehen sich eher als symptomorientierte „Medizin-Techniker" denn als patientenorientierte „Heil-Kundige". Sie bestätigen damit ein Bild, das der Chirurg Martin Kirschner bereits 1929 gezeichnet hat: „Eine chirurgische Klinik ist ein Zweckmäßigkeitsbau, eine Fabrik zur Umwandlung von mit chirurgischen Leiden behafteten Menschen in Gesunde oder Gebesserte durch Fließarbeit auf dem laufenden Band" (zit. nach *Koslowski* 1995, 30 f.) Auch wenn dies heutzutage so pauschal nicht zutrifft, muß es doch nachdenklich stimmen, denn Hinweise auf ein solches inhumanes und technokratisches Denken gibt es auch heute mehr als genug. Ein Indiz für das

B Organisation und Zusammenarbeit

Verschwinden des Subjekts im modernen Medizinbetrieb sind etwa Umfragen, denen zufolge extrem viele Patienten ein großes Unbehagen darüber empfinden, daß ihr Arzt zuwenig Zeit für sie hat und sich auf keinen wirklichen, vertrauenbildenden Dialog mit ihnen einläßt (vgl. *Huber* 1996, 44).

29.2 Konsequenzen

Kommunikation – Kooperation – Integration

Zunehmende Erfolge aufgrund medizintechnischer Fortschritte, gleichzeitig die Schwierigkeit, Standards zu definieren und die „Fortschrittsfalle" einerseits – wachsende Mündigkeit sowie gestiegene Erwartungshaltung und zugleich Ohnmachtsgefühle der Patienten andererseits: Diese Phänomene beschreiben verkürzt die Problematik hinsichtlich des Stellenwertes des Individuums im Kontext der High-Tech-Medizin. Wie geht man mit dieser Problematik konstruktiv um?

Zunächst ist noch einmal an den Ausgangspunkt und die Prämisse zu erinnern: Die Medizin ist, über ihr naturwissenschaftliches Fundament hinaus, eine Handlungswissenschaft, die es mit dem Menschen in seiner leib-seelischen Ganzheit zu tun hat, wobei das personale Geschehen vor der Frage der technischen Machbarkeit steht.

29 High-Tech-Medizin, Standards und der Patient ...

Das Behandlungsgeschehen ist erst einmal ein gleichberechtigtes, partnerschaftliches Beziehungsgeschehen zwischen Patient und Arzt. Dem steht auch nicht der faktische Vorsprung an „Herrschaftswissen" auf seiten des Arztes entgegen. Karl Jaspers hat es so formuliert: „Das Verhältnis von Arzt und Patient ist in der Idee der Umgang zweier vernünftiger Menschen, in dem der wissenschaftliche Sachkundige dem Kranken hilft" (*Jaspers* 1983, 49).

Partnerschaft heißt auch Kommunikation, und das bedeutet: Der **Sprache** kommt eine entscheidende Rolle für das Verhältnis zwischen Patient und Arzt zu. Je mehr Zeit für das **Gespräch** schon bei den ersten Patient-Arzt-Kontakten aufgewandt wird, desto mehr wachsen Vertrauen und interpersonale Beziehungsmuster, die den Behandlungsprozeß positiv beeinflussen können. Somit ist Zuhören, Nachfragen, Erklären Handlungs- und Behandlungsbeginn.

Das Gespräch hat dabei mehrere Funktionen:
- Der Patient kann sich und seine Krankheitsgeschichte vorstellen und die Art und Weise schildern, wie er damit umgeht.
- Das Gespräch hilft dem Patienten, seine individuell unterschiedlichen Erwartungen, seine Hoffnungen und Wünsche, seine Ängste und Fragen zu äußern. Der Arzt wird in die Lage versetzt, dies wahrzunehmen und darauf einzugehen.
- Der Arzt kann umgekehrt dem Patienten erklären, ob und in welchem Umfang zum Erkennen seiner Erkrankung und damit als Grundlage der Therapie technische Hilfen (wie Labor- und apparative Untersuchungen) eingesetzt werden. Hier sollte darauf geachtet werden, daß die Sprache den einzelnen Patienten auch erreichen kann.

Vor allem aber muß der Arzt das Gespräch zur **Aufklärung** nutzen. Dabei zeigt sich gerade darin, wie der Arzt seine Aufklärungspflicht begreift, ob er in der Lage ist, seinen Patienten als ein souveränes, gleichberechtigtes Gegenüber anzuerkennen. Kommt er der durch das Selbstbestimmungsrecht geforderten Aufklärungspflicht lediglich deshalb nach, um sich juristisch abzusichern? Oder begreift er Aufklärung als unabdingbare Voraussetzung einer fruchtbaren Partnerschaft zwischen Arzt und Patient? Verständnislücken können gefüllt werden, überzogene Erwartungshaltungen lassen sich abbauen.

B Organisation und Zusammenarbeit

So wird man dem einzelnen Patienten gerecht: Der kranke Mensch ist ein Individuum mit unterschiedlichen somatischen, psychischen und geistigen Gegebenheiten und Verhaltensmustern, die alle jederzeit einzeln oder summativ den Krankheitsverlauf mehr oder minder unvorhersehbar positiv wie auch negativ beeinflussen können. Zugleich steuert man dem „Machbarkeitswahn" entgegen und kann dem Patienten ein anderes Verständnis von Krankheit und Gesundheit vermitteln. Denn der weitverbreiteten Sicht, die eigene Krankheit als einen „Betriebsunfall" zu betrachten, korrespondiert ein Gesundheitsbegriff, der – im Sinne der bekannten WHO-Definition – vollkommenes körperliches, seelisches und soziales Wohlbefinden impliziert. Entgegen einer solchen Utopie kann der Arzt im Aufklärungsgespräch versuchen, „Gesundheit" als einen relativen Begriff zu propagieren, der in der heutigen Zeit – aufgrund von neuen Erkenntnissen, neueren Behandlungstaktiken, gezielteren medizintechnischen Möglichkeiten – bedeuten kann, auch mit Störungen, Defekten oder Behinderungen menschenwürdig zu leben (vgl. *Rössler* 1977, 63). Diese konstruktive Offenheit kann sich auch darin erweisen, im Interesse des Patienten nicht alles zu sagen. In jedem Fall gilt: „Aufklärung ist obligater Teil ärztlicher Diagnose und Therapie. Sie ist (...) Spiegelbild menschlichen Respekts und damit Fundament eines tragfähigen Vertrauens. Aufklärung erfolgt nicht unter dem Druck haftpflichtrechtlicher Konsequenzen, sondern aus dem Selbstverständnis ärztlicher Arbeit" (*Schreiber* 1980, 1).

Das Behandlungsgeschehen impliziert aber noch weitere Beziehungskonstellationen. Denn das Krankenhaus der Zukunft wird stärker noch als bisher **teamorientiert** arbeiten müssen. In bezug auf die Zusammenarbeit der Pflegekräfte mit dem Ärzteteam leuchtet das aufgrund der unterschiedlichen, sich ergänzenden Kompetenzen unmittelbar ein. Es kommen zwei Gründe hinzu, die selbst mit dem Verhältnis von High-Tech-Medizin und individuellem Behandlungsprozeß zusammenhängen:

Zum einen erfordert die Hochleistungsmedizin eine zunehmende Spezialisierung der Ärzte. Je komplexer und umfangreicher das Wissen und die damit verbundenen Handlungsoptionen und Apparaturen werden, desto schwieriger wird es für den einzelnen Arzt, dies alles zu überschauen und zu beherrschen. Soll die Hochleistungsmedizin effizient im

29 High-Tech-Medizin, Standards und der Patient ...

Dienste des Patienten angewendet werden, bedarf es dazu hochqualifizierter und hochspezialisierter Mitarbeiter. Das bedeutet eine **verstärkte interdisziplinäre Zusammenarbeit,** die aufgrund der zunehmend notwendigen begleitenden oder nachsorgenden Therapiemaßnahmen auch Physio- und Ergotherapeuten oder Logopäden mit einzubeziehen hat.

Wird zum anderen der **Patient ganzheitlich wahrgenommen,** so bedeutet auch dies ein verstärktes teamorientiertes Denken. Die emotionale Konstitution des Patienten beeinflußt potentiell den Behandlungsprozeß ebenso wie sein psychosoziales Umfeld; so können etwa bestimmte Operationen bei einem alkoholabhängigen Patienten nicht durchgeführt werden. Der einzelne Arzt vermag solche Faktoren alleine nicht in den Blick zu bekommen. Vielfach sind hier die Pflegekräfte eine erste „Anlaufstation" für den Patienten. Weil sie aber oft schon durch ihre primäre Aufgabe, den Pflegedienst, mehr als genug ausgelastet sind, empfiehlt es sich, entsprechende Fachleute für das psychosoziale Umfeld aktiv in das Behandlungsteam mit einzubeziehen. Das können Krankenhausseelsorger, Psychologen oder Patientenfürsprecher sein, die Zeit für den Patienten mitbringen, oder auch Mitarbeiter des Sozialdienstes, die sich um ganz praktische Nöte, wie Versicherungsfragen, kümmern.

In beiderlei Hinsicht – in bezug auf die technische Spezialisierung wie auch in bezug auf die ganzheitliche Wahrnehmung des Patienten – ist entscheidend, daß die Kommunikation auf verschiedenen Ebenen läuft: als Gespräch zwischen dem Patienten und den einzelnen Mitarbeitern des Behandlungsteams sowie als ständiger Austausch innerhalb des Teams. Technisch erhobene Einzelbefunde laborchemischer oder immunologischer Art müssen ebenso wie durch Ultraschall oder computertomographisch beschriebene und erkannte Strukturveränderungen von dem verantwortlichen Arzt zusammen mit den spezialisierten Fachärzten und Fachkräften kritisch und differentialdiagnostisch für das gesamte Krankheitsgeschehen selbst durchdacht und geordnet werden.

So braucht beispielsweise ein sonographisch dokumentierter Rundherd in der Leber nicht unbedingt mit einem peripher festgestellten Karzinom in Zusammenhang zu stehen;

eine fehlende Abstimmung aber zwischen den jeweils untersuchenden Ärzten schürt hier unnötige Ängste des Patienten.

In gleicher Weise sollten die Erfahrungen und Wahrnehmungen der psychosozialen Fachkräfte einbezogen werden. Indem so unter Berücksichtigung der individuellen Patientensituation die Befunde und Erkenntnisse mosaikartig zu einem Gesamtbild zusammengefaßt werden, können nicht nur verantwortbare Behandlungsschritte eingeleitet, sondern auch voreilige Ängste, Verunsicherungen und Vertrauensverluste der Patienten abgebaut werden. Dies fördert umgekehrt die Motivation des Patienten und stärkt damit seine aktive „Mitarbeit".

Der patientenorientierte Behandlungsprozeß zeigt sich so als ein vernetztes Beziehungsmuster zwischen allen Beteiligten – die High-Tech-Medizin eingeschlossen. Dieser Prozeß kann beschrieben werden mit den Begriffen **Kommunikation – Kooperation – Integration**. Wichtig ist dabei, daß auf verschiedenen Ebenen alle Partner und Faktoren des Behandlungsgeschehens wechselseitig einbezogen sind (Abb. 29-1).

Zur Umsetzung
- **Soziale Kompetenz**

Daß der Patient als ein individuelles Subjekt Ziel und Mittelpunkt allen Behandlungsgeschehens sein soll, daß die Technik von daher differenziert in den Dienst zu nehmen ist – diese Auffassung beruht auf Wertentscheidungen. Sie lassen sich philosophisch begründen – etwa im Anschluß an den bekannten Imperativ Immanuel Kants, wonach mein Handeln die andere Person immer zugleich als Zweck und nie bloß als Mittel brauchen soll – oder können theologisch vom christlichen Menschenbild mit seinen Implikaten der Gottebenbildlichkeit und der daraus resultierenden Menschenwürde hergeleitet werden. Allerdings können hier Antworten auf die Frage, wie denn die oben skizzierte Vernetzung von patienten-, team- und technikorientiertem Handeln in die Praxis umgesetzt werden kann, nur angedeutet werden. Denn die **Fähigkeit zu kommunikativem, kooperativem und integrativem Handeln** ist zunächst eine Frage der Haltung oder Gesinnung. Sie ist, ähnlich wie Barmherzigkeit oder

29 High-Tech-Medizin, Standards und der Patient ...

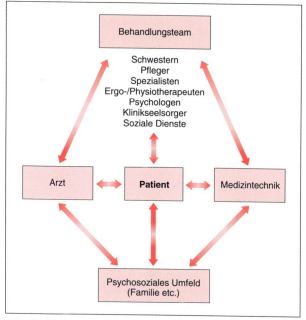

Abb. 29-1 Interne und externe Kommunikation, Kooperation und Integration

Empathie, nur schwer erlernbar. Das bedeutet nicht, auf die Vermittlung solcher **Schlüsselqualifikationen** zu verzichten. Die Verantwortlichen in Ausbildung und Mitarbeiterführung – in allen Sparten des Gesundheitswesens – können sie als Leitlinien für die Praxis formulieren und so den „Geist" eines Krankenhauses prägen, sie können qualifizierte Mitarbeiter darin unterstützen und fördern – beispielsweise durch entsprechende Fortbildungsangebote –, und sie können eine patientenorientierte Humanität selbst vorleben.

- **Ethische Richtschnur**

Dennoch kann das Beziehungsgeflecht zwischen Patient, Behandlungsteam und Technik immer wieder auch zu einem Gestrüpp werden, in das sich die einzelnen Beteiligten verstricken; denn auch der beste Wille vermag nicht zu verhindern, daß es widerstreitende Auffassungen und Interes-

sen und damit Konflikte gibt. Damit diese aber nicht zu Lasten des Patienten, sondern konstruktiv zu seinem Wohl ausgetragen werden, sollen hier, im Anschluß an Leo Koslowski, vier einfache Handlungsmaximen angeführt werden, die helfen können, Prioritäten zu setzen (vgl. *Koslowski* 1995, 26 f.):
1. Primum non nocere – vor allem nicht schaden!
2. Primum utilis esse – vor allem nützen!
3. Salus aegroti suprema lex – das Wohl des Kranken ist oberstes Gebot!
4. Voluntas aegroti suprema lex – der Wille des Kranken ist oberstes Gebot!

29.3 Fazit

Diese Maximen sind in ihrer Gesamtheit ein „ethischer Standard", der – im Unterschied zu technologischen Standards – unverrückbar bleibt und dennoch permanent individuell zu konkretisieren ist. Sie verweisen noch einmal auf den Anfang und das Ende aller Überlegungen: Im Zentrum steht der einzelne Patient als Person und Subjekt. Die Antwort auf die Frage, wie die Hochleistungsmedizin im Krankenhaus der Zukunft standardisiert und effizient eingesetzt werden kann, hat hierin ihren Maßstab. Von daher ergibt sich das Bild eines fein abgestimmten, vernetzten Beziehungsmusters aller involvierten Personen und Faktoren, das unter den Leitbegriffen der Kommunikation, Kooperation und Integration gestaltet werden muß. Davon ausgehend wird dann das Spannungsverhältnis zwischen einer sich ständig weiterentwickelnden High-Tech-Medizin, die zugleich nach Objektivität und Formalisierung verlangt, und der einzigartigen Personwürde des Patienten, die sich in seiner Individualität manifestiert, immer wieder neu auszubalancieren sein. Personale Humanität und naturwissenschaftlich-technische Kompetenz können sich so zu einem synergetischen (→) Heilungsprozeß zusammenfügen.

Literatur

Häring, R., Ansprache zur Eröffnung des 45. Deutschen Ärztekongresses Berlin in Verbindung mit der MediVital am 14.05.1996. In: Deutsche Gesellschaft für Chirurgie – Mitteilungen 5/96, 350–352.

Heschel, A. J., Der Patient als Person. In: Ders., Die ungesicherte Freiheit. Essays zur menschlichen Existenz, Neukirchen-Vluyn 1985, 21–33.

Huber, A., Arzt-Patient-Beziehung: Der Beginn einer neuen Partnerschaft? In: Psychologie heute, September 1996.

Jaspers, K., Die Idee des Arztes. In: Ders., Wahrheit und Bewährung. Philosophieren für die Praxis. München 1983, 47–58.

Kant, I., Grundlegung zur Metaphysik der Sitten (1785). Darmstadt 1986.

Köhler, T., Rechtliche Aspekte einer veränderten Arzt-Versicherten-Beziehung. In: Tagungsbericht 2. „Tübinger Begegnung: Traumatologie und Recht". Interdisziplinärwissenschaftliches Symposion über „Wandel der gegenseitigen Beziehung des Unfallverletzten und behandelnden Arztes" am 22. Oktober 1994 in der Berufsgenossenschaftlichen Unfallklinik Tübingen, ed. Landesverband Südwestdeutschland der gewerblichen Berufsgenossenschaften, Heidelberg 1995, 85–95.

Koslowski, L., Ärztlich-ethische und naturwissenschaftlich-technische Aspekte des Arzt-Patient-Verhältnisses. In: Tagungsbericht 2. „Tübinger Begegnung: Traumatologie und Recht". Interdisziplinär-wissenschaftliches Symposion über „Wandel der gegenseitigen Beziehung des Unfallverletzten und behandelnden Arztes" am 22. Oktober 1994 in der Berufsgenossenschaftlichen Unfallklinik Tübingen, ed. Landesverband Südwestdeutschland der gewerblichen Berufsgenossenschaften, Heidelberg 1995, 25–32.

Krämer, W., Die Fortschrittsfalle oder Hippokrates versus Sisyphus. In: FAZ-Magazin 1996, 18–23.

Rössler, D., Der Arzt zwischen Technik und Realität. München 1977.

Schreiber, H. W., Aufklärung und Indikationsstellung. Beilage zu Mitteilungen der Deutschen Gesellschaft für Chirurgie, Heft 2/1980, G 1, 1–5.

30 Beziehung Krankenpflegeschule und Krankenhaus – ein Grundpfeiler zur Sicherung der Ausbildungsqualität in den Pflegeberufen

Karl-Heinz Stolz

Die Beziehung der Krankenpflegeschule, Ort der theoretischen Ausbildung, zum Krankenhaus, Ort der praktischen Ausbildung, orientiert sich am gemeinsamen Auftrag zur Ausbildung.

Diese Beziehung muß auf gemeinsames Handeln ausgerichtet sein, um dem Ziel der Ausbildung strukturell, prozeßorientiert und ergebnisorientiert gerecht zu werden. Die Kultur dieser Beziehung ist ein Grundpfeiler in der Gestaltung der Ausbildung, sie wirkt sich somit begrenzend oder förderlich auf die Ausbildungsqualität aus.

30.1 Gesetzliche Regelungen

Durch gesetzliche Vorschriften ist die Krankenpflegeschule traditionell an das Krankenhaus gebunden. Diese Bindung gilt auch für die Ausbildung in der Kinderkrankenpflege und in der Krankenpflegehilfe.

Im **Krankenpflegegesetz** vom 4. Juni 1985 ist dies im § 5 Abs. 4a und 4b geregelt: Kranken- und Kinderkrankenpflegeschulen sind staatlich anzuerkennen, wenn sie „für die Krankenpflegeausbildung mit einem Krankenhaus verbunden sind, das die Durchführung der praktischen Ausbildung nach der Ausbildungs- und Prüfungsverordnung für die Berufe in der Krankenpflege durch Krankenschwestern oder Krankenpfleger im Krankenhaus gewährleistet und das, sofern es sich nicht um ein psychiatrisches Krankenhaus oder ein sonstiges Fachkrankenhaus mit mehr als 150 Betten handelt, mindestens über eine Abteilung für Innere Medizin,

Chirurgie sowie Gynäkologie, Psychiatrie oder ein anderes Fachgebiet verfügt. Teile der praktischen Ausbildung können, sofern das Ausbildungsziel es zuläßt oder darüber hinaus erfordert, auch in einer Einrichtung durchgeführt werden, die von der zuständigen Behörde zur Ausbildung ermächtigt ist" (*Schell* 1987, 109).

Einerseits wird festgeschrieben, daß die **Ausbildung in der Praxis durch Krankenschwestern oder Krankenpfleger** zu gewährleisten ist. Andererseits wird klar geregelt, welche **Fachgebiete** ein Krankenhaus vorhalten muß, damit die Krankenpflegeschule staatlich anerkannt wird. Hier ist bereits eine Forderung in bezug auf eine zu erreichende Ausbildungsqualität zu erkennen.

30.2 Gegenwärtige Situation

Die Beziehung Krankenpflegeschule zum Krankenhaus ist unterschiedlich ausgeprägt. Je stärker die Identifikation für den Auftrag der Pflegeausbildung ist, um so intensiver und konstruktiver sind die Beziehungen.

Grundsätzlich steht die Krankenpflegeschule in einer **formalen Abhängigkeit** zum Krankenhaus, die sich aus folgenden Gründen ergibt:
- Das Krankenhaus ist gleichzeitig Ausbildungs- und Arbeitsort.
- Schüler werden im Verhältnis 1 : 7 auf dem Stellenplan angerechnet.
- Die theoretische und die praktische Ausbildung werden über die vom Krankenhaus ausgehandelten Pflegesätze finanziert.
- Lehrer für Pflege sind Angestellte des Krankenhauses.

Diese formale Abhängigkeit bietet auch die Chance der engen konstruktiven Zusammenarbeit. Die Qualität der Zusammenarbeit in der Beziehung Krankenpflegeschule zum Krankenhaus ist stark von den dort tätigen Personen geprägt, insbesondere von der Beziehungskultur zwischen der Leitung der Krankenpflegeschule und der Pflegedienstleitung des Krankenhauses.

Häufig fehlen verbindende Netzwerke und Schnittstellenregelungen zwischen Schulleitung und Pflegedienstleitung.

Die berufliche Sozialisation der Lehrer für Pflegeberufe ist in erster Linie auf Unterrichten und pädagogisches Betreuen

B Organisation und Zusammenarbeit

der Schüler ausgerichtet, die der Pflegedienstleitung primär auf Führen, Leiten und Organisieren. Beide Weiterbildungen sind einseitig auf ihre Schlüsselaufgaben hin orientiert. Vernetztes systemisches Handeln wird dadurch häufig blockiert.

Im Organigramm des Krankenhauses fehlt oft eine eindeutige Zuordnung der Krankenpflegeschule in das Gesamtkonzept der Organisation.

Krankenpflegeschulen sind häufig von mehreren übergeordneten Instanzen abhängig: Für die finanziellen Mittel ist der Verwaltungsdirektor zuständig, für die Einsatzbereiche die Pflegedienstleitung, für das Einstellen von Personal der Personalchef.

Häufig fehlt auch eine klare Formulierung der Ausbildungsziele in der praktischen Ausbildung.

Festzuhalten ist, daß durch das Krankenpflegegesetz von 1985 und der dazugehörenden Ausbildungs- und Prüfungsordnung für die Krankenpflege die theoretische Ausbildung an Quantität und Qualität zugenommen hat (z.B. durch die Anwendung von Ausbildungskonzepten und Theoriecurricula), die praktische Ausbildung hat dagegen mit dieser Entwicklung nicht Schritt gehalten.

Eine ganzheitlich orientierte Ausbildung, die sowohl die beruflichen Kompetenzen als auch die persönliche Entwicklung fördert, wird noch nicht umgesetzt. Der Lernalltag der Schüler wird häufig von der anfallenden Arbeit (sowohl pflegerische als auch hauswirtschaftliche) bestimmt. Die Station wird damit primär Arbeitsort und nur sekundär Lernort. Der **Schüleralltag** ist durch folgende Aspekte gekennzeichnet:

- Zu viele Routineaufgaben
- oder fachliche Überforderung durch zu verantwortungsvolle Aufgaben,
- bei Personalengpässen Einsatz als „Lückenfüller".
- Sozialnormen der Station gelten oft als Normen der praktischen Ausbildung.
- Praktisches Lernen ist oft auf Modellernen reduziert.
- Das Fachwissen und Fachkönnen der Schüler wird nicht ausreichend berücksichtigt. Dadurch haben Schüler oft wenig Chancen, ihre Erfahrungen zu reflektieren, zu bearbeiten und zu besprechen.
- Unqualifizierte Anleitung: Die Anleitung des eigenen Berufsnachwuchses wird oft als zweitrangige Tätigkeit be-

wertet. Selbst die Pflegepersonalregelung hat hierfür keinen Zeitwert vorgesehen. Vorhandene Ressourcen im Bereich der Station (Oberkursschüler, die Unterkursschüler anleiten könnten, Pflegevisiten, besondere technische Ausstattungen) werden nicht ausreichend genutzt.
Als ein Ergebnis dieser Situationsbeschreibung kann eine **mangelnde theoriegeleitete Praxisausbildung** der Krankenpflegeschüler festgestellt werden.

Die praktische Anleitung durch Lehrkräfte der Krankenpflegeschulen ist Zufälligkeiten unterworfen. Ein regelmäßiger konstruktiver Theorie-Praxis-Austausch zur ständigen Verbesserung der praktischen Ausbildung fehlt.

In Teilbereichen der praktischen Ausbildung sind Verbesserungen erkennbar. Einerseits durch den Einsatz von Mentoren und Praxisanleitern, die eine berufspädagogische Fort- bzw. Weiterbildung haben. Anderseits durch die Nutzung von Schülerhandbüchern, die praktische Ziele und Inhalte beschreiben und methodische Hinweise zum Anleiten bieten.

Des weiteren gibt es Ansätze, daß Schüler während ihrer Ausbildung zum Thema „Praktisches Anleiten" unterrichtet und praktisch unterwiesen werden.

30.3 Gesundheitspolitische Gesetzgebung – Möglichkeiten und Grenzen für die Pflegeausbildung

Bildung und Ausbildung stehen zunehmend im Spannungsfeld zwischen den Rahmenbedingungen der finanziellen Möglichkeiten und dem Anspruch auf berufliche Qualifikation.

Die Gesetzgebung im Gesundheitswesen (GSG, PflegeVG, BPflV, etc.) führt dazu, daß die Krankenhäuser zunehmend in Bedrängnis kommen, eine gute zukunftsweisende Ausbildung in den Pflegeberufen zu ermöglichen. Einerseits werden die finanziellen Möglichkeiten erheblich eingeschränkt, was zur Frage führt, ob die Pflegeausbildung für das Krankenhaus noch ökonomisch vertretbar ist. Anderseits verliert das Krankenhaus für die Pflegeausbildung immer mehr an Bedeutung, da Pflege zunehmend im ambulanten Bereich und im Bereich der Altenhilfe erbracht werden muß.

Die gesundheitspolitische Gesetzgebung der letzten Jahre wird die „Pflegelandschaft" nachhaltig verändern. Die Gründe liegen in der Reduzierung der ökonomischen Mittel und den Prinzipien „ambulant vor stationär" und „Prävention/Rehabilitation vor Kuration". Die Einsatzfelder für die Pflege werden sich auf neue Aufgabenfelder verlagern, z.B. Beraten, Betreuen, Anleiten, Sichern der Pflegequalität, Begutachtung der Pflegebedürftigkeit, Forschen und Lehren.

Diese Veränderungen bringen Konsequenzen für die zukünftige Ausbildung in den Pflegeberufen mit sich. Folgende Fragen sind von Interesse:
- Wie sieht die Ausbildung in der Zukunft aus?
- Welche Kompetenzen und Schlüsselqualifikationen benötigt die Pflegekraft für die Bewältigung zukünftiger Pflegeanforderungen?

In diesem Zusammenhang erscheint es nicht sinnvoll, in Zukunft die Ausbildung in der Pflege weiterhin nur auf das Krankenhaus auszurichten bzw. weitere berufliche „Schmalspurausbildungen" zu schaffen. Berufs- und bildungspolitisch ist es nicht vertretbar, die Ausbildung in der traditionellen Weise weiterzuführen und zu gestalten.

Die „traditionelle" Ausbildung orientiert sich am Alter der Patienten (Kinder, erwachsene Menschen und alte Menschen) und an den Einsatzfeldern der Pflege. Sie bewertet den stationären Bereich über und grenzt damit die Mobilität der Pflegenden ein. Dies ist gesellschaftspolitisch, arbeitsmarktpolitisch und bildungspolitisch auf Dauer nicht zu begründen.

Mittelfristig ist über eine **gemeinsame, generalisierte Ausbildung** in den Berufen der Altenpflege, der Kinderkrankenpflege als auch der Krankenpflege nachzudenken.

Eine generalisierte Ausbildung in den Pflegeberufen bietet viele **Chancen:**
- eine breite Qualifikation
- Einsatz im präventiven, kurativen und rehabilitativen Bereich und die Möglichkeit einer zukunftsorientierten beruflichen Mobilität

In diesem Zusammenhang sind Fragen zu klären, die z.B. die Finanzierung der Ausbildung betreffen, den Status der Schulen für Pflegeberufe, die zukünftige Lehrerqualifikation.

30.4 Kompetenzen und Schlüsselqualifikationen für Pflegeberufe

Professionelle Pflege als Ausbildungsziel der Pflegeausbildung bedeutet zunächst folgende **Positionierung der Pflege:**
Pflege ist Beziehungsprozeß und Dienstleistung für und zwischen Menschen. Pflege ist Antwort und Angebot auf Bedürfnis und Bedarf von Menschen aller Altersgruppen, von Gesunden, Akut- und Langzeitkranken, von Sterbenden, von Personen im häuslichen Bereich und in Einrichtungen des Gesundheits- und Sozialwesens. Professionelle Pflege ermittelt den Pflegebedarf, formuliert die Pflegeziele mit den Betroffenen, plant die Pflege, führt diese aus und evaluiert sie. Professionelle Pflege übernimmt stellvertretend für den „Klienten" Tätigkeiten im Rahmen der Aktivitäten des täglichen Lebens, bewahrt und fördert Gesundheit, aktiviert, unterstützt, berät, begleitet und leitet an, in Beziehung zu den „Klienten" und deren Angehörigen. Professionelle Pflege wirkt mit bei präventiven, diagnostischen, therapeutischen und rehabilitativen Maßnahmen. Professionelle Pflege erfordert in der Beziehung zur eigenen Professionalität eine integrative Ausbildung, Fort- und Weiterbildungsmaßnahmen und Studiengänge in der Pflege, um dem Anspruch an künftige Schlüsselqualifikationen und Kompetenzen in der Pflege gerecht zu werden (*Caritasgemeinschaft* 1997).

Schlüsselqualifikationen sind funktions- und berufsübergreifende Qualifikationen, welche den arbeitenden Menschen flexibler und mobiler machen (*Mertens* 1974). Es handelt sich um Fähigkeiten von allgemeinbildendem Charakter. Sie umschreiben Handlungen, Wissen und Fertigkeiten für teameigene und interdisziplinäre Zusammenarbeit, für das selbständige Lösen berufsspezifischer Problemstellungen sowie für Haltungen, Wissen und Fertigkeiten, die der Persönlichkeitsentwicklung dienen (*Ricka-Heidelberger* 1994).

Das Schweizer Rote Kreuz verlangt von seinen Pflegenden folgende **15 Schlüsselqualifikationen:**

1. Pflegesituationen im Gesamten und ihren Elementen wahrnehmen und beurteilen
2. Ressourcen bei sich und anderen wahrnehmen, erhalten und entwickeln
3. Grenzen akzeptieren und geeignete Hilfe beanspruchen bzw. anbieten

B Organisation und Zusammenarbeit

4. Veränderungen einer Situation erkennen sowie mittelfristige und langfristige Entwicklungen voraussehen
5. Prioritäten setzen, Entscheidungen treffen und Initiativen ergreifen
6. aufgrund von Prinzipien ein breites Repertoire an Methoden und Techniken einsetzen
7. Pflegeverrichtungen geschickt und sicher ausführen
8. sich situationsgerecht, verständlich und differenziert ausdrücken
9. zum Lernen motivieren, Verhaltens- und Einstellungsänderungen aufzeigen und unterstützen
10. die Wirkungen des eigenen Handelns beurteilen und daraus lernen
11. ethische Grundhaltungen entwickeln und sie in konkreten Situationen vertreten
12. aus einer Grundhaltung der Wertschätzung heraus mit anderen zusammenarbeiten
13. im Wechselspiel zwischen Anteilnahme, Engagement und Distanz Beziehungen aufnehmen, gestalten und lösen
14. Konflikte angehen, lösen oder aushalten
15. für Veränderungen und Neuerungen offen sein

Um den Anforderungen der Zukunft gerecht zu werden, benötigt Pflege ein breites Feld von Kompetenzen, die mit Hilfe der oben angeführten Schlüsselqualifikationen zu erlangen sind:
- Fachkompetenz
- Sozialkompetenz
- Humankompetenz

Eine zukunftsorientierte Ausbildung muß auf das Vermitteln von Schlüsselqualifikationen ausgerichtet sein (vgl. Abb. 30-1).

30.5 Wie kann die Beziehung zwischen Krankenpflegeschule und Krankenhaus in Zukunft aussehen?

Eindeutige Positionierung

Der Paradigmenwechsel in der Pflege betrifft Krankenpflegeschulen wie Krankenhäuser. Die europäischen Professionalisierungskonzepte in der Pflegeausbildung werden die Aus-

30 Beziehung Krankenpflegeschule und Krankenhaus

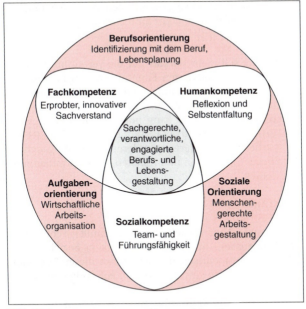

Abb. 30-1 Kompetenz durch Bildung und Beruf

bildung in Deutschland beeinflussen. Das Konzept der WHO „Gesundheit für alle bis zum Jahre 2000" wird Konsequenzen für die Pflegeausbildung haben. Die Aufgabenfelder in der Prävention werden für die Pflege zunehmend umfassender. Innovation und strategische Konzepte sind gefragt. Krankenhäuser mit ihren Krankenpflegeschulen müssen sich deutlich auf dem Ausbildungsmarkt für Pflege positionieren.

Ausbildung in der Pflege kann und darf keine zufällige Dienstleistung des Unternehmens Krankenhaus sein. Berufsverbände, Krankenkassen, Krankenhausverbände und Politiker sind aufgefordert, Rahmenbedingungen für eine ausreichend hohe Ausbildungsqualität zu schaffen. Zunächst ist es erforderlich, die gegebenen Rahmenbedingungen des Krankenhauses und die durch das Krankenpflegegesetz von 1985 formulierten Möglichkeiten voll auszuschöpfen und sinnvoll einzusetzen. Mittelfristig muß die Pflegeausbildung den ambulanten und rehabilitativen Bereich mitberücksichtigen. Es muß Ziel aller Beteiligten

B Organisation und Zusammenarbeit

sein, eine Ausbildung zu gewährleisten, die zu einer umfassenden Berufsfeldkompetenz führen wird.

30 Bekenntnis zur Pflegeausbildung

Ausbildung soll mehr sein als nur die Vermittlung von für den Pflegeberuf relevanten Kenntnissen und Fertigkeiten. Sie muß dazu beitragen, umfassende Fach-, Methoden-, Sozial- und Selbstkompetenz zu erreichen.

Berufliche Kompetenz kann nur erreicht werden, wenn der Lernort Theorie und der Lernort Praxis miteinander vernetzt arbeiten. Veränderte Anforderungen im Aufgabenfeld der Pflege, z.B. Beraten und Anleiten, müssen miteinbezogen werden.

Die Krankenpflegeschule als Partner des Krankenhauses

Die formale Abhängigkeit der Krankenpflegeschule vom Krankenhaus muß in eine partnerschaftliche Beziehung einmünden. Dazu müssen die **Strukturen dieser Beziehung** reflektiert und neu gestaltet werden. Folgende Punkte sind dabei von Bedeutung:

- Ausstattung der Krankenpflegeschule (Sachmittel, Personal, Räumlichkeiten)
- Bereitstellen eines Jahresbudgets
- Bereitstellen von Ausbildungsplätzen
- inhaltliche Ausgestaltung der Ausbildungsziele für die Pflegeausbildung und die gemeinsame Orientierung an einem Pflegeleitbild
- Festlegen von strukturellen und personellen Rahmenbedingungen zur Gestaltung der praktischen Ausbildung
- hausinterne Fort- und Weiterbildungen für die Pflegeberufe
- Entwicklung von Pflegestandards und Beteiligung an Maßnahmen zur Sicherung der Pflegequalität

Im Organigramm des Krankenhauses muß eine klare Zuordnung der Krankenpflegeschule erfolgen.

Eine direkte Zuordnung der Krankenpflegeschule zum Krankenhausträger erscheint sinnvoll. Sie kann das Dilemma, daß Lern- und Arbeitsort getrennte Institutionen sind, entschärfen.

Eine weitere Überlegung ist, ein gemeinsames **Bildungsinstitut für Gesundheitsfachberufe** zu schaffen. Dies wäre für

30 Beziehung Krankenpflegeschule und Krankenhaus

Krankenhäuser denkbar, die Ausbildungen in anderen Gesundheitsfachberufen anbieten und Weiterbildungsmaßnahmen für Pflegende vorhalten. Die Bündelung der Schulen für Gesundheitsfachberufe (Krankenpflegeschule, Schule für Physiotherapie, Weiterbildungsstätten für Intensiv und Anästhesie, OP-Weiterbildung) ermöglicht einerseits eine Optimierung des Lehrer- und Dozenteneinsatzes. Andererseits wird der Kontakt und die Kommunikation unter den Teilnehmern der Aus- und Weiterbildungskurse gefördert, was sich direkt auf die interprofessionelle Arbeit auswirken wird.

Die **Schulleitung** und die **Pflegedienstleitung** müssen sich als **Verbündete für die Ausbildung** in der Pflege formieren und

- Rahmenbedingungen absprechen,
- qualitätssichernde Maßnahmen in bezug auf die zu erreichende Ausbildungsqualität festlegen (und einhalten).
- Eine jährliche vorausplanende Budgetierung für die Krankenpflegeschule sollte erfolgen, die den personellen, den räumlichen und den medien-technischen Bereich berücksichtigt.
- Ein ständiger Austausch zwischen dem Lernort Schule und dem Lernort Station sollte gewährleistet werden.

Eine **Ausbildungskonferenz** könnte Zukunftsperspektiven der Ausbildung erarbeiten. Als Teilnehmer kommen Mitarbeiter der Schule, der Pflegedienstleitung, der Stationen, der ambulanten Einsatzbereiche, Praxisanleiter und Schüler der

B Organisation und Zusammenarbeit

Pflegeberufe in Frage. Aufgaben einer Ausbildungskonferenz könnten sein:
- Abstecken von Rahmenbedingungen für die theoretische und praktische Ausbildung
- Entwicklung innovativer Ausbildungskonzepte
- Entwicklung lernfördernder Ausbildungsinstrumente (z.B. Schülerhandbuch)
- Konzeption von projektbezogenen Theorie- und Praxisphasen

Ein Baustein für eine partnerschaftliche Beziehung zwischen Schule und Krankenhaus ist die **Reduzierung des Theorie-Praxis-Gefälles**. Folgende Aspekte können dazu beitragen:
- Übernahme der Gesamtverantwortung für die Pflegeausbildung durch die Schulleitung
- Umsetzung einer **praxisgeleiteten Theorie** und einer **theoriegeleiteten Praxis**
- Organisation überschaubarer, lernorientierter Theorie- und Praxisblöcke im Gesamtkonzept der Ausbildung
- Entwicklung von Theorie- und Praxiscurricula, die aufeinander abgestimmt sind und ein vernetztes integratives Lernen ermöglichen
- Begleiten der Schüler durch die Lehrer in der Praxis der Pflegeausbildung
- Fort- und Weiterbildung für examinierte Pflegekräfte, um berufliche, soziale und persönliche Kompetenzen zu erhalten und zu fördern
- Umsetzung von Lernmethoden, die die Selbständigkeit der Schüler fördern
- Einführung und Umsetzung von qualitätsfördernden und qualitätssichernden Maßnahmen

Eine Krankenpflegeschule, die offen und konstruktiv mit den Betroffenen in Partnerschaft umgeht, wird an Akzeptanz gewinnen.

Die Station als Lernort versus Arbeitsort

Die Schulleitung trägt die Gesamtverantwortung für die pflegerische Ausbildung. Sie ist mitverantwortlich für die Gestaltung der Rahmenbedingungen. In gemeinsamer Verantwortung mit der Pflegedienstleitung und den Pflegekräften muß erreicht werden, daß auf den Stationen **lerngerechte** und

lernfördernde Bedingungen geschaffen und umgesetzt werden.

Die Station als Lernort versus Arbeitsort erfordert **Umdenken:**
- Die Schule als Lernort der Theorie muß die Station als Lernort der Praxis mit ihren Möglichkeiten und Grenzen ernst nehmen und dies in ihrer Ausbildungsplanung mitberücksichtigen.
- Die Station sollte als Ort des reflektierenden Lernens und Anleitens für den Schüler nutzbar gemacht werden; Lernziele und Lernangebot sollten transparent sein.
- Der Prozeß des lebenslangen Lernens als Antwort auf den Wandel der beruflichen Tätigkeiten sollte von allen dort Tätigen akzeptiert werden. Das Prinzip „Pflegeexperten unterstützen und beraten Pflegeexperten" sollte zur Anwendung kommen.
- Die Station sollte sich als lernende Organisation begreifen. Dies bedeutet, voneinander zu lernen und Defizite und Fehler als Chance der Verbesserung zu nutzen.
- Die anfallenden pflegerischen Tätigkeiten sind als Lernaufgabe zu nutzen. Der Pflegebedarf des Patienten steht damit in Beziehung zu dem Anleitungsangebot der Station.
- Die examinierten Pflegekräfte sollten sich ihrer Mitverantwortung für die Anleitung der Schüler und den dafür erforderlichen Vorbereitungen bewußt werden.
- Der Einsatz von berufspädagogisch ausgebildeten Mentoren und Praxisanleitern sollte forciert werden.
- Das Fortbildungsangebot sollte neben Pflegethemen auch Themen aus den Bereichen der Pädagogik und Psychologie abdecken.

Des weiteren sind im Rahmen der praktischen Anleitung auf Station pädagogische und methodische Instrumente einzusetzen, die eine umfassende Berufsfeldkompetenz ermöglichen. Besonders sinnvoll erscheint die Anwendung des **Regelkreises der praktischen Anleitung.** Er umfaßt folgende 4 Schritte:
- Erkennen der Schülerressourcen und des Ausbildungsbedarfes
   Zu Beginn des praktischen Einsatzes ist auf Station ein Erstgespräch zu führen, um Wünsche, Ressourcen und

den Ausbildungsbedarf des Schülers zu ermitteln. Über- und Unterforderungen können so vermieden werden.
- Festlegen von Lernzielen und Lernangebot
Dies ermöglicht auch einen Soll-Ist-Vergleich von Plan und Ziel nach dem Einsatz.
- Geplante Anleitung in konkreter Situation
In der konkreten Lernsituation ist das Anleitungsziel differenziert zu beschreiben, die Lerninhalte und die Lernmethoden auf das Anleitungsziel abzustimmen. Im Sinne selbständigkeitsfördernder Lernelemente sollte die Anleitungssituation vielfältig und kreativ gestaltet werden. Neben der gezielten punktuellen Anleitung können Fallbesprechungen, Pflegevisiten, Projektarbeiten und Praxisaufgaben Anleitungselemente sein, die die Qualität der Ausbildung steigern.
- Feedback und Beurteilung der Anleitung
Inhalte sind positive Kritik, Vorschläge zu Verbesserungen und wie diese zu erreichen sind.

Die Anfertigung eines krankenhausbezogenen **Schülerhandbuchs** ist sinnvoll, um die genannten Schritte des Anleitungsprozesses zu dokumentieren. Es soll als **Arbeitsbuch** dienen und nicht nur Tätigkeitsnachweise enthalten, sondern auch methodisch-didaktische Hinweise sowie die Beschreibung der Anleitungsaufgaben für die examinierten Pflegekräfte. Die Lernaufgaben in der Pflege sollten nach den Aktivitäten des täglichen Lebens strukturiert und durch disziplinbezogene Lernaufgaben ergänzt werden.

30.6 Zusammenfassung und Ausblick

Eine gute Beziehungskultur zwischen Krankenpflegeschule und Krankenhaus kann dazu beitragen, daß Schüler Eigenverantwortung entwickeln und in die neue Berufsrolle hineinwachsen.

Die *Bildungskommission von Nordrhein-Westfalen* (1995) beschreibt die Schule als ein Haus des Lernens, als einen Ort, „an dem alle willkommen sind, die Lehrenden wie die Lernenden in ihrer Individualität angenommen werden, die persönliche Eigenart in der Gestaltung von Schule ihren Platz findet, an dem Zeit gegeben wird zu wachsen, gegenseitiger Rücksichtnahme und Respekt voreinander gepflegt wird, dessen Räume einladen zum Verweilen, dessen Angebote und Herausforderungen zum Lernen, zur selbständigen Auseinandersetzung locken, an dem Umwege und Fehler erlaubt sind und Bewertungen als Feedback hilfreiche Orientierung geben, wo intensiv gearbeitet wird und die Freude am eigenen Lernen wachsen kann, an dem Lernen ansteckend wirkt."

Diese Aspekte sind wünschenswerte Prämissen für Pflegeschulen. Eine gute Beziehung zwischen Krankenpflegeschule und Krankenhaus ist Garant, um dies erreichen zu können. Die Gestaltung dieser Beziehung bietet die Chance, den sich schnell veränderten Anforderungen an die Pflege und an das Krankenhaus qualitativ und zielorientiert gerecht zu werden.

In der Zukunft wird der Pflegeberuf eine breitgefächerte Berufsfeldkompetenz erfordern und in allen Altersstufen seine Dienstleistungen anbieten. Dies erfordert vernetztes Denken und gemeinsames Handeln.

Literatur

Bildungskommission von Nordrhein-Westfalen, Zukunft der Bildung – Schule der Zukunft. Neuwied, Berlin 1995.

Caritasgemeinschaft für Pflege und Sozialberufe, Pflege im Spannungsfeld zwischen professioneller Pflege und Laienpflege. Unveröffentlichtes Manuskript, 1997.

Fietzek, L., Pflege auf dem Weg zur Hochschule – Ein neuer Studiengang. Frankfurt a. M. 1993.

Ludwig, I., Berufsbildungsmodell Pflege – vom Arbeitsort zum Lernort. Aarau 1994.

Meifort, B.; Becker, W., Berufliche Bildung für Pflege- und Erziehungsberufe. Berlin, Bonn 1995.

Reiland, H. J., Kompetenz durch Bildung und Beruf. Schriftenreihe des Bundesverbandes der Lehrer an berufsbildenden Schulen. Bonn 1993.

Ricka-Heidelberger, R., Die Förderung von Schlüsselqualifikationen in den Pflegeberufen. Aarau, 1994.

Schell, W., Krankenpflegegesetz mit Ausbildungs- und Prüfungsverordnung. Bonn 1987.

Stolz, K. H., Bildungsplan Pflege mit System. Eckdaten für eine Neuordnung der Ausbildung. Tagungsband des Bundesausschusses der Länderarbeitsgemeinschaft der Lehrerinnen und Lehrer für Pflegeberufe. Trier, Wuppertal 1996.

Wichtige institutionelle Baustellen

31 Werteorientiertes Pflegemanagement

Ruth Schröck

Menschliches Handeln ist selten, wenn überhaupt je, rein zufällig. Es ist das Resultat unzähliger, mehr oder weniger bewußter individueller **Entscheidungen**, die ein **Ziel** effektiv näherbringen oder erreichen sollen. Wie angemessen die Entscheidung und wie erfolgreich die daraus resultierende Handlung sein wird, hängt von dem **Wissen, Können** und **Wollen** der Person ab. Der Mensch, wie wahrscheinlich alle Organismen, handelt zweckorientiert (selbst wenn seine Ziele mit den Intentionen anderer kollidieren). Es wäre ein mühsames Unternehmen, ständig überprüfen zu müssen, mit welchen **Mitteln** der gewünschte Zweck (oder das Ziel) erreicht werden kann. Handlungsabläufe, die sich bewähren, die vorhersehbar und wiederholt erfolgreich sind, werden zu Gewohnheiten, Routinen oder Strategien, die wenig bewußte Aufmerksamkeit beanspruchen und keine weiteren Entscheidungen verlangen, solange sie effektiv sind.

Wenn das Ziel klar ist (z.B. Schuhbänder sollen sicherheitshalber geknüpft werden) und das Wissen sowie das Können erworben worden sind (z.B. durch Beispiel, Erklärung, Erproben, Üben), wird dieser Vorgang keine weiteren Entscheidungen verlangen (er wird gewohnheitsmäßig ausgeführt werden), bis das Schuhband eines Tages zerreißt. Dieses Ereignis stellt nicht das Ziel in Frage, sondern die Mittel: die Art und Weise, wie es nun unter veränderten Umständen erreicht werden kann. Durch Erfahrung, Erproben oder Unterweisung kann das Wissen erweitert und das Können erhöht werden, so daß alsbald auch der Umgang mit zerrissenen Schuhbändern zum gewohnheitsmäßigen Handlungsrepertoire wird.

31.1 Management und Rationalität

Diese grundsätzliche **Rationalität** menschlichen Tuns wurde in der modernen **Organisation** zum leitenden Prinzip. Die industrielle, moderne und bürokratische Gesellschaft hat in der Rationalität menschlichen Handelns die Garantie schlechthin für die Effizienz jeglichen Tuns gesehen (*Borsi/Schröck* 1995, 297). So hat sich auch vornehmlich ein Managementstil entwickelt, der durch logische Pläne und konkrete Zielsetzungen, durch administrative Kontrolle der arbeitsteiligen Abläufe und durch Einwirkungen auf die Strukturen der Organisation ein zweckorientiertes, rationales und effektives Handeln der Mitarbeiter zu erreichen sucht. Doch „die Illusion einer perfekten Gestaltung durch ein rationales Management wird durch den ‚Eigensinn' im Verhalten der Organisationsmitglieder aufgelöst" (*Borsi/Schröck* 1995, 186).

Auch in stark hierarchisch strukturierten Organisationen finden sich genügend Freiräume und Gestaltungsmöglichkeiten, die individuelle Entscheidungen zulassen, deren Folgen vom klassischen („modernen") Management oft als subversiv und irrational angesehen werden müssen.

Neue und detailliertere Pläne, strengere Kontrollen, gezielte Wissensvermittlung und strukturelle Änderungen werden diesem Phänomen nicht beikommen; denn so notwendig ein rationales Management auch ist, es erfaßt nur einen Teil der menschlichen Wirklichkeit.

Mertens und *Lang* (1991, 70) weisen darauf hin, daß „unbewußte Phänomene an nahezu allen zwischenmenschlichen Beziehungen beteiligt sind" und daß ihnen daher auch im Führungsgeschehen eine wesentliche Bedeutung zukommt. *Wagner* (1989, 14) zählt zu diesen Phänomenen „das unausgesprochene und meist unbewußte Normen- und Wertsystem" der Organisation. Die Mitarbeiter der Organisation haben nicht nur individuell recht oft unterschiedliche Wertvorstellungen, auch die „unbewußten Hintergründe rationaler Entscheidungen im Management" (*Wagner* 1989, 16) stellen unsichtbare und irrationale Einflüsse in der Organisation dar.

B Wichtige institutionelle Baustellen

Probst (1993) wählt das Bild eines Eisbergs, um diese affektiven und verdeckten Aspekte der Organisation zu illustrieren (Abb. 31-1).

An welchen Werten sich individuelle Mitarbeiter, Teile der Organisation, unterschiedliche Berufsgruppen, informelle Kollegengruppen und die verschiedenen Hierarchieebenen orientieren, hängt von den aufeinander einwirkenden infor-

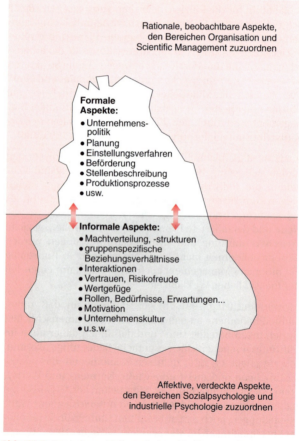

Abb. 31-1 Formale und informale Aspekte der Organisation, dargestellt am Eisberg

mellen Aspekten ab, die durch ihre hohe, aber verdeckte Emotionalität eine grundschwellige Dynamik entwickeln können, die die formalen, rationalen Strategien der Organisation weitgehend zunichte machen und zu einem organisatorischen „Chaos" führen können, wie es *Küpper* und *Ortmann* (1988, 7) recht anschaulich beschreiben: „In Organisationen tobt das Leben. Weit von jenen anämischen Gebilden entfernt, die in der althergebrachten Forschung unter dem Namen ‚Organisationsstruktur' ihr schattenhaftes Dasein fristen und von oben bis unten vermessen werden, sind sie in Wirklichkeit Arenen heftiger Kämpfe, heimlicher Mauscheleien und gefährlicher Spiele mit wechselnden Spielern, Strategien, Regeln und Fronten. Der Leim, der sie zusammenhält, besteht aus partiellen Interessenkonvergenzen, Bündnissen und Koalitionen, aus title payments und Beiseitegeschafftem, aus Kollaboration und auch aus Résistance, vor allem aber: aus machtvoll ausgeübtem Druck und struktureller Gewalt; denn wer wollte glauben, daß dieses unordentliche Gemenge anders zusammen- und im Tritt gehalten werden könnte? Die Machiavelli der Organisationen sind umringt von Bremsern und Treibern, change agents und Agenten des Ewiggestrigen, Märtyrern und Parasiten, grauen Eminenzen, leidenschaftlichen Spielern und gewieften Taktikern: Mikropolitiker allesamt: Sie zahlen Preise und stellen Weichen, errichten Blockaden oder springen auf Züge, geraten aufs Abstellgleis oder fallen die Treppe hinauf, gehen in Deckung oder seilen sich ab, verteilen Schwarze Peter und holen Verstärkung, suchen Rückendeckung und Absicherung, setzen Brückenköpfe und lassen Bomben platzen, schaffen vollendete Tatsachen oder suchen das Gespräch. Daß es ihnen um die Sache ginge läßt sich nicht behaupten, aber ...".

Die Erkenntnis, daß Organisationen nicht rein rationale Gebilde sind, die mit einer einseitigen Sachorientierung die Komplexität und Irrationalität menschlicher Situationen und Handlungen ignorieren können, prägt die Umorientierung zu einer **„postmodernen" Sichtweise,** die eine Wertediskussion in den Mittelpunkt rückt, die sich nicht den sogenannten „Sachfragen" anschließt, sondern diese primär bestimmt (*Borsi/Schröck* 1995, 298).

31.2 Organisationskultur und Leitbild

Im Mittelpunkt dieser Neuorientierung manageriellen Handelns steht die Konzeption einer **Organisationskultur,** die „als die Gesamtheit von gemeinsamen Werten und Normen" verstanden wird, „die sich in organisatorischen Handlungsweisen und Symbolen konkretisiert" (*Osterloh* 1991, 155).

Erst ein **Wertekonsens,** d.h. eine weitgehende Übereinstimmung über die Werte und Normen, die das Handeln leiten sollen, kann die Grundlage für eine gemeinsame Interpretation bilden, was z.B. unter guter Pflege zu verstehen sein sollte.

„Erst diese kognitive Grundstruktur ermöglicht die Zusammenarbeit von Mitarbeitern und Gruppen, auch die Koordination von Handlungen, Fakten, Situationen und Ereignissen, von Interessen, Zielen und Ideen." (*Borsi/ Schröck* 1995, 46–47)

Der Wertekonsens wird gewöhnlich in Form von **Leitsätzen** oder eines **Leitbildes** artikuliert (vgl. Tab. 31-1).

Es ist nicht abwegig, ein Leitbild als ein gemeinsames positives Zukunftsbild, als eine Vision, zu betrachten. Die Vision kann nicht das Ziel selbst sein, doch sie kann die Richtung angeben, die in einer Arbeitsorganisation das Denken, Handeln und Fühlen der Mitarbeiter bestimmt (*Hinterhuber* 1992, 42). Die Erarbeitung eines Leitbildes sowie seine kritische Reflexion und Umsetzung in den alltäglichen Handlungsabläufen der Organisation setzt Bedingungen voraus, die den Organisationsmitgliedern **Vertrauen, Toleranz** und **Solidarität** bieten können (*Borsi/Schröck* 1995, 56) und die folgenden Eigenschaften fördern, die *Bleicher* (1994, 105) als wesentlich betrachtet:

- Realitätssinn, d.h. die Dinge so sehen, wie sie sind, und nicht wie sie in den Vorstellungen und Wünschen sein sollten
- Offenheit, d.h. Aufgeschlossenheit gegenüber dem Zeitgeist und den echten Bedürfnissen der Menschen
- Spontaneität, d.h. die Fähigkeit, verschiedene Blickpunkte einzunehmen
- Kreativität, d.h. „querdenken" zu können und zu dürfen
- Erfahrung, d.h. die Erfahrungen aller als gleich gültig und wichtig zu sehen

31 Werteorientiertes Pflegemanagement

Tab. 31-1 Beispiel für ein Pflegeleitbild

Pflegeleitbild in der Universitätsklinik Benjamin Franklin Berlin

Unser primäres Ziel ist es, den Menschen, die unsere Klinik aufsuchen, zu helfen, ein großes Maß an Wohlbefinden beizubehalten bzw. zu erreichen. Dazu gehört:

- daß wir jeden Menschen mit Würde und Respekt behandeln;
- daß wir den von uns betreuten Menschen in pflegerische Entscheidungen miteinbeziehen;
- daß soziale, kulturelle und psychologische Bedürfnisse als solche anerkannt und in der Pflege berücksichtigt werden;
- daß wir eine Atmosphäre schaffen, in der Angehörige sich jederzeit positiv aufgenommen und einbezogen fühlen;
- daß wir in der letzten Phase ihres Lebens Sterbende nicht allein lassen, sie und ihre Angehörigen/Freunde begleiten sowie ihre religiösen und kulturellen Vorstellungen berücksichtigen;
- daß die Schweigepflicht über Personen und Daten eingehalten wird.

Wir sind bestrebt, den Menschen, die unsere Einrichtung in Anspruch nehmen, ein hohes Pflegeniveau zu garantieren.
Dazu gehört:

- daß die Ausbildung an unserer Krankenpflegeschule auf die Förderung der Fähigkeit zu professionellem, verantwortungsvollem, sachgerechtem und kooperativem Handeln gerichtet ist;
- daß wir darüber hinaus die Grundlage für berufliches Selbstbewußtsein und Freude am Beruf schaffen;
- daß wir bewußt Verantwortung übernehmen und im Rahmen der vereinbarten Grundsätze und Leitlinien Eigeninitiative und Einsatzbereitschaft entwickeln;
- daß wir durch interne und externe Fortbildung, unter Einbeziehung neuester pflegewissenschaftlicher Erkenntnisse, die individuellen und beruflichen Kompetenzen des Pflegepersonals fördern;
- daß das Pflegepersonal des Klinikums sich als Partner im multidisziplinären Team betrachtet und eine kooperative Zusammenarbeit auf allen klinikinternen und -externen Ebenen gewährleistet;
- daß wir zu einer Atmosphäre der Offenheit und des Vertrauens beitragen, in Konfliktsituationen die verschiedenen Standpunkte berücksichtigen und gemeinsam eine Lösung anstreben.

(Stand Aug. 1995: AG Pflegephilosophie, Krankenpflegedirektion, Klinikum Steglitz, Hindenburgdamm 30, 12200 Berlin, Literatur bei der AG)

Magyar (1989, 5) sieht eine **dynamisierende Wirkung von Visionen** auf die Mitarbeiter einer Organisation, die von einem kulturbewußten, normativen Management verhaltenssteuernd operationalisiert werden kann. Einige Aspekte dieser Dynamik sind:
- Sinnesvermittlung und Faszinationskraft
- „Brandstiftung" und Begeisterung
- Impulsgebung und „Trendsetting"
- Identifikations- und Erinnerungsfähigkeit
- Kreativitäts- und Innovationsförderung
- Lokomotionswirkung, Motivation und Integration
- Kompass- und Leuchtturmfunktion
- Vorsprungsproduktion, Macht- und Existenzsicherung

31.3 Zielsetzungen des modernen und postmodernen Managements

In der klassischen („modernen") Organisation sieht das Management seine Aufgaben in der Vorgabe von Zielen und Ressourcenzuteilung („strategisches Management") sowie in der quantitativen und qualitativen Kontrolle der Leistungen („operatives Management"). Die Verantwortung liegt beim Management, die Leistungsfähigkeit der Organisation zu steigern, die sie zum guten Teil in der Rationalisierung und Formalisierung der arbeitsorganisatorischen Strukturen begründet sieht.

„Dies sind Mechanismen, die durch Komplexitätsreduktion, Sinndefinition und ausdifferenzierte Arbeitsrollen jedem Organisationsmitglied angemessene Zielorientierungen, instrumentelle Verfahrensweisen sowie Handlungsinhalte und Kooperationspartner zuweisen" (*Girschner* 1990, 70).

Dieser **Zweckrationalität** steht der **„Eigensinn der Subjekte"** gegenüber, der sich in der Widerspenstigkeit der Menschen mit ihren Wünschen und Bedürfnissen nach Sinn-Entfaltung, nach persönlich-emotionalem Handeln sowie nach Kommunikation zeigt und dem Reduktionismus widersetzt. Einfache und relativ naive Vorstellungen, man brauche lediglich eine neue Pflegephilosophie, ein neues Pflegeleitbild und ein neues Führungsmodell einzuführen, die dann nach Instruktion aller Mitarbeiter ab einem bestimmten Stichtag gültig zu sein haben, werden die Irratio-

31 Werteorientiertes Pflegemanagement

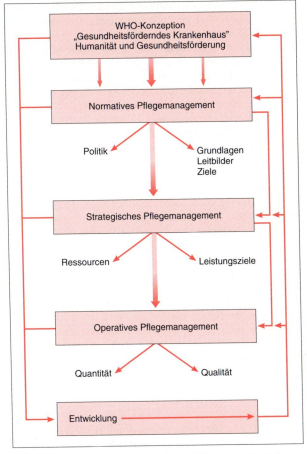

Abb. 31-2 Zielebenen eines integrierten Pflegemanagements (Quelle: WHO)

nalität der klassischen Organisation nicht vermindern, sondern sie eher noch einen Schritt dem Chaos zuführen (*Borsi/ Schröck* 1995, 72–73).

Die **Bedeutung einer Organisationskultur** liegt primär in ihrer Integrations-, Koordinations-, Motivations- und Identifikationsfunktion. Diese werden getragen von dynamischen Wechselwirkungsprozessen zwischen allen Mitarbeitern auf allen Ebenen, deren Bedürfnissen, Werten, Zielen und den organisatorischen Zielen und Strukturen. Organisationen sind keine Existenz an sich, sondern sind eine in Interaktionen „gemachte", „erfundene" und „ausgehandelte" Realität, die auch anders gemacht, neu erfunden und alternativ ausgehandelt werden kann (*Bardmann* 1994, 362).

Die Bedeutung und Gestaltung der Klärung und Harmonisierung der Werthaltungen auf allen Ebenen der Organisation („normatives Management") liegt u.a. in der Betonung der **kollektiven Verantwortlichkeit** und der Forderung nach einem **reflexiven Diskurs** über gemeinsame, soziale Ziele und der mitbestimmenden Gestaltung der Zukunft (*Borsi/ Schröck* 1995, 48–50).

Das globale Ziel der Weltgesundheitsorganisation im Konzept Gesundheitsförderndes Krankenhaus (Magdeburger Empfehlungen 1992) verlangt als eine Voraussetzung für effektive strategische und operative Vorgehensweisen ein kulturbewußtes normatives Management, das Entwicklungs- und Lernprozesse fördern kann, die Lernen und lebenslanges Lernen als Wert verstärkt implementieren (vgl. Abb. 31-2). Bei normativer Führung in diesem Sinne geht es um die Entwicklung, Einführung und Durchsetzung eines „stimmigen" Wertesystems für alle Mitarbeiter, das in der Lage ist, die zukünftigen Pflegeaktivitäten aus übergeordneter Sicht zu begründen, zu legitimieren und einen sinngebenden Kontext für alle Beteiligten und Betroffenen zu schaffen (*Borsi/Schröck* 1995, 50–51).

Literatur

Bardmann, Th., Wenn aus Arbeit Abfall wird. Aufbau und Abbau organisatorischer Realitäten, Suhrkamp Frankfurt a.M. 1994.

Bleicher, K., Normatives Management. Politik, Verfassung und Philosophie des Unternehmens. Frankfurt a.M. 1994.

Borsi, G. M.; Schröck, R., Pflegemanagement im Wandel: Perspektiven und Kontroversen. Berlin 1995.

François-Kettner, H., Qualitätsentwicklung in der Pflege, Teil 2: Einführung der stationsgebundenen Qualitätssicherung im Universitätsklinikum Benjamin Franklin – ein Werkstattbericht, Band 79, Schriftenreihe des Bundesministeriums für Gesundheit. Baden-Baden 1996.

Girschner, W., Theorie sozialer Organisationen. Eine Einführung in Funktionen und Perspektiven von Arbeit und Organisation in der gesellschaftlich-ökologischen Krise. Weinheim, München 1990.

Hinterhuber, H. H., Strategische Unternehmensführung. Bd. 1 Strategisches Denken. Berlin 1992.

Küpper, W.; Ortmann, G. (Hrsg.), Mikropolitik. Rationalität, Macht und Spiele in Organisationen. Opladen 1988.

Magyar, K., Visionen schaffen neue Qualitätsdimensionen. In: THEXIS 6, 1989, 3–7.

Mertens, W.; Lang, H. J., Die Seele im Unternehmen (hrsg. von *Lenz, G.*). Baden-Baden 1991.

Osterloh, M., Unternehmensethik und Unternehmenskultur. In: Unternehmensethik (hrsg. von *Steinmann, H.* und *Löhr, A.*). Stuttgart 1991.

Probst, G. J. B., Organisation. Strukturen, Lenkungsinstrumente, Entwicklungsperspektiven. Landsberg am Lech 1993.

Wagner, D., Arbeitszeit und Wertewandel. In: Arbeitszeitmanagement (hrsg. von *Marr, R.*). Berlin 1989.

WHO, Pflege im Wandel. Europäische Schriftenreihe Nr. 48, 1992.

32 Die „Mittlere Führungsebene" im Pflegedienst im zukunftsorientierten Krankenhausmanagement

Ulrich Pötzl

Der politisch gewollte Umbau des Sozialstaates erfordert neue Formen einer effizienten und durchlässigen Organisation und fundamentale Änderungen in der Mitarbeiterführung. Die Faktoren „Mitarbeiter" und „moderne Führungssysteme" spielen die dominierende Rolle. Die sinnhafte Beteiligung und Einbeziehung der Mitarbeiter ist bei einer Neuorientierung des „Betriebs Krankenhaus" entscheidend.

Das Krankenhaus muß seine Angebotspalette und sein Leistungsspektrum dem geänderten Bedarf anpassen und dem „Kunden Patient" kostengünstig und attraktiv anbieten. Die Bevölkerung und damit die potentielle Kundschaft des Krankenhauses hat kein Verständnis für Reibungsverluste in der Zusammenarbeit durch internes Miß-Management. Das kompetente, interdisziplinäre Team ist gefordert. Weder „Halbgötter in Weiß" noch „Weiße Engel", sondern teamfähige Ärzte und Pflegekräfte in einer möglichst flachen Hierarchiestruktur werden die Zukunft meistern. Dies fordert bei allen Beteiligten die Bereitschaft zum Umdenken.

Ein konkreter Ansatz ist die **Stärkung der „mittleren Führungsebene" im Pflegedienst,** mit dem Ziel einer verbesserten ärztlich-pflegerischen Zusammenarbeit in der Abteilungs- bzw. Klinikleitung.

32.1 Die Schnittstellenproblematik

Im Krankenhaus treffen verschiedene Berufsgruppen mit spezifischen Hintergründen und Historien zusammen. Ziel ist das gemeinsame Erbringen einer äußerst komplexen Leistung, die nur in verhältnismäßig geringen Anteilen volkswirtschaftlich bewertbar oder meßbar sind. Die unterschiedlichen Strukturen und Ausbildungswege der Berufsgruppen und der soziale Status der einzelnen Personen schaffen eine schwierige soziologische Konstellation, so daß Schnittstellenprobleme und Zielkonflikte vorprogrammiert erscheinen.

In der Vergangenheit wurden diese Differenzen durch ein klares Machtgefüge „glattgebügelt". Der „absolutistische Machtanspruch" der ärztlichen Berufsgruppe steht in eklatantem Widerspruch zur heutigen arbeitsteiligen Realität des modernen und hochtechnisierten Krankenhauses.

Der oft beschworene und von vielen diagnostizierte **„Pflegenotstand"** in den deutschen Krankenhäusern ist und war ursächlich eine **Motivationskrise** („Not der Pflegenden") aus der Erfahrung mangelnder Beteiligung und partnerschaftlicher Zusammenarbeit und weniger eine materielle Krise der Mitarbeiter in den Pflegediensten. Der Mangel an konstruktiver Beteiligung und Wertschätzung hat ein hohes Maß an Irritationen bis zur Verweigerung (Berufsflucht nach der Ausbildung, mittlere Verweildauer im Beruf unter 3 Jahre) ausgelöst. Der einzig konstruktive Weg zur dauerhaften Verbesserung dieser Defizitsituation ist das **Praktizieren neuer Führungs- und Zusammenarbeitsmodelle** mit erkennbaren Auswirkungen für alle beteiligten Mitarbeiter.

In diesem Zusammenhang lohnt sich ein Blick in die angelsächsischen Länder (Großbritannien, USA, Kanada). Hier ist die qualifizierte Zusammenarbeit zwischen Ärzten und Pflegekräften traditionell ein fester Bestandteil der Krankenhauskultur. Die Kommunikation und die Beziehungen gestalten sich unter Berücksichtigung der Qualifikation horizontal und kooperativ ohne Vorbehalte. Das „imperative Element" tritt in den Hintergrund, und die Qualifikation, Kompetenz und Motivation durch Beteiligung treten in den Vordergrund.

Die historisch gewachsene Organisationsstruktur in den deutschen Krankenhäusern, die aus der Tradition der Feldlazarette unter dem Eindruck der Kriege und den Verhältnissen des „Obrigkeitsstaates" entwickelt wurde, ist unter den Bedingungen von Leistungsoptimierung und ökonomischer Transparenz an einen Endpunkt gelangt. Nur innovative, partnerschaftliche Konzepte werden die zentrale Position der Einrichtung „Krankenhaus im Gesundheitswesen" über das Jahr 2000 hinaus sichern. Es werden Beratungsangebote und verstärkt Leistungen der Prävention und der Gesundheitsförderung hinzukommen. Das veränderte Leistungsspektrum erfordert einen neuen Umgang miteinander. Informationsweitergabe und das Einbeziehen aller Mitarbeiter muß in der Zukunft Priorität haben.

32.2 Die Rolle der „Pflegerischen Bereichsleitung" in der Abteilungs- oder Klinikleitung

Im heutigen Krankenhausbetrieb erwartet der Patient, daß diagnostische und therapeutische Leistungen in enger funktioneller Verbindung zu den erforderlichen Pflegeleistungen geplant, professionell durchgeführt und überwacht werden.

Neue wissenschaftliche Erkenntnisse in der Medizin und Pflege können nur dann nutzbringend in die Praxis umgesetzt werden, wenn eine permanente Rückkopplung mit der Praxis gewährleistet ist. In diesem Prozeß sind zum einen die Arbeitsinhalte, zum anderen die Arbeitsablauforganisation von großer Bedeutung. Die Organisationsform der Zusammenarbeit zwischen ärztlichem und pflegerischem Dienst ergibt sich aus der **Linienorganisation des Krankenhauses.** Die Organisationsebenen reichen dabei vom Krankenhausdirektorium über die Abteilungen und Stationen bis hin zu den Funktionsbereichen. Auf allen Ebenen wird kontinuierlich über Arbeitsinhalte und Fragen der aktuellen Ablauforganisation verhandelt. Häufig ist auf Abteilungsebene aber **keine klare Linienführung** für die Fragen der Zusammenarbeit zwischen ärztlichem und pflegerischem Dienst gegeben. Dieser Mangel führt dazu, daß die Pflegedirektion für Fragen eingeschaltet wird, die vom Inhalt her von den Beteiligten hätten geklärt und entschieden werden können.

Die ab 1993 gültige und jetzt „ausgesetzte" Pflege-Personalregelung (PPR) trägt dieser Situation Rechnung und ermöglicht im §8 PPR die Schaffung zusätzlicher Stellen für „leitendes Pflegepersonal" unterhalb der Ebene der Pflegedirektion. Aufgabenschwerpunkte der Mitarbeiter in der „mittleren Führungsebene des Pflegedienstes" sollen laut PPR sein:

- Qualitätssicherung der pflegerischen Arbeit zum Nutzen des Patienten

- Unterstützung der Arbeitsorganisation durch die Anwendung aktueller Managementkenntnisse
- Personalführung und -entwicklung, speziell unter dem Aspekt der Zunahme von Teilzeitmitarbeitern
- Reorganisation im Hinblick auf neue Arbeitszeitmodelle
- Umsetzung von Prozeßstandards

Das Ziel beim Einsatz von Mitarbeitern auf der „mittleren Führungsebene im Pflegedienst" wird im Kommentar der PPR wie folgend skizziert:

„Die Personalbemessung 1 : 80 im mittleren Pflegemanagement soll also nicht einer erweiterten Administration dienen, vielmehr der Realisierung der gesetzlichen Zielsetzung sowie der Qualitätsverbesserung und Sicherung der stationären Krankenpflege (...)".

32.3 Ablaufharmonisierung im Alltag

Durch die „Pflegerische Bereichsleitung" ist die Voraussetzung zur Etablierung einer organisierten und systematischen Kommunikation auf Abteilungs- bzw. Bereichsebene gegeben. Es muß herausgearbeitet werden, welche Aufgaben in die jeweilige Zuständigkeit der ärztlichen bzw. der pflegerischen Leitung fallen. Daneben sollten gemeinsame Aufgabenbereiche festgeschrieben und definiert werden, z.B.:

- Information und Beratung

Der jeweilige Partner in der Leitung der Abteilung oder des Bereiches wird über wesentliche Vorgänge im eigenen Bereich informiert und seine Meinung dazu eingeholt.

- Beratung und Abstimmung

Der jeweilige Partner wird bei entsprechenden Vorgängen beratend hinzugezogen. Notwendige Entscheidungen werden gegenseitig abgestimmt.

- Gemeinsame Entscheidung

Abgestimmte und vereinbarte Aufgaben werden gemeinsam wahrgenommen, notwendige Entscheidungen gemeinsam getroffen und verantwortet.

Praxisbezogene Themen und Felder gemeinsamer Zusammenarbeit zwischen Ärztlicher und Pflegerischer Abteilungsleitung könnten sein:
- Arbeitsablaufplanung und Ablaufharmonisierung; Synchronisation der verschiedenen Dienste

B Wichtige institutionelle Baustellen

- Qualitätssicherung und Schwachstellenanalysen
- Systematische Arbeit im Hinblick auf Attraktivitätssteigerung und Kundenzufriedenheit
- Personalentwicklung und -förderung
- Innerbetriebliche Fortbildung
- Budgetverantwortung und -steuerung
- Konzeptentwicklung zur Weiterentwicklung der Abteilung; Innovation im Hinblick auf das Leistungsangebot

Um gemeinsame Aufgaben konstruktiv wahrnehmen zu können, muß eine geplante und regelhafte **Kommunikationsstruktur und -kultur** zwischen dem Ärztlichen Abteilungsleiter und der Pflegerischen Bereichsleitung fest institutionalisiert werden.

Zentrale Bedeutung haben hierbei:
- regelmäßige gemeinsame **Sitzungen** zu festen Zeiten mit klarer Struktur (Tagesordnung, Ergebnisprotokoll etc.) und
- gemeinsame **Visiten** bei den Patienten.

Sie stellen eine Form der Zusammenarbeit und der Beteiligung der pflegerischen Berufsgruppe sowohl gegenüber den Patienten und Angehörigen als auch bei den Mitarbeitern der verschiedenen Berufsgruppen dar.

32.4 „Die Pflege hat keine Lobby" – Zur Situation der Mitarbeiter im Pflegedienst

Die Situation der Mitarbeiter im Pflegedienst ist geprägt von einer Vielzahl von Defiziten und negativen Entwicklungen. Alle Versuche, die desolate Personalsituation mit konstruktiven Argumenten und Beweisführung zu beeinflussen, wurden dauerhaft verhindert. Folgende Hauptaspekte lassen sich darstellen (Abb. 32-1):

- **Belastungen durch Fehlorganisation**

Hier zeigen sich insbesondere unklare Tätigkeitsabgrenzungen sowie die Zunahme der primär berufsfremden Tätigkeiten und hohe Belastungen durch Kommunikationsdefizite.

Die Einführung neuer Technologien und Medien, z.B. die EDV, erfolgt häufig ohne Vorbereitung und Beteiligung. Die beginnenden Kostensenkungstendenzen gehen häufig zu Lasten der Pflege und der Pflegenden. Hier sei der Hinweis auf die „ausgesetzte" Pflege-Personalregelung (PPR) erlaubt.

32 Die „Mittlere Führungsebene" im Pflegedienst ...

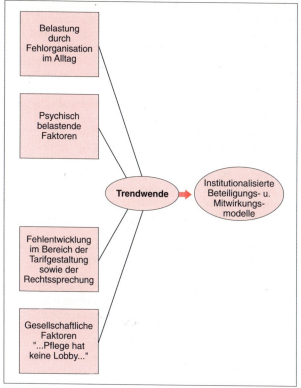

Abb. 32-1 Traditionelle Defizite bezogen auf die Berufsgruppe Pflege

Aus vordergründig haushaltspolitischen Erwägungen zur kurzfristigen Kostensenkung werden Elemente der Qualitätssicherung in der Patientenversorgung geopfert.

- **Psychische Belastungsfaktoren**

Der Umgang mit Grenzsituationen kann zu Demotivation und Destruktion führen. Notwendige Unterstützungen, wie Angebote der Supervision oder themenorientierte Gesprächskreise zur Konfliktbewältigung, fehlen in der Regel. Auch die fehlende Anerkennung anderer Berufsgruppen, speziell vom ärztlichen Dienst, und das meist negative Image in der Gesellschaft zählen zu den psychisch belastenden

B Wichtige institutionelle Baustellen

Faktoren. Ein weiterer Aspekt ist die Tatsache, daß in der Pflege überwiegend Frauen arbeiten, die zusätzlichen Belastungen aus Ehe, Familie und Haushalt ausgesetzt sind. Dieser Umstand wirkt sich besonders problematisch durch die Dienstzeitenbelastung (Schichtdienst, Nachtdienst etc.) im Krankenhaus und Forderungen nach zunehmender Flexibilität und Verfügbarkeit aus.

- **Fehlentwicklungen im Bereich der Tarifgestaltung sowie der Rechtsprechung**

Eine ganze Reihe von Regelungen in den Tarifverträgen werden von den Mitarbeitern im Pflegedienst als ungerecht und leistungshemmend empfunden, z.B.:
- tariflicher Bewährungsaufstieg ohne Berücksichtigung von individueller Leistung und Einsatz
- unbefriedigende und unrealistische definierte Merkmale bei der Gehaltseingruppierung von Führungskräften in nahezu allen Bereichen und Funktionen
- unzureichende Honorierung von besonders belastenden Diensten und Tätigkeiten, z.B. Nachtdienst

Die Zunahme von externer Reglementierung als Folge einer überzogenen Gesetzgebung und Rechtsprechung (z.B. MedGV, MPG, GRG, GSG, PPR, Betreuungsgesetz) führt zur Frage der Verhältnismäßigkeit von Aufwand und Ergebnis.

Die Folge dieser Verordnungsschwemme ist eine Dokumentationsverpflichtung und ein bürokratischer Mehraufwand, der Zeit bindet, die der direkten Patientenversorgung entzogen wird.

Diese hier nur skizzenhaft dargestellten Defizite führen in der Summe zur negativen Einschätzung der betrieblichen Arbeitssituation, die in der Aussage gipfelt „Die Pflege hat keine Lobby!".

Eine **Trendwende** kann nur erreicht werden, wenn die Mitarbeiter überzeugt werden können, daß Elemente der „Beteiligung und Mitwirkung" ernsthaft umgesetzt und praktiziert werden. Leitungskräfte müssen die Bereitschaft zeigen:
- konstruktiv mit kritischen Fragen der Mitarbeiter umzugehen,
- den Mitarbeitern etwas zuzutrauen,
- Konfliktbewältigung im Alltag offen und partnerschaftlich zu praktizieren,
- Vorurteile gegen Personen, Gruppen etc. aufzugeben,

- pathologische Strukturen in der Organisation zu verändern,
- Fehler, Schwächen und Fehlentscheidungen einzugestehen,
- Zeiten der Veränderung und Anlaufschwierigkeiten auszuhalten.

Organisationsstrukturen und menschliches Verhalten stehen in enger Wechselbeziehung, sie können nicht isoliert betrachtet werden und müssen gemeinsam beeinflußt werden.

Ziel ist die Aktivierung der Mitarbeiter im direkten Arbeitsfeld, z.B. einer Station. Ärzte und Pflegende sollen gemeinsam vorhandene Schwierigkeiten erforschen und neue Formen der Zusammenarbeit mit Unterstützung der „Pflegerischen Bereichsleitung" entwickeln. Die Mitarbeiter in der Pflege erleben, daß ihre Arbeit ernstgenommen wird und die „Pflegerische Bereichsleitung" (PBL) die Sicherung der pflegerischen Versorgungsqualität unterstützt. Dies kann an folgenden Aktivitäten erkennbar sein:
- Durchführung von Pflegevisiten durch die PBL
- Teilnahme an pflegerischen Übergaben
- tägliche Lagebesprechung mit den Stationsleitungen
- Unterstützung bei der Belegungssteuerung
- Überprüfung der Pflegedokumentation
- Mitarbeit bei der Entwicklung und Fortschreibung von Pflegestandards und Arbeitsanweisungen für die Durchführung der Pflegetätigkeit etc.

32.5 Aufgabenstellung der „Pflegerischen Bereichsleitung"

Grundsätzlich sind 2 Schwerpunkte in der Aufgabenstellung der „Pflegerischen Bereichsleitung" zu nennen: patienten- und pflegeorientierte Themen und der betriebswirtschaftlich/organisatorische Bereich.

Von überragender Bedeutung ist bei der Betrachtung des Aufgabengebietes der PBL die **Intensivierung einer geplanten Führungsarbeit** vor Ort. Fast alle Führungskräfte in der Stationsleitung klagen bei traditioneller Organisationsform der sog. „integrierten Führungskraft im Pflegeteam" über Zeitmangel, Organisations- und Führungsaufgaben wahrzunehmen. Zudem entstehen Konflikte innerhalb der Teams bei der Bewertung der „Arbeitsleistung" der Stationsleitung. Dies führt häufig zu **Kompensationsverhalten.** Konkret bedeutet dies, daß Stationsleitungen administrative Arbeiten (z.B. Dienstplanbearbeitung etc.) in der Freizeit leisten und sich in den pflegerischen Dienst am Patienten miteinplanen.

Solche „Bewältigungsstrategien" führen zwangsläufig zu Defiziten, Überforderung, Demotivation und Fehlverhalten.

Durch die PBL erfährt die Stationsleitung konkrete Hilfe und Unterstützung, sie wird durch die PBL in ihren originären Aufgaben der Stationsorganisation aber nicht abgelöst.

In diesem Zusammenhang stellt sich die Frage nach der Daseinsberechtigung der sog. „stellvertretenden Stationsleitung". Im Hinblick auf effiziente und wirtschaftlich vertretbare Führungsstrukturen erscheint die klassische Position der „Zweitschwester" nicht mehr im gewohnten Umfang erforderlich, zumal die Position der „stellvertretenden Stationsleitung" sehr eng an die Pflegeablaufsystematik der althergebrachten Funktionspflege mit allen Nachteilen gebunden ist. Diese Position wird zunehmend abgelöst durch die „pflegegruppenbezogene verantwortliche Schwester" (primary nurse [→]).

Mitarbeiterführung und Personalentwicklung im Pflegebereich

Einen Tätigkeitsschwerpunkt der PBL stellt die **Personalarbeit** im Zusammenwirken mit der Stationsleitung dar, z.B. indem regelmäßige **Mitarbeitergespräche** geführt werden. In ihnen haben beide Seiten, Mitarbeiter und Führungskräfte, Gelegenheit zum offenen Dialog über Themen und Inhalte wie Selbsteinschätzung des Mitarbeiters, Wünsche, Ideen, Anregungen und Verbesserungsvorschläge, Fortbildungsinitiativen, Leistungsverhalten, Fehlzeiten. Am Ende des Gespräches steht eine gemeinsame Zielvereinbarung und eine schriftliche Fixierung der Gesprächsergebnisse.

Dieses Verfahren einer „dialogen Standortbestimmung" wird in den meisten Fällen durch die Stationsleitungen nicht zu leisten sein. Die PBL kann sie dabei unterstützen, die Beurteilung und Entwicklung der Mitarbeiter besser zu planen.

Neben Einzelgesprächen mit Mitarbeitern nehmen die **Besprechungen mit dem gesamten Team** eine wichtige Rolle im Regelkommunikationskonzept ein. Hier werden in möglichst kurzen, geplanten Intervallen Probleme der Station und Themen von allgemeiner Bedeutung für alle Beteiligten möglichst unter Einbeziehen anderer Berufsgruppen besprochen. Das Ziel ist ein effizienter Informationstransfer zwischen Leitungsebene und Mitarbeitern an der Basis der Patientenversorgung. Aufgrund der täglichen Besprechungen in der Pflegedirektion verfügt die PBL über wichtige tagesaktuelle Informationen.

Eine solche Personalarbeit vor Ort kann die **Motivation** der Mitarbeiter erhöhen, indem diese stärker beteiligt werden (z.B. in Projektarbeiten). Die Mitarbeiter sollen in ihrer täglichen Arbeit, die von Routineabläufen stark belastet ist, wieder Freude, Energie und Zukunftsperspektiven entwickeln.

Einen breiten Raum sollte auch die **Einführung neuer Mitarbeiter** einnehmen. Hierbei ist es Aufgabe der PBL, im Zusammenwirken mit den Stationsleitungen und gegebenenfalls Mentoren vorhandene Einführungs- und Einarbeitungsstrukturen weiterzuentwickeln oder neue zu schaffen.

Umsetzung „bereichsübergreifender Dienste und Strukturen" (Abb. 32-2)

Die PBL hat im Gegensatz zur Stationsleitung die Möglichkeit, stationsübergreifend Personalressourcen zu nutzen.

Der **flexible Personaleinsatz** muß geplant nach objektiven Maßstäben erfolgen. Für die Mitarbeiter ist es wichtig, daß die zeitweilige Mehrbelastung begrenzt bleibt.

Ein am Bedarf orientierter Personaleinsatz umfaßt weiterhin stationsübergreifende Nachtwachen- und Wochenenddienstpläne, das Synchronisieren von planbaren Ausfallzeiten und von Vertretungen für Urlaub oder Fortbildung. In betriebswirtschaftlicher Hinsicht ist das Ziel die kostenneutrale Kompensierung von Personalausfällen ohne gravierende Qualitätseinbrüche bei der Patientenversorgung.

Qualitätssicherung in der Pflege

Qualitätssicherung ist eine bereits längere Zeit bestehende gesetzliche Vorgabe auch für den Bereich der Krankenpflege im Krankenhaus. Neue Impulse entstanden durch die PPR.

B Wichtige institutionelle Baustellen

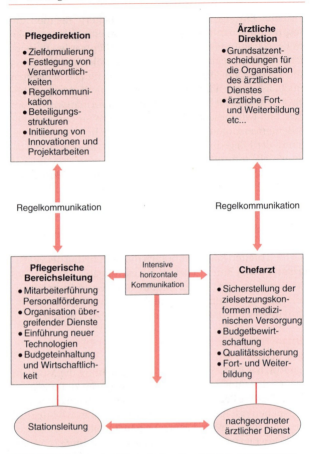

Abb. 32-2 Stellung der Pflegerischen Bereichsleitung im Interaktionsnetz des Krankenhauses

Für die Krankenpflege bedeutet dies vor allem eine **zeitgemäße und qualifizierte Dokumentation** der am Patienten erbrachten Leistungen. Die Aufgabe der PBL besteht in der Unterstützung und Bewußtmachung dieses Prozesses.

Negative Erfahrungen der Vergangenheit zeigen, wie wichtig zuverlässige Dokumentation und statistische Leistungsdaten zur Beurteilung des Leistungsgeschehens und des Personaleinsatzes sind. So wurden beispielsweise die Personalanhaltszahlen für den Pflegedienst aus dem Jahre 1969 zu einem großen Teil auf der Basis von nicht gesicherten Daten, z.B. durch Schätzungen und Annahmen, festgelegt. Diese nicht realistischen Grundlagen zur Personalberechnung führten über viele Jahre hinweg zur unzureichenden Personalausstattung im Pflegedienst.

Wesentlicher Bestandteil qualitätssichernder Maßnahmen ist die **Entwicklung und Anwendung** sowie die Fortschreibung von **Pflegestandards** bzw. von Anweisungen zur Durchführung der Pflege. Der hierfür erforderliche administrative Aufwand kann nur mit Unterstützung der PBL geleistet werden, gleichzeitig muß eine enge Verzahnung mit der Praxis und den dort tätigen Mitarbeitern bestehen.

Die Bewertung und die Ergebniskontrolle der pflegerischen Maßnahmen sind ein nicht unumstrittener Bereich der PBL (Soll-Ist-Vergleiche sind in der Praxis bei den Mitarbeitern unpopulär). Durch Pflegevisiten, Begleitung der Übergaben und im direkten Dialog mit Patienten, Angehörigen und Mitarbeitern kann der Versuch, annähernd objektive Daten zu gewinnen, erfolgen. Ein solcher konstruktiver Ansatz findet im Gegensatz zu „reinen Statistikaktivitäten" eher Akzeptanz. In diesen Bereich gehört das konstruktive „Beschwerdewesen", d.h. die Ermittlung von systemischen und punktuellen Schwachstellen mit dem Ziel der zukünftigen Leistungsverbesserung.

Zunehmend stehen auch die Forderungen zum Qualitätsmanagement aus der Sicht der Kostenträger, Versicherungen und des Gesetzgebers im Raum. Das Verfahren der Zertifizierung nach DIN ISO 9001 ff. wird sicherlich rasch an Bedeutung gewinnen. Das Bundesgesundheitsministerium entwickelt derzeit ebenfalls Qualitätsbewertungskataloge im Krankenhausbereich.

Wirtschaftlicher Sachmitteleinsatz

Neben der Steuerung der beeinflußbaren Personalkosten kommt der gezielten Beeinflussung der Sachkostenentwicklung große Bedeutung zu. Gemeinsam mit Stationsleitungen des Bereiches bzw. der Klinik soll die PBL Strukturen schaffen, um vermeidbare Kosten transparent zu machen und Gegenstrategien zu entwickeln, z.B. durch:

B Wichtige institutionelle Baustellen

- Reduzieren der Lagerhaltung auf den Stationen
- Standardisierung von Materialverbrauch (Sets)
- Dialog mit Versorgungsabteilungen (Apotheke) im Hinblick auf bedarfsgerechte Belieferung (Menge, Zeitfaktor, Verfallsdaten, Rücknahme etc.)

Des weiteren kann die PBL Projektarbeiten initiieren. Dabei sollen die Ideen und Anregungen der Mitarbeiter im Vordergrund stehen (z.B. Wäscheverbrauch, Reinigungsdienst, Einsatz von Fremdfirmen im Servicebereich, „Outsourcing" (→), Reduzierung des Artikelkataloges).

Unterstützung bei der Einführung neuer Arbeitsmittel

Im Pflegebereich gibt es einen Nachholbedarf bei der Einführung zeitgemäßer Kommunikationstechnologien. Dies liegt zum einen an den Problemen des Marktes, entsprechende „Expertensoftware" für die Stationskommunikation anzubieten, zum anderen an der zögerlichen Haltung der Krankenhausträger, in diesen Bereich zu investieren.

Mit der Forderung nach mehr Kosten- und Leistungstransparenz erfolgt die überstürzte Einführung von EDV-Systemen.

Die Aufgabe der PBL liegt darin, Einführungsstrukturen zu schaffen und Mitarbeiterschulungen gemeinsam mit der Stabsstelle für die innerbetriebliche Fortbildung (IBF) praxisnah umzusetzen.

32.6 Zusammenfassung und Ausblick

Die Institution Pflegerische Bereichsleitung hat das Ziel, auf Abteilungs-, Bereichs- und Klinikebene die Zusammenarbeit mit anderen Berufsgruppen zu verbessern. Eine direkte Kommunikation kommt sowohl den Patienten als auch allen an der Leistungserbringung Beteiligten zugute. Mehr Motivation und Harmonie im Ablauf wirken deutlich nach außen und stellen damit einen wichtigen „Marketing-Aspekt" des Krankenhauses dar.

Zentrales Element der Tätigkeit der PBL ist das Qualitätsmanagement der Krankenpflege. Die qualifizierte Weiterentwicklung der Pflege entspricht den Erwartungen des „Kunden Patient".

Zeitgemäße Organisationsformen wie die Pflegerische Bereichsleitung werden in Zukunft unentbehrlich sein.

Literatur

Brand, S.; Goersdorf, D.; Streubelt, M. et al. (Mitglieder der Expertengruppe Pflegepersonal-Regelung), Der neue Weg zur leistungsbezogenen Personalbemessung. Kommentar und praktische Hilfen. Stuttgart 1993.

Pötzl, U., „Geschäftsbericht der Pflegedirektion" – Controllinginstrument im Pflegedienst. In: Die Schwester/Der Pfleger, Heft 5, 1995, 455–456.

Pötzl, U., „Einsatz von Stationsassistentinnen" – Organisationsentwicklung zur Entlastung des Pflegedienst. In: Die Schwester/Der Pfleger, Heft 12, 1993, 1086–1088.

Schmitt, J.; Hinkel, N., „Betroffene beteiligen". Waldbreitbach 1995.

33 Gesundheitsförderliche Arbeitsgestaltung im Krankenhaus

Gabriele M. Borsi

Die Diskussionen um „Humanität im Krankenhaus" haben vor dem Hintergrund gesamtpolitischer Sparmaßnahmen auf der einen Seite, dem akuten Personalnotstand und Personalfluktuation, Demotivation auf der anderen Seite neue Aktualität gewonnen.

Sicher wird diese Diskussion verstärkt durch eine neue, durch den sog. Wertewandel mitbedingte individualisierte Anspruchshaltung informierter, medienaufgeklärter Menschen, die als Patienten, Kunden, aber auch als Mitarbeiter eigene Bedürfnisse, Wünsche und Anforderungen anmelden. Das moderne Krankenhaus muß sich zunehmend dieser „Öffentlichkeit" stellen. Patienten- und Mitarbeiterorientierung, Humanität für alle Beteiligten und Betroffenen sind gefordert.

Damit rücken auch die **allgemeinen Ziele humaner Arbeitsgestaltung** für den Arbeitsort Krankenhaus ins Blickfeld, die von der Arbeitswissenschaft (vgl. *Volpert* 1993, 3) folgendermaßen postuliert werden:

Jedes Arbeitsgestalten soll darauf ausgerichtet werden, Handlungsspielräume zu ermöglichen und zu erweitern, die **Sinnzusammenhänge** stiften. Dabei soll Über- und Unterforderung von menschlicher Arbeitskraft sowie jede Vergeudung von Ressourcen vermieden werden.

Die Faszination des Machbaren in der Technikgestaltung sowie der häufig damit verbundene Fortschrittsoptimismus sollen sich nicht zu einem uferlosen Gestaltungsdrang ausweiten. Als grundsätzliches Leitbild wird **„Mensch vor Organisation und Technik"** eingefordert.

Da diese Ziele humaner Arbeitsgestaltung häufig beträchtlich von der gängigen Praxis in Akutkrankenhäusern oder dem Bild des „schlanken Krankenhauses" (vgl. *Badura* 1993,

38) abweichen, ergeben sich daraus vielfältige Optionen für betriebliche Gesundheitsförderung und Personalpflege. Es geht darum, das Leitbild und Leitziel der WHO „Gesundheit für alle bis zum Jahr 2000" und das Teilziel „Humanität für alle Beteiligten und Betroffenen" umzusetzen. Im Konzept „Gesundheitsförderndes Krankenhaus" wird betriebliche Gesundheitsförderung näher beschrieben.

In der sozialwissenschaftlichen Krankenhausforschung zum Pflegenotstand wurden Defizite der Gesundheitsförderung und Patientenorientierung in der Arbeitsorganisation Krankenhaus hervorgehoben, die unter der Maxime der Kostendämpfung und „monetären Rationalität" besonders aufmerksam analysiert und zu Gestaltungsmaßnahmen führen müssen, will man Mitarbeiterorientierung umsetzen:

„Ein zentrales Problem der Humanität im Krankenhaus ist die fortschreitende Ausdünnung zwischenmenschlicher Interaktionschancen. Zum einen steht dies im Zusammenhang mit dem generellen Orientierungswandel medizinischen Handelns: der Verschiebung von ‚care' (Pflege) zu ‚cure' (Behandlung). Die technisch-wissenschaftliche Ausrichtung des professionellen Wertsystems setzt inhaltliche Präferenzen und gibt handlungsleitende Impulse, die von der Person des Patienten wegführen. Entscheidend beeinflußt wird die Ignoranz gegenüber dem Patienten, seinem Bedarf an kognitiver Orientierung, psycho-sozialer Unterstützung und emotionaler Zuwendung, vor allem aber durch die institutionellen Rahmenbedingungen der medizinischen Arbeit und Interaktion" (*Feuerstein/Badura* 1991, 8–9).

In diesem Forschungsbericht von *Feuerstein* und *Badura* (1991) werden für die **Inhumanität im Krankenhausbetrieb** vorrangig die **fehlenden Interaktions- und Kommunikationschancen** zwischen allen Beteiligten und Betroffenen herausgestellt. Eine genauere Analyse dieser Burnout-Syndrome bietet eine Fülle von Ansatzmöglichkeiten für Gestaltungsmaßnahmen, die aber nach systemtheoretischer Auffassung nur in einem gleichzeitigen Prozeß der Koevolution zwischen Mensch und Organisation, zwischen Personalentwicklung und Organisationsentwicklung greifen können. Es gilt, **die innere Bewältigungskapazität der Arbeitsorganisation Krankenhaus** zu analysieren, zu reflektieren und zu gestalten (Abb. 33-1).

B Wichtige institutionelle Baustellen

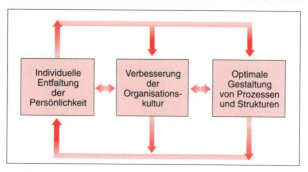

Abb. 33-1 Organisationskultur zwischen Personal- und Organisationsentwicklung

33.1 Zur Lernkultur des Krankenhauses

Die Gestaltung und Optimierung dieser inneren Bewältigungskapazität der Arbeitsorganisation Krankenhaus kann nur als kontinuierlicher, kulturbewußter Lernprozeß unter einer systemischen Perspektive einer integrierten Personal- und Organisationsentwicklung in Angriff genommen werden. Diese Krankenhaus-Lern-Kultur muß vor allen Dingen partizipativ erarbeitet werden. Mit rezeptbuchartig vorgegebenen Top-Down-Strategien werden lediglich Lernpotentiale verschüttet. So kann beispielsweise das Krankenhausleitbild in einem iterativen Gruppen-(Projekt-)Prozeß entwickelt und zur Diskussion gestellt werden. Dabei muß dieses übergeordnete Krankenhausleitbild die Teilleitbilder (Medizin, Pflege, Patienten, Verwaltung und Technik) koordinieren und integrieren.

In einem solchen **Kulturentwicklungsprozeß** geht es also um eine gemeinsame Konzeptualisierung und Gestaltung eines kollektiven Wahrnehmungsrasters, welche Werte und Normen im praktischen Klinikalltag umgesetzt werden sollen. Diese grundlegenden Einstellungen und Werte müssen sich auch in den Sprachspielen wiederfinden. So gesehen ist Krankenhauskultur ein mit der Zeit und durch vielfältige Lernprozesse erworbenes Wissens- und Erkenntnissystem, das als Interpretationsmuster für die Alltagshandlungen der Mitarbeiter (Aktionswissen) dienen soll.

Kulturentwicklung wird in dieser Sichtweise als Prozeßlernen konzipiert, das Lernen selbst zum Gegenstand der krankenhausinternen Reflexionen macht. Durch Selbstbildanalysen, Selbstreflexion und Selbstkritik sollen ritualisierte Denk- und Kommunikationsweisen, also kognitive Muster und Prozesse, in Frage gestellt werden. In diesen kulturellen Lernprozessen muß dabei für alle Mitarbeiter transparent werden, welche impliziten Leitbilder und Rituale, Handlungs- und Machtketten in täglichen Handlungsroutinen – so ganz selbstverständlich und ohne Nachdenken – ablaufen. In einer umfassenden Organisationsdiagnose müssen diese Leitbilder selbstkritischen Fragen standhalten können. Auch die täglichen Lernmuster und Lernprozesse sowie eventuelle Lernhindernisse und Abwehrmechanismen müssen erkannt, aber auch hinterfragt werden dürfen.

Im Idealfall muß allen Mitarbeitern im Krankenhaus der Sinnbezug der Handlungen, auch in ihren Neben- und Nachfolgen, überschaubar sein.

Es gilt, eine stimmige Krankenhauskultur zu entwickeln, die ganz grundlegend von der Maxime ganzheitlicher Arbeitsgestaltung ausgeht.

33.2 Ganzheitliche Arbeitsgestaltung

Nach arbeitspsychologischer Perspektive ganzheitlicher Arbeitsgestaltung können 4 Gebiete abgesteckt werden, in denen Gestaltungspotentiale für die Entwicklungs-, Gesundheits- und Lernförderlichkeit, also für Humanität im Krankenhaus, zu finden sind:
- Gestaltung von Arbeitsaufgaben
- Gestaltung (informations-)technischer Arbeitsmittel und Medien
- Gestaltung der Arbeitsorganisation
- Gestaltung der Qualifizierungsprozesse (vgl. *Volpert* 1993, 61)

Hier wird sichtbar, daß sich Gestaltungsauftrag und Gestaltungsaufgabe für das Krankenhausmanagement vom individuellen Arbeiten und Lernen bis zum kollektiven Handeln und organisationalen Lernen in kooperativen multiprofessionellen Arbeitsbeziehungen erstreckt. Die Gestaltung und Steuerung dieser zirkulären Prozesse kann nur durch eine systemorientierte Denk- und Managementhaltung gelingen, die die Systemintegration der oft konfliktreichen Ziele, der beruflichen Subgruppen, deren unterschiedlichen Kulturen und Sprachspiele durch eine „stimmige" Vernetzung von Strategie, Kultur und Struktur aufgreift. Die Arbeitspsychologie verwendet das Bild der Doppelhelix, um auf die Notwendigkeit einer gleichzeitigen Verschränkung von Organisationsentwicklung und Personalentwicklung hinzuweisen.

Nach *Ulich* (1991, 2) gehört zu den wesentlichen „Botschaften" der Arbeitspsychologie „die Erkenntnis, daß es heutzutage möglich und notwendig ist, Arbeitstätigkeiten und Organisationsstrukturen so zu gestalten, daß sie Humankriterien und langfristig orientierten Kriterien betrieblicher Effizienz zugleich entsprechen".

Über- oder Unterforderung der Mitarbeiter, starre Personalpläne und Personalzeiten, ungefragter Einsatz auf wechselnden Arbeitsplätzen nach dem Motto „Jeder muß ‚alles' können!" ist nach diesen Worten von Ulich, ganz abgesehen von dem dahinterliegenden Menschenbild der Maschinenmetapher, eine Vergeudung menschlichen Potentials und damit gleichzeitig auch unwirtschaftlich („Nutzung des Menschen").

Im **Prinzip der differentiellen Arbeitsgestaltung** (vgl. *Ulich* 1991) werden die Verschiedenheit menschlicher Fähigkeiten und Fertigkeiten anerkannt und die individuellen Motive und Ziele, die persönlichen Werthaltungen und Ideale (bezogen auf den Sinngehalt der eigenen Arbeit) einbezogen. Der Sinnbezug des Handelns, der Wunsch nach sinnvoller Arbeit, nach sozialer Anerkennung und Selbstverwirklichung muß nach neueren Ergebnissen der sog. Wertewandelforschung einbezogen werden. Die Persönlichkeit des Mitarbeiters kann in dieser Perspektive ganz unmittelbar durch Auseinandersetzung mit der Arbeitstätigkeit optimal entwickelt werden. Diese Aufwertung des mündigen Mitarbeiters kann durch das **Konzept der Soziotechnischen Systemgestaltung**, das vom Londoner Tavistock Institute of Human Relation bereits 1950 bis 1958 entwickelt wurde, weiter unterstützt und gefördert werden (vgl. zusammenfassend *Ulich* 1991).

Betrachtet man soziotechnische Systeme unter einem dynamischen Aspekt, der eine Aushandlung der beteiligten sozialen, organisationalen und technischen Systemkomponenten zuläßt, so gilt es, diese „gemeinsam" und „gleichzeitig" zu optimieren. Dies bedeutet beispielsweise, daß Krankenhausleitbilder und -ziele nicht einfach top-down vorgegeben werden, sondern interaktiv-diskursiv erarbeitet werden. In dieser **mikropolitischen** Arena geht es deshalb um das „best match" zwischen den oft konkurrierenden Zielen und Interessen von Arbeitsgruppen, Professionen, auch makropolitischen Einflüssen aus der Umwelt. In diesem Zusammenhang sind **Fragen der partizipativen Arbeitsgestaltung** von (neuem) Interesse, die Demokratisierungsprozesse im Betrieb Krankenhaus einleiten oder ausweiten.

Bezogen auf das Thema **Humanisierung der Arbeit im Krankenhaus** bedeutet dies, daß die im Alltag gängige Definitionsmacht der Technik keinen Vorrang vor Patientenorientierung und ganz allgemein vor „Humanität für Beteiligte und Betroffene" haben darf.

33.2.1 Das Konzept des Organisationsspielraumes

Für den Aufbau dieses **Leitbildes** gilt es, Strategie, Struktur und Kultur in der sozialen Organisation Krankenhaus stärker zu vernetzen; dabei kann von der Existenz eines gewissen Spielraumes bei der Gestaltung der Organisations- und Arbeitsstrukturen ausgegangen werden, der ganz grundsätzlich eine strategische Wahl zuläßt. Hier müssen Leitbilddiskurse im Hinblick auf die Ethik des institutionellen Handelns problematisiert werden, die von dem übergeordneten Leitbild Humanität, d.h.

- **Mensch vor Organisation,**
- **Mensch vor Technik,**
- **Patientenorientierung und Gesundheitsförderung** für alle Beteiligten und Betroffenen ausgeht.

Als Beispiel für einen solchen beschriebenen Leitbilddiskurs kann die Techniksteuerung im Krankenhaus problematisiert werden. „Technik" in dieser breiten Definition bezeichnet alles, was dem Sozialen gegenübersteht; sie wirkt nicht als „objektiver Sachzwang" auf soziale Organisationen und deren Mitglieder ein, sondern gilt als sozial konstruierte Realität, die von den Klinikmitarbeitern sowie von deren Umwelt (z.B. den Technik-Märkten) selbst produziert wird. Dieser Denk- und Gestaltungsansatz des „social construction paradigm" bietet viele Möglichkeiten, die von autonomen Subjekten, von emanzipierten Mitarbeitern, von „Bürgern im Betrieb" allerdings aktiv aufgegriffen und gestaltet werden müssen. So gesehen, können **Mitarbeiter als Steuerungsakteure** gesehen werden, die in verschiedenen Handlungsnetzwerken komplexe Entscheidungs- und Abstimmungsprozesse mitbestimmen und so Humanität und ethisches Alltagshandeln im Krankenhaus mitgestalten können. Mit Hilfe von berufsgruppenübergreifenden **Qualitäts- und Gesundheitszirkeln** kann eine **Institutionalisierung** dieser Entscheidungs- und Abstimmungsprozesse erreicht werden. Eine dialogorientierte Führungs- und Kommunikationskultur kann Möglichkeiten zu Partizipation eröffnen. Partizipation muß im Arbeitsalltag Krankenhaus „erfahren" und auch erlernt werden können; so beispielsweise in interdisziplinären Arbeitsgruppen oder „Teams" bei Absprachen über Behandlungspläne, aber auch bei Forschungs- und ethischen Grundsatzfragen.

Durch eine **stimmige Lernkultur** können individuelle, gruppenbezogene und organisationale Lernprozesse auf den verschiedensten hierarchischen Ebenen berufsgruppenübergreifend implementiert und gefördert werden; letztendlich kann in gewisser Weise auf diesem Weg die Maxime eines „lebenslangen Lernens" realisiert werden.

33.2.2 Aufgabengestaltung vor Arbeitsmittelgestaltung

Dunckel/Volpert (1993, 344) fordern eine Gestaltung der Arbeit, „die sich an den Möglichkeiten und Besonderheiten des Menschen orientieren muß" und die sich nicht vorrangig durch sog. Sachzwänge oder die o.g. Definitionsmacht der Technik bestimmen oder vorstrukturieren läßt. *Volpert* (1990, 25) betont das „Prinzip der eigenen Entwicklungswege" und geht von einer „Befähigung des Individuums zu selbstreflexivem, eigenständigem Handeln" (27) aus, das durch den „Kontext", d.h. gesellschaftlich-geschichtlich, begrenzt wird. Entwicklungsräume, Entwicklungschancen und Entwicklungswege können bereitgestellt werden, die auf diese Weise den jeweils eigenen Entwicklungsweg des arbeitenden Menschen fördern oder auch behindern. Den eigenen Weg muß aber jeder Mitarbeiter selbst finden. „Den Rahmenbedingungen des eigenen Sich-Entwickelns kann man sich nicht entziehen, wohl aber unterscheiden sich diese hinsichtlich des Ausmaßes, in welchen sie Möglichkeiten öffnen oder schließen, den eigenen Weg ermöglichen oder behindern" (28). Moderne Personalentwicklungskonzepte schließen an diesem Menschenbild des entwicklungsfähigen arbeitenden Menschen an, das die **Selbststeuerung** gegenüber der **Fremdsteuerung** betont. Lernbeziehungen und Lernpartnerschaften zwischen Führenden und Geführten gehören heute zu wichtigen Managementstrategien (vgl. *Borsi* 1994, 1996).

Berücksichtigt man die o.g. Humankriterien persönlichkeitsförderlicher Arbeit, so werden an die Bewertung und Gestaltung von Arbeitsaufgaben und Arbeitssystemen folgende, in Tabelle 33-1 aufgeführten Anforderungen gestellt.

33.2.3 Persönlichkeitsentwicklung in und durch Arbeit

In der Arbeitsorganisation Krankenhaus bekommt die Persönlichkeitsentwicklung in und durch die Arbeit zunehmend mehr Bedeutung, da Sinn(entfaltungs)bedürfnisse und Sinnerfahrung der Mitarbeiter sich als wichtige Bausteine der Arbeitszufriedenheit herauskristallisiert haben und vermutlich am ehesten die Berufsfluktuation, innere Kündigung oder den sog. Personalnotstand in der Pflege eindämmen können.

Mitarbeiter möchten sich mit ihrem Berufsbild und ihrer Arbeitsumwelt kohärent fühlen und ihre individuellen Ziele und Motive mit den Leitbildern des Krankenhauses vereinbaren können.

Die zentrale Bedeutung des **Kohärenzerlebens** für die Gesundheit und das Wohlbefinden des arbeitenden Menschen hat insbesondere *Antonovsky* (1979) herausgestellt (vgl. zusammenfassend *Borsi* 1994). Das Wohlbefinden im helfenden Beruf kann durch die reflektierte Gestaltung einer persönlichkeits- und entwicklungsförderlichen und damit gesundheitsförderlichen Krankenhauskultur wesentlich beeinflußt werden. Diese Kultur kann Entwicklungsräume und Organisationsspielräume eröffnen, bereitstellen und fördern. Es gilt also, nach neuerer betriebswirtschaftlicher Managementlehre eine **„Systemidentität"** im Krankenhaus

B Wichtige institutionelle Baustellen

Tab. 33-1 Merkmale einer humanen Arbeits(aufgaben-)gestaltung

Gestaltungsmerkmal	Ziel/Absicht/Vorteil/Wirkung	Realisierung durch:
Ganzheitlichkeit	• Mitarbeiter erkennen Bedeutung u. Stellenwert ihrer Arbeit • Mitarbeiter erhalten Rückmeldung über den eigenen Arbeitsfortschritt aus der Tätigkeit selbst	• umfassende Aufgaben mit der Möglichkeit, Ergebnisse der eigenen Tätigkeit auf Übereinstimmung mit gestellten Anforderungen zu prüfen
Anforderungsvielfalt	• unterschiedliche Fähigkeiten, Kenntnisse und Fertigkeiten können eingesetzt werden • einseitige Beanspruchungen können vermieden werden	• Aufgaben mit planenden, ausführenden und kontrollierenden Elementen bzw. unterschiedlichen Anforderungen an Körperfunktionen und Sinnesorgane
Möglichkeiten der sozialen Interaktion	• Schwierigkeiten können gemeinsam bewältigt werden • gegenseitige Unterstützung hilft, Belastungen besser zu ertragen	• Aufgaben, deren Bewältigung Kooperation nahelegt oder voraussetzt
Autonomie	• stärkt Selbstwertgefühl und Bereitschaft, Verantwortung zu übernehmen • vermittelt die Erfahrung, nicht einfluß- und bedeutungslos zu sein	• Aufgaben mit Dispositions- und Entscheidungsmöglichkeiten
Lern- und Entwicklungsmöglichkeiten	• allgemeine geistige Flexibilität bleibt erhalten • berufliche Qualifikationen bleiben erhalten und werden weiterentwickelt	• problemhaltige Aufgaben, zu deren Bewältigung vorhandene Qualifikationen erweitert bzw. angeeignet werden müssen

aufzubauen, die als Leitlinie Patientenorientierung und Humanität für alle Beteiligten und Betroffenen praktisch umsetzt. Die Entwicklung einer solchen Krankenhauskultur kann nur durch einen permanenten Lern-Prozeß gelingen, der durch eine grundlegende Leitbilddiskussion über die Ziele und Strategien qualifizierender Arbeitsgestaltung im „Alltagslernen vor Ort" differenziert nachdenkt und im Sinne von partizipativer Arbeitsgestaltung Arbeitsprozesse und Arbeitsbeziehungen so herstellt und zuläßt, daß Humanität in der Praxis und „vor Ort" erlebt und gelebt werden kann.

33.3 Strategisches Konzept der Systemintegration

Die in Kapitel 33.2 genannten 4 Ebenen ganzheitlicher Arbeitsgestaltung müssen durch eine systemische oder integrierte, strategisch ausgerichtete Personal- und Organisationsentwicklung miteinander verbunden werden, die ganz grundlegend Personalpflege ernst nimmt. Dies ist vermutlich am ehesten durch das Managementkonzept „lernende Organisation" zu erreichen, das die individuellen, die gruppenbezogenen und organisationalen Ebenen und Prozesse durch einen kulturellen Lernprozeß miteinander verknüpft und vernetzt. Durch eine **entwicklungsorientierte Managementhaltung** im Krankenhaus kann diese Systemintegration am ehesten gelingen, wenn proaktive, prosoziale und partizipative Elemente das Handeln und Intervenieren bestimmen und zur Flexibilisierung von Denkmustern und Arbeitsstrukturen führen. Nach arbeitspsychologischen Kriterien sind diese vielschichtigen **Lernprozesse** so zu **gestalten**, daß

- „Spielräume für die selbständige Auseinandersetzung mit dem Lerngegenstand gegeben sind,
- nicht die kurzfristige Anpassung an eine bestimmte innerbetriebliche Situation, sondern die Verbesserung der Fähigkeiten und Möglichkeiten – insbesondere die Fähigkeit zu selbständiger Planung und Durchdringung des Arbeitsprozesses – der Arbeitenden im Vordergrund steht,
- geeignete organisatorische, technische und soziale Lernmittel zur Verfügung gestellt werden,
- der beständige Bezug von theoretischem Wissen und praktischem Tun hergestellt ist und

- das Lernen in Gruppen angeregt wird" (*Dunckel/Volpert* 1993, 348).

33 Literatur

Badura, B., Systemgestaltung im Gesundheitswesen: das Beispiel Krankenhaus. In: *Badura, B.; Feuerstein, G.; Schott, Th.* (Hrsg.): System Krankenhaus. Arbeit, Technik und Patientenorientierung. Weinheim, München 1993.

Borsi, G.M., Das Krankenhaus als lernende Organisation. Zum Management von individuellen, teambezogenen und organisatorischen Lernprozessen. Heidelberg 1994.

Borsi, G.M., Das Krankenhaus im Spiegel unserer Gesellschaft, Teil I + II. Balk Info, Heft 21, 17–26 und Heft 22, 7. Jg., 1996, 13–24.

Dunckel, H.; Volpert, W., Die Verantwortung der Arbeitspycholog(inn)en in der interdisziplinären Kooperation. In: *Bungard, W.; Herrmann, T.* (Hrsg.): Arbeits- und Organisationspsychologie im Spannungsfeld zwischen Grundlagenorientierung und Anwendung. Bern 1993.

Feuerstein, G.; Badura, B., Patientenorientierung durch Gesundheitsförderung im Krankenhaus. HBS: Graue Reihe – Neue Folge 39, Düsseldorf 1991.

Probst, G.J.B., Organisation. Strukturen, Lenkungsinstrumente, Entwicklungsinstrumente, Entwicklungsperspektiven. Landsberg am Lech 1993.

Ulich, E., Arbeitspsychologie. Zürich, Stuttgart 1991.

Volpert, W., Welche Arbeit ist gut für den Menschen? Notizen zum Thema Menschenbild und Arbeitsgestaltung. In: *Frei, F.; Udris, I.* (Hrsg.): Das Bild der Arbeit. Bern 1990.

Volpert, W., Ebenen des Dialogs zwischen Arbeitswissenschaft und Informatik. In: Ergonomie & Information Nr. 20, Themenheft Arbeitsorientierung und Aufgabenanalyse, 1993, 3–6.

34 Die Bedeutung der Kurzzeitpflege

Verena Tophofen

Bei der Suche nach neuen Wegen des Krankenhausmanagements rückt das Krankenhaus als Gesundheitszentrum, in dem verschiedene Formen von Pflegeeinrichtungen integriert sind, immer mehr in den Vordergrund.

Den rechtlichen Hintergrund hierzu bildet das Pflege-Versicherungsgesetz (PflegeVG) von 1994.

Der vorliegende Beitrag möchte aufzeigen, welche Chancen die Angliederung einer Kurzzeitpflegeeinrichtung an ein Akutkrankenhaus bzw. Gesundheitszentrum bietet.

Die finanziellen Rahmenbedingungen können nur am Rande betrachtet werden, da sich die Finanzierung der Kurzzeitpflege in den einzelnen Bundesländern derzeit sehr unterschiedlich gestaltet und noch nicht dauerhaft geregelt ist.

34.1 Was ist Kurzzeitpflege?

Kurzzeitpflege wird als vollstationäre Pflege mit einer maximalen Dauer von bis zu 4 Wochen definiert. Dies leitet sich aus dem Anspruch auf Kurzzeitpflege aus § 42 des Gesetzes zur sozialen Absicherung des Risikos der Pflegebedürftigkeit (PflegeVG) vom 26.05.1994 ab. Die Inanspruchnahme der Kurzzeitpflege unterliegt keiner Altersgrenze.

Gesetzesgrundlage

Das Pflege-Versicherungsgesetz (PflegeVG) als Bestandteil des 11. Sozialgesetzbuches (SGB XI) vom 26.05.1994 regelt u.a. die Inanspruchnahme von ambulanten und teilstationären Leistungen in Form von Tagespflege, Nachtpflege und **Kurzzeitpflege**.

Für Krankenhäuser sind vor allem die Änderungen des Krankenhausfinanzierungsgesetzes (KHG) durch das PflegeVG von besonderer Bedeutung. Das sind im einzelnen (*Mohr* 1994, 362–367):

B Wichtige institutionelle Baustellen

- Regelung über die Umwidmung von Krankenhausbetten durch §6 Abs. 3 KHG (neu) (Artikel 17 PflegeVG)
- bevorzugte Förderung des Landes bei Umwidmung durch §6 Abs. 3 KHG (neu) (Artikel 17 PflegeVG)
- Abbau von Fehlbelegung durch §17a KHG (neu) (Artikel 17 PflegeVG)
- Beibehaltung der bisherigen Förderjahrespauschale über 3 Jahre bei Abbau von Fehlbelegung durch §9 Abs. 3a KHG (neu) (Artikel 17 PflegeVG)
- Finanzierungshilfen für Investitionen in Pflegeeinrichtungen im Beitrittsgebiet (Art. 52 PflegeVG)

Das **Ziel** des Gesetzgebers ist eine Kosteneinsparung durch den Abbau von fehlbelegten Krankenhausbetten durch sog. Pflegefälle. Da jedoch in größerem Umfang Kosten nur durch Personalreduzierung eingespart werden können, wird es das Bestreben sowohl des Gesetzgebers als auch der Krankenkassen sein, ganze Abteilungen zu schließen bzw. umzuwidmen.

Bei einer Umwidmung ist darauf zu achten, daß Kurzzeitpflegeeinrichtungen als „selbständig wirtschaftende Einrichtung" zu führen sind (§71 Abs. 2 PflegeVG).

Inbetriebnahme einer Kurzzeitpflegeeinrichtung

Mit Inkrafttreten des Zweiten Gesetzes zur Änderung des Heimgesetzes vom 03. Februar 1997 ist das Heimgesetz auch auf Kurzzeitpflegeeinrichtungen anzuwenden (§1 Abs. 1a HeimG). Es regelt u.a. Vertragsangelegenheiten, Voraussetzungen für die Inbetriebnahme und Überwachungsmöglichkeiten durch den Gesetzgeber.

Nach §7 Abs. 1(1) HeimG ist darauf zu achten, daß spätestens **3 Monate** vor Inbetriebnahme der neuen Einrichtung diese bei entsprechender Stelle angezeigt wird.

Mindestanforderungen für Kurzzeitpflegeeinrichtungen sollen noch in einer gesonderten Rechtsverordnung geregelt werden (§3 Satz 2).

Inanspruchnahme von Kurzzeitpflege

Gemäß §42 Abs. 2 PflegeVG besteht ein Anspruch auf Kurzzeitpflege für längstens 4 Wochen im Jahr, wenn der Pflegebedürftige zuvor mindestens 12 Monate in seiner häuslichen Umgebung gepflegt wurde.

Folgende Gründe können u.a. zur Nachfrage von Kurzzeitpflege führen:

- von seiten des Pflegebedürftigen:
  - Vermeidung eines Krankenhausaufenthaltes bei zeitweilig gestiegenem Pflegeaufwand
  - Übergangsversorgung bis zur Aufnahme in ein Senioren- oder Pflegeheim (z.B. bei frühzeitiger Entlassung aus dem Krankenhaus)
- von seiten der Pflegenden:
  - Abwesenheit durch Urlaub, Krankheit, etc.
  - zur Kompensation zeitweiliger Überlastung
  - sonstige Gründe in der häuslichen Atmosphäre, z.B. während des Umbaus zu einer behindertengerechten Wohnung

Die Pflegekassen als Kostenträger übernehmen im Jahr maximal 2800 DM der anfallenden Kosten.

Die Einrichtungen haben nach §72 Abs. 1 SGB XI mit den Landesverbänden der Pflegekassen Verträge zu schließen, um Art und Umfang der pflegerischen Versorgung entsprechend den Anforderungen des SGB XI sicherzustellen.

34.2 Was ist vor der Implementierung der Kurzzeitpflegeeinrichtung an einem Akutkrankenhaus zu bedenken?

Umfeld des Krankenhauses

Das Bestreben verschiedener Gesetzesänderungen ist die Reduzierung von Krankenhausbetten mit dem Ziel massiver Kostensenkungen durch Personaleinsparungen. Als Maßnahmen zum Bettenabbau werden u. a. das ambulante Operieren, die vor- und nachstationäre Behandlung, die Senkung der Verweildauer, wie auch die Leistungen aus dem PflegeVG genannt. Für das Krankenhaus stellt sich dabei die Frage, ob

- es zu einer Reduzierung des Leistungsumfangs kommen soll
- oder ob freiwerdende Kapazitäten anderweitig, z.B. für die Einrichtung einer Kurzzeitpflege, genutzt werden können?

In diesem Zusammenhang sind folgende Fragen interessant: Wie ist der Bedarf für Kurzzeitpflege im Einzugsgebiet des Krankenhauses?
Gibt es bereits Anbieter dazu?

Wenn ja, in welcher Beziehung steht das Krankenhaus zu diesen Anbietern?
Könnte eine Konkurrenz entstehen und negative Auswirkungen auf das Akutkrankenhaus haben?

Hausinterne Voraussetzungen

Zieht man die Einrichtung einer Kurzzeitpflege an einem Akutkrankenhaus näher in Betracht, so müssen die hausinternen Gegebenheiten überprüft werden:

- **Räumliche Kapazitäten**

Wie sieht das Raumangebot aus?
Kann die Kurzzeitpflege als isolierte Einheit betrieben werden?

An Räumlichkeiten werden neben Ein- und Zweibettzimmern (möglichst mit Naßzellen) Personal-, Pflegearbeits- und Lagerräume benötigt. Außerdem sollten mindestens noch 2 Aufenthaltsräume zur Verfügung stehen, die als Speise- und Beschäftigungsräume genutzt werden können. Sinnvoll erscheint auch eine größere Küche mit Herd und Backofen, um Freizeitaktivitäten zu ermöglichen.

Für die Kurzzeitpflegeeinrichtung ist **die räumliche Trennung vom Akutkrankenhaus** wünschenswert, um die oft hektische Atmosphäre des Krankenhausalltags zu vermeiden. Außerdem führt das „Einstreuen" von Kurzzeitpflegebetten auf einer Akutstation zu organisatorischen Problemen, da z.B. alle Medikamente und Pflegehilfsmittel in der Kurzzeitpflege von den Pflegebedürftigen mitgebracht werden müssen und nicht vom Krankenhaus gestellt werden können. Diese Mischbelegung sollte nur in Ausnahmefällen erfolgen (vgl. Kap. 34.4).

Optimal erfolgt die Einrichtung der Kurzzeitpflege in einem separaten Gebäudeteil. Das wird jedoch nicht immer möglich sein.

Da dies auch im St.-Elisabeth-Krankenhaus Lahnstein nicht realisierbar war, wurde folgende Lösung gefunden: Eine 40-Betten-Station wurde durch eine Leichtbauwand mit eingebauter Türe in 2 Bereiche geteilt. Wegen des langen Flures befanden sich bereits 2 Pflegearbeitsräume auf der Station. Durch einen Wanddurchbruch konnte ein 2. Zugang zur Stationsküche geschaffen werden. Für die Kurzzeitpflege wurde der Bereich gewählt, in dem sich die Tagesräume befinden, da die neue Akutstation überwiegend Kurzlieger aufnimmt und dort eher auf einen Aufenthaltsraum verzichtet werden konnte. Die Mitarbeiter der Technischen Abteilung führten sämtliche Baumaßnahmen durch.

- **Personelle Kapazitäten**

Wie ist das personelle Angebot im Krankenhaus?
Gibt es noch freie Ressourcen, die für die Kurzzeitpflegeeinrichtung mit genutzt werden können oder müßte z.B. im Wirtschafts- und Versorgungsdienst neues Personal eingestellt werden?

In der Regel bietet die Integration der Kurzzeitpflege am Akutkrankenhaus den Vorteil, vorhandene Personalressourcen zu nutzen.

Pflegepersonal

Laut KHG §17a Abs. 3 sollen bei der Umwidmung von „Teile(n) des Krankenhauses in Pflegeeinrichtungen (...) Regelungen getroffen werden, die einer möglichst nahtlosen Übernahme von Krankenhauspersonal durch die neue Pflegeeinrichtung förderlich sind." Daraus können sich verschiedene Vorteile ergeben:
– Arbeitsplatzsicherheit für die Mitarbeiter
– Vermeiden hoher Personalgewinnungskosten für das Unternehmen bzw. die Möglichkeit, auf bewährte Mitarbeiter zurückgreifen zu können
– vertrautes Personal für den Pflegebedürftigen

Häufig bestehen beim Pflegepersonal Vorbehalte gegenüber der Kurzzeitpflege, besonders im Hinblick auf die Pflegebedürftigkeit der Patienten und die damit verbundenen körperlichen und psychischen Belastungen. Hier ist Aufklärung gefordert, z.B. durch „Vor-Ort-Besuche" anderer Kurzzeitpflegeeinrichtungen, die zur Motivation der (zukünftigen) Mitarbeiter beitragen können.

Bei der Einstellung neuer Mitarbeiter sollten neben **Krankenpflegekräften** auch **ausgebildete Altenpflegekräfte** berücksichtigt werden, da die Beschäftigung von älteren Menschen in der Kurzzeitpflege einen großen Raum einnimmt. Dies ist für Krankenpflegekräfte mit langer Krankenhauserfahrung ungewohnt und kann u.U. zu einem Gefühl der Unterforderung führen. Daher ist es wichtig, bei der Besetzung der Planstellen diesen Punkt mit dem potentiellen Mitarbei-

B Wichtige institutionelle Baustellen

ter zu besprechen, um Motivationsverlust und Unzufriedenheit möglichst zu vermeiden.

Der Personalbedarf liegt überwiegend bei qualifizierten Pflegekräften (ein- und dreijährige Ausbildung). Die Qualität der Pflege beeinflußt den Ruf der Kurzzeitpflegeeinrichtung und damit auch den des Krankenhauses.

Neben der Höhe der ausgehandelten Pflegesätze werden Anzahl der Pflegeplätze und Grad der Pflegebedürftigkeit ausschlaggebend für den Stellenplan sein. Insbesondere kleine Abteilungen werden eine Gratwanderung zwischen Kostendeckung und einer Personalmindestbesetzung beschreiten müssen.

Am St.-Elisabeth-Krankenhaus Lahnstein wurde entgegen den Erwartungen festgestellt, daß im Verlauf des 1. Jahres nach Inbetriebnahme weniger als $1/4$ der Pflegebedürftigen der Pflegestufe 3 angehören. Der überwiegende Teil befindet sich in Stufe 1 und 2. Ca. $1/4$ entspricht sogar der Pflegestufe 0. Letztere benötigen lediglich eine allgemeine Aufsicht und Freizeitbeschäftigung, da sie z.B. aufgrund von starker Vergeßlichkeit nicht mehrere Tage alleine zu Hause bleiben können. Bei den Pflegebedürftigen der Stufe 3 handelt es sich in der Regel um nicht rehabilitationsfähige Apoplektiker oder Karzinompatienten im Endstadium.

Die Anbindung der Kurzzeitpflege an ein Krankenhaus bietet die Möglichkeit, die Personalbesetzung auf eine durchschnittliche Belegung auszurichten, da in pflegeintensiveren Zeiten qualifizierte Pflegekräfte aus dem Krankenhaus kurzfristig „ausgeliehen" werden können. Wichtig bleibt jedoch die kostenmäßige Zuordnung.

Die Kurzzeitpflege am St.-Elisabeth-Krankenhaus Lahnstein ist auf 8 Pflegeplätze ausgerichtet, die fast ständig zu 100% belegt sind. Derzeit sind dort im Tagdienst 2,5 examinierte Pflegekräfte sowie 1,7 Altenpflegekräfte beschäftigt. Hinzu kommen 1 Helferin im Freiwilligen Sozialen Jahr bzw. 1 Jahrespraktikantin und (zeitweise) 1 Krankenpflegeschülerin. In Ausfallzeiten (Krankheit, Urlaub etc.) und wenn mehrere Schwerstpflegebedürftige versorgt werden müssen, werden examinierte Pflegekräfte tage- oder stundenweise aus dem Krankenhaus „ausgeliehen". Oft reicht

1 zusätzlicher Mitarbeiter für 2–3 Stunden, um gemeinsam die Grundpflege am Morgen und Abend durchführen zu können.

Je nach Anzahl der Betten benötigt die Kurzzeitpflege nicht zwingend einen eigenen Nachtdienst, da im Altenheimbereich die Anhaltszahlen (Bewohner je Nachtwache) höher als im Akutkrankenhaus liegen. Es muß individuell entschieden werden, ob eine Hauptnachtwache oder eine Nachtwache auf gleicher baulicher Ebene aus dem Akutbereich die Kurzzeitpflegegäste mitbetreuen kann. Diese bedeutet sowohl für das Akutkrankenhaus wie auch die Kurzzeitpflegeeinrichtung eine Personalkostenersparnis.

- **Weitere Berufsgruppen**

Weitere Berufsgruppen aus dem Krankenhaus, die in der Kurzzeitpflege mit integriert werden sollten, sind:
– **Physiotherapeuten**
– **Krankenhaus-Seelsorger** und ein evtl. vorhandener Besuchsdienst
– **Sozialarbeiter**, die bei der Suche nach einem Dauerheimplatz behilflich sein können
– **Krankenpflegeschüler**, für die der Einsatz (mit Genehmigung der Bezirksregierung) als internistischer oder ambulanter Einsatz während der Ausbildung gezählt werden kann
– evtl. vorhandene **ehrenamtliche Mitarbeiter** (z.B. Ordensschwestern an kirchlich geführten Krankenhäusern)
– **externe Dienstleister** am Krankenhaus (z.B. selbständige Fußpfleger, Friseure)

34.3 Aufenthalt in der Kurzzeitpflegeeinrichtung

Um den Charakter der Kurzzeitpflegeeinrichtung deutlich von dem „Institutscharakter" des Krankenhauses abzugrenzen, steht die **wohnliche Atmosphäre** der Einrichtung an oberster Stelle.

Auch Angehörige legen bei der Auswahl des Kurzzeitpflegeplatzes sehr viel Wert auf die wohnliche Atmosphäre und eine **seniorengerechte Ausstattung** (z.B. holzverkleidete höhenverstellbare Seniorenheimbetten, Gardinen etc.).

Die **Orientierung im Alltag** ist für ältere Menschen besonders wichtig. Durch die räumliche Gestaltung kann wesentlich dazu beigetragen werden.

Beispiele:
- Als zeitliche Orientierungshilfe wird in jedem Zimmer eine große Uhr und ein Tageskalender angebracht.
- Jeder Pflegebedürftige erhält ein großes, auswechselbares, farbiges Namensschild an seine Zimmertüre. Die Farbe wiederholt sich an allen „persönlichen" Plätzen (Kleiderschrank, Waschnische, Eßplatz etc.).
- Die Pflegebedürftigen sollten Raum für persönliche Gegenstände haben, die den Bezug zu ihrem Zuhause herstellen und das Eingewöhnen erleichtern (z.B. Korkwände für Photos, Abstellmöglichkeiten für Bücher, Bilderrahmen).

Im Hinblick auf die Kundenorientierung der Einrichtung und um die Eingewöhnung zu erleichtern, sollte das Zimmer bei der Aufnahme bereits mit Namensschild, ggf. Blumen oder einer anderen Aufmerksamkeit vorbereitet sein.

Kontaktaufnahme

In der Kurzzeitpflegeeinrichtung am St.-Elisabeth-Krankenhaus Lahnstein wird der Pflegebedürftige ganz bewußt als „Kurzzeitpflege**gast**/Pflege**gast**" und nicht als „Patient" oder „Pflegebedürftiger" bezeichnet. Dies stößt zunächst auf Verwunderung, wird dann aber positiv begrüßt. Der Begriff „Gast" unterstreicht die Abgrenzung zum Krankenhausaufenthalt und steht für den befristeten Aufenthalt. Außerdem erweckt er durch die Assoziation an „Kurgast, Feriengast" eine positive Einstellung zu dem geplanten Aufenthalt. Letztlich sind nicht alle Pflegegäste schwer- und schwerstpflegebedürftig, sondern zum Teil auch „nur" betreuungsbedürftig. Der Begriff „Gast" hebt auch für Mitarbeiter die Kundenorientierung noch deutlicher hervor.

Ein Patient kann nur in begrenztem Umfang die Wahl des Krankenhauses beeinflussen. Der Kurzzeitpflegegast bzw. seine Angehörigen wählen dagegen in der Regel die Pflegeeinrichtung sehr sorgsam aus und machen eine wiederholte Aufnahme von der persönlichen Zuwendung, dem Ambiente und der gebotenen Pflegequalität abhängig.

Aufgrund des starken Kostendruckes in den Akutkrankenhäusern kommt es immer öfter zu vorzeitigen Entlassungen noch pflegebedürftiger Patienten, die eine **ungeplante kurzfristige Aufnahme** in der Kurzzeitpflegeeinrichtung erforderlich machen. Um Angehörigen und dem Pflegebedürftigen kurzfristig Informationen zur Kurzzeitpflege geben zu können, sollte daher jederzeit ein fester **Ansprechpartner** vorhanden sein.

Vor einem ersten Aufenthalt in der Kurzzeitpflege erweist sich ein **Vorgespräch** mit dem zukünftigen Gast im Krankenhaus oder im Rahmen eines Hausbesuches als positiv.

Der Hausbesuch unterstreicht den individuellen Betreuungscharakter durch die Pflegeeinrichtung. Dabei kann sich der Mitarbeiter dem Gast vorstellen und gleichzeitig einen ersten persönlichen Eindruck von diesem erhalten. Neben dem Grad der Pflegebedürftigkeit können ggf. vorhandene Pflegehilfsmittel und deren Mitnahme in die Kurzzeitpflege sowie Ressourcen des zukünftigen Gastes besprochen werden. Vor dem Hintergrund der biographischen Anamnese können Trainings- und Beschäftigungsmaßnahmen für den Aufenthalt besprochen werden. Diese Informationen fließen in die zu erstellende **Pflegeplanung** mit ein.

In der Regel nehmen auch die Angehörigen das Angebot des Hausbesuches gerne in Anspruch. Die Kommunikation mit den Angehörigen sollte nicht unterschätzt werden, da die Einrichtungen häufig von ihnen ausgewählt werden und sie damit im weiteren Sinne als „Kunden" zu betrachten sind.

Bei dem Vorgespräch sollte bereits auf die **Finanzierungsmöglichkeiten** durch die Pflegekassen, die weitere Betreuung durch den Hausarzt und die Notwendigkeit, Medikamente und Pflegehilfsmittel bzw. Rezepte mitzubringen, hingewiesen werden.

Allerdings erfordert ein Hausbesuch einen relativ hohen Zeitaufwand, so daß seine Notwendigkeit sehr sorgfältig geprüft werden muß. Bei wiederholter Aufnahme ist in der Regel kein weiterer Besuch erforderlich.

34.4 Räumliche und personelle Synergieeffekte (→)

Neben der Umwidmung freier Krankenhausbetten in Kurzzeitpflegebetten und der Mitnutzung vorhandener Gemeinschaftsräume (z.B. Küche, Cafeteria, Raum für Physikalische Therapie) können auch **vorübergehende Umwidmungen** erfolgen. Wird z.B. bei kompletter Auslastung der Kurzzeitpflegeeinrichtung dringend ein weiteres Bett benötigt, so kann nach Absprache mit dem Gast bzw. seinen Angehörigen und dem entsprechenden Abteilungsarzt kurzfristig ein Krankenhausbett aus dem stationären Bereich umgewidmet werden. In diesem Fall verbleibt der Gast in seinem bisherigen Zimmer, bis ein freies Bett in den Räumlichkeiten der Kurzzeitpflege zur Verfügung steht.

Diese kurzfristige Umwidmung mag auf den ersten Blick sowohl für die Angehörigen entlastend wie auch für das Krankenhaus finanziell attraktiv sein. Sie ist jedoch nicht ganz unproblematisch.

Neben den in Kapitel 34.2 angesprochenen organisatorischen Problemen kann schnell der Eindruck entstehen, daß das Krankenhaus zwar den Kurzzeitpflegesatz in Rechnung stellt, aber nicht die entsprechenden Hotel- und Betreuungsdienste dafür anbietet, also den Gast übervorteilt. Daher sollte diese Maßnahme nur für kurze Zeit und als „Notlösung" angeboten werden. Außerdem sollte der Gast nach Möglichkeit bereits in dieser Zeit zu den Beschäftigungsangeboten in die Kurzzeitpflege gebracht werden, um eine Unterscheidung zwischen Krankenhausaufenthalt und Aufenthalt in der Kurzzeitpflege für ihn und seine Angehörigen deutlich werden zu lassen.

Personelle Synergien (→) entstehen sowohl im Pflegebereich als auch in anderen Berufsgruppen, indem freiwerdende Kapazitäten und Ressourcen besser genutzt werden können. Daneben seien gemeinsam zu nutzende **Fortbildungsangebote** für Pflegende genannt.

34.5 Öffnung des Krankenhauses nach außen

In bezug auf ihre Darstellung in der Öffentlichkeit können Krankenhäuser durch die Anbindung einer Kurzzeitpflegeeinrichtung profitieren. Das Krankenhaus erscheint nicht mehr nur als ein Ort für akut behandlungsbedürftige Menschen, sondern wird zum **Lebensraum auf Zeit.**

Der positive Eindruck, den eine Kurzzeitpflegeeinrichtung auch bei anderen Personen (z.B. Angehörige oder Hausärzte, die ihre Patienten dort betreuen) hinterlassen kann, kann sich wiederum positiv auf das Krankenhaus auswirken.

Durch den häufigen Kontakt der Kurzzeitpflegeeinrichtung mit Seniorenheimen gerät auch das Krankenhaus verstärkt in deren Blick und kann für zukünftige stationäre Aufenthalte der Bewohner wichtig werden. Die Kontakte zwischen Krankenhaus und Sozialstation wiederum können dazu genutzt werden, die Kurzzeitpflegeeinrichtung auch in diesem Bereich bekannt zu machen. Gerade die Mitarbeiter der Sozialstation sind wichtige Werbeträger für die Kurzzeitpflegeeinrichtung, da von ihnen oft der erste Anstoß für einen Aufenthalt in einer Kurzzeitpflegeeinrichtung kommt.

34.6 Zusammenfassung

Insbesondere kleinere Allgemeinkrankenhäuser werden neue Wege beschreiten müssen, um in Zukunft bestehen zu können. Eine effiziente und zudem wirtschaftliche Möglichkeit kann der Aufbau einer Kurzzeitpflegeeinrichtung an einem Akutkrankenhaus sein. Ressourcen des Krankenhauses können genutzt werden, durch enge Zusammenarbeit entstehen Synergieeffekte (→).

Wenn trotz steigender Alterspyramide die Verweildauer in den Krankenhäusern immer weiter sinkt, ist davon auszugehen, daß der Bedarf an Pflegeeinrichtungen und speziell auch Kurzzeitpflegeplätzen weiter ansteigen wird. Gerade ältere Menschen benötigen nach einem Krankenhausaufenthalt oft noch vorübergehend pflegerische Betreuung; gleichzeitig möchten immer mehr pflegebedürftige Menschen so lange wie möglich zu Hause leben. Um diese Pflege auf Dauer gewährleisten zu können, ist eine Entlastung der pflegenden Angehörigen dringend erforderlich. Hierzu kann die Einrichtung von Kurzzeitpflegeplätzen einen wertvollen Beitrag leisten.

Literatur

Geiser, M.; Kontermann, R., Chancen und Risiken des Pflege-Versicherungsgesetzes für das Krankenhaus. In: Das Krankenhaus, 7, 1996, 347–355.

Mohr, F. W., Strategische Planung von Pflegeeinrichtungen an Krankenhäusern. In: Das Krankenhaus, 8, 1994, 362–367.

Pötzl, U., Kurzzeitpflege im Akut-Krankenhaus. In: Die Schwester/Der Pfleger, 10, 1995, 914–921.

Simon, M., Pflege-Versicherungsgesetz: Krankenhäuser brauchen eigene Umsetzungskonzepte. In: Krankenhaus Umschau, 7, 1994, 524–532.

35 Pflegeüberleitung als Aufgabe des Pflegemanagements

Karin Reicherz

Durch die aktuellen Veränderungen im Gesundheitswesen ergeben sich für das Pflegemanagement neue Herausforderungen. Verkürzte Verweilzeiten und steigende Fallzahlen beeinflussen die Pflegequalität und erfordern neue Konzepte. Die Pflegeüberleitung stellt eine Möglichkeit dar, um auf die neue Situation zu reagieren.

Der folgende Beitrag stellt die Grundgedanken der Pflegeüberleitung dar und berücksichtigt dabei auch die Schwierigkeiten bei der Implementierung.

35.1 Die Entlassung des Patienten – die Probleme beginnen

Fallbeispiel: Walter Schneider, 78 Jahre alt, befindet sich seit 14 Tagen wegen einer Apoplexie auf der internistischen Station eines Krankenhauses. Er wurde mit einer rechtsseitigen Hemiparese eingeliefert, nachdem ihn seine Ehefrau zu Hause gefunden hatte.

Die starke Bewegungseinschränkung Herrn Schneiders macht in der Zwischenzeit leichte Fortschritte. Er kann auf der Bettkante mit Unterstützung sitzen, beim Gehen braucht er Hilfe durch eine Person und auch die Körperpflege kann er nicht selbständig ausführen.

Herr Schneider findet sich mit seiner Situation nur schwer ab. Von seiten des Pflegepersonals wird er als „schwer zugänglich" beschrieben, der Patient arbeite zwar mit, die persönliche Kontaktaufnahme sei aber schwierig.

Frau Schneider ist 76 Jahre alt. Sie besucht ihren Ehemann täglich. Das Ehepaar lebt im eigenen Haus. Ein Sohn und eine Tochter wohnen 100 km entfernt, besuchen ihren Vater einmal in der Woche im Krankenhaus.

35 Pflegeüberleitung als Aufgabe des Pflegemanagements

Herr Schneider aus dem Fallbeispiel steht exemplarisch für Patienten, die nach dem Krankenhausaufenthalt weiter pflegebedürftig sind.

Die durchschnittliche Verweildauer von Patienten mit einer Apoplexie (ICD 436) betrug 1995 20,6 Tage (*Gerste/Monka* 1996).

Pötzl (1996) gibt am Beispiel eines Krankenhauses eine Quote von 10,44% an weiterhin pflegebedürftigen Patienten für das Jahr 1994 an (in diesem Fall 1567 Patienten). Diese Zahlen verdeutlichen den hohen Bedarf an Strukturen, wie sie die Pflegeüberleitung darstellt. Für die betroffenen Patienten und ihre Angehörigen kann die Situation einer unerwartet eintretenden dauernden Pflegebedürftigkeit zu vielfältigen **Problemen** führen:

- Brüche in Lebenskonzepten (wenn z.B. die gegenseitige Abhängigkeit Lebensaktivitäten einschränkt)
- Identitätsprobleme (wenn das Selbst- oder Fremdbild sich aufgrund der Pflegebedürftigkeit wandelt oder sogar zerstört wird)
- Beziehungsstörungen (die das familiäre, aber auch außerhäusliche soziale Umfeld betreffen)
- Ängste und Gefühle der Überforderung, der Verunsicherung und der Ohnmacht (weil das gewohnte Alltagshandeln in Frage gestellt und neue Handlungskonzepte entwickelt werden müssen)
- wirtschaftliche Probleme

Um die individuelle Situation nachvollziehen zu können, müssen solche Probleme vor dem Hintergrund der biographischen Bedingungen betrachtet werden. Daraus ergeben sich **Anforderungen an das Entlassungsverfahren**.

Folgende Fragen sollten vor der Entlassung geklärt sein:

- Wie stellt sich der **Patient** seine Situation nach der Entlassung vor? Wie hoch schätzt er selbst seinen Pflegebedarf ein? Welche Vorstellungen hat er bezüglich seiner pflegerischen Unterstützung? Welche Ressourcen hat der Patient, um die Pflege selbst durchführen zu können?
- Wie stellen sich die **Angehörigen** des Patienten die Situation nach der Entlassung vor? Welche Vorstellungen besitzen sie bezüglich der weiteren Pflege? Sind die Vorstellungen und Einschätzungen des Patienten und die der Angehörigen übereinstimmend? Welche Ressourcen besitzen die Angehörigen, um die Pflege zu übernehmen? Wollen bzw. kön-

nen die Angehörigen die Pflege übernehmen? Muß die Durchführung bestimmter Pflegemaßnahmen erlernt werden? Ist möglicherweise die Unterstützung professioneller Dienste (z.B. ambulante Pflegedienste) notwendig?
- Wie schätzt das **Pflegepersonal** den Pflegebedarf und die Situation des Patienten ein?
- Wie ist das **häusliche Umfeld**? Müssen (bauliche) Veränderungen vorgenommen werden, um die Pflege zu Hause durchführen zu können?
- Wie kann die Pflege zu Hause finanziert werden?
- Falls die ideale Lösung der Umzug in ein Pflegeheim darstellt, welches kommt in Frage? Wie gestaltet sich die Finanzierung?
- Welcher ambulante Pflegedienst wird vom Patienten und seinen Angehörigen gewählt?
- Wie beurteilen andere therapeutische Dienste (z.B. Krankengymnastik) die momentane Situation und die mögliche Entwicklung des Patienten?
- Wann ist von ärztlicher Seite aus mit einer Entlassung zu rechnen? Gibt es medizinische Probleme, die berücksichtigt werden müssen?

Diese Fragen müssen geklärt werden, um die bestmögliche Lösung für die Betroffenen zu finden. Das Ziel ist, sicherzustellen, daß erfolgreich begonnene pflegerische Handlungskonzepte nach dem stationären Krankenhausaufenthalt fortgeführt werden und daß kein **qualitativer Bruch** entsteht. Neben dem Gebot der **Wirtschaftlichkeit** (Verweildauerverkürzung, Vermeidung von Drehtüreffekten etc.) muß der **humane Aspekt** in die Zielsetzung einfließen.

35.2 Wozu Pflegeüberleitung?

Bei der Entlassung handelt es sich um eine von der Aufnahme an feststehende Zielperspektive, die elementarer **Bestandteil des Pflegeprozesses** ist. Sie muß daher auch im Pflegeverständnis der Pflegenden ihren Platz haben.

Joosten (1993) beschreibt als mögliche Probleme und Widerstände, die der Implementierung der Pflegeüberleitung entgegenstehen, fehlende Informationen und mangelhafte Kooperation sowie fehlende Unterstützung und Begleitung der pflegenden Laien.

35 Pflegeüberleitung als Aufgabe des Pflegemanagements

Ein weiteres Problem stellt die „Organisation der Betreuung (dar), in der verschiedene Gesundheitsberufe und unterschiedliche Einrichtungen, jeweils auf bestimmte Abschnitte der Behandlung spezialisiert sind" (*Universität Karlsruhe* 1996, 86).

Es sind demnach **primär strukturelle Probleme**, die sich negativ auswirken.

Abbildung 35-1 zeigt die **Schnittstellen,** die im Zusammenhang mit der Entlassung von Bedeutung sind. Die Gefahr, daß relevante Informationen verlorengehen, ist nachvollziehbar. Schnittstellen werden möglicherweise auch dadurch zum Problem, daß sie von mehreren Personen ausgefüllt werden, z.B. die des Pflegepersonals. Seit Jahren gibt es Bestrebungen, die Anzahl der am Pflegeprozeß beteiligten Pflegepersonen durch geeignete Modelle der Pflegeorganisation auf ein notwendiges Maß zu reduzieren. Der Blick auf die Pflegepraxis zeigt aber oftmals noch Defizite.

Das Prinzip der traditionellen Funktionspflege mit hoher Arbeitsteiligkeit ist noch nicht überwunden. Die „Zerstückelung" des Arbeitsprozesses führt dazu, daß die Situation des einzelnen Patienten nicht mehr umfassend wahrgenommen wird. Wie *Schlettig* und *von der Heide* (1993, 68 ff.) deutlich machen, ist die traditionelle Funktionspflege verrichtungs-

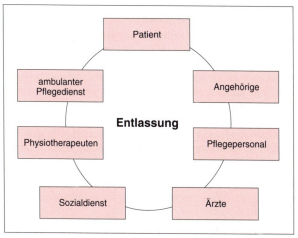

Abb. 35-1 Schnittstellen im Zusammenhang mit der Entlassung

orientiert, eine Beziehungsaufnahme zum Patienten erschwert. Letztere ist aber notwendig, um das Problem der Pflegebedürftigkeit nach der Entlassung mit den Betroffenen zu klären. Es ist außerdem fraglich, wie Informationen von bzw. über Patienten im Funktionspflegeprinzip zustande kommen, wie sie aufgrund ihres fragmentarischen Charakters gebündelt werden und in den Pflegeprozeß produktiv einfließen können. Ein ganzheitliches, ressourcenorientiertes Pflegekonzept wird sich mittels Funktionspflege nicht umsetzen lassen.

Die nahtlose Überleitung des pflegebedürftigen Patienten vom Krankenhaus in den ambulanten Bereich oder in ein Pflegeheim setzt ein **patientenorientiertes Pflegesystem**, z.B. die Bezugspflege, voraus. Wesentliches Merkmal ist dabei die umfassende verantwortliche Zuständigkeit einer Pflegeperson für eine bestimmte, relativ geringe Anzahl von Patienten. Dabei steht die Beziehung zum Patienten im Vordergrund.

Im Hinblick auf die steigenden Fallzahlen und die sinkende Verweildauer in den Krankenhäusern muß die Entwicklung des Veränderungsprozesses – weg von der Funktionspflege hin zu patientenorientierten Pflegeorganisationssystemen – skeptisch eingeschätzt werden. Andererseits erhöht sich das Problem der Entlassung durch die verkürzte Verweildauer im Krankenhaus zusätzlich.

Die Frage, wie unter diesen Rahmenbedingungen eine optimale Pflegequalität erbracht werden kann, ist eine der großen Herausforderungen für das heutige Pflegemanagement. „Der Umfang, in dem es gelingt, die Elemente einer komplexen Behandlungskette so zu gestalten, daß sie in Inhalt und Ausprägung auf den Gesamtprozeß abgestimmt sind und ein reibungsloses Ineinandergreifen arbeitsteiliger Komponenten erlauben, hat (...) entscheidenden Einfluß auf die Qualität eines Versorgungssystems –, und zwar gleichermaßen in medizinischer wie in gesundheitsökonomischer Hinsicht" (*Badura/Feuerstein* 1993, 44).

Kooperation und **Koordination** sind also notwendig, um die Qualität der Pflege auch über den Krankenhausaufenthalt hinaus zu sichern.
Joosten (1993, 21) prägte für diesen Aufgabenkomplex den Begriff „Pflege-Überleitung" und meint damit „alle Gedan-

ken, Gefühle und Handlungen, die notwendig sind, um eine weitere kontinuierliche Qualität in der Pflege zu erhalten, und zwar beim Übergang vom Krankenhaus zur ambulanten Pflege oder Pflegeheimversorgung und umgekehrt".

Joosten (1993) führte zu Beginn ihres Projektes „Pflege-Überleitung" am Gemeinschaftskrankenhaus Herdecke eine Befragung über die Einschätzung der Notwendigkeit der Pflegeüberleitung durch. Sie bezog alle betroffenen Berufsgruppen ein, also Pflegende aus dem stationären Krankenhausbereich, dem ambulanten Bereich und dem Altenheimbereich, Sozialarbeiter, Krankengymnasten, Ärzte aus dem Krankenhaus, Hausärzte. Als Ergebnis ihrer Untersuchung konstatiert sie:
- Mängel im Bewußtsein für die Pflegeüberleitung
- fehlende Kenntnisse über die Arbeit anderer beteiligter Berufsgruppen
- mangelnde Kooperation mit anderen Berufsgruppen
- Probleme im instrumentellen bzw. methodischen Bereich (Informationsweitergabe, Anleitung von Angehörigen, Besorgen von Pflegehilfsmitteln)
- Zeitmangel, der dazu führt, daß keine Pflegeentlassungsberichte geschrieben wurden

Diese Ergebnisse führten dazu, daß im Gemeinschaftskrankenhaus Herdecke eine neue Stelle für die Pflegeüberleitung geschaffen wurde und damit ein aktiver Beitrag zur **Vernetzung** von **ambulanter** und **stationärer Pflege.**

35.3 Konzept der Pflegeüberleitung

Höhmann et al. (1997) nennen **2 Realisierungsformen** einer möglichen Vernetzung:
- Die **mittelbare Form**, bei der die Aufgaben der Pflegeüberleitung an eine dafür zuständige Person delegiert werden,
- oder die **unmittelbare Form**, bei der eine Organisationsstruktur geschaffen wird, die Kooperation und Koordination zwischen Berufsgruppen oder Einrichtungen überhaupt ermöglicht.

Im Sinne dieser Unterscheidung ist das Projekt „Pflege-Überleitung" in Herdecke der ersten Form zuzurechnen. *Joosten* (1995) selbst versteht die Aufgabe der Pflegeüberleitung als Ergänzung zum Sozialdienst.

B Wichtige institutionelle Baustellen

In den 70er Jahren wurden in Krankenhäusern **Sozialdienste** eingerichtet, um die Schnittstellenregulation zwischen dem ambulanten und stationären Bereich zu bewältigen (*Schaeffer* 1993). Seit dieser Zeit hat sich die Problemlage der Patienten in den Krankenhäusern gewandelt. Die jetzige Zielgruppe setzt sich überwiegend aus älteren Menschen und chronisch Kranken zusammen.

Pflegeüberleitung durch einen dafür zuständigen **Berater für Pflegeüberleitung** hat nicht das Ziel, den Sozialdienst aus den Krankenhäusern zu verdrängen. Es darf aber angezweifelt werden, daß der Sozialdienst den spezifisch pflegerischen Problemen der Entlassung pflegebedürftiger Patienten gerecht werden kann. Insofern ist die Ergänzung des Sozialdienstes um eine professionelle Pflegeperson sinnvoll. Es geht vielmehr um die **Zusammenarbeit beider Dienste**, in einem jeweils eigenständigen, abgegrenzten Aufgabenfeld. In der Hierarchieebene sind beide gleich angesiedelt.

Eine solche Zusammenarbeit kann Schwierigkeiten mit sich bringen (vgl. *Schaeffer/Moers* 1994), z.B. Widerstände von seiten der Ärzte, des Sozialdienstes und der Pflegenden gegenüber Pflegepersonen, die für die Pflegeüberleitung zuständig sind. Der Sozialdienst kann in dem Berater für Pflegeüberleitung eine **Konkurrenz** sehen. *Schaeffer/Moers* (1994) sehen die Ursache in der problematischen Einordnung des Sozialdienstes innerhalb der Hierarchie der Krankenhäuser.

Arbeitsüberlastung kann der Grund dafür sein, daß das Pflegepersonal der Pflegeüberleitung ablehnend gegenübersteht, denn der Berater für Pflegeüberleitung wird im Pflegepersonal einen wichtigen Ansprechpartner sehen. Die intendierte Entlastung im Prozeß der Entlassung könnte auch als Kontrolle erlebt werden.

Möglicherweise spiegelt sich darin das fehlende Problembewußtsein für die Bedeutung der Pflegeüberleitung, auf die auch *Joosten* im Ergebnis ihrer Umfrage hinweist.

Schaeffer/Moers (1993) nennen als weiteres Problem bei der Einrichtung der Pflegeüberleitung die **Kollision mit Hierarchie- und Machtstrukturen** im Krankenhaus. Der Berater für Pflegeüberleitung nimmt eine Schlüsselstellung im Entlassungsmanagement ein und greift dadurch in die Aufgabengebiete anderer Berufsgruppen ein.

35 Pflegeüberleitung als Aufgabe des Pflegemanagements

Der Berater für Pflegeüberleitung stellt bei der Entlassung eines Patienten in den häuslichen Bereich den Bedarf für ein Pflegehilfsmittel fest, das der Arzt verordnen muß.

Im Beratungsgespräch mit den Angehörigen zeigt sich, daß Informationen über eine bestimmte Pflegetechnik fehlen. In diesem Fall wird der Berater für Pflegeüberleitung mit dem Pflegepersonal klären, wie die Angehörigen die Pflegetechnik erlernen können.

Diese Beispielsituationen machen deutlich, daß die **Bereitschaft zur Zusammenarbeit** aller Beteiligten notwendig ist. Die Basis dafür sind:
- Bewußtsein aller Beteiligten für die Problematik der Entlassung
- gleicher Informationsstand der betroffenen Berufsgruppen über das Aufgabenfeld des Beraters für Pflegeüberleitung und das zugrundeliegende Konzept

Es wird deutlich, daß es nicht ausreicht, nur die Stelle für einen Berater für Pflegeüberleitung einzurichten.

Implementierung der Pflegeüberleitung

Grundsätzlich müssen zunächst die **Rahmenbedingungen** geklärt werden, z.B. Existenz eines Sozialdienstes oder Kommunikationsstrukturen zwischen den betroffenen Berufsgruppen. Eine Möglichkeit ist die Diskussion des momentan üblichen Entlassungsverfahrens in der Einrichtung. Diese Diskussion sollte nicht ausschließlich auf die Pflegenden bezogen sein. Die Entlassung als **interdisziplinärer Vorgang** muß auch interdisziplinär diskutiert werden, insbesondere deshalb, weil die zu erarbeitenden Lösungen von allen Beteiligten getragen werden müssen. In einem weiteren Schritt können dann Probleme im Zusammenhang mit der Entlassung genauer dargestellt werden. Auf dieser Grundlage ist es möglich, notwendige Veränderungen zu erarbeiten.

Die Ergebnisse der Vorgänge müssen im dann zu erarbeitenden **Konzept für die Pflegeüberleitung** berücksichtigt werden. Diese Vorgehensweise schließt die Beteiligung aller Betroffenen ein. Ideen und Ressourcen von ihnen sollen aktiviert und konstruktiv genutzt werden. Die Lösung ist zunächst offen.

Im beschriebenen Konzept geht es nicht um die Entscheidung für die mittelbare **oder** die unmittelbare Form der Vernetzung, sondern darum, **beide Formen** anzuwenden, um Pflegeüberleitung effektiv und dauerhaft umzusetzen.

Bei steigender Patientenzahl mit kürzerer Verweildauer wird die Arbeitsbelastung des Pflegepersonals steigen. Daher ist kaum davon auszugehen, daß das Pflegepersonal in Zukunft den zeitlichen Anforderungen der optimalen Pflegeüberleitung, z.B. durch Hausbesuche, entsprechen kann. Diese Überlegung führt dazu, die **Pflegeüberleitung** an eine speziell dafür zuständige **professionelle Pflegeperson** zu **delegieren**.

Im organisatorischen Gefüge des Krankenhauses könnte diese Stelle dann als **Stabsstelle** entweder der **Pflegedirektion oder** der **Unternehmensleitung,** wie im Gemeinschaftskrankenhaus in Herdecke (vgl. *Joosten* 1995, *Universität Karlsruhe* 1996), zugeordnet sein. In der Praxis ist der Berater für Pflegeüberleitung dann nicht in den Sozialdienst integriert.

Der enge **Kontakt zur Pflegedirektion** kann für das Funktionieren der Pflegeüberleitung wichtig sein. Ein weiterer Grund für die Ansiedelung des Beraters für Pflegeüberleitung bei der Pflegedirektion liegt in deren Verantwortlichkeit für die Pflegequalität, die durch eine effektive Pflegeüberleitung maßgeblich beeinflußt wird.

Die Einrichtung einer Stabsstelle für die Pflegeüberleitung bedeutet, daß keine neue Hierarchieebene eingeführt wird und enge Kommunikationsstrukturen bestehen.

35.4 Aufgaben der Pflegeüberleitung

Joosten (1995) und die *Universität Karlsruhe* (1996) unterscheiden folgende Aufgaben der Pflegeüberleitung:
- Pflegemanagement
- beratende Pflegetätigkeiten
- Unterricht/Anleitung

Pflegemanagement
Aufgaben, die dem **Pflegemanagement** zugeordnet werden können, beziehen sich primär auf die Überleitung des Patienten von der einen in die andere Institution. Um dabei ein hohes Qualitätsniveau zu erreichen, müssen **Informationen** von den beteiligten Institutionen eingeholt, gebündelt und weitergegeben werden. Mit Institutionen können gemeint

sein: Ambulante Pflegedienste, Altenheime, Kurzzeitpflegeeinrichtungen, Krankenkassen, Sanitätshäuser, Physiotherapeuten, Hausärzte und diverse Abteilungen innerhalb des Krankenhauses, die an der Pflege und Behandlung beteiligt sind.

Innerhalb der Informationsweitergabe spielt der **pflegerische Entlassungsbericht** eine zentrale Rolle, da er eine Grundlage für die Institution ist, die den Patienten aufnimmt. Daneben sind weitere **organisatorische Maßnahmen** im Bereich Pflegemanagement anzusiedeln, z.B. das Beschaffen von benötigten Hilfsmitteln.

Die Beratung

Unter **beratenden Pflegetätigkeiten** versteht *Joosten* (1995) das **Erfassen einer Anamnese** für die Pflegeüberleitung mit dem Ziel, Probleme, die nach der Entlassung des Patienten eine Pflegekontinuität erschweren, möglichst frühzeitig zu erfassen und durch geeignete Maßnahmen zu lösen. Beratende Pflegetätigkeit bedeutet für Joosten auch die Beratung der Pflegepersonen, die sterbende Patienten betreuen und in die häusliche Pflege überleiten wollen.

In der **Beratung** liegt der eigentliche **Schwerpunkt der Pflegeüberleitung**. Beratung bezieht sich in erster Linie auf die Betroffenen, also Patienten und Angehörigen.

B Wichtige institutionelle Baustellen

Bei der Beratung geht es zunächst darum, die **Ausgangslage** des Klienten zu eruieren, seine individuelle, aktuelle und geschichtliche Lebenssituation. Folgende Fragen helfen hier weiter:
- Wie alt ist der Klient?
- Lebt er alleine oder mit jemandem zusammen? Im eigenen Haus oder in einer Mietwohnung? In der Stadt oder auf dem Land?
- Hat er Kinder?
- Gibt es Personen, die für ihn und seine Situation eine besondere Bedeutung haben?
- Gibt es in seiner Lebensgeschichte bestimmte, für ihn wichtige Ereignisse, die Einfluß auf die momentane Situation haben?

Zusammen mit den Betroffenen kann dann eine **Zielsetzung** für die Problematik erarbeitet werden, die zu konkretem **Handeln** führt.

Eine adäquate Pflegeüberleitung setzt voraus, daß der Berater für Pflegeüberleitung intensiv mit allen Betroffenen die Situation analysiert und dabei alle Einflußfaktoren berücksichtigt. Neben den Angehörigen und Patienten spielen hierbei auch andere an der Pflege und medizinischen Behandlung beteiligte Berufsgruppen eine wichtige Rolle.

Unterricht

Mit Unterrichtstätigkeit meint *Joosten* (1995) Fortbildungsveranstaltungen über die Pflegeüberleitung in der Einrichtung selbst. Unterrichtstätigkeit bezieht sich auch auf die Arbeit mit Krankenpflegeschülerinnen in der theoretischen Ausbildung, um deren Verständnis für die Problematik der Entlassung zu fördern.

Kurse für pflegende Angehörige, sog. „Hauskrankenpflegekurse", gehören ebenfalls zu diesem Aufgabenfeld. Die Intention der **Hauskrankenpflegekurse** liegt zum einen im Erlernen von bestimmten **Pflegetechniken,** zum anderen im Erfahrungsaustausch, ähnlich dem in einer Selbsthilfegruppe. Teilweise ist zu beobachten, daß sich aus Hauskrankenpflegekursen Angehörigengruppen entwickeln, die wesentlich zur Bewältigung der häuslichen Pflegesituation beitragen können.

35.5 Qualifikationsprofil eines Beraters für Pflegeüberleitung

Die derzeitige Ausbildung in den Pflegeberufen vermittelt bzw. fördert nicht in ausreichendem Maß die erforderlichen fachlichen, methodischen, persönlichen und sozialen Kompetenzen. Um Pflegeüberleitung zu realisieren, sind vor allem ausgeprägte **kommunikative Kompetenzen** erforderlich.

Eine aktive **Auseinandersetzung** mit **Organisations-, Macht- und Hierarchiestrukturen** im Krankenhaus ist ebenfalls notwendig, da diese das Konzept der Pflegeüberleitung und ihre Umsetzung beeinflussen.

Der Berater für Pflegeüberleitung sollte über ein **ganzheitliches Pflegeverständnis** verfügen.

Er sollte in der Lage sein, vernetzt, also interdisziplinär, institutionen- und personenübergreifend, zu denken und zu handeln. Er darf in Konflikten und Problemen keine unüberwindbaren Hürden sehen, sondern muß diese konstruktiv angehen können.

Pflegerische Kenntnisse sind unabdingbar notwendig und müssen um die genannten Kompetenzen ergänzt werden.

Schaeffer/Moers (1994) zweifeln daran, daß Aufgabenstellung und Qualifikationsprofil der Mitarbeiter in den von ihnen dargestellten Modellversuchen in Einklang stehen. Die Modelle aus dem Bereich der Pflegeüberleitung von AIDS-Patienten sind mehrfach gescheitert. Die Autoren vermuten eine Überforderung aufgrund der Aufgabenstellung: „Sie sollten verknüpfen, vernetzen. Arbeitsweisen und Kooperationsroutinen von Institutionen analysieren und korrigieren, partiell Organisationsentwicklung betreiben und Managementaufgaben wahrnehmen. Aufgaben, die nicht zum Gegenstand krankenpflegerischer Ausbildungen gehören, und die angesichts der ohnehin als insuffizient erachteten Standards der Krankenpflegeausbildungen Überforderungstendenzen in sich bergen" (*Schaeffer/Moers* 1994, 15).

In den erfolgreichen Modellversuchen dagegen hatten die Stelleninhaberinnen in der Regel eine Doppelqualifikation, z.B. zusätzlich einen Hochschulabschluß oder eine sonstige Zusatzqualifikation.

Diese Aussage unterstreicht die **Forderung nach einer qualifizierenden Weiterbildung,** um die komplexen Aufgaben eines Beraters für Pflegeüberleitung erfolgreich umsetzen zu können.

Literatur

Badura, B.; Feuerstein, G.; Schott, Th. (Hrsg.), System Krankenhaus. Arbeit, Technik und Patientenorientierung. Weinheim, München 1993.

Gerste, B.; Monka, M., Die Pflege-Personalregelung 1993–1995: Vom Pflegenotstands- zum Leistungsindikator für den stationären Bereich. In: *Arnold, M.; Paffrath, D.* (Hrsg.), Krankenhaus-Report ´96. Stuttgart, Jena, Ulm, Lübeck 1996.

Grandjean, J.; Lorenz, F.; Reicherz, K., Curriculum: Qualifikation zur Beraterin / zum Berater für Pflegeüberleitung. Unveröffentlichtes Manuskript. Edith-Stein-Akademie, Neuwied 1997.

Grandjean, J., Nahtloser Übergang. Pflege-Überleitung als wichtige Schnittstelle zwischen Krankenhaus und Häuslicher Pflege. In: Häusliche Pflege, Heft 11, 1995, 848–852.

Höhmann, U.; Müller-Mundt, G.; Schulz, B., Patientenorientierte Versorgungskontinuität. Die Schwester/Der Pfleger, Heft 1, 1997, 27–32.

Joosten, M., Von der Lücke zur Brücke. Pflege-Überleitung vom Akutkrankenhaus in die ambulante Pflege. In: Pflege aktuell, Heft 10, 1995, 683–686.

Joosten, M., Die Pflege-Überleitung vom Krankenhaus in die ambulante Betreuung oder Altenheimpflege. Eine Handlungsforschung in der Pflege. Herdecke 1993.

Pötzl, U., Die Pflegeüberleitung vom Akutkrankenhaus in die ambulante Pflege. In: Die Schwester/Der Pfleger, Heft 2, 1996, 168–170.

Schaeffer, D.; Moers, M., Überleitungspflege – Analyse eines Modells zur Regulation der Schnittstellenprobleme zwischen stationärer und ambulanter Versorgung. In: Zeitschrift für Gesundheitswissenschaft, Heft 1, 1994, 7–25.

Schlettig, H.-J.; von der Heide, U., Bezugspflege. Berlin, Heidelberg 1993.

Universität Karlsruhe (TH) Fernstudienzentrum, Kontaktstudium Vernetzung in der Pflege. Studienbrief 1: Pflegenetzwerke. Karlsruhe 1996.

36 Unternehmenskommunikation – ein zentraler Erfolgsfaktor für Gesundheitseinrichtungen

Hanspeter-Stettler und Juliane Falk

36.1 Unternehmenskommunikation/ Public Relation für die Pflege

Die gesetzlichen Veränderungen der vergangenen Jahre, insbesondere durch das Gesundheitsstrukturgesetz (GSG) und das Pflegeversicherungsgesetz (PflegeVG), haben nachhaltige Konsequenzen für die Einrichtungen im Gesundheitswesen zur Folge. Die gesetzlichen Vorgaben, wirtschaftlich vertretbare als auch qualitativ hochwertige Dienstleistungen zu erbringen, verstärken den Wettbewerb der Gesundheitseinrichtungen untereinander. So wird es zu einer Frage der Existenzsicherung, daß Gesundheitseinrichtungen ihre Leistungskompetenz den Kunden sowie der Öffentlichkeit gegenüber darstellen.

Aber auch die Kunden bzw. Verbraucher von Gesundheitsleistungen haben ein Interesse daran zu erfahren, welche Institution ihre Nachfrage kostengünstig, aber auch qualitätsorientiert realisiert. So geraten Einrichtungen des Gesundheitswesens im Hinblick auf ihre Fach- und Servicekompetenz zunehmend in den Blickwinkel der Öffentlichkeit.

Bisher haben nur wenige Einrichtungen erkannt, wie wichtig eine positive Selbstdarstellung in der Öffentlichkeit ist. Von daher nutzen auch nur wenige die Chance, mit Hilfe von Public Relation die eigene Marktposition zu verbessern.

Warum liegt insbesondere in der Unternehmenskommunikation bzw. PR-Arbeit eine Chance, Marktvorteile im Vergleich zu anderen Anbietern zu erzielen? Dienstleistungen und Produkte sind heute nahezu austauschbar; auch die

Preisunterschiede sind gering. Dagegen wächst das Anspruchsniveau der Patienten bzw. Kunden. Die Frage ist nun, wie hebt man sich von der Konkurrenz ab, in einer Situation, in der es kaum noch um den Wettbewerb zwischen Produkten und Dienstleistungen geht? Die Antwort lautet: „über den Kommunikationswettbewerb". Unternehmenskommunikation stellt das positive Image der Gesundheitseinrichtung heraus. Sie lenkt die öffentliche Aufmerksamkeit auf die Leistungen und Kompetenzen der Einrichtung und unterstützt über beziehungsfördernde Maßnahmen den Dialog zu den Kunden und Geschäfts- bzw. Kommunikationspartnern. Unternehmenskommunikation aktiviert darüber hinaus intern bisher ungenutzte Ressourcen, fördert die interne Meinungsbildung und die human relations. Eine spezifische Leistungsidentität muß zunächst von den Mitarbeitern entwickelt und umgesetzt werden. Insofern hat Unternehmenskommunikation intern die Funktion, den Dienstleistungscharakter und damit den Servicegedanken zu festigen.

Wirksam ist die Unternehmenskommunikation dann, wenn sich sowohl die externen als auch die internen Kommunikationsmaßnahmen innerhalb der Einrichtung ergänzen. Dies ist möglich, wenn eine einheitliche Strategie- bzw. Zielvorgabe den Bezugsrahmen für die interne und externe Kommunikation abgibt. Umgesetzt werden die Kommunikationsmaßnahmen in einem Managementprozeß, in dem alle Aktivitäten inhaltlich, zeitlich und formal aufeinander abgestimmt werden (vgl. Abb. 36-1).

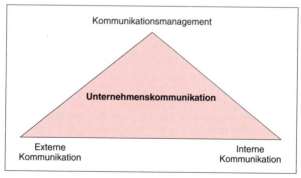

Abb. 36-1 Erfordernisse der Unternehmenskommunikation

36.2 Planung eines Strategiekonzepts zur Unternehmenskommunikation

Die folgenden Überlegungen zur Strategieformulierung im Bereich der Unternehmenskommunikation basieren auf dem **Regelkreismodell**. Bekannt ist dieses Modell als Grundlage des pflegeprozeßorientierten Arbeitens. Es umfaßt die Planung, Umsetzung, Überprüfung im Rahmen einer Soll-Ist-Analyse, die Bewertung und gegebenenfalls die Korrektur. Das Handlungsmodell ist ein zielorientiertes Problemlösemodell und veranschaulicht den Prozeßcharakter der Unternehmenskommunikation (vgl. Abb. 36-2).

Warum sollten PR- bzw. Kommunikationsmaßnahmen angesichts der damit verbundenen Kosten geplant und konzeptionell eingebunden sein? Die Kosten für eine erfolglose, weil ungeplante PR-Arbeit liegen auf jeden Fall höher. Folgenlos bleibt PR-Arbeit, wenn einzelne Kommunikationsmaßnahmen sich widersprechen und inhaltlich unterschiedliche Botschaften vermitteln.

Wird der Patient einer Kurzzeitpflege-Einrichtung über eine Werbebroschüre als „Gast" angesprochen und gleichzeitig während des Aufenthaltes bevormundet, so wird er (oder die Angehörigen) diese Einrichtung nicht weiterempfehlen. Die Einrichtung verliert potentielle Kunden und wird dadurch

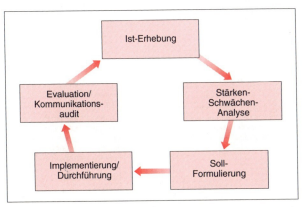

Abb. 36-2 Das Fünf-Phasen-Modell der Unternehmenskommunikation

B Wichtige institutionelle Baustellen

genötigt, zusätzliche Mittel in die Werbung zu investieren. Der Servicecharakter einer Gesundheitseinrichtung muß also im Gesamtprofil nach innen und außen wirken.

Erfolgreiche Unternehmenskommunikation beginnt daher mit der Erarbeitung eines **strategischen Gesamtkonzeptes**. Das Strategiekonzept bildet den Bezugsrahmen für die in einem begrenzten Zeitraum zu planenden Kommunikationsmaßnahmen bzw. -instrumente (Abb. 36-3).

Kommunikationsmanagement hat zur Aufgabe, die zur Öffentlichkeit bestimmten Informationen entsprechend den Unternehmenszielen aufzuarbeiten und zu präsentieren. Dazu ist es notwendig zu klären, welche Zielgruppen überhaupt angesprochen werden sollen, mit welchen Instrumen-

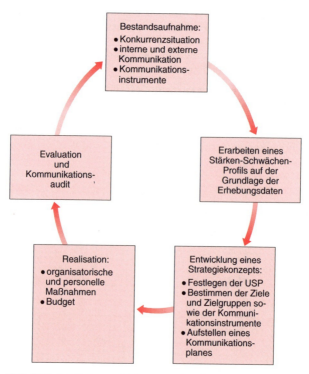

Abb. 36-3 Der Planungsprozeß zur Unternehmenskommunikation

ten, also Maßnahmen und Veranstaltungen, die Zielgruppen erreicht werden sollen und welche Inhalte über die Instrumente transportiert werden sollen. Die einzelnen Planungsschritte überschneiden sich bzw. gehen nahtlos ineinander über.

Ist-Erhebung

Um diese Aufgabe zu lösen, ist eine Bestandsaufnahme der gegenwärtigen Kommunikationsbedingungen und -instrumente vorzunehmen. Darüber hinaus interessiert die Stellung und das Angebot der Gesundheitseinrichtung im Vergleich zu anderen Anbietern. Die Bestandsaufnahme schließt die Befragung der Zufriedenheit der Kunden mit ein. Über die Erhebung der Kundenzufriedenheit wird es der Einrichtung möglich, Kernkompetenzen, aber auch Schwachstellen zu identifizieren.

Folgende Fragen zur Strategie-Entwicklung geben die Richtung der zu bearbeitenden Problemkreise an; sie sind unvollständig und haben lediglich Hinweischarakter:

- **Bestandsaufnahme der Konkurrenzsituation**
— Welche Gesundheitseinrichtungen sind in der Region mit welchen Angeboten und Leistungen vertreten?
— Wo liegen – laut subjektiver Einschätzung der Befragten – deren Stärken und deren Schwächen?

- **Bestandsaufnahme der externen Kommunikation**
— Welche Maßnahmen/Instrumente zur Öffentlichkeitsarbeit werden wann und wie oft eingesetzt (vgl. Tab. 36-1)?
— Welche Inhalte werden vermittelt?
— Welche Zielgruppen werden damit erreicht?
— Gibt es in der Einrichtung Zielsetzungen im Hinblick auf die Kundenzufriedenheit?
— Werden Feedback-Bögen zu Erfassung der Kundenzufriedenheit regelmäßig ausgewertet?
— Welche Maßnahmen folgen aus der Kundenbefragung?

Der **Feedback-Bogen** zur Erfassung der Kundenzufriedenheit stellt ein Merkmal zur Sicherstellung der Ergebnisqualität dar und kann sich auf folgende Bereiche beziehen:
— auf die Organisation der Dienstleistung, z.B. Bezugspflege, einheitliches Pflegekonzept etc.
— auf das Zeitmanagement, z.B. patientenorientierte Terminplanung im ambulanten Bereich, bewohnerorientier-

B Wichtige institutionelle Baustellen

Tab. 36-1 Kommunikationsinstrumente

interne Kommunikation	externe Kommunikation
Haus- und Mitarbeiterzeitschriften	Pressemappen, -artikel
Jubiläen	Pressekonferenzen
Betriebsfeste	Plakate
Schwarzes Brett	Anzeigen
Rundschreiben	Prospekte/Flugblätter
PC/Intranet	Einladungskarten
Betriebsversammlung	Präsentationsmappen
Telephon/Fax	Firmenbroschüren
formelle und informelle Kommunikation	Informationsveranstaltungen
Kooperationsbeziehungen	Eventveranstaltungen
Schulung	Fernseh- und Hörfunksendungen
Personalentwicklung und -planung	Internet
etc.	Multimedia-Produkte
	Geschäftsberichte
	Messen, Kongresse
	etc.

te Tageslaufstrukturierung in stationären Altenpflege-Einrichtungen, Wartezeiten vor diagnostischen oder therapeutischen Maßnahmen im Krankenhaus, die Weckzeiten oder die Terminierung von Essenszeiten im Krankenhaus etc.
— auf die Interaktion und Kommunikation, z.B. Höflichkeit, Achtung gegenüber dem Patienten, verständliche Informationsweitergabe etc.
— auf die räumliche Ausstattung in stationären Einrichtungen
— auf Angebote im psychosozialen oder therapeutischen Bereich

Parallel zur externen Bestandsaufnahme wird untersucht, wie das Instrumentarium zur Beeinflussung der Kundenzufriedenheit hausintern angelegt ist (vgl. Tab. 36-1).

- **Bestandsaufnahme der internen Kommunikation**
— Welche hausinternen aufbau- und ablauforganisatorischen Regelungen sind vorhanden?
— Welche Veränderungen werden von den Mitarbeitern in bezug auf Kommunikation und Kooperation angeregt?

36 Unternehmenskommunikation – ein Erfolgsfaktor ...

— Welche internen Kommunikationsinstrumente stehen zur Verfügung (vgl. Tab. 36-1)?
— Welche Inhalte werden über die Instrumentarien transportiert?

Stärken-Schwächen-Analyse

Unternehmenskommunikation wird häufig aus der Sicht der Gesundheitseinrichtung betrieben. Das jeweilige Selbstbild entscheidet, in welche Richtung die Selbstdarstellung nach außen hin erfolgt. Will eine Gesundheitseinrichtung den Dienstleistungs- und Servicegedanken transportieren, ist es notwendig, die Stärken und Schwächen des eigenen Leistungsspektrums **aus der Sicht der Kunden und der Mitarbeiter** zu untersuchen, wobei sowohl die medizinisch-pflegerisch-therapeutische Sachkompetenz als auch die Dienstleistungskompetenz bewertet werden. Aus dem Vergleich von Selbstbild und Fremdbild ergibt sich ein bestimmtes Stärken-Schwächen-Profil. Auf dieser Grundlage kann entschieden werden, welche Kernkompetenzen ausgebaut bzw. verstärkt werden und welche Schwachstellen beseitigt werden müssen. Auf der Basis dieser Befragungsergebnisse könnten darüber hinaus zusätzliche Impulse für weitere Angebote gewonnen werden. Weiter ist es notwendig, Entwicklungstendenzen und Marktlücken im Gesundheitsbereich zu erfassen.

Beispielsweise könnte es angesichts der immer kürzer werdenden Verweildauer im Krankenhaus sinnvoll sein, daß ein Krankenhaus zusätzlich Überleitungspflege oder ambulante Pflegedienste in sein Leistungsspektrum aufnimmt.

Um diese Entwicklungstendenzen zu erfassen, müßte verfolgt werden, wohin die gesellschaftspolitische, aber auch pflegewissenschaftliche und medizinische Entwicklung geht.

Die aus der Analyse abgeleiteten Maßnahmen heben die Unique Selling Proposition (USP) – das Alleinstellungsmerkmal – der Einrichtung hervor.

Eine fachlich und menschlich kompetente Sterbebegleitung mit entsprechenden psychosozialen Stützungsmaßnahmen für das Personal könnte beispielsweise das herausragende Merkmal einer Altenpflege-Einrichtung sein, das sie von

anderen Einrichtungen abhebt und öffentlichkeitswirksam vermarktet. „Tue Gutes und rede darüber!"
Weitere Angebote, die die Einrichtung im Vergleich zur Konkurrenz herausheben kann, sind mitarbeiterbezogene Angebote, wie Kinderkrippen oder -gärten, flexible Arbeitszeiten, die Möglichkeit des Job-sharings; möglich wäre auch ein Kantinenangebot, das wegen seiner hervorragenden Qualität geschätzt ist. Eine USP für die Pflege könnte z.B. eine eigene Pflegeforschungsabteilung sein oder eine eigene Station als Lernwerkstatt für die Auszubildenden in einem Krankenhaus. Ein „Pflegekurierdienst" als Antwort auf das ambulante Operieren könnte beispielsweise kurzfristig hochspezialisierte ambulante Pflegeleistungen anbieten.

Durch die in der USP definierten herausragenden Leistungsangebote verdeutlicht die Gesundheitseinrichtung ihre „Spitzenstellung". Sie hebt sich dadurch von anderen Anbietern ab, und die Öffentlichkeit nimmt das Besondere, nicht Vergleichbare der Einrichtung positiv wahr. Daher wird eine wirksame Kommunikationsstrategie die USP ins Zentrum ihres Strategiekonzeptes stellen und diese intern und extern als einzigartigen Verkaufsvorteil kommunizieren.

Soll-Formulierung

Die Ergebnisse der Bestandsaufnahme des Kommunikationsrahmens auf dem Hintergrund der Stärken-Schwächen-Analyse bilden die Grundlage für die Entwicklung einer Kommunikationsstrategie. Sie ist eingebettet in die jeweilige spezifische Unternehmensphilosophie und -kultur einer

Einrichtung und daraus abgeleitet, ihres einheitlichen Erscheinungsbildes, der Corporate Identity (→).

Die Kommunikationsstrategie dient als Orientierungsrahmen für alle am Kommunikationsprozeß beteiligten Mitarbeiter und zur Auswahl und Koordinierung der Kommunikationsinstrumente sowie deren Inhalte.

In der Strategie wird festgelegt:
- die spezifische USP der Einrichtung
- die relevanten Zielgruppen, sowohl die bereits existierenden als auch die potentiellen, sowie die Öffentlichkeit
- die Ziele, welche mittels der Unternehmenskommunikation erreicht werden sollen
- die Instrumentarien bzw. Maßnahmen, mit welchen die Zielgruppen erreicht werden sollen
- die für die Unternehmenskommunikation relevanten aufbau- und ablauforganisatorischen Rahmenbedingungen
- das Corporate Behavior zur Realisierung der Dienstleistungsqualität
- das einheitliche Auftreten nach außen hin im Corporate Design

Unternehmenskommunikation hat die Beziehungen zu den bereits existierenden Zielgruppen zu pflegen. Darüber hinaus öffnet sie sich aufgrund zukünftiger Entwicklungstendenzen weiteren Gruppen. Aber auch die Mitarbeiter stellen eine eigene Zielgruppe der Unternehmenskommunikation dar. Mitarbeiterzufriedenheit und Kundenzufriedenheit gehören eng zusammen. Mitarbeiter verkörpern durch die direkte Interaktion mit den Kunden die Dienstleistungsqualität des Hauses. Zufriedene Mitarbeiter haben eine positive Ausstrahlung, die sich auf die Atmosphäre der Einrichtung angenehm auswirkt, was Patienten in ihrem Wohlbefinden unterstützt. Darüber hinaus identifiziert die Öffentlichkeit die Mitarbeiter mit der jeweiligen Gesundheitseinrichtung, so daß sie aktiv das Fremdbild der Einrichtung mitprägen. Hier werden Parallelen zum TQM-Konzept deutlich, in dessen Mittelpunkt der Mitarbeiter und die Stärkung seiner Motivation steht.

Die Kommunikationsstrategie wird schriftlich festgehalten. Sie bildet den Bezugsrahmen, in den die einzelnen Kommunikationsmaßnahmen operativ eingeplant werden. Die Instrumente werden im Hinblick auf die einzelnen Zielgruppen und Ziele zeitlich, formal und inhaltlich abgestimmt.

B Wichtige institutionelle Baustellen

Implementierung/Durchführung

Wird die Kommunikationsstrategie einschließlich der operativen Maßnahmen umgesetzt, ergeben sich organisatorische und personelle Veränderungen. Der Regelungsbedarf bezieht sich u.a. auf folgende Problemkreise:

- Welche Kommunikationswege müssen geschaffen werden, um den Besonderheiten der Dienstleistungsqualität Rechnung zu tragen?
- Wer ist verantwortlich für die Koordinierung der internen und externen Kommunikationsmaßnahmen?
- Wenn eine PR-Stelle installiert wird, wo ist sie aufbauorganisatorisch angesiedelt, und welche Aufgaben und Kompetenzen sind damit verbunden?
- Welche Veränderungen, welche Aufgaben ergeben sich mit Einführung der Kommunikationsstrategie für die Mitarbeiter?
- Wie stellt die Einrichtung die Akzeptanz der Mitarbeiter gegenüber der Kommunikationsstrategie sicher?

Das bereitgestellte Budget entscheidet über den Handlungsspielraum in bezug auf die Realisierung der Kommunikationsmaßnahmen.

Die erfolgreiche Umsetzung einer hausinternen Kommunikationsstrategie steht und fällt mit der Akzeptanz der Mitarbeiter. Daher müssen sie in die Erarbeitung der Kommunikationsstrategie eingebunden werden. Dies ist um so wichtiger, als sich, wie bereits erwähnt, möglicherweise Veränderungen in den Arbeitsabläufen ergeben werden.

Betriebliche Kommunikation erfordert spezifische kommunikative und soziale Kompetenzen. Unternehmenskommunikation sollte daher begleitet sein von Einführungsveranstaltungen, in denen Sinn und Zweck erfolgreicher PR-Arbeit erläutert wird. Darüber hinaus sind innerbetriebliche Fortbildungsmaßnahmen notwendig, um beispielsweise die Kritikbereitschaft und den konstruktiven Umgang mit Kritik zu schulen.

Evaluation/Kommunikationsaudits

Der Erfolg der Kommunikationsmaßnahmen muß evaluiert werden. Das Strategiekonzept bildet die Grundlage zur Überprüfung der Kommunikationsmaßnahmen, die innerhalb eines festgelegten Zeitraums realisiert werden.

Sinnvoll ist es, ein Auditsystem (ein Prüfsystem) zu installieren, mit dessen Hilfe überprüft wird, ob die Kommunikationsmaßnahmen effektiv eingesetzt worden sind. Mit Hilfe der Audits wird geklärt, ob die gesetzten Kommunikationsziele erreicht worden sind, ob weitere Schwachstellen existieren und wo Verbesserungen notwendig sind.

Gegenstand der Audits sind u.a. die hausinternen Statistiken, die über quantitative Entwicklungen der Einrichtung Auskunft geben. Die qualitativen Daten ergeben sich aus den Befragungen zur Kunden- und Mitarbeiterzufriedenheit. Falls Abweichungen von den geplanten Zielen festzustellen sind, muß überprüft werden, welche Ursachen dafür verantwortlich sind und welche Korrekturmaßnahmen sich daraus ergeben.

Kommunikationsmanagement und Qualitätsmanagement hängen eng zusammen. Die Durchführung von Kundenzufriedenheitsanalysen in bezug auf das Leistungsspektrum und die Kooperationsstrukturen stellt gleichzeitig ein Beitrag zur Qualitätssicherung dar. Ein Qualitätsmanagement-System, das z.B. nach den Richtlinien der ISO 9000 ff. aufgebaut ist, verlangt zwingend die regelmäßige Überprüfung der Produkt- und Dienstleistungsqualität über ein wirksames Fehlervermeidungs- bzw. innerbetriebliches Korrektur- und Vorschlagswesen. Auch die Qualitätsanforderungen durch das GSG und PflegeVG werden durch eine effektive Unternehmenskommunikation erfüllt.

36.3 PR am Beispiel des Personalmarketing

Im folgenden soll das theoretische Verfahren am Beispiel des Personalmarketing veranschaulicht werden. Zunächst werden einige Merkmale zur Erhebung der Ist-Situation in bezug auf die Personalrekrutierung und -einarbeitung genannt, anschließend werden Vorschläge zur Soll-Formulierung aufgeführt.

Eine Ist-Erhebung zur Personalrekrutierung hat sich u.a. auf folgende Problembereiche zu konzentrieren:
- auf die Selbstdarstellung in den Annoncen (Corporate Identity [→], Kompetenzprofil)
- die Medien, in denen die Annoncen erscheinen (Region, Zielgruppen)
- auf die Kriterien zur Beurteilung der Bewerbungsunterlagen

B Wichtige institutionelle Baustellen

- die Korrespondenz im Zusammenhang mit dem Bewerberverfahren
- die Gesprächssituation und -atmosphäre während des Einstellungsgesprächs
- auf die Stellenbeschreibungen
- auf das Begrüßungs- und Einarbeitungskonzept für neue Mitarbeiter
- auf Statistiken, die Auskunft darüber geben, warum Bewerber trotz Zusage ihre Stelle nicht antreten etc.

Fehlen Daten bzw. Konzepte in den oben aufgeführten Bereichen, so könnten als Ziel- bzw. Soll-Vorgaben einer mitarbeiterorientierten Einstellungspolitik folgende Vorschläge erarbeitet werden:

- ein Konzept und, daraus abgeleitet, eine Broschüre erstellen, die Mitarbeiter unterstützt, neue Mitarbeiter zu werben; waren Mitarbeiter in der Anwerbung erfolgreich, könnte ihnen eine Bonus, z.B. ein Geldbetrag, gewährt werden
- Stellenanzeigen so gestalten, daß die USP einer Einrichtung deutlich wird
- ein Ablaufdiagramm erarbeiten, damit Bewerber umgehend die Bestätigung des Eingangs ihrer Bewerbung erhalten sowie in angemessener Zeit (ca. 10 Tage) eine Zu- oder Absage
- Checklisten erstellen zur Beurteilung der Bewerbungsunterlagen
- ein Gesprächs- und Beurteilungsraster erstellen auf der Basis der Stellenbeschreibung
- ein Begrüßungs- und Einarbeitungskonzept entwickeln, zumindest für die ersten fünf Tage; in diesem Zeitraum entscheidet sich, ob der neue Mitarbeiter länger als ein Jahr bleibt oder wieder kündigen wird
- ein Konzept entwickeln für regelmäßige Personalentwicklungs- und Beurteilungsgespräche

Um dieses Konzept umzusetzen, muß festgelegt werden, welche Mitarbeiter mit welchen spezifischen Aufgaben betraut werden. Anhand der Zielvorgaben sollte die Überprüfung des Konzepts innerhalb eines Jahres erfolgen.

36.4 Zusammenfassung

Der Gesundheitsmarkt ist durch zunehmende Konkurrenz und Austauschbarkeit der Angebote gekennzeichnet. Gesundheitseinrichtungen profilieren sich über ihr spezifisches Image, einschließlich ihrer medizinisch-pflegerischen Versorgungs- und Dienstleistungsqualität. Unternehmenskommunikation kommuniziert diese Leistungen extern und intern. Sie fördert und verbessert dadurch die Vertrauensbasis zu den bereits existierenden, aber auch den zukünftigen Kunden sowie zur Öffentlichkeit.

Zusammenfassend lassen sich folgende Aufgaben der Unternehmenskommunikation skizzieren:

- das Image der Einrichtung nach innen und außen fördern
- deutlich machen, welche Beziehungen und Interessen zwischen den Kunden und der Öffentlichkeit sowie der Gesundheitseinrichtung bestehen und dadurch
- die Meinungen und Auffassungen des Zielpublikums im Sinne der Gesundheitseinrichtung beeinflussen
- inhaltlich zur Durchsetzung der Service-Aufgaben beitragen
- die Arbeitszufriedenheit der Mitarbeiter fördern
- das Vertrauen der Kommunikationspartner in das Unternehmen stärken

Gegenseitiges Vertrauen entsteht nur dann, wenn die Gesundheitseinrichtung die propagierten Maßnahmen und Informationen auch nachvollziehbar umsetzt. „Practice what you preach", so könnte der Slogan einer erfolgreichen Unternehmenskommunikation lauten.

Literatur

Beek, K., Positionen im Markt erobern. In: Häusliche Pflege, Heft 2, 1996, 94–100.

Bruhn, M., Integrierte Unternehmenskommunikation. Ansatzpunkte für eine strategische und operative Umsetzung integrierter Kommunikationsarbeit. Stuttgart 1992.

Falk, J.; Kerres, A., Die DIN ISO 9000 im Gesundheitswesen. In: PflegeManagement, Heft 4, 1995, 12–18.

Thill, K.-D., Ideenhandbuch für erfolgreiches Krankenhaus-Marketing. Kulmbach 1996.

37 „Otto ist nicht mehr normal" – Einsichten in Krankenhausmarketing und -kommunikation

Christoph Leiden

Otto ist nicht mehr normal. Dennoch bedarf es keiner Einweisung in die Psychiatrie, um sich um ihn zu kümmern, sondern eines besseren Krankenhausmarketing. Otto, der Normalverbraucher der Nachkriegsära, hat seinen letzten Atemzug getan. Trotz aller Wehklagen der Verwaltungsdirektoren, Pflegenden und Mediziner konnte er nicht mehr reanimiert werden. Seine Nachfahren sind bei der Wahl des Krankenhauses weniger traditionell und berechenbar. Sie kommen nicht als Hilfesuchende, sondern als Hilfe**fordernde**. Doch selbst in diesem neuen Selbstverständnis treten sie nicht einheitlich auf. Und damit beginnen Probleme ganz besonderer Art ...

37.1 Die Ausgangslage

Schuld an der Misere ist die **Differenzierung unserer Gesellschaft**, die kein einheitliches Kosumentenverhalten und erst recht keine homogene Kommunikation mehr erlaubt: Sie verlangt vielmehr **Nischenangebote** und individualisierte Ansprachen, um ans Ziel zu gelangen. Der Absatzmarkt der 80er Jahre hat dafür den Begriff des **fraktalen Marketing** geprägt. Das bedeutet, die Aufsplitterung der Zielgruppen in Kleinstgruppen, für die eine gesonderte Produkt-, Preis-, Distributions- und Kommunikationspolitik gilt.

Das deutsche Krankenhaus zeigte sich von diesen Tendenzen lange Zeit unbeeindruckt. Der Marketingmix fand hier kaum Beachtung, denn es gab keine Produkte zu entwickeln, keine Preise zu kalkulieren und keine Vertriebswege festzulegen. So war es der Fels in der Brandung des Dienstleistungsgeschäftes: bundesstaatlich geplant, dual finanziert. Erst durch das Gesundheitsstrukturgesetz setzte bei den meisten Verantwortlichen das Marktbewußtsein ein. Paradoxerweise fällt es seit 1993 aber besonders schwer, marktgerecht zu handeln, weil die finanziellen Grundlagen zur Durchführung strategischer Maßnahmen durch die Deckelung de facto weggefallen sind. Jetzt, wo gehandelt werden soll, ist also kaum noch Handlungsspielraum für Entfaltung gegeben. Und die zu Reformbeginn gesäte Hoffnung auf die „völlige Marktfreigabe" des Gesundheitswesens, die den Trägern auch die bettenplanerische Gestaltung überläßt, ist aus dem ministeriellen Vokabular verschwunden.

37.2 Wege aus der Krise – Möglichkeiten eines neuen Krankenhausmarketing

Kreative Spielräume

In der oben beschriebenen verfahrenen Situation hatte zuerst lautstarkes Lamentieren eingesetzt. Dieses ist aber bei all denen verstummt, die die Ärmel hochgekrempelt haben und sich ihrer eigenen Kraftpotentiale besannen. So nimmt beispielsweise in führenden Kliniken die **Kommunikationspolitik** eine neue, wichtige Rolle ein. Sie eröffnet kreative Möglichkeiten zu einem Zeitpunkt weitgehend fixer Angebote und Preise. Hierzu zählen

- die Implementierung von Kommunikationsinstrumenten,
- der geplante Einsatz von Maßnahmen
- sowie die Überprüfung und Vereinheitlichung aller Kommunikationsformen und -inhalte nach innen und außen.

Vor allem kleine Häuser mit überschaubaren Strukturen haben sich die **direkte Ansprache** von Mitarbeitern, Patienten, niedergelassenen Ärzten und Externen zunutze gemacht. Die einen, um ihr Image und ihre Einzigartigkeit zu betonen, die anderen, um am Standort gegen mögliche Bettenabbau- und Schließungspläne aufmerksam zu machen.

Welche **werblichen Maßnahmen** beispielsweise auch heute **im sozial-caritativen Arbeitsbereich** möglich sind, haben uns die Kampagnen der ambulanten Pflegedienste in den vergangenen Jahren gezeigt. Mittlerweile ist diese „Goldgräberstimmung" abgeflaut, die Claims sind abgesteckt und nicht wenige Anbieter sind beim Verteilungskampf auf der

Strecke geblieben. Gewinner sind sicherlich u.a. die klinikeigenen Pflegedienste, weil sie in der Regel auch ohne großes Werbetrommeln wenig Probleme hatten, Patienten in ihre eigene „Pflege auf Rädern" zu entlassen.

Im Gegensatz zu den mobilen Pflegenden müssen Krankenhäuser nicht um Bekanntheit kämpfen. Sie sind in der Regel fester Bestandteil der Kommune oder Kirchengemeinde. Ihr Problem ist vielmehr die Akzeptanz, konkrete Inanspruchnahme und effiziente Leistungserbringung. Und dabei stehen sie in Konkurrenz zu Hospitälern in der gleichen Stadt, Gemeinde oder Region, gegen die sie sich abheben und Profil gewinnen müssen.

Meinungen mit System

Um Vergleichbarkeit zwischen sich und anderen zu schaffen, muß man wissen, wo man steht. Diese Einsicht haben mittlerweile viele Gesundheitsmanager im Rahmen einer Ist-Analyse wissenschaftlich aufgearbeitet. Vor allem in den letzten drei Jahren systematisierten viele Direktorien die **Befragung ihrer Patienten**. Was früher eine vereinzelte Rückmeldung an den Patientenfürsprecher war, wurde durch ein sozialwissenschaftlich orientiertes Befragungsmuster professionalisiert. Häufig erfolgten diese Befragungen über einen bestimmten Zeitraum besonders intensiv, um kurzfristig eine hohe Rücklaufquote zu erzielen. Eine andere Möglichkeit, um das Feedback zu steigern, ist die Aussicht auf Gewinne durch die Teilnahme an der Befragung.

Mittlerweile gibt es einige kleine **Agenturen**, die sich auf die Ausarbeitung, Durchführung und Auswertung von Befragungen spezialisiert haben. Und selbst große Unternehmen im Pharma- und Medizintechnikbereich haben Interesse an dieser Dienstleistung gefunden, um sie als Instrument der Kundenbindung dem Krankenhaus als zusätzliche Leistung anzubieten. Neuester „Clou" auf diesem Feld ist die **Verknüpfung mit Qualitätsgesichtspunkten**.

 So bietet ein Institut auf der Grundlage der erfragten Daten ein „kundenorientiertes Qualitätsmanagement" mit Vorstellung der Ergebnisse in Form von Indizes und Portfolio-Analysen (→) an.

Für welche Form der Analyse sich die Klinikführung letztendlich entscheidet, ist sekundär; wichtig sind vor allem die

Akzeptanz der Methode und der Wille, die Ergebnisse ernst zu nehmen und Konsequenzen daraus zu ziehen.

„Selbstgestrickte" Befragungen

Um Kosten zu sparen, führen viele Hospitäler ihre Patientenbefragungen selbst durch. Dagegen ist prinzipiell nichts zu sagen, solange die Anerkennung der Ergebnisse genauso hoch angesetzt wird als hätte eine Agentur die Auswertung vorgenommen.

Die klassischen Fragen an Patienten stellte – ohne Agenturunterstützung – auch ein Krankenhaus aus dem Verbund der Gemeinnützigen Gesellschaft der Franziskanerinnen zu Olpe mbH. Gefragt wurde hier beispielsweise nach
- dem ersten Eindruck des Krankenhauses auf den Patienten/Besucher,
- der Bürokratie bei der Aufnahme,
- der medizinischen Versorgung,
- dem Auftreten und der Kompetenz der Pflege,
- der technischen Ausstattung in Diagnose und Therapie,
- der Krankenhausatmosphäre insgesamt,
- der Freundlichkeit der Mitarbeiter aus den verschiedenen Abteilungen,
- der Akzeptanz der durchgeführten und/oder angebotenen Leistungen,
- dem Ruf des Hauses,
- sowie nach der Bewertung im Vergleich zu vergleichbaren Häusern am Standort und in der Umgebung.

Die Benotung fiel insgesamt positiv aus und lag nicht weit vom bundesdeutschen Klinikdurchschnitt (vgl. Abb. 37-1). Davon wich deutlich im negativen Sinn allein die diagnostische Technikausstattung ab (vgl. Abb. 37-2). Hierfür war die Röntgenabteilung verantwortlich, wo Kabel und Leitungen scheinbar unsortiert durch die Räume liefen – ein Erscheinungsbild, das auch intern bekannt war. Durch eine umfangreiche Renovierung und auch Installation neuer Geräte erhielt diese Abteilung zum Jahresende 1996 ein vollkommen neues Gesicht.

Teile und wisse

Der größte Teil der befragten Patienten (s. Beispiel oben) machte von der Möglichkeit Gebrauch, Ruf und Image aller

B Wichtige institutionelle Baustellen

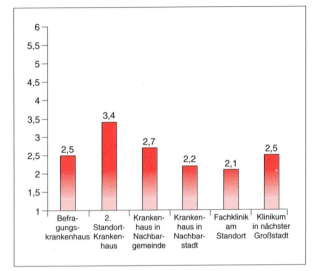

Abb. 37-1 Auswertung der Patientenbefragung zum Thema „Welche Noten geben Sie den folgenden Krankenhäusern?"

Standortkliniken und umliegenden Krankenhäuser zu benoten (vgl. Abb. 37-1). Heraus kam ein gute Durchschnittsnote (2,5), die den Vorsprung zur unmittelbaren Konkurrenz (3,4) deutlich machte. So positiv dieser Abstand bewertet wurde, so negativ muß der Hausleitung die gute Benotung anderer Häuser in der weiteren Nachbarschaft aufgestoßen sein. Damit das Befragungshaus bei seinen Patienten künftig die Bestnote erhält, gibt es also noch viel zu tun.

Auch die **Befragungsart** (z.B. verschiedene Fragebögen, persönliche Interviews) sollte berücksichtigt werden, denn nicht alle behandelten Patienten haben auch bei der Befragung mitgemacht. Überdies ist eine Befragung immer punktuelle Bestandsaufnahme, die bereits in der Folgewoche anders ausfallen kann.

 Wichtig ist deshalb, der „Marktbeobachtung" einen **festen Platz im Krankenhausmarketing** einzuräumen.

Die Ergebnisse, auch – oder gerade – wenn sie nicht so rühmlich ausfallen, sollten den Mitarbeitern zugänglich gemacht werden, denn sie sind ein Spiegel ihres täglichen Handelns.

37 Einsichten in Krankenhausmarketing ...

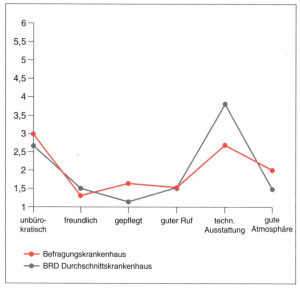

Abb. 37-2 Polaritätsprofile

Zensuren treffen klare Abgrenzungen und wirken auf die Beurteilten klassifizierend. So sorgen sie für Diskussion in der Mitarbeiterschaft und thematisieren damit unbewußt die Zielsetzung, das Krankenhaus als ein gemeinsames Unternehmen zu sehen. Darüber hinaus hat die Praxis gezeigt, daß der Prozeß zunehmender Identifikation auch für die Durchsetzung von Entscheidungen fruchtbar ist, da Mitarbeiter nur für Veränderungen sensibilisiert werden können, wenn sie die entsprechenden Beweggründe der Leitungsebene kennen und nachvollziehen können.

Das befragte Krankenhaus hat die Ergebnisse beispielsweise nicht nur veröffentlicht, sondern im Rahmen einer Tagung für Führungskräfte analysiert und diskutiert. Chefärzte, Abteilungsleitungen aus Pflege, Funktionsdienst, Verwaltung, Technik, Hauswirtschafts- und Versorgungsdienst nahmen an der zweitägigen Klausurtagung teil. Hier wurden nicht nur die Ergebnisse der Befragung vorgestellt, sondern überdies die zurückliegende, aktuelle und prospektive Belegung, wirtschaftliche Situation etc. dargelegt. Das Szenario

B Wichtige institutionelle Baustellen

2006 machte schließlich die erwarteten Tendenzen für die kommende Dekade deutlich:

Die Überalterung der Bevölkerung nimmt zu und damit auch die verstärkte Behandlung von alten und multimorbiden Patienten. Die Versorgung dieser Patienten steht bekannterweise im Gegensatz zur immer weiteren Verkürzung der Verweildauer, die für das Haus im Jahre 2006 auf durchschnittlich 7 Tage geschätzt wird.

Die leitenden Mitarbeiter verständigten sich darauf, der zu erwartenden Entwicklung auf unterschiedlichen Ebenen zu begegnen:

- durch die Erweiterung des angegliederten Angebots,
- durch die Intensivierung des direkten Angebots,
- durch die Verbesserung des Qualitätsmanagements,
- durch die Verbesserung der Patientenkommunikation
- und vor allem durch die Veränderung des Selbstverständnisses als Dienstleister.

Wadenwickel und Computertomograph

Die **Erweiterung des** angegliederten **Angebotes** bietet viele Möglichkeiten. Als sinnvolle Ergänzung im Rahmen der Gesundheitsversorgung setzen viele Träger z.Zt. auf den Bau von Wohnanlagen für betreutes Wohnen in unmittelbarer Nähe des Hospitals. Auch die Einrichtung einer Pflegeabteilung für Schwerstpflegefälle kann eine ergänzende Maßnahme sein. Beide Maßnahmen haben das Ziel, ältere und kranke Menschen in den Einzugsbereich des Krankenhauses zu bringen und damit die Gesamteinrichtung im Bewußtsein

der Bevölkerung zu verankern. Auf der anderen Seite erwarten sich die Senioren eine schnellere Hilfe im Bedarfsfall durch die Kliniknähe.

Bei aller Euphorie über neue Wohnanlagen sollte man jedoch bedenken, daß diese Projekte sich erst langfristig positiv auf das Image und den Standort auswirken. Einen Ausgleich für das eventuell defizitäre Krankenhausgeschäft können sie keineswegs bieten.

Da das Angebot eines Krankenhauses im medizinischen Bereich grundsätzlich durch seine Abteilungs- und Bettenstruktur vorgegeben ist, sind die Spielräume hier begrenzt. Statt Bettenausbau ist also **Methodenwechsel und -erweiterung** gefragt. Einige Häuser haben bereits erfolgreich neue Ideen und alternative, d.h., vor allem homöopathische Heilungsansätze aufgegriffen.

Eine Klinik aus dem o.g. Verbund karitativer Einrichtungen hat beispielsweise eine Kältekammer zur schmerzfreien Behandlung von rheumatischen Erkrankungen installiert, die von der Bevölkerung positiv angenommen wird. Damit wird der Tendenz entsprochen, daß Patienten künftig neben der High-Tech-Medizin auch mit traditionellen oder alternativen Heilmethoden behandelt werden möchten. Computertomograph und Wadenwickel sind gefragt.

Die **Angebotsausweitung**, vor allem **in den präventiven Bereich**, hat die Funktion, Nachbarschaft sowie Gesundheitsinteressierte frühzeitig an die Klinik zu binden. Dabei reicht die Palette von reinen Informationsveranstaltungen bis hin zu konkreten Präventions- oder Behandlungsmaßnahmen.

Dahinter steht der in den letzten Jahren vielfach diskutierte **Begriff des „Gesundheitszentrums"**. Dieser ist insofern problematisch, da er ein räumlich und inhaltlich geschlossenes Konzept suggeriert. In Wirklichkeit handelt es sich dabei in der Regel um ein Bündel unterschiedlicher Maßnahmen, die wenig aufeinander abgestimmt sind.

Wer sein Krankenhaus ernsthaft in Richtung „Gesundheitszentrum" entwickeln und am Markt positionieren will, sollte räumliche und personelle Kapazitäten vorhalten und/oder Kooperationen mit niedergelassenen Ärzten oder Krankenkassen anstreben.

B Wichtige institutionelle Baustellen

Qualität macht Mode

Qualitätsmanagement war neben der Gesundheitsreform das zentrale Krankenhausthema der vergangenen Monate. Ähnlich wie die intensiv geführten Diskussionen um verbesserten Umweltschutz wird es jedoch mittelfristig wieder an Aktualität verlieren. Für das Unternehmen Krankenhaus war und ist die lebhafte Debatte um Qualität am Patienten insgesamt konstruktiv. Und auch wenn nicht alle Ideen zu Qualitätssicherung, Qualitätsmanagement, TQM (→) und Zertifizierung umgesetzt werden konnten, wurde der Boden für **neues Bewußtsein** geebnet.

Die Häuser, die sofort in die Zertifizierung einstiegen und heute ihr Gütesiegel tragen, haben sicherlich einen – wenn auch nicht besonders ausgeprägten – **Wettbewerbsvorteil** erlangt.

Die Bedeutung der Zertifizierung für die Wahl einer Klinik wird, nach Meinung vieler Krankenhausexperten, bisher vollkommen überbewertet. Schließlich bestätigt die Urkunde nur den ordnungsgemäßen Ablauf von Arbeitsschritten, ohne den Sinn der Gesamthandlung zu hinterfragen. Patienten beurteilen in erster Linie die Qualität, die sie persönlich erfahren und beurteilen können, in den wenigsten Fällen aber die DIN-Gravur neben dem Eingangsschild.

In Zukunft muß die **interne Qualitätssicherung** stärker **systematisiert werden**, um Fehler zu reduzieren und Kosten zu senken. Hierzu bietet beispielsweise die Deutsche Krankenhausgesellschaft realistische Vorschläge. Richtungweisend – im Hinblick auf den Umgang mit Qualitätsmanagement im europäischen Ausland – ist auf jeden Fall die Ein- oder Abstellung eines **Mediziners für die Überwachung, Sicherung und Erweiterung der Qualität** im Krankenhaus. Der Arzt genießt in der Regel bei Pflegenden und Kollegen eine hohe fachliche Akzeptanz und kann dadurch leichter Schwachstellen erklären und Veränderungen durchsetzen.

Überdies sollte die Bedeutung der Zertifizierung für z.B. Versicherungskonditionen und -beiträge im Auge behalten werden, weil sich hier gegebenenfalls Kosteneinsparungen aufgrund der Urkunde entwickeln können.

Der Geist der Identität

Es bedarf weiterer Ansätze als der DIN-Norm, um Qualität für Patienten erfahrbar zu machen. Neben der technisch-rationalen Erklärung für Güte, sucht der kranke Mensch vor allem nach menschlicher Nähe und Zuwendung. Diese sollte bereits vor Überschreitung der Hospitalschwelle visuell nachvollziehbar sein.

Den (Wieder-)Erkennungswert des Unternehmens haben viele Krankenhäuser bereits durch ein **Corporate-Design- (CD-)Konzept** gefördert. Ziel dieser visuellen Uniformierung ist die grafische Abstimmung aller sichtbaren Erscheinungsformen des Krankenhauses: vom Logo über das Namensschild bis zum Brief- oder sogar Notizpapier. Das CD ist jedoch kein Selbstzweck, sondern vielmehr **Ausdruck gemeinsamen Handelns** und einer **gemeinsamen Identität** aller Mitarbeiter.

Über Identität und Corporate Identity (CI) wurde in den letzten Jahren mannigfach publiziert. Dabei meint CI in der Regel die einheitliche Identifikation mit der Einzigartigkeit des Krankenhauses, mit dem „Dahinterstehen" jedes einzelnen Arbeitnehmers als homogene Darstellung nach innen und außen. Daß Corporate Identity seinen Siegeszug über die Grenzen seines Ursprungslandes, den Vereinigten Staaten, angetreten hat, ist keine Überraschung. Es hängt vielmehr mit der Erkenntnis zusammen, daß jedes Unternehmen eine – gesteuerte oder ungesteuerte – Außenwirkung hat, die über die Mitarbeiter transportiert wird. Diese Außenwirkung ist Teil dessen, was innerhalb des betrieblichen Alltags abläuft, wie Prozesse gesteuert, Entscheidungen gefällt und Mitarbeiter behandelt werden.

Als die Pflegenden beispielsweise noch „Karbolmäuse" genannt wurden und der Chefarzt als uneingeschränkter Halbgott fungierte, war das Krankenhaus Ausdruck preußischen Hierarchiedenkens. Heute dagegen ist der Führungsstil i. d. R. kooperativ, dementsprechend anders ist der Umgangston und das Selbstverständnis des Klinikpersonals.

Um die Identität eines Unternehmens oder einer Unternehmensgruppe mit ihren geographisch getrennten Einheiten auf einen gemeinsamen Nenner zu bringen, bedarf es einer fesselnden Idee. In diesem Zusammenhang wird deshalb auch häufig das Zitat von Antoine de Saint-Exupéry verwendet: „Willst Du ein Schiff bauen, rufe nicht Männer zusammen, um Holz zu beschaffen und Werkzeuge vorzubereiten – sondern lehre sie Sehnsucht nach dem weiten, endlosen Meer."

Die Metapher des französischen Autors stellt eine **starke Idee als Handlungsmotiv** in den Vordergrund. Für soziale Einrichtungen in unserem Land trug und trägt dieser Antrieb zumeist christliche Züge. Der strikten Konfessionalität wird dabei mehr und mehr eine Absage erteilt, weil die Akzeptanz der Amtskirche gesunken ist. Um so mehr gilt es, durch **gelebtes Christentum und Humanität** eine neue, in unserer Zeit verständliche, **spirituelle Basis** zu schaffen, die auch in konkrete Worte gefaßt werden kann.

Grundsätze und -positionen eines christlichen Unternehmens sollten für alle Mitarbeiter verbindlich und nachvollziehbar gemacht werden. Viele Träger haben sich dieser Aufgabe bereits gestellt und gemeinsam mit Mitarbeitern unterschiedlicher Hierarchieebenen Leitgedanken und -linien erarbeitet. Die Niederschrift dieser „Verfassung" ist ein erster Schritt, die Besonderheit eines „christlichen Geistes" in einer Einrichtung einzufangen. Viel wichtiger aber ist die **konkrete Umsetzung**, um die abstrakten Formulierungen mit Leben zu füllen und vorzuleben.

Schreiben ist Silber, Reden ist Gold

Zur Erarbeitung von Unternehmensgrundsätzen und -leitgedanken kann die Kommunikationsabteilung eines Krankenhauses wichtige Impulse geben. Doch wäre es falsch verstandene Kompetenzzuweisung, sie mit dieser Aufgabe allein zu lassen. Vielmehr sollte von Anfang an eine breite Basis von Mitarbeitern alle Ideen sammeln und ausarbeiten.

Der Schwerpunkt der täglichen Kommunikationsarbeit im Gesundheitswesen liegt noch immer im **Printbereich**, also in der Erstellung von Zeitschriften, Broschüren, Mitarbeiter-Infos, Handzetteln, Postern und Briefen etc. Hierzu zählt mit Einschränkung auch die Pressearbeit, die einen hohen Stellenwert als Kontakt mit der Öffentlichkeit besitzt. Auch „neue" Medien am Patientenbett, wie klinikeigenes Radio und Fernsehen, kennzeichnen die heutige Krankenhauskommunikation, die immer dialogischer wird.

Das **Zwiegespräch** nimmt weiterhin eine zentrale Position ein. Nicht nur das vertrauliche Gespräch zwischen Arzt und Patient, sondern alle Kontakte mit den Klinikmitarbeitern prägen den Eindruck des Gesamtwerkes Krankenhaus. Wer den ganzen Menschen in den Mittelpunkt stellt (so wie es viele Slogans versprechen), muß in den Reihen der Mitarbeiter dieses neue Selbstverständnis etablieren: Der kranke Mensch muß als Patient und als Kunde ernst genommen werden. Und dazu bedarf es der Orientierung an erfolgreichen Dienstleistungsunternehmen.

Kunde und Patient sind nicht länger widersprüchliche Begriffe. Wie das gesamte Gesundheitswesen haben sie einen Bedeutungswandel erfahren. Wirtschaftlichkeit und Menschlichkeit sind miteinander verzahnt, weil ohne wirtschaftliches Denken langfristig auch der Einsatz für Menschen auf diesem hohen medizinischen und pflegerischen Niveau nicht gewährleistet werden kann.

Eine Lanze für die Ärzte

So gut der Ruf der Mediziner in der Gesellschaft ist, so schlecht ist er im Krankenhaus. Für die Verwaltung sind die Ärzte zwar Leistungserbringer, gleichzeitig gefährden sie durch ihr geringes betriebswirtschaftliches Verständnis und eigenmächtiges Handeln täglich das Gesamtwerk Krankenhaus. Hinzu kommen die Grabenkriege mit den Kollegen anderer Disziplinen, die die Zusammenarbeit erschweren und der immer aufwendigere Umgang mit den Pflegenden. Denn Schwestern und Pfleger haben in den zurückliegenden Jahren an ihrem Selbstbewußtsein gearbeitet und wollen nicht mehr Handlager der Ärzte sein.

Von der neuen Realität für Ärzte weiß der Patient in der Regel wenig. Er geht, verkürzt gesagt, ins Krankenhaus, damit ihn der Arzt heilt. Der Klinikunterbau, Organisation, Verwaltung, Technik und Versorgung bleiben im Hintergrund, die Pflege wird wohlwollend beachtet, das Augenmerk aber gilt jeder Äußerung des Mediziners. Er ist Schlüsselfigur im Gesundheitswesen und – trotz vieler Medizinskandale – Vertrauensperson Nummer eins. Diesen Bonus gilt es nach innen und außen nutzen. Besonders die pharmazeutische Industrie hat dies erkannt und jagt die „Prof.-Brinkmann-Abziehbilder" unablässig durch ihren Werbewald. Krankenhäuser sollten ihre Mediziner ebenfalls nutzen, um Vertrauen zu gewinnen, denn sie sind Gallionsfiguren im Gesundheitswesen.

B Wichtige institutionelle Baustellen

Einen Schild für das Krankenhaus

Veranstaltungen von Chef- und Oberärzten für niedergelassene Kollegen, für die Nachbarschaft und die interessierte Öffentlichkeit finden heute regelmäßig statt. Doch dienen sie eher zur Profilierung von Einzelpersonen als der Darstellung des Krankenhauses. Das moderne Krankenhausmanagement muß die Mediziner integrieren und ihnen – wie allen anderen Mitarbeitern – einen Platz im Gesamtgefüge einräumen. Dies verlangt auf der anderen Seite den verstärkten Willen zu Kooperation und interdisziplinärem Denken. Die Verteidigung des Sozialwerkes Krankenhaus nach außen gegen Kürzungen und Reformen verlangt jedoch ein verstärktes **Zusammenrücken aller Beteiligten.**

Privilegien müssen abgebaut und der persönliche und ideelle Einsatz verstärkt leistungsbezogen vergütet werden. Aber es sind nicht nur monetäre Anreize wichtig, sondern Sinnhaftigkeit der Arbeit und Wertschätzung durch Kollegen, Mitarbeiter und die Klinikleitung. Die Träger im Gesundheitswesen stehen damit vor einer neuen Aufgabe: Es gilt, das Krankenhaus neu zu strukturieren, aber nicht durch Fallpauschalen und Sonderentgelte, sondern durch eine geschlossene, demokratische und christliche Identität. Sie wird langfristig über die Überlebensfähigkeit des Krankenhauses entscheiden.

38 Controlling als Instrument für die Gestaltung von Unternehmensprozessen

Winfried Zapp

38.1 Grundlegende Ausführungen zum Controlling

Die Mitarbeiter im Krankenhaus bzw. im gesamten Gesundheitswesen sind damit beschäftigt, durch logische Überlegungen, durch anwendungsorientierte Aktivitäten, durch Abgabe von Statements oder durch Besuche von Fortbildungsveranstaltungen die Herausforderungen, die an sie durch vielfältige gesetzlich-rechtliche Rahmenbindungen und durch ökonomische Begrenzungen vorgegeben werden, zu bewältigen.

Trotz der Kostenreduzierung sollen das Leistungsspektrum und das hohe Niveau der Medizin gehalten werden. Damit stehen **Kosten, Leistungen, Erlöse** und die **Qualität im Mittelpunkt der Überlegungen**, eine optimale Strategie zu finden (vgl. *Schmidt-Rettig* 1995, 136). Ärzte, medizinisch-technisches Personal, Pflegekräfte, Verwaltungskräfte und die Geschäftsführung sind betroffen: Sich auf die geeigneten Optimierungsstrategien zu einigen, ist nicht einfach.

Die Darstellung der **Einsparpotentiale** muß **von einer Stelle koordiniert** werden, soll nicht zusätzliches Chaos entstehen. Die unterschiedlichen Ansätze sind vergleichbar zu machen, um über die Bewertung von Vor- und Nachteilen, durch Kosten-Nutzen-Analysen oder Wirtschaftlichkeitsanalysen die Grundlage zu schaffen, sich für effektive und effiziente Prozesse entscheiden zu können.

Hier ist ein Controllingsystem gefordert.

Was aber bringt ein Controllingsystem überhaupt, wozu kann es nutzen?

B Wichtige institutionelle Baustellen

Definition und Zielbeschreibung

„To control" – ins Deutsche übersetzt – heißt „regeln oder steuern" (*Ebert et al.* 1996, 16). Im Mittelpunkt des Controllings stehen damit nicht in erster Linie Kontrollprozesse in Form von Schuldzuweisungen. Controllingprozesse wollen oder sollen **zukünftige Prozesse gestalten** helfen: „Controlling ist ein funktionsübergreifendes Steuerungsinstrument, das den unternehmerischen Entscheidungs- und Steuerungsprozeß durch zielorientierte Informationser- und -verarbeitung unterstützt. Der Controller sorgt dafür, daß ein wirtschaftliches Instrumentarium zur Verfügung steht, das vor allem durch systematische Planung und der damit notwendigen Kontrolle hilft, die aufgestellten Unternehmensziele zu erreichen" (*Ebert et al.* 1996, 16). Mit dieser Definition wird der Schwerpunkt auf zahlenmäßige, quantifizierbare Größen gelegt. Controllingprozesse lassen sich auf verschiedene Zielebenen beziehen, die unterschiedliche Methoden und Techniken verlangen (Tab. 38-1). Dem Strategischen Krankenhauscontrolling ist das Taktische Controlling vorgelagert. Dies ist eine sinnvolle Auflistung der Zeiträume, um die Fristigkeit der Controllingmaßnahmen berücksichtigen zu können. Das Operative Controlling stellt auf eine eher kurz- bis mittelfristige Planungsebene ab (*Schirmer* 1995, 24).

Controlling ist als Führungssystem des Unternehmens zu betrachten (vgl. *Horvath* 1996).

Daraus folgt, daß Controlling als Planungs- und Lenkungsinstrument in die Entscheidungsprozesse miteinbezogen und als Entscheidungshilfe für das unternehmerische Handeln benutzt wird.

Teilbereiche des Controlling

Einrichtungen lassen sich in vielerlei Hinsicht steuern, leiten oder lenken. Aus der Sicht des Controlling lassen sich **horizontale** und **vertikale Aspekte** und Ansätze voneinander unterscheiden. Diese Unterscheidungskriterien sind wichtig, um das richtige (effektive) Instrumentarium in der jeweiligen Situation herauszufinden und einzusetzen.

In **horizontaler Hinsicht** lassen sich drei Schwerpunkte benennen (*Bramsemann* 1993, 54):
- Rentabilitätsorientierung (nach Kosten, Erlösen u.ä.)
- Finanz- und Liquiditätsorientierung

38 Controlling als Instrument für die Gestaltung ...

Tab. 38-1 Unterschiede zwischen den Controlling-Zielebenen

	Controlling-Zielebene		
Controlling-Wirkungsebene	Operatives Controlling	Taktisches Controlling	Strategisches Controlling
Zeithorizont	1–3 Jahre	3–5 Jahre	ab 5 Jahre (nach oben nicht begrenzt)
Planungshorizont	Operative kurz- und mittelfristige Planung	Taktische mittelfristige Planung	Strategische langfristige Planung
Richtungen	Wirtschaftlichkeit des Krankenhauses, Abbau vermeidbarer Verluste, Erwirtschaftung von Gewinn, bewußte Nutzung neuer Entgeltformen	Mittelfristige Sicherung der Wirtschaftlichkeit, Motivierung der Krankenhausmitarbeiter für neue Aufgaben	Zukunftsorientierte Erfolgspotentiale, Adaption der Krankenhaus-Leistungen an neue Markterfordernisse
Inhalte	Soll-Ist-Vergleiche: Kosten/Leistungen, Aufwand/Ertrag	Stärken- und Schwächen-Profile, Abwägen von Chancen und Risiken	Umweltanalysen, Beobachtung und Auswertung von Frühwarnsignalen
Ziele	Rentabilität, Gewinn, höhere Wirtschaftlichkeit	Mittelfristige Erfolgssicherung für das Krankenhaus	Langfristige Erfolgs- und Existenzsicherung für das Krankenhaus

- Prozeß- und Projektorientierung (nach Phasen oder Ergebnis)

In **vertikaler Hinsicht** lassen sich die unterschiedlichen Ebenen des betriebswirtschaftlichen Geschehens benennen:
- Geschäftsführung
- Abteilung
- Station

B Wichtige institutionelle Baustellen

Die gesammelten, ausgewerteten und relevanten Daten für die Entscheidungsträger sind nach unterschiedlichen Ebenen zu aggregieren oder differenziert darzustellen, um je nach Konfigurationsebene entsprechende Entscheidungen vorbereiten und umsetzen zu können.

Im folgenden sollen vor allem Controllingmaßnahmen aus dem operativen Bereich dargestellt werden, weil hier überlebenswichtige Entscheidungen für die Institution vorbereitet werden.

38.2 Kosten- und Erlösrechnung als Grundlage für Steuerungsentscheidungen

Die Kosten- und Erlösrechnung soll in der Lage sein, den Erfolg
- einzelner Perioden in unterschiedlichen Zeitabschnitten,
- einzelner Krankenhausbereiche (z.B. Chirurgie, Innere Medizin, Röntgen, Küche),
- von Produkten (z.B. Sonderentgelte, Fallpauschalen)
- oder nach anderen Bezugsgrößen (z.B. bezogen auf den einzelnen Patienten) zu bestimmen.

Das Kostenmanagement wird so als ein institutionalisiertes Informationsinstrument der Unternehmungsführung angesehen, das in unterschiedlicher Weise ausgeformt werden kann.

Anforderungen an die Kosten- und Erlösrechnung

In der Literatur werden unterschiedliche Begriffe und Systematiken verwendet, um die Anforderungen an die Kosten- und Erlösrechnung zu benennen. Diese Anforderungen stellen eine Bedingung dar, die bei der Einführung, Durchführung und Umsetzung einer Kosten- und Erlösrechnung erfüllt sein müssen. Es sollen planbare, optimale Handlungseingriffe daraus resultieren (vgl. *Hummel/Männel* 1986, 25–26):
- Die **querschnittorientierten Anforderungen** stellen eine generelle Zielperspektive dar und nehmen Einfluß auf die weiteren Anforderungen: **Wirtschaftlichkeitsüberlegungen** sind die Grundlage aller Überlegungen. Kein Kran-

38 Controlling als Instrument für die Gestaltung ...

kenhaus kann sich ein Rechnungssystem erlauben, das mehr kostet als es an Erkenntnissen bringt.

Neben der Wirtschaftlichkeit sind die **anwendungsorientierten Anforderungen** zu beachten. Deshalb sind klare, **übersichtliche Präsentationen** eine Voraussetzung von Handlungsaktivitäten. Kaufleute eruieren täglich Zahlen aus der Kosten- und Erlösrechnung; Ärzte oder Laborkräfte müssen die Präsentationen ebenfalls verstehen, wenn sie daraus zu bestimmten Handlungsmaßnahmen veranlaßt werden oder Abweichungsanalysen vornehmen sollen. Die Daten müssen schnell und einfach zu liefern und aufzubereiten sein.

- **Rechnungsorientierte Anforderungen** benennen die Bedingungen an Rechenoperationen, an Rechenkonzepte und -systeme. Die Objektivität der Daten ist sicherzustellen, d.h., daß die Daten richtig und genau, realitätstreu, sicher und nachvollziehbar sind. Darüber hinaus ist das Rechensystem **einheitlich** und stetig zu **konzipieren**. Ein ständiger Wechsel in der Erfassungs- und Darstellungsform würde die Aussagefähigkeit der Daten mindern oder unmöglich machen, so daß auch Vergleiche und Analysen unmöglich würden. Die Flexibilität sollte sicherstellen, daß das Rechnungssystem auf unterschiedliche Fragestellungen Auswertungen liefern kann und auch auf rechtliche Änderungen anpassungsfähig bleibt. Die Grenze der Flexibiliät ist da erreicht, wo die Wirtschaftlichkeit nicht mehr gewahrt wird: Kosten- und Nutzenanalysen müssen nicht automatisch durch das Kostenrechnungssystem sichergestellt werden, sondern können auch durch Nebenrechnungen erstellt werden.
- **Benutzerorientierte Anforderungen** formulieren Vorgaben, damit Informationen von den Entscheidungsträgern ausgewertet werden können. Ziel der Rechnungssysteme ist es, Problemlöser zu sein. **Relevante Informationen** teilen genau das mit, was man in einer bestimmten Situation kennen muß, um ein Problem lösen zu können, während **adäquate Informationen** darauf abstellen, daß sie verwertet und entsprechend der Probleme zu ihrer Lösung eingesetzt werden. **Aktuelle Informationen** zielen auf den Zeitpunkt ab, der notwendig ist, um Handlungsanweisungen zeitgerecht ableiten und einleiten zu können.

B Wichtige institutionelle Baustellen

Das Beachten dieser Anforderungen scheint logisch, verständlich und nachvollziehbar zu sein. Dennoch werden oft komplizierte Rechenkonzepte entwickelt und installiert, die von rechnungsorientierten Fachleuten gestaltet sind, von Laien aber nicht akzeptiert werden.

Eine Kosten- und Erlösrechnung – ein Controllingverfahren – wird nicht akzeptiert, wenn z.B.

- die Zahlen aus der Personalabteilung mit denen der Fachabteilung nicht übereinstimmen,
- eine Profit-Center-Organisation (→) aufgebaut werden soll, um Outsourcing-Fragen (→) zu klären,
- ein Cost-Center im Handwerkerbereich installiert wird, um über die Verteilung von innerbetrieblichen Leistungen, die Lenkung der Handwerker mit ihren Arbeitsstunden zu erreichen und vorzunehmen.

Mögliche Ansatzpunkte für Lenkungsimpulse

Ausgangspunkt des Controllingsystems können die **Kostenarten** sein (vgl. *Hentze/Kehres* 1996, 45 ff.). Sie sind innerhalb der Krankenhausbuchführungsverordnung (KHBV) aufgelistet. Eine **Kostenabweichung innerhalb einer Kostenart** kann auf unterschiedliche Einflüsse zurückzuführen sein. Eine Veränderung der Kostenart „Personalkosten Ärztlicher Dienst" kann z.B. aufgrund von Überstunden oder einer steigenden Zahl des Personals, durch Steigerungen des Dienstalters, durch Veränderungen in den verschiedensten Abteilungen hervorgerufen werden. Die Aussage „die Personalkosten sind zu hoch im Vergleich zum vorgegebenen Budget" ist daher nicht sehr hilfreich und wird keine qualifizierten und präzisen Lenkungsschritte einleiten (Tab. 38-2).

Eine **Kostenabweichung innerhalb einer Kostenstelle** kann durch verschiedene Kostenarten verursacht sein. Eine

Tab. 38-2 Aufbau und Teilgebiete der Kostenrechnung

Kostenarten-rechnung	Kostenstellen-rechnung	Kostenträger-rechnung
Welche Kosten sind angefallen?	Wo sind die Kosten angefallen?	Für welche Produktarten sind die Kosten angefallen?

Lenkung der Kosten ist hier eher möglich. Sie verspricht aber nur dann zielorientiert durchführbar zu sein, wenn der Kostenstellenverantwortliche direkt die Kosten oder Erlöse auch beeinflussen kann. Hier ist das organisatorische Prinzip zu beachten, Aufgabe, Kompetenz und Verantwortung in eine Hand zu legen:

- Die **Aufgabe** umschreibt das Tätigkeitsfeld des Stelleninhabers (z.B. Pflege von Patienten, ärztliche Versorgung der Patienten).
- Die **Kompetenz** besagt, daß der Stelleninhaber die Möglichkeit hat, auf Entscheidungen Einfluß zu nehmen (die Wahl des Implantats der Firma A oder der Firma B).
- Die **Verantwortung** umschreibt die Übernahme der Entscheidung mit möglichen Konsequenzen einer Fehlentscheidung.

Viele Mitarbeiter möchten ihre Kompetenzen ausweiten, die Verantwortung aber nicht übernehmen. Auf eine klare Kompetenzregelung ist deshalb zu achten.

Die **Kostenträger** können Fallpauschalen, Sonderentgelte, aber auch einzelne Patienten sein. Zu beachten ist hier, daß die Einflußnahme insoweit begrenzt ist, als verschiedene Berufsgruppen (OP-Bereich, Labor, Röntgen etc.) an der Fallpauschale beteiligt sind (vgl. *Enders* 1996, 25 ff.). Eine Kostenabweichung muß deshalb genau für die einflußnehmende Berufsgruppe ausgewiesen werden, um die vorgegebene Kostensituation beeinflussen zu können.

Art des Kostenrechnungssystems

Nach §8 KHBV sind eine **Vollkosten-** und eine **Teilkostenrechnung** nebeneinander notwendig, um die rechtlichen Auflagen erfüllen zu können.

Eine Vollkostenmethode stellt sicher, daß sämtliche angefallenen Kosten über die Kostenstellen auf die Kostenträger verrechnet und die entsprechenden Erlöse gegengerechnet werden. Bei der Teilkostenrechnung werden Kosten, die sich nicht direkt zurechnen lassen, nicht weiterverrechnet, sondern als (Fixkosten-)Block behandelt. Fixkosten bleiben unabhängig von der Belegung konstant. Auch ohne Patienten fallen Kosten an, z.B. für die Krankenhausleitung, für Gebäude. Im Gegensatz dazu werden die variablen Kosten durch die Belegung und Auslastung verändert (z.B. Medikamentenverbrauch).

B Wichtige institutionelle Baustellen

Eine **Vollkostenrechnung** als **Verteilung sämtlicher Kosten auf die Kostenstellen** ist für die Leistungs- und Kalkulationsaufstellung (LKA) notwendig. Ausgangspunkt der Betrachtung sind die Kostenarten, die entsprechend einer innerbetrieblichen Leistungsverrechnung auf die Abteilungen (Chirurgie, Innere Medizin etc. und Basispflegesatz) verteilt werden. Hier wird auf das **Externe Budget** abgestellt, das mit den Krankenkassen verhandelt wird. Das Externe Budget wird nach den Verhandlungen mit den Krankenkassen zum Internen Budget für das Krankenhaus mit seinen einzelnen Abteilungen.

Um Entscheidungen im **Internen Budget** zu lenken, sind aber die direkten Kosten einer Kostenstelle zu betrachten, über die die Kostenstellenverantwortlichen die Steuerung ihrer vorgegebenen Kosten erreichen können. Hier ist eine vollständige Verteilung sämtlicher Kosten nicht notwendig, so daß eine **Teilkostenrechnung** für **Steuerungsimpulse** „ausreicht". Bei der Betrachtung der direkt zurechenbaren Kosten ist der Fixkostenblock nicht zu vernachlässigen. Fixkosten sind in der Regel von der Krankenhausleitung zu beachten und zu steuern. Eine Vernachlässigung bedeutet aber, daß hohe Fixkosten nicht abgebaut werden, wenn kein Mitarbeiter für deren Steuerung verantwortlich ist.

Die **Nichtzurechenbarkeit der Fixkosten** auf Kostenstellen entspricht einer wirklichkeitsnahen Erfassung der Kosten. Darin wird vor allem der Vorteil für kurzfristige Anpassungsentscheidungen gesehen. Dennoch ist auch dieses oft aus steuerungsmöglichen Gründen hervorgehobene Rechensystem nicht vor Fehlinterpretationen sicher: Die richtig herausgerechneten Zahlen können falsch verwendet werden.

Die Frage ist auch, ob in einem Krankenhaus kurzfristige Anpassungsentscheidungen überhaupt möglich sind:
- Kann der Arzt oder der Geschäftsführer eine Entscheidung für eine Leistung mit hohen und damit gegen die Leistung mit niedrigen Deckungsbeiträgen treffen?
- Führt das nicht dazu, daß auf ein ausgewogenes Mix der Leistungserstellung nicht geachtet wird und der Versorgungsauftrag nicht erfüllt wird?

38.3 Handlungsorientierte Daten als Ausgangspunkt für Controllingverfahren

Ziel von Controllingverfahren ist es, zielorientierte Entscheidungen vorbereiten zu können. Hierzu werden jetzt handlungsorientierte Konzepte herausgestellt, die in Kombination mit den oben skizzierten Rechnungssystemen zu einem sinnvollen Controlling herangezogen und ausgebaut werden können.

Vergleichszahlen als Prognosedaten

Controlling baut auf der **Auswertung von Zahlen** auf. Die Aufbereitung der Zahlen kann unterschiedlich vorgenommen werden: Durch die Ermittlung voraussichtlich anfallender Zahlen soll eine Grundlage für die betriebliche Disposition getroffen werden (vgl. *Hummel/Männel* 1986, 22 f.). Aus kostenrechnerischer Betrachtung erfolgt hier eine **entscheidungsorientierte Zukunftsrechnung,** die unterschiedlich gestaltet werden kann.

Zuvor geplante oder prognostizierte Kosten und Erlöse werden mit den tatsächlich angefallenen Kosten verglichen. So können Abweichungen errechnet und ggf. Handlungsalternativen entwickelt werden, um Kosten zu reduzieren oder Erlöse zu steigern und dadurch zu dem vorausgeplanten Ergebnis zu kommen.

Diese **Kostenkontrollen** können in unterschiedlicher Form vorgenommen werden:
- **Plan-Ist-Vergleiche** sind als Ergebniskontrollen am Ende der Periode durchführbar.
- **Soll-Ist-Vergleiche**, indem die Planwerte auf den jeweiligen Ist-Beschäftigunggrad errechnet werden. Im Vordergrund der Betrachtung stehen hier Überlegungen der Planerfüllung.
- **Hochrechnungen** gehen von Ist-Zahlen aus, die auf das Ende der Planperiode hochgerechnet werden (vgl. *Schweitzer/Küpper* 1995, 281 f.).

Diese Planwerte stellen zunächst **Prognosekosten** dar. Sobald sie mit den Krankenkassen vereinbart sind, werden daraus **Vorgabekosten**: Das Budget wird zu einem Etat, an den die Mitarbeiter gebunden sind. Bei Sonderentgelten und Fallpauschalen werden die Preise als Daten vorgegeben, so daß hier Vorgaben bestehen, die nicht überschritten werden dürfen – es sei denn, man ist bereit, Verluste hinzunehmen.

Die Steuerung der **Personalkosten** sollte weitgehend über Vollkräfte erfolgen – Überstunden und Sitzwachen kann man davon ausnehmen. Die Steuerung über Vollkräfte (VK) ist deshalb sinnvoll, weil sie sich einfacher nachvollziehen läßt:

Eine Station hat 0,5 VK zuviel beschäftigt. Dies ist für die Steuerung einfacher zu handhaben, als wenn 35 000 DM einzusparen sind. Hat man z.B. die Überstunden und die Sitzwachen jeweils in einem separaten Budget erfaßt, läßt sich die Steuerung dieser Kosten effektiv überwachen. Darüber hinaus können manche Kosten pro Mitarbeiter vom Kostenstellenverantwortlichen oft nicht beeinflußt werden, z.B. Kindergeld, Verheiratetenzuschlag.

Diese Art der **Prognosebetrachtung** ist für die Geschäftsführung hilfreich. An erster Stelle steht die Frage, ob die vorgegebenen **Budgetwerte erreicht** werden, oder ob Maßnahmen zu ergreifen sind, um über Abweichungsanalysen eine **Korrektur der Ist-Werte** zu erreichen. Es handelt sich um eine Prognosekostenrechnung, in der die „erwarteten Ist-Kosten einer zukünftigen Abrechnungsperiode vor Beginn dieser Periode vorausgesagt bzw. vorausberechnet, d.h. prognostiziert" werden (*Schweitzer* 1983, 245). Im Vordergrund dieser Betrachtung stehen nicht optimale oder effiziente Kostenverläufe, nicht kostenminimale Güterverbräuche oder optimale Verfahren. Die Kosten werden vielmehr auf der Grundlage des Beschäftigungsgrades (Auslastung der Klinikabteilungen) für einen Budgetzeitraum sorgfältig vorausberechnet. Dazu sind qualifizierte, nachvollziehbare Berechnungen durchzuführen, die in die Kosten- und Erlösbetrachtung einfließen.

Sollten sich Abweichungen ergeben, kann mit dieser Prognoserechnung nicht ohne weiteres erarbeitet werden, wie eine Senkung der Kosten zu erreichen ist. Man kann erkennen, wo negative Kosten- und Erlösabweichungen auftreten, nicht aber, was der Kostenstellenverantwortliche zu unternehmen hat.

Standards als Vorgabedaten

Als Rechnungsziele stehen hier die Steuerung der Prozesse und die Anpassung von Prozessen bei Abweichung von Plan bzw. Soll und Ist im Vordergrund. Die Mitarbeiter müssen durch das Aufzeigen von Abweichungen in die Lage versetzt werden, Korrekturmaßnahmen (z.B. Kosteneinsparungen oder Erlöserhöhungen) ergreifen zu können. Die geplanten Kosten und Erlöse sind als Maßstab vorgegeben, an den die Kostenstellenverantwortlichen gebunden sind. Damit rücken diese in den Fokus der Betrachtung: Sie sollen die Prozesse steuern, lenken und beeinflussen. Diejenigen Kosten stehen dabei im Vordergrund, die sie tatsächlich auch beeinflussen können. Preisschwankungen sind deshalb auszuschalten, da diese z.B. vom Einkauf zu vertreten sind oder durch konjunkturelle Einbrüche o.ä. verursacht werden. Bei Vorgabedaten werden Kosten- und Erlösverläufe aufgrund von erarbeiteten Standards für den Leistungserstellungsprozeß erarbeitet, vorgegeben und durch Soll-Ist-Vergleiche analysiert.

Ausgangsbasis ist hier vor allem die Kostenstelle, für die die Planungen durchgeführt werden. Über den Kostenstellenplan werden dann die Gesamtkosten aggregiert. Hierbei können dann differenzierte Kostenstellenpläne erstellt werden (**fixe** und **variable Kosten** bei unterschiedlichen Auslastungsgraden). Unter dem Aspekt der Standardkostenrechnung ließe sich nun auch Fragestellungen der Standardisierung, z.B. pflegerischer Elemente und therapeutischer Konzepte, nachgehen. Unter Einbeziehung weiteren Personals im diagnostischen und therapeutischen Bereich ließen sich Behandlungsfolgen standardisieren. Die Steuerung anhand solcher Standards wäre für die qualifizierten Fachleute einfacher nachvollziehbar, weil hier zwar auch Kosten und Erlöse eine Rolle spielen, diese sich aber in den Standards niederschlagen. Eine Über- oder Unterschreitung dieser Standards würde zur Einleitung von Maßnahmen führen.

Im Rahmen einer Projektarbeit aus dem Studiengang Krankenpflegemanagement an der Fachhochschule Osnabrück ist diese Fragestellung aus pflegerischer Sicht untersucht worden (vgl. *Geister* 1994, 24 ff.). Dabei hat sich gezeigt, daß bei 8 untersuchten Fallpauschalen 2 Krankheitsverläufe aufgrund der Standardabweichung von ca. 1 Tag und einem

Variationskoeffizienten von etwa 0,1 besonders geeignet sind, solche Behandlungsfolgen festzulegen. Damit ließen sich Standardpflegepläne aufstellen, die sich an einem bestimmten Krankheitsbild orientieren. Dieses Verfahren ist allerdings als aufwendig und zeitintensiv anzusehen.

Untersuchungen in der Industrie haben gezeigt, daß der Aufbau der Kostenstellenrechnung pro Kostenstelle einen Zeitbedarf von etwa 2 bis 4 Tagen pro Person verursacht. Bei einem Kostenstellenplan von etwa 100 Kostenstellen beläuft sich der Bedarf auf ca. 200 bis 400 Tage pro Person (vgl. *Kilger* 1993, 297, 301).

Trotz arbeitsintensiver Vorgehensweise ließe sich so die Lenkung von Prozessen oder Behandlungsfolgen im Krankenhaus ableiten. Damit wäre man in der Lage, über die Kostenstellenverantwortlichen Einfluß auf die Kosten- und Erlösverläufe zu nehmen und darüber hinaus auch Prozeßabläufe zu gestalten. Dies müßte nicht automatisch, sondern würde bei Bedarf (z.B. Kostenüberschreitung) erfolgen.

38.4 Ausblick

Volkswirtschaftliche Engpässe schlagen sich im Gesundheitswesen nieder. Dies fordert betriebswirtschaftliche Antworten heraus. Grundlage für kaufmännisches Handeln wird die Kosten- und Erlösrechnung sein, die sich in Controllingmaßnahmen fortsetzt. Ausgangspunkt werden zunächst einfache, schnell nachvollziehbare Maßnahmen sein, wie sie die Prognosekostenrechnung darstellt. Sie stellt sicher, daß die Unternehmungsleitung zielorientiert handeln kann. Soll das kaufmännische Denken auf der Ebene der Abteilungen insoweit angewendet werden, daß sie eigenverantwortlich die Kosten- und Erlösverläufe verfolgen, dann ist an der Kostenstellenrechnung anzusetzen. Sie ist zu einem Kostenrechnungssystem auszubauen, das Abweichungen realisiert und Steuerungsimpulse setzt, die schließlich zu Anpassungsentscheidungen und -maßnahmen führen. Federführend wird dabei der Controller sein, der den kaufmännischen Sachverstand einbringt – der aber ohne den qualifizierten fachlichen Sachverstand und die Mithilfe der Vor-Ort-Tätigen kein handlungsorientiertes Konzept realisieren kann.

38 Controlling als Instrument für die Gestaltung ...

Es ist auch deutlich geworden, daß eine Ein-Personen-Controlling-Abteilung diese Aufgaben nicht bewältigen kann. Die Vorarbeiten sind durch eine ausgebaute Kosten- und Erlösrechnung sicherzustellen. Wenn also Controlling qualifiziert betrieben werden soll, ist zunächst die Frage zu beantworten, wie viele Kostenrechner in dem Krankenhaus beschäftigt sind. Ist kein Kostenrechner angestellt, dann kann auch davon ausgegangen werden, daß kein Kostenmanagement betrieben wird. Dann wird voraussichtlich das Controlling nur zur Assistenz und zur Erstellung des Externen Budgets dienen. Diese Abteilung verdient dann aber nicht den Begriff Controlling.

Die Controllingabteilung hat die Funktion, Informationen aufzubereiten und weiterzuleiten, um Anpassungsmaßnahmen zu initiieren – notfalls auch anzumahnen –, zu begleiten und sicherzustellen, damit das Problemlösungspotential erhalten bleibt.

Literatur

Bramsemann, R., Handbuch Controlling. Methoden und Techniken. München, Wien, 3. durchgesehene Aufl. 1993.

Ebert, G.; Koinecke, J.; Peemöller, V.; Preißler, P. R., Controlling. Landsberg am Lech, 6. überarb. und erweiterte Aufl. 1996.

Enders, P., Flexibles Tabellensystem für die Kostenträgerrechnung. Hilfreiche Hinweise für den Krankenhaus-Controller. In: Krankenhaus-Umschau, Heft 4, 1996, 254–260.

Hentze, J.; Kehres, E., Kosten- und Leistungsrechnung in Krankenhäusern. Systematische Einführung. Stuttgart, Berlin, Köln, 3. neubearbeitete Aufl. 1996.

Horvath, P., Controlling. München, 6. völlig überarbeitete Aufl. 1996.

Hummel, S.; Männel, W., Kostenrechnung 1. Grundlagen, Aufbau und Anwendung. Wiesbaden, 4. völlig neu bearbeitete und erweiterte Aufl. 1986.

Kilger, W., Flexible Plankostenrechnung und Deckungsbeitragsrechnung. Bearbeitet durch Kurt Vikas. Wiesbaden, 10. vollständig überarbeitete und erweiterte Aufl. 1993.

Schirmer, H., Krankenhaus-Controlling. Zwingende Notwendigkeit oder Utopie. In: f&w – führen und wirtschaften, Heft 1, 1995, 19–30.

Schmidt-Rettig, B., Interne Budgetierung. Vom selbstkostendeckenden Pflegesatz zu fallpauschalierten Preisen. In: *Eichhorn, S.; Schmidt-Rettig, B.* (Hrsg.): Krankenhausmanagement im Werte- und Strukturwandel. Handlungsempfehlungen für die Praxis. Stuttgart, Berlin, Köln 1995, 135–144.

Schweitzer, M.; Küpper, H.-U., Systeme der Kosten- und Erlösrechnung. München, 6. vollständig überarbeitete und erweiterte Aufl. 1995.

Schwester M. Christina Geister, Analyse pflegerischer Leistungserfassung auf der Allgemeinchirurgie und Berechnung der Personalkosten im Pflegedienst im Rahmen der Kalkulation von Fallpauschalen. Unveröffentlichter Projektbericht, Osnabrück 1994.

39 Kostenplanung als betriebswirtschaftliches Instrument in Krankenhäusern

Klaus-Jürgen Bremm

Der vorliegende Beitrag bietet eine verständnisorientierte Einführung in die Krankenhauskostenrechnung unter Berücksichtigung der **Unterschiede zur allgemeinen betrieblichen Kostenrechnung,** die nicht wie die Krankenhauskostenrechnung von zahlreichen gesetzlichen Bestimmungen beschränkt ist.

Eine **Leistungs- und Kalkulationsaufstellung** (LKA), wie sie die **Anlage 3 der Bundespflegesatzverordnung** (BPflV) den Krankenhäusern zur Berechnung ihrer Preise für stationäre Leistungen vorgibt und die sie zur Bildung von **Durchschnittssätzen** auf **Vollkostenbasis** verpflichtet, ist in der Privatwirtschaft ebenso unüblich wie der gesetzgeberische Versuch, für einen Teil der Krankenhausleistungen die Preise in Form von Fallpauschalen und Sonderentgelten genau vorzuschreiben.

Auf die Berechnung von Fallpauschalen und Sonderentgelten und das Verfahren zu ihrer Ausgliederung aus dem Krankenhausbudget wird hier, da sie aus der Sicht der Kostenrechnung keine Besonderheiten enthalten, nicht eingegangen.

39.1 Kostenrechnung und Finanzbuchführung

Die Kostenrechnung bildet zusammen mit der Finanzbuchführung das betriebliche Rechnungswesen.

Während die **Finanzbuchführung** eines Unternehmens die Ermittlung seines jährlichen Betriebsergebnisses zum Ziel hat und dazu seine gesamten Aufwendungen und Erträge erfaßt und saldiert, ist es Aufgabe der **Kostenrechnung**, Preise für die im Unternehmen erstellten Güter oder Dienstleistungen zu kalkulieren.

Dazu berücksichtigt sie jedoch nur den Teil der betrieblichen Aufwendungen, der in Zusammenhang mit der geplanten, regelmäßigen betrieblichen Leistungserstellung steht, der also jährlich anfällt.

Krankenhausleistungen in diesem Sinne sind gemäß §2 Abs. 1 BPflV die „ärztliche Behandlung, Krankenpflege, Versorgung mit Arznei,- Heil- und Hilfsmitteln, die für die Versorgung im Krankenhaus notwendig sind, sowie Unterkunft und Verpflegung".

Der auf die gewöhnliche oder reguläre Geschäftstätigkeit entfallende Teil der Aufwendungen wird **Kosten** genannt.

Besondere Geschäftsvorfälle im Betrieb (außerordentliche, meist einmalige Aufwendungen aus dem Verkauf von Betriebsvermögen, Sonderabschreibungen etc.) gehen nicht in die Kalkulation ein, sind also keine Kosten. Würden diese eher zufälligen und oft einmaligen Vorfälle in die Kostenrechnung aufgenommen, könnte dies zu beträchtlichen Schwankungen der kalkulierten Preise führen. Das Hauptziel der Kostenrechnung, die Kalkulation marktfähiger Preise, würde dadurch gefährdet oder sogar verfehlt. Die jährlichen Betriebsergebnisse, die oft von besonderen und einmaligen Geschäftsvorfällen beeinflußt sind, können im Zeitablauf stark voneinander abweichen, Preise jedoch nicht. Die Kunden würden dies nicht akzeptieren.

Umgekehrt gehen nicht alle Kosten in die Finanzbuchhaltung ein, sondern nur der Teil, der tatsächlich angefallen ist, für den also Rechnungen vorliegen. Man spricht in diesem Fall auch von **pagatorischen Kosten**.

Darüber hinaus gibt es die **kalkulatorischen Kosten,** die nur aufgrund einer internen kaufmännischen Betrachtung in der Kostenrechnung berücksichtigt werden. Tatsächlich sind sie nie entstanden.

Zur Berechnung der jährlichen Abschreibungsraten auf langfristig genutzte Wirtschaftsgüter berücksichtigt die Finanzbuchführung nur die tatsächlich angefallenen Anschaffungskosten. Die Kostenrechnung kalkuliert dagegen häufig mit den Abschreibungsraten auf den **höheren zukünftigen Wiederbeschaffungspreis**. Dahinter steht die Überlegung, daß jeder Betrieb seine zukünftigen Investitionen durch die gegenwärtigen Umsatzerlöse finanzieren muß und darum entsprechend höhere Kostenanteile in die Preise kalkuliert.

Ebenso werden die Zinsen auf das betriebsnotwendige Kapital als **kalkulatorische Kosten** bezeichnet. Sie wurden niemals bezahlt, gehören also nicht zu den üblichen Finanzierungskosten eines Betriebes. Sie sind fiktiv und beruhen auf der kaufmännischen Überlegung, daß sämtliche Investitionsmittel auch verzinslich angelegt werden und einen fiktiven Zinsertrag erbringen könnten. Man spricht allgemein von den Erträgen der nicht genutzten nächstbesten Investitionsmöglichkeit und nennt diese entgangenen Erträge **Opportunitätskosten.**

39.2 Das Verursachungs- und Leistungsentsprechungsprinzip

Die betriebliche Kostenrechnung ist zunächst nur eine reine Kostenzuordnung. Sämtliche Kosten eines Betriebes werden nach Kostenarten (Personal-, Sach-, Betriebsmittel- und Verwaltungskosten) erfaßt und anschließend den betrieblichen Leistungseinheiten, den **Kostenträgern** zugeordnet. Der Begriff Kostenträger ist wörtlich zu nehmen, denn das Ziel der Kostenrechnung besteht darin, die mit der betrieblichen Leistungserstellung verbundenen Kosten restlos auf die Kostenträger zu verrechnen. Ein anderer Name für Kostenträger ist **Kalkulationsobjekt.** Aus der Sicht des Marketing oder des Verbrauchers ist es das **Produkt.**

Die **hauptsächlichen Kostenträger im Krankenhaus** sind
- der **Patient** (der ganze „Fall" von der Aufnahme bis zur Entlassung),
- der **Pflegetag**
- oder die Einzelbehandlung (im ambulanten Bereich).

Die von einem Kostenträger allein verursachten Kosten werden **Einzelkosten** genannt. Man unterscheidet Einzelpersonal- und Einzelsachkosten. In der Produktion werden sie auch Einzelfertigungs- und Einzelmaterialkosten bezeichnet.

Einzelfertigungskosten sind jedoch nur dann einem Kostenträger zuzuordnen, wenn zuvor mit Hilfe von Arbeitsanalysen Personalkostensätze für jede vom Kostenträger verursachte Tätigkeit ermittelt wurden.

B Wichtige institutionelle Baustellen

Da dies in den meisten Krankenhäusern nicht der Fall ist (und von der Bundespflegesatzverordnung für die Leistungs- und Kalkulationsaufstellung auch nicht gefordert wird) verbleiben die Personalkosten im Krankenhaus bei den zunächst nicht zuzuordnenden Kosten.

Kosten, die nicht nach dem **Verursachungsprinzip** zugeordnet werden können, da sie von mehreren artverschiedenen Kostenträgern gemeinsam verursacht wurden, werden **Gemeinkosten** genannt. Artverschiedene Kostenträger in einem Automobilunternehmen sind die verschiedenen Fahrzeugtypen. Im Krankenhaus sind es die Patienten mit unterschiedlichen Diagnosen.

Gemeinkosten können erst mit Hilfe von geeigneten Kalkulationsverfahren auf die Kostenträger aufgeteilt bzw. verrechnet werden. Die Heil- und Hilfsmittel, die ein operierter Patient benötigt, können ihm als Kosten direkt zugeordnet werden. Die Kosten für die OP-Benutzung jedoch nicht.

Die Gemeinkosten sind das eigentliche Problem der Kostenrechnung, besonders in Betrieben, die mehrere artverschiedene Leistungseinheiten erstellen. Da dort das Verursachungsprinzip nicht mehr auf die Gemeinkosten anwendbar ist, greift die Kostenrechnung auf andere Prinzipien zurück. Eines davon ist das **Leistungsentsprechungsprinzip.**

Oft entstehen Gemeinkosten für Betriebsmittel, die dem Unternehmen für längere Zeit zur Verfügung stehen und für die Erstellung von zahlreichen verschiedenen Leistungen benutzt werden.

Im Krankenhaus wären dies die Kosten für das **medizinisch-technisches Großgerät** im Sinne des § 122 SGB V und § 10 KHG, also Abschreibungen, sowie Kosten für Energie, Wartung und Reparaturen.

Diese Kosten gehen allerdings nicht in die Kalkulation der Krankenhauspreise ein, da sie zu den Investitionen zählen, die gemäß dem Krankenhausfinanzierungsgesetz durch öffentliche Förderung finanziert werden.

Zu den Gemeinkosten im Krankenhaus zählen auch die Personalkosten im ärztlichen und pflegerischen Bereich, die aufgrund bisher oft fehlender Personalkostensätze nicht als Einzelkosten direkt verrechnet werden können. Darum erlaubt die Leistungs- und Kalkulationsaufstellung (LKA) der Bundespflegesatzverordnung den Krankenhäusern, alle Personalkosten als Gemeinkosten zu verrechnen.

Die Gemeinkosten werden zunächst nach Kostenstellen gesammelt und durch die Zahl der je Kostenstelle erbrachten Leistungseinheiten dividiert, so daß man einen Kostensatz je Leistungseinheit erhält.

Fixe und variable Kosten

Die betriebliche Entscheidung, von einer Leistungsart weitere Einheiten herzustellen, führt in der Regel zu einem Anstieg der Kosten. Die zusätzliche Produktion erfordert zusätzlichen Personal- und Materialeinsatz. Gleiches gilt im Krankenhaus für die Aufnahme zusätzlicher Patienten.

Diese leistungsabhängigen Kosten werden **proportionale** oder auch **variable Kosten** genannt. Sie zählen zu den Einzelkosten, da ihre Entstehung gemäß dem Verursachungsprinzip unmittelbar auf eine kaufmännische oder ärztliche Entscheidung zurückgeführt werden kann.

Nicht zu den variablen Kosten zählen in der Regel die Kosten für Betriebsmittel, die zwar zur Leistungserstellung genutzt werden, aber schon zuvor beschafft wurden. Diese Kosten ändern sich gewöhnlich bei einer Leistungssteigerung oder Vergrößerung des Patientengutes nicht, vorausgesetzt, die geplante Leistungssteigerung ist ohne Kapazitätsanpassung möglich. Die Kosten der Betriebsbereitschaft werden **fixe Kosten** genannt.

39.3 Gesetzliche Grundlagen der Krankenhauskostenrechnung

Die **Krankenhausbuchführungsverordnung** (KHBV) verpflichtet alle Krankenhäuser mit mehr als 100 Betten oder mit mehr als einer bettenführenden Abteilung, eine Kosten- und Leistungsrechnung durchzuführen. Der § 8 KHBV nennt die Ziele der Krankenhauskostenrechnung und die Mindestanforderungen zu ihrer Durchführung: „Das Krankenhaus hat eine Kosten- und Leistungsrechnung zu führen, die eine **betriebsinterne Steuerung** sowie eine **Beurteilung der Wirtschaftlichkeit und Leistungsfähigkeit** erlaubt; sie muß die **Ermittlung der pflegesatzfähigen Kosten** sowie die **Erstellung der Leistungs- und Kalkulationsaufstellung** nach den

Vorschriften der Bundespflegesatzverordnung ermöglichen. Dazu gehören folgende Mindestanforderungen:

1. Das Krankenhaus hat die aufgrund seiner Aufgaben und Struktur erforderlichen **Kostenstellen zu bilden.** Es sollen, sofern hierfür Kosten und Leistungen anfallen, mindestens die Kostenstellen gebildet werden, die sich aus dem Kostenstellenrahmen der Anlage 5 ergeben (...).
2. Die **Kosten sind aus der Buchführung** nachprüfbar herzuleiten.
3. Die **Kosten und Leistungen sind verursachungsgerecht nach Kostenstellen zu erfassen**; sie sind darüber hinaus den anfordernden Kostenstellen zuzuordnen, soweit dies für die in Satz 1 genannten Zwecke erforderlich ist" (Hervorhebungen durch den Verfasser).

39.4 Teilbereiche der betrieblichen Kostenrechnung

Die Kostenrechnung gliedert sich in die Teilbereiche **Kostenarten-, Kostenstellen- und Kostenträgerrechnung.**

Die Kostenartenrechnung

Gemäß § 8 Abs. 2 KHBV erfaßt die Kostenartenrechnung des Krankenhauses sämtliche in der Buchführung festgehaltenen Kosten und gliedert sie nach Kostenarten. Die Gliederungsstruktur gibt das Formblatt K2 der Anlage der Bundespflegesatzverordnung vor (Tab. 39-1).

Besonderheit der Kostenartenrechnung im Krankenhaus: Es werden nur die tatsächlichen (pagatorischen) Kosten in die Kalkulation der Krankenhauspreise einbezogen. Unberücksichtigt bleiben die fiktiven kalkulatorischen Kosten.

Die Kostenstellenrechnung

Der § 8 Abs. 1 KHBV schreibt vor, daß das Krankenhaus Kostenstellen zu bilden und in ihnen sämtliche Kosten und Leistungen zu erfassen hat.

Jeder Betrieb ist vollständig in Kostenstellen gegliedert. Man unterscheidet **Haupt-** und **Hilfskostenstellen.** Andere Bezeichnungen dafür sind Vor- und Endkostenstellen. Kostenstellen können nach Verantwortlichkeit, räumlicher Nähe oder Ähnlichkeit der Leistungserstellung eingerichtet sein.

39 Kostenplanung als betriebswirtschaftliches Instrument

Tab. 39-1 Formblatt K2 der Leistungs- und Kalkulationsaufstellung, in dem die Krankenhäuser ihre Forderung für den Budgetzeitraum festlegen (Werte in 1000 DM)

Lfd. Nr.	Kostenarten	Basispflegesatz nach §13 Abs. 3	Medizinische Institutionen	Primärkosten Abteilung
	1	2	3	4
1	Ärztlicher Dienst		5.127	3.711
2	Pflegedienst		1.202	10.413
3	Med.techn. Dienst		3.385	
4	Funktionsdienst		3.809	
5	Klinisches Hauspersonal	1.981		
6	Wirtsch.- und Versorg.dienst	2.727		
7	Technischer Dienst	950	0	0
8	Verwaltungsdienst	1.980		
9	Sonderdienste	405		
10	Sonstiges Personal	96		
11	Nicht zurechenbare Pers.ko.	0		
12	**Personalkosten insgesamt**	**8.139**	**13.523**	**14.124**
13	Lebensm. u. bezog. Leistungen	1.119		
14	Medizinischer Bedarf		2.180	5.046
15	Wasser, Energie, Brennstoffe	1.213		
16	Wirtschaftsbedarf	1.446		
17	Verwaltungsbedarf	1.062		
18	Zentrale Verwaltungsdienste	0		
19	Zentrale Gemeinschaftsdienste	0		
20	Steuern, Abgaben, Vers.	943		
21	Instandhaltung	1.421	379	42
22	Gebrauchsgüter	113	30	35
23	Sonstiges	0		
24	**Sachkosten insgesamt**	**7.317**	**2.589**	**5.123**
25	Innerbetriebl. Leistungsverr.		16.112	16.112
27	**Krankenhaus insgesamt**	**15.456**	**0**	**35.359**

Die Basiskosten des Beispielkrankenhauses betragen 15 456 Mio. DM. Dividiert durch die Gesamtzahl aller Pflegetage im Budgetzeitraum von 122 000 Tagen ergibt dies einen Basispflegesatz von 126,68 DM pro Tag. Der Abzug der Fallpauschalenwerte wurde aus Vereinfachungsgründen weggelassen.

Die 16,112 Mio. DM sind die Primärkosten der Vorkostenstellen (med. Institutionen), die durch die innerbetriebliche Leistungsverrechnung auf die Hauptkostenstellen (Abteilungen) verrechnet werden Die Abteilungskosten von 35,359 Mio. DM sind die Summe aus Primär- und Sekundärkosten aller Abteilungen.

B Wichtige institutionelle Baustellen

Haupt- oder Endkostenstellen im Krankenhaus sind die **bettenführenden Abteilungen**. Sie erfüllen die 3 zuvor genannten Kriterien der Kostenstelleneinteilung. Die bettenführenden Abteilungen erstellen die vermarktbaren Leistungen eines Krankenhauses, also die Leistungen, die einem Dritten (Krankenversicherer) in Rechnung gestellt werden können. Vor- oder Hilfskostenstellen arbeiten den Haupt- oder Endkostenstellen zu und verrechnen ihrerseits an sie ihre Leistungen. Dieser Vorgang wird als **innerbetriebliche Leistungsverrechnung** (ILV) bezeichnet und mit Hilfe **eines Betriebsabrechnungsbogens** (BAB) durchgeführt (s. Abb. 39-1).

Die Kostenträgerrechnung

Die in den Vor- oder Hilfskostenstellen gesammelten Kosten (Einzel- und Gemeinkosten) werden addiert und durch die Anzahl der je Kostenstelle erstellten Leistungseinheiten dividiert, wodurch man Kostensätze erhält, die nun entsprechend der Leistungsinanspruchnahme auf die nachgeordneten Haupt- oder Endkostenstellen (bettenführende Abteilungen) verrechnet werden können. Dort wiederholt sich der Vorgang. Die ursprünglich der Kostenstelle zugeordneten Kosten (**Primärkosten**) werden durch die verrechneten Kosten aus den Vor- oder Hilfskostenstellen (**Sekundärkosten**) vermehrt und durch die Anzahl der Leistungseinheiten je Hauptkostenstelle dividiert. Auf diese Weise erhält man die Kosten je Kostenträger oder den Selbstkostenpreis. In den Krankenhausabteilungen sind es die tagesgleichen Pflegesätze, die Leistungseinheit ist der einzelne Pflegetag.

Gemäß der Vorgabe der LKA werden im Krankenhaus nur noch die medizinischen Gemeinkosten aus den **medizinischen Institutionen** (Hilfskostenstellen) auf die bettenführenden Abteilungen (Hauptkostenstellen) verrechnet. Die nicht-medizinischen Gemeinkosten (s. Tab. 39-1, Spalte 2: Basiskosten) werden als Basiskosten zusammengefaßt und durch die Gesamtzahl der Pflegetage des Krankenhauses im Abrechnungszeitraum dividiert. Das Ergebnis ist der **Basispflegesatz** gemäß § 13 Abs. 3 BPflV, der pro Aufenthaltstag zusätzlich zum jeweiligen Abteilungspflegesatz in Rechnung gestellt wird.

39 Kostenplanung als betriebswirtschaftliches Instrument

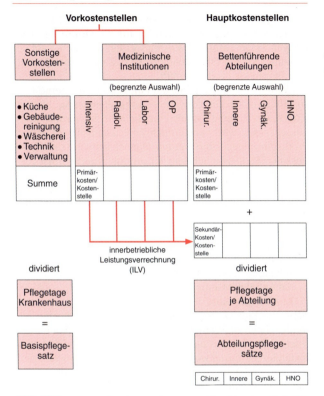

Abb. 39-1 Betriebsabrechnungsbogen Krankenhaus (vereinfachte Darstellung)

39.5 Kalkulationsverfahren

Die betriebliche Kostenrechnung unterscheidet mehrere Kalkulationsverfahren. Sie kommen je nach Art des Herstellungsverfahrens zur Anwendung.

Das wichtigste und einfachste Kalkulationsverfahren ist die **Divisionskalkulation.** Sie basiert auf der Annahme einer proportionalen Kostenverursachung, d.h., sämtliche Kostenträger haben in gleicher Intensität Gemeinkosten verursacht, was es rechtfertigt, diese zu gleichen Teilen auf die

Kostenträger zu verteilen bzw. zu verrechnen. Die Divisionskalkulation kommt hauptsächlich für die **Einproduktfertigung** in Frage. Sämtliche Kosten werden durch die Zahl der erstellten Kostenträger dividiert, so daß man einen Durchschnittspreis je Produkt erhält.

Werden verschiedene Sorten eines Produktes hergestellt, so können diese durch die Zuweisung geeigneter **Äquivalenzziffern,** mit denen die unterschiedliche Kostenverursachung ausgeglichen wird, kostenrechnungstechnisch zu einem Produkt homogenisiert werden. Danach kann mit der Divisionskalkulation wie bei dem Einproduktunternehmen weitergearbeitet werden.

Für die Kalkulation der Fertigung verschiedener Serien oder bei Einzelfertigungen eignet sich die **Zuschlagskalkulation**. Die Gemeinkosten werden mit Hilfe von prozentualen Zuschlagssätzen, die aus dem Verhältnis von Einzel- und Gemeinkosten ermittelt werden, auf die Kostenträger verrechnet. Dahinter steht die Annahme, daß diejenigen Kostenträger mit einem hohen Einzelkostenanteil einen entsprechend hohen Anteil der Gemeinkosten tragen können.

Die Methode führt besonders dann zu guten Ergebnissen, wenn der Einzelkostenanteil an den gesamten Kosten besonders hoch ist. Während diese Voraussetzung in der industriellen Produktion aufgrund des stetig sinkenden Lohnkostenanteils immer weniger erfüllt ist, trifft sie auf den Krankenhausbereich im besonderen Maße zu, da hier der Personalkostenanteil im Mittel 66% beträgt und die Behandlung eines Patienten aufwandsmäßig durchaus mit der Einzelanfertigung im industriellen Bereich verglichen werden kann.

Die zuvor genannten Verfahren verrechnen sämtliche Kosten eines Betriebes auf die dort erstellten Kostenträger. Man nennt sie darum auch **Vollkostenrechnungen.** Im Gegensatz dazu verzichten **Teilkostensysteme** auf die proportionale oder sonstwie geschlüsselte Verrechnung der Gemeinkosten.

In der **Deckungsbeitragsrechnung** werden lediglich die Erlöse der einzelnen Kostenträger mit ihren proportionalen (variablen) Kosten saldiert. Auf diese Weise erhält man einen Deckungsbeitrag je Kostenträger, der zur Deckung des bisher nicht berücksichtigten Gemeinkostenblocks dient. Die Deckungsbeitragsrechnung ist entscheidungsorientiert, da sie Kostenträger bevorzugt, die einen hohen Beitrag zur

Gemeinkostenabdeckung leisten. Im Krankenhausbereich ist sie nur bedingt verwendbar, da die meisten Häuser Patienten, deren Behandlung unrentabel ist, nicht zurückweisen dürfen.

Außerdem erfordert die Deckungsbeitragsrechnung einen hohen Anteil an leistungsproportionalen Einzelkosten. Eine Voraussetzung, die viele Krankenhäuser zur Zeit nicht erfüllen, da sie ihre Personalkosten wegen fehlender Personalkostensätze immer noch als Gemeinkosten verrechnen müssen.

39.6 Flexible Krankenhausbudgets

Die Nachteile der Divisionskalkulation werden bei der Berechnung der Abteilungs- und Basispflegesätze besonders deutlich, da es Durchschnittswerte sind, die von der Höhe der vorausgeschätzten Belegungstage abhängen. Erweist sich am Ende des Budgetzeitraums, daß die zu Beginn geschätzten Belegungstage zu hoch oder zu niedrig waren, hat das Krankenhaus mit falschen Kostensätzen abgerechnet. Die Mehr- oder Minderlöse müssen darum am Ende der Abrechnungsperiode ausgeglichen werden.

Eine Abteilung hat bei einem vorauskalkulierten Budget von 10 Mio. DM 50 000 Belegungstage (BT) als Leistung im Budgetzeitraum geschätzt. Aus diesen Werten ergibt sich ein Abteilungspflegesatz von 10 Mio. DM pro 50 000 BT = 200 DM pro BT.

Fall A: Statt der geschätzten 50 000 BT sind nur 45 000 BT im Budgetzeitraum angefallen. Die Erlöse aus den mit den Krankenversicherern verrechneten Abteilungspflegesätzen betragen darum nur 45 000 BT × 200 DM/BT = 9 Mio. DM. Den Differenzbetrag zum vorauskalkulierten Budget von 1 Mio. DM erhält das Krankenhaus zu 75% erstattet. Dies entspricht dem Fixkostenanteil, den das Krankenhaus in jedem Fall zu finanzieren hatte, auch wenn es weniger Pflegetage erbracht hat.

Fall B: Die Abteilung erbringt im Budgetzeitraum 55 000 Belegungstage. Bei einem gleichbleibenden Budget von 10 Mio. DM hätte der korrekte Abteilungspflegesatz 10 Mio. DM/55 000 BT =181,80 DM/BT betragen müssen. Da dieser Satz jedoch erst zum Periodenabschluß im Rahmen

B Wichtige institutionelle Baustellen

einer Nachkalkulation ermittelt werden konnte, hat das Krankenhaus bis dahin mit einem Abteilungssatz von 200 DM/BT abgerechnet und einen Mehrerlös gegenüber dem vorauskalkulierten Budget von 5000 BT × 200 DM = 1 Mio. DM erzielt. Es wird unterstellt, daß für diese Leistungssteigerung keine Kapazitätserweiterung erforderlich war, so daß die Fixkosten konstant blieben und nur die leistungsabhängigen variablen Kosten gestiegen sind. Diese werden vom Gesetzgeber mit 25% veranschlagt. Die Vertragsparteien (Krankenhaus und Kassen) können jedoch andere Sätze vereinbaren (§ 12 Abs. 4 BPflV). Das Krankenhaus darf also 25% der Erlöse zur Abdeckung der leistungsabhängig höheren variablen Kosten einbehalten.

Die Krankenhauskostenrechnung weicht in vielen Punkten von der betrieblichen Kostenrechnung in der Industrie ab. Kalkulatorische Kosten bleiben bei der Pflegesatzbildung unberücksichtigt. Ebenso die Investitionskosten, die von öffentlichen Haushalten getragen werden. Trotz der hohen Individualität der Krankenhausleistungen und der Tatsache, daß kein Krankheitsfall dem anderen gleicht, wird in der Krankenhauskostenrechnung in der Regel noch mit der Divisionskalkulation gearbeitet. So werden unabhängig vom jeweiligen Krankheitsbild allen Patienten einer Abteilung Durchschnittssätze berechnet und die tatsächlichen Kosten einer Behandlung weitgehend verdeckt. Echte Preise für die Krankenhausleistungen lassen sich mit Hilfe der Divisionskalkulation kaum ermitteln. Die Gründe für diese Mängel liegen einmal darin, daß sich die Kostenrechnung in vielen Krankenhäusern erst im Aufbau befindet, aber auch in der ausgeprägten Bevormundung des Gesundheitswesens durch den Staat, der den Krankenhäusern Berechnungsverfahren und zum Teil sogar Preise für ihre Leistungen vorgibt. Eine Abhilfe für die zuletzt genannte Ursache ist jedoch nicht in Sicht.

Literatur

Kilger, W., Flexible Plankostenrechnung und Deckungsbeitragsrechnung. Wiesbaden 1988.

Tuschen, K. H.; Philippi, M., Leistungs- und Kalkulationsaufstellung im Entgeltsystem der Krankenhäuser. Stuttgart 1995.

39 Kostenplanung als betriebswirtschaftliches Instrument

Strehlau-Schwoll, H., Deckungsbeitragsrechnung im Krankenhaus. In: *Eichhorn, S.; Schmidt-Rettig, B.* (Hrsg.), Krankenhausmanagement im Werte- und Strukturwandel. Stuttgart 1995.

Hentze, J.; Kehres, E., Kosten- und Leistungsrechnung in Krankenhäusern. Stuttgart 1996.

Freidank, C.C., Kostenrechnung, Einführung in die begrifflichen, theoretischen, verrechnungstechnischen sowie planungs- und kontrollorientierten Grundlagen des innerbetrieblichen Rechnungswesens. München 1991.

40 Ökologisches Management: Konzept, Gestaltungsprinzipien und Umsetzung

Ralf Isenmann

40.1 Ökologischer Strukturwandel im Gesundheitswesen

Ressourcenschonung, Abfallentsorgung, Emissions- und Risikobegrenzung haben insgesamt zu einem **ökologischen Strukturwandel** im Gesundheitswesen geführt. Dieser macht sich für Krankenhäuser in einem Spannungsfeld von veränderten rechtlich-politischen, technologischen, moralischen, kulturellen, sozio-demographischen und markt- und wettbewerbsbezogenen Rahmenbedingungen bemerkbar. Die **ökologische Dimension des Krankenhausmanagements** wird mittlerweile nicht nur von Pionierkrankenhäusern und Musterkliniken gesehen, sondern kommt durch verschiedene Anspruchs- und Interessengruppen (Stakeholder [→]) immer stärker zum Tragen (Abb. 40-1).

Es gibt gute Gründe, warum sich das Krankenhausmanagement der Herausforderung des Umweltschutzes zu stellen und ökologische Aspekte zu berücksichtigen hat:

- **Umweltkosten**: Der Gesetzgeber zielt mit seinem umweltpolitischen Instrumentarium verstärkt auf eine verursachungsgerechte und kostenwirksame Zurechnung von Umweltbelastungen.
- **Gesetzesdruck**: Die sich verschärfenden Umweltschutzbestimmungen des Staates setzen das Krankenhausmanagement unter einen großen Anpassungsdruck.
- **Technische Risiken**: Versicherungen verschärfen Umweltstandards für eine Risikodeckung oder erhöhen Versicherungsprämien bei ökologischen Haftungsrisiken.
- **Kreditwürdigkeit**: Banken und Fremdkapitalgeber knüpfen ökologische Anforderungen an die Kreditvergabe.

40 Ökologisches Management

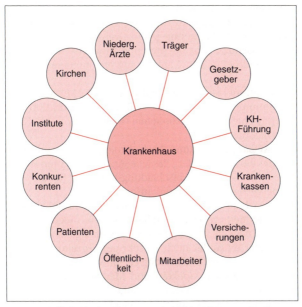

Abb. 40-1 Ökologisch relevante Stakeholder eines Krankenhauses

- **Gesellschaftliche Verantwortung**: Von der Öffentlichkeit wird Umweltschutz als Teil der Verantwortung eines Unternehmens auch vom Krankenhaus gefordert. Umweltvergehen werden durch Druck der Öffentlichkeit, des Marktes und der Politik sanktioniert.
- **Kostensenkung**: Krankenkassen sehen durch Umweltschutz eine Steigerung der Wirtschaftlichkeit und Möglichkeiten zur Einsparung im Krankenhaus.
- **Corporate Identity** (→): Umweltschutz dient dem (kirchlichen) Krankenhausträger zur strategischen Positionierung im Gesundheitsmarkt und trägt zur Differenzierung gegenüber potentiellen Wettbewerbern in den regionalen Versorgungsstrukturen bei.
- **Qualitätsdimension**: Ressourcenschonung, Abfallentsorgung, Emissions- und Risikobegrenzung stellen eine wichtige Dimension eines umfassenden Qualitätsmanagements im Krankenhaus dar.

- **Imagefaktor**: Umweltschutz kann als werbeträchtiger Imagefaktor kommuniziert und z.B. für die Öffentlichkeitsarbeit im Marketing genutzt werden.
- **Arbeitsschutz**: Arbeitsschutz und Umweltschutz sind für die Mitarbeiter im Krankenhaus eng miteinander verzahnt.
- **Motivation**: Mitarbeiter betrachten Umweltschutz als Kriterium der Arbeitsplatzwahl, Arbeitsmotivation und Bereitschaft zur persönlichen Identifikation mit dem Krankenhaus.
- **Einweisungskriterium**: Auch ökologisch sensibilisierte Patienten und niedergelassene Ärzte betrachten ökologische Aspekte als Entscheidungskriterium für die Wahl eines geeigneten Krankenhauses.

Seit etwa 1990 macht sich der ökologische Strukturwandel im Gesundheitswesen bemerkbar. Doch die Integration ökologischer Aspekte in das Krankenhausmanagement bezieht sich bisher entweder noch zu sehr auf Einzelmaßnahmen und Partialkonzepte als additiver Umweltschutz, oder sie wird von anderen Aspekten und Managementkonzepten, z.B. TQM (→), dominiert. Eine umfassende und integrative Berücksichtigung ökologischer Aspekte in das Krankenhausmanagement existiert noch nicht. Deshalb sollen hier die wesentlichen Aspekte des **Unternehmenskonzepts** eines **Ökologischen Managements** vorgestellt werden:

- Konzeptionelle Verankerung ökologischer Aspekte auf der höchsten Unternehmensebene in der Unternehmensphilosophie und im Krankenhausleitbild
- Operationalisierung in der Krankenhausstrategie, im Zielsystem und in sämtlichen Funktionsbereichen
- Institutionalisierung in der Krankenhausorganisation
- Ausstattung mit geeigneten ökologischen Managementinstrumenten
- Aufklärung und Motivation der Stakeholder (→)
- Ökologisches Management lernen
- Unternehmensvision als Weg zu einem „grünen" Krankenhaus

40.2 Konzept und Gestaltungsprinzipien eines Ökologischen Managements

Natur als Vorbild?

Bei der Suche nach einem überzeugenden und konsistenten Unternehmenskonzept zur Integration ökologischer Aspekte in das Krankenhausmanagement, nach Gestaltungsprinzipien, einer Unternehmensvision und neuen Wegen im Management liegt es nahe, von den **Managementregeln der Ökologie** zu lernen und das Ökologische Management am Vorbild der Natur zu orientieren.

Die Grundidee des am Naturvorbild orientierten Ökologischen Managements besteht darin, den Krankenhausbetrieb mit den verschiedenen Stakeholdern und den Austauschbeziehungen in abgestufter Analogie als ein vitales Netzwerk zu verstehen.

Die Natur ist dann nicht mehr nur bloßes Objekt, deren Ressourcen und Produktivkräfte durch Vermeidungs- und Minimierungsstrategien geschützt oder deren Grenzen für die Aufnahme von Abfällen und Emissionen respektiert werden müssen. Sie kann darüber hinaus hypothetisch als **vorbildliches Modell** und **Vision** eines „grünen" Krankenhauses und die Managementregeln der natürlichen Ökonomie können als Gestaltungsprinzipien eines Ökologischen Managements dienen.

Grundstruktur und Gestaltungsprinzipien eines Ökologischen Managements

Ein Ökologisches Management bildet ein **umfassendes** und **integratives Unternehmenskonzept**, das alle funktionalen, organisatorischen, personellen und technischen Maßnahmen des Krankenhauses auf ökologische Effekte hin analysiert, bewertet und naturverträglich gestaltet. Es zielt auf Prävention und Vorbeugung und verfolgt ein ökonomisch-ökologisches Gesamtoptimum für das Krankenhaus.

Als vorbildliche Gestaltungsprinzipien eines Ökologischen Managements können die Managementregeln der Natur gelten, z.B. die biokybernetischen Grundregeln mit dem Prinzip der negativen Rückkopplung, dem Prinzip der Unabhängigkeit vom materiellen Mengenwachstum und von starren Produktdefinitionen, dem Prinzip der Mehrfachnutzung, des Recycling, der Symbiose, der Nutzung von Fremdenergien sowie dem Prinzip des biologischen Designs.

Sie garantieren eine naturverträgliche **Kreislaufwirtschaft** im Krankenhausbetrieb, stellen die **Ökologisierung des gesamten Krankenhauses** auf eine solide Grundlage und bringen die Integration ökologischer Aspekte in das Krankenhausmanagement im eigentlichen Sinne erst zur Wirkung. Die Gestaltung des Ökologischen Managements nach den Managementregeln der Natur sei anhand von 3 zentralen Prinzipien beispielhaft veranschaulicht:

- **Prinzip der Integration der Ökologie**

Die ökologischen Aspekte der Ressourcenschonung, Abfallentsorgung, Emissions- und Risikobegrenzung sollen im Krankenhaus umfassend und integrativ, d.h. in allen klinischen Aufgabenbereichen, in die ärztlichen, pflegerischen und administrativ-supportiven Aufgaben der Patientenbehandlung und auf allen Entscheidungsebenen berücksichtigt werden.

- **Kreislaufprinzip**

Das „Röhrendenken" und die „end-of-the-pipe-Techniken" der Durchlaufwirtschaft sollen durch ein „neues Denken" in Vermeidungs- und Kooperationslösungen, Stoffkreisläufen, Mehrfach-, Kaskadennutzung und Recycling ersetzt und ergänzt werden. Die vernachlässigte Entsorgungsfunktion der betrieblichen Abfallwirtschaft emanzipiert sich vom Schattendasein zu einer der Beschaffung komplementären Aufgabe.

- **Prinzip des Netzwerks**

Die berufsständische Organisation im Krankenhaus mit den versäulten Strukturen und entkoppelten Abläufen wird z.B. in neue Formen der Unternehmensorganisation oder durch Entsorgungskooperationen in ein als Netzwerk organisiertes Verbundsystem überführt. Managementbarrieren, betriebliche Schnittstellen sowie Verantwortungslücken gehen in ein organisatorisches Netzwerk mit definierten Verantwortungsbereichen über.

40.3 Umsetzung eines Ökologischen Managements im Krankenhaus

Verankerung in der Unternehmensphilosophie und im Krankenhausleitbild

Das Unternehmenskonzept eines Ökologischen Managements durchdringt das gesamte Krankenhaus. Es orientiert sich an 7 grundlegenden Bausteinen, die zusammen einen Leitfaden zur sukzessiven Entwicklung, Einführung und Umsetzung des Ökologischen Managements bilden (Abb. 40-2).

- **Unternehmensphilosophie**: Auf der höchsten Unternehmensebene ist die Wertschätzung der Natur und der Umweltschutz als Grundwert in der Unternehmensphilo-

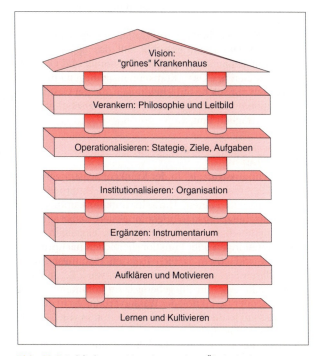

Abb. 40-2 Leitfaden zur Umsetzung eines Ökologischen Managements

sophie zu verankern und mit den anderen Grundüberzeugungen über Gesundheit, Krankenhaus und Menschenbild zu verknüpfen.

- **Krankenhausleitbild**: Im Krankenhausleitbild soll die Wertschätzung der Natur in Form von Unternehmensgrundsätzen verbindlich festgeschrieben und in der Corporate Identity (→) in allen Formen der Selbstdarstellung, Präsentation und Kommunikation zum Ausdruck kommen.
- **Unternehmenkultur**: Ökologische Aspekte sind in der Unternehmenskultur sowohl im klinischen Umgang (Corporate Behavior) als auch in den ästhetischen Ausdrucksformen (Corporate Design), z.B. in der Gestaltung von Räumen, Gebäuden und Außenanlagen, und durch Schrift, Bild, Symbole, Sprache, Traditionen etc. in der Kommunikation (Corporate Communications) zu vermitteln.
- **Unternehmensethik**: Die Integration ökologischer Aspekte in der Unternehmensethik soll das Spannungsfeld zwischen Behandlungsqualität, Ökonomie und Ökologie ausbalancieren. Das Krankenhausmanagement trifft demnach nur solche Entscheidungen, die der Gesundheit der Patienten verpflichtet und zugleich wirtschaftlich und naturverträglich sind.

Operationalisierung in Strategie, Zielsystem und Aufgaben

- **Krankenhausstrategie**: In der Krankenhausstrategie werden die formulierten ökologischen Unternehmensgrundsätze in Plänen, Umweltschutzprogrammen und Umweltschutzprojekten operationalisiert. Dabei sind den verschiedenen Krankenhausbereichen, einzelnen Kliniken, Abteilungen oder Funktionsbereichen nachprüfbare Teilziele mit einem zeitlich fixierten Planungshorizont und klaren Sollvorgaben vorzugeben, wie z.B.: Senkung der Abfallmenge im Pflegebereich im kommenden Jahr um 35% oder Reduktion des Wasserverbrauchs in der Wäscherei und in der Küche in einem Zeitraum von 5 Jahren um mindestens 25%.
- **Krankenhauszielsystem**: Die Integration ökologischer Aspekte in das Zielsystem im Krankenhaus gehört zu den wichtigsten Schritten bei der Ökologisierung. Die

zentralen Krankenhausziele der wirtschaftlichen Bedarfsdeckung und der hochwertigen Versorgung mit Gesundheitsgütern und -dienstleistungen lassen sich in einem als **Netzwerk** aufgebauten Zielsystem und in einem tendenziell **längerfristigen Planungshorizont** durchaus mit ökologischen Zielen ergänzen. Die ökologischen Ziele der Ressourcenschonung, Emissionsbegrenzung, Abfallreduzierung und Risikobegrenzung stehen – so neuere empirische Untersuchungen – der Wirtschaftlichkeit nicht im Wege. Sie sind per se keine Gewinnrestriktion, sondern eher Wirtschaftlichkeitsreserven und Rationalisierungspotentiale. Durch die Kombination ökonomischer und ökologischer Ziele im Krankenhauszielsystem wird ein **ökonomisch-ökologisches Gesamtoptimum** für das Krankenhaus garantiert.
- **Klininische Aufgabenbereiche**: Die Umsetzung des Ökologischen Managements konkretisiert sich in den klinischen Aufgaben- und Funktionsbereichen. Sie soll in den einzelnen ärztlichen, pflegerischen und administrativ-supportiven Aufgaben der Patientenbehandlung systematisch und integrativ berücksichtigt werden. Ansatzpunkte ergeben sich vor allem in folgenden Bereichen: OP, Bettenaufbereitung, Hygiene, Reinigung, Desinfektion und Patientenpflege, Beschaffung von Büromaterialien, Wäscherei, Verpflegung in der Küche, Labor und Apotheke.

Institutionalisierung in der Organisation
Das Ökologische Management kann sich nur dann entfalten, wenn es in der Krankenhausorganisation institutionalisiert wird. Dabei stehen 2 konstitutive Gestaltungsaspekte im Vordergrund:
- **Aufbauorganisation**: Die Träger von Umweltschutzaufgaben sind zu organisatorischen Einheiten, Stellen, Abteilungen etc. in einer Umweltschutzorganisation zusammenzufassen und in die Leitungsstruktur des Krankenhauses einzugliedern.
- **Ablauforganisation**: Die physischen Prozesse der Materialien, Medikalartikel, Umweltmedien, Abfälle u.ä. sowie die Kommunikationsprozesse in der Umweltschutzorganisation sind krankenhausintern zu steuern und krankenhausextern mit den verschiedenen Stakeholdern (→) zu koordinieren.

B Wichtige institutionelle Baustellen

40

Es genügt nicht, Umweltschutzbeauftragte zu bestellen und damit die gesetzlichen Anforderungen an eine „Minimalorganisation zum betrieblichen Umweltschutz" einzuhalten. Die Institutionalisierung in der Krankenhausorganisation läßt sich nicht mehr nur einfach **additiv** an Umweltschutzbeauftragte, Stabsstellen oder an andere speziell mit Umweltschutzaufgaben betraute Abteilungen delegieren.

Ökologisches Management organisatorisch umzusetzen bedeutet vor allem, Umweltschutz **integrativ** in der Organisation zu institutionalisieren. Hierzu sollen die Träger von Umweltschutzaufgaben in allen Leitungsebenen, Berufsständen und Funktionsbereichen mit klar definierten Entscheidungs-, Anordnungs-, Ausführungs-, Verfügungs- und Verpflichtungskompetenzen ausgestattet werden. Soll die anvisierte Ökologisierung im Krankenhaus greifen, dann ist der Umweltschutz als eine das gesamte Krankenhaus durchdringende **Querschnittsaufgabe** zu betrachten, die additive und integrative organisatorische Maßnahmen mit einschließt.

Die Institutionalisierung eines Ökologischen Managements in der Krankenhausorganisation ist damit kein Umweltschutzprojekt der Krankenhausführung. Sie soll vielmehr als ein permanenter Entwicklungs- und Lernprozeß von traditionellen hin zu neueren, problemlösungs- und innovationsorientierten Organisationsformen verstanden werden. Zu solchen **problemlösungs- und innovationsorientierten Organisationsformen** gehören z.B. die verschiedenen Formen der Projektorganisation, Ecology-Center, Umweltschutz- und Hygienekommissionen, Lernstatt-Gruppen, Profit-Center (→) und Qualitätszirkel.

Ergänzung eines ökologischen Instrumentariums

Die Effizienz eines Ökologischen Managements hängt maßgeblich davon ab, ob die Entscheidungsträger über ein geeignetes ökologisches Instrumentarium mit verschiedenen methodischen Werkzeugen verfügen. Damit können sowohl die ökonomischen als auch die ökologischen Kosten und Leistungen im Krankenhausbetrieb, wie z.B. die Substitution von Einweg- durch Mehrweg-Medikalartikel oder die Reduktion des Abfallaufkommens, analysiert, bewertet und verbessert werden.

40 Ökologisches Management

Die hier vorgeschlagene Ergänzung um ein ökologisches Instrumentarium lehnt sich an das formale medizinische Grundschema von Diagnose, Pathogenese und Therapie oder ökonomisch an den Managementfunktionen von Ist-Analyse, Ursachen-Analyse, Planung und Steuerung und Kontrolle an:

- Ist-Analyse (Diagnose): Zunächst muß der „ökologische Status quo" – z.B. anhand einer **Ökobilanzierung** – aufgenommen werden, um ökologische Schwachstellen für einzelne Substanzen, Materialien, Produkte, Prozesse und kumuliert für den gesamten Krankenhausbetrieb zu identifizieren.
- Ursachen-Analyse (Pathogenese): Die identifizierten ökologischen Schwachstellen können in der Ursachen-Analyse – z.B. mit Hilfe einer **ökologischen Produktlebenszyklusanalyse** – bis an den Ort der Entstehung zurückverfolgt werden.
- Planung und Steuerung (Theapieziel und Therapieweg): Die ökologischen Schwachstellen lassen sich – z.B. durch eine **ökologische ABC-Analyse** (→) – bewerten und nach Dringlichkeit und ökologischer Effizienz beseitigen.
- Kontrolle (Therapieerfolg): Die Ergebnisse der durchgeführten Maßnahmen zur Steigerung der ökologischen Effizienz sind mit den Soll-Vorgaben der Planung zu vergleichen – z.B. anhand eines **Öko-Audit** oder eines **Checklistenkatalogs**. Der Soll-Ist-Vergleich liefert neue Ansatzpunkte für weitere Verbesserungsmaßnahmen.

Durch Aufklärung sensibilisieren und mit Anreizen motivieren

Ökologisches Management läßt sich nicht durch Entscheidungen der Krankenhausführung „top down" umsetzen. Die Umsetzung stützt sich ebenso „bottom up" auf die Einsicht und den Konsens der Mitarbeiter sowie deren Bereitschaft zur Ökologisierung. Ökologisches Management verlangt eine **partizipative** Umsetzung. Hierzu ist eine systematische **Aufklärung** und **Motivation** notwendig.

Aufklärung soll das Bewußtsein für die **ökologische Betroffenheit** wecken, sowohl individuell für Belange am Arbeitsplatz wie auch teambezogen auf der Station und institutionell in der Abteilung, in der Fachklinik und im Krankenhaus als Ganzes. Sie kann beispielsweise im Rahmen von

Informationsveranstaltungen, Vorträgen, Seminaren, Workshops oder über Aushänge, Rundschreiben, eine Umweltrubrik in der Krankenhauszeitung, ein Umwelthandbuch o.ä. stattfinden.

Neben organisatorischen und unternehmenskulturellen Rahmenbedingungen durch Freistellungsregelungen, Betriebsvereinbarungen, Maßnahmen der strukturellen Arbeitsgestaltung, Unterstützung durch Vorgesetzte und Experten, Sanktionen und ökologisch orientierte Stellenbeschreibungen soll ein **Anreizsystem** angeboten werden, das die Motivation und auch die Glaubwürdigkeit zur konsequenten Umsetzung des Ökologischen Managements fördert:

- **Gratifikationen, Prämien- und Entgeltsysteme:** ökologischer Prämienlohn, Umweltbonus, ökologisch orientierte Erfolgsbeteiligung
- **Mitarbeiterbeteiligung:** betriebliches Vorschlagswesen, Umweltzirkel, Zusammenarbeit mit dem Betriebsrat, den Gewerkschaften, Verbänden und anderen Institutionen
- **Kommunikation** und **Präsentation:** Kummerkasten, Telefonhotline (Öko-Draht), Bibliothek, praktische Hinweise (Öko-Tip), Umweltpreis, Ehrungen und Lob, Tag der offenen Tür, Umweltberichterstattung
- **Qualifikation**: programmatische Integration von ökologisch relevantem Wissen, von Fähigkeiten und Fertigkeiten in die Aus- und Weiterbildung und in die Karriereplanung

Ökologisches Management lernen und kultivieren

Aufklärung und Motivation reichen nicht aus, um die Ökologisierung im Krankenhausbetrieb voranzubringen.

Vor allem die Querschnittsorientierung des Umweltschutzes kann als Bremse wirken und Umweltschutzkonzepte zum Scheitern bringen. Hier setzt das Lernen und Kultivieren eines Ökologischen Managements auf den Ebenen der Organisationsentwicklung, der Personalentwicklung und des Führungskräftecoachings an. Durch Qualifikation, Aus- und Weiterbildung auf den 3 angesprochenen Ebenen können die gerade für ökologische Problemlösungen notwendigen Kompetenzen und die **berufsständeübergreifende, interdisziplinäre Zusammenarbeit** eingeübt werden.

Zu den Lerninhalten des Ökologischen Managements gehören 4 charakteristische Schlüsselqualifikationen:

- **Fachkompetenz**: umweltschutzspezifisches Wissen, Fähigkeiten und Fertigkeiten, z.B. über die gesetzlichen Umweltschutzbestimmungen, technische Umweltschutzstandards, praktische Handhabungsregeln, Umweltmanagementkonzepte, Öko-Checklisten, versicherungstechnische Vorschriften zum Umweltschutz
- **Methodenkompetenz:** Fähigkeiten, ökologische Probleme mit Hilfe verschiedener Methoden zu lösen, z.B. Kenntnisse über verschiedene Management- und Kreativitätstechniken und über ökonomisch-ökologische Instrumente, vernetztes Denken
- **Sozialkompetenz**: kommunikative, kooperative und integrative Verhaltensweisen, wie z.B. Teamfähigkeit, Interdisziplinarität, Führungsverhalten, Motivationsfähigkeit, Gruppenarbeitstechniken, Konfliktmanagement, Argumentations-, Moderations-, Visualisierungs- und Präsentationstechniken
- **Personale Kompetenz**: Reflexive Selbstwahrnehmung und Selbstdarstellung über Einstellungen, Werte, Bedürfnisstrukturen, Motive, Machtverhalten, Frustrationstoleranz, Selbstführung

40.4 Vision: Auf dem Weg zu einem „grünen" Krankenhaus

Beim Unternehmenskonzept eines Ökologischen Managements ist es zwar wichtig, ökologische Aspekte abstrakt in der Unternehmensphilosophie zu berücksichtigen und in Umsetzungsstufen zu konkretisieren. Doch neben dieser sachlich-rationalen Dimension ist es gleichermaßen notwendig, ökologische Aspekte emotional in der Unternehmensvision des Krankenhauses zu berücksichtigen. Die Unternehmensvision eines Ökologischen Managements zielt auf ein „grünes", **biophil wirtschaftendes Krankenhaus**, das lebensfreundlich, lebenserhaltend und lebensfördernd ist. Der biophile Charakter bezieht sich auf die Gesundheit der Patienten, die Zufriedenheit der Mitarbeiter als auch auf den „Patient Natur". Ein biophil wirtschaftendes Krankenhaus ist demnach patientenfreundlich, wirtschaftlich, human-, sozial- und naturverträglich.

Wenn ein ernsthaftes Interesse an nachhaltigem Unternehmenserfolg besteht, dann muß die ökologische Dimension ausdrücklich berücksichtigt werden. Wird die Berücksichtigung nicht als ein Flickwerk, sondern als überzeugendes Unternehmenskonzept für das gesamte Krankenhaus im Rahmen eines Ökologischen Managements betrieben, dann sind die Vision eines „grünen" Krankenhauses und die Managementregeln der natürlichen Ökonomie als vorbildliche Gestaltungsprinzipien für die Ökologisierung des Krankenhausmanagements anerkannt. Das Unternehmenskonzept des Ökologischen Managements hilft, daß sich das Krankenhaus zu einem **ökologischen Innovator** und **Optimierer** auf dem Weg zu einem „grünen" Krankenhaus entwickelt.

40.5 Ausblick

Der aufgeklärte und motivierte Mitarbeiter dürfte der entscheidende Schlüssel sein, um die Chancen eines Ökologischen Managements im Krankenhaus ökonomisch und ökologisch effizient auszuschöpfen. Das Engagement und die Motivation aller Stakeholder (→) des Krankenhauses müssen in einem umfassenden und integrativen Unternehmenskonzept im Sinne des hier vorgeschlagenen Konzepts eines Ökologischen Managements koordiniert und zur Geltung gebracht werden. Dazu sollten alle Bausteine zur Umsetzung aktiviert werden, um das neue Denken eines Ökologischen Managements zu internalisieren. Wissen, Wollen, Können und Dürfen oder mit anderen Worten: Aufklärung, Motivation, Qualifikation und Kompetenzen sind die zentralen Bereiche, die das klinische Handeln letztlich bestimmen und das neue Denken eines Ökologischen Managements internalisieren helfen.

Literatur

Bauer, M.; Mari, M.; Daschner, F., Umweltschutz im Krankenhaus. Filderstadt 1995.

Bundesdeutscher Arbeitskreis für umweltbewußtes Management e.V., BAUM (Hrsg.), Kongreßdokumentation zum 2. praxisnahen Kongreß „Umweltschutz im Krankenhaus 30. und 31. Mai 1991 in Berlin. Hamburg 1991.

Daschner, F. (Hrsg.), Umweltschutz in Klinik und Praxis. Berlin u.a. 1994.

Deutsche Krankenhausgesellschaft e.V., DKG, (Hrsg.), Umweltschutz im Krankenhaus – Ergebnisbericht über ein

Projekt der Deutschen Krankenhausgesellschaft mit finanzieller Förderung durch das Umweltbundesamt. Düsseldorf 1993.

Kiper, M., (Hrsg.), Ökologie im Gesundheitswesen, Beratungsstelle für Technologiefolgen und Qualifizierung (BTQ). Berlin 1994.

Möller, J., Kybernetische Beiträge zur Modifikation sozialer Institutionen unter ökologischen Gesichstpunkten. Methodik, Praxisbeispiel. Diss. Heidelberg 1996.

Schimelpfeng, L.; Pfaff-Schley, H.; Wettlaufer, I. (Hrsg.), Umweltbeauftragte im Krankenhaus. Rechtlicher Hintergrund, Qualifikation, Einbindung in die Betriebsorganisation. Berlin u.a. 1995.

Wilhelm, E.; Janischowski, A., Umweltorientiertes Krankenhausmanagement. Strategien für eine größere Umweltverträglichkeit. Heidelberg u.a. 1990.

Zwierlein, E.; Isenmann, R., Ökologischer Strukturwandel und Kreislaufökonomie. Auf dem Weg zu einer umweltorientierten Materialwirtschaft. Idstein 1995.

41 Müll im Krankenhaus: Neue Herausforderung Abfallwirtschaft

Ralf Isenmann und Markus Berges

41.1 Zur Situation der Abfallwirtschaft im Krankenhaus

Kostendruck durch Strukturreformen im Gesundheitswesen, verschärfte gesetzliche Bestimmungen zur Abfallwirtschaft, steigende Entsorgungskosten wie auch wachsende Anforderungen ökologisch relevanter Stakeholder (→) nach einer ordnungsgemäßen Entsorgung stellen Gesundheitseinrichtungen vor eine neue ökonomische und ökologische Herausforderung. Im Krankenhaus wächst zwar die Bedeutung der Abfallwirtschaft. Aber dennoch fehlt oftmals ein **betrieblicher Funktionsbereich**, der die verschiedenen abfallwirtschaftlichen Aufgaben der Entsorgung organisiert und verantwortlich koordiniert. Als stoffbezogener Funktionsbereich eines Ökologischen Managements konzentriert sich die Abfallwirtschaft im Krankenhaus primär auf den **technisch-administrativen Umweltschutz**. Die Einhaltung gesetzlicher Entsorgungspflichten und technischer Entsorgungsstandards steht im Vordergrund. Die Entsorgungsaktivitäten der Abfallwirtschaft zielen noch immer darauf ab, sich der Krankenhausabfälle durch Deponierung und Verbrennung zu entledigen.

Erst langsam werden die Möglichkeiten der Abfallvermeidung, Verwertung und Vermarktung erkannt.

Die Belange der Abfallwirtschaft sind deshalb stärker in das Krankenhausmanagement einzubinden, d.h. im Krankenhauszielsystem festzuschreiben, in konkreten Projekten zu operationalisieren, in der Krankenhausorganisation zu verankern sowie in einem umfassenden Abfallwirtschaftskonzept strategisch zu planen.

41.2 Motive zur Professionalisierung der Abfallwirtschaft

Krankenhaus als Abfallproduzent

Ein Krankenhaus verbraucht, nutzt und beansprucht bei der Patientenbehandlung die **ökologischen Produktionsfaktoren** der Umweltmedien Luft, Wasser und Boden. Die Produktion von Gesundheitsgütern und Gesundheitsdienstleistungen im Krankenhaus muß um die ökologischen Aspekte der Ressourcen, der Emissionen und auch um die Entsorgungsaktivitäten ergänzt werden (Abb. 41-1):

- **Ressourcen**: Beanspruchung der ökologischen Produktionsfaktoren Luft, Wasser und Boden.
- **Emissionen**: Entstehung stofflicher und energetischer Begleiteffekte (Kuppelprodukte).
- **Entsorgungsaktivitäten**: Vermeidung, Verminderung, Verwertung, Vermarktung und Beseitigung von Abfällen als komplementäre Aufgaben zur Versorgung.

Die Kombination der Produktionsfaktoren von menschlicher Arbeit (von Ärzten, Pflegekräften, Verwaltungspersonal), Betriebsmitteln (Medizintechnik) und Werkstoffen

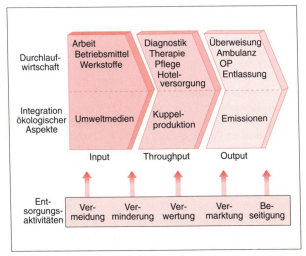

Abb. 41-1 Kreislaufwirtschaft im Krankenhaus

B Wichtige institutionelle Baustellen

(Medikamente, Lebensmittel) nach dem Prinzip der **Durchlaufwirtschaft** muß zu einer **Kreislaufwirtschaft** umgebaut werden.

Bei Diagnostik, Therapie, Pflege und Hotelversorgung im Krankenhaus fallen nicht nur die gewünschten Güter und Dienstleistungen an, sondern immer auch andere Kuppelprodukte: Es entstehen negative Begleiteffekte, die z.B. als Abfall, Abwasser, Abluft und Lärm zunehmend Mensch, Gesellschaft und Natur belasten.

Ein Krankenhauspatient verbraucht im Mittel pro Tag ca. 80 kWh Wärmeenergie, bis zu 30 kWh elektrische Energie, ca. 500 Liter Wasser von Trinkwasserqualität, und er verursacht ca. 6 kg Abfall. Er erzeugt damit rund 6mal mehr Abfall als ein Durchschnittsbürger.

Verschärfter gesetzlicher Anpassungsdruck

Gesundheitseinrichtungen unterliegen den gesetzlichen Bestimmungen des Umweltschutzes. Die gesetzlichen Grundlagen zur Abfallwirtschaft bilden mittlerweile einen kaum mehr überschaubaren Katalog zu beachtender Vorschriften. Sie setzen das Krankenhaus permanent unter einen großen gesetzlichen Anpassungsdruck.

Wer Güter und Dienstleistungen produziert, ist sowohl für die **Ver**sorgung als auch die (Abfall-)**Ent**sorgung zuständig.

Am 7. Oktober 1996 trat das Kreislaufwirtschafts- und Abfallgesetz (KrWG/AbfG) in Kraft. Es stellt das Krankenhaus vor eine neue abfallwirtschaftliche Herausforderung:

- **Erweiterter Abfallbegriff**: Der Geltungsbereich des Abfallbegriffs wurde stark erweitert. Die Entsorgungsverantwortung und die Haftungspflicht des Krankenhauses steigen, die Aufgaben für die Abfallwirtschaft vergrößern sich.
- **Eigenverantwortliche Entsorgungspflicht**: Die Verantwortung für eine ordnungsgemäße Entsorgung wird dem Krankenhaus als Abfallproduzent selbst übertragen.
- **Abfallbilanz** und **Abfallwirtschaftskonzept**: Ein Abfallproduzent mit einem jährlichen Aufkommen von mehr als 2000 t überwachungsbedürftigen Abfällen oder mehr als 2000 kg besonders überwachungsbedürftigen Abfällen muß ab dem 01.04.1998 eine Abfallbilanz und ab dem 31.12.1999 ein Abfallwirtschaftskonzept erstellen.

41 Müll im Krankenhaus: Neue Herausforderung

- **Vier-V-Philosophie**: Die abfallwirtschaftlichen Ziele und Entsorgungstrategien sind in einer strengen Prioritätenfolge vorgeschrieben. Danach sind Abfälle erstens zu vermeiden, zweitens zu vermindern, drittens zu verwerten (oder zu vermarkten) und viertens schließlich zu beseitigen. Alle stofflichen Produktionsfaktoren sollen durch geeignete Recyclingstrukturen so lange wie möglich in einer Kreislaufwirtschaft gehalten werden.

Probleme der Entsorgungspraxis

Die Probleme in der betrieblichen Abfallwirtschaft konzentrieren sich insbesondere auf die beiden Bereiche:

- **Information**: Die Menge und die Zusammensetzung der anfallenden Abfälle sowie die Orte der Abfallentstehung und die einhergehenden Entsorgungskosten sind unvollständig erfaßt. Es fehlt systematisch aufbereitete Information.
- **Röhrendenken**: Die Entscheidungsträger denken im traditionellen Modell der Durchlaufwirtschaft: Abfälle werden vorzugsweise deponiert oder verbrannt. Der Entsorgungsauftrag der Abfallwirtschaft wird als Gegensatz zum Versorgungsauftrag der Beschaffung verstanden.

Aufgrund der aufwendigen und ressourcenintensiven Patientenbehandlung fallen viele verschiedene Stoffe an, die als Abfälle entsorgt werden müssen. Die **Zusammensetzung** des Abfallaufkommens ist sehr **heterogen.**

Seit etwa 1990 erzielt die betriebliche Abfallwirtschaft im Krankenhaus erste Erfolge in der Entsorgungspraxis. So verringerten sich z.B. die Mengen einzelner Abfallarten schon deutlich, insbesondere Hausmüll, krankenhausspezifische Abfälle und besonders überwachungsbedürftige Abfälle. Dennoch wird der weitaus größte Anteil der Krankenhausabfälle – in 1993 ca. 75% – in Deponien oder in Verbrennungsanlagen beseitigt. Eine systematische Abfallvermeidung, -verwertung und -vermarktung spielen bislang eine untergeordnete Rolle. Es sind deshalb noch zahlreiche und große Potentiale auszuschöpfen.

Ein Abfallaufkommen von unter 2 kg pro Pflegetag und Patient und eine Recyclingquote von ca. 40–50% für Krankenhäuser der Grund- und Regelversorgung sind realistisch.

B Wichtige institutionelle Baustellen

41.3 Anforderungen an eine professionelle Abfallwirtschaft

Vier-V-Philosophie: Ziele und Zielhierarchie

Die Vier-V-Philosophie umfaßt in Anlehnung an §2 KrWG/AbfG sowohl die Ziele der Abfallwirtschaft als auch die Zielhierarchie, d.h., die Bedeutung und die Reihenfolge der Ziele untereinander.

Die Ziele der Abfallwirtschaft leiten sich aus dem Umweltschutz im Zielsystem des Krankenhauses ab. Sie beziehen sich auf die 4 **Umweltschutzziele**: Ressourcenschonung, Abfallreduktion, Emissions- und Risikobegrenzung. Die Zielhierarchie der Vier-V-Philosophie orientiert sich an der **ökonomischen** und **ökologischen Effizienz** der Abfallwirtschaft: Das heißt, es werden sowohl die ökonomischen Kosten für die Entsorgung der Krankenhausabfälle als auch die „ökologischen Kosten" im Hinblick auf den Ressourcenabbau, die Emissionsbelastung und die Risiken für die Erhaltung der natürlichen Lebensbedingungen berücksichtigt:

- **Vermeiden vor Vermindern:** Ohne Einbußen bei Hygiene, technisch-funktioneller Sicherheit, Komfort und Qualität der Patientenbehandlung ist die Abfallvermeidung ökonomisch und ökologisch am effizientesten. Viele Stoffe und Medikalartikel, z.B. Umverpackungen, Einwegwäsche und Einwegüberschuhe, lassen sich vermeiden. Einwegartikel, z.B. Redon-Flaschen, Nierenschalen oder Geschirr, können oftmals durch Mehrwegartikel ersetzt und dabei Abfall und Kosten gespart werden.

- **Vermindern vor Verwerten:** Bei der Verminderung von Abfällen geht es z.B. um die Gewichts- oder Volumenreduzierung von Stoffen und Verpackungen, um die angemessene Dosierung z.B. von Reinigungsmitteln, um die Zusammensetzung von Produkten und um die Verpackungsart, um die Dimensionierung z.B. von Verpackungen in geringeren Materialstärken und um die Entsorgungsfreundlichkeit von Produkten sowie um effiziente Herstellungsverfahren z.B. in Apotheken und Röntgenlabors.

- **Verwertung und Vermarktung vor Beseitigung:** Die Abfallverwertung umfaßt die verschiedenen Möglichkeiten des Recycling, d.h., Rückführung und erneute wirtschaftliche Nutzung sowie damit einhergehende Behandlungs- und

41 Müll im Krankenhaus: Neue Herausforderung

Umwandlungsverfahren. Neben der Verwertung können Abfälle auch mit Hilfe betrieblicher Recyclingcenter, kommunaler Abfallbörsen und krankenhausübergreifender Entsorgungskooperationen vermarktet werden.
- **Beseitigung bleibt auf ein Mindestmaß beschränkt**: Die Beseitigung von Abfällen soll nur die Ultima ratio der Abfallwirtschaft sein. Man unterscheidet zwischen Deponierung, Verbrennung, Kompostierung und chemisch-physikalischen Behandlungsverfahren.

Aufgaben und Objekte

Die Abfallwirtschaft bezeichnet den betrieblichen Funktionsbereich, der die Aufgaben: Erfassung, Sammlung und Trennung, Lagerung und Transport einschließlich Recycling aller abfallwirtschaftlichen Objekte im Krankenhaus plant, organisiert, kontrolliert und administrativ abwickelt.

Diese technisch-administrative Aufgabe ist in Analogie zum versorgungsorientierten materialwirtschaftlichen Optimum im **abfallwirtschaftlichen Optimum** zusammengefaßt. Es besagt, daß alle Abfälle unter Beachtung der Vier-V-Philosophie ordnungsgemäß, termingerecht, in der angefallenen

B Wichtige institutionelle Baustellen

Menge und Zusammensetzung kostengünstig entsorgt werden sollen.

- **Planung**: Die Planung umfaßt die Disposition und Steuerung der Abfälle nach Abfallgruppe, Beschaffenheit, Zusammensetzung, Termin, Menge und Entsorgungskosten bzw. Entsorgungserlösen.
- **Organisation**: In der Organisation werden die einzelnen Abfallwirtschaftsaufgaben koordiniert und in der Aufbau- und Ablauforganisation des Krankenhauses institutionalisiert.
- **Kontrolle**: Alle abfallwirtschaftlichen Aktivitäten werden am abfallwirtschaftlichen Optimum ausgerichtet und daraufhin überprüft.
- **Auftragsbearbeitung**: Die Auftragsbearbeitung subsumiert die Abwicklung und Verwaltung der Entsorgungsaufträge. Darunter fallen z.B. Aufträge zum pünktlichen Transport und zur ordnungsgemäßen Sammlung und Lagerung, Ausstellung von Begleitpapieren sowie Abrechnungsmodalitäten und Kostenkalkulation der Entsorgungsaktivitäten.

Zu den Abfällen zählen alle beweglichen Sachgüter, derer sich das Krankenhaus entledigt und die zu entsorgen sind. Sie sind die Objekte der betrieblichen Abfallwirtschaft, die verwertet oder beseitigt werden sollen:

- stoffliche **Rückstände** und feste **Abfälle:** Küchen- und Kantinenabfälle, Wund- und Gipsverbände
- **Reststoffe**: Rücklieferungen, Retouren, Verpackungen, Kartonagen und Leergut
- **Ausschuß**: fehlerhafte und qualitativ minderwertige Medikalartikel
- **Altprodukte**: abgelaufene Medikamente, Zytostatika, Batterien, Akkus, Leuchtstoffröhren, Thermometer
- **gebrauchte Materialien**: Einwegwäsche, Spritzen und Ampullen, Fixier- und Entwicklerbäder, Laborchemikalien
- **nicht mehr benötigte medizintechnische Ausrüstungen**

Die Abfälle sind in der Abfallbestimmungsverordnung (AbfBestV) durch einen 5stelligen Abfallschlüssel gekennzeichnet. Je nach Art, Beschaffenheit, Zusammensetzung und Menge werden in Gesundheitseinrichtungen fünf Abfallgruppen: A, B, C, D, E mit spezifischen Anforderungen an die Handhabung und mit gesonderten Sorgfaltspflichten unterschieden. Diese Unterscheidung in A-, B-, C-, D- und E-

41 Müll im Krankenhaus: Neue Herausforderung

Abfälle wird ab dem 01.01.1999 durch die neue Nomenklatur des Europäischen Abfallkatalogs (EAK) ersetzt. Der EAK kennzeichnet die Abfälle europaweit mit einem 6stelligen Abfallschlüssel, ordnet die Abfälle nach 20 verschiedenen Herkunftsbereichen und unterscheidet die Abfälle hinsichtlich der Überwachungsbedürftigkeit.

Von einer Reparaturstrategie zur Präventivstrategie

Gegenwärtig verfolgen Krankenhäuser eine **defensive Umweltschutzpolitik**:

- Einhaltung von ordnungsrechtlichen Gesetzen
- **additiv-nachsorgende** Entsorgungsmaßnahmen (End-of-the-pipe-Technologien)
- Röhrendenken nach dem Modell der Durchlaufwirtschaft
- technisch isolierte Spezial- und Insellösungen

Die Abfallwirtschaft ist von einer Reparaturstrategie geprägt. Sie bringt zwar anfängliche Einsparungen und Entlastungseffekte. Das gesamte Einsparungspotential ist aber bei weitem nicht systematisch ausgeschöpft. Die Entlastungseffekte sind von kurzer Dauer und stellen oftmals eine partielle Verbesserung zulasten eines anderen Bereiches dar.

Eine **offensive Umweltschutzpolitik** hingegen geht über die defensiven Maßnahmen hinaus:

- Gesetze sind Mindestforderungen
- **integrativ-vorsorgende** Entsorgungsmaßnahmen durch Vermeidungs-, Verbund- und Kooperationslösungen
- Modell der Kreislaufwirtschaft
- Orientierung am ökonomisch-ökologischen Gesamtoptimum
- flankierende organisatorische, personalwirtschaftliche und instrumentelle Maßnahmen.

Eine Präventivstrategie der Abfallwirtschaft setzt konsequent an den Prioritätsregeln der Vier-V-Philosophie an:

- **Ökologische Schwachstellenanalyse** von der Versorgung der Stoffe bis zur Entsorgung der Abfälle
- Abfallvermeidung bereits durch eine **ökologisch orientierte Beschaffung**
- **Bestandsoptimierte Disposition** und **Steuerung** von allen Prozessen mit stofflichen Ressourcen, Materialien und Medikalartikeln einschließlich Lagerung und Transport.

Mit einer Präventivstrategie lassen sich die großen **Kostentreiber** und das Abfallaufkommen dauerhaft reduzieren. Die

Abfallwirtschaft kann maßgeblich die Wirtschaftlichkeit verbessern und die Qualität der Patientenbehandlung steigern.

41.4 Bausteine eines professionellen Abfallwirtschaftskonzepts

Konzeptionelle Eckdaten

Das KrW-/AbfG, die Verordnung über Abfallwirtschaftskonzepte und Abfallbilanzen (AbfKoBiV) und die einzelnen Länderabfallgesetze (LAbfG) schreiben für Abfallproduzenten die Dokumentation konzeptioneller Eckdaten vor: Das Krankenhaus hat jährlich eine Abfallbilanz und ein Abfallwirtschaftskonzept zu erstellen und auf Verlangen der zuständigen Aufsichtsbehörde vorzulegen.

In der **Abfallbilanz** werden die gesamten anfallenden Abfälle im Krankenhaus erfaßt. Hierzu muß Information über Abfallmengen, Abfallzusammensetzung, Ort der Abfallentstehung und einhergehende Entsorgungskosten bereitgestellt werden. Die Abfallbilanz liefert die notwendige Basisinformation für ein Abfallwirtschaftskonzept.

Im gesetzlich geforderten **Abfallwirtschaftskonzept** sind die abfallwirtschaftlichen Maßnahmen des Krankenhauses gebündelt. Es schließt die Abfallwirtschaftsziele, die geplanten Entsorgungsaktivitäten, den dafür einkalkulierten Mitteleinsatz, die technischen Verfahren und die zu beachtenden Richtlinien ein und umfaßt folgende Mindestbestandteile:

- Angaben über Art, Menge und Verbleib zu entsorgender Abfälle
- Aufstellung einer Abfallbilanz für das gesamte Krankenhaus mit der Pflicht zur Publikation
- Begründung der Notwendigkeit der Abfallbeseitigung, insbesondere Angaben zur mangelnden Verwertbarkeit im Hinblick auf die technischen Möglichkeiten und die wirtschaftliche Zumutbarkeit (§ 5 Abs. 4 KrW-/AbfG)
- Darstellung bisher getroffener und geplanter Maßnahmen, gegliedert nach der Vier-V-Philosophie in Maßnahmen zur Vermeidung, zur Verminderung, zur Verwertung, zur Vermarktung und zur Beseitigung von Abfällen
- Darlegung der tatsächlichen Entsorgungswege
- Nachweis der Entsorgungssicherheit auf mindestens 5 Jahre. Bei einer Eigenentsorgung sind eine Standortpla-

nung, Anlagenplanung und Zeitplanung je Abfallart zu ergänzen

Diese Mindestbestandteile reichen für eine ökonomisch und ökologisch effiziente Abfallwirtschaft eines modernen Krankenhauses alleine nicht aus. Sie sollen deshalb durch eine strategische Planung ergänzt, organisatorisch institutionalisiert, mit Managementinstrumenten ausgestattet und durch Marketing zu einem **professionellen Abfallwirtschaftskonzept** ausgebaut werden.

Abfallwirtschaftliches Trendszenario

Ein professionelles Abfallwirtschaftskonzept beinhaltet ein abfallwirtschaftliches Trendszenario als **strategische Planung.** Das Trendszenario ergänzt die Dokumentation der gegenwärtigen Entsorgungsaktivitäten um die systematische Planung der zukünftigen Entsorgungsaktivitäten, einschließlich der zu definierenden Teil- und Zwischenziele, der konkreten Abfallwirtschaftsprojekte und der einzuleitenden Organisations- und Personalentwicklungsmaßnahmen.

Zeitlich bezieht sich ein abfallwirtschaftliches Trendszenario – nach § 19 KrwG/AbfG und AbfKoBiV – auf die **Entsorgungszukunft**, zumindest für den gesetzlich geforderten Planungszeitraum von **5 Jahren.** Inhaltlich richtet es sich auf 4 Planungsbereiche:

- **Umweltanalyse:** Analyse der Entwicklung der Markt- und Wettbewerbskräfte im Gesundheitswesen und im Krankenhaussektor
- **Unternehmensanalyse:** Analyse der zukünftigen Situation der Ressourcen und Potentiale im Krankenhaus und in der Abfallwirtschaft
- **Stärken-Schwächen-Analyse:** Analyse der Wirkung der Markt- und Wettbewerbskräfte und der Entwicklungen der Ressourcen und Potentiale auf die Abfallwirtschaft im Krankenhaus
- **Strategieentwicklung:** Entwicklung von Strategien für verschiedene Szenarien und Auswahl einer geeigneten Abfallwirtschaftsstrategie.

Das Trendszenario steht insgesamt im Dienst einer Präventivstrategie der Abfallwirtschaft. Mit Hilfe der Szenario-Technik können frühzeitig abfallwirtschaftlich wichtige Entwicklungen abgeschätzt und ökonomisch und ökologisch effiziente Strategien entwickelt werden.

B Wichtige institutionelle Baustellen

Abfallbeauftragter und Organisation

Das KrWG/AbfG (§§ 54, 55) und das Bundesimmissionsschutzgesetz (§§ 55 ff. BImSchG) schreiben für ein abfallproduzierendes Unternehmen die Bestellung und die Aufgaben eines Abfallbeauftragten vor. Ein Abfallbeauftragter hat idealtypisch 5 Aufgaben zu erfüllen:

- **Initiative** und **Innovation**: Anregung von Initiativen und Innovationen zur Abfallvermeidung
- **Information**: Information der Stakeholder (→) über die Entsorgungsaktivitäten sowie Aufklärung, Sensibilisierung und Motivation der Mitarbeiter
- **Überwachung**: Erfassung und Analyse der Abfälle, Überwachung der ordnungsgemäßen Entsorgung, vor allem der Abfallklassifikation und -bilanz nach den gesetzlichen Bestimmungen
- **Stellungnahme**: Empfehlungen bei der Beschaffung von Materialien, Medikalartikeln und Medizintechnik sowie bei der Gebäude- und Standortökologie
- **Berichterstattung**: Dokumentation der Entsorgungsaktivitäten für die Krankenhausführung

Der Abfallbeauftragte erfüllt eine organisatorische **Querschnittsfunktion**. Er bildet die Schnittstelle zwischen Krankenhaus, Aufsichtsbehörden, Entsorgungsunternehmen und anderen abfallwirtschaftlichen Kooperationspartnern, Mitarbeitern in den klinischen Funktionsbereichen und anderen Betriebsbeauftragten. Mit dieser anspruchsvollen Aufgabe ist ein Abfallbeauftragter häufig überfordert. Er ist oftmals auf sich gestellt und bildet zusammen mit den Betriebsbeauftragten für Hygiene, Arbeitssicherheit und Gefahrstoffe lediglich eine Minimalorganisation für Umweltschutz.

Über die Bestellung eines Abfallbeauftragten hinaus muß eine professionelle Abfallwirtschaft in der **Krankenhausorganisation institutionalisiert** sein. Zwei organisatorische Aspekte stehen im Vordergrund:

- **Aufbauorganisation**: Die Aufgaben der Abfallwirtschaft sind in organisatorischen Einheiten zusammenzufassen und in die Leitungshierarchie des Krankenhauses einzugliedern.
- **Ablauforganisation**: Die Abfallsteuerung und die damit einhergehende Kommunikation sind im Krankenhaus und zu den Stakeholdern (→) zu koordinieren.

41 Müll im Krankenhaus: Neue Herausforderung

Eine offensive Umweltschutzpolitik und eine Präventivstrategie läßt sich auch an der organisatorischen Institutionalisierung beurteilen. Ob die Abfallwirtschaft mit ihrem ökonomischen und ökologischen Verbesserungspotential von der Krankenhausführung ernst genommen oder ob sie lediglich als gesetzlich vorgeschriebener Erfüllungsgehilfe von anderen klinischen Bereichen dominiert wird, ist von folgenden Prüfkriterien abhängig:

- Der Abfallbeauftragte kann Initiativ- und innovative Aufgaben tatsächlich angemessen wahrnehmen.
- Der Abfallbeauftragte hat ein eigenes Budget.
- Der Abfallbeauftragte verfügt über Entscheidungs- und Weisungskompetenzen, z.B. Vetorecht, Haushaltsrecht und Mitbestimmungs- und Anhörungsrecht.
- Abfallwirtschaft ist mit personellen, finanziellen und materiellen Ressourcen ausgestattet.

Aufbau eines abfallwirtschaftlichen Instrumentariums

Die Abfallwirtschaft im Krankenhaus kann nur dann effizient sein, wenn ein geeignetes Instrumentarium zur praktischen Umsetzung der Ziele, Aufgaben und Strategie zur Verfügung steht. Der **Instrumentenpool** der Abfallwirtschaft sollte aus der Vielzahl von vorgeschlagenen Methoden, Techniken und Instrumenten so zusammengestellt werden, daß die grundlegenden Managementaufgaben der Erfassung, Bewertung, Planung und Steuerung sowie ökologische Kontrolle abgedeckt werden können.

Die hier vorgeschlagenen Instrumente: Abfallbilanz, ABC-Analyse (→), Prozeßkostenrechnung und Kennzahlen sind als Grundausstattung eines Instrumentenpools zu verstehen. Sie können krankenhausindividuell und sukzessive um weitere Instrumente ergänzt werden (Abb. 41-2).

- **Abfallbilanz**: Erfassung und Bilanzierung aller Abfälle in Abfallkonten für Substanzen und Produkte als auch für einzelne Stationen, Kliniken und das gesamte Krankenhaus; Identifikation von Schwachstellen.
- **Ökologische ABC-Analyse** (→): Bewertung der Abfälle z.B. nach Entsorgungskosten, Ort der Abfallentstehung, Entsorgungsweg und Entsorgungssicherheit; Gliederung in einer Prioritätenliste nach den dringlichsten Schwachstellen und dem effizienten Einsatz der Ressourcen.

B Wichtige institutionelle Baustellen

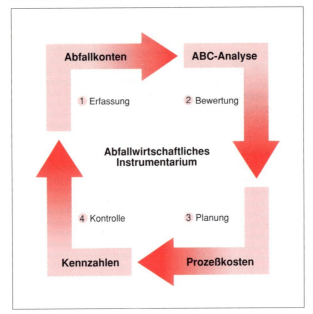

Abb. 41-2 Schema eines Ökocontrolling als professionelles abfallwirtschaftliches Instrumentarium

- **Prozeßkostenrechnung**: Planung der durch die anfallenden Abfälle erzeugten Entsorgungskosten anhand von charakteristischen Kenngrößen (Kostentreiber) für alle Entsorgungsprozesse; Steuerung der Abfälle nach der Höhe der Kostentreiber; Berücksichtigung der Kostentreiber in der Kalkulation für die Patientenbehandlung.
- **Kennzahlen** und **Checklisten**: Überprüfung realisierter Verbesserungen durch Kennzahlen und Checklisten, z.B. Gesamtabfallmenge pro Jahr, Emissionsquote, Abfallquote von Medikalartikeln, Anteil an besonders überwachungsbedürftigem Abfall, abfallinduzierte Entsorgungskosten, Entsorgungsart.

Marketing abfallwirtschaftlicher Aktivitäten

Neben den wichtigen Aspekten der Technik, der Administration und des Instrumentariums sind die **aufgeklärten**, **informierten** und **motivierten Mitarbeiter** der entscheidende

Faktor, um die Chancen einer Abfallwirtschaft vollständig zur Wirkung zu bringen. Ein Marketing unterstützt diese Kommunikationsprozesse systematisch. Mit einem aktiven und auf die Belange der Abfallwirtschaft abgestimmten Marketingmix aus Produkt-, Distributions-, Konditionen- und Kommunikationspolitik kann die Markt- und Wettbewerbsposition des Krankenhauses gesichert und nachhaltig verbessert werden:

- **Aufklärung** und **Motivation**: Die Interessen und die durch Gesetze, Verträge, Absprachen, Vereinbarungen und moralische Verpflichtungen begründeten Ansprüche der Stakeholder werden durch das Marketing abfallwirtschaftlicher Aktivitäten offensiv aufgenommen und z.B. durch Werbung, Öffentlichkeitsarbeit und Sponsoring gezielt verstärkt.
- **Kompetenz** und **Image**: Die Information über Entsorgungserfolge erzeugt Kompetenz und Vertrauen bei den Stakeholdern, gesellschaftliche Akzeptanz und Image in der Öffentlichkeit, sich als „grünes Krankenhaus" im Wettbewerb der Krankenhäuser erfolgreich zu profilieren.

Literatur

Bazan, M.; Biedermann, H. (Hrsg.), Müll im Krankenhaus. Eine Bestandsaufnahme. Stuttgart u.a. 1996.

BMU & Umweltbundesamt (Hrsg.), Handbuch Umweltcontrolling. München 1995.

Franke, E.; Ostertag, K., Menge und Zusammensetzung von Krankenhausabfällen. In: Müll-Handbuch. Sammlung und Transport, Behandlung und Ablagerung sowie Vermeidung und Verwertung von Abfällen, hrsg. von *Gösel, H.,* u.a., Berlin Loseblattsammlung, Stand 2/95.

LAGA (Hrsg.), Mitteilungen der Länderarbeitsgemeinschaft Abfall. Merkblatt über die Vermeidung und die Entsorgung von Abfällen aus öffentlichen und privaten Einrichtungen des Gesundheitsdienstes. Berlin 1991.

StBA (Hrsg.), Abfallbeseitigung im produzierenden Gewerbe und in Krankenhäusern 1993. Fachserie 19, Reihe 1.2, Stuttgart 1997.

Zwierlein, E.; Isenmann, R., Ökologischer Strukturwandel und Kreislaufökonomie. Auf dem Weg zu einer umweltorientierten Materialwirtschaft. Idstein 1995.

42 Krankenhaus-Informationssysteme: Begriffsbildung und Stand der Technik

Andreas Winter

Die Verarbeitung von Informationen unterschiedlicher Art nimmt für die tägliche Arbeit im Krankenhaus immer mehr an Bedeutung zu.
Hierunter fällt sowohl
- die **Erhebung** und **Dokumentation medizinischer** und **pflegerischer Daten** zur Unterstützung der originären Aufgabenbereiche im Krankenhaus (u.a. Laborergebnisse, Röntgenaufnahmen, Diagnosen, Pflegedokumentation)
- als auch die **Erhebung** und **Weiterverarbeitung** rein **administrativer Daten** (z.B. zur Abrechnung der im Krankenhaus erbrachten Leistungen mit diversen Kostenträgern).

Gerade durch die Forderungen des Gesundheitsstrukturgesetzes (GSG) nach höherer Transparenz zwischen Leistungserstellung und -abrechnung nimmt auch die **Notwendigkeit der Integration** medizinisch-pflegerischer Daten mit administrativen Daten zu.

Ziel dieses Beitrags ist es, den Begriff „Krankenhaus-Informationssystem" zu konkretisieren und ihn in das Gesamtsystem Krankenhaus einzuordnen.

Anschließend werden Anforderungen an informationstechnische Hilfsmittel zur Unterstützung von Krankenhaus-Informationssystemen, ein kurzer Leitfaden zur Auswahl solcher Hilfsmittel und der gegenwärtige Entwicklungsstand beschrieben.

42.1 Begriffsbildung

Informationssysteme in Krankenhäusern werden im weitesten Sinne unter dem Begriff „Krankenhaus-Informationssysteme" zusammengefaßt. In der Literatur wird dieser Begriff jedoch nicht einheitlich verwendet. So wird der Begriff manchmal eingeschränkt verwendet, z.B. für Patientendatenbanksysteme.

Andere beziehen „Krankenhaus-Informationssysteme" (engl.: hospital information system) ausschließlich auf die Unterstützung der rein administrativen Krankenhausaufgaben und grenzen diese von Systemen zur Unterstützung der Pflege (engl.: nursing information system) bzw. Medizin (engl.: clinical information system) ab.

Teilweise wird der Begriff aber auch umfassender verwendet. So wird das komplette System zur Unterstützung eines Krankenhauses ebenfalls als Krankenhaus-Informationssystem (engl.: hospital information system) bezeichnet, welches aus den Teilsystemen Krankenhaus-Managementsystem (engl.: hospital management system) und Krankenhaus-Informationssystem (engl.: clinical information system) einschließlich einer elektronischen Krankenakte besteht.

Synonym zum Begriff „Krankenhaus-Informationssystem" kommt auch der Begriff **„Krankenhaus-Kommunikationssystem"** vor, bei dessen Verwendung der Datenaustausch zwischen einzelnen Anwendungen besonders betont wird.

Weitere Diskussionen unterschiedlicher Begriffsbildungen finden sich auch in *Boese/Karasch* (1994), 14 ff., *Prokosch/Dudeck* (1995) oder *Winter et al.* (1996).

Nach heutiger Sicht sollten Krankenhaus-Informationssysteme die Informationsverarbeitung in allen Bereichen des Krankenhauses in integrierter Form unterstützen.

Ein Krankenhaus-Informationssystem kann als **sozio-informationstechnisches Teilsystem** (*Ebert et al.* 1992, 52 ff.) des umfassenden Systems Krankenhaus aufgefaßt werden. Es wird hierzu durch die folgenden **Teilsysteme** charakterisiert:

- **Zielsystem:** Hierbei werden die Kriterien (Regeln), die bei der Aufgabenerledigung zu berücksichtigen sind, betrachtet. Hierunter fallen für Krankenhaus-Informationssysteme z.B. die informationstechnikbezogenen Aspekte des Gesundheitsstrukturgesetzes, das Bundesdatenschutzgesetz, aber auch hausinterne Regelungen.
- **Aufgabensystem:** In diesem System werden die Aufgaben, die durch das System zu bewältigen sind, näher betrachtet. Hier interessiert, welche Aufgaben überhaupt durch

das Krankenhaus-Informationssystem bearbeitet werden und wie diese Bearbeitung erfolgt.
- **Informationstechniksystem:** Diese Komponente beschreibt die informationstechnischen Mittel, die zur Aufgabenerledigung eingesetzt werden, und wie diese kombiniert werden. Hierunter fallen sowohl Telekommunikationsanlagen, computerunterstützte Hilfsmittel, aber auch konventionelle Mittel, z.B. Mitteilungen/Anforderungen auf Formularen.
- **Sozialsystem:** Bei dieser Komponente stehen die Benutzer eines Systems im Fokus der Betrachtung. Für Krankenhaus-Informationssysteme ist hier einerseits zu untersuchen, welche Mitarbeiter aus Administration, Pflege und Medizin mit welchen informationstechnischen Hilfsmitteln welche Aufgaben bearbeiten und welche Beziehungen (z.B. Weisungs-/Leitungsbeziehungen) zwischen diesen bestehen.

Andererseits gehören zu den Benutzern des Krankenhaus-Informationssystems auch die Patienten, die Informationen über sich bekanntgeben und auch aus dem System heraus erhalten, sowie auch Angehörige der Patienten und Besucher.

Da das Krankenhaus-Informationssystem nicht losgelöst vom Krankenhaus selbst betrachtet werden sollte, sind diese Teilsysteme auch in Zusammenhang mit denen des Krankenhauses zu betrachten. Hieraus wird nach *Winter et al.* (1996) die folgende **Definition** für den Begriff Krankenhaus-Informationssystem abgeleitet:

„Ein Krankenhaus-Informationssystem ist das Teilsystem eines Krankenhauses, welches alle informationsverarbeitenden Prozesse und die an ihnen beteiligten menschlichen und maschinellen Handlungsträger in ihrer informationsverarbeitenden Rolle umfaßt."

Diese Definition faßt somit die **gesamte Informationsverarbeitung** im Krankenhaus zusammen und ist – entgegen der Begriffsverwendung von Softwareherstellern – unabhängig von deren Unterstützung durch Computersysteme.

Auch eine Krankenakte in Papierform oder ein Röntgenbild auf Film ist ein Bestandteil des Krankenhaus-Informationssystems.

Zur Unterstützung der informationsverarbeitenden Aufgaben im Krankenhaus ist daher durchaus zu überlegen, ob alle Informationen generell durch computerunterstützte Verfahren bearbeitet werden müssen.

Das Teilsystem eines Krankenhaus-Informationssystems, das durch computerbasierte Hilfsmittel unterstützt wird, wird auch als **rechnerunterstütztes Krankenhaus-Informationssystem** bezeichnet. Softwarebausteine, die hierin eingesetzt werden, sind Bestandteile des Informationstechnik-Teilsystems des rechnerunterstützten Krankenhaus-Informationssystems.

Neben der Einbettung des Krankenhaus-Informationssystems in das Krankenhaus selbst ist auch die Kommunikation mit anderen Informationssystemen im Gesundheitswesen zu beachten.

So sollte bei der Untersuchung von Krankenhaus-Informationssystemen u.a. auch der **Austausch administrativer Daten** mit Krankenkassen, ärztlichen Vereinigungen, Berufsgenossenschaften oder Gesundheitsämtern und der **Austausch medizinisch-pflegerischer Informationen**, z.B. mit anderen Krankenhäusern, niedergelassenen Ärzten oder Krankengymnastik-Praxen beachtet werden.

Die Verantwortung für das **Management**, d.h. Konzeption und Betrieb des Krankenhaus-Informationssystems, in Universitätskliniken sollte nach Empfehlungen der Gesellschaft für Medizinische Informatik, Biometrie und Epidemiologie (*Überla et al.* 1997) dem Leiter des Instituts für medizinische Informatik zugeordnet sein. Dieser berichtet diesbezüglich dem Aufsichtsgremium.

Für nicht-universitäre Kliniken sollte das Krankenhaus-Informationssystem nach *Winter et al.* (1996) durch einen Direktor des Geschäftsbereichs Informationsverarbeitung geleitet werden, der ebenfalls direkt der Krankenhausleitung berichtet.

Zur organisatorischen Einbettung und personellen Ausstattung solcher Informatik-Abteilungen geben auch *Haas* (1996) oder *Überla et al.* (1997) Auskunft.

42.2 Anforderungen

Zentrale Anforderung an Krankenhaus-Informationssysteme ist es, den Mitarbeitern des Krankenhauses aus Medizin, Pflege und Verwaltung die Informationen bereitzustellen,

B Wichtige institutionelle Baustellen

die sie für eine möglichst effiziente und effektive Erledigung ihrer Aufgaben benötigen.

Tabelle 42-1 gibt einen groben Überblick über Verfahren zur Unterstützung der Aufgaben in der Medizin, in den medizinischen und pflegerischen Abteilungen, in der Pflege, und in der Verwaltung. Übergreifende Verfahren stellen das Zusammenspiel der Einzelanwendungen sicher.

Eine ausführlichere Auflistung der Funktionen in diesen Bereichen findet sich z.B. auch in *Engelbrecht/Schlaefer* (1986).

Anforderungen an **rechnerunterstützte Informationssysteme** in allgemeinen Krankenhäusern sind auch heute noch vielfach durch die Verfahren der administrativen Bereiche, für die i.a. bereits Computerunterstützung installiert ist,

Tab. 42-1 Verfahren eines Krankenhaus-informationssystems (exemplarisch)

Übergreifende Verfahren
• Datenschutz und Datensicherheit
• Kommunikation zwischen den Einzelverfahren
• Konsistenzsicherung der Informationen
• permanenter Zugriff auf alle relevanten Informationen

Verfahren in der Medizin	Verfahren in den Abteilungen	Verfahren in der Pflege	Verfahren in der Verwaltung
• Anamneseunterstützung	• Ambulanz	• Bettenplanung	• Archiv
• Arztbriefschreibung	• Blutbank	• Krankenpflegeschule	• Buchhaltung
• Diagnostik	• Dialyse	• Patientenversorgung	• Managementinformation
• Forschung und Lehre	• Endoskopie	• Pflegedienstleitung	• Materialwirtschaft
• Recherche in Medizindatenbanken	• Intensivmedizin	• Pflegeplanung und -dokumentation	• Patientenaufnahme
• Therapieplanung und -dokumentation	• Labor	• Pflege- und Behandlungsstandards	• Patientenverwaltung
	• Nuklearmedizin		• Personalabteilung
	• OP		• Rechnungswesen
	• physikalische Therapie		
	• Radiologie		
	• Station		

geprägt. Hinzu kommen Anforderungen an die Verfahren zur Unterstützung der Abteilungssysteme.

In diesem Bereich sind häufig ebenfalls Unterstützungen, z.B. für die Verfahren in Labor und/oder Radiologie vorhanden. Die Forderung nach **Integration dieser Insellösungen** zu einem **Gesamtsystem**, nach Erweiterung um weitere Abteilungsverfahren, insbesondere in der Pflege und nach umfassender Kommunikationsunterstützung zwischen allen Verfahren, wird in den letzten Jahren vor dem Hintergrund des Kostendrucks im Gesundheitswesen jedoch auch immer lauter. Diskussionen zu Anforderungen an Krankenhaus-Informationssysteme findet sich z.B. in *Boese/Karasch* (1994), 14 ff., und in *Winter et al.* (1994, 4, 11 f.).

Im folgenden soll kurz dargestellt werden, welche Anforderungen an computerbasierte Unterstützungsmittel für Krankenhaus-Informationssysteme gestellt werden und wie die Auswahl solcher Mittel erfolgen kann.

Anforderungen an Softwarekomponenten zur Unterstützung eines Informationssystems können in

- anwendungsabhängige Anforderungen (beziehen sich auf die Einbettung in das konkrete Anwendungsfeld)
- und anwendungsunabhängige Anforderungen (werden generell an Informationstechniksysteme gestellt) unterschieden werden (*Dumslaff et al.* 1994).

Die **anwendungsunabhängigen Anforderungen** beziehen sich u.a. auf technische Rahmenbedingungen, Systemoffenheit und Systemeinführung der angebotenen Softwarebausteine zur Unterstützung des Krankenhaus-Informationssystems, aber auch auf allgemeine Anbietermerkmale, auf Aussagen von (Referenz-)Kunden und auf Anschaffungs- und Betriebskosten.

Tabelle 42-2 gibt eine Übersicht zu anwendungsunabhängigen Anforderungen.

Eine wichtige anwendungsunabhängige Anforderung ist die **Integration** der verschiedenen Einzelbausteine. Da es aktuell kein rechnerunterstütztes Krankenhaus-Informationssystem gibt, das in integrierter Weise **alle** Anwendungssysteme unterstützt, muß eine umfassende Unterstützung aus mehreren, i.a. von unterschiedlichen Anbietern kommenden Softwarebausteinen zusammengesetzt werden. Hierbei ist darauf zu achten, daß diese

- sinnvoll zusammenspielen,

B Wichtige institutionelle Baustellen

Tab. 42-2 Anwendungsunabhängige Anforderungen

Rahmenbedingungen:
- Hard- und Softwarevoraussetzungen
- Verwendung von Standardbausteinen (Standard-Datenbankmanagementsysteme, Standard-Netzsoftware, Standard-Frontend-Bausteine, Standard-Hardware)
- Entwicklungsumgebung
- Wartbarkeit und Erweiterungsfähigkeit der Softwarebausteine
- Verwendung zeitgemäßer Konzepte der Softwaretechnik (mindestens relationale Datenbankmanagementsysteme, ausgeprägte Client-Server-Architektur)
- ergonomische, einheitliche Benutzerschnittstelle
- Performanz (Leistung)

Systemeinführung:
- Anpaßbarkeit an individuelle Anforderungen
- Einführungs- und Schulungskonzepte
- Einführungszeitraum
- Systemdokumentation
- Übernahme von Altdaten
- Unterstützung bei der Systemkonfiguration und -anpassung

Systemoffenheit:
- Offenlegung des Datenmodells
- Unterstützung von Kommunikationsstandards

Integration der Einzelbausteine:
- Anbindung von bereits vorhandenen Anwendungen
- Anbindung von fremderstellten Anwendungen

Anbietermerkmale:
- Markeinführungsdatum des Produkts und Entwicklung am Markt
- Leistungsspektrum des Anbieters
- Sicherstellung von Pflege und Weiterentwicklung der Software über einen ausreichenden Zeitraum
- Kompetenzen im Krankenhausbereich

Referenzen:
- Anzahl der Voll- oder Teil-Installationen
- Anzahl der Kunden
- Zufriedenheit und Erfahrungen der Referenzkunden
- Zertifizierung

Kosten:
- Anschaffungskosten einschließlich Installation und Customizing
- Lizenzstaffelungen (krankenhausweit vs. benutzerbezogen)
- Erweiterungskosten
- Wartungskosten

42 Krankenhaus-Informationssysteme: Begriffsbildung ...

- daß relevante Daten einer Anwendung auch den anderen Anwendungen zugänglich gemacht werden,
- und daß Dateninkonsistenzen (z.B. aufgrund von Mehrfachdatenhaltungen verschiedener Anwendungen) vermieden werden.

In diesem Zusammenhang ist auch zu berücksichtigen, daß die Konzeption eines rechnerunterstützten Krankenhaus-Informationssystems Erweiterungen und Weiterentwicklungen erlaubt.

Gegenstand der Untersuchung der **anwendungsabhängigen Anforderungen** an Softwarehilfsmittel in einem Krankenhaus-Informationssystem ist die Einschätzung der Eignung der Softwarelösung für ihren Anwendungsbereich. Hierzu ist festzulegen, welche Aufgaben durch die Software wie unterstützt werden und wie das Zusammenspiel der Unterstützungen aufeinanderfolgender Aufgaben sichergestellt ist.

Die **Festlegung und Überprüfung** dieser Anforderungen zur Auswahl einer Softwarelösung kann entlang der folgenden Schritte erfolgen:

- **Anforderungen erheben:** In leitfadengestützten **Intensivinterviews** mit den späteren Anwendern der Software werden die anfallenden Aufgaben und die zur Aufgabenerledigung benötigten bzw. die bei der Aufgabenerledigung erzeugten Daten erhoben und dokumentiert. Ergebnis dieser Erhebung ist ein Modell des Krankenhaus-Informationssystems, welches die spezifischen Anforderungen an die Softwareunterstützung enthält. Generell kann hier auch ein **Referenzmodell für Krankenhaus-Informationssysteme** (vgl. hierzu Kap. 43) Anwendung finden, das jedoch um individuelle, hausspezifische Anforderungen zu ergänzen ist.
- **Software vorauswählen:** Die Vielzahl angebotener Branchenlösungen für Krankenhäuser kann nach einer **Marktanalyse** auf wenige Produkte eingeschränkt werden, die anschließend tiefergehend evaluiert werden. Hierzu können gemeinsam mit den Anwendern individuell festgelegte **K.o.-Kriterien** bezogen auf den Mindestleistungsumfang und auf die in Tabelle 42-2 skizzierten Kriterien herangezogen werden.
- **Softwareeigenschaften erheben:** Die verbleibenden Produkte werden anschließend entlang der aus der Modellie-

rung hervorgegangenen **neutralen Kriterienkataloge** untersucht. Zu jeder hierin auftretenden Aufgabe sind die durch die Software gebotenen Unterstützungsmöglichkeiten zu erfassen und zu bewerten. Grundlage dieser Untersuchungen sollte neben diversen Produktbeschreibungen auch mindestens eine ausführliche **Systemvorführung** durch den Softwareanbieter sein. In dieser Phase der Softwareauswahl empfiehlt es sich ebenfalls, die späteren Anwender an der Evaluation zu beteiligen. Hierdurch kann einerseits das Fachwissen der Anwender genutzt werden, andererseits wird durch frühzeitige und kontinuierliche Beteiligung der Mitarbeiter an der Softwareauswahl die **Akzeptanz** der neuen Informationstechniklösung erhöht.
- **Erhebungsergebnisse auswerten:** Das hier skizzierte Vorgehen liefert eine **vergleichbare** und **neutrale Darstellung** aller untersuchten Produkte und bietet somit eine objektive Entscheidungshilfe zur Auswahl der rechnergestützten Hilfsmittel des Krankenhaus-Informationssystems.

Entlang dieses Vorgehensmodells wurden mehrere, von unterschiedlichen Anbietern vertriebene Softwarelösungen zur Unterstützung der Aufgaben in Krankenhaus-Informationssystemen evaluiert und auf ihre Eigung in einem Akutkrankenhaus mit ca. 500 Betten untersucht.

Es wurden Softwarebausteine gesucht, durch die die Krankenhausbereiche Ambulanz, Anästhesie und OP, Labor, Materialwirtschaft, Personalwesen, Pflegedienstleitung, Radiologie, Rechnungswesen und die Stationen in integrierter Form unterstützt werden und die auf zeitgemäßen Konzepten der Softwaretechnik aufsetzen.

Ein solches Produkt, das alle betrachteten Krankenhausbereiche in integrierter Form ausreichend unterstützt, konnte jedoch nicht ermittelt werden. Ausgewählt wurde schließlich eine Lösung, die auf einer modernen Konzeption aufbaut, jedoch das gewünschte Leistungsspektrum (noch) nicht bietet. Durch diese Software werden in erster Linie die administrativen Verfahren unterstützt. Lösungen für medizinische und pflegerische Verfahren sind hieran anzubinden. In die Weiterentwicklung der Software fließen seitens des Krankenhauses auch die während der Evaluation erhobenen Anforderungen ein.

Hinweise zur Auswahl von Branchenlösungen für Krankenhäuser finden sich z.B. auch in *Boese/Karasch* (1994). Nachträgliche Evaluationen eingesetzter Krankenhaus-Informationssysteme sind überblickartig z.B. in *Bürkle et al.* (1995) zusammengefaßt.

42.3 Stand der Technik

Das Ergebnis dieser Untersuchungen spiegelt auch die **Entwicklung rechnerunterstützter Krankenhaus-Informationssysteme** wider.

Durch Computersysteme wurde im Krankenhausbereich zunächst eher der rein administrative Bereich mit host-basierten Verfahren zur Patientenaufnahme, -abrechnung und Kostenrechung etc. unterstützt.

Parallel, aber unabhängig davon, wurden bereits in den 50er Jahren einzelne medizinische Anwendungen, z.B. durch Systeme zur Verarbeitung von physiologischen Daten aus Blutdruckmessungen und Elektroenzephalogrammen, entwickelt.

Es folgte die Unterstützung in den Funktions- und Leistungsbereichen durch speziell und ausschließlich hierauf zugeschnittene Systeme wie Labor-, Radiologie- oder Apothekensysteme.

In neuerer Zeit werden auch Systeme angeboten, die medizinisches und pflegerisches Personal bei ihrer Arbeit unterstützen sollten. Hierunter fallen

- Lösungen zur Leistungsanforderung und Befundübermittlung,
- zur Material- und Medikamentenanforderung,
- zur Arztbriefschreibung
- und zur Dokumentation medizinischer und pflegerischer Leistungen.

Während zunächst die Systemarchitektur durch **Host-basierte Systeme** bestimmt war, die teilweise auch in externe Rechenzentren ausgelagert waren, tendiert die Architektur heute zu **Client-Server-Lösungen**. Diese sind jedoch noch nicht in allen angebotenen Softwarelösungen konsequent in sämtlichen Modulen umgesetzt (vgl. z.B. *Boese/Karasch* 1994).

Der **aktuelle Stand** rechnerunterstützter Krankenhaus-Informationssysteme ist folglich geprägt durch **heterogene Teillösungen**, die um die administrativen Verfahren herumgruppiert werden. Ein zeitgemäßes Produkt aus einer Hand, durch das ein Krankenhaus-Informationssystem annähernd vollständig unterstützt wird, ist nicht verfügbar.

Grundsätzlich stellen sich z.Z. zwei **Alternativen zur Einführung** von Softwareprodukten zur Unterstützung von Krankenhaus-Informationssystemen:

- Einführung einer Softwareunterstützung mit mehr oder weniger umfangreichem Leistungsspektrum, die aber auf einer nicht mehr zeitgemäßen Softwarearchitektur basiert. Das Leistungsspektrum wird durch Zusammenbinden mehrerer unabhängiger Teillösungen erreicht.
- Einführung einer Softwareunterstützung, die auf einer modernen Softwarekonzeption beruht, aber das gewünschte Leistungsspektrum nicht bietet. Weitere gewünschte Funktionalität müßte auch hier über Fremdlösungen angebunden werden.

In beiden Fällen ist die Integration von mehreren heterogenen und unabhängigen Teilsystemen unabdingbar, so daß die Unterstützung von **Kommunikationsstandards** um so bedeutsamer wird.

Diesem tragen auch die Aktivitäten des Europäischen Komitees für Normung (CEN/TC 251, Technical Committee on Health Care Informatics, WG. 3, *DeMoor* 1992) und der HL7 Working Group (*HL7* 1996) u.a. zur Festlegung eines Standards zum Datenaustausch zwischen heterogenen und unabhängigen Systemen in Gesundheitswesen Rechnung.

Ebenso voranzutreiben ist auch ein zumindest logisch integriertes Objektmodell, das die gemeinsame Datenbasis für alle rechnerunterstützten Verfahren beschreibt.

Literatur

Boese, J.; Karasch, W., Krankenhausinformatik, Theorie und Praxis. Berlin 1994.

Bürkle, T.; Kuch, R.; Prokosch, H.-U.; Dudeck, J., Evaluation von Medizinischen Informationssystemen: Methoden, Ziele, Ereignisse. In: *Huber-Wäschle, Schauer, H.; Widmayer, P.,* GISI 95, Herausforderungen eines globalen Informationsverbundes für die Informatik. Berlin 1995, 662–668.

DeMoor, G. J. E., Standardisation in Health Care Informatics and Telematics in Europe: CEN TC 251 Activities. In: Medical Informatics, 17(2), 1992, 133–140.

Dumslaff, U.; Mertesacker, M.; Ebert, J.; Winter, A., Ein Vorgehensmodell zur Software-Evaluation. HMD – Theorie und Praxis der Wirtschaftsinformatik, 31(175), Januar 1994, 89–105.

Engelbrecht, R.; Schlaefer, K. (Hrsg.), Information und Kommunikation im Krankenhaus, Leitfaden zur Systemanalyse. In: Informationsverarbeitung im Gesundheitswesen, Band 6. Landsberg am Lech 1986.

Haas, P., Informatik im Krankenhaus: Konsequenzen für Organisation und Personalbedarf. In: *Haas, P.; Köhler, C. O.; Kuhn, K.; Pietrzyk, P. M.; Prokosch, H. U.* (Hrsg.), Praxis der Informationsverarbeitung im Krankenhaus. In: Informationsverarbeitung im Gesundheitswesen, Band 13. Landsberg 1996. 39–45.

HL7 Working Group. Health Level Seven, Version 2.3, Ballot draft #3, December 1996.

Prokosch, H.U.; Dudeck, J. (Hrsg.), Hospital Information Systems: Design and Development Characteristics; Impact and Future Architecture. Elsevier Science B.V., North-Holland, 1995.

Überla, K.; Haux, R.; Tolxdorff, T., Empfehlungen zu Aufgaben, Organisation und Ausstattung der Servicebereiche für Medizinische Informationsverarbeitung (klinische Rechenzentren) und der Institute für Medizinische Informatik in den Klinika und Medizinischen Fakultäten der Bundesrepublik Deutschland. Informatik, Biometrie und Epidemiologie in Medizin und Biologie, (1), 1997.

Winter, A.; Zimmerling, R.; Bott, O.; Gräber, S.; Hasselbring, W.; Haux, R.; Heinrich, A.; Jaeger, R.; Kock, I.; Möller, D. P. F.; Penger, O.; Ritter, J.; Terstappen, A.; Winter, A., Das Management von Krankenhausinformationssystemen: Eine Begriffsdefinition. Proceedings 41. Jahrestagung der Deutschen Gesellschaft für Medizinische Informatik, Biometrie und Epidemiologie, (GDMS), Bonn 1996.

Danksagung

Jürgen Ebert, Christel Heil und Alfred Winter sowie den Mitgliedern der Projektgruppe „Methoden und Werkzeuge für das Management von Krankenhaus-Informationssystemen" der GMDS und GI danke ich für interessante Diskussionen zum Thema der Krankenhaus-Informationssysteme.

43 Referenzmodelle für Krankenhaus-Informationssysteme und deren Anwendung

Andreas Winter und Jürgen Ebert

Krankenhäuser müssen heute immer mehr auch unter dem Gesichtspunkt der möglichst effizienten Erbringung von Dienstleistungen betrachtet werden. Unter dem zunehmenden Kostendruck wird es nötig, die vielfältigen informationstechnischen Zusammenhänge der „Organisation Krankenhaus" zu verstehen und ggfs. zu verbessern.

Hierzu werden **Struktur** und **Abläufe im Krankenhaus** durch **Modelle**, im Sinne von abstrakten, zielgerichteten Abbildern der realen Welt, beschrieben, die dann als Ausgangspunkt z.B. für Optimierungsmaßnahmen und/oder für die Entwicklung von unterstützenden Softwaresystemen herangezogen werden.

Aufgrund der komplexen Struktur von Krankenhäusern werden hierfür Muster gefordert, die sowohl das Erstellen eines Modells für ein Krankenhaus-Informationssystem als auch seine Verwendung zu Analysezwecken unterstützen. Zum gegenwärtigen Zeitpunkt existieren (noch) keine derartigen allgemein akzeptierten Referenzmodelle für Krankenhaus-Informationssysteme.

Ziel des vorliegenden Beitrags ist es, mögliche **Anwendungsbereiche** von Referenzmodellen aufzuzeigen und die hierzu benötigten **Beschreibungsmittel** darzulegen. Ein kurzer **Überblick** zu Referenzmodellen für Krankenhaus-Informationssysteme (vgl. hierzu auch Kap. 42) beenden diesen Beitrag.

43.1 Anforderungen an Referenzmodelle

Referenzmodelle bieten einen **konzeptionellen Rahmen** zur Beschreibung charakteristischer Eigenschaften eines Systems (vgl. *Earl* 1991).

43 Referenzmodelle für Krankenhaus-Informationssysteme

Für **Informationssysteme** beziehen sich diese Eigenschaften auf **strukturelle** (aufbauorganisatorische), auf **funktionale** (ablauforganisatorische) und **statische** (objektbezogene) Zusammenhänge.

Durch Referenzmodelle werden die **Hauptkomponenten eines Informationssystems** einschließlich seiner **Schnittstellen** festgelegt. Je nach Verwendungskontext erfolgt die Beschreibung dieser Komponenten auf unterschiedlichem, aber problemangemessenem Abstraktionsniveau.

Der Begriff Referenzmodell ist zu unterscheiden von verwandten Begriffen wie Standard, Architektur oder Bausteinbibliothek. Im Gegensatz zu Referenzmodellen legen **Standards** durch Normung oder allgemeine Akzeptanz fest, welche Rahmenbedingungen für die Realisierung solcher Komponenten zu beachten sind.

Die **Architektur** eines rechnerunterstützten Krankenhaus-Informationssystems beschreibt hingegen seine Zerlegung in unabhängige Softwarebausteine. Diese Zerlegung sollte allerdings möglichst kompatibel zur Modellierung des Referenzmodells sein.

Bausteinbibliotheken enthalten konkrete, jeweils optimal erscheinende, autonome Software-Realisierungen (*Winter/Zimmerling* 1995) evtl. unterschiedlicher Hersteller. Diese sollten, um ein ordnungsgemäßes Zusammenspiel aller Bausteine des Informationssystems zu gewährleisten, einem gemeinsamen Standard folgen.

Referenzmodelle sind auch von **speziellen Modellen** zu unterscheiden. Spezielle Modelle beschreiben einen Sachzusammenhang aus einer auf ein konkretes Modellierungsziel hin ausgerichteten Sicht. Sie sind in ihrem Detaillierungsgrad ebenfalls speziell auf den zu beschreibenden Problemkontext zugeschnitten.

Referenzmodelle sind dagegen nicht auf einen konkreten Fall bezogen, sondern werden als **problemübergreifende Modellierungen** eines Sachverhalts betrachtet. Sie sind als Referenzen für vielfältige, spezielle Modellierungen eines Realitätsausschnitts gedacht und müssen daher **allgemeiner** und **umfassender** angelegt sein.

Damit ein Referenzmodell als Referenz akzeptiert wird, muß es auch für alle möglichen Anwendergruppen **leicht nachvollziehbar** und **möglichst einfach** in Beschreibung und Verwendung sein.

Es ist nicht vorrangig die Aufgabe eines Referenzmodells, ein allumfassendes Modell zu sein; es soll eher einen **Ausgangspunkt für detailliertere, problemangemessenere Modellierungen** bieten.

In ihrem Detaillierungsgrad sollten Referenzmodelle daher **nicht zu konkret** sein, da sie dann nicht mehr auf vielfältige Problemstellungen anwendbar sind. Sie sollten aber auch **nicht zu allgemein** sein, da zu allgemeine Modelle die Ableitung problembezogener, spezieller Modelle kaum unterstützen. Die Detaillierung eines Referenzmodells sollte vielmehr so bemessen sein, daß hieraus durch wenige und einfache **Spezialisierungen** und **Verfeinerungen** spezielle Modelle abgeleitet werden können.

Gleichzeitig sollten Referenzmodelle auch den **aktuellen Stand** innerhalb ihres Anwendungsbereichs widerspiegeln. Da dieser einer dynamischen Entwicklung unterworfen ist, muß ein Referenzmodell auch die Anpassung an zukünftige Entwicklungen erlauben. Daher sollte es leicht **änder- und erweiterbar sein**.

Die Referenz-Eigenschaft eines Modells ist somit sowohl von seiner **Anwendungsbreite** als auch von seiner **Aktualität** geprägt. Diese Eigenschaften müssen für ein Referenzmodell in seiner Verwendung ständig nachgewiesen werden.

43.2 Anwendung von Referenzmodellen

Referenzmodelle finden in unterschiedlichsten Bereichen Anwendung. Im folgenden werden einige der wichtigsten Anwendungsbereiche von Referenzmodellen für Krankenhaus-Informationssysteme skizziert (vgl. auch *Earl* 1991).

Im Krankenhausbereich gibt es keine einheitliche Terminologie. Durch Referenzmodelle können eindeutige Begrifflichkeiten festgelegt werden. In diesem Zusammenhang werden Referenzmodelle zur **Benennung und Verdeutlichung** von Konzepten und deren Zusammenhang verwendet.

Dadurch, daß mit Referenzmodellen ein terminologischer Rahmen geschaffen wird sowie grundlegende Komponenten und deren Beziehungen festgelegt werden, eignen sie sich auch als **Schulungsmittel** für alle im Krankenhaus beschäftigten Personengruppen. Entlang eines solchen Modells

43 Referenzmodelle für Krankenhaus-Informationssysteme

können die wesentlichen Konzepte im jeweiligen Modellkontext **einheitlich vermittelt** werden und führen somit auch zu einem **gemeinsamen Verstehen** des Anwendungsgebiets.

Die durch ein Referenzmodell beschriebenen Zusammenhänge werden als Grundlage der **Modellierung** eines konkreten, auf ein einzelnes Krankenhaus bezogenen Modells verwendet. Die Erhebung und Dokumentation eines konkreten Modells erfolgt dann durch **Abgleich** mit dem Referenzmodell. Dokumentiert werden dann nur noch Spezialisierungen und Verfeinerungen sowie ggfs. erforderliche Abweichungen vom Referenzmodell.

Referenzmodelle dienen auch als **Vergleichsmaßstab** für bereits vorliegende Modellierungen.

 Wurde ein Referenzmodell z.B. mit dem Anspruch einer möglichst optimalen Geschäftsprozeß-Modellierung erstellt, können durch einen Vergleich mit der aktuellen Umsetzung der Prozesse Optimierungsmöglichkeiten aufgezeigt werden. Dieses ermöglicht darüber hinaus auch die Vergleichbarkeit verschiedener Krankenhaus-Informationssysteme.

Auch die Auswahl einer möglichst optimalen Softwareunterstützung aus marktgängigen Angeboten für ein Krankenhaus-Informationssystems setzt Klarheit über die Anforderungen voraus. Zur **Formulierung dieser Anforderungen**

können ebenfalls Referenzmodelle eingesetzt werden. Diese können dann sowohl als Grundlage zur Auswahl von Krankenhaus-Softwarelösungen als auch als Ausgangspunkt einer tiefergehenden Modellierung zur Softwareerstellung herangezogen werden.

Liegt eine Kombination von Referenzmodell und Bausteinbibliothek in der Form vor, daß den Komponenten des Modells Softwarebausteine zugeordnet sind, läßt sich hieraus eine dem Referenzmodell gemäße Softwareunterstützung ableiten (vgl. auch *Winter/Zimmerling* 1995).

Aufgrund der Forderung nach Allgemeingültigkeit eines Referenzmodells sollte dieses auch **unabhängig** von konkreten Softwarelösungen und Anbietern sein.

Die Vielfalt der verschiedenen Anwendungsbereiche impliziert auch eine Vielfalt an unterschiedlichen Referenzmodellen, die sich jeweils in ihrem Detaillierungsgrad, aber auch in der Qualität ihrer Referenzeigenschaften (auf den Anwendungsbereich bezogen) unterscheiden.

43.3 Beschreibung von Referenzmodellen

Für die Kommunikation zwischen Anwendern und Informatikern zur Erhebung, Dokumentation und Analyse von Informationssystemen haben sich **halbformale grafische Beschreibungsmittel,** wie Datenflußbeschreibungen, ereignisgesteuerte Prozeßketten oder Kooperationsbilder, als geeignet erwiesen.

Für tiefergehende Beschreibungen und konkrete Implementationsdarstellungen werden jedoch eher **formale,** mit einer eindeutigen Semantik versehene **Beschreibungsmittel** benötigt.

Aufgrund der vielfältigen Anwendungsbereiche von Referenzmodellen werden zusätzlich Beschreibungsmittel gesucht, die Modellierungen mit **unterschiedlichen Detaillierungsebenen** unterstützen.

Beschreibungsmittel für Referenzmodelle sollten daher alle Anwendergruppen bei der Modellerstellung und -analyse mit dem angemessenen Detaillierungsgrad in integrierter Weise und ohne Strukturbruch unterstützen.

Hierzu werden heute **multiparadigmatische Beschreibungsansätze** verfolgt, die mit unterschiedlichen, jeweils

43 Referenzmodelle für Krankenhaus-Informationssysteme

problemangemessenen Darstellungstechniken Informationssysteme beschreiben.

In Abbildung 43-1 ist ein Krankenhaus-Informationssystem ausschnittsweise durch verschiedene Beschreibungsmittel dargestellt. Durch ein **Organigramm** wird die Aufbauorganisation beschrieben. Mit dem **Datenflußdiagramm** wird ein Ausschnitt der Prozesse innerhalb des Labors einschließlich der Datenbeziehungen skizziert. Der Ausriß des **Aufgabengliederungsplans** notiert die Aufgaben der Pflegedienstleitung und deren Unteraufgaben. Durch das **Objekt-Beziehungs-Diagramm** wird ein Teil der durch das Krankenhaus-Informationssystem zu verwaltenden Daten dargestellt.

Das Krankenhaus-Informationssystem wird hierbei beschrieben aus

- der Aufbau- oder Organisationssicht,
- der Aufgabensicht,
- der Ablauf- oder Prozeßsicht und
- der Objektsicht.

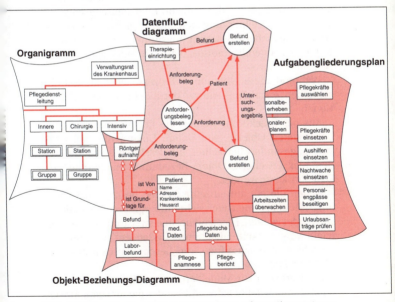

Abb. 43-1 Beschreibung eines Krankenhaus-Informationssystems aus verschiedenen Sichten

B Wichtige institutionelle Baustellen

Für jede dieser „Sichten" gibt es **weitere Beschreibungsmittel** (einen Überblick hierzu bieten z.B. *Ebert/Engels* 1994 oder *Scheer* 1994, *Winter/Ebert* 1996, Teil A):

Wird ein Informationssystem aus der Aufbausicht beschrieben, so stehen organisatorische Einheiten (Abteilungen, Stellen) und deren Beziehungen untereinander im Mittelpunkt der Betrachtung.

Zur Darstellung der Organisationshierarchie werden in der Regel Organigramme in unterschiedlichen Notationen verwendet.

Kommunigramme oder Kooperationsbilder werden zur Darstellung der Interaktionsbeziehungen verwendet.

Bei der Beschreibung eines Informationssystems aus Aufgabensicht steht die Darstellung der zu bearbeitenden Aufgaben und deren Untergliederung im Vordergrund. Als Darstellungsmittel bieten sich hier Aufgabengliederungspläne (oder Funktionsbäume) in unterschiedlichen Darstellungsformen an.

Wird das Informationssystem aus der Ablaufsicht betrachtet, interessiert die zeitliche oder logische Folge der Erledigung einzelner Aufgaben. Hierzu gibt es eine Vielzahl unterschiedlicher Beschreibungsmittel, z.B. Netzpläne, SADT-Aktivitätendiagramme, Nassi-Shneiderman-Diagramme, State-Charts.

Während diese Notationen Prozesse eher statisch beschreiben, erlauben Petrinetze darüber hinaus auch Animationen.

Aus der Objektsicht werden die im Informationssystem bearbeiteten Objekte, wie Daten, Dokumente und Werkstücke, gesondert betrachtet. Als Beschreibungsmittel werden hier erweiterte Objekt-Beziehungs-Diagramme oder Datenlexika verwendet.

Neben diesen, auf einzelne Sichten bezogenen Darstellungsmitteln können auch **sichtenübergreifende Notationen** verwendet werden. Hier sind beispielsweise die weit verbreiteten Vorgangskettendiagramme oder ereignisgesteuerte Prozeßketten einzuordnen, die Beschreibungen aus allen 4 Sichten erlauben.

Ein **Werkzeug** zur Modellierung von (Referenz-)Informationssystemen sollte jedem Anwender die für seine Anwendungsbereiche ihm individuell geeignet erscheinenden Beschreibungsmittel zur Verfügung stellen. Modelle aus verschiedenen Sichten sollten zu einem Gesamtmodell integriert werden können, um so eine Gesamtbetrachung des Informationssystems zu ermöglichen. Dieses setzt sowohl voraus, daß in einem zugrundegelegten Modellierungswerkzeug die Konzepte der verschiedenen Beschreibungsparadigmen miteinander kombiniert sind, als auch, daß die jeweiligen Beschreibungsmittel in ihrer konkreten Darstellungsform unterstützt werden. Neben der Unterstützung bei der Modellierung selbst, sollte ein solches Werkzeug auch die Verwendung der Modellierung unterstützen.

43.4 Referenzmodelle für Krankenhaus-Informationssysteme

In verschiedenen Arbeitsgruppen mit Praktikern aus Krankenhäusern, Informatikern und Unternehmensberatern wurden in mehreren Projekten Modelle von Krankenhaus-Informationssystemen erstellt.

Anwendung finden diese Modellierungen in erster Linie als **Vergleichs- und Analysemittel** sowie als **Mittel zur Formulierung von Anforderungen** an Softwareunterstützungen bzw. zur aufgabenangemessenen Auswahl von Softwarelösungen.

So wurden z.B. in *Schumm et al.* (1995) und in *Krabbel et al.* (1997) Modelle zur Unterstützung der Auswahl, Einführung und Weiterentwicklung von rechnerunterstützten Krankenhaus-Informationssystemen erstellt. Mit dem Ziel der Analyse und Optimierung von Arbeitsabläufen und Organisationsstrukturen und anschließender Ableitung einer Anforderungsspezifikation an einen Teilbereich rechnerunterstützter Krankenhaus-Informationssysteme wurde in *Bott et al.* (1996) auch ein Simulationsmodell entwickelt, durch das Modellverhalten zur Analyse optisch sichtbar gemacht werden kann. Soll- bzw. Rahmenkonzepte für Krankenhaus-Informationssysteme basieren ebenfalls auf speziellen Modellen (vgl. hierzu z.B. *Graeber* 1995).

Die hier skizzierten Modellierungen erfolgten i.a. mit **unterschiedlichen Modellierungmethoden**, jedoch auf der Basis der im vorhergehenden Abschnitt skizzierten Beschreibungsmittel.

Gemeinsam ist diesen Modellen auch, daß sie speziell auf Fragestellungen einzelner Krankenhäuser ausgerichtet waren und daher nicht den Anspruch erheben, Referenzmodelle für alle Krankenhäuser zu sein.

Alle hier skizzierten Modelle können als Ausgangspunkt für die Erstellung eines Referenzmodells für Krankenhaus-Informationssysteme dienen. Hierzu sind die Modelle jeweils zu verallgemeinern.

Im folgenden wird skizziert, wie ein Referenzmodell für Krankenhaus-Informationssysteme entwickelt werden kann und welche Beschreibungsmittel hierbei zum Einsatz kommen können.

Ausgangspunkt sollte eine (grobgranulare) Beschreibung der wesentlichen Bereiche/Abteilungen des Krankenhaus-Informationssystems sein. Ein Überblick über diese Komponenten (*Schumm et al.* 1995) eines Krankenhaus-Informationssystems ist exemplarisch in Abbildung 43-2 dargestellt.

Dieses Diagramm grenzt zum einen das Krankenhaus-Informationssystem von seiner Umwelt (gepunktet) ab und benennt exemplarisch die wesentlichen Bestandteile des Systems. Es legt auch die Positionierung dieser Bestandteile innerhalb des Systems fest und bietet aufgrund einer nachvollziehbaren Darstellung eine Diskussionsgrundlage über jedes dieser Teilmodelle. In der hier skizzierten Modellierung wurde beispielsweise die Pflegedienstleitung als Teil der Verwaltung und die Apotheke als Teil des medizinisch-pflegerischen Bereichs modelliert. Jeweils umgekehrte Modellierungen sind hierfür sicherlich auch vertretbar.

Ergänzt um Schnittstellen oder Methoden zur Kooperation der einzelnen Komponenten liefert ein solches Überblicks-Referenzmodell auch einen Ausgangspunkt zur **Standardisierung** im Kontext der Krankenhaus-Informationssysteme und kann Grundlage einer Softwarearchitektur sein.

Exemplarisch werden in Abbildung 43-3 durch ein Kontext-Datenfluß-Diagramm die Aufgaben des Bereichs Radiologie (subsumiert unter dem Prozeß „Radiologische Leistung erbringen") skizziert. Durch dieses Diagramm wird dargestellt, welche Informationen mit welchen Bereichen innerhalb (durchgezogene Rechtecke) und außerhalb (gepunktete Rechtecke) des Krankenhaus-Informationssystems ausgetauscht werden. In solchen Diagrammen dargestellte Pro-

43 Referenzmodelle für Krankenhaus-Informationssysteme

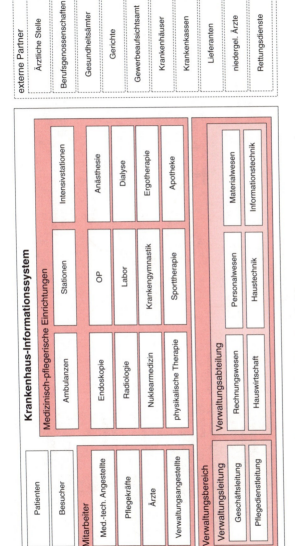

Abb. 43-2 Überblicksdarstellung (exemplarischer Ausschnitt)

B Wichtige institutionelle Baustellen

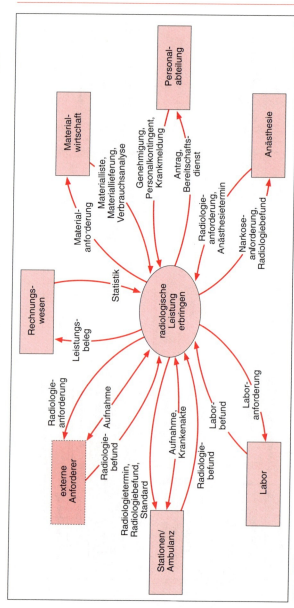

Abb. 43-3 Kontextdiagramm: Radiologie (exemplarisch)

43 Referenzmodelle für Krankenhaus-Informationssysteme

zesse können dann weiter verfeinert werden. Diagramme für die anderen medizinisch-pflegerischen Einrichtungen und die Verwaltungsbereiche können in analoger Weise erstellt werden.

Neben der Modellierung aus Prozeßsicht ist in Abbildung 43-4 ein hierzu kompatibler Ausschnitt der Modellierung aus Objektsicht notiert. Hier wird exemplarisch der Zusammenhang zwischen den Mitarbeitern der Radiologie und den Anforderungen von und an die Radiologie skizziert (Ineinanderschachtelung veranschaulicht Spezialisierung; Pfeilspitzen an den Beziehungstypen beschreiben Kardinalitäten/Komplexitäten, d.h., wie viele Objekte zueinander in Beziehung stehen können). Dieses Teilmodell ist gleichzeitig eine auf die Radiologie bezogene Sicht einer vollständigen Modellierung der Objekte des gesamten Krankenhaus-Informationssystems.

Ein Modell, wie das durch die Abbildungen 43-2 bis 43-4 skizzierte, liefert eine **problemübergreifende Modellierung** für Krankenhaus-Informationssysteme, die ausreichend allgemein ist und somit für viele Krankenhäuser Gültigkeit hat. Je nach Bedarf kann das Modell in unterschiedlichen Detaillierungsgraden zwischen Überblicksdiagramm und beliebig tiefer Verfeinerung der Kontextdiagramme bzw. beliebig tiefer Spezialisierung der Objekt-Beziehungs-Diagramme betrachtet werden. Vorhandene Modellierungen können dann einer Referenz auf vergleichbarer Detaillierungstiefe gegenübergestellt werden.

Ein Modell nach dem hier skizzierten Ansatz ist darüber hinaus auch **erweiterbar**.

Für die Ergänzung eines weiteren radiologischen Untersuchungverfahrens im Objektmodell aus Abbildung 43-4 ist lediglich das Objekt „Untersuchungsanforderung Radiologie" um die entsprechende Anforderung zu spezialisieren. Analog kann in der Prozeßmodellierung ein entsprechender Prozeß ergänzt werden.

Stellt man einem solchen Referenzmodell eine kompatible Softwarearchitektur zur Seite, kann es ebenfalls zur Entwicklung eines rechnerunterstützten Krankenhaus-Informationssystems verwendet werden. Eine mit den Modellskizzen aus Abbildung 43-2 bis 43-4 verträgliche Architektur kann z.B. durch eine Anpassung des ECMA-Referenzmodells

B Wichtige institutionelle Baustellen

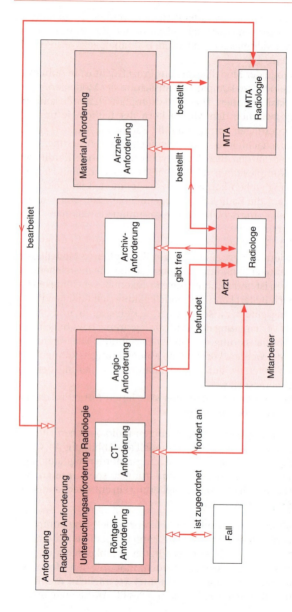

Abb. 43-4 Objekt-Beziehungs-Diagramm: Radiologie (exemplarischer Ausschnitt)

(*Earl* 1991) auf rechnerunterstützte Krankenhaus-Informationssysteme erreicht werden. Unabhängige Bausteine zur Unterstützung einzelner Krankenhausbereiche werden hierbei in einen Rahmen eingesetzt, der eine einheitliche, krankenhausweite Datenbasis, eine gemeinsame Benutzungsschnittstelle und ein gemeinsames Kommunikationskonzept bereitstellt. Die Kopplung mit den Teilsystemen erfolgt durch jeweils geeignete Managementschichten.

Die Erhebung aller hierzu benötigten Informationen, die Entwicklung des Modells mit dem Ziel einer breiten Akzeptanz als Referenz und einer hierauf aufsetzenden, kompatiblen Softwareachitektur, erfordert eine intensive Zusammenarbeit von Praktikern im Krankenhausbereich und Softwaretechnikern.

Literatur

Bott, O. J.; Penger, O.-S.; Terstappen, A., Ein Ansatz zur methoden- und werkzeuggestützten Anforderung- und Systemspezifikation auf der Grundlage objektorientierter Modellierungs- und Simulationstechniken. EMISA-Forum, 1, 1996, 50–53.

Earl, A., A Reference Model for Computer Assisted Software Engineering Environments Frameworks. Softwaretechnik-Trends, 11, 2, Mai 1991, 15–48.

Ebert, J.; Engels, G., Design Representation. In: *Marciniak, J. J. (Ed.)*, Encyclopedia of Software Engineering. New York 1994, 382–394.

Gräber, S., Modellierung eines Krankenhausinformationssystems mit einem objektorientierten Verfahren. In: *Huber-Wäschle, F.; Schauer, H.; Widmayer, P.* (Hrsg.), GISI 95, Herausforderungen eines globalen Informationsverbundes für die Informatik. Berlin 1995.

Krabbel, A.; Wetzel, I.; Ratuski, S., Anforderungsermittlung für Krankenhausinformationssysteme: Definition von Kernsystem und Ausbaustufen. In: *Hasselbring, W.* (Hrsg.), Erfolgsfaktor Softwaretechnik für die Entwicklung von Krankenhausinformationssystemen. Krehl, Münster 1997.

Scheer, A.-W., Wirtschaftsinformatik, Referenzmodelle für industrielle Geschäftsprozese. Berlin, 5. Aufl. 1994.

Schumm, T.; Thomann, C.; Winter, A., Evaluation von Krankenhaus-Informationssystemen für das Ev. Stift St. Martin,

Koblenz. Interner Projektbericht 4/95, Universität Koblenz-Landau, Institut für Softwaretechnik. Koblenz, Juli 1995.

43 *Winter, A.; Ebert, J.*, Ein Referenz-Schema zur Organisationsbeschreibung. In: *Becker, J.; Vossen, G.* (Hrsg.), Geschäftsprozeßmodellierung und Workflows, Modelle, Methoden, Werkzeuge. Bonn 1996, 101–123.

Winter, A.; Zimmerling, R., Die Bedeutung von Referenzmodellen für das Management von Krankenhausinformationssystemen. In: *Huber-Wäschle, F.; Schauer, H.; Widmayer, P.* (Hrsg.), GISI 95, Herausforderungen eines globalen Informationsverbundes für die Informatik. Berlin 1995, 703–710.

Personen- und Selbstmanagement

44 Führen und Entwickeln von Mitarbeitern

Eduard Zwierlein

44.1 Gezieltes Personalmanagement

Daß die Mitarbeiter das entscheidende „Kapital" und den wichtigsten „Erfolgsfaktor" von Unternehmen darstellen, ist fast schon ein geflügeltes Wort. Die besondere Beachtung, die sie daher verdienen, drückt sich in dem Stichwort „Personalmanagement" aus. Unter Personalmanagement kann man einerseits die typischen **Funktionen eines Personalwesens** oder einer Personalabteilung verstehen, also beispielsweise die Aufgaben der Personalbeschaffung, Personalverwaltung, Personalplanung, Personalentwicklung, Personalbetreuung. Andererseits wird der Begriff Personalmanagement in der betrieblichen Praxis sehr häufig benutzt, um alle **mitarbeiterbezogenen Führungsaufgaben** zu bezeichnen. In diesem Sinne wird der Ausdruck auch hier gebraucht.

Personalmanagement umschreibt alle wesentlichen Aufgaben des direkten und indirekten (strukturellen) **Führens und Leitens** sowie **des Entwickelns und Förderns** von Mitarbeitern.

Um das umfangreiche Spektrum des Personalmanagements in Dienstleistungsunternehmen wie Krankenhäusern gezielt zu aktivieren, ist es sinnvoll, relevante **Schwerpunkte** der Personalarbeit zu bilden, auf die sich die Maßnahmen des Personalmanagements beziehen sollen. Um einige solcher sachlicher Schwerpunktthemen zu benennen und zu strukturieren, können spezifische **Problemfelder**, wie Kommunikation, Motivation, Qualifikation und Einstellung, Berufsethik, besondere Streßfelder, sowie die **Manifestationsebenen** dieser Problemfelder unterschieden werden, also etwa Individuum, Personen/Team, Organisation, Gesamtsystem. In der Realität gehen sowohl die Problemfelder als auch die Manifestationsebenen häufig nahtlos ineinander über. Mit Blick auf die unterschiedlichen Manifestationsebenen wird zugleich deutlich, daß Personalmanagement an wichtigen Schnittstellen mit Aufgaben der Organisationsentwicklung und Systemgestaltung verknüpft ist.

44.2 Führen und Leiten

Was einen guten Manager ausmacht, ist die Fähigkeit, andere zu ungewöhnlichen Leistungen zu veranlassen. (C.N. Parkinson)

Um Mitarbeiter zu ungewöhnlichen Leistungen zu veranlassen, muß eine Führungskraft um die Möglichkeiten einer optimalen Einflußnahme wissen. Dafür ist zuerst eine Unterscheidung im dispositiven Bereich, d.h. im Bereich des Zielesetzens, Planens, Entscheidens, Veranlassens, Anweisens, Anordnens, Durchführens und Kontrollierens, wichtig, der Unterschied zwischen Führen und Leiten. Mit **Führen** ist vor allem die direkte, mitarbeiterbezogene, interaktionelle Aktivität und Begegnung gemeint, d.h. vor allem die „soft factors". Führen wird auch als Personal- oder Mitarbeiterführung bezeichnet, bezieht sich auf Personen und spricht die Führungskraft als „Leader" an. Dabei bedeutet „Leadership", auf die Sinn- und Wertedimension der Mitarbeiteraktivitäten zu achten, Visionen aufzuzeigen, Vorbild (hinsichtlich Fehlertoleranz, Glaubwürdigkeit, Offenheit, Lernbereitschaft, Kommunikationsstil etc.) und ein Könner der Kommunikation, ein Meister des Dialogs zu sein:

Wenn ich nachdenke, was eigentlich die Grundlage der Führung sein muß, dann ist es die Fähigkeit zum Gespräch. (W. Habbel)

Neben Führen bedeutet **Leiten,** insbesondere alle indirekten, d.h. strukturellen, Rahmenbedingungen (z.B. organisatorische Aspekte, Entscheidungswege, Controllingmechanismen, Informations- und Kommunikationsstrukturen,

Stellenbeschreibungen) zu beachten und zu gestalten, die die Mitarbeiterführung tangieren. Leiten, das auch als organisatorisches bzw. institutionsorientiertes Führen oder als Unternehmensführung im engeren Sinne bezeichnet wird, bezieht sich also eher auf Strukturen (und Prozesse), d.h. dominierend auf die „hard factors", und spricht die Führungskraft als „Manager" an.

Die Spaltung zwischen Manager und Leader ist unfruchtbar. Natürlich wird der eine aufgrund seines Naturells und seiner Ausbildung mehr zu dieser und ein anderer aufgrund seiner Biographie und Schwerpunkte mehr zu jener Seite neigen. Aber die gute Führungskraft braucht beide Seiten. Nach einer einfachen Formel (Bennis & Nanus) heißt es: „Managers do things right, leaders do the right things", d.h., Manager erledigen die Aufgaben richtig, Leader erledigen die richtigen Aufgaben. Wir brauchen beides. Wir brauchen ein Denken, das sich auf Strukturen und Prozesse, Fakten und Zahlen konzentriert, und eines, das sich auf Werte, Visionen und Menschen richtet. Es handelt sich hier um komplementäres Denken, in dem die entscheidenden Synergien (→) liegen. Ein „entweder-oder" führt in die Irre. Allerdings dürfte es richtig sein, daß die meisten Unternehmen immer noch „over-managed" und „under-led" sind.

Wer Menschen nicht lieben kann, ist unfähig, sie zu führen. (K. Binder)

Führungskräfte müssen ihren Mitarbeitern ein grundsätzliches Vertrauen sowie eine erlebbare, sichtbare Achtung und Wertschätzung entgegenbringen. Dies muß auch den Kontext aller notwendigen konstruktiven Kritik bilden. Die Führungskraft, die Management und Leadership in sich ausgewogen vereint und die sowohl ein Denken in „facts and figures" als auch in „values and visions" kultiviert, entspricht am ehesten dem Bild von der Führungs**persönlichkeit** „with a cool head, a warm heart, and active hands".

Führungspersönlichkeiten sind Menschen, die auf 3 große Kraftquellen ihres Entscheidens und Handelns zurückgreifen können:
- auf die Wissensmacht, d.h. den Sachverstand und die Erfahrung, die fachliche und methodische Kompetenz,
- auf die Positionsmacht, d.h. die Entscheidungs- und Kompetenzbefugnisse,

B Personen- und Selbstmanagement

- und die persönliche Ausstrahlung oder natürliche Autorität einer Person, die eine hervorragende Selbst- und Fremdwahrnehmung besitzt.

Eine reife Persönlichkeit ist ein Mensch, der eine hohe Selbsterkenntnis und einen sehr guten Zugang zu seinen gesamten Fähigkeiten, Stärken und inneren Kraftquellen zeigt sowie ein ambitioniertes Selbstmanagement verfolgt.

Ohne uns an dieser Stelle in die vielen Führungsmodelle, Management-by-Konzepte und die einzelnen Führungstechniken vertiefen zu können, ist doch der grundsätzliche Hinweis wichtig, daß sich das Führen und Leiten eines Mitarbeiters einerseits **situativ** an dessen individuellen Entwicklungsstand hinsichtlich Kompetenz und Engagement/Motivation (sog. **Reifegradmodell**: Dirigieren, Trainieren, Sekundieren, Delegieren) und andererseits **individuell** an dessen **Persönlichkeit** ausrichten sollte, da die Kommunikations- und Motivationserfordernisse nicht für alle Mitarbeiter die gleichen sind, sondern nach Verhaltensstilen, Einstellungspräferenzen, Naturell und Temperament differieren.

Führen und Leiten sollten sich situativ am Reifegrad des Mitarbeiters und an seiner spezifischen Persönlichkeit ausrichten. Führung führt persönlichkeits- und situationsorientiert.

Führen und Leiten bedeutet, Energie und Spielräume zur Verfügung zu stellen, so daß Mitarbeiter in Bewegung kommen und selbstverantwortlich-kreativ ihre Aufgaben erfüllen. Führen und Leiten entwickelt und befähigt die Mitarbeiter. Sie sind keine Verhinderer selbständiger Mitarbeiter. Gute Führung macht kompetent. Gute Führungskräfte haben keine Angst vor starken Mitarbeitern. Gute Führung fördert Führungspersönlichkeiten. Denn potentiell steckt in jedem ein Könner; nur die Geburtshelferdienste sind unterschiedlich. Schließlich, gute Führung orientiert, gibt Überblick, stiftet Zusammenhänge, setzt Signale für den Wandel und weist Wege durch den Wandel.

Führung verhilft dem Mitarbeiter zur Selbstorganisation und verfährt dabei nach dem Motto: Hilf mir, es selbst zu tun.

44.3 Sachliche Schwerpunktthemen

Um die Aktivitäten des Personalmanagements und insbesondere das Führen und Leiten der Mitarbeiter in Krankenhäusern gezielt zu steuern, sind Schwerpunktbildungen notwendig. Einige wichtige Schwerpunktthemen sollen hier herausgegriffen werden.

Kommunikation

- **Kommunikation als Zentrum aller Aktivitäten**

Daß Kommunikation die zentrale Größe in Dienstleistungsunternehmen ist, dürfte unbestritten sein. Fast jede betriebliche Aktivität erfordert Kommunikation, die sich in formellen Kommunikationsstrukturen und Kommunikationskanälen und auf informelle Weise realisiert. Da sich trotz dieser enormen Bedeutung dennoch eine Vielzahl an Kommunikationsdefiziten und Kommunikationspathologien findet, ist ein erster wichtiger Gesichtspunkt die Unterstützung und Stärkung der **individuellen Kommunikationskompetenz**. Hohe Kommunikationsfähigkeit und Kommunikationsbereitschaft ist des weiteren für jede **Teamarbeit** und **Patientenkommunikation** unerläßlich. Die Fähigkeit und der Wille, offen und fair zu kommunizieren und auch Konflikte in einer konstruktiven Streitkultur zu lösen, sind wichtige Herausforderungen für jedes Teammitglied. Offen und fair, transparent und vertrauensvoll sollte sich auch die **berufsgruppenübergreifende Kommunikation** gestalten.

Doch gerade sie ist häufig durch Kommunikationsschranken, durch Mauern und Barrieren gestört. Notwendige Informationen werden zurückgehalten oder fließen nicht rechtzeitig oder unvollständig, mikropolitische und hierarchieorientierte Machtspiele werden ausgetragen, alte Besitzstände und Bereichsegoismen gepflegt, die die Zusammenarbeit und das Betriebsklima nachhaltig gefährden. Hier findet sich ein weites Feld suboptimaler Kommunikation. Nicht zuletzt ist die Kommunikation auch ein Thema der **Führungskultur**. Je nach Art des Führungsstils wandelt sich der Kommunikationsstil in eine entweder eher vertauensvoll-offene, konsensual-kooperative, dialogisch-partnerschaftliche, demokratisch-partizipative oder in eine eher patriarchalisch bis autoritär geprägte Richtung.

Motivation

- **Motivierend ist, was in Bewegung bringt und in Bewegung hält**

Ein gute Kommunikationsqualität hat bereits große Auswirkungen auf die Leistungsbereitschaft der Mitarbeiter und das Betriebsklima. Allerdings sind auf dem Feld der Motivation noch weitere, besondere Aspekte zu berücksichtigen. Auf der Ebene des **Individuums** begegnen wir beispielsweise demotivierenden negativen Selbstreden, Burnout-Phänomenen, hohen (motivations-, nicht nur krankheitsbedingten) Fehlzeiten oder der innerer Kündigung.

Diese Effekte können subjektiv-personenbedingt beispielsweise durch das berufliche Selbstverständnis (Helfersyndrom, Allmachtsphantasien etc.) und mangelnde Qualifikation oder objektiv-arbeitsbedingt etwa durch die Art der Arbeit, Zeitbelastungen, zu geringe Spielräume oder andere physische, psychosoziale oder technisch-organisatorisch unattraktive Arbeitsbedingungen hervorgerufen werden. Auf der Ebene des **Teams** demotivieren vor allem Ausgrenzung, Mobbing, Aggression und mangelnde Anerkennung bzw. fehlendes Lob die Teammitglieder. Motivationssenkende oder motivationsgefährdende Faktoren auf der Ebene der **Organisation** und des **Gesamtsystems** sind ähnlich wie bei der Kommunikation in der Art und Weise der berufsgruppenübergreifenden Kooperation, der Arbeitsorganisation, dem Führungsstil und den Führungstechniken, einer schlechten Unternehmenskultur, fehlenden Standards, Leitbildern oder Visionen zu finden.

Qualifikation und Einstellung

- **Grenzerfahrungen und Tabuthemen qualifiziert bearbeiten**

Krankenhäuser sind Orte, wo Menschen überproportional häufig mit existentiellen Grenzerfahrungen konfrontiert werden. Was an Glück und Leiden zwischen Geburt und Tod sich einstellen kann, konzentriert sich hier auf eine massive Weise. Der Umgang mit **Leiden** und **Schmerz** gehört zum Alltag. Die Erfahrung von **Sterben, Tod** und **Trauer** prägt Normalität und Routinen der Arbeit. Um eine professionelle Einstellung und Handlungskompetenz gegenüber diesen Phänomenen und ihrer extremen Verdichtung in Krankenhäusern zu finden, muß der Umgang mit ihnen nicht nur einen Kernbestand der beruflichen Ausbildung, sondern auch des Fort- und Weiterbildungsangebots bilden, um die entsprechende Reflexionsfähigkeit und Kompetenz zu gewährleisten. Zu den heiklen und immer noch häufig **tabuisierten** Themen gehören u.a. **Gewalt** und **Aggression** von und gegenüber Patienten bzw. von und gegenüber anderen Berufsangehörigen, **Ekel**erfahrungen im Umgang mit Patienten (Urin, Stuhl, Dekubitus, Eiter, Sputum, Erbrochenes, Kotessen etc.), **Sexualität** (bei alten Patienten, Schwerkranken, behinderten Mitmenschen etc.) sowie vielfältige Erfahrungen von **Ohnmacht, Schuld, Angst** und **Scham**.

Berufsethik

- **Zu moralischer Urteilsbildung und ethischem Diskurs befähigen**

Weil Krankenhäuser Orte der Grenzerfahrungen sind, tauchen auch viele **rechtliche** und **moralische** Fragen auf, z.B.: Was bedeutet „Sterben in Würde"? Was heißt „Recht auf einen würdigen Tod"? Was umfaßt die „Wahrheit am Sterbebett"? Wie sieht eine „professionelle Begleitung der Angehörigen Sterbender/Verstorbener" aus? Was meint ein „pietätvoller Umgang mit dem Leichnam eines Verstorbenen"? In vielen Fällen sind die gegebenen Orientierungen problematisch und die vorgeschlagenen Lösungen kontrovers, weil man sich in Grauzonen zu bewegen scheint. Zu diesen problematischen und kontroversen Gebieten gehören z.B. Fragen der Organtransplantation, des Hirntodes, des Komas, der Sterbehilfe, der Abtreibung oder der Gen-Ethik.

Alle beteiligten und betroffenen Fachkräfte sollten durch entsprechende Qualifikation dazu befähigt werden, wie man mit ethisch kontroversen Problemen angemessen umgehen kann.

Besondere Streßfelder

Viele der genannten Themen und Probleme gewinnen noch einmal an Schärfe, wenn sie in extremer oder gesteigerter Form zu einer massiven Konfrontation führen. Dies ist in Krankenhäusern häufig auf speziellen Stationen und Abteilungen oder in speziellen Bereichen der Fall. Beispielhaft seien hier nur die Intensivmedizin, die (Kinder-)Onkologie, die Geriatrie und die Psychiatrie angeführt.

44.4 Strategien und Methoden

Um auf die speziellen Anforderungen und Bedürfnisse der Mitarbeiter einzugehen, steht den Führungskräften mit dem Personalmanagement eine große Zahl an Strategien und Methoden zur Verfügung, von denen einige kurz skizziert werden sollen. Es ist wünschenswert, daß möglichst viele Grundlagen einer breiten Berufskompetenz bereits in der beruflichen Ausbildung gelegt werden. Der Schwerpunkt der nachfolgenden Ideenbörse richtet sich auf Kommunikation und Motivation. Die hier genannten Angebote und Vorschläge können zu einem großen Teil auch auf die Aspekte von Qualifikation und Einstellung, Berufsethik und besondere Streßfelder übertragen werden, wenn sie entsprechend inhaltlich zugeschnitten werden.

Zum Stichwort „**Kommunikation**":
- Kommunikationstraining/Kommunikationsseminare und Gesprächsführung
- Rhetoriktraining, Lernen von Präsentationstechniken, Moderationstraining, Verhandlungstechniken, Kreativitätstechniken
- Konfliktmanagement trainieren und konstruktive Kritik üben
- Fördernde Maßnahmen, damit Berufsgruppen sich sowohl aufgabenspezifisch abgrenzen als auch gegenseitig kennen- und als gleichberechtigte Partner wertschätzen lernen und ein übergreifendes, „systemisches", vernetztes oder interdisziplinäres Denken gewinnen (Stellenbeschreibungen, Standardisierungen, transparente, regelmäßige Informationspolitik, Hospitationen, „Schnuppertage", gemeinsam verabredete Dokumentationsverfahren, organisatorische Absprachen etc.)
- Nutzen von Gruppenarbeit, Projektmanagement, Qualitätszirkeln und anderen Vernetzungsformen
- Neuordnung der Führungskultur, der Führungsgrundsätze, des Führungsstils
- Neben professioneller Aufgabenbewältigung durch die einzelnen Mitarbeiter oder Berufsgruppen: die Ausrichtung aller auf das Gesamtwohl/Gesamtoptimum ihrer gemeinsamen Einrichtung.

Zum Stichwort **„Motivation"**:
- Supervision, Mentoring und Einzelcoaching für Selbstkommunikation, Berufsmotivation, Burnout, innere Kündigung etc., um Psychohygiene, Reflexionsfähigkeit, Selbstorganisation und Selbstmanagement zu unterstützen
- Teamcoaching und Teammanagement-Trainings
- Nutzen von Gruppenarbeit, Projektmanagement und Qualitätszirkeln
- Trainings „on the job" und „off the job"
- Regelmäßige Führungsgespräche, Zielvereinbarungen und Leistungsbeurteilungen, Fördergespräche
- Potentialanalysen der einzelnen Mitarbeiter, um gezielt Lern-, Förder- und Qualifikationsprozesse für Kernkompetenzen in den Bereichen der Persönlichkeitskompetenz, der Sozialkompetenz, der Führungskompetenz, der Methodenkompetenz und der Fachkompetenz anzustoßen
- Qualifikations-, Karriere- und Laufbahnberatung
- Mitarbeiter-Feedback von den Mitarbeitern an die vorgesetzte Führungskraft
- Personalpolitische Einflußnahme auf institutionelle Rahmenbedingungen technischer, organisatorischer oder arbeitsstruktureller Art, insbesondere auf Aspekte der „Humanisierung der Arbeit", wie größere Zeitsouveränität, erweiterte Handlungs-, Entscheidungs- und Verantwortungsspielräume, sowie Qualitätsphilosophie, Leitbilder, Unternehmenskultur und Visionsbildung
- Überprüfung des gesamten materiellen (Gehalt, Sozialleistungen, Zulagen, variables Entgelt, Erfolgs- und Kapitalbeteiligung) und immateriellen (Unternehmenskultur, Organisationssystem, Informations- und Kommunikationsstrukturen, Mitbestimmungsregeln, Personalentwicklungsmaßnahmen, Aus-, Fort- und Weiterbildung etc.) Anreizsystems und Erstellen eines aktuell paßgenauen Anreizportfolios (→).

Kopf, Herz und Hand der Mitarbeiter erreichen sowie ihr Wissen, Wollen und Können stärken

Alle mit dieser Ideenbörse angedeuteten Maßnahmen sollten **„Kopf, Herz und Hand"** der Mitarbeiter erreichen, also ihre kognitiven, intellektuellen und reflexiven Vermögen, ihre sozialen, emotionalen und affektiven Kompetenzen

B Personen- und Selbstmanagement

sowie ihre motorischen und manuellen Fähigkeiten und Geschicklichkeiten ansprechen und steigern. Dadurch wird insgesamt **Wissen** (Know-how, Information), **Wollen** (Motivation, Engagement) und **Können** (Qualifikation, Bildung) der Mitarbeiter durch **Enablement** (Befähigung) und **Empowerment** (Ermächtigung) optimiert. Dabei zielt Personalmanagement am Ende darauf, Persönlichkeitsentfaltung, Kompetenzentwicklung und Professionalisierung zu ermöglichen und miteinander zu verbinden.

„Letzten Endes sind alle Wirtschaftsprobleme Personalprobleme." (Alfred Herrhausen)

Literatur

Bucher, D.; Lasko, W. (Hrsg.), Vorsprung im Wettbewerb. Ganzheitliche Veränderungen, Netzwerke, Synergie, Empowerment, Coaching. Wiesbaden 1996.

Bullinger, H.-J., Erfolgsfaktor Mitarbeiter. Motivation – Kreativität – Innovation. Stuttgart 1996.

Fröhlich, W., Personalführung. Führungsstil, Mitarbeiterbeurteilung, Motivation – Sozialleistungen, Vorschlagswesen, Organisation. München, 3. Aufl. 1992.

Hentze, J.; Brose, P., Personalführungslehre. Grundlagen, Führungsstile, Funktionen und Theorien der Führung. Bern, Stuttgart 1986.

Hilb, M., Integriertes Personalmanagement. Ziele – Strategien – Instrumente. Neuwied, Kriftel, Berlin, 2. Aufl. 1995.

Kappel, H.; Müller, R. (Hrsg.), Offen Führen. Freiräume schaffen für engagierte Mitarbeiterinnen und Mitarbeiter. Zürich 1995.

Mentzel, W., Unternehmenssicherung durch Personalentwicklung. Mitarbeiter motivieren, fördern und weiterbilden. Freiburg i. Br., 6. Aufl. 1994.

Mentzel, W. (Hrsg.), Erfolgreiche Personalarbeit. Checklisten – Vordrucke – Arbeitshilfen. Planegg 1996.

Probst, G.J.B.; Gomez, P., Vernetztes Denken. Ganzheitliches Führen in der Praxis. Wiesbaden, 2. erweiterte Aufl. 1991.

Wildenmann, B., Professionell führen. Empowerment für Manager, die mit weniger Mitarbeitern mehr leisten müssen. Neuwied, Kriftel, Berlin, 3. Aufl. 1996.

Zwierlein, E. (Hrsg.), Arbeit und Humanität. Wege in eine humane Arbeitswelt. Idstein 1992.

45 Beurteilung von Mitarbeitern als Führungsinstrument

Klaus-Jürgen Bremm

Die Beurteilung von Mitarbeitern erscheint oft als eine lästige Pflicht, der es sich mit dem geringst möglichen Zeit- und Geistesaufwand zu entledigen gilt. Auch engagierten Vorgesetzten bereitet diese Aufgabe wenig Freude, sind sie doch überzeugt, ihre Leute hinreichend zu kennen. Sie sehen in der Verpflichtung, der Betriebsleitung Beurteilungen oder Beurteilungsbeiträge abzuliefern, eher eine unwillkommene Ablenkung von ihrem Tagesgeschäft. Schlechte Erfahrungen mit Beurteilungsgesprächen vervollständigen dieses weit verbreitete Unbehagen.

Unter dem Eindruck der erwähnten Bedenken übersehen viele Vorgesetzte jedoch, daß die regelmäßige Beurteilung der Mitarbeiter kein bloßer Verwaltungsakt ist, sondern ein **wichtiges Führungsmittel**. Wer es oberflächlich handhabt oder gar darauf verzichtet, vergibt die vielleicht größte Chance, auf die Leistungen seiner Mitarbeiter nachhaltig Einfluß zu nehmen.

45.1 Beurteilungszwecke (Tab. 45-1)

Beurteilungen helfen bei der Personalauswahl. Sie erhöhen die Vergleichbarkeit von Leistungen und sind unentbehrlich für jeden Vorgesetzten, der im eigenen Betrieb nach qualifizierten Mitarbeitern für anspruchsvollere Positionen sucht.

Beurteilungen sind vor allem aber auch ein Mittel der Personalführung. Sie zeichnen ein Leistungs- und Persönlichkeitsbild des Mitarbeiters und geben ihm Bestätigung für seine Leistungen oder Hinweise, sein Arbeitsverhalten zu verändern.

Eine zutreffende Beurteilung kann außerdem für den Mitarbeiter Hilfestellung und Motivation sein. Sie verschafft ihm Klarheit über seine Position im Betrieb, die er andernfalls

B Personen- und Selbstmanagement

Tab. 45-1 Beurteilungszwecke (Übersicht)

Für den Vorgesetzten:
- Personalauswahl für Positionen mit höherer Verantwortung
- Einsatz der Mitarbeiter in geeigneten Arbeitsbereichen
- gerechte und allgemein akzeptierte Leistungsvergütung

Für die beurteilten Mitarbeiter:
- Motivation und Klarheit, wie ihre Leistungen vom Vorgesetzten gesehen werden
- Hilfestellung bei behebbaren Leistungsmängeln
- Aufzeigen von beruflichen Entwicklungsmöglichkeiten
- Nachvollziehbarkeit von Personalentscheidungen

---

nur aus flüchtigen Bemerkungen seines Chefs oder aus Gerüchten im Kollegenkreis erahnen könnte.

Nach § 82 Abs. 2 BetrVG (Betriebsverfassungsgesetz) hat der Mitarbeiter einen **Rechtsanspruch,** „daß mit ihm die Beurteilung seiner Leistungen sowie die Möglichkeiten seiner beruflichen Entwicklung im Betrieb erörtert werden".

Schließlich werden durch regelmäßige Beurteilung aller Mitarbeiter Personalentscheidungen im Betrieb versachlicht. Sie machen die Besetzung höherwertiger Positionen oder Gehaltsabstufungen auch für die Mitarbeiter, die nicht gefördert wurden, nachvollziehbar und mildern zumindest den Eindruck ungerechter Personalentscheidungen.

Beurteilungen sollten **regelmäßig** erstellt werden. Ein Zeitraum von 2 Jahren hat sich in den meisten Fällen als zweckmäßig erwiesen, da nachhaltige Veränderungen im Leistungsbild des beurteilten Mitarbeiters, die eine erneute Einschätzung erfordern, sich erst in diesem zeitlichen Rahmen einstellen dürften.

Beurteilungen ersetzen jedoch nicht den permanenten Führungsvorgang. Berechtigte Anerkennung sollte dem Mitarbeiter unmittelbar ausgesprochen und erkannte Fehler oder Mängel müssen sofort abgestellt werden.

45.2 Aufbau einer Beurteilung

Die Gliederung einer Beurteilung ist abhängig von den Beurteilungszwecken des beurteilenden Vorgesetzten. Oft geben

45 Beurteilung von Mitarbeitern als Führungsinstrument

ihm bereits vorhandene betriebsinterne **Vordrucke** eine Gliederung vor. Im folgenden sind die wichtigsten Beurteilungsabschnitte genannt:
- statistischer Teil
- Leistungsbewertung (nach festgelegtem Bewertungsschema)
- ggf. freie Persönlichkeitsbeschreibung
- Hinweise des Vorgesetzten über zukünftige Einsatzmöglichkeiten
- Stellungnahme des Mitarbeiters
- vereinbarte Maßnahmen
- ggf. Stellungnahme des nächsthöheren Vorgesetzten

Außer dem **statistischen Teil**, der über die persönlichen Daten, die beruflichen Qualifikationen, den Werdegang des Beurteilten und vor allem über seine Tätigkeit im Beurteilungszeitraum Auskunft gibt, enthält die Beurteilung eine **Bewertung der Leistungen des Mitarbeiters** nach vorgegebenen Leistungskriterien.

Sie kann ergänzt werden durch eine **Persönlichkeitsbeschreibung,** in der die Eigenschaften des Mitarbeiters, die als ursächlich für sein Leistungsbild erkannt wurden, in pointierter und ungebundener Form beschrieben sind.

Der wichtigste Teil einer Beurteilung sind jedoch die **vereinbarten Maßnahmen.** Jeder Vorgesetzte, der die Mitarbeiterbeurteilung als ein Führungsmittel begreift und als einen Weg, die Leistungen seiner Mitarbeiter zu verbessern oder gute Leistungen zu stabilisieren, kann auf die einvernehmliche Festlegung von Leistungszielen in der Beurteilung nicht verzichten.

Leistungskriterien

Von der Art des Arbeitsplatzes und den Aufgaben im Beurteilungszeitraum hängt es ab, welche Leistungskriterien zur Beurteilung eines Mitarbeiters herangezogen werden. Die ausgewählten Merkmale sollten folgenden Anforderungen entsprechen: Sie müssen
- wesentliche Auswirkungen auf die betrieblichen Leistungen des Mitarbeiters haben;
- durch Schulung und Anleitung beeinflußbar sein;
- beobachtbar und nach einem abgestuften System bewertbar sein;
- sie dürfen keine Formulierungen enthalten, die beleidi-

gend sind oder als Beleidigungen aufgefaßt werden könnten (*Freilinger* 1979, 143).

Folgende Leistungsmerkmale erfüllen die genannten Forderungen. Sie können je nach Art des Betriebs oder der beurteilten Position um weitere Kriterien ergänzt werden.

- **Fachkenntnisse:** Beurteilung des vorhandenen Wissens des Mitarbeiters wie auch seines Bestrebens, sich neues Wissen anzueignen.
- **Arbeitstempo:** Zeitaufwand zur Bewältigung von Sachaufgaben
- **Arbeitsqualität:** Fehlerlosigkeit der geleisteten Arbeit, Zuverlässigkeit
- **Belastbarkeit:** Konstanz der Arbeitsgüte auch bei hohem Arbeitsanfall und Termindruck
- **Durchsetzungsvermögen**: Konsequenz in der Verfolgung der gestellten Aufgaben
- **Planungsvermögen:** Zweckmäßigkeit der Arbeitseinteilung und die Fähigkeit, vorausschauend Probleme zu erkennen
- **Wirtschaftliches Denken:** Fähigkeit, mit den zur Verfügung stehenden Mitteln auszukommen. Kostenbewußtsein bei notwendigen Neubeschaffungen
- **Kollegialität/Verhalten im Team:** Fähigkeit zur zielgerichteten sachlichen Zusammenarbeit

Zusätzlich bei Mitarbeitern im Krankenhaus:

- **Umgang mit Patienten:** Fürsorge, Einfühlungsvermögen, Verbindlichkeit im Auftreten
- **Hygienebewußtsein:** Umsetzung der aktuellen Hygienestandards im Pflegedienst

Bei Mitarbeitern mit Personalverantwortung:

- **Mitarbeiterführung/Delegation**
  - Klarheit und Zweckmäßigkeit der erteilten Weisungen
  - Überzeugungsfähigkeit
  - Verantwortungsbewußtsein für den übertragenen Aufgabenbereich
  - Fürsorgeverhalten gegenüber den seiner Leitung anvertrauten Mitarbeitern

Leistungsbewertung

Die **Bewertung der erbrachten Leistungen** erfolgt mit Hilfe eines 5stufigen Punktsystems, wie es im Beurteilungsformblatt (Tab. 45-2) gezeigt ist.

45 Beurteilung von Mitarbeitern als Führungsinstrument

Tab. 45-2 Beurteilungsformblatt

I Allgemeine Daten

1. **Persönliche Daten** (Geburtsdatum, Familienstand, Schulabschluß, weitere Ausbildung)
2. **Beruflicher Werdegang** (bisherige Tätigkeiten)
3. **Tätigkeiten in der Firma**
   Aufgaben im Beurteilungszeitraum (Funktions- und Stellenbeschreibung)
   Letzte Beurteilung
   Zielvereinbarungen in der vorangegangen Beurteilung
   Beurteilungsbeiträge Dritter

II Leistungsmerkmale

	Notenskala	neue Zielvereinbarung
	1 2 3 4 5	1 2 3 4 5

Fachkenntnisse
Arbeitsqualität
Arbeitstempo
Belastbarkeit
Durchsetzungsvermögen
Planungsvermögen
Wirtschaftliches Denken
Umgang mit Patienten
Umgang mit Mitarbeitern

5 = Hervorragende Leistungen: Ist regelmäßig weit über dem Durchschnitt.
4 = Sehr gute oder gute Leistungen: Ist häufig über dem Durchschnitt.
3 = Den Anforderungen angemessene Leistungen: Erfüllt gewöhnlich die ihm gestellten Aufgaben ohne Beanstandungen.
2 = Noch ausreichende Leistungen: Vereinzelt auftretende Mängel.
1 = Leistungsniveau entspricht nicht immer dem Durchschnitt: Häufige Hilfestellung erforderlich.

III Freie Persönlichkeitsbeschreibung

IV Verwendungsmöglichkeiten

1. Vorstellungen des Beurteilten
2. Verwendungsvorschläge des Vorgesetzten

V Stellungnahme des Beurteilten

VI Zielvereinbarungen

VII Stellungnahme des nächsten Vorgesetzten

B Personen- und Selbstmanagement

45

Eine Gliederung in 5 Abstufungen ist ausreichend differenziert, um alle möglichen Leistungsbilder zu erfassen und zugleich doch übersichtlich und handhabbar. Andere Beschreibungen der Abstufungen sind möglich. Das hier vorgestellte analytische Abstufungssystem orientiert sich an einem durchschnittlichen Leistungsbild, das entweder tatsächlich vorliegt oder aber aufgrund der Mitarbeiterstruktur zu erwarten ist. Dagegen versucht das Rangordnungsverfahren, die relative Stellung eines Mitarbeiters hinsichtlich eines Leistungsmerkmals zu anderen Beurteilten aufzuzeigen. Dies kann, je nach Qualität der übrigen Mitarbeiter, eine kritischere Leistungsbewertung zur Folge haben.

Eine Beurteilung sollte 8–10 Leistungskriterien enthalten, so daß jeder Mitarbeiter die Möglichkeit hat, eventuelle Schwächen durch Stärken in anderen Gebieten auszugleichen. Entsprechend ergibt sich ein maximaler Leistungswert von 40–50 Punkten.

Ein konsequent angewendetes Punktsystem vermittelt dem Vorgesetzten ein mit anderen Leistungen vergleichbares Gesamtbild des Beurteilten und unterstützt ihn bei zukünftigen Personalentscheidungen. Es hilft ihm auch bei der Zielvereinbarung. Ziele, die in einem Beurteilungsgespräch zwischen Mitarbeiter und Vorgesetzten vereinbart werden, können nun quantifiziert werden. Denkbar wäre etwa die Zielsetzung, jede Leistung, die unter dem Punktwert 4 liegt, bis zum nächsten Beurteilungszeitpunkt um eine Stufe zu verbessern.

Freie Persönlichkeitsbeschreibung

Zu den charakterlichen Merkmalen und geistigen Fähigkeiten des Mitarbeiters kann der Vorgesetzte in einer freien Beschreibung Stellung nehmen. Oftmals wird eine Persönlichkeit in der gebundenen und schematischen Bewertung überhaupt nicht sichtbar. Eine freie Beschreibung des Mitarbeiters sollte diese Lücke füllen. Voraussetzung hierzu ist, daß eine ursächliche Beziehung zwischen diesen Persönlichkeitsmerkmalen und den dienstlichen Leistungen des Mitarbeiters besteht oder wenigstens wahrscheinlich ist.

Diffamierende, die Persönlichkeit verletzende Werturteile sind jedoch unbedingt zu vermeiden, da sich aus ihnen keine Verbesserungsmaßnahmen ableiten lassen.

45 Beurteilung von Mitarbeitern als Führungsinstrument

Das Urteil, ein Mitarbeiter sei passiv oder antriebslos oder seine geistige Beweglichkeit zu gering, enthält keinerlei Hinweise, wie diese Mängel abgestellt werden könnten. Wird über denselben Mitarbeiter jedoch gesagt, daß er nur zögernd oder ungern Verantwortung übernehme, lassen sich daraus auch konkrete Maßnahmen zur Verbesserung des kritisierten Verhaltens ableiten.

Der Vorgesetzte sollte Mängel eines Mitarbeiters also nur dann in einer Beurteilung ansprechen, wenn er ihm zugleich einen Weg aufzeigen kann, diesen Mangel zu beheben oder wenigstens zu verringern.

Im Falle eines zu gering ausgeprägten Verantwortungsgefühls könnte z.B. vereinbart werden, daß der Mitarbeiter neue Aufgaben übernimmt, die er auch in Abwesenheit seiner Vorgesetzten bearbeiten kann oder daß er laufende Aufgaben weiterverfolgt und auf ihren erfolgreichen Abschluß drängt.

Vereinbarte Maßnahmen

Zustimmung und Lob sollten in jeder Beurteilung überwiegen. Dies gilt auch für die Beurteilung von Mitarbeitern, deren Verhalten überdurchschnittlich viele Mängel aufweist. Es wäre illusorisch anzunehmen, ein unter Durchschnitt beurteilter Mitarbeiter könne, selbst wenn er wollte, alle seine Defizite in einem überschaubaren Zeitraum beheben. Er wäre von der Wucht des ungünstigen Urteils seines Vorgesetzten erdrückt, abgestoßen und würde darin nur einen Akt der Diffamierung sehen, eine Fortsetzung der Zurechtweisungen, denen er sich bisher schon im Betrieb ausgesetzt gesehen hat. Dieser Mitarbeiter wäre nicht überzeugt, auch nur an einem einzigen seiner Mängel zu arbeiten.

Grundsätzlich sollte jeder Vorgesetzte davon ausgehen, daß Leistungsdefizite bei Mitarbeitern nicht auf Böswilligkeit beruhen und oft nicht einmal auf Absicht, sondern eher als eine Form von Unkenntnis angesehen werden müssen, die seine Hilfestellung erfordern. Von wenigen Ausnahmen abgesehen, ist jeder Mitarbeiter darauf angewiesen, durch regelmäßige Arbeit seinen Lebensunterhalt zu verdienen. Daß er dies freiwillig lebenslang in einer durch Verweigerung, Arbeitsverschleppung und Unlust geprägten Atmosphäre tun möchte, hält der Autor für eine abwegige Vorstellung.

Oft läßt sich ein ungünstiges Leistungsbild eines Mitarbeiters, das auf mehreren Defiziten beruht, auf einen einzigen, zentralen Mangel zurückführen. Seine Behebung würde auch eine Verbesserung der meisten anderen erkannten Mängel zur Folge haben. So können z.B. Probleme, sich in die Betriebsorganisation und in das Umfeld der Kollegen einzufügen, dazu führen, daß ein Mitarbeiter auch auf anderen Leistungsgebieten Mängel aufweist.

Anderseits gibt es Mängel, die nicht oder nur sehr langfristig behoben werden können. Geringe Planungsfähigkeit oder mangelndes Organisationsvermögen wären hier als Beispiele zu nennen. Sollten in der Leistung eines Mitarbeiters solche Mängel aufgetreten sein, so wäre dies ein Hinweis, daß er falsch eingesetzt ist. Eine Beurteilung wäre dann eine gute Gelegenheit, eine Umbesetzung des Mitarbeiters auf eine seinen Stärken entsprechende Stelle zumindest anzusprechen und vorzubereiten.

Tabelle 45-2 zeigt einen Vorschlag zur Gliederung einer Beurteilung. (Aus Platzgründen sind die Textfelder verkürzt abgebildet.)

45.3 Vorbereitung der Beurteilung

Die Praxis, Beurteilungen erst unter Termindruck und auf der Grundlage unvollständiger Erinnerungen zu schreiben, erschwert es dem Vorgesetzten, von seinen Mitarbeitern ein zutreffendes und gerechtes Bild zu zeichnen. Sind viele Mitarbeiter zu beurteilen und ist der Beurteilungszeitraum auf 2 Jahre veranschlagt, dürfte fast jeder Vorgesetzte mit dieser Aufgabe überfordert sein. Abgesehen von dem unvermeidlichen Verlust einer Fülle wichtiger Beobachtungen besteht die Gefahr, daß vorhandene Sympathien und Antipathien oft noch durch bestätigende Erinnerungen verstärkt werden, während widersprechende Erfahrungen mit dem betroffenen Mitarbeiter einer Verdrängung zum Opfer fallen.

Jeder Vorgesetzte, der nicht gerne Beurteilungen schreibt und diese Arbeit so weit wie möglich vor sich herschiebt, übersieht jedoch, daß eine Beurteilung im Grunde nur die schriftliche Formulierung seiner Einschätzung der Mitarbeiter darstellt, die er zumindest gedanklich ohnehin täglich anzustellen hat. Jede Zuweisung von Aufgaben an Mitarbeiter erfolgt schließlich aufgrund einer Leistungseinschätzung

45 Beurteilung von Mitarbeitern als Führungsinstrument

oder sollte es zumindest. Mitarbeiterbeurteilung ist also eine ständige Aufgabe des Vorgesetzten. Was hindert ihn also daran, auch an der schriftlichen Beurteilung seiner Mitarbeiter täglich zu arbeiten?

Nur eine kontinuierliche zeitnahe Erfassung aller die Mitarbeiter betreffenden Vorfälle hilft dem Vorgesetzten, später zu einem sachlich fundierten Urteil zu gelangen. Es erleichtert auch die Begründung seiner Ansichten gegenüber dem Beurteilten im anschließenden Beurteilungsgespräch, wenn anstelle vager Eindrücke konkrete Tatsachen genannt werden können (*Knebel* 1995, 44–58).

Die Beobachtungen sollen das natürliche unverstellte Verhalten des Mitarbeiters festhalten. Er darf sich keinesfalls von seinem Vorgesetzten überwacht fühlen. Allerdings wird sich dieser Eindruck bei Anwesenheit eines Vorgesetzten nie ganz vermeiden lassen. Einem Vorgesetzten, der ohnehin täglich Kontakt zu seinen Mitarbeitern hat, stellt sich dieses Problem jedoch in geringerem Umfang.

Der tägliche Zeitaufwand für eine kontinuierliche Personalbuchführung beträgt nicht mehr als 10–15 Minuten. Die Beurteilungsnotizen dürfen allerdings noch keine Deutungen enthalten, also Aussagen über Einstellungen, Voraussetzungen und Motive des Beurteilten oder Zusammenhänge zwischen einzelnen Beobachtungen herstellen. Eine sofortige Deutung würde die ersten Beobachtungen zu stark gewichten und den Blick für spätere entgegengesetzte Eindrücke verstellen. Eine Beurteilungsnotiz sollte darum in maximal 3 Sätzen nur eine Beschreibung des beobachteten Sachverhalts enthalten und eine Erklärung, die man sich, falls erforderlich, im Gespräch mit dem Betroffenen verschafft.

Die Deutung und Auswertung der Beobachtungen ist dann die eigentliche Aufgabe der Beurteilung. Der Abschnitt III (Freie Persönlichkeitsbeschreibung) des Beurteilungsformblattes (Tab. 45-2) eignet sich dazu besonders.

Abb. 45-1 zeigt, wie eine solche Aufzeichnung aussehen könnte. Die Aufstellung ist verkürzt. Für eine Beurteilung sind etwa 30–40 Beobachtungen erforderlich. Der Vorgesetzte darf sein Urteil nur auf selbst beobachtete Ereignisse gründen. Beurteilungsbeiträge anderer können nur ein Anhalt sein, andernfalls läuft er Gefahr, bei Einwänden des Beurteilten ein fremdes Werturteil erläutern zu müssen, was

B Personen- und Selbstmanagement

Schwester Cornelia F. , 28 Jahre, seit dem 15.08.1996 in der neurochirurgischen Abteilung des Elisabethenkrankenhauses in B.

Beurteilungsnotizen:

28.08. F. nach Dienstschluß noch bei Patienten angetroffen. Vertretung einer zu spät gekommenen Kollegin.

12.09. Patientin W. erklärt, daß sie nur von Schwester F. gepflegt werden will.

18.09. F. weigert sich, Assistenzarzt P. ihr Beobachtungsprotokoll auszuhändigen. F. nennt als Begründung, daß sie dieses nur dem Oberarzt aushändigen werde, da P. ohnehin immer etwas anderes bei den Patienten erzähle.

07.10. F. springt kurzfristig für eine erkrankte Kollegin bei der Schulung von Pflegeschülern ein.

14.10. Auseinandersetzung mit stv. Stationsschwester wegen Betten auf dem Stationsflur. F. erklärt, daß es nicht ihre Sache sei, auch noch Aufgaben der Pflegeschüler zu erledigen.

21.10. Kommt 15 Min. zu spät zur Schicht. Begründung: Defekter PKW.

15.11. Streit mit Assistenzarzt H. wegen Diätplan für Patienten K. Es stellt sich heraus, daß F. im Recht war.

06.12. F. bestreitet, von einer Patientin 100,- DM erhalten zu haben.

19.12. F. verläßt frühzeitig Weihnachtsfeier der Station. Am nächsten Tag dazu befragt, erklärt sie, daß sie noch Besorgungen (Einkaufen, etc.) habe erledigen müssen.

15.01. Streit mit Schwester B. Anlaß war die nicht aufgeräumte Küche.

Abb. 45-1 Beispiel für Aufzeichnungen, die zur Beurteilung von Mitarbeitern herangezogen werden

45.4 Die Beurteilungseröffnung

Das Beurteilungsgespräch

Das Beurteilungsgespräch und die Beurteilungseröffnung zählen zu den schwierigsten Aufgaben eines Vorgesetzten. Allerdings kann er hierbei auch den größten Ertrag seiner Führungstätigkeit erzielen, wenn es ihm gelingt, seinen Mitarbeiter in seinen guten Leistungen zu bestätigen oder ihn zu motivieren, an noch bestehenden Mängeln zu arbeiten. Die Chancen dafür steigen, je mehr der Beurteilte überzeugt werden kann, daß er gerecht und ohne Vorbehalte beurteilt werden soll und daß vor allem seine guten Leistungen gesehen werden.

Die Eröffnung einer bereits fertig formulierten Beurteilung, ohne vorherige Anhörung und Stellungnahme des Beurteilten, wird in der Regel nicht die gewünschte Wirkung haben. Der Beurteilte ist gezwungen, passiv das Urteil seines Vorgesetzten hinzunehmen. Sein Recht zu einer Stellungnahme, insbesondere bei einer kritischen Würdigung seiner Leistungen, wird das Gefühl des Mitarbeiters, übergangen und überrollt worden zu sein, nicht zerstreuen. Unschöne Szenen mit gegenseitigen Vorhaltungen und der Ankündigung von rechtlichen Schritten sind nicht selten die Folge. Beim Vorgesetzten bleibt der Eindruck, daß sein Bemühen um Objektivität nicht honoriert wurde und daß eine Zusammenarbeit mit diesem Mitarbeiter ohnehin nicht möglich ist, während letzterer häufig mit der Überzeugung, Opfer einer erneuten Benachteiligung zu sein, das Chefzimmer verläßt.

Warum also nicht von vorneherein den Mitarbeiter in die Erstellung seiner Beurteilung einbeziehen, ehe es zu einer für beide Seiten nutzlosen Konfrontation kommt? Eine gemeinsame, im Dialog erstellte Beurteilung kostet zwar mehr Zeit und mag auch zu einem beschönigten, den Wert der Beurteilung mindernden Leistungsbild führen. Andererseits ist eine aus der Sicht des Vorgesetzten realistische Beurteilung, die den Mitarbeiter jedoch verprellt, noch weniger wert.

B Personen- und Selbstmanagement

Beurteilung im Dialog

Ein Vorgesetzter, der seine Mitarbeiter von der Erstellung ihrer Beurteilungen ausschließt, übersieht, daß deren Leistung unter Bedingungen erbracht werden, auf die sie nur wenig oder keinen Einfluß hatten. In der Regel entziehen sich Arbeitszeit, Arbeitsort und die Verpflichtung anderer Kollegen, mit denen er täglich umgehen muß, der direkten Einflußnahme eines abhängig beschäftigten Mitarbeiters. Er ist verpflichtet, den Weisungen seiner Vorgesetzten zu folgen, deren Klarheit und Güte ebenso seinen Erfolg oder Mißerfolg im Betrieb bestimmen wie seine persönliche Einsatzbereitschaft.

Der Arbeitnehmer ist also für die Qualität seiner Leistungen nicht allein verantwortlich. Einen Teil dieser Verantwortung trägt auch der Vorgesetzte.

Während dieser Umstand bei guten Leistungen oft betont wird, ist die Neigung von Vorgesetzten, die Ursachen mangelnder Leistungen ihrer Mitarbeiter auch bei sich zu suchen, naturgemäß wenig ausgeprägt.

Die Fairneß gebietet aber, dies zu tun. Das Beurteilungsgespräch darf sich daher nicht nur darauf beschränken, einseitig dem Mitarbeiter ein fertiges Leistungsbild aufzuzeigen, es muß ihm auch die Möglichkeit geben, zu seinen Leistungen selbst Stellung zu nehmen und zwar vor Abschluß der Urteilsfindung. Eine gemeinsame Erörterung der oben erwähnten Beurteilungsnotizen, sofern sie vom Vorgesetzten angefertigt wurden, könnte dazu der Einstieg sein. Auch Selbsteinstufungen der Mitarbeiter bei den Leistungsmerkmalen sind denkbar. Sie fallen in der Regel realistischer aus, als es mancher Vorgesetzter vermutet.

Der Mitarbeiter sollte von vorneherein aufgefordert werden, auch zur Leistung seines Vorgesetzten Stellung zu nehmen. Gerade ein Beurteilungsgespräch, in dem stets sehr Grundsätzliches, zum Teil auch Persönliches angesprochen werden muß, kann eine Atmosphäre entstehen lassen, in der auch der Mitarbeiter Probleme und Wertungen, die er im betrieblichen Alltag für sich behalten hätte, seinem Vorgesetzten mitteilt.

Eine Beurteilung im Dialog benötigt Zeit. Sie setzt Vertrauen zwischen Vorgesetzten und Mitarbeitern voraus und muß, sofern es daran fehlt, allmählich entwickelt werden.

45 Beurteilung von Mitarbeitern als Führungsinstrument

Mitarbeiter, die nicht daran gewöhnt waren, werden der Aufforderung, an der Beurteilung ihrer eigenen Leistungen mitzuwirken, vermutlich mit großem Mißtrauen begegnen.

In jedem Fall sollten alle Mitarbeiter frühzeitig über das neue Beurteilungsverfahren informiert werden, gerade dann, wenn bisher eine andere Beurteilungspraxis im Betrieb geherrscht hat.

Die Einschaltung des Betriebs- oder Personalrats ist gemäß §94 Abs. 2 BetrVG bei der Einführung neuer Beurteilungsgrundsätze erforderlich.

Auch sollte, sofern es vom Mitarbeiter gewünscht wird, ein von ihm bestimmtes Mitglied des Betriebs- oder Personalrats am Beurteilungsgespräch teilnehmen. Die frühzeitige Aushändigung einer Kopie der ihn betreffenden Beurteilungsnotizen an den Mitarbeiter als Gesprächsvorbereitung kann dazu beitragen, weiteres Mißtrauen abzubauen.

Die Beurteilung ist keine Routineangelegenheit, keine vergangenheitsorientierte Leistungsstatistik, die der Vervollständigung von Personalakten dient. Sie soll auch kein Instrument zur Abrechnung mit mißliebigen Mitarbeitern oder ein Herrschaftsmittel sein, mit dem der Vorgesetzte über *„Wohl und Wehe"* seiner Mitarbeiter bestimmt, über ihr Einkommen und ihre berufliche Laufbahn.

Richtig angewendet, kann eine Beurteilung das Vertrauen zwischen Vorgesetztem und Mitarbeiter erhöhen und das Leistungsbild beider verbessern, wobei der Vorgesetzte, gemäß seiner Führungsrolle, mit der Änderung seines Beurteilungsverhaltens die notwendige Vorleistung erbracht hat.

Literatur

Becker, F., Grundlagen betrieblicher Leistungsbeurteilung. Stuttgart 1992.

Freilinger, C., Wer kann führen? München 1979.

Hentze, J., Personalwirtschaftslehre 1. Bern, Stuttgart, Wien 1994.

Knebel, H., Taschenbuch Personalbeurteilung. Heidelberg 1995.

Stopp, U., Betriebliche Personalwirtschaft. Stuttgart 1995.

46 Kommunikation und Konflikt

Eduard Zwierlein

46.1 Kommunikation verstehen

Kommunikation ist für nahezu alle Aktivitäten eines Unternehmens von höchster Bedeutung. Man kann sich dies allein daran verdeutlichen, welche Vielzahl an Gesprächen in Unternehmen tagtäglich stattfindet, z.B. Führungsgespräche, Problemlösungsgespräche, Beratungsgespräche, Motivationsgespräche, Zielvereinbarungsgespräche. Kommunikation steht im Zentrum der unternehmerischen Prozesse.

Kommunikation ist eine Form der Beziehung, in der sich Mitteilung und Austausch ereignen. Diese Beziehung kann formell geregelt sein oder informell vonstatten gehen. Sie kann verbal, paralingual (z.B. in Form von Verlegenheitslauten) oder nonverbal (in verschiedenen Modi: visuell, auditiv, taktil, olfaktorisch, thermal) ablaufen. Sie dient unterschiedlichen Zwecken, läuft aber in der Regel mehrdimensional ab. Um diese Mehrdimensionalität zu sehen und zu beachten, kann man sich auf relativ einfache Kommunikationsmodelle beziehen. Zur Illustration möchte ich hier auf 3 Modelle zurückgreifen.

Das erste Modell können wir als **Kommunikationsdreieck** bezeichnen (Abb. 46-1).

Das „Ich" ist der eine Kommunikationspartner (Empfänger und Sender), das „Du" der andere. Das „Es" ist irgendein beliebiges Objekt, Thema oder Sache der Kommunikation. **Optimal** funktioniert die Kommunikation in diesem Kommunikationsdreieck, wenn

- das **Ich** offen, ehrlich, authentisch kommuniziert,
- das **Du** respektvoll, ernst-/annehmend und wertschätzend angesprochen und
- das **Es** klar, transparent, verständlich und eindeutig formuliert wird.

In einem zweiten, bekannten Kommunikationsmodell (Schulz v. Thun), das als das **„Vier-Ohren-Modell"** bezeich-

B Personen- und Selbstmanagement

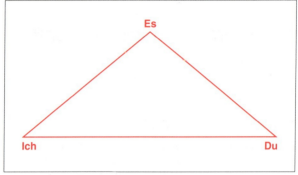

Abb. 46-1 Kommunikationsdreieck

net werden kann, wird besonderer Wert darauf gelegt, daß eine Nachricht viele Botschaften enthalten und transportieren kann. Den „vier Ohren", mit denen der Empfänger hört (respektive den „vier Mündern", mit denen der Sender spricht) entsprechen vier grundsätzliche Aspekte einer Nachricht (Abb. 46-2).

Ein schönes Beispiel bringt Schulz v. Thun mit der Geschichte „Das Grüne in der Suppe":

 Der Ehemann kommt (in klassischer Rollenteilung) abends von der Arbeit nach Hause und setzt sich an den gedeckten Tisch. Die gute Hausfrau hat ihm einen Teller Suppe „mit etwas Grünem" darin (nehmen wir an: Kapern, die der Herr des Hauses nicht einordnen kann) aufgetischt. Es entspinnt

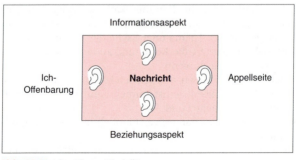

Abb. 46-2 „Vier-Ohren-Modell"

sich ein denkwürdiger, knapper „Dialog". Der Mann forsch: „Was ist denn das Grüne in der Suppe?" Die Frau gereizt: „Wenn es dir bei mir nicht schmeckt, kannst du ja demnächst woanders essen!"

Was ist passiert? Ohne tiefschürfende Ursachenanalyse zu betreiben, unterstellen wir im Moment einmal, der Mann habe tatsächlich nur eine „harmlose" Informationsfrage stellen wollen. Übertragen auf das Kommunikationsmodell bedeutet dies:

- Informationsaspekt: Frage „Was ist das Grüne in der Suppe?"
- Selbst-Offenbarung: „Ich weiß nicht, was es ist."
- Beziehungsaspekt: „Du wirst wissen, was es ist. Du bist die Köchin."
- Appellseite: „Sag' mir, was es ist!"

Nun hat die Frau, ob zu Recht oder zu Unrecht sei dahingestellt, mit ihren Ohren etwas gehört, das doch erheblich von dem abweicht, was der Mann gesagt und „gemeint" hat:

- Informationsaspekt: Sie hört natürlich dieselbe Frage.
- Selbstoffenbarung: Sie hört, daß der Mann eigentlich sagt „Das schmeckt mir nicht./Mir schmeckt es nicht bei dir."
- Beziehungsaspekt: Sie hört „Du bist eine schlechte Köchin."
- Appellseite: Sie versteht „Laß´ gefälligst das nächste Mal dieses grüne Zeug weg!"

Die Frau hört dominierend mit dem Beziehungsohr, dort wird die (erwartete) negative Botschaft verbucht. Die Katastrophe ist perfekt.

Mit dem „Vier-Ohren-Modell" wird sehr schön anschaulich, daß wir in fast jeder Nachricht nicht nur eine sachliche Informationsseite unterbringen, sondern auch eine Kostprobe unserer Persönlichkeit durch die Selbstoffenbarungsseite/Ich-Botschaft vermitteln, unsere (aktuelle) Beziehung zum Kommunikationspartner (emotional) definieren, also eine „Wir-Botschaft" ausdrücken, und (implizite oder explizite) Handlungsaufforderungen oder Einflußnahmen an ihn richten.

Man könnte auch sagen, daß das „Vier-Ohren-Modell" die **„Eisberg-Situation"** der Kommunikation verdeutlicht und sichtbar macht. An der Oberfläche ist etwas wahrnehmbar, in der Regel die Informationsseite oder, wie man auch sagen könnte, die (kognitive) **Sachebene** oder der **Inhaltsaspekt**. Zugleich findet vieles „unter Wasser", im Verborgenen oder im dunklen statt. Hier gewinnen wir nun einen kleinen Einblick in die Kommunikations-Unterwelt, vor allem in die verschiedenen Aspekte der (emotionalen) **Beziehungsebene.**

Das dritte Kommunikationsmodell, das sogenannte **„Johari-Fenster"** (nach den Vornamen seiner Erfinder Joe Luft und Harry Ingham), unterscheidet 4 Teilfenster (Abb. 46-3).

Der Bereich der **offenen Kommunikation** stellt die Bühne oder Arena der Selbstdarstellung dar, die beiden Kommunikationspartnern einsehbar ist. Natürlich ist das öffentliche Ich dabei auch der Ort des Imponiergehabes und der Bereich, wo wir unsere „Schokoladenseiten" anbieten. Der Bereich des **bewußten Verbergens** ist der Sektor, der nur dem Empfänger, aber nicht dem Sender bekannt ist. Man kann diesen Sektor des verborgenen Ichs als die Welt der Intimsphäre, der Privatperson, der Masken, des Schattens, der Selbstverhüllung und der Fassadentechniken bezeichnen. Der Bereich des **blinden Flecks** ist dadurch gekennzeichnet, daß er dem Empfänger, nicht aber dem Sender wahrnehm-

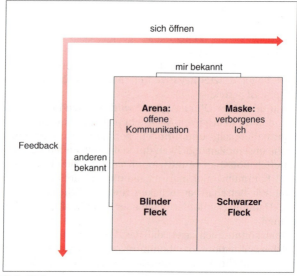

Abb. 46-3 „Johari-Fenster"

bar ist. Der Außenstehende verfügt in dieser Perspektive über mehr Informationen über den Sender als dieser selbst. Der Bereich des **schwarzen Flecks** symbolisiert die Sphäre, die jedenfalls aktuell keinem der Kommunikationspartner zugänglich ist. Es handelt sich um die Sphäre des unbekannten Ichs, des Unbewußten und Verdrängten.

Bemerkenswert ist nun, daß die 4 Teilfenster nicht statisch, sondern **dynamisch** sind. Sie lassen sich bewegen und verschieben, vergrößern und verkleinern. In dem Fall, in dem der Bereich der offenen Kommunikation vergrößert wird, wird die Kommunikation optimiert. Die beiden zentralen Mechanismen dieser Optimierung liegen auf der Hand. Der Bereich der offenen Kommunikation wird sich in dem Maße erweitern, in dem einerseits der Sender sich mehr öffnet (d.h., den ihm zugänglichen Bereich des bewußten Verbergens verkleinert) und in dem andererseits der Empfänger Rückmeldung über den von ihm wahrgenommen Bereich des blinden Flecks zur Verfügung stellt, die der Sender annehmen kann.

Sich öffnen und **Feedback** (geben und nehmen) sind also die beiden grundlegenden Formen, um den Bereich der offenen Kommunikation wachsen zu lassen.

46.2 Kommunikationsprobleme

Kommunikation verläuft selten in jeder Hinsicht optimal. Die Störungen können dabei in einem Kommunikationspartner oder in der Beziehung von Kommunikationspartnern liegen, sie können aus der Schwierigkeit des Themas oder den benutzten Kommunikationskanälen erwachsen, sie können in irgendwelchen anderen strukturellen Rahmenbedingungen begründet sein. Ursachen, Gründe, Bedingungen und Anlässe für Kommunikationsmißverständnisse, Kommunikationsdefizite, Kommunikationsfallen und Kommunikationspathologien gibt es beinahe unerschöpflich viele. An einige der prominentesten Quellen für mißlungene oder verzerrte Kommunikation sei hier erinnert:
- **Pathologische Gesprächsstile/Kampfstile,** z.B.: Ignorieren, sich dumm stellen, bagatellisieren, in der Pose des Helfers auftreten und den anderen nicht partnerschaftlich als Patient, Kind oder Schüler behandeln, Schuldgefühle

austeilen, bloßstellen, autoritär-kontrollierend oder aggressiv-entwertend sprechen, trotzig Kommunikation entziehen und sich verweigern, gespielte Unterlegenheit, ungefragte Lösungsbotschaften à la „Wenn du mich fragst", versteckte Botschaften, Unterstellungen.
- **Du-Botschaften** zeigen oft die Struktur von Vorwürfen: Du hast..., Du bist..., Du denkst nur, daß..., Wenn du nur anders wärst... etc. Da sie wie ein Angriff wirken, drängen sie den anderen in die Defensive, machen ihn zum Angeklagten oder Gegner, der sich verteidigen oder wehren muß. Du-Botschaften verbinden sich häufig mit Lösungsbotschaften, die dem anderen auf direktive Weise den „richtigen Weg" zeigen.
- **Kritik ad personam** ist Kritik, die den anderen persönlich angreift und seine Person be-/entwertet. Sie kombiniert sich gut mit den Du-Botschaften.
- **Killerphrasen** („Totschlagargumente") sind Verallgemeinerungen oder Universalquantoren, die mit Vokabeln wie „immer", „nie", „nur", „stets", „alle", „keine", „niemand", „jeder" etc. operieren. Killerphrasen, die sich mit Du-Botschaften und persönlicher Kritik verbinden, sind eine höllische Mixtur: „Typisch, du bist wie immer der letzte!"
- **Dominanz oder Primat problemorientierten Denkens**: Das Problem wird großgemacht, die Fehler werden hervorgehoben, die Schwierigkeiten aufgezählt, die Schuldigen gesucht, die Vergangenheitsperspektive fesselt den Blick.
- **Kreativitätsblockaden** (durch Killerphrasen) aufrichten, z.B.: Das haben wir noch nie so gemacht! Was werden die anderen davon denken! Wir müssen realistisch bleiben! Das bekommen wir ohnehin nie durch!
- **Beurteilungsfehler**: siehe Anhang dieses Beitrags.

44.3 Konfliktthemen

Dort, wo die Kommunikationsprobleme nicht gelöst werden und sich chronifizieren, oder wo sie nur scheinbar oder mangelhaft gelöst werden, indem etwa eine Seite als „Gewinner", die andere Seite als „Verlierer" aus einer Konfliktlösung hervorgeht, werden Kommunikationsprobleme zu Kommunikationskonflikten. Auch wenn der Schwerpunkt dieser Betrachtung auf der Analyse und Bewältigung von

Kommunikationskonflikten liegt, weil sie zu den häufigsten und wohl auch wichtigsten Konfliktformen und Konfliktthemen gehören, ist es doch wichtig zu wissen, daß das Spektrum der Konfliktthemen nicht auf sie beschränkt ist.

Erinnert sei hier nur an **Sach- und Verfahrenskonflikte** (objektive, rationale Differenzen im Blick auf Ziele, Ressourcen, Methoden etc.), **Rollen-/Interessenskonflikte** (intrapersonal: konfligierende Rollenansprüche in einer Person; interpersonal: Konflikte zwischen verschiedenen Rollenträgern), **Beziehungskonflikte** (personenbezogene, vorwiegend emotionale Dissonanzen) und **Werte-/Zielkonflikte** (weltanschaulicher, religiöser oder ethischer Dissens). Konflikte können grundsätzlich in einer Person liegen (intrapersonal), zwischen Personen bestehen (interpersonal), innerhalb einer Gruppe bzw. eines Teams existieren, zwischen Gruppen oder Teams auftreten oder auch das Verhältnis verschiedener Berufsgruppen betreffen (systemischer Konflikt). Sie können zwischen gleichberechtigten Partnern (symmetrisch) oder zwischen Partnern mit verschiedenen Machtbefugnissen (asymmetrisch) stattfinden. Sie können offen und erkennbar oder verdeckt und schwelend sein.

46.4 Konfliktmanagement

Das **Verstehen** eines Konfliktes, indem man ihn möglichst genau identifiziert, beschreibt und transparent macht, hilft bereits, der Lösung ein Stück näher zu kommen. Auch wenn das Motto „Problem erkannt, Problem gebannt" etwas zu viel verspricht, hat jedenfalls eine **präzise Konfliktidentifikation** häufig eine **konfliktsenkende** Wirkung. In der Konfliktdiagnose ist besonders die Unterscheidung von **personenbedingten** und von **strukturbedingten** Konflikten sowie die Unterscheidung zwischen **Beziehungs-** und **Sachkonflikten** sehr hilfreich, auch wenn diese Trennung sich gelegentlich als zu schematisch erweisen wird. Ein geübter Kommunikationspartner wird zugleich auch auf **„Doppelbindungen"** achten, in denen sich eine Dissonanz oder paradoxe Mischung zwischen analogen (hier: nonverbalen) Signalen und digitalen (sprachlichen) Zeichen anzeigt.

Die Konfliktdiagnose, insbesondere die Vermutungen über die Konfliktquellen, sollten nicht mit einer rekonstruierenden **Vertiefung in die Konfliktquellen** verwechselt werden. Sie ist in den Normalfällen der Konfliktlösung nicht sinnvoll, vor allem wenn es sich um personenbedingte Konflikte oder Beziehungskonflikte handelt, und sollte in speziellen, dramatischeren Fällen dem professionellen Setting eines Experten vorbehalten bleiben. Der Grund für diesen wichtigen Hinweis des Konfliktmanagements liegt in dem, was man mit Paul Watzlawick als Schwierigkeit der **Interpunktion** oder als Interpunktionsillusionen bezeichnen kann. Jeder Konfliktteilnehmer „interpungiert" die Konfliktgeschichte anders. Insbesondere werden sich Streithähne in aller Regel nicht darüber einig, „wer eigentlich den Streit angefangen hat". Für jede Behauptung der Gegenseite hat man eine sie noch einmal überbietende Gegenthese parat. Das „Henne-oder-Ei-Dilemma" in der Konfliktgeschichte ist in der Regel kaum befriedigend zu entscheiden und schürt eher noch neuen Konflikt zu dem ohnehin bestehenden.

Die Formen, in denen Kommunikationskonflikte berarbeitet und behoben werden, variieren. Es können Teamgespräche, Einzelgespräche, Coachingprozesse oder Supervision hierfür genutzt werden. Sinnvoll ist es auch, ein persönliches Kommunikationstraining zu absolvieren oder ein Kommunikationsseminar zu besuchen, das die Lenkungstechniken einer professionellen Gesprächsführung und Moderationstechniken vermittelt. Ein anderer wesentlicher Erfolgsfaktor für gelungene Kommunikation und gezieltes Konfliktmanagement ist die persönlichkeitsorientierte Kommunikation. Sie richtet sich an dem persönlichkeitsspezifischen Kommunikationsstil des Partners aus.

Die nachfolgende Übersicht bietet generell wichtige Aspekte, die zur Lösung von Kommunikationskonflikten beachtet werden sollte. Sie ist nicht als „Patentrezept" mißzuverstehen, sondern als unterstützende Ideensammlung gedacht:

- Führen Sie möglichst jedes Gespräch in einer Atmosphäre der **Empathie**. Sympathie läßt sich nicht befehlen, Empathie aber ist möglich. Sie bedeutet die Haltung und Einstellung, dem anderen durch aktives Zuhören und Annahme, durch Aufgeschlossenheit und einfühlendes „Mitgehen" mit einer positiven, respektvollen Wertschätzung zu begegnen.
- Halten Sie keine Strafpredigten und Monologe ab, sondern suchen Sie den **offenen, nondirektiven Dialog**.

46 Kommunikation und Konflikt

- Wählen Sie den **Änderungsdialog**, der durch Ich-Botschaften, Feedbacks und offene Fragen zu einer selbstgewollten Veränderung führt, z.B.: Das habe ich wahrgenommen. Das ist mir aufgefallen. Das haben mir andere zurückgemeldet. Wie sehen Sie es? Wobei kann ich Sie unterstützen? Was brauchen Sie von mir, um xyz zu erreichen?
- Wenn Sie ein **kritisches Feedback** geben, dann sollte dieses möglichst als Ich-Botschaft formuliert, rechtzeitig, d.h. mit zeitlicher Nähe zum Feedback-Thema, verhaltensbezogen-sachlich und beschreibend und nicht personenbezogen und wertend, konkret und nicht verallgemeinernd, wesentlich und nicht kleinlich, hilfreich und nicht entmutigend, moderat und nicht extrem, offen für Gegenkritik und nicht dogmatisch formuliert sein. Gutes Feedback ist also rechtzeitige, konkrete, beschreibende, annehmbare Rückmeldung zu veränderbarem Verhalten. Vermischen Sie möglichst nicht die Inhalts-/Sachebene mit der Beziehungsebene.
- Den Primat des problemorientierten Denkens gilt es zu relativieren durch ein vorwiegend **chancenorientiertes Denken**, das die Energien und die Kreativität auf Zukunft und mögliche Lösungen ausrichtet. Ein Spezialfall dieses

Sichtwechsels ist die Technik der positiven Konnotation, die nach dem Guten im „Schlechten", den Zwängen und Notwendigkeiten fragt und damit die Herausforderung und Chancenseite in ihnen freilegt. Konflikte sind Wendepunkte und Chancen zum Wachsen und Lernen. Sie machen erst dann krank und schädigen, wenn sie nicht zugelassen, akzeptiert und bearbeitet, d.h., wenn ihre konstruktiven Kräfte nicht entbunden werden.

- Nutzen Sie gegebenenfalls „**Metakommunikation**", also Kommunikation über Kommunikation, indem Sie beispielsweise auf die 3 oben genannten Kommunikationsmodelle zurückgreifen.
- Eine wichtige metakommunikative Einsicht ist, daß „analoge" (d.h. metaphorisch-bildhafte Zeichen und nonverbale Signale) mehrdeutig sind, in der Sprache aber schnell (aufgrund von „Vorwissen", Vorurteilen, Deutungen etc.) „digital", d.h. eindeutig festgelegt werden. Diese Festlegungsprozesse zu erkennen und eventuell zu lockern, ist eine bedeutende metakommunikative Aufgabe.
- Eine weitere metakommunikative Strategie ist es, die kommunikativen „Waffen" abzuliefern, also zum einen zu signalisieren, daß man nicht mehr so weiter machen möchte wie bisher, zum anderen, das „Waffenverbot" beispielsweise konstruktiv in einen **„kontrollierten Dialog"** umzusetzen. Dieser ist dadurch gekennzeichnet, daß in einem ruhigen Ambiente A sein Anliegen vorträgt und B dies zunächst sinngemäß wiederholen muß. Fühlt sich A mißverstanden, wiederholt er sein Anliegen; hat B ihn richtig verstanden, bedankt er sich, und B beginnt in umgekehrter Richtung mit seiner Erwiderung. Die Gesprächsatmosphäre wird durch wechselseitiges Verstehen („mit den Augen des anderen sehen") und den ausdrücklichen Dank in Richtung auf gegenseitiges Wohlwollen und Verstehen verändert.
- Ebenfalls zu den metakommunikativen Strategien gehört der Wechsel **von der Du-Botschaft**, die häufig einen vorwurfsvollen, anklagenden oder drohenden Charakter erweckt, **zur Ich-Botschaft**. Im Sinne des Johari-Fensters ist die Ich-Offenbarung ein Weg, um mehr über mich, meine Gefühle, Eindrücke und Erlebnisse mitzuteilen – und damit eine Handreichung zu partnerschaftlicher, offener Kommunikation.

- Zum metakommunikativen Repertoire zählt auch das **zirkuläre Fragen**, mit dem man sich in die Sichtweise eines anderen hineinversetzt und die eigene Thematik beleuchtet („Diskussion mit neuer Identität"), und das **paradoxe Denken**, das durchaus ungewöhnliche, „abwegige" oder „verrückte" Szenarien oder Kontexte erfinden darf. Diese Methoden ermöglichen es, Denkweisen zu überprüfen, eingespielte Denkschemata in Frage zu stellen und Grenzen spielerisch in Gedanken zu überschreiten.

Anhang: Beurteilungsfehler

Beurteilungsfehler sind Wahrnehmungsverzerrungen (unbewußte Übertreibungen), Maßstabsprobleme (unbewußte Verzerrungen des Anspruchniveaus) und bewußte Verfälschungen. Hier einige Beispiele:

- **Wahrnehmungsverzerrungen**

Überstrahlungen/Halo-Effekt: (Heiligenschein, Hof um den Mond)
Von einer einzelnen (aktuellen) guten oder schlechten Leistung oder Verhaltensweise, von einem ersten, besonders ins Auge fallenden und unkontrollierten Eindruck auf das Gesamtbild des Mitarbeiters schließen.

▶ Ein (ausreichendes, zuverlässiges) Gesamtbild statt eines (spontanen, situativen, willkürlichen) Details!

Nikolaus-Effekt/Recency-Effekt: Beurteilung, die unter dem Eindruck eines erst kürzlich stattgefundenen Eindrucks steht.

▶ Zuverlässige und ausreichende Beobachtungen statt Schmalspurbeobachtung!

Erster Eindruck/Primacy-Effekt: Der erste (positive oder negative) Eindruck verfälscht das gesamte spätere Bild.

▶ Kontinuierliche und vielfältige Beurteilung statt erster Eindruck!

Kleber-Effekt: Längere Zeit nicht beförderte Mitarbeiter werden unbewußt unterschätzt und entsprechend schlecht eingeschätzt.

▶ Immer wieder einen neuen und aufmerksamen Blick statt eingerosteter Meinungen!

Statusfehler/Hierarchieeffekt: Mitarbeiter auf höheren Ebenen oder mit Titeln, akademischen Graden und Auszeichnungen werden tendenziell besser (oder schlechter: Minderwertigkeitsgefühl) behandelt.

▶ Sachlich statt statusorientiert!

Lorbeer-Effekt: Der Beurteiler ist fixiert auf in der Vergangenheit erreichte Lorbeeren, ohne daß er einen unmittelbaren Bezug zur aktuellen Situation herstellt!
▶ Die ganze Geschichte, keine Ausschnitte!

Kontrastfehler: Wenn man z.B. selbst eher vorsichtig ist, wird man dazu neigen, andere Menschen als eher unvorsichtig oder leichtsinnig zu bezeichnen.
▶ Die eigene Persönlichkeit ist kein Maßstab für eine andere!

Weitere Vorurteile: z.B. das kritiklose Übernehmen der Aussagen Dritter oder das Beurteilen aufgrund von Äußerlichkeiten oder das Bilden von Projektionsfehlern (indem man eigene Gefühle oder Empfindungen in andere hineinliest).
▶ Urteile statt Vorurteile!

- **Maßstabsprobleme**

Trend zur Mitte/Fehler der zentralen Tendenz: Scheu, Extremwerte (im positiven oder negativen Bereich) zu vergeben. Der Trend zur Mitte wertet tatsächlich gute Leistungen ab und schlechte auf. Die mittlere Aussage ist meist die informationsärmste.
▶ Mut, festgestellte und begründbare Urteile auszusprechen, statt Trend zur Mitte!

Tendenz zur Milde (nachsichtig) oder zur Strenge (scharf):
▶ Objektiv und fair, statt mild oder streng!

Persönlicher Maßstab: Wo man selbst exzellent oder Spezialist ist, erwartet man dies auch vom Mitarbeiter.
▶ Position und Unternehmen setzen die Maßstäbe, nicht das eigene Ich!

Sympathie und Antipathie: Wirken unbewußt und lassen sich nie völlig ausschließen. Die Verfälschungsgefahr kann allerdings durch bewußte Kontrolle reduziert werden.
▶ Nüchternheit statt Vorlieben oder Abneigungen!

- **Bewußtes Verfälschen**

Egoismus/Mikropolitik: Jemanden bewußt besser („Wegloben" oder Protegieren/Schönfärberei) oder schlechter („Drücken") beurteilen, als es tatsächlich zutrifft.
▶ Fairneß und Wahrhaftigkeit statt Egoismus!

Literatur

Hugo-Becker, A.; Becker, H., Psychologisches Konfliktmanagement. Menschenkenntnis – Konfliktfähigkeit – Kooperation. München, 2. Aufl. 1996.

Ekert, B.; Ekert, W.-D., Psychologie in der Krankenpflege. Stuttgart, Berlin, Köln, 7. Aufl. 1994.

Hornung, R.; Lächler, J., Psychologisches und soziologisches Grundwissen für Krankenpflegeberufe. Weinheim, Basel, 6. Aufl. 1994.

Huppmann, G., Wilker, F.-W. (Hrsg.), Medizinische Psychologie – Medizinische Soziologie. München, Wien, Baltimore 1988.

Kirchner, H., Gespräche im Pflegeteam. Mit Beispielen aus der Führungspraxis. Stuttgart, New York 1996.

Kulbatzki, P.; Schulz-Debor, U., Konfliktsituationen im Krankenhaus erkennen und lösen. Basel, Eberswalde 1993.

Pöppel, E.; Bullinger, M.; Härtel, U. (Hrsg.), Medizinische Psychologie und Soziologie. London, Glasgow, Weinheim u.a. 1994.

Schaub, M., Psychologie für die Pflegeberufe. Berlin, Heidelberg, New York 1994.

Schmidt-Tanger, M.; Kreische, J., NLP-Modelle. Fluff & Facts. Freiburg i. Br. 1994.

Schulz v. Thun, F., Miteinander reden. Störungen und Klärungen. Reinbek bei Hamburg 1988.

Watzlawick, P., Wie wirklich ist die Wirklichkeit. Wahn – Täuschung – Verstehen. München, Zürich, 15. Aufl. 1987.

Willig, W., Arbeitstexte für Psychologie, Soziologie, Pädagogik an Pflegeschulen. Balingen, 9. Aufl. 1993.

Zapotoczky, H.G; Nutzinger, D.O. (Hrsg.), Psychologie am Krankenbett. Die seelische Not von Kranken und Betreuern. Weinheim, 2. Aufl. 1995.

47 Coaching – Selbstmanagement – Psychohygiene

Eduard Zwierlein

47.1 Coaching

Der Begriff des Coachs ist dem Sport entlehnt. Ein Coach ist der „Trainer" eines Mitarbeiters oder Teams. Dabei meint Coaching bereits im Sportbereich nicht nur das Training der Physis, sondern auch das psychologisch-mentale Training. Tatsächlich ist es nicht nur die Aufgabe eines Coachs, im gewöhnlichen Sinne physische Fähigkeiten zu trainieren, sondern auch zu betreuen, zu beraten, zu unterstützen und zu fördern. Das Gesamtziel des Coaching ist psychohygienisch ausgelegt und zielt auf die Selbststabilisierung und Selbstentfaltung der (entwickelten) Eigenkräfte des Coachee, auf Selbstmotivation und Orientierungshilfe, insgesamt auf die Stärkung des **Selbstwertgefühls**.

Um den Begriff nicht zu diffus geraten zu lassen, kann man auf ein sogenanntes **Coaching-Kontinuum** zurückgreifen, das die Themen und Funktionen des Coaching-Prozesses etwas klarer beschreibt. Danach hat es der Coach, der ein externer Berater oder eine Führungskraft sein kann, vor allem mit folgenden Aufgaben zu tun:

- **Emotionale, persönliche Konflikte**, die der Coachee mit sich selbst hat, z.B. Ängste, problematisches Selbstwertgefühl, innere Kündigung, Workaholic, Burnout, Streßbewältigungsdefizite u.ä. Der Coach fungiert hier vor allem supportiv und entlastend als aufmerksamer, verstehender Gesprächspartner, Ratgeber und Berater.
- **Soziale Konflikte**, die der Coachee mit anderen Personen oder in seinem Team hat. Der Coach übernimmt in diesen Fällen die Aufgabe eines „Spiegels" und Moderators, der dem Coachee Feedback zu seinem sozialen Verhalten sowie Klärungs- und Änderungsdialoge anbietet.
- **Methodische Defizite**, die der Coachee zeigt, etwa im Bereich der Kommunikations-, Moderations- oder Präsenta-

tionstechniken. Der Coach agiert im Blick auf diese Defizite als „Sparringspartner", Anleiter oder Verhaltenstrainer. Es ist an diesem Coaching-Kontinuum sehr gut erkennbar, daß der Coaching-Prozeß vor allem auf die Persönlichkeits- und Sozialkompetenzen ausgerichtet ist, die Verhaltens-, Beziehungs- und Gefühlsebene betont und auch bei der Stärkung der methodischen Kompetenzen die psychohygienische Ausrichtung und Stärkung des Selbstwertgefühls im Auge hat. Methodisch bedient sich das Coaching sehr stark bei den Sozialwissenschaften, zu denen hier Psychologie und Pädagogik gerechnet werden. Auch wenn es hierbei zweifelsohne Berührungen mit der Personalentwicklung oder der Potentialentwicklung von Mitarbeitern gibt, erweitert die Akzentuierung des Coaching-Kontinuums das klassische Repertoire des Führens und Leitens und führt zu einem ganzheitlicheren Ansatz und Verständnis des Personalmanagements.

Der **Coaching-Prozeß,** der als Mitarbeiter-Coaching oder als Team-Coaching angelegt sein kann, sollte im Blick auf das **„Contracting"** (Eingrenzung der Problemlandschaft, Bedarfsdefinition, präzises Auftragsziel, vereinbarte Erfolgsfaktoren, Dauer, Umfang, Intervalle, Follow-ups etc.) und das **„Setting"** (die „Zeitfaktoren" des Contracting, ggf. Größe der Gruppe, struktureller Aufbau als Seminar, Workshop oder Arbeitsklausur mit Schwerpunkten auf Lernen, Trainieren oder Beraten etc.) klar und eindeutig besprochen und definiert werden.

Insgesamt haben alle Angebote und Aktivitäten des Coaching das gemeinsame Interesse, sich möglichst bald selbst überflüssig zu machen und keine Abhängigkeiten zu schaffen. Coaching ist seinem Grundgedanken und seiner Struktur nach als **„Hilfe zur Selbsthilfe",** als persönlichkeitsstärkende Ermutigung und kompetenzsteigernde Befähigung, als Entbindung der Eigenkräfte konzipiert.

47.2 Selbstmanagement

Entsprechend könnte man auch sagen, daß Coaching ein Weg zum Selbstmanagement des Coachee ist. Jeder hat ungenutzte Potentiale und Reserven, die zur Könnerschaft entfaltet werden können. Auf die Frage „Woran arbeiten Sie lieber:

an sich oder an anderen?" ist die Antwort des Selbstmanagements klar. Selbstmanagement bezeichnet die Fähigkeit eines Mitarbeiters, durch Eigensteuerung sein persönliches **Arbeitsverhalten**, vor allem Arbeitsplanung und Arbeitsorganisation, seine persönliche **Arbeitsleistung** und gegebenenfalls auch die **Führungseffizienz** zu verbessern. Selbstmanagement soll dabei helfen, Motivation und Begeisterung zu stärken, Streß zu bewältigen, die Problemlösungskompetenz zu steigern und Potentiale zu entwickeln. Dabei werden insbesondere folgende Bereiche angesprochen:
- Zeitmanagement
- Techniken der Prioritätensetzung
- Planungstechniken
- Effiziente Kommunikation
- Moderationstechniken
- Präsentationstechniken
- Kreativitätstechniken
- Lerntechniken
- Entspannungstechniken

Selbstmanagement bedeutet folglich, mit Hilfe verschiedener erlernbarer Methoden die Selbstorganisation und Selbstmotivation so zu steigern, daß ein selbständigeres und erfolgreicheres (Zusammen-)Arbeiten möglich wird. Selbstmanagement stärkt die persönliche „Performance" des Mitarbeiters. Selbstmanagement ist Kompetenzwachstum und Selbstoptimierung durch Selbstqualifikation.

47.3 Psychohygiene

Psychohygiene kann als Moment eines reflexiven Pflegemanagements aufgefaßt werden, mit dem die **Selbstpflege** angesprochen wird. Im Zentrum der Psychohygiene steht die seelische Stabilität und Balance des Menschen, der ein gesundes, starkes Selbstwertgefühl und einen guten Kontakt zu sich selbst, seinen inneren Kraftquellen besitzt. Sie sind durch die verschiedenartigsten persönlichkeitsspezifischen, institutionell-organisatorischen, arbeitsorganisatorischen u.a. Gründe gefährdet. An 3 Beispielen der Selbstdemontage soll die Bandbreite der psychohygienischen Thematik verdeutlicht werden.

Als erstes Beispiel dient die „**innere Kündigung**". Sie hat in der Regel dieselbe strukturelle Vorgeschichte wie das „Burnout", die beide aus zunächst hochmotivierten und engagierten Mitarbeitern das genaue Gegenteil werden lassen. Anfängliche O.k.-Situationen verwandeln sich aufgrund subjektiver oder objektiver Verschlechterungen über verschiedene Kaskaden der Demotivation, Resignation, der Aus- und Fehlzeiten in K.o.-Situationen. Erfährt man in diesen Situationen die Situationskontrolle als hoch, so gibt es 2 grundsätzliche weitere Wege. Entweder traut sich der Mitarbeiter gezielte Verbesserungsaktionen zu. Dann gerät er in die Phase des Re-Engagements. Oder er gestaltet seine Situation durch Ausscheiden. Im Unterschied zu dieser formellen Kündigung und dem Weggang erfährt sich ein Mitarbeiter im Zustand der inneren Kündigung mit nur geringer oder keiner Situationskontrolle. Es scheinen ihm keine lohnenden Möglichkeiten der Auseinandersetzung und Veränderung zur Verfügung zu stehen.

Anders als beim **Mobbing**, das als aggressiver Ausdruck der Unfähigkeit zur Auseinandersetzung definiert werden kann, verzichtet der innerlich gekündigte Mitarbeiter auf weitere Aktivitäten. Er verweigert sich, zieht sich in sein „Schneckenhaus" zurück. Innere Kündigung ist eine mißlungene Form der Selbstheilung durch Regression oder eine Form der mißlungenen Notwehr bzw. des Selbstschutzes. Wer innerlich gekündigt ist, macht „Dienst nach Vorschrift" und hat sich bereits innerlich selbst pensioniert, in den innerbetrieblichen Vorruhestand geschickt, ohne offiziell gekündigt zu haben. Der ehedem engagierte Mitarbeiter hat sich in einen konformistischen Kollegen und Ja-Sager verwandelt, der gerade noch tut, was nötig ist, um ihn nicht zu belangen.

Auch das zweite Beispiel, das **Burnout**, wurzelt in einer geringen oder unzureichenden Situationskontrolle. Statt aber in die Verweigerung zu gehen und innerlich zu emigrieren, läuft der Burnout-Kandidat immer wieder gegen die belastenden (inneren oder äußeren) Faktoren an, bis er seine Kräfte aufgezehrt hat und „ausgebrannt" ist. Ein zunächst enthusiastischer, idealistischer Mitarbeiter mit überdurchschnittlichem Engagement, der zu Beginn alle Fehlschläge ignoriert(!), entwickelt allmählich das Gefühl, festgefahren zu sein. Alles scheint zu stagnieren, Erfolge bleiben aus, Selbstzweifel stellen sich ein, psychosomatische Beschwerden kommen dazu. Nach weiteren Desillusionierungen steht der Mitarbeiter frustriert im Regen. Er zweifelt an sich, seinem eigenen Können, den Kollegen, der Arbeitssituation. Die psychosomatischen Beschwerden können sich chronifizieren. Die Arbeitsfreude ist fast völlig verlorengegangen. Schließlich steigert sich das Desinteresse weiter und generalisiert sich zur Resignation und Apathie, zu Zynismus und Ohnmacht, zu einer Hilf- und Lustlosigkeit, die sich auf alle Lebensbereiche erstrecken kann. Der Versuch der unmöglichen Problemlösung endet in resignativer Erschöpfung.

Das dritte Beispiel, das **Workaholic-Phänomen**, beschreibt einen ebenfalls mittel- bis langfristig kontraproduktiven Umgang mit den eigenen Energien und Ressourcen. Zwanghaftes oder heimliches Arbeiten, unregelmäßige Arbeitsattacken im Wechsel mit Arbeitsunlust, exzessive Arbeitsanfälle oder chronische Arbeitspensen an den oberen Leistungsgrenzen bis hin zu dem, was die Japaner „Karoshi" nennen, also „Tod durch Überarbeitung", stellen einige Alarmsignale der sogenannten Arbeitssucht dar. Der Workaholic erlebt die Arbeit als seelischen Zwang eines Erlebnis- und Handlungsraums, in dem er der Langeweile entfliehen, Ängste kompensieren, gesellschaftliche Anerkennung und Wichtigkeit erfahren kann. Alles, was der Arbeitssüchtige anpackt, auch das Private und sein ganzer Lebensstil, wird ihm unter der Hand zur Arbeit, in der er sich beweisen muß.

Vielleicht ist mangelndes Selbstwertgefühl das Zentralmotiv für den Existenz- und Sinnbeweis, den sich der Arbeitssüchtige in den Torturen seiner Welt immer wieder erringen will. Wie bei anderen Drogen auch, hat der von der legalen stoffungebundenen Droge „Arbeit" Abhängige die Kontrolle über sich selbst verloren. Er wird durch die Zwänge der Arbeit kontrolliert, die ihn nach und nach physisch und psychisch ausbeuten. Man fühlt sich an den Satz von Karl Kraus erinnert, daß Karriere ein Pferd sei, das ohne Reiter vor dem Tor der Ewigkeit anlangt. Auch der Workaholic ist am Ende, wenn seine „Batterie" leer und er selbst schlapp, emotional erschöpft und lustlos geworden ist, ein Kandidat für das Burnout.

47.4 Selbstkommunikation

Selbsterkenntnis ist für jeden von uns von unschätzbarem Wert. Zu dem „Erkenne dich selbst" gehört die Art und Weise der Selbstkommunikation, die ein Mensch realisiert. Im Rahmen der **„Selbstpflege"** sollte sie einen hohen Rang einneh-

47 Coaching – Selbstmanagement – Psychohygiene

men. Sie ist neben anderen Faktoren mitverantwortlich für das Entstehen oder bestimmte Ausprägungen der zuvor genannten psychohygienischen Themen „innere Kündigung" (z.B. pessimistische Gedanken im Sinne von: Das hat sowieso alles keinen Zweck mehr! Das ändert sich nie!), „Burnout" (z.B. Berufsmotivation des Perfektionismus, überfordernde Berufsideale, Selbstlosigkeits-, Aufopferungs-, Machtphantasien, realitätsfremder Idealismus, die zum „hilflosen Helfer" führen können) und „Workaholic" (z.B. Selbstdefinition über Leistung und Leistungsanerkennung durch andere; Sätze wie „Arbeit adelt!" „Zeit ist Geld!" „Ohne Fleiß kein Preis!").

In der Selbstkommunikation verwirklicht ein Mensch einerseits die Qualität seiner **Selbstauffassung** und eine Klasse seiner **Motivatoren**. Andererseits ist nach dem **interpretativen Paradigma** die soziale Wirklichkeit stets auch eine von uns selbst hervorgebrachte und konstruierte Wirklichkeit. Unsere eigenen Denkschemata und Wahrnehmungsmuster sind wichtige Faktoren der Selbsterzeugung unserer sozialen Wirklichkeit. Die Beschaffenheit der Selbstkommunikation trägt entsprechend zur Urheberschaft unserer eigenen Innenweltwahrnehmung und dem Erlebnis sozialer Realität, zur subjektiven Produktion sozialer Wirklichkeit bei.

Alle Anreize in der Selbstkommunikation scheinen „meine eigenen" Motivatoren zu sein. Tatsächlich aber würde eine solche vorschnelle Selbstzuschreibung das Phänomen der **Internalisierung** übersehen. Es gibt auch „verinnerlichte Fremdherrschaft", sogenannte „**Dressate**", dem „Eltern-Ich", „Über-Ich" oder anderen Quellen entsprungen, die in unser Lebensskript aufgrund asymmetrischer Kommunikationsverhältnisse eingeschrieben werden konnten. Diese Dressate gehören zwar zunächst zu den „intrinsischen Motivationsquellen" einer Person und scheinen sich ihrer inneren Überzeugung zu verdanken. Bei genauerer Betrachtung aber zeigt sich zum einen, daß sie einen extrinsischen Ursprung haben und nicht aus Zustimmung, sondern aus Gründen des (seelischen) Überlebens einverleibt wurden. Zum anderen haben sie zwar eine Antreiberfunktion, wirken aber für die seelische Selbstbefreundung, für Stabilität und Selbstwertgefühl im Grunde eher belastend, bedrohend, bestrafend, zwingend, d.h. faktisch als **Motivationsvernichter**.

Solche inneren Zensoren drücken sich in negativen Selbsteinreden aus, die einen Menschen blockieren und

B Personen- und Selbstmanagement

Barrieren für die Kreativität errichten. Thematisch und motivisch spielen in den Drehbüchern dieser **negativen Selbstgespräche,** z.B. Mangel an Selbstvertrauen, Furcht vor Kritik, zu hohe, perfektionistische Ansprüche, Herabsetzung des eigenen Erfolgs, Katastrophenerwartungen u.a. eine Rolle. Die Veränderung unserer Selbstkommunikation erzeugt eine neue Selbst- und Fremdwahrnehmung. Durch neue Interpretationsmuster verändert sich die Wirklichkeit.

Wir können die inneren Monologe/Dialoge unserer Selbstkommunikation, die uns im Grunde blockieren und beschweren, als **„destruktive Drehbücher"** oder **„schwarze Tonbänder"** bezeichnen. Wie kann man solche schwarzen Tonbänder, die sich offensichtlich tief in unseren unbewußten und emotionalen Prozessen verankert haben und häufig quasiautomatisch ablaufende selbstzerstörerische Phänomene darstellen, unter dem Gesichtspunkt einer wachsenden Selbstbefreundung und Stärkung des Selbstwertgefühls relativieren oder „löschen"? Folgender Vorschlag soll zur Diskussion anregen:

- **Bewußtwerdung/Bewußtmachung destruktiver Dressate:**
Wir können dies auch als die „Engel-Aloisius-Perspektive" bezeichnen, eine Metaebene, von der aus wir uns selbst zuschauen. Destruktive Dressate ans Licht zu bringen, ist allerdings aus verschiedenen Gründen schwierig. Zum einen gehören sie eher der Sphäre des Unbewußten oder der automatischen Akte an, die uns nur gelegentlich und in Form von Fragmenten „auffallen". Zum anderen maskieren sich die Dressate als originäre Position der betroffenen Person. Eine aufmerksame Selbstbeobachtung, auch der Körpersprache und der „Sprachverletzungen" (wie etwa „Ich dreh' mich ständig im Kreis! Ich bin total erledigt!"), und sorgfältige Recherchen sowie die Chance des Feedback durch andere können hier Hinweise und Anhaltsanpunkte erschließen.

- **Identifikation der negativen Skriptformel,**
z.B.: Ich sehe schwarz! Das bringt sowieso nichts! Das wird ohnehin abgeschossen! Ich muß immer perfekt sein! Man darf keine Fehler machen! Wenn du willst, das es richtig gemacht wird, dann mache es selbst! Es kann nur gut tun, hart gegen sich selbst zu sein! Ich bin dafür nicht genug! Ich darf keine Gefühle zeigen! Ich darf keine Schwächen zeigen!

- **Verstehen der Herkunftsgeschichte**:
Die Rekonstruktion des Gewordenen kann auch als „Loreley-

Phase" verstanden werden, in der das „Ich weiß nicht, was soll es bedeuten", aufgeklärt wird. Es handelt sich um „Altlasten" erlernter Selbstbeschädigung, die das Leben deformieren und Energie und Kreativität bremsen. Als verinnerlichte Fremdherrschaft sind sie in der Kindheit in Situationen starker Angst, Unterlegenheit und Drohung (Wenn du nicht....) und Abhängigkeit/Fürsorge (Wir meinen es doch nur gut mit dir!) entstanden. Das Fazit der Herkunftsgeschichte könnte eine kognitive Neubewertung sein: Nein, das bin ich nicht! Für meine gegenwärtige Verfassung gibt es eine plausible Erklärung.

- **Den Mechanismus durchschauen**:

(1) Die negativen Skriptformeln haben in der Regel ursprünglich den Charakter von Du-Botschaften (etwa: Du bist viel zu klein! Das lernst du nie! Du hast zwei linke Hände! Aus dir wird nie etwas! Stell dich nicht so dumm an! Reiß dich doch ein bißchen zusammen! Du fängst alles an und bringst nichts zu Ende! Nimm dich vor den Menschen in acht!) oder Sentenzen in Form von Killerphrasen (z.B.: Man bekommt nichts geschenkt! Man darf keine Fehler machen! Strafe ist die beste Disziplin! Man muß alles selbst tun!) (2) Unter ungünstigen Umständen werden die Du-Sätze in Ich-Sätze transformiert und auch die Sentenzen als Überlebensregeln von unbezweifelbarer Autorität verinnerlicht. (3) Die meisten sodann als Selbstverbalisierung einmontierten Dressate sind charakterisiert durch eine vergangenheits-, gefahren-, schuld-, angst- oder problemorientierte Sicht: Probleme werden großgemacht, Druck erzeugt, Gefahren beschworen, Schuldige gesucht, Ängste geschürt, Gewissensbisse provoziert. (4) Im Sinne des interpretativen Paradigmas wirken sich die negativen Selbstgespräche als Selbstinstruktionen aus. Sie beeinflussen (als Befürchtung) die Situations-, Eigenkompetenz- und Folgeerwartungen und fungieren als negative „self-fulfilling-prophecy" in Form einer selbstbestrafenden Vorwegnahme. Die Gedanken und Worte beeinflussen psychosomatisch das Erregungs- und Streßniveau, Gefühlszustände, Aufmerksamkeitsprozesse, Verhaltensweisen u.a.

- **Aktive Unterbrechung:**

In dem Moment, in dem negative Skriptformeln auftauchen und wahrgenommen werden, kann die erste Reaktion ein sogenannter „Gedankenstopp" oder „Grübelstopp" sein, also beispielsweise die laute Formulierung: Stopp! Diese negativen Gedanken sind ganz gleichgültig! Das schwarze Tonband wird sozusagen angehalten.

- **Positive Gegenverbalisierung**:

Eine aktive Unterbrechung depressiver, krankmachender, erschöpfender, überfordernder oder entmutigender Skripte, eine Rekonstruktion der Herkunftsgeschichte dieser Formen der Selbstdemontage oder ein kognitives Durchschauen der wirkenden Mechanismen allein kann die Macht negativer Gedanken nicht bannen. Um tatsächlich seelischen Hausputz zu halten und den Rucksack negativer Lebenskonzepte zu entrümpeln, ist es neben der Möglichkeit eines Verhaltenstrainings, der Suche nach positiven Referenzerfahrungen und kognitiver Schutzschilde notwendig, sich das Gesetz des Handelns auch im Reich der Gedanken nicht aus der Hand nehmen zu lassen. Zur konstruktiven Selbstbeeinflussung gehört die Verstärkung positiver Denkprozesse durch paßgenaue Gegenverbalisierungen. Positive Skripte, die die alten ablösen sollen, müssen kurz, prägnant, chancen- und lösungsorientiert, zukunftsweisend und ermutigend formuliert werden.

- **Ankern der positiven Selbstverbalisierung**:

Wer versteht, daß Akte sprachlicher Selbstvernichtung bis tief in unbewußte und emotional bedeutsame Schichten reichen, muß sich fragen, wie positive Selbstinstruktionen als Gegeninstruktionen ebenfalls dorthin gelangen können. Ein Weg könnte beispielsweise in autogenem Training und existentieller Imagination liegen. Positive Bilder, ermutigende, entängstigende Visualisierungen und Affirmationen, also autosuggestive Vorsatzformeln in Gestalt von „Ich-bin-Erklärungen" und „Ich-kann-Erklärungen", werden am besten täglich in entspanntem Zustand eingeübt. Das schwarze Tonband wird allmählich gelöscht. Man wird gleichsam zum Arzt seiner Seele und träufelt ein paar heilsame Pharmaka ein oder zum Gärtner seines Unbewußten, in das etwas Neues eingepflanzt wird. Wer steuern will, was er denkt und sich dabei von eingefahrenen, tiefsitzenden Gewohnheiten freimachen will, tut dies am besten, indem er eine ebenso tiefgehende Gegengewohnheit einrichtet.

Wer seine Selbstkommunikation aufmerksam wahrnimmt und gestaltet, optimiert seine psychohygienische Situation und übernimmt eine wichtige Verantwortung für das eigene

47 Coaching – Selbstmanagement – Psychohygiene

Selbstmanagement. Durch eine entsprechende Modifikation der Selbstgespräche werden Blockaden, die Kräfte und Möglichkeiten lähmen, abgebaut und Selbstvertrauen und Leistungskräfte gestärkt.

Literatur

Brinkmann, R.D., Mitarbeiter-Coaching. Der Vorgesetzte als Coach seiner Mitarbeiter. Heidelberg 1994.

Bucher, D.; Lasko, W. (Hrsg.), Vorsprung im Wettbewerb. Ganzheitliche Veränderungen, Netzwerke, Synergie, Empowerment, Coaching. Wiesbaden 1996.

Ekert, B.; Ekert, W.-D., Psychologie in der Krankenpflege. Stuttgart, Berlin, Köln, 7. Aufl. 1994.

Hartdegen, K., Aggression und Gewalt in der Pflege. Stuttgart, Jena, Lübeck, Ulm 1996.

Hornung, R; Lächler, J., Psychologisches und soziologisches Grundwissen für Krankenpflegeberufe. Weinheim, Basel, 6. Aufl. 1994.

Huppmann, G., Wilker, F.-W. (Hrsg.), Medizinische Psychologie – Medizinische Soziologie. München, Wien, Baltimore 1988.

Klitzing, W.v.; Klitzing, K.v., Psychische Belastungen in der Krankenpflege. Göttingen, Zürich 1995.

Lazarus, A.; Lazarus, C.N.; Fay, A., Vierzig Regeln, wie wir das Leben zur Hölle machen und wie wir sie überwinden. Stuttgart 1996.

Pöppel, E.; Bullinger, M.; Härtel, U. (Hrsg.), Medizinische Psychologie und Soziologie. London, Glasgow, Weinheim u.a. 1994.

Schmidt, G., Business Coaching. Mehr Erfolg als Mensch und Macher. Wiesbaden 1995.

Schmidt-Tanger, M.; Kreische, J., NLP-Modelle. Fluff & Facts. Freiburg i. Br. 1994.

Seiwert, L.J., Selbstmanagement. Persönlicher Erfolg – Zielbewußtsein – Zukunftsgestaltung. Offenbach, 5. Aufl. 1988.

Watzlawick, P., Anleitung zum Unglücklichsein. München, Zürich, 23. Aufl. 1986.

Zapotoczky. H.G.; Nutzinger, D.O. (Hrsg.), Psychologie am Krankenbett. Die seelische Not von Kranken und Betreuern. Weinheim, 2. Aufl. 1995.

Zielke, W., Mach dich effektiver. Ein Selbst-Management-Programm. Landsberg am Lech, 3. Aufl. 1988.

C

Auf dem Weg zum Krankenhaus der Zukunft

48 Arbeits- und Organisationsgestaltung durch das Konzept „Gesundheitsförderndes Krankenhaus"

Gabriele M. Borsi

48.1 Das Leitbild Gesundheitsförderung

Mit der Ottawa-Charta der Weltgesundheitsorganisation (1985) wurde ein neues Paradigma der Gesundheitsförderung postuliert, das eine **Abkehr** von dem biomedizinischen Konzept der **Krankheitsverhütung** beinhaltet und ein neues Leitbild hin zur **Gesundheitsförderung** entwirft, was auch betriebliche Gesundheitsförderung umfaßt: „Gesundheit für alle bis zum Jahr 2000" wird als Globalziel der Weltgesundheitsorganisation (WHO) benannt und in 38 Punkten näher konkretisiert (Abb. 48-1).

Teilziel 25 nimmt in diesem Leitbild direkt Bezug auf die Arbeitswelt und rückt u.a. das Wohlbefinden des arbeitenden Menschen ins Blickfeld:

„Bis zum Jahr 2000 sollte sich in allen Mitgliedstaaten durch Schaffung gesünderer Arbeitsbedingungen, Einschränkung der arbeitsbedingten Krankheiten und Verletzungen sowie durch die Förderung des Wohlbefindens der arbeitenden Bevölkerung der Gesundheitszustand der Arbeitnehmer verbessert haben.

Dieses Ziel läßt sich erreichen, wenn in allen Mitgliedstaaten wirksame Maßnahmen ergriffen werden, die:
- Krankheiten, Verletzungen, Behinderungen und krankheitsbedingte Fehltage einschränken, die auf Arbeitsrisiken wie Staub, Lärm, Chemikalien und Streß zurückzuführen sind,
- allen Beschäftigten den Zugang zur arbeitsmedizinischen Betreuung sichern,

C Auf dem Weg zum Krankenhaus der Zukunft

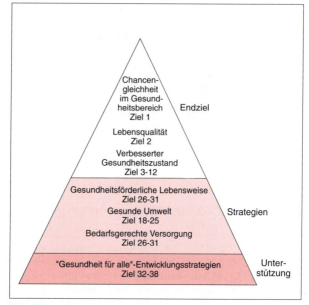

Abb. 48-1 WHO, Ziele zur „Gesundheit für alle". Die Gesundheitspolitik für Europa, Kopenhagen 1991

- Arbeitsverfahren ermöglichen, die der Gesundheit und dem Wohlbefinden der Arbeitnehmer dienlich sind,
- gesunde Lebensweisen, wie körperliche Fitneß, gesunde Ernährung und Nichtrauchen fördern,
- dafür sorgen, daß bei der Formulierung und Umsetzung von Strategien die in Frage kommenden Interessengruppen und Sektoren wie Gewerkschaften, Industrie, Umwelt, Bildungs- und Gesundheitswesen, die Internationale Arbeitsorganisation und andere einschlägige internationale Organe zusammenarbeiten" (WHO, aktualisierte Fassung 1991).

Das Leitbild der Ottawa-Charta für die betriebliche Gesundheitsförderung wird im folgenden zu Überlegungen von gesundheitsförderlichen Arbeitsgestaltungsmaßnahmen am Arbeitsplatz Krankenhaus herangezogen. Dafür ist es notwendig, die salutogenen Einflüsse und Ressourcen der Arbeitsumwelt „Krankenhaus", also die individuellen, personalen und organisationalen Ressourcen, aufzuspüren und zu optimieren.

„Die Ottawa-Charta der WHO definiert Gesundheitsförderung als einen (Lern-)Prozeß, in dessen Verlauf und durch dessen aktive Mitgestaltung (Partizipation) allen Menschen ein höheres Maß an Selbstbestimmung (Kontrolle) über die eigene Gesundheit ermöglicht werden soll und sie damit befähigt werden, zur Stärkung der eigenen Gesundheit aktiv beizutragen (...). Gesundheitsförderung im Sinne der Ottawa-Charta ist eine Strategie, die gleichermaßen auf die Stärkung individueller Gesundheits- bzw. Bewältigungskompetenzen als auch auf die Schaffung gesundheitsförderlicher Lebensbedingungen zielt" (*Demmer* 1993, 79).

48.2 Partizipation als Ressource betrieblicher Gesundheitsförderung

Im vorliegendem Text wird die **aktive Mitgestaltung (Partizipation)** als Ressource betrieblicher Gesundheitsförderung herausgearbeitet. Nach *Eichhorn* (1993, 243) kann das Krankenhaus als „gestaltungsfähiger Raum" betrachtet werden, in dem die individuellen, kollektiven und organisationalen Ressourcen aufeinander abgestimmt werden müssen. Diesem Ressourcenmuster steht dasjenige des Patienten gegenüber, also sein Potential an Compliance, d.h. an Fähigkeiten und Bewältigungskompetenzen. Der Patient wird als kompetenter Partner und Kotherapeut in einer gemeinsam auszuhandelnden **„Behandlungspartnerschaft"** angesehen und aufgewertet, da nur so eine patientenorientierte und gleichzeitig effiziente Verzahnung stationärer und ambulanter Maßnahmen erreicht werden kann, in der Qualitätssicherung nicht nur prozeßorientiert, sondern resultatorientiert („outcome-orientiert") gesehen wird.

Dieser Gestaltungsansatz bedeutet, daß nicht „das Personal" als neutrale Manövriermasse der Personalverwaltung an die Ablauf- und Sachzwänge organisationaler Strukturen und Technologien angepaßt bzw. auf diese Ziele hin „entwickelt" wird („Personalentwicklung"), sondern daß es unabdingbar ist, mit Hilfe des „soziotechnischen Gestaltungsansatzes" das Leitbild und die Zielvorstellung „Systemgestaltung im Gesundheitswesen" anzustreben.

C Auf dem Weg zum Krankenhaus der Zukunft

Organisations- und Personalentwicklung müssen durch ein strategieorientiertes, kulturbewußtes Krankenhausmanagement „stimmig" integriert werden.

48

„Die Gesundheitswissenschaften beginnen gerade erst, Prozesse der Organisationsentwicklung in gesundheitsrelevanten Kontexten und der Gesundheitssozialisation systematisch zu untersuchen" (*Noack/Rosenbrock* 1994, 139). Dies gilt natürlich auf für Reform- und Innovationsprozesse im Berufsfeld Pflege, will man die Leitmaxime der Ottawa-Charta „Gesundheitsförderung für Beteiligte und Betroffene" umsetzen. Nach *Noack/Rosenbrock* (1994) umfaßt **Gesundheitsförderung** aus systemtheoretischer und handlungstheoretischer Perspektive 3 **Strategien**, die im Sinne einer gesundheitsfördernden Gesamtpolitik miteinander verbunden werden müssen:

- „eine gesellschaftspolitische Strategie der **Ressourcenentwicklung**. Sie ist auf die Sicherung der grundlegenden Lebensressourcen wie Arbeit und Einkommen für Nahrung, Wohnung und andere Grundbedürfnisse ausgerichtet, auf die Bekämpfung von Armut und Arbeitslosigkeit und auf die Erhaltung und Wiederherstellung einer sicheren Umwelt;

- eine Strategie der **Organisationsentwicklung**. Sie zielt auf die Etablierung und Förderung von Organisationsstrukturen in Kommunen, Schulen, Betrieben und anderen Settings, deren Aufgabe es ist, ‚vor Ort' gezielt Gesundheitsrisiken zu reduzieren, Gesundheitsressourcen zu entwickeln und gesundheitsförderliche Aktivitäten zu vernetzen. Eine wichtige Voraussetzung ist die Einbindung der Entscheidungsträger und Hauptakteure in die Analyse und Gestaltung der jeweiligen gesundheitsrelevanten Bedingungen und Systemzusammenhänge und ihre professionelle Beratung und Unterstützung;

- eine Strategie der **personalen Entwicklung**. Sie zielt auf die Befähigung und Stärkung (empowerment) der Menschen eines breiten Altersspektrums zu autonomem, gesundheitsförderlichem und sinnerfülltem Handeln, insbesondere zur Bewältigung von psychosozialen Belastungen und Krankheiten, zum Erkennen und Vermeiden von Gesundheitsrisiken, zur Nutzung und Entwicklung von Gesundheitsressourcen und vor allem zur Mitwirkung bei

der Gestaltung einer gesundheitsförderlichen Lebenswelt. Entsprechende Lern- und Beratungsangebote, lebensnahe Erfahrungsräume sowie angemessene sozio-emotionale Unterstützung sind optimale Voraussetzungen dafür" (*Noack/Rosenbrock* 1994, 141).
Diese system- und handlungstheoretische Perspektive der Gesundheitsförderung wird im vorliegenden Text auf den Arbeitsort Krankenhaus und die betriebliche Gesundheitsförderung der dort arbeitenden Menschen bezogen.

48.3 Das Konzept „Gesundheitsförderndes Krankenhaus"

In der interdisziplinären Diskussion zur **Ressourcenforschung** in der Arbeitswelt Krankenhaus wird die herkömmliche Belastungsforschung von einem **salutogenetischen Gestaltungsansatz** abgelöst (vgl. *Udris et al.* 1992): Die sozialwissenschaftliche Belastungsforschung arbeitete zahlreiche Hinweise für das hohe Maß an Berufsverdrossenheit, Berufsflucht und Nachwuchsproblemen, insbesondere des pflegerischen Bereichs, heraus.

Die Ressourcenforschung in der Arbeitswelt Krankenhaus geht dagegen von einem salutogenetischen Denkmuster aus, das die „Gesundheitsförderung und Krankheitsbewältigung in und durch das Krankenhaus" im Programm **Gesundheitsförderndes Krankenhaus** propagiert (vgl. *Pelikan et al.* 1996). Dabei geht das wissenschaftliche und politische Konzept der „Gesundheitsförderung im Krankenhaus" von einem Organisationsverständnis aus, das das Krankenhaus als komplexes soziales System sieht, das nach heutigem Verständnis auch irrationale und unbewußte Prozesse sowie den Eigensinn der Subjekte „hinter den Kulissen der Organisation" einbezieht (vgl. *Probst* 1987).

Theorie und Konzept „Gesundheitsförderndes Krankenhaus" (GFKH) wurde 1991 im Rahmen der „Budapest Declaration on Health Promoting Hospitals" (= sog. Budapester Deklaration) festgelegt. Ziel dieses Konzeptes ist es, einen Beitrag zur Entwicklung der körperlichen, psychischen und sozialen Gesundheit von Patienten, Mitarbeitern, Angehörigen und Bevölkerungsgruppen zu leisten. Entscheidungen und medizinische Programme werden im Gesundheitsfördernden Krankenhaus einerseits daraufhin überprüft, ob sie

C Auf dem Weg zum Krankenhaus der Zukunft

z.B. rechtmäßig, ökonomisch vertretbar, professionellen Standards gemäß sind, andererseits auch, ob ihre Auswirkungen gesundheitsförderlich oder krankmachend sind (vgl. *Pelikan et al. 1996*). Die Entwicklungs- und Lernfähigkeit der gesamten Organisation wird dabei angesprochen („lernende Organisation"). Im folgenden sind die wichtigsten Aspekte des **GFKH-Konzeptes** dargestellt (vgl. *Pelikan et al. 1996)*:

- Es handelt sich um eine „offene Vision" und nicht um einen „starren Plan". Es soll als Entwicklungskonzept für Krankenhäuser in einer offenen, dynamischen Umwelt geeignet sein sowie mit unterschiedlichen Reformbedürfnissen und -konzepten verbunden werden können.
- Es werden nicht nur Ergebnisqualität der Dienstleistungen sowie Struktur- und Prozeßqualität angezielt, sondern auch der „health gain" von spezifischen Dienstleistungen.
- Es ist ein praktikables Konzept mit konkreten strategisch-methodischen Vorgehensweisen zur Implementation, zum Projektmanagement und zur partizipativen Organisationsentwicklung.
- Das GFKH zielt darauf ab, Krankenhäusern neue Strategien zur Bearbeitung alter Probleme an die Hand zu geben, d.h., es sollen nicht zusätzliche Aufgaben entstehen und von der primären Aufgabe, Krankheiten zu behandeln, soll nicht abgelenkt werden.

Nach *Pelikan et al.* 1996 lassen sich die GFKH-Strategien in 4 Hauptgruppen zusammenfassen:

- **patientenorientierte Strategien:**
  - verstärkte Integration von präventiven und rehabilitativen Programmen in das Dienstleistungsspektrum des Krankenhauses, die sich am zu erwartenden „Gesundheitsgewinn" orientieren
  - Qualitätssicherung und -verbesserung der medizinischen und pflegerischen Leistungen, stärkere Beachtung von Gesundungsprozessen, verbesserte Kooperation innerhalb des Krankenhauses (Schnittstellenmanagement)
  - Gestaltung der Organisation Krankenhaus zu einer gesunden und gesundheitsfördernden Lebenswelt für die Patienten
- **personalorientierte Strategien:**
  - Entwicklung der Organisation zu einer gesundheitsfördernden Arbeitswelt für die Mitarbeiter

- **organisationsorientierte Strategien:**
  - Entwicklung des Krankenhauses zu einer „gesunden Organisation", die sich strategisch in einer komplexen, dynamischen Umwelt orientieren kann, Integration und Kooperation intern verbessert und dadurch ihre Leistungen effektiver und effizienter erbringt
- **umweltorientierte Strategien:**
  - Mitbeachtung ökologischer Auswirkungen
  - verstärkte Verantwortung, die Gesundheit der Menschen im Einzugsbereich zu erhalten, z.B. durch systematische Beiträge zur Gesundheitsberichterstattung
  - Entwicklung zum Propagator und Anwalt für Gesundheitsförderung in der Region

Das Programm „Gesundheitsförderndes Krankenhaus" berührt in einschneidender Weise die Arbeitssituation aller professionellen Berufsgruppen im Feld des Gesundheits- und Krankheitspanoramas und führt zu beträchtlichen Implikationen für alle Mitarbeiter auf allen hierarchischen Ebenen: Gesundheitsförderung in dieser Perspektive verlangt eine Umorientierung in den Strategien und Qualifikationen aller Akteure.

 Vom Mitarbeiter wird erwartet, seine **Fachkompetenz** hinsichtlich Gesundheit auch **auf sich selbst anzuwenden,** und sich deshalb aktiv für die (Mit-)Gestaltung seiner eigenen Arbeitswelt einzusetzen.

C Auf dem Weg zum Krankenhaus der Zukunft

Hier wird ein aktives Menschenbild proklamiert, das von einer Koevolution von Mensch und Arbeit ausgeht. Dies bedeutet natürlich eine erweiterte Sicht von „Personalentwicklung".

Personal- und Organisationsentwicklungsmaßnahmen müssen deshalb auf **Leitbilder** gestützt werden, die ganz grundsätzlich **Mitarbeiterorientierung** durch **Personalpflege** einbeziehen.

In diesem Gestaltungsansatz darf deshalb „Personalentwicklung" nicht isoliert von der sog. Personalverwaltung auf rein quantitative Elemente eingeengt werden. Eine Verschränkung von Klinikleitbild und Führungsleitbild ist deshalb unabdingbar, die die strategische Richtung von Organisations- und Personalentwicklung festlegt.

Die **Forschungsergebnisse zur Gesundheit** der im Krankenhaus Beschäftigten werden von *Badura* (1994) folgendermaßen gekürzt zusammengefaßt:

- „Arbeit im Akutkrankenhaus bedeutet andauernden Umgang mit Ungewißheit über die Natur pathogener Vorgänge und mit Unsicherheit über den Erfolg der ergriffenen Maßnahmen sowie eine ständige Konfrontation mit Fehlschlägen und Kontrollverlust. Selbstvertrauen und Selbstwertgefühl der Beschäftigten werden dadurch tagein und tagaus auf eine harte Probe gestellt. Durch die Verkürzung der Verweildauer werden die Patientenkontakte gleichfalls immer kürzer und der Erfolg des eigenen Handelns in Form von Rückmeldung durch die Patienten immer seltener sichtbar.
- Eine zweite Ursache von Überforderung ist der in unvorhergesehenen Notfällen, in Personalknappheit und in organisatorischen Mängeln begründete Zeitdruck, der sich insbesondere in Verbindung mit Unsicherheit und Ungewißheit von Diagnose, Prognose und Wirksamkeit der gewählten Intervention und in Verbindung mit Übermüdung, bedingt durch häufige Überstunden, durch Nacht- oder Schichtarbeit, belastend auswirkt.
- Eine dritte Ursache chronischer Überforderung ist der permanente Kontakt mit Menschen in existentiellen Extremsituationen, d.h. mit Menschen, die selbst physisch und seelisch stark belastet sind und daher auch die emotionale Kompetenz der Beschäftigten und ihr Wertebewußtsein auf eine entsprechend große Probe stellen.

- Ein vierter immer wieder genannter Stressor sind die häufig konflikthaften Beziehungen zu Arbeitskollegen oder zu Angehörigen anderer Berufsgruppen, gelegentlich auch als Mängel im Arbeitsklima apostrophiert.
- Eine fünfte Streßquelle bilden die chronischen Arbeitsunterbrechungen, die zu selten gegebenen Möglichkeiten, einzelne Arbeitsschritte auch tatsächlich einmal ungestört durchführen zu können.
- Eine sechste Streßquelle liegt in konstruktiven Mitteln medizinischer Geräte und in ihrer mangelhaften systemergonomischen Gestaltung" (*Badura* 1994, 282).

Reflektiert man diese Ergebnisse und Feststellungen, so rückt die Bedeutung von Gesundheitsförderung und Personalpflege durch Arbeits- und Organisationsgestaltung beim „Lernen" am Arbeitsort ins Blickfeld.

48.4 Präventive Gesundheitspflege

Für eine präventive Gesundheitspflege und Gesundheitsförderung der Krankenhausmitarbeiter „heute" ist eine aktive Beteiligung der Betroffenen gefordert, die von einem „positive(n) Begriff von Arbeit als Auseinandersetzung mit den Lebensbedingungen als gesellschaftliche und individuelle Entwicklungsweise" (*Timm* 1987, 86) ausgeht. Diese Primärprävention betont die Förderung und Erhaltung von Gesundheit der Mitarbeiter und die Verhinderung und Minimierung von Streß, Burnout, Demotivation etc. Dafür ist es notwendig, strukturelle Maßnahmen **proaktiv** und **strategisch differenziert** zu planen und durchzuführen.

Das heißt insbesondere, Personalentwicklung und betriebliche Fort- und Weiterbildung ausreichend miteinander zu verknüpfen und in Lernprozesse am „Lernort Krankenhaus" einzubinden. Im sog. Total-Quality-Management-Ansatz (→) wird besonders darauf hingewiesen, daß Personalentwicklung und damit verbundene integrierte Fort- und Weiterbildung auf keinen Fall berufsgruppenbezogen, sozusagen „isoliert" konzipiert, sondern nur berufsgruppenübergreifend und interdisziplinär/-professionell durchgeführt werden sollte. Nur so können sich berufsbedingte Kulturen und Lern-Codices gegenseitig beeinflussen.

C Auf dem Weg zum Krankenhaus der Zukunft

48

Mit Hilfe von **Gesundheitszirkeln als Instrumente der Arbeits- und Organisationsgestaltung** kann ein wesentlicher Beitrag zur Personalpflege und betrieblichen Gesundheitsförderung der Mitarbeiter geleistet werden.

„Gesundheitszirkel zählen neben z.B. Qualitäts- und Werkstattzirkeln zu den betrieblichen Kleingruppenmodellen. Ihr gemeinsames Kennzeichen ist die Einbeziehung (**Partizipation**) der Arbeitnehmer als Experten für die Lösung arbeitsplatzspezifischer Problem-/Aufgabenstellungen (z.B. Reduzierung gesundheitlicher Belastungen, Qualitätsverbesserungen). Sie „produzieren" dadurch nicht nur unmittelbare (positive) Effekte für die beteiligten Mitarbeiter im jeweiligen Arbeitsbereich, sondern auch für die Organisation, deren Strukturen, Prozesse und Dienstleistungen insgesamt" (*Münch* 1996, 325).

Mit Hilfe dieser Gesundheitszirkel als **Instrument von Gruppendiskussionen** können nach *Münch* (1996, 325) folgende „regulierende Effekte" der Zirkelteilnehmer und Nicht-Teilnehmer erreicht werden:

- „eine Verbesserung des patientenbezogenen und sonstigen Informationsflusses,
- eine konfliktfreie Zusammenarbeit mit einigen Schnittstellen sowie ein größerer Einblick in und ein größeres Verständnis für die Erfordernisse und Perspektive des jeweils anderen Bereichs,
- eine deutlich verbesserte (Grund)Stimmung und Atmosphäre im Team,
- ein stärkeres und zugleich diszipliniertes Engagement in den Teamsitzungen und gegenüber Angelegenheiten des Teams sowie
- ein zunehmendes Maß an wechselseitiger Toleranz, Offenheit und Vertrauen" (*Münch* 1996, 329).

48.5 Wechselbeziehungen zwischen Arbeitsgestaltung und Ausbildung

Die Gestaltung von persönlichkeitsförderlichen und „humanen" Arbeitsprozessen und Handlungsketten im Krankenhaus erfordert die Reflexion und differenzierte Planung entsprechender didaktischer und methodischer Überlegungen qualifizierender Arbeitsgestaltung. Eine stärkere Praxisorientierung steht im Vordergrund, die die interaktionalen Lernprozesse zwischen Person und Umwelt berücksichtigt. Im Konzept „Lernende Station" von *Pfaff* (1994) kann auf eine mögliche Institutionalisierung von Lernprozessen hingewiesen werden:

„Die Station ist das Sozialsystem, in dem die meisten medizinischen Dienstleistungen stattfinden oder zumindest koordiniert werden. Hier müssen die Verbesserungsaktivitäten erfolgen. Das Krankenhaus als lernende Organisation zu konzipieren, heißt daher in erster Linie, die Station als **lernendes Sozialsystem** zu gestalten. Eine lernende Station ist dann gegeben, wenn alle Beschäftigten und möglichst alle Patienten einer Station oder ihre Vertreter (z.B. Patientenanwalt) einen kontinuierlichen Verbesserungsprozeß mit dem Ziel betreiben, die Qualität der Behandlung und Versorgung der Patienten, die Arbeitsbedingungen des Personals sowie die Effizienz der Arbeitsprozesse ständig schrittweise zu verbessern. Der institutionalisierte Lernprozeß auf der Station sollte sich somit auf die Aspekte Dienstleistungsergebnis, Dienstleistungsstruktur und Dienstleistungsprozeß beziehen. Dieser Lernprozeß könnte zum Beispiel durch das vorgestellte integrierte Dienstleistungsteam geleistet werden. Das Ziel einer lernenden Station kann aber auch ohne solche Teams angestrebt werden. Den Kern der lernenden Station könnte eine Kombination aus Qualitätszirkel und Gesundheitszirkel bilden: der ‚Qualitäts- und Gesundheitszirkel' (QGZ). In einem Qualitäts- und Gesundheitszirkel sind alle relevanten Gruppen der Station (ärztliches Personal, Pflegekräfte, Rehabilitationsfachkräfte, Versorgungsdienst etc.), aber auch die Verwaltung und vor allem die Patienten oder, falls es ihnen gesundheitlich nicht möglich ist, der Patientenanwalt vertreten.

Der Zirkel könnte je nach Themenstellung noch durch andere Personen (z.B. Sicherheitsfachkraft) ergänzt werden, könnte mit oder ohne externen Moderator geleitet werden und würde sich in regelmäßigen Abständen treffen. Hauptzweck des Qualitäts- und Gesundheitszirkels müßte es sein, einen Kompromiß zwischen der Verbesserung der Qualität der Dienstleistungsarbeit und der Gesundheitsförderung des Personals zu finden. Eine lernende Station hätte insgesamt gesehen die Aufgabe, situationsgerechte Kompromisse zwischen den Zielen Patientenorientierung, Humanisierung der Arbeit und Wirtschaftlichkeit zu finden und diese ständig zu verbessern" (*Pfaff* 1994, 73).

Bezieht man diese Gestaltungsempfehlungen auf den Arbeitsplatz Krankenhaus, so bedeutet dies, daß erworbene Fähigkeiten, Kenntnisse und Qualifikationen, die beispielsweise in der Krankenpflege-Schulausbildung oder universitären Ausbildungsstätten gelehrt werden, auch „in der Praxis" angewendet werden können (müssen) und nicht durch Über- oder Unterforderung im Krankenhausalltag verschüttet werden dürfen. Selbstverständlich gilt auch, daß „neue Praxis", also neue Erfahrungen im täglichen Handeln, die sich bewährt haben, Eingang in die theoretische Ausbildung finden müssen.

Mit diesem Ansatz wird **Arbeit als Lernprozeß und Chance zur Kompetenzentwicklung** postuliert und die Möglichkeit von Qualifizierung durch Arbeitsgestaltungsmaßnahmen ins Aufgabenspektrum von Personalentwicklung und Organisationsentwicklung gerückt (vgl. *Frei et al.* 1993). Der „Lernort Krankenhaus" wird dadurch wieder erheblich aufgewertet.

Kompetenzentwicklung in der Arbeit sowie Qualifizierung durch Arbeitsgestaltung werden zu wesentlichen Aufgaben einer umfassenden Personalentwicklung, die von der Leitidee selbstorganisierter Lernprozesse – von der Fremdsteuerung zur Selbststeuerung – die Selbstbestimmung und Selbstentwicklung des Menschen ernst nehmen, um den Sinnverwirklichungsbedürfnissen der unterstellten Mitarbeiter entgegenzukommen.

Durch kooperative Führungsbeziehungen und durch Lernpartnerschaften können wechselseitige Erfahrungen ausgetauscht werden, die die Trennung von Lehren und Lernen minimieren und eine „Vernatürlichung des Lernens" anstreben.

Literatur

Badura, B., Patientenorientierte Systemgestaltung im Gesundheitswesen. In: *Badura, B.; Feuerstein*, G.: Systemgestaltung im Gesundheitswesen. Zur Versorgungskrise der hochtechnisierten Medizin und den Möglichkeiten ihrer Bewältigung. Weinheim 1994.

Demmer, H., Entwicklungsperspektiven der betrieblichen Gesundheitsförderung. In: *Pelikan, J.M; Demmer, H.; Hurrelmann, K.* (Hrsg.): Gsundheitsförderung durch Organisationsentwicklung. Konzepte, Strategien und Projekte für Betriebe, Krankenhäuser und Schulen. Weinheim, München 1993.

Eichhorn, S., Personalmanagement im Krankenhaus. In: Arbeitsbericht der FH Osnabrück, FB Wirtschaft, Bd. 24: Personalmanagement. Osnabrück 1992.

Frei, F.; Hugentöbler, M.; Alioth, A.; Duell, W.; Ruch, L., Die kompetente Organisation. Qualifizierende Arbeitsgestaltung – die europäische Alternative. Stuttgart 1993.

Münch, E., Gesundheitsförderung im Krankenhaus – Evaluation von Gesundheitszirkeln als Instrumente der Arbeits- und Organisationsgestaltung. Zeitschrift für Gesundheitswissenschaften, 4. Jg., Heft 4, 318–334, 1996.

Noack, H.; Rosenbrock, R., Stand und Zukunft der Berufspraxis im Bereich Public Health. In: *Schaeffer, D. et al.* (Hrsg.): Public Health und Pflege. Zwei neue gesundheitswissenschaftliche Disziplinen. Berlin 1994.

Pelikan, J.; Krajic, K.; Nowack, P, Gesundheitsförderung in und durch das Krankenhaus. In: Prävention 2, 19. Jg., 60–62, 1996.

Pfaff, H., Lean Production – ein Modell für das Krankenhaus? Gefahren, Chancen, Denkanstöße. Zeitschrift für Gesundheitswissenschaften, 2. Jg., Heft 1, Weinheim 1994.

Probst, G.J.B., Selbstorganisation, Ordnungsprozesse in sozialen Systemen aus ganzheitlicher Sicht. Berlin, Hamburg 1987.

Timm, W., Ansätze für ein soziales Gesundheitswesen. In: *Venth, A.* (Hrsg.): Gesundheit und Krankheit als Bildungsproblem. Bad Heilbrunn 1987.

WHO, Ziele zur „Gesundheit für alle". Die Gesundheitspolitik für Europa. Kopenhagen 1991.

49 Vom Krankenhaus zum Gesundheitszentrum

Franz Lorenz

„Wenn Krankenhäuser zu Gesundheitszentren werden, wer ist denn dann noch für die Kranken da?"

Dies Frage spiegelt die Irritationen und Unsicherheiten wider, die bei Mitarbeitern – vielleicht aber auch bei der gegenwärtigen Klientel des Krankenhauses – entstehen, wenn sie die Diskussion Krankenhaus als Gesundheitszentrum verfolgen.

Wenn diese Frage zunächst nur die Ängste der Betroffenen auszudrücken scheint, so hat sie doch zentrale Bedeutung in der gesamten Diskussion und Entwicklungsperspektive eines Krankenhauses hin zum Gesundheitszentrum. Es ist nicht nur eine Frage nach dem Versorgungsauftrag bzw. der gesellschaftlichen Legitimation, sondern sie berührt die originäre Identität des Krankenhauses.

Was macht die Krise aus, die den Paradigmenwechsel von der Krank-heit zur Gesund-heit bzw. vom Krank-sein zum Gesund-sein erfordert?

Ist es eine Krise, die nur von den Protagonisten des Gesundheitszentrums herbeigeredet wird oder ist es eine Krise, die sich aus verschiedenen gesellschaftlichen Entwicklungen ableiten und beschreiben läßt?

Was hat sich verändert?

Die Einrichtung Krankenhaus hat einen starken Wandel erlebt.

Aus den Hospitälern des Mittelalters wurden technische Hochleistungszentren, die sich im Rahmen der technischen Entwicklungen und Möglichkeiten von der **ganzheitlichen Betrachtung** des Menschen in die **Spezialisierung** verabschiedet haben, die das betroffene Organ und Organsystem in den Vordergrund rückte. Insgesamt handelt es sich um eine Ausdifferenzierung des ursprünglich ganzheitlichen Systems.

49 Vom Krankenhaus zum Gesundheitszentrum

Der medizinische Erfolg in Diagnostik und Behandlung von Krankheiten hat den ursprünglichen Charakter der Krankenhäuser radikal verändert. Aus den Sterbe- und Siechenhäusern wurden zunehmend Orte, die neben Pflege von kranken Menschen auch in der Lage waren, Gesundheit zu „produzieren". Eindrucksvollste Erfolgsstory sind die Ergebnisse in der Verhütung und Bekämpfung von Infektionskrankheiten, die in den industrialisierten Ländern in den letzten 130 Jahren eine Verdoppelung der Lebenserwartung zur Folge hatte.

49.1 Folgen des Erfolgs

Der Erfolg hatte eine immer stärkere Orientierung auf eine weitere **Leistungssteigerung** des Krankenhauses zur Folge. Es entwickelte sich ein System, das in der Selbstbeobachtung den eigenen Erfolg und die technische Machbarkeit von Leistungen als identitätsstiftend für die Organisation ansah und daraus seine gesellschaftliche Legitimation ableitete.

Zieht man die systemische Grundannahme der Autopoiesis von Organisationen zur Beschreibung dieser Dynamik heran, so wird die Bedeutung des **Erfolgs als unbewußtes Steuerungselement** deutlich.

Der **Preis des Erfolges** ist das Phänomen der **Komplexität**, welche die Organisation selbst vor neue Herausforderungen stellt. Die Aufgabenstellung, die sich aus der Differenzierung und Spezialisierung ergibt, ist die Bearbeitung der internen Schnittstelle, mit dem Ziel der Kooperation der unterschiedlichen Professionen. In Zeiten ungehemmten Wachstums wurde die Problemstellung der Schnittstellen weniger sichtbar, weil man Ineffektivität, die aus der Nichtbearbeitung der Schnittstelle resultierte, mit Wachstum kompensieren konnte. Dies führte zu einem unkoordinierten Nebeneinander der Berufsgruppen, Entfremdung und einer Sprachlosigkeit, die sich in nicht nachvollziehbarem Konkurrenzverhalten und Machtspielen äußert.

Das Wohl und die Bedürfnisse des Kunden bzw. Patienten geraten dabei oft in den Hintergrund. Das Problem in der Wahrnehmung und Bearbeitung der Schnittstellenproblematik ist häufig die Fixierung auf traditionelle Denkmuster der Wachstumsgesellschaft, die Defizite mit eigenem Wachs-

C Auf dem Weg zum Krankenhaus der Zukunft

tum kompensiert, ohne vorhandene Kapazitäten von Mitanbietern zu nutzen.

Der **Konkurrenzgedanke** prägt nicht nur die Außenbeziehung, sondern führt intern, zwischen den einzelnen Abteilungen eines Krankenhauses, zu Sprachlosigkeit und Abgrenzung. Dies wird deutlich, wenn z.B. Personalinvestitionen an der Schnittstelle getätigt werden, die zur Qualitätssteigerung bzw. zur Koordinierung der Dienstleistungsangebote beitragen soll. Die **Vernetzungsagenten** (z.B. Berater für Pflegeüberleitung, Mitarbeiter des Sozialdienstes) werden von Mitarbeitern nicht als Serviceangebot, sondern als Konkurrenten zum eigenen Arbeitsfeld erlebt. Dabei geraten die Erfordernisse der Zukunft an die Gesamtorganisation „Krankenhaus" aus dem Blickfeld.

Man erlebt die Schnittstellenproblematik nicht als eine Folge des Erfolgs des Gesamtsystems, sondern als Defizit einer Abteilung.

In der externen Beziehungsgestaltung läßt sich das Problem ähnlich beschreiben. Die Begrenzung des Blickfeldes auf die eigene Organisation und das Vertrauen in die eigene Leistungsfähigkeit führen zu Sprachlosigkeit und Blindheit für andere Dienstleistungsanbieter mit der Konsequenz, daß Angebots- und Nachfragestruktur entkoppelt werden. Als Folge der **Binnenorientierung** in der Angebotsstruktur ging der Blick für den **Gesamtmarkt** als Nachfragestruktur verloren.

Kundenorientierung und Gesundheitsförderung im Krankenhaus verlangt eine Umorientierung der Leistungsanbieter. Der Binnenblick muß durch einen Blick auf das Gesamtsystem Gesundheitswesen abgelöst werden, in dem sich das Krankenhaus als ein Bestandteil des Gesamtsystems versteht, das mit den anderen Institutionen so eng verknüpft ist, **daß das eigene Handeln** immer in **Wechselwirkung zu den anderen Systemen** verstanden werden kann.

Hinzu kommt, daß die Krankenhäuser mit der gesetzlich geforderten Entwicklung („ambulant vor stationär" und „Rehabilitation vor Versorgung") ihre zentrale Bedeutung verlieren. Die „Kathedrale des Gesundheitswesens" hat in dieser Form ausgedient.

Jeder lebende Organismus braucht ein „Sich-in-Beziehung-Setzen" zu seiner Umwelt (*Maturana* 1987). Sei es, daß die Zelle ihre Aktivitäten auf ein Organsystem bzw. das

Gesamtsystem Mensch beziehen muß oder der Mensch sein Handeln auf seine relevanten Umwelten.

Ein System mit hoher Umweltsensibilität besitzt eine höhere Überlebensfähigkeit, weil es aufgrund von Veränderungen ständige Anpassungsprozesse an die Umwelt leistet. Dies widerspricht zwar Darwins evolutionstheoretischem Grundsatz vom „survival of the fittest", erklärt aber andererseits die Artenvielfalt in der Welt.

Die Konsequenz dieser Überlegung resultiert in 2 Grundsätzen, die zur Legitimation für den Wandel vom Krankenhaus zum Gesundheitszentrum herangezogen werden können:

- Starre Strukturen in einer dynamischen Welt sind tödlich.
- Vielfalt ist eine Alternative zum Kampf (*Vetter/Wiesenbauer* 1995).

49.2 Herausforderung an das Krankenhaus der Zukunft

Welches sind nun die Umweltveränderungen, auf die das Krankenhaus von heute reagieren muß, weil sie für die Steuerung des Krankenhauses relevant sind?

Gesellschaftliche Trends
- **Die demographische Entwicklung**

Die demographische Veränderung mit einem enormen Anstieg der über 65jährigen Menschen und der Wandel hin zu einer multikulturellen Gesellschaft läuft in einer noch nicht gekannten, fundamentalen Dynamik ab. 2020 wird jeder 3. Bewohner der BRD über 65 Jahre alt sein.

- **Veränderte Einstellung zu Gesundheit und Krankheit**

Gesundheit ist zu einem zentralen Gut der Gesellschaft geworden.

Entsprechend der alten WHO-Definition ist Gesundheit dabei nicht als idealistisches, absolutes Wohlbefinden zu definieren, sondern als „Handlungsfähigkeit": als körperliche, als kognitiv-emotionale und als soziale Kompetenz.

Hier wird von der Person als „autonom handelndem Subjekt" und dessen „Selbst- und Mitverantwortung" für die Erhaltung seiner Gesundheit ausgegangen.

C Auf dem Weg zum Krankenhaus der Zukunft

Dieses Verständnis von Gesundheit divergiert stark von den traditionellen Begriffen von Gesundheit und Krankheit, weil es sich nicht auf die An- oder Abwesenheit von pathologischen Befunden bezieht, sondern der Mensch mit seinem Verständnis von Gesundheit und Krankheit zum Kriterium wird. Insofern ist der Begriff auf die Seinsebene des Menschen zu erweitern:

Diese unterschiedlichen Vorstellungen werden anhand eines Beispiels deutlich:

Ein Mensch, der gelernt hat, mit seiner Behinderung zu leben (z.B. Menschen nach lange zurückliegender Amputation eines Armes) wird sich nie als krank bezeichnen, obwohl der objektiv pathologische Befund „Fehlen eines Armes" meßbar ist. Andererseits gibt es im Bereich der Psychosomatik Phänome, z.B. Schmerz, bei denen kein meßbarer pathologischer Befund nachweisbar ist, bei denen sich die Betroffenen aber als krank definieren und sichtbar leiden.

Das Verständnis von Gesundsein und Kranksein korrespondiert eng mit dem Wunsch nach Selbstbestimmung in einer zunehmend individualisierten Gesellschaft.

Diese Aspekte ganzheitlicher Betrachtung von Gesundheit und Krankheit müssen bei der Konzeption der Angebotsstruktur von Gesundheitszentren berücksichtigt werden.

Besonders dem Wunsch nach Berücksichtigung der Individualität tragen die Krankenhäuser auch heute noch unzureichend Rechnung. Häufig gibt der Patient seine Individualität „an der Pforte des Krankenhauses" ab und wird zur Nummer oder zum Fall degradiert. Begriffe, wie die „Galle von Zimmer 17", mögen zwar weniger als früher die interne Sprache beherrschen, sie sind aber nach wie vor Ausdruck der organbezogenen, funktionalen Orientierung.

- **Der Glaube an die Allmöglichkeit und -machbarkeit der Technik ist ins Wanken geraten.**

Die großen innergesellschaftlichen Auseinandersetzungen seit Beginn der 80er Jahre zeugen davon, daß der gesellschaflische Konsens über die Umsetzung des technisch Machbaren aufgekündigt ist. Spätestens seit Tschernobyl sind wir mit den Folgen von Risiken der Hochtechnologie konfrontiert, die uns drastisch vor Augen geführt haben, daß im Bereich der Hochtechnologie sogenannte Nebenwirkungen als „böse Folgen der guten Absicht" nicht mehr unbedenklich zur Seite geschoben werden können. Ereignisse wie BSE und Antibiotikaresistenzen sind Zustände von Blindheit, wie sie *Ulrich Beck* (1986) als Merkmal am Übergang von der Produktions- zur Entsorgungsgesellschaft beschrieben hat.

Auch die medizinische Leistungsfähigkeit scheint in ihrer Machbarkeit die Grenzen ihrer Legitimation zu erreichen. Beispiele wie das Erlanger Baby, aber auch Bereiche wie Gentechnologie und Embryonenforschung zeigen den **Konflikt** zwischen **technisch Machbarem** und **ethisch Vertretbarem,** der bei Nichtbeachtung zu einem nicht wieder gut zu machenden Vertrauensbruch zwischen Kunden und Leistungsanbietern führt.

- **Die Grenzen des Finanzierbaren sind erreicht.**

Mit 250 Mrd. DM Aufwendungen der Kranken- und Pflegekassen für Versicherungsleistungen sind die Grenzen auch für den einzelnen Beitragszahler erreicht. Zusätzliche Kostensteigerungen im Gesundheitswesen bedeuteten Beitragserhöhungen für den einzelnen Versicherten, aber auch einen Anstieg der Lohnnebenkosten, was politisch nicht durchsetzbar ist, weil es die internationale Wettbewerbsfähigkeit der Wirtschaft in Frage stellt. Aus diesem Grunde zielen alle Bemühungen des Gesetzgebers auf Kostenbegrenzung und Sicherstellung des Leistungspotentials ab. Die Krankenhäuser, gegenwärtig im „Jahr fünf der Deckelung", müssen jetzt Budgetkürzungen in Kauf nehmen, die die Überlebensfähigkeit von Krankenhäusern bedrohen.

Probleme und Wirkungen
- **Probleme aus der Sicht des Kunden**

Aus Sicht der Kunden werden als zentrale Probleme die fehlende Humanität im Krankenhaus, die Beziehungslosigkeit und die fortschreitende Ausdünnung zwischenmenschlicher Interaktionschancen genannt (*Borsi* 1994). Sprachlosigkeit herrscht nicht nur zwischen Mitarbeitern und Patienten, sondern es entstanden – bedingt durch die gestiegene Rationalität des Medizinbetriebs – auch unterschiedliche Sprachen und Kulturen in den einzelnen Berufsgruppen. Diese sind einerseits eng mit der Kultur des Krankenhauses ver-

C Auf dem Weg zum Krankenhaus der Zukunft

woben, andererseits aufgrund ihrer Unterschiedlichkeit nur noch schwer miteinander zu koppeln und wirken auf den Kunden verunsichernd. Der Kunde erlebt ein **„babylonisches Sprachengewirr"** aus verschiedenen Fachsprachen, die unkoordiniert von seiten des Leistungsanbieters auf ihn einstürmen.

Angehörige dieser Kultur oder Berater in dieser Kultur erleben, wie schwierig es ist, diese Sachverhalt zu thematisieren, ohne Schuldgefühle bei den betroffenen Berufsgruppen zu provozieren, da an die Beschreibung persönliche Defizite geknüpft und sie weniger als Folgen einer Entwicklung gesehen werden.

- **Probleme aus der Sicht der Angehörigen**

Angehörige erleben sich häufig als Fremdkörper oder Störfaktor im Krankenhaus. Sie werden weder als Bestandteil des Sozialsystems des Patienten wahrgenommen, noch werden sie als Ressource in den Gesundungsprozeß einbezogen. Häufig werden Angehörige nicht in der Pflege angeleitet, sondern systematisch ausgegrenzt. Patient und Angehörige fühlen sich nach Mitteilung der Diagnose häufig alleingelassen in der Auseinandersetzung mit der Krankheit.

- **Auswirkung für die Mitarbeiter**

Die Veränderungen der Gesellschaft bleiben auch für die Mitarbeiter des Krankenhauses nicht folgenlos. Als Mitglieder der Gesellschaft erleben und gestalten sie den Wertewandel aktiv mit, als Mitglieder der Organisation Krankenhaus erleben sie aber gleichzeitig, wie es in der funktionsorientierten Sichtweise zu einer Entfremdung von Organisationszielen und gesellschaftlichen Ansprüchen kommt.

Im Zusammenhang mit Untersuchungen zur Burnout-Problematik von Mitarbeitern in Krankenhäusern wird immer wieder nicht die Schwere der Arbeit oder die Arbeit am Patienten als Auslöser geschildert, sondern die Rahmenbedingungen, unter denen diese Arbeit geleistet werden muß. Zeitmangel und Fließbandbedingungen in der Versorgung sind dabei Ausdruck des Entfremdungsprozesses von Mensch und Organisation.

Die zunehmende Technisierung der Arbeitsprozesse und die Funktionsorientierung der Arbeitsabläufe verstärken das Gefühl erlebter Inhumanität im Krankenhaus.

Die Mitarbeiter geraten zunehmend in die Situation, daß ihre Dienstleistungen vor dem Hintergrund der Problemstellung einer kundenunüberschaubaren Organisation auf Ziel, Sinn und Zweck hin erklärungsbedürftig werden.

49.3 Marktsensibilität als (Über-)Lebensprinzip

Wie erreicht das Krankenhaus der Gegenwart die Sensibilität, die es braucht, um Veränderungsbedarf für das Morgen wahrzunehmen?

Die Sensibilität gegenüber der Umwelt ist ein zentrales Problem, mit dem sich operativ geschlossene Systeme, wie es ein Krankenhaus darstellt, auseinandersetzen müssen. Der Begriff der operativen Geschlossenheit im systemtheoretischen Verständnis bedeutet, daß sich die Elemente eines Systems miteinander und nur miteinander in Beziehung setzen können. Das heißt, alle Operationen geschehen im System und mit Elementen des Systems.

Einerseits ist die Abschließung gegenüber Umweltereignissen notwendig, um handlungsfähig und lebensfähig zu werden, andererseits ist es für lebende Systeme notwendig, sich strukturell mit der Umwelt in Beziehung zu setzen. Das Problem besteht darin, die Ausgewogenheit zwischen struktureller Koppelung und operativer Geschlossenheit zu erzielen. Sie ist abhängig von den sensitiven Fähigkeiten, die ein System entwickelt, um Umweltereignisse zu registrieren.

Wenn man sich vergegenwärtigt, über welche ausgeprägten sensitiven Fähigkeiten der Mensch verfügt, um Umweltveränderungen wahrzunehmen, dann erscheint es verwunderlich, wie Organisationen überleben können, die Veränderungen in der Umwelt ausblenden, um die internen Systemzustände (= Strukturen) zu erhalten.

Welche Möglichkeiten besitzen nun Organisationen, um Veränderungen zu beobachten?

Ein entscheidendes Merkmal, Veränderungen zu registrieren, ist, sich bedingungslos auf **Kundenorientierung** einzulassen. „Bedingungslos" heißt in diesem Zusammenhang, den Kunden und seine Bedürfnisse ernst zu nehmen, d.h. „der Kunde steht im Mittelpunkt" (und nicht: „daher allen im Weg").

C Auf dem Weg zum Krankenhaus der Zukunft

49.4 Aktionsplan für ein Gesundheitszentrum

Ein Gesundheitszentrum ist ein Ort, an dem nicht nur Heilkunde praktiziert wird, sondern an dem jedermann prinzipiell alle Dienstleistungen bekommen kann, die dazu beitragen, die (eigene) Gesundheit zu überwachen und zu verbessern. Dies schließt auch Angebote der Vorsorge und Gesundheitspflegeprodukte sowie eine anschließende Betreuung zu Hause mit ein. Das bedeutet außerdem eine intensive Zusammenarbeit mit anderen Anbietern im Gesundheitssystem und die Aufhebung der bestehenden Barrieren zwischen Institutionen.

Die Zusammenarbeit hat zur Konsequenz, daß es nicht mehr die starre, scheinbar unüberwindliche Grenze zwischen ambulanten und stationären Angeboten geben kann, sondern **abgestufte Versorgungsmodelle** entwickelt werden müssen, die einen lückenlosen Übergang von stationärer zu ambulanter Versorgung sicherstellen. Es liegt nahe, an den Ausbau der (gesetzlich geforderten) teilstationären Behandlungsformen oder an vernetzte Versorgungsangebote zu denken, die die Produktpalette im Gesundheitssystem bereichern können.

49 Vom Krankenhaus zum Gesundheitszentrum

Veränderungsbedarf
Was muß sich verändern, um den Paradigmenwechsel vom Krankenhaus zum Gesundheitszentrum herbeizuführen?

Der Weg vom Krankenhaus zum Gesundheitszentrum ist nicht ausschließlich eine Frage der Angebotsstruktur. Vielmehr ist er eine Frage der Unternehmenskultur.

Das Gesundheitszentrum beginnt im Kopf, im Kopf der Unternehmensleitung und im Kopf eines jeden Mitarbeiters.

Entscheidend ist dabei die Frage, wie die Organisation ihr Verhältnis zu den Mitarbeitern gestalten muß, wenn sie den Anspruch eines Gesundheitszentrums nach innen ausgestalten will.

Ausgehend von der These des WHO-Projektes „Health Promoting Hospital" soll das „gesundheitsfördernde Krankenhaus" einen hochwertigen medizinischen und pflegerischen Standard gewährleisten. Es soll darüber hinaus Gelegenheit zur Entwicklung von Perspektiven, Zielen und Strukturen schaffen, die jene Lebensqualität in den Mittelpunkt stellt, die Gesundheit genannt wird.

Zur Realisierung dieser Zielsetzung ist ein **Kulturwandel** erforderlich, dem sich die gesamte Organisation unterziehen muß:

- **Betroffene beteiligen**

Mitarbeiter müssen sich an Entscheidungsprozessen beteiligen können, und Entscheidungsprozesse müssen transparent sein.

Nur Mitarbeiter, die eigenverantwortlich handeln und an Entscheidungsprozessen beteiligt werden, sind in der Lage, dieses Verhalten auf ihre Beziehung zu Patienten und deren Angehörige zu übertragen.

Dies führt zur Vermeidung des Phänomens, daß autonome und selbstbestimmte Patienten als schwierig und Angehörige als Störfaktoren erlebt werden.

Mitarbeiterfreundliche Kommunikation macht kundenfreundliche Kommunikation möglich.

Der **Mitarbeiter** ist ein entscheidendes **Marketinginstrument**. Kein Leitbild und keine Unternehmensphilosophie in Hochglanzbroschüren kann eine dauerhafte Kundenbindung erreichen, wenn nicht die Mitarbeiter durch freundliches und professionelles Verhalten die Unternehmensleitlinien leben und umsetzen.

Durch entsprechende Personalentwicklung müssen die

C Auf dem Weg zum Krankenhaus der Zukunft

Mitarbeiter befähigt werden, personale „Skills" zu entwickeln, die darauf abzielen, die kommunikativen Fähigkeiten zu steigern (bzgl. Gesprächsführung, Konfliktverhalten, Beratung etc.) und die Sensibilität für soziale Phänomene (z.B. Gruppendynamik, Teamdynamik) zu erhöhen.

Wie wirkt sich eine konsequente Gesundheitsorientierung auf das Aufgabenprofil der Mitarbeiter aus?

Es muß ein genereller **Umdenkungsprozeß** vom **Defizitdenken** hin zur **Ressourcenorientierung** erfolgen.

Diesen Wechsel, mit seinen Konsequenzen und Wechselwirkungen, läßt sich am Beispiel der Mitarbeiter aus dem Pflegedienst darstellen, die die häufigsten Kontakte zu Patienten und Angehörigen besitzen.

Betrachtet man die Aufgabenfelder der Mitarbeiter im Pflegedienst, so lassen sich **6 originäre Aufgabenfelder** beschreiben: Beraten, Begleiten, Unterstützen, Fördern, Assistieren, Anleiten.

Wurden in der Tradition des Krankenhauses die Felder Begleiten, Unterstützen und Assistieren professionalisiert, so müssen im Hinblick auf Gesundheitsorientierung mit dem Anspruch der Prävention und der Hilfe zur Selbsthilfe die Aufgabenfelder Beraten, Anleiten und Fördern professionalisiert werden. Dieser Anspruch hat Auswirkung auf strukturelle wie auch inhaltliche Merkmale der Arbeitsablaufgestaltung.

In der traditionellen Form der funktionsorientierten Arbeitsablaufgestaltung beginnt die Maschinerie Krankenhaus ihr Werk um 6.00 Uhr und endet gegen 20.00 Uhr. In dieses Schema wird der Patient eingepaßt. Oft sind alle Patienten, die Hilfestellung beim Waschen benötigen, bis 8.00 Uhr gewaschen, weil sie „sauber" zu Diagnostik erscheinen müssen. Betrachtet man jedoch den normalen Lebensrhythmus der Menschen, so wird nur ein prozentual geringer Anteil die Körperpflege zu dieser Tageszeit durchführen, sondern diese zu einem späteren Zeitpunkt, evtl. nach dem Frühstück, betreiben.

Werden nun ältere oder kranke Menschen zur Mithilfe im Sinne von Erhaltung der Selbständigkeit aufgefordert, erlebt man häufig, daß sie bei Tätigkeiten, die sie nach dem Frühstück ohne größere Mühen selbst durchführen können, im Zeitkontingent, welches der Routinebetrieb des Kranken-

49 Vom Krankenhaus zum Gesundheitszentrum

hauses vorgibt, völlig hilflos werden. „Man pflegt in die Abhängigkeit."

Um die Arbeitsabläufe am Lebensrhythmus der Patienten zu orientieren, müssen entsprechende Dienstplanmodelle umgesetzt werden, die den klassischen Dreischichtbetrieb auflösen. Der Widerstand bei Einführung dieser Dienstmodelle bleibt unverständlich, da sie auch dem Lebensrhythmus der Mitarbeiter eher entsprechen.

Die Realisierung dieses Anspruchs hat **Auswirkung auf die Ausbildung.** So müßte z.B. neben der Krankenbeobachtung ein Fach Ressourcenermittlung etabliert werden. Die Fächer Rehabilitation und Gesundheitsförderung müßten größere Bedeutung in der Ausbildung erhalten. Die Erfahrungen, die aus der Team- oder Gruppendynamik gewonnen werden, müßten als Beziehungskompetenz nicht nur auf der informellen Lernebene reflektiert werden, sondern sie müßten einen zentralen Stellenwert im Lehr- und Lerngeschehen einnehmen.

Bei der Ausrichtung der Arbeitsabläufe am Lebensrhythmus der Patienten müßten auch die anderen Berufsgruppen liebgewordene Anspruchshaltungen und „Erbhöfe der Machtdemonstration" aufgeben, z.B. indem Visitenzeiten mit den Essenszeiten der Patienten abgestimmt werden oder durch Planung, verbindliche Festlegung und Information von Arbeitsabläufen der Funktions- und Diagnostikabteilungen, um den Patienten lange Wartezeiten zu ersparen.

Innovative Krankenhausverantwortliche zeigen täglich, daß im Bereich Kundenorientierung viele positive Veränderungen möglich sind. Als Beispiele für soziale Erlebensformen des Alltags wären das Frühstücksbuffet für Patienten auf Station oder das gemeinsame Essen von Patienten und Besuchern in der Cafeteria des Hauses zu nennen.

Dazu bedarf es allerdings einer Unternehmensphilosophie und – daraus abgeleitet – einer Pflege- oder Medizinphilosophie, die den Menschen in seiner Gesamtheit erfaßt und nicht nur auf seine biologischen Komponenten reduziert. Die Unternehmensphilosophie hat dann wiederum Auswirkungen auf die Angebotsstruktur.

49.5 Die Angebotsstruktur eines Gesundheitszentrums

Interne Dienstleistung

Hier scheint es vorrangig, die gegenseitigen Konsummentalitäten, an denen sich die verschiedenen Berufsgruppen aufreiben, aufzugeben. Häufig wird versucht, Arbeitsanteile (z.B. Transport- und Botendienste) einer anderen Berufsgruppe zuzuweisen oder sich für die Problemstellungen im Krankenhaus gegenseitig verantwortlich zu machen.

Alle internen Ansprüche entziehen dem externen Dienstleistungsprodukt Ressourcen. Es gilt vielmehr, eine Mentalität des internen Dienstleisters zu entwickeln. Sie soll sich nicht an der altruistischen Einstellung eines „Dienens ohne Ende" ausrichten, sondern mit dem professionellen Standard der „engagierten Distanz" gelebt werden.

Dies bedeutet einerseits eine Abgrenzung des Arbeitsfeldes und die Entwicklung einer professionellen Identität. Andererseits bedeutet es auch, diese berufliche Identität den anderen Berufsgruppen als kompetenter Partner anzubieten.

Dies hat die Konsequenz, daß die unterschiedlichen Berufsgruppen eigenverantwortlich Aufgabenfelder besetzen und neue erschließen, aber auch, daß fremdbestimmte Opfermentalität durch das Prinzip Selbstverantwortung ersetzt wird.

Dazu bedarf es einer regelmäßigen und zielgerichteten **Fort- und Weiterbildung**, die in ihrer Gesamtkonzeption Personal- und letztendlich Organisationsentwicklung bedeutet.

Das Kapital des Gesundheitszentrums sind gesunde Mitarbeiter. Hierzu bedarf es der Investition in die Mitarbeiter, um dem Angebotsprofil des Zentrums ein entsprechendes Qualifikationsprofil der Mitarbeiter gegenüberzustellen, oder der Begleitung der Mitarbeiter im Arbeitsalltag, um Reflexionsmöglichkeiten zu schaffen (z.B. durch Supervision).

Schnittstellenprofil

Ein Gesundheitszentrum muß aber auch bestrebt sein, die Grenzen der eigenen Institution zu überwinden und **Schnittstellen zu Nahtstellen zu entwickeln**: Dazu bedarf es der Installierung von Vernetzungsagenten in Form von Pflegeüberleitung, Sozialdiensten aber auch Öffentlichkeitsarbeitern in der externen Angebotsstruktur.

Grundlegend ist die **Umorientierung** von der **Angebotsstruktur** hin zu einer **kundenorientierten Nachfragestruktur.** Sichtbare Zeichen der Umorientierung sind momentan am Wandel des äußeren Bildes der Eingangshallen in Krankenhäusern beobachtbar. Statt „Fahrkartenschalter der 50er Jahre" findet man zunehmend offene Rezeptionen mit einladender Atmosphäre.

Das Leistungsspektrum sollte nicht auf das Angebot von Gesundheitsthemen und die Vermittlung kognitiver Sachinhalte beschränkt bleiben, sondern vielfältige Identifikationsmöglichkeiten zwischen Patient und Gesundheitszentrum bieten, z.B. durch kulturelle Angebote, wie Ausstellungen von Künstlern, Buchhandlungen, Theater- oder Musikgruppen, Kreativgruppen (Töpferkurse).

Vieles ist vorstellbar und in Zusammenarbeit mit regionalen Einrichtungen (z.B. Volkshochschulen) auch organisierbar.

Der Weg zum Gesundheitszentrum ist nicht über den alleinigen Aufbau eigener Angebotsstrukturen zu entwickeln, sondern nur über ein regionales Netzwerk mit anderen Anbietern, die eine entsprechend hohe Kundenattraktivität besitzen, zu erreichen.

Literatur

Beck, U., Risikogesellschaft. Frankfurt a.M. 1986.
Borsi, G., Das Krankenhaus als lernende Organisation. Heidelberg 1994.
Maturana, H., Varela, F., Der Baum der Erkenntnis. München 1987.
Willke, H., Systemtheorie. Bd. 2. Interventionstheorie. Stuttgart 1994.
Vetter, R.; Wiesenbauer, L., Vernetzte Organisationen. Wiesbaden 1995.
Das Krankenhaus der Zukunft. Dokumentation der Jahrestagung. Trier 1995.

50 Professionelle Beratung von Krankenhäusern

Erwin Wagner

50.1 Beratung im Krankenhaus – ein unentwickeltes Terrain?

Ist Beratung in Krankenhäusern anders als in anderen Organisationen? Welche Beratungskonzepte und -erfahrungen gibt es im Krankenhausbereich, und was läßt sich daraus lernen? Es gibt keine Übersicht darüber, wieviel Krankenhäuser in den letzten Jahren Beratung durch externe Fachleute in Anspruch genommen haben und um welche Probleme es dabei ging. Auch gibt es keine Ergebnisse der empirischen Forschung, die etwas über den Erfolg bzw. die Wirkungen dieser Beratungsmaßnahmen aussagen könnten. Zwar gibt es einige Beispiele oder Fallstudien, die Beratungsprojekte in Krankenhäusern beschreiben (*Bellabarba* 1996, *Grossmann* 1995, *Kreye-Wagner/Asselmeyer* 1997, *Pelikan et al.* 1992, *WBO-Team* 1993). Dennoch gilt das Krankenhaus unter (Organisations)Beratern gemeinhin als ein schwieriges und wenig entwickeltes Feld. Dies bedeutet nicht nur, daß es relativ wenige „Spezialisten" für diesen Bereich gibt. Es deutet zugleich darauf hin, daß das Management in Krankenhäusern selbst den Wert (oder Unwert) von Beratungsdienstleistungen weniger gut kennt und einschätzen kann als in anderen Wirtschaftsbereichen (so auch *Schmitt/Hinkel* 1993). Daß Beratung in Verbindung mit dem „Krankenhaus der Zukunft" zu einem Thema wird, ist ein Hinweis darauf, daß Krankenhäuser sich zu einer Art „Unternehmen" entwickeln, das viel mehr mit den Problemen und Problemlösungen „gewöhnlicher" Wirtschaftsunternehmen gemein hat, als dies bisher der Fall war.

Ziel dieses Beitrags ist, die Funktionen und den Kontext von professioneller Beratung im Krankenhaus so zu beschreiben, daß das Zusammenwirken von Krankenhaus-Management, Krankenhaus-Mitarbeitern und Beratern möglichst zielsicher entschieden und positiv gestaltet werden kann.

Es geht darum, spezielle **Ausgangslagen** und besondere **Bedingungen** in der Organisation Krankenhaus genauer zu skizzieren, **Beratungsmuster** anzuführen, **Beratungsanlässe** zu umreißen sowie einige hilfreiche **Kriterien** und **(Schlüssel)Themen** für erfolgversprechende Beratungs„projekte" zu benennen.

„Wer Beratung braucht, der hat es nötig!" Beratung umgibt immer noch ein Hauch von „Nothilfe" und Inkompetenz. Wer Beratung anfordert, gibt damit zu, daß die eigene Fähigkeit, die anstehenden Probleme zu lösen, nicht ausreicht. Das lassen sich Führungskräfte meistens nicht gerne nachsagen. Da es im allgemeinen nicht sehr transparent ist, was im Rahmen von Beratung eigentlich geschieht, gerät Beratung schnell in Verdacht, möglicherweise unseriös zu sein. Dort jedoch, wo (Unternehmens- oder Organisations)Beratung sich als erfolgreich und weiterführend bewährt hat, gilt es eher als ein Ausweis von Kompetenz, zu wissen, wann **externe** Fach- oder Sozialkompetenz notwendig ist. Krankenhäuser gehören eher zur ersten Art. Was trägt zu dieser Situation bei? Gibt es in Krankenhäusern Umstände, die es sonst in dieser Form und Wirkung nicht gibt? Einige Beobachtungen sollen dazu beitragen, das Umfeld für Beratung in Krankenhäusern genauer zu erfassen:

- Wenn Krankenhäuser – genauer: Führungskräfte in Krankenhäusern – sich dafür entscheiden, Beratung einzukaufen, so geschieht dies meist aus Anlaß technischer, organisatorischer oder wirtschaftlicher Probleme. Es mag darum gehen, die OP-Kapazitäten zu erweitern oder zu modernisieren, Kliniken neu zu gliedern, Wirtschaftlichkeitsreserven aufzuspüren, Stationen neu zu organisieren, Leitbilder zu entwerfen, ein Marketingkonzept zu entwickeln, Qualitätsmanagement oder EDV einzuführen etc. Entscheidend scheint, daß es meistens die **Fragen** – und demzufolge auch die Perspektiven – **der Verwaltung** bzw. der Wirtschaftsabteilung sind, die zu Beratungsaktivitäten führen. Die Medizin ist seltener Ausgangspunkt solcher Unternehmungen. Sie setzt ihre professionellen Standards selbst und auf andere Weise. Der Pflegebereich bewegt sich heutzutage irgendwo dazwischen, fragt jedoch mehr und mehr Beratung nach.

C Auf dem Weg zum Krankenhaus der Zukunft

50

- Unternehmens- und Organisationsberatung treffen im Krankenhaus auf eine **historisch gewachsene Situation**, die gerade durch einen **Mangel an Organisationsbewußtsein** zu charakterisieren ist (u.a. *Grossmann* 1995). „Organisation" ist genau das, womit angesichts der Abgrenzungen der Berufsgruppen alle nur „am Rande" zu tun haben. Sie ist Teil der ärgerlichen Tatsache „Management", die alle betrifft und meistens als außerberufliche Extra-Aufgabe verstanden (und oft genug gemieden) wird. Daher ist es einfacher, externes Know-how für technische Fragen zu beanspruchen als etwa für Reorganisation bzw. für die Modernisierung der sozialen oder organisatorischen Ressourcen.
- Die meisten Krankenhäuser sind bis heute gekennzeichnet durch **unklare** (und oft genug unproduktive) **Führungsstrukturen.** Unter dieser Bedingung fällt es einerseits relativ leicht, „nicht klärbare" Probleme auf externe Beratung zu verlagern. Andererseits wird es ausgesprochen schwer, dann die für Beratungserfolg notwendigen klaren Zielsetzungen und Aufträge zu vereinbaren. Die Bedingungen für eine erfolgreiche Kooperation mit Beratern müssen unter solchen Voraussetzungen erst geschaffen werden.
- Beratung kostet Geld (professionelle Beratung meist nicht wenig). Krankenhäuser sind zwar in bestimmten Bereichen durchaus geübt im Umgang mit großen Beträgen. Der **Wert von Beratung** für das Unternehmen Krankenhaus ist dennoch nur **schwer zu bestimmen**. Professionelle Beratungsunternehmen versuchen, ihre Honorarstandards aus anderen Branchen zu importieren, tun sich in aller Regel jedoch schwer damit. Diese Situation ist für eine professionelle Unterstützung von Krankenhäusern nicht günstig. Politisch erzwungene Kostendämpfung einerseits und ein aus denselben Gründen erhöhter Bedarf für Beratung andererseits geraten derzeit leicht in eine Zwickmühle, die zu suboptimalen Kompromissen führt (z.B. zu unsachgemäß verengten Vorhaben/Aufträgen, mangelnder Koordination, unzureichenden Voraussetzungen für erfolgreiche Entwicklungs- und Beratungsarbeit).
- Krankenhäuser gehören zu den **komplexesten Organisationen**, die wir kennen. Sie lösen ihre traditionellen Aufga-

ben trotz aller Beschränkungen und Konflikte oft mit einer bewundernswerten Konsequenz und Effektivität (*Grossmann* 1995). Die Frage, ob in Zeiten des Umbruchs überhaupt externe Beratung erforderlich ist, entscheidet sich vor allem daran, ob es innerhalb eines Hauses genügend Personen gibt, die die Herausforderungen sehen, sie anpacken, an der richtigen Stelle sind (oder vorübergehend dorthin gelangen können), die erforderlichen Fähigkeiten und die Übersicht haben (oder sich entsprechend qualifizieren) und von den Führungskräften die notwendige Unterstützung erhalten.

Wann ist es empfehlenswert, im Krankenhaus Unterstützung durch **externe** Beratung zu suchen? Dies erscheint sinnvoll, wenn folgende Bedingungen gegeben sind:
- Es liegen wichtige Fragen/Herausforderungen/Veränderungen vor, die dringend bearbeitet werden müssen.
- Das Management hat sich entschieden, das Problem anzupacken und zu lösen.
- Das Problem ist klar, aber im Krankenhaus ist die erforderliche Kompetenz bzw. das Know-how zur Bearbeitung nicht vorhanden.
- Das Problem ist in seiner Reichweite und hinsichtlich möglicher Lösungswege nicht klar/nicht abschätzbar.
- Es soll ein neues Verfahren (z.B. des Qualitätsmanagements, des Marketing) eingeführt werden, wofür professionelles Know-how erforderlich ist.
- Die Zeit reicht nicht oder die Aufgabe ist zu umfangreich, um Beschäftigte des Krankenhauses für die Bearbeitung zu qualifizieren.
- Die Konfliktparteien im Haus blockieren sich gegenseitig ohne Aussicht auf interne Auflösung.
- Spezielles Know-how wird nur punktuell bzw. vorübergehend benötigt.

50.2 Organisation und Beratung

Gerade dann, wenn Beratung nicht zum regelmäßigen Problemlöserepertoire gehört, dürfte es hilfreich sein, sich ein genaueres Bild davon zu verschaffen, was „Beratung" möchte, was sie leisten kann, was sie **nicht** leisten kann, was praktisch geschieht und welche Ideen hinter bestimmten Bera-

C Auf dem Weg zum Krankenhaus der Zukunft

tungskonzepten stehen. Hier ist nicht der Raum, eine Beratungstheorie darzustellen. Es geht darum, für das Management und für Beschäftigte in Krankenhäusern das Terrain zu sondieren und sozusagen eine „Landkarte" des Beratens zu zeichnen. Bevor vermessen wird, sei noch einmal an die Frage erinnert, weshalb die Reise eigentlich unternommen werden soll. Zur Situation der Krankenhäuser wurde bereits einiges dargestellt. Grundsätzlich gilt: Beratung ist eine mögliche Reaktion auf die zunehmende Komplexität der Verhältnisse. Beratung kommt zum Zuge, wenn bei verantwortlichen Entscheidungsträgern der Eindruck entsteht: „Das kann so nicht weitergehen!" Was bietet dann Beratung?

Beratung kennzeichnet ein freiwillig eingegangenes, zeitlich befristetes Arrangement zwischen (professionellem) Berater und Klient, das geschaffen wird, um dem ratsuchenden System Unterstützung bei der Lösung aktueller bzw. bevorstehender Probleme zu bieten.

Für die Art, wie diese Unterstützung zustande kommen soll, ist es nützlich, sich das jeweils zugrundeliegende Denkmodell verständlich zu machen. *Fatzer* (1992, 116) nennt hierfür 3 unterschiedliche **Grundmodelle von Beratung:**
- die „Expertenberatung" (Klient kennt das Problem, Berater die Lösung)
- die „Arzt/Patienten-Beratung" (Klient hat Symptome, Berater stellen die Diagnose und empfehlen aus Expertensicht die Therapie)
- die „Prozeßberatung" (Klient hat Veränderungsbedarf, das Problem aber nicht „im Griff"; Berater kennen Lösung [noch] nicht, helfen zu eigenständigen Lösungen)

Die meisten Beratungen in Krankenhäusern dürften bislang unter die ersten beiden Kategorien fallen. Der **Expertenberatung** entspricht z.B. die Anwendung bestimmter Analysemodelle (vor allem aus dem betriebswirtschaftlichen Bereich), der **Arzt-Patienten-Beratung** z.B. die Durchführung von Organisationsanalysen nach bestimmten methodischen Schulen mit entsprechenden Handlungsempfehlungen an die Führungskräfte.

Prozeßberatung nimmt sich der Aufgabe an,
- gemeinsam mit Mitgliedern der Organisation (des Krankenhauses) das Problem/die Probleme genauer zu bestimmen,

- Einflußfaktoren (oder auch „Ursachen") zu finden
- und mit den jeweils vorhandenen bzw. erschließbaren Möglichkeiten Lösungswege zu (er)finden bzw. zu entwickeln.

Diese Beratungskonzeption legt Wert darauf, daß Lösungen „von innen her" entstehen. Die Angehörigen der Organisation werden als „Experten in eigener Sache" betrachtet. Die Erwartung ist, daß Lösungen, die so zustande kommen, besser passen und eher akzeptiert und verwirklicht werden als Empfehlungen von außen. Zudem trägt diese Beratung zugleich zum Training in Sachen Veränderungsmanagement bei.

Prozeßberatung ist immer dann das Vorgehen der Wahl, wenn zwischenmenschliche Beziehungen, Organisationsroutinen, die Kultur der Organisation, grundlegende bzw. tiefgreifende Veränderungsprozesse und/oder ein großes Maß an Unklarheit im Vordergrund stehen.

Prozeßberatung richtet ihre Aufmerksamkeit und ihren Einsatz vor allem auf die zielgerichtete **Gestaltung von Arbeitsprozessen** mit Mitgliedern des Klientensystems. Manchmal besteht das Mißverständnis (oder der tatsächliche Mangel), daß **Prozeß**beratung nicht an konkreten Ergebnissen interessiert sei, sondern lediglich an der Art und Weise, **wie** diese zustande kommen. Da im Krankenhaus meist ein erheblicher Problemdruck verknüpft wird mit dem Eindruck, keine Zeit „übrig" zu haben (Aktionsdruck), wirkt eine derartige Einschätzung überaus hinderlich. Prozeßberatung setzt voraus, daß letztlich immer die Beratenen (Organisation bzw. Personen) darüber entscheiden, ob ihnen ein Rat sinnvoll und umsetzenswert erscheint oder nicht. Berater gehören nicht zum System selbst dazu und können deshalb nicht **direkt** eingreifen, um Abläufe oder Regeln zu verändern. Ihre Wirksamkeit liegt darin, Mitglieder des Systems zu neuen Handlungsweisen, formalen Änderungen etc. zu bewegen. Der Beratungszusammenhang bildet ein eigenes, vorübergehendes System, aus dem Impulse in die Organisation selbst hineingegeben werden. Problematisch – und deshalb in Beratung zu bearbeiten – ist, daß Organisationen nur das wahrnehmen können, was „sie angeht".

Dies sei kurz am Beispiel Krankenhaus erläutert:

C Auf dem Weg zum Krankenhaus der Zukunft

Ein Krankenhaus oder eine Unterabteilung desselben nehmen Patienten nur wahr, wenn diese kommen, und sie registrieren im wesentlichen nur das, was für die Aufgaben und Möglichkeiten des Krankenhauses bedeutsam ist: Krankheit (Art und Schwere), Vorgeschichte, Diagnose, Therapievorschläge, Kosten, Versicherung, Angehörige für den Notfall etc. Für diese Informationen gibt es eingespielte Routinen und Lösungen der Organisation Krankenhaus. Es wird oft beklagt, daß Krankenhäuser deshalb „unmenschlich" seien. Dies ist indes lediglich ein Hinweis darauf, womit das System „Krankenhaus" umgehen kann und womit nicht (zumindest in seiner derzeitigen Ausprägung). Die Möglichkeiten (und Unmöglichkeiten) des Krankenhauses sind Ergebnis von Auswahl- und Entscheidungsvorgängen (die nur zum Teil bewußt sind). Ändern sich nun die Verhältnisse im Umfeld des Krankenhauses (z.B. in der Art der Krankheiten, in der Politik, der Entwicklung der Medizin, den Erwartungen von Patienten), stellt sich die Frage, ob und wie diese Veränderungen intern wahrgenommen werden und welche gedanklichen sowie praktischen Schlüsse daraus gezogen werden. All dies geschieht unumgänglich nur mit dem Wissen (und mit dem „Nichtwissen"), das im Krankenhaus verfügbar ist. Ist der Punkt erreicht, an dem es „so nicht weitergeht", richten sich Problemlöse-Erwartungen meist sehr schlicht und sehr direkt an die Berater als die Experten von außen.

Prozeßorientierter Beratung geht es dann nicht darum, herauszufinden, was „wirklich" der Fall ist oder was „wahr" ist. Das Interesse und die Einflußnahmen richten sich vielmehr darauf, was **hilfreich, sinnvoll** und **möglich** ist. Oft kommt es zunächst darauf an, sichtbar werden zu lassen, daß mehr möglich ist, als die tägliche Routine glauben macht, und daß es meist bessere Lösungen gibt. Dies ist in Krankenhäusern besonders wichtig, herrscht doch allzuoft das „Ja, aber-Syndrom". Dies meint, daß häufig Mitarbeiter klagen und Veränderungen einfordern, gleichzeitig aber darauf hinweisen, daß „man ja doch nichts ändern könne". Berater haben in diesen Arbeitsprozessen u.a. die Aufgabe, das Hinsehen und Hinhören darauf zu lenken, wie Probleme, Konflikte, Blockierungen, Verschwendung von Ressourcen etc. gemeinsam tagtäglich aufs Neue erzeugt werden. In dieser Rolle eines „Scouts" durch das Labyrinth von Einseitigkeiten,

Mißverständnissen, mikropolitischen Winkelzügen, Selbsttäuschungen u.ä. steckt eine wichtige Quelle für die Wirksamkeit der Beratung. Um langfristig erfolgreich sein zu können, müssen Berater in diesem Sinne das Normale stören, irritieren sowie gelegentlich provozieren. Zugleich ist der Mut und die Entschiedenheit derer zu stützen, die sich dem Gewohnheitssog entziehen, Herausforderungen anpacken und bessere Lösungen erproben wollen. Beratung ist hier nötig, um im Kontakt mit der Organisation Abstand zu erzeugen, systematisch und zielorientiert beobachten und handeln zu lernen sowie Wechselwirkungen, Langzeitfolgen und Begrenzungen zu berücksichtigen.

Eine organisatorisch schwierige Frage ist speziell in Krankenhäusern, **wo** Beratungsprozesse stattfinden sollen. Aus verschiedenen Erwägungen heraus scheint es am einfachsten, mit den an der Beratung beteiligten Personen im Krankenhaus selbst für jeweils einige Stunden zu arbeiten. Je nachdem, welche Alternativen zur Verfügung stehen, mag dies entweder nötig oder am ökonomischsten sein. Wer jedoch das Störpotential von Piepern und die „Dringlichkeitskultur" in Krankenhäusern kennt, wird mit guten Gründen nach Arbeitsorten außerhalb des Krankenhauses suchen. Für längere Arbeitsphasen (wie Klausuren, Workshops u.ä.) gilt dies ohnedies. Wann immer im Krankenhaus gearbeitet werden soll, muß eine **geeignete Infrastruktur** zur Verfügung gestellt werden (Arbeitsräume, Moderationsausstattung, Computer, falls erforderlich).

Wann kann das Krankenhausmanagement und können die Mitarbeiter eines Krankenhauses von Beratung hilfreiche Ergebnisse erwarten und was müssen sie dafür investieren? Beratung in jeder Form ist ein Eingriff, der mit Risiken verbunden ist. Beratung setzt ein gewisses Maß an **gegenseitigem Vertrauen** voraus. Dazu gehört – vor allem für das Management und die an Beratungsprozessen Beteiligten – die Einschätzung, daß mit der Beratung reale Verbesserungen erreichbar sind. Diese Einschätzung kommt gewöhnlich auf typische Weisen zustande. Entweder kennt ein Mitglied der Krankenhausleitung Berater bzw. ein Beratungsunternehmen aus einem anderen Haus. Oder man holt Erkundigungen ein (Vorsicht bei Referenzlisten!). Oder man gewinnt durch Vorklärung und Präsentationen einen guten Eindruck. Grundsätzlich gilt, daß Krankenhaus und Berater desto

C Auf dem Weg zum Krankenhaus der Zukunft

erfolgreicher zusammenarbeiten können, je klarer und konkreter die Ziele und Ergebniserwartungen sind.

Nun mag es vorkommen, daß das Management sich selbst noch nicht ganz schlüssig ist, in welche Richtung es gehen möchte. Dann empfiehlt es sich, eine **Klärungsphase** vorzuschalten. Soweit hierzu externe Prozeßberatung beansprucht wird, sollte klar sein, daß sich der Kontrakt lediglich auf diese Klärung bezieht, um die nötige Unabhängigkeit für weitere Entscheidungen zu wahren.

Von Beratungsanbietern wird gemeinhin erwartet, daß sie die Branche kennen und die Sprache sprechen, die in der jeweiligen Organisation gepflegt wird. Dies erscheint im Bereich Krankenhaus besonders prekär, da es nur wenige gibt, die sich in diesem Feld spezialisiert haben. Zweifellos ist es von Vorteil, wenn jemand, der beratend in einem Krankenhaus tätig werden soll, den Kontext und die „Kultur" von Krankenhäusern kennt, sozusagen auch zwischen den Zeilen zu lesen oder die Zwischen-Töne zu hören versteht. Aber man sollte diese spezielle **Branchenkenntnis als Erfolgs- und Qualitätsfaktor** nicht überschätzen. Zum einen ist nicht ein Krankenhaus wie das andere. Jedes muß für sich erkundet und gezielt beraten werden. Zum zweiten tritt leicht – vor allem bei Beratungsunternehmen, die bestimmte weitgehend standardisierte Produkte anbieten – die Beraterbrille vor die Wahrnehmung der je speziellen Situation. Zum dritten lassen sich Lösungen, die in einem Haus, in einer Station oder in einer Klinik gut gewirkt haben, nicht einfach in andere übertragen. Dies gilt natürlich insbesondere dort, wo mit Hilfe von Prozeßberatung neue oder andere Wege entwickelt werden sollen.

Was müssen die Kunden investieren, damit Beratung gelingen kann? Hier ist nicht mehr von Geld die Rede. Für die Beratungsarbeit selbst ist wichtiger, Klarheit, Engagement, Zeit, Mut und Sorgfalt beizusteuern. Bei der Inanspruchnahme von Beratung handelt es sich letztlich (wenn auch in unterschiedlicher Intensität) um eine kooperative Problemlösung bzw. die gemeinsame Entwicklung neuer Möglichkeiten. Man muß nicht so weit gehen, daß ein Ziel von guter Beratungsarbeit immer sein solle, möglichst viel Qualifikation von außen (von Beraterseite) nach innen (zur Kundenseite) zu bringen. Aber dennoch gilt: Beratungsarbeit ist zugleich **Lernarbeit.** Es ist günstig, wenn Krankenhäuser darauf achten, daß sie ein möglichst gutes „Pendant" zu der externen Beratungskompetenz im Hause selbst vorhalten oder zügig entwickeln. So kann die professionelle Beratungsarbeit der Externen von innen realistisch eingeschätzt und unterstützt werden.

50.3 Worin soll Beratung „professionell" sein?

Der Erfolg von Beratungsprojekten hängt sicher zu einem guten Teil davon ab, wie professionell die Berater handeln. Nun ist es nicht ganz einfach, diese Professionalität klar zu erkennen bzw. zu beschreiben. Ein wesentlicher Teil wird geprägt durch die fachliche und soziale **Qualifikation der Beratenden**. Professionalität wird charakterisiert (und dies ist am Beispiel der Mediziner im Krankenhaus gut zu veranschaulichen) durch anspruchsvolle Ausbildungswege sowie durch berufsspezifische Standards. Dies ist ansatzweise auch bei Beratern so, wenngleich die Qualifizierungswege und die Standards hier wesentlich weniger einheitlich sind und noch keine so lange Tradition aufweisen (*Wimmer* 1992). In der Professionalität von Beratung steckt im allgemeinen neben fundierten fachlichen Kenntnissen viel „handwerkliche Selbsterfahrung" (ebd.). Woran kann man professionelles Handeln von Beratenden sehen?

- **Kontakt mit der Organisation und den Beratenen**

Beratung braucht zwar notwendig „Fremdheit" bzw. eine professionelle Distanz. Gleichwohl kann sie ohne Kontakt nicht gelingen. Berater müssen Zugang zu Themen, Geschichten, Symbolen und natürlich den Menschen finden können. Sie müssen erkennen und spüren, „was los ist", wo Energie ist und wo Grenzen sind.

- **Klarheit der Vereinbarung (des Kontrakts)**

Es wurde bereits betont: Gute Beratung beginnt mit einer guten – d.h. klaren, verläßlichen – Vereinbarung über Ziele und Auftrag des Vorhabens. Dazu gehört auch, zu klären, was nicht Thema der Beratung sein soll. Wenn Unklarheiten bestehen, zeigt sich Professionalität im Beharren darauf, daß diese geklärt werden müssen. Eine der wichtigsten Fragen ist: Wer ist der Klient? (Wer ist es nicht? Wen betrifft Beratung?)

C Auf dem Weg zum Krankenhaus der Zukunft

- **Treffsicherheit bei Diagnosen/Einschätzungen**

Die Vorbereitung von Beratung sowie Beratung selbst geschehen wesentlich im Gespräch. Auch wenn die Erfolgs- bzw. Wirkungschancen von Beratung wesentlich darauf beruhen, neue/andere Perspektiven erzeugen zu können, müssen Diagnosen und Einschätzungen „passen". Sie müssen – eine förderliche Grundhaltung vorausgesetzt – plausibel nachvollziehbar und wenig spekulativ oder theoretisierend sein.

- **Angemessenheit und Flexibilität der Interventionen**

Man kann in Beratung grundsätzlich viel machen. Es kommt jedoch darauf an, zielbewußt, sparsam und situationsangemessen zu intervenieren: d.h. den Rahmen günstig zu wählen, Personen als Rollenträger mit den Organisationseinheiten zu verknüpfen (Aufgaben und Interessen berücksichtigen), bei „Widerstand" flexibel neue Zugänge zu schaffen (fokussieren), Selbstreflexion zu fördern.

- **Bescheidenheit und Begrenzung**

Wenn die praktische Beratungsarbeit beginnt, stellt sich in der Regel schnell heraus, daß „alles mit allem zusammenhängt". Bereits beim Einstieg wird (Selbst-)**Begrenzung** zu einem wichtigen Merkmal von Professionalität. Oft zeigt sich auch, daß gewachsene Strukturen und Interessen sich nicht einfach dem „Besseren" beugen. Professionelle Bescheidenheit heißt hier: Ansprüche und Grenzen neu festlegen.

- **Pragmatik und Konsequenz**

Entwicklungs- und Veränderungsprozesse verlaufen meist anders als zunächst gedacht. Professionelle Beratung bewegt sich hier zwischen pragmatischer Flexibilität (d.h. dem Einführen anderer Arbeitsmethoden, der Bilanzierung von Erreichtem, der wiederholten Zielklärung) sowie konsequenter Beharrlichkeit (eine Bestätigung des „Ja, aber-Syndroms" vermeiden, Energie für den Arbeitsprozeß neu anregen).

- **Eleganz und Ökonomie**

Beratendes Intervenieren in sozialen Systemen geschieht zwischen methodischem Handwerk und Kunst. Intuition ist so hilfreich wie Genauigkeit und Konsequenz in der Methode. Professionelle Beratung strebt nicht nur Veränderung durch harte und zielstrebige Arbeit an, sondern hat zugleich einen Sinn für schöne, überraschende und unaufwendige Lösungen.

- **Wirkungsorientierung und Nachhaltigkeit**

Beratung kann sich darin erschöpfen, eine bestimmte Methode anzuwenden. Wenn der Erfolg ausbleibt, wird das Projekt unter „Lernkosten" abgebucht. Professionell beraten heißt, nachhaltig Wirkung erzielen zu wollen. Diese muß nicht immer sofort sichtbar werden, oder das, was sogleich zu sehen ist, muß nicht das wichtigste Ergebnis sein (manche Effekte zeigen sich erst, nachdem der eigentliche Beratungsprozeß längst abgeschlossen ist). Beratene und Berater sollten abschließend gemeinsam klären, was „nun eigentlich passiert ist" und inwieweit dies für das Krankenhaus längerfristig von Nutzen ist.

Literatur

Badura, B.; Feuerstein, G., Systemgestaltung im Gesundheitswesen. Weinheim, München 1994.

Badura, B.; Feuerstein, G.; Schott, T. (Hrsg.), System Krankenhaus. Weinheim, München 1993.

Bellabarba, J.; Schnappauf, D. (Hrsg.), Organisationsentwicklung im Krankenhaus. Göttingen 1996.

Doppler, K.; Lauterburg, Chr., Change Management. Frankfurt a.M., New York 1994.

Fatzer, G., Prozeßberatung als Organisationsberatung der neunziger Jahre. In: *Wimmer, R.* (Hrsg.), Organisationsberatung. Neue Wege und Konzepte. Wiesbaden 1992.

Grossmann, R., Die Selbstorganisation der Krankenhäuser. Ein Schlüssel für die Organisationsentwicklung im „Gesundheitswesen". In: *Grossmann, R.; Krainz, E.; Oswald, M.* (Hrsg.): Veränderung in Organisationen. Wiesbaden 1995, 55–78.

Lohmer, M., Dompteur oder Diplomat. Die Rollen des internen Beraters im Management von Veränderungen. In: *Grossmann, R.; Krainz, E.; Oswald, M.* (Hrsg.), Veränderung in Organisationen. Wiesbaden 1995, 205–214.

Pelikan, J.; Grossmann, R.; Dalheimer, V., „Neue Wege" der Organisationsberatung im Krankenhaus am Beispiel des WHO-Projekts „Gesundheit und Krankenhaus". In: *Wimmer, R.* (Hrsg.), Organisationsberatung. Neue Wege und Konzepte. Wiesbaden 1992.

Schmitt, I. M. Sr.; Hinkel, N. (Hrsg.), Betroffene beteiligen. Prozesse der Organisations- und Kulturentwicklung in den Krankenhäusern der Franziskanerinnen von Waldbreitbach. Waldbreitbach o.J.

Vogel, H.-C.; Bürger, B.; Nebel, G.; Kersting, H.J., Werkbuch für Organisationsberater. Aachen 1994.

WBO-Team (Hrsg.), Krankenhaus als soziales System. Hildesheim 1993.

Wimmer, R., Was kann Beratung leisten? In: Ders. (Hrsg.), Organisationsberatung. Neue Wege und Konzepte. Wiesbaden 1992.

51 Unternehmensberatung – Partnerschaft auf Zeit

Am Beispiel der Beratungsphilosophie von CSM – Dr. Zwierlein & Partner, Consulting for sustainable Management

Eduard Zwierlein

51.1 Beratungsbedarf und Beratungsängste

Daß die Krankenhauslandschaft unter vielfältigen Druck und in Bewegung geraten und entsprechend zu einer Herausforderung des Krankenhausmanagements geworden ist, wird im vorliegenden Buch anhand vieler Beispiele eindrucksvoll bewiesen. Krankenhäuser sind äußerst komplexe Unternehmen mit einer hochspezialisierten Arbeitsteilung und mit schwierigen Umfeldprognosen und externen Trends. In dem Maße, in dem sie für die Spielregeln von Markt und Wettbewerb geöffnet werden, erfassen die hiermit gesetzten Veränderungen jede Facette dieser Komplexität. Umstrukturierung, Optimierung und Rationalisierung werden zu alltäglichen Aufgaben des Krankenhausmanagements, das sich der Frage stellt: Wie kann unser Haus in seinem Gesamtbild sowie in all seinen Strukturen, Prozessen und Leistungen so effizient und effektiv gestaltet werden, daß es kurzfristig gesichert und langfristig auf einem hervorragenden Platz in einem umkämpften Markt positioniert werden kann? Wieviel Unternehmenspotential kann durch welche Maßnahmen noch mobilisiert werden? Dabei sollen natürlich nicht nur Strukturen und Prozesse optimiert, sondern auch Personen kompetent gemacht werden.

Mit diesen Herausforderungen konfrontiert, stellt sich für das Krankenhausmanagement zugleich die Frage, ob es sinnvoll und möglich ist, neben dem kräftezehrenden Tagesgeschäft alle diese Aufgaben allein und aus eigener Kraft anpacken zu wollen. Nicht für jedes notwendig zu lösende Problem wird man die hinreichende Kraft, Zeit, Neutralität, Kompetenz oder das spezifisch erforderliche Know-how selbst aufbringen können. In genau diesem Maß existiert **Beratungsbedarf**. Der Einsicht in den Beratungsbedarf stehen allerdings massive **Beratungsängste** entgegen, die den unterschiedlichsten Quellen entstammen:

- **Schwarze Schafe** in der Branche der Unternehmensberatung und **Mißerfolge:** Ohne Zweifel leidet der Ruf der Unternehmensberater, wenn „Beratung light", schnelle, leichte und einfache Beratung fast zum Nulltarif versprochen und damit über die beschwerliche Arbeit einer seriösen und professionellen Beratung hinweggetäuscht wird. Um Scharlatanerie, die geschickt verpackte „heiße Luft" verkauft, und damit Beratungsschäden auszuschließen, sollten neben Qualifikation, Erfahrung und Persönlichkeit des Unternehmensberaters vor allem sein Konzept und seine Fähigkeit zu kundenspezifisch angepaßten Beratungsprozessen geprüft werden.
- **Allgemeine Beratungsunerfahrenheit:** Berührungsängste können auch einfach aus dem Umstand resultieren, daß in Krankenhäusern keine ausgeprägte Beratungstradition existiert. Man betritt Neuland. Hier sollte allerdings der Hinweis auf die „Normalität" von Beratung in nahezu allen Wirtschaftszweigen genügen. Ohne Beratung läuft heute sehr wenig. Wenn man einen nicht branchen- und betriebsblinden, aktuell informierten und neutralen Problemlöser mit Managementqualitäten sucht, der Veränderungen anstößt und Verbesserungen fördert, dann wird man einen entsprechenden Berater engagieren. Das Krankenhausmanagement vollzieht hier nur den Anschluß an erprobte Normalität.
- **Inkompetenzbefürchtungen:** Wenn man einen anderen engagiert, der richten soll, was man selbst nicht richten kann, bedeutet das nicht, seine Unfähigkeit zu dokumentieren? Keineswegs! Denn nur aus der Perspektive von Allmachtsphantasien kann ein solcher Weg als Niederlage empfunden und Beratung als negativ bewertet werden. Es ist im Gegenteil ein Zeichen von Stärke und Managementkompetenz, zu wissen, was benötigt wird und wo die eigenen Ressourcen und ihre Grenzen liegen, um sodann ggf. einen kompetenten Dienstleister als Partner auf Zeit einzukaufen, der zielführend aktiv wird. Man kann viel-

leicht sogar sagen, daß es eine generelle Aufgabe des Topmanagements ist, die richtigen Menschen zur Lösung von Problemen zu finden oder zu befähigen, die man selbst nicht lösen kann, wobei es sekundär ist, ob diese Lösungskapazität in internen oder externen Ressourcen gefunden wird.
- **Kostenfaktor:** Guter Rat ist teuer. Unternehmensberater kosten Geld – und zwar in der Regel nicht gerade wenig. Wenn sie sich lohnen sollen, muß ihre Arbeit mehr „Gewinn" bringen, als sie durch ihre Kosten verzehren. Dies ist nicht immer leicht zu bestimmen, weil viele Problemlandschaften nicht klar quantifizierbar und monetarisierbar sind. So fügen sich z.B. Kommunikation, Betriebsklima, Image oder Führungsstil nicht präzise in die kalkulierbare Welt der Zahlen und ein glasklares Controlling ein. Und doch weiß jeder, daß sie über Motivation, Engagement, Fehlzeiten, Fluktuationsraten etc. erhebliche qualitative und monetäre Niederschläge besitzen. Es schlummern in ihnen große Kostensenkungs- und Wirtschaftlichkeitspotentiale. Trotz einer nicht immer genauen Darstellbarkeit sollte durch den vereinbarten Beratungsweg und die Vertragsmodalitäten dennoch eine möglichst transparente Darstellung von gemeinsam abgestimmten Erfolgskriterien und Erfolgskontrollen vereinbart werden.

51.2 Beratungsziele und Beratungskonzept

Berater erbringen gegen Honorar und unabhängig von der Weisung Dritter Beratungsleistungen, die u.a. folgenden **Zielen** dienen sollen:
- Betriebliche **Stärken** sollen gestärkt, **Neues** soll erschlossen, **Schwachstellen** und Fehlerquellen sollen ermittelt und beseitigt werden. Jede mitgeschleppte Schwachstelle kostet Geld und verspielt Chancen.
- Die **Leistungsfähigkeit** des Krankenhauses soll durch Überprüfung von Planungsentscheidungen (vor allem im Blick auf neue Behandlungsformen, Entgeltsysteme und Geschäftsfelder), durch strukturelle und betriebsorganisatorische Veränderungen, durch Minimierung der Betriebskosten, durch erhöhte Wirtschaftlichkeit und Produktivität, durch gesicherte Arbeitsplätze mit kompe-

tenten und motivierten Mitarbeitern sowie durch Sicherung aller Qualitätsdimensionen gesteigert werden.
- **Kostenbewußtsein**, effizientes Wirtschaften und konsequentes Sparen sollen durch Transparenz aller Prozesse, klare Prozeß- und Kundenorientierung sowie eine selbstkritische Prüfung aller traditionellen Besitzstände, Aufgaben und Leistungen erreicht werden.
- Das **Leistungsprogramm** soll überprüft werden: **Breite** (optimaler Diversifizierungsgrad, z.B. hinsichtlich Streuung oder Konzentration), **Tiefe** (optimale Integration, z.B. hinsichtlich Outsourcing [→], Kooperationen, Allianzen) und **Differenziertheit** (optimaler Differenzierungsgrad, z.B. hinsichtlich Varianten, Sorten, Leistungskatalog).

Um diese Ziele zu unterstützen, sollte der Unternehmensberater über ein **Konzept** verfügen, das modular und flexibel den spezifischen Kundenerfordernissen angepaßt werden kann. Das Konzept sollte ganzheitlich orientiert sein, funktionsübergreifende Zusammenhänge beachten, alle relevanten Stakeholderinteressen (→) berücksichtigen und Zielkonflikte frühzeitig identifizieren und lösen können. Des weiteren sollte es über ein klares und bündiges Basisschema für den Beratungsprozeß verfügen, um dem Kunden als Kompaßfunktion eine allgemeine Route vorzeichnen zu können (s. Kap. 51.4). Schließlich gehört zum konzeptionellen Rahmen die Ausstattung mit einem umfänglichen „Methodenkoffer" (s. Kap. 51.4). Zu den **konzeptionellen Eckdaten** selbst zählen vor allem folgende Punkte:

- Es dürfen keine vorfabrizierten oder standardisierten Lösungsmuster eingesetzt werden: Lösungen müssen **kundenspezifisch** gefunden und angepaßt, Antworten individuell gegeben werden.
- Es sollten keine monokausalen und additiven Lösungen angeboten werden: Lösungen greifen in der Regel nur, wenn sie **vernetzt** und **integrativ** realisiert werden.
- Es sollten keine fokusverengten Lösungen verfolgt werden, die beispielsweise nur betriebswirtschaftliche „hard factors" oder sozial-kommunikative „soft factors" beachten: Lösungen müssen in aller Regel **ganzheitlich**, d.h. hier problem-, fach-, themen- und personenübergreifend angesetzt werden. Gleichwohl ist es normalerweise wichtig, den **Unternehmensfokus** zu bezeichnen, auf den sich Dia-

51 Unternehmensberatung – Partnerschaft auf Zeit

gnose und Intervention der Beratung primär beziehen, also z.B. auf die Ebene des Gesamtsystems, die Organisationsebene, die Teamebene oder die Ebene einzelner Personen.
- Es sollten nicht nur individuelle, kundenspezifisch angepaßte Ideen entwickelt und Konzepte erstellt werden. Vielmehr sollten Unternehmensberater, die für langfristig tragfähige Lösungen einstehen, auch die Wege der **Implementation** und **Realisierung** mitgehen. Die Beratungspartnerschaft umfaßt Vorsorge, Fürsorge und Nachsorge. Das Verlassen des punktuellen Einsatzes zugunsten einer langfristigen Bindung bedeutet, daß die Berater auch die Wirkungen ihrer Empfehlungen miterleben, an denen sie gemessen werden und auf die sie ggf. noch einmal Einfluß nehmen können. Da es auch um Implementation von Wandel geht, d.h. letztlich um eine Veränderung von Annahmen, Überzeugungen und Wahrnehmungsgewohnheiten, sollte man sich diesem schwierigen Weg als Berater nicht entziehen und den **Beratungsprozeß als Prozeßberatung** gestalten.
- Für ein **Minimum** an Intervention oder Therapie ist eine sorgfältige, **maximale** Diagnose unerläßlich. Weniges zu tun, dies aber zielgenau und treffsicher, verlangt profunde Vorarbeit und ein permanentes **Diagnose-Monitoring**. Minimaltherapie ist nur durch Maximaldiagnose möglich. Deshalb ist es als unseriös anzusehen, wenn Berater bereits in ersten Informationsgesprächen, ohne genaue Kenntnisse und Analysen, mit wunderbaren Lösungsvorschlägen aufwarten, die sich dann doch nur als weit gestreute „Breitband-Interventionen" mit wenigen Zufallstreffern, hohem Energieaufwand und starkem Kontraproduktivitätspotential entpuppen.

Alle diese Konzeptbausteine unterstreichen, daß Beratung systematisch, seriös und professionell angelegt und aufgebaut sein muß. Unternehmensberater dürfen keine Hexerei oder Instant-Lösungen anbieten. Sie laufen nur in kostenintensive Holzwege und Sackgassen aus. Auch „Hau-ruck"-Aktionen nach dem Motto „Do it once, do it right" dürften in aller Regel in das Fazit münden: „Quick and dirty". Unternehmensberater sind keine Gurus und Zauberer, und sie dürfen auch keine Spieler sein, die aus Unternehmen risikoreiche Experimentierbühnen machen. Berater engagieren sich in einem anspruchsvollen Prozeß für den Erfolg ihrer Kunden, der sie legitimiert.

51.3 Beratungsthemen und Beratungsgebiete

Die **Beratungsthemen** sind so vielfältig wie die jeweiligen Bedürfnisse und Problemlagen des Kunden. Es kann sich dabei z.B. um Öffentlichkeitsarbeit, Marketingstrategien, Leitbildentwicklung, Profit-Center (→), Krankenhausinformationssysteme und Datenverarbeitung, Hotelservice, Outsourcing (→), Organisationsentwicklung, Qualitätszirkelbildung, berufsgruppenübergreifende Kommunikation und Kooperation, Teammanagement, Personalentwicklung, Potentialeinschätzungen oder Coachingprozesse handeln.

Wichtig ist, daß diese Gebiete einerseits klar umrissen, strukturiert und geplant, im Blick auf Ziele, Ressourcen, Zeit, Kosten, Qualitätserwartungen und Erfolgskriterien sowie in ihrer Zuordnung zu Unternehmensebenen (System-, Organisations-, Team-, Personen- und Selbstmanagement) präzise abgestimmt werden. Andererseits müssen sie auch in ihrer Vernetzung und Wechselwirkung mit anderen Bereichen und Ebenen konfiguriert werden.

Die allgemeinen, für Unternehmen relevanten Analysefelder oder **Beratungsbereiche** können nach einem traditionellen Schema der klassischen Wettbewerbsfaktoren nach „scale", „scope" und „speed" geordnet werden:
- **Scale** bezeichnet die Größe des Leistungsprogramms (aber auch des Unternehmens) zwischen „schlanker" Beweglichkeit, Marktmacht und Unbeweglichkeit.
- **Scope** bezeichnet die Weite des Leistungsprogramms, d.h., die Differenziertheit und Diversifikation des Leistungsspektrums für die relevanten Stakeholder (→).
- **Speed** bezeichnet Zeit und Geschwindigkeit, mit der Unternehmen Leistungen anbieten, innovieren, Pioniergewinne einfahren, Marktanteile erobern, neue Kundennutzen erkennen und befriedigen, Standards setzen etc.

Für das Verständnis dieser Wettbewerbsfaktoren ist es wichtig, einseitige Fixierungen auf die Vorteile nur eines einzigen Faktors zu vermeiden.

Entsprechend unserer *CSM*-Beratungsphilosophie unterscheiden wir 5 große **Beratungsgebiete:**
- **Marktstellung** (Stakeholderstruktur [→], Dienstleistungs- und Produktionsstruktur, Wettbewerbsstruktur, Kooperationsstruktur)
- **Wertschöpfungsstruktur** (Optimierung von „soft factors", Kostenposition, Technologie und Logistik, EDV-Organisation)
- **Managementsektor** (System-, Institutionen-, Personen- und Selbstmanagement)
- **Finanzwirtschaftliche Situation** (Ertragssituation und Gemeinkostensenkung, Liquiditätsspielraum, Investitionspotential, Kapitalstruktur)
- **Risk-Management** (Forderungen und Kredite, Versicherungen, Mitarbeiterversorgung, Anlagen und Produktion)

51.4 Beratungsprozeß und Beratungsmethodik

Jeder Kunde darf eine speziell auf ihn zugeschittene und individuell angepaßte Beratung erwarten. Das Übertragen von Standardkonzepten oder Generallösungen ist kaum hilfreich. Dessen ungeachtet sollte eine Unternehmensberatung für die Durchführungsmodalitäten dem Kunden ein allgemeines, variables Grundgerüst oder **Prozeßschema** aufzeigen können. Als je nach den Umständen und Erfordernissen abzuwandelndes Beispiel soll hier ein 5phasiges Basisschema dienen:

- **Phase 1 – Kontaktaufnahme und Basisgespräch:** Im Erstkontakt sollte das Kundenanliegen genau mit dem Kompetenzprofil der Unternehmensberatung verglichen und hinsichtlich K.o.-Kriterien und O.k.-Kriterien (z.B. Zeit- und Kostenrahmen) geprüft werden. Sind die Rahmenbedingungen einer eventuellen Kooperation gegeben, sollte der Kunde eine möglichst klare Bedarfsformulierung und Zielsetzung vornehmen, eine Grobplanung skizzieren und Erfolgskriterien vereinbaren. Diese Grundlagen, partnerschaftliche Zusammenarbeit, Wahrung von Betriebsgeheimnissen etc. werden in einem Arbeitsbündnis festgehalten. Der Beratungsauftrag wird nun phasenweise ausgesprochen und fortlaufend erweitert/präzisiert.

C Auf dem Weg zum Krankenhaus der Zukunft

- **Phase 2 – Bestandsaufnahme:** Durch eine ausführliche Informationsrecherche und Diagnosephase (Gespräche, Interviews, Fragebögen, Aktenstudium etc.) wird der Bedarf genauer identifiziert und die Grundlage für ein Planungsgespräch mit dem Kunden gelegt.
- **Phase 3 – Planung und Strategiedefinition:** Gemeinsam mit dem Kunden werden die aktuell erkennbaren Veränderungsnotwendigkeiten, Ressourcen und Alternativen analysiert und evaluiert. Eine Potentialanalyse und Durchführbarkeitsprüfung wird vorgenommen, Ziele konkretisiert, Maßnahmen diskutiert, Störfelder und Risiken geprüft, bis durch gemeinsamen Abgleich ein Fahrplan mit genauem Zielkatalog, Maßnahmen, Arbeitspakete, Verantwortlichkeiten, Zeitrahmen etc. festgelegt und verabschiedet werden kann. Es sollte eindeutig klar sein, was getan und eingeschlossen bzw. was unterlassen und ausgeschlossen werden soll. Beratungs- und Veränderungsprozeß sollten dem Prinzip kleiner, beherrschter und verkraftbarer Schritte folgen.
- **Phase 4 – Realisation:** Der vereinbarte Fahrplan wird durchgeführt und umgesetzt. Regelmäßige Feedbackschleifen, regelmäßige Fortschrittsberichte, klare Dokumentation und Zwischenbilanz-Intervalle sichern die Erfolgskontrolle. Wo nötig, wird die Planung aktualisiert und modifiziert.
- **Phase 5 – Fazit:** Die Ergebnisse werden definiert, präsentiert, dokumentiert und evaluiert. In einer Abschlußbilanz wird über das Auftragsende oder/und modifizierte bzw. neue Beratungsdienste entschieden. Das weitere Controlling bzw. die Pflege und Betreuung des Erreichten wird sichergestellt.

Neben einer klar vereinbarten Vorgehensweise mit klaren inhaltlichen Optionen ist es des weiteren wichtig, daß die Beratung gerade für Krankenhäuser als komplexe Dienstleistungsunternehmen mit humanitärem Auftrag eine möglichst breite **interdisziplinäre** Grundlage und Orientierung besitzt, so daß sie einerseits ethische, sozialwissenschaftliche, prozeßmethodische, managementtheoretische, technische und betriebswirtschaftliche Kenntnisse einbringen als auch generalistische Kompetenz mit Spezial-Know-how verknüpfen kann.

Diese Interdisziplinarität drückt sich **beratungsmethodisch** in einem entsprechenden „**Methodenkoffer**" aus, der für die verschiedensten Aspekte von Analyse, Diagnose, Prozeßsteuerung, Interventionen, Problemlösungen etc. Werkzeuge, d.h. Formen sowie Methoden und Instrumente, bietet, also etwa für:

- **Formen:** Schulungen, Trainings, Seminare, Vorträge, Assessment-Center, Workshops, Projektarbeit, Gruppenarbeit, Zirkel, Coaching, Supervision etc.
- **Instrumente:** Analyse-, Befragungs- und Interview-Techniken, Multi-Moment-Aufnahmen, Projektmanagement, Moderations-Techniken, Coaching-Techniken, Verhaltenstraining, computergestützte Potentialanalysen, Methoden des Konflikt- und Kommunikationsmanagements etc.

51.5 Schlußgedanken

Gute Unternehmensberatung ist ein **partnerschaftlicher Lern- und Veränderungsprozeß**, der in offener und vertrauensvoller Zusammenarbeit mit dem Auftraggeber/Leistungsnehmer ehrliche, ungeschönte Analysen erbringt, Finger auf die Wunden legt, klare Zielfindung fördert und erfolgreiche Formen, Methoden und Instrumente anbietet. Als Partnerschaft auf Zeit sollte die Unternehmensberatung auch die Phasen der Ideenverwirklichung und Konzeptumsetzung durchleben, begleiten und unterstützen. Idealerweise mündet die Beratung allerdings zuletzt in einen **selbstorganisierten Prozeß** kontinuierlicher Verbesserung des Unternehmens aus **eigenen Kräften**.

Unternehmensberatungen mit einfachen, schnellen und billigen Lösungen sind genauso unseriös wie solche mit definitiven Erfolgsgarantien. Dafür sind Krankenhäuser zu komplex und ihre Probleme zu vielschichtig. Eine ernsthafte Unternehmensberatung kann auch nicht, wie manchmal erwartet oder erhofft, versprechen, die Betriebsabläufe nicht zu „stören". Statt sie von vornherein auf die Rolle eines zahnlosen Tigers festzulegen, sollte vielmehr akzeptiert werden, daß sie auch **Unruhe** mit sich bringt. Die Wege der Beratung sind häufig rauh und steinig; sie geht nicht selten via „blood, sweat and tears". Denn sie verlangt **oft tiefgreifende Reformen**, die Neuorientierungen, Wahrnehmungsveränderun-

C Auf dem Weg zum Krankenhaus der Zukunft

gen, Phasen der Verunsicherung, Destabilisierung festgefahrener Einstellungen, Infragestellung alter Besitzstände und Gewohnheiten oder das Auftauen („unfreeze") zementierter Strukturen einschließen. Wer nicht nur punktuelle Korrekturen oder Oberflächenkosmetik möchte, wird diese Phänomene als sinnvolle Teile einer **Heilungskrise**, wie die Symptome eines Fiebers vor der Gesundung, akzeptieren.

Das **Ziel** jeder Beratung ist allerdings klar:

Alle Interventionen zielen darauf, ein exzellentes, lebens-, trag- und zukunftsfähiges Unternehmen zu schaffen, in dem Qualität, Humanität und Wirtschaftlichkeit Hand in Hand gehen.

In Zeiten eines spannungsvollen Umbruchs und neuer Herausforderungen soll eine seriöse und professionelle Beratung den Krankenhäusern gute und erfolgreiche Wege im Wandel zum Krankenhaus der Zukunft aufzeigen.

Anhang

Glossar

ABC-Analyse: Eine Methode, Wichtiges von Unwichtigem zu unterscheiden und den Planungsaufwand zu reduzieren, indem Bestände, Prozesse, Lieferanten, Kunden, Produkte etc. nach gestaffelter Wichtigkeit priorisiert werden.

Benchmarking: Systemischer Ansatz, der darauf abzielt, Spitzenleistungen intern und extern aufzuspüren. Dabei sollten als Bezugspunkt der eigenen Qualität die Arbeitsinhalte und -prozesse sorgfältig ausgewählter erfolgreicher Unternehmen erlernt und übernommen werden. Der eigene Betrieb soll auf diese Weise zur Meisterschaftsklasse aufsteigen.

Case-Management: Als Begriff auch in Deutschland im Sozialwesen populär, wird er jetzt auch für die pflegerische Betreuung über Institutionengrenzen hinweg benutzt. Das pflegerische Case-Management soll die Pflegekontinuität, z.B. aus dem Krankenhaus in häusliche Pflege oder in ein Pflegeheim, oder auf umgekehrten Wegen sicherstellen.

Care-Management: Wird häufig synonym mit Case-Management gebraucht.

Corporate Identity: Die Selbstdarstellung eines Unternehmens nach innen und außen auf der Grundlage einer Unternehmensphilosophie, die sich u.a. in der Corporate Communication (Kommunikationsgrundsätze und Kommunikationsstil), im Corporate Behavior (Verhaltensgrundsätze und Verhaltensstil) sowie im Corporate Design (Architektur, Logo und alle visuell wahrnehmbaren Aspekte) ausdrückt.

Einschätzungsprärogative: In der Rechtsprechung anerkannt ist die sog. Einschätzungsprärogative in den Fällen, bei denen Entscheidungen von unabhängigen, weisungsfreien, per spezieller Fachkunde zusammengesetzten Kollegialorganen zu treffen sind, insbesondere bei Entscheidungen wertenden und prognostischen Charakters, wenn die Prognose beispielsweise auf allgemein politische oder wirtschaftliche Gesamtzusammenhänge ausgerichtet ist.

Korporative Akteure: „Juristische Personen" im Gegensatz zu natürlichen Personen, z.B. Verbände, Gewerkschaften, Trägervereine von Krankenhäusern.

Lean-Management: Komplexes Führungssystem, welches das gesamte Unternehmen umfaßt. Es stellt den Menschen in den Mittelpunkt des unternehmerischen Geschehens und betont dabei „schlanke" Strukturen, z.B. abgeflachte Hierarchien, Entbürokratisierung, Dezentralisierung, mehr Flexibilität und Autonomie.

Outsourcing: Längerfristig angelegte Ausgliederung bestimmter Teilaufgaben sowie der notwendigen Ressourcen aus dem Unternehmen und deren Übertragung auf andere Unternehmen.

Portfolio-Analyse: Planungsmethode, um eine breite Auswahl von Finanzmitteln, Produkten, Dienstleistungen oder Geschäftsbereichen so zu gestalten, daß Risiken minimiert, Erträge maximiert und das Gesamtunternehmen optimal ausbalanciert wird. Das berühmteste strategische Portfolio-Instrument ist die sog. „Boston-Matrix", eine 4-Felder-Matrix, in deren Koordinatensystem die relativen Marktanteile und Wachstumsraten von Unternehmen bzw. seinen Sektoren aufgrund von 4 Kategorien angegeben werden: Stars („Sterne" mit großem Marktanteil in rasch wechselnden Sektoren), Cash Cows („Milchkühe" mit hohem Marktanteil und geringem Wachstum), Poor Dogs („Arme Hunde" mit kleinem Marktanteil und geringem Wachstum) und Question marks/Problem children („Fragezeichen" mit geringem Marktanteil in rasch wachsenden Sektoren).

Primary Nursing: Im Deutschen oft als Bezugspersonenpflege oder Bezugspflege bezeichnet. Kernbestandteil dieser Organisationsform ist die Zuordnung der Pflegebedürftigen zu einer Pflegekraft, die die Verantwortung für die Pflege von der Aufnahme bis zur Entlassung des Patienten trägt, also

auch in ihrer Abwesenheit. Die pflegerische Bezugsperson muß entsprechend in ihren Abwesenheitszeiten für eine qualifizierte Vertretung sorgen. Diese kann wiederum bei anderen Patienten primäre Bezugspflegekraft sein.
In Deutschland gibt es meist modifizierte, d.h. nicht vollständig umgesetzte Formen des Primary Nursing.

Profit-Center: Ausgangspunkt des Center-Prinzips ist die Gliederung (des Krankenhauses) nach selbständigeren organisatorischen Geschäftseinheiten (z.B. Kliniken, Küche, Labor).
Profit-Center werden idealtypisch als eigenständige Unternehmensteile mit eigener Gewinn- und Verlustrechnung angelegt. Dieses Konzept soll die eigenständigen Einheiten zu unternehmerischem Denken und verantwortungsvollem Handeln motivieren.

Stakeholder: Interessen- und Anspruchsgruppen.

Subsidiaritätsprinzip: Neben dem Solidaritätsprinzip, das zur Risikoabwehr und zum Ausgleich sozialer Schwächen entsprechende Solidargemeinschaften bildet, das zweite Prinzip der Sozialpolititk. Es gibt der privaten Initiative Vorrang vor dem staatlichen Handeln bzw. der „kleineren" oder „untergeordneten" Einheit Spielraum gegenüber der „größeren" oder „übergeordneten" Einheit, die allerdings dafür sorgen muß, daß die nachgeordneten Einheiten in die Lage versetzt werden, sich selbst zu helfen: Hilfe zur Selbsthilfe.

Synergie: Griechisch: Zusammenwirken. Mehrwert durch Bündelung von Ressourcen, Fähigkeiten und Möglichkeiten. In Anbetracht der Entwicklungen im Gesundheitswesen eine politische Forderung im Zuge der Kostenbegrenzung.

Synergieeffekte: Einspareffekte und Qualitätssteigerung sind die angestrebten Effekte, die sich aus der Zusammenarbeit unterschiedlicher Leistungsanbieter ableiten lassen. Gewinnt zunehmend Bedeutung als Motiv zur Bildung strategischer Allianzen.

Total Quality Management (TQM): Strategisches Unternehmensführungskonzept (bzw. integrative und umfassende Managementphilosophie), das die Qualität zum Ausgangs- und Mittelpunkt einer verbesserten Wettbewerbsposition erhebt. Die Spitzenleistung in den Führungs-, Betriebs- und Verwaltungsprozessen soll u.a. durch das Prinzip der kontinuierlichen Verbesserung, Kundenorientierung, Einbeziehung der gesamten Belegschaft, Qualitätszirkel, Prinzip der Selbstkontrolle erreicht werden.

Laut DIN ISO 8402 (Entwurf März 1992): Auf der Mitwirkung aller ihrer Mitglieder beruhende Führungsmethode einer Organisation, die Qualität in den Mittelpunkt stellt und durch Zufriedenheit der Kunden auf langfristigen Geschäftserfolg sowie Nutzen für die Mitglieder der Organisation und für die Gesellschaft zielt.

Anhang

Abkürzungsverzeichnis

AWMF	Arbeitsgruppe Wissenschaftlicher Medizinischer Fachgesellschaften
BGB	Bürgerliches Gesetzbuch
EAK	Europäischer Abfallkatalog
EFQM	European Foundation for Quality Management
GKV	Gesetzliche Krankenversicherung
GLP	Good Laboratory Practice
GMP	Good Manufacture Practice
GPM	Geschäftsprozeßmanagement
HACCP	Hazard Analysis on Critical Control Points
ICD	International Classification of Diseases
LKA	Leistungs- und Kalkulationsaufstellung
PKV	Private Krankenversicherung
PPR	Pflegepersonalregelung
SVRKAiG	Sachverständigenrat für die konzertierte Aktion im Gesundheitswesen

Gesetze und Verordnungen

AbfBestV	Abfallbestimmungsverordnung
AbfKoBiV	Verordnung über Abfallwirtschaftskonzepte und Abfallbilanzen
BeitrEntlG	Beitragsentlastungsgesetz
BImSchG	Bundesimmissionsschutzgesetz
BPflV	neue Bundespflegesatzverordnung
BSHG	Bundessozialhilfegesetz
GRG	Gesundheitsreformgesetz
GSG	Gesundheitsstrukturgesetz
KHBV	Krankenhausbuchführungsverordnung
KHG	Krankenhausfinanzierungsgesetz
KrWG/AbfG	Kreislaufwirtschafts- und Abfallgesetz
KSG	Krankenhausstabilisierungsgesetz
LAbfG	Länderabfallgesetze
MedGV	Medizin-Geräte-Verordnung
MPG	Medizinprodukte-Gesetz
NOG	Neuordnungsgesetz
PflegeVG	Pflegeversicherungsgesetz
SGB V, XI	Sozialgesetzbuch V und XI

Anhang

Abbildungs- und Tabellennachweis

Abb. 19-1 Die sieben Schritte
(nach *Giebing, H.*, CBO-Schulungsmodul QS. Utrecht, NL, 1993)

Abb. 20-2 Pflegeplanung
(nach *Fichter, V.; Meier, M.*, Pflegeplanung, eine Anleitung für die Praxis. Basel 1985)

Abb. 31-1 Formale und informale Aspekte der Organisation, dargestellt am Eisberg
(nach *Probst, G.J.B.; Gomez, P.*, Organisation. Strukturen, Lenkungselemente, Entwicklungsperspektiven. Landsberg am Lech 1993)

Abb. 30-1 Kompetenz durch Bildung und Beruf
(*Bildung und Beruf.* Schriftenreihe des Bundesverbandes der Lehrer an beruflichen Schulen, hrsg. von *Ruhland, H.-J.; Bader, R.* Bonn 1994)

Abb. 31-2 Zielebenen eines integrierten Pflegemanagements
(*WHO*, Pflege im Wandel. Europäische Schriftenreihe Nr. 48, 1992)

Tab. 14-2 Unternehmenspotentiale (Fähigkeiten und Fertigkeiten) im Vergleich
(nach *Lettau, H.-G.*, Ganzheitliches Marketing. Entwicklung, Bedeutung, Umsetzung. Landsberg am Lech 1990, 115)

Tab. 33-1 Merkmale einer humanen Arbeits(aufgaben)gestaltung
(nach *Ulich, E.*, Arbeitspsychologie. Zürich, Stuttgart 1991, 157)

Tab. 38-1 Unterschiede zwischen den Controlling-Zielebenen
(nach *Schirmer, H.*, Krankenhaus-Controlling. In: Führen und Wirtschaften, Heft 1, 1995, 24)

Tab. 38-2 Aufbau und Teilgebiete der Kostenrechnung
(nach *Hummel, S.; Männel, W.*, Kostenrechnung 1. Grundlagen, Aufbau und Anwendung. Wiesbaden, 4. völlig neu bearbeitete und erweiterte Aufl. 1986)

Tab. 39-1 Formblatt K 2 der Leistungs- und Kalkulationsaufstellung
(modifiziert nach *Tuschen, K. H.; Philippi, M.*, Leistungs- und Kalkulationsaufstellung im Entgeltsystem der Krankenhäuser. Stuttgart 1995, 86)

Register

A

ABC-Analyse
- ökologische 517
- – Abfallwirtschaft 533

Abfallaufkommen pro Pflegetag und Patient 525

Abfallbeauftragter
- Berichterstattung 532
- Information 532
- Initiative 532
- Innovation 532
- Krankenhausorganisation 532
- Organisation 532
- Querschnittsfunktion 532
- Stellungnahme 532
- Überwachung 532

Abfallbegriff, erweiterter 524

Abfallbeseitigung, Notwendigkeit 530

Abfallbilanz 524, 530
- Abfallwirtschaft 533
- Aufstellung 530

Abfallproduzent, Krankenhaus 523

Abfallvermarktung 525

Abfallvermeidung, systematische 525

Abfallverwertung 525

Abfallwirtschaft 522–535
- ABC-Analyse, ökologische 533
- Abfälle 528
- Abfallbeauftragter, Organisation 532
- Abfallbilanz 533
- Ablauforganisation 532
- Altprodukte 528
- Anpassungsdruck, gesetzlicher 524–525
- Aufbauorganisation 532
- Aufgaben 527
- Aufklärung 535
- Auftragsbearbeitung 528
- Ausrüstungen, medizintechnische, nicht mehr benötigte 528
- Ausschuß 528

Abfallwirtschaft
- Beschaffung, ökologisch orientierte 529
- Beseitigung, Mindestmaß 527
- betriebliche 525
- Checklisten 534
- Disposition, bestandsoptimierte 529
- Effizienz, ökologische 526
- – ökonomische 526
- Emissionen 523
- Entsorgungsaktivitäten 523
- Entsorgungsmaßnahmen, integrativ-versorgende 529
- Entsorgungszukunft 531
- Funktionsbereich, betrieblicher 522
- Image 535
- Information 525
- Instrumentenpool 533
- Kennzahlen 534
- Kompetenz 535
- Kontrolle 528
- Kostentreiber 529
- Krankenhaus 522
- Marketing 534–535
- Materialien, gebrauchte 528
- Motivation 535
- – Mitarbeiter 534
- Objekte 527–529
- Optimum 527
- Organisation 528
- Planung, strategische 531
- Präventivstrategie 529–530
- Professionalisierung 523–525
- professionelle, Anforderungen 526
- Prozeßkostenrechnung 534
- Reparaturstrategie 529–530
- Ressourcen 523
- Reststoffe 528
- Röhrendenken 525
- Rückstände 528
- Schwachstellenanalyse, ökologische 529
- Stärken-Schwächen-Analyse 531
- Steuerung 529

669

Register

Abfallwirtschaft
- Strategieentwicklung 531
- Trendszenario 531
- Umweltanalyse 531
- Umweltschutz, technisch-administrativer 522
- Umweltschutzpolitik, offensive 529
- Umweltschutzziele 526
- Unternehmensanalyse 531
- Vermeiden/Vermindern 526
- Verwertung/Vermarktung 526
- Vier-V-Philosophie 525

Abfallwirtschaftskonzept 524, 530
- professionelles, Bausteine 530–535
-- Marketing 531

Abhängigkeitsverhältnis, Krankenhaushierarchie 324

Ablauforganisation 188
- Abfallwirtschaft 532
- Kommunikation 329
- Koordination 329
- Krankenhaus 85
- Management, ökologisches 515

Ablaufplanung, koordinierende 330

Ablaufpolitik 28

Ablaufstörungen 333

Absichten, Unternehmen 142

Abteilungen
- bettenführende, Endkostenstellen 502
-- Hauptkostenaufstellung 502
- Leitbild, Entwicklung 158
- Profilbeschreibungen 157

Abteilungschefarzt 237

Abteilungsleitung
- duale, Konzept 360–361
- Pflegebereichsleitung 408–409

Abteilungspflegesätze 9, 23, 502, 506

Abwehrstrategien, Arztberuf 323

Adaptionsfähigkeit, Organisationsveränderung 31

Änderungen der Rechtsform, Umstrukturierung, Krankenhaus 357

Änderungsdialog, Konfliktmanagement 595

Äquivalenzziffern, Kostenverursachung 504

Ärzte
- Krankenhausleitung 355–356
- leitende 347
- niedergelassene, Aufgabenteilungen 151
- Qualitätsmanagement, Fortbildung 233
- Rollenverständnis 263, 363
- Therapeutenrolle 328
- und Verwaltung 226–239
- zuweisende, Befragung 221

ärztliche Aufgabe, Betriebsleitung 355–368

ärztliche Leitung 359
- betriebswirtschaftlich sachverständige, Krankenhaus 356

ärztlicher Bereich
- Ablaufplanung, koordinierende 330
- Definitionsmacht 330
- Kooperation 319–345
- Krankenhaus 356

ärztlicher Dienst, Größe, limitierende 346

Ärztlicher Direktor 344
- Akzeptanz durch Leistung 349
- Amtsperiode 347
- Aufgaben 345
- Chefarzt 352
- Doppelbelastung 348
- Gesamtverantwortung 342–354
- Gleichberechtigung, formelle 350
-- tatsächliche 350
- hauptamtlicher 352
- Interesse, übergeordnetes des Hauses 351
- Interessenvertretung 342–354
- Konzept, offensives 349
- Krankenhausleitung 343, 364
- Krankenhausmanagement 352
- Parteilichkeit 351
- Position 228–229, 237
-- Alternativen 352–353

Register

Ärztlicher Direktor
- Resignation 349
- Stellung, Faktoren, bestimmende 346
- Vertreter eines interdisziplinären, Faches 351
- Weisungsbefugnisse, unzureichende 348
- Wissen, betriebswirtschaftliches 236
- auf Zeit 347
- Zusammenstehen, solidarisches 351

ärztlicher Qualitätsmanager, Position 232–234
Agenturen, Krankenhausmarketing 470
Akademisierung, Pflege 127
Akutmedizin
- Erwartungshaltung, gesellschaftliche 122
- Systemdifferenzierung 122

Akutversorgung 19
Akzeptanz
- durch Leistung, Ärztlicher Direktor 349
- Pflegestandards 255

Allianzen, strategische 332
Allmöglichkeit und -machbarkeit der Technik im Krankenhaus 630–631
Allokationsprobleme 27
Altenhilfe, stationäre 44
Alter, hohes 20
ambulante Versorgung, Verzahnung mit stationärer Versorgung 23
Ambulanzgruppe, Aufnahmeprozeß 219
Ambulanz-Modul, Krankenhausqualität 197
Analysen
- Budget, Überschreitung 76–78
- Universitätsklinikum Magdeburg 76–78

Anamnese, Erfassung, Pflegeüberleitung 451
Anbieter, etablierte 55
Anforderungen, Kosten- und Erlösrechnung 485–486
Anforderungsprofile, Entwicklung 55

Anforderungsvielfalt, Krankenhaus 428
Angebote, Krankenhaus-Leitbild 156
Angebotsausweitung, präventiver Bereich, Krankenhausmarketing 475
Angebotsstruktur
- Gesundheitszentrum, Krankenhaus 638–639
- Komplettierung 44
- Umorientierung, Krankenhaus 639

Angehörige, Entlassungsverfahren 443
Angst, Arztberuf 323
Anlagenbuchhaltung 71
Anleitung, unqualifizierte, Krankenpflegeschule 384
Anpassung, fehlende 332
Anpassungslernen 61
Anpassungsprozeß, Mitarbeitereinführung 130
Anreize
- ideelle, Mitarbeitermotivation 207
- Wettbewerb 27

Anreizkonzept, Qualitätskoordinator 202
Anreizsystem
- Management, ökologisches 518
- Universitätsklinikum Magdeburg 77

Ansprache, direkte, Krankenhausmarketing 469
Anspruchsdenken 7
Anspruchsgruppen, Krankenhaus 11
Anspruchsinflation 7
Antibiotika-Kommission, Rückmeldungen 205
Antipathie, Beurteilungsfehler 598
Apotheke, zentrale 71
Apotheken-Modul, Krankenhausqualität 198
Apparate-Medizin, aufwendige 7
Appell, Kommunikationsanalyse 180
Arbeit(sabläufe)
- interne, Optimierung, kontinuierliche 81

671

Arbeit(sabläufe)
- Optimierung, Organisationsentwicklung 282
- Persönlichkeitsentwicklung 427–429
- Verbesserung 245

Arbeitsablauforganisation, Geschäftsprozeßoptimierung 135
Arbeitsanalyse 337
Arbeitsanforderungen 179
Arbeitsaufgaben
- Gestaltung 421
- Transparenz 332

Arbeitsbedingungen
- angenehme, Universitätsklinikum Magdeburg 73
- Humanisierung 12

Arbeitsbereich, sozialcaritativer, Krankenhausmarketing 469
Arbeitsbeziehung, partnerschaftliche 328
Arbeitsbuch 394
Arbeitsentgelt, Zweckverwendung, Schiedsstellen 99
Arbeitsgestaltung
- Ausbildung 622–624
- ganzheitliche 423–425
- gesundheitsförderliche, Krankenhaus 420–430
- Gesundheitszirkel 622
- Handlungsspielräume 420
- humane, Merkmale 428
- – Ziele 420
- Kompetenzentwicklung 624
- Krankenhaus, gesundheitsförderndes 613–626
- partizipative, Krankenhaus 425
- Sinnzusammenhänge 420

Arbeitsgruppen, Pflegestandards 222
Arbeitsklima, schlechtes 333
Arbeitsleistung, Selbstmanagement 602
Arbeitslosigkeit, Bekämpfung 19
Arbeitsmethoden 188
Arbeitsmittel
- Gestaltung, Krankenhaus 426–427
- neue, Einführung, Unterstützung, pflegerische Bereichsleitung 418
- technische, Gestaltung 423

Arbeitsorganisation
- Bewältigungskapazität, innere, Krankenhaus 421
- Gestaltung 423

Arbeitsqualität, Mitarbeiterbeurteilung 576
Arbeitsteilung
- Krankenhaus 358
- strikte, Krankenhaus 315

Arbeitsüberlastung, Pflegeüberleitung 448
Arbeitsverhalten, Selbstmanagement 602
Arbeitszeitmodelle
- Einführung 336
- Umsetzung 336

Arbeitszeitrechtsgesetz 85
Arzt s. Ärzte
Arztberuf
- Abwehrstrategien 323
- Angst 323
- Schlüsselqualifikation 322

Arztbriefe 218
Arzt-Patienten-Beratung, Krankenhaus 644
Arzt-Patienten-Verhältnis, gestörtes 332
Attraktivität, Corporate-Identity-Strategie 184
Aufbauorganisation 188
- Abfallwirtschaft 532
- Kommunikation 328
- Kooperation 328
- Krankenhaus 85, 135
- Management, ökologisches 515

Aufbaustrukturen
- Analyse 12
- Optimierung 12
- Organisationsveränderung 296

Aufgaben(bereiche)
- administrative, überproportional viele 228
- klinische, Management, ökologisches 515
- Leitbild 146
- Management, ökologisches 514
- originäre, Krankenhaus 636
- personalwirtschaftliche 135–136

Register

Aufgabenbewältigung, professionelle 570
Aufgabengestaltung, Krankenhaus 426–427
Aufgabengliederungsplan, Krankenhaus-Informationssysteme 553
Aufgabenorientierung, Team 306
Aufgabensystem, Krankenhaus-Informationssysteme 537
Aufgabenteilung
– Ärzte, niedergelassene 151
– Krankenhaus 328
– Praxiskliniken, Krankenhaus 151
Aufklärung
– Abfallwirtschaft 535
– Bewußtsein 333
– Diagnose, ärztliche 376
– Management, ökologisches 517
– mangelhafte 332
– Patient-Arzt-Verhältnis 375
Aufklärungspflicht, Arzt-Patient 375
Aufnahme
– chirurgische 219
– medizinische 219
Aufnahmeprozeß 215, 219
Auftragsbearbeitung, Abfallwirtschaft 528
Aufwand-Nutzen-Relation, Gesundheitsleistungen 289
Aufwandsteuerung, Universitätsklinikum Magdeburg 74–78
Aufwendungen, Zuordnung 74
Aufzeichnungen, Mitarbeiterbeurteilung 582
Ausbildung
– Arbeitsgestaltung 622–624
– beeinträchtigte 332
– ganzheitlich orientierte, Krankenpflegeschule 384
– Krankenhaus 637
– Sanktionsmittel 324
Ausbildungskatalog 207
Ausbildungskonferenz
– Pflegedienstleitung 391
– Schulleitung 391
Ausbildungs-und Prüfungsordnung, Krankenpflege 382
Ausbildungsstand, Fähigkeiten 206
Ausdifferenzierung, Organisationsveränderung 297
Ausführungsebene, Krankenhaushierarchie 323–325
Ausgabenanteile, Krankenhausbehandlung 20
Ausgabenpolitik, einnahmenorientierte 32–33
Ausgangssituation, Problemanalyse, Qualitätszirkel 193
Ausnahmefälle, Pflegesatzverhandlungen 89
Ausrichtung
– ideelle, Krankenhaus-Leitbild 156
– konfessionelle, Krankenhaus-Leitbild 156
Autonomie, Krankenhaus 428
Autoritätsbeziehung, Krankenhaushierarchie 324
AWMF (Arbeitsgemeinschaft Wissenschaftlicher Medizinischer Fachgesellschaften), Heidelberger Modell 196

B

BAB (Betriebsabrechnungsbogen) 502
basale Stimulation, Superweich-Matratzen 261
Basisgesundheitsdienste, Singapur 108–109
Basisgesundheitseinrichtungen, Singapur 108–109
Basispflegesätze 9, 23, 502
Bausteinbibliotheken, Krankenhaus-Informationssysteme 549
Bedarf, Planung 24
Bedarfsanalyse 55
Befehlshierarchie 132
Befragung
– Ärzte, zuweisende 221
– Krankenhausmarketing 471–472
Behandlung(sformen)
– ambulante 19
– patientenorientierte, High-Tech-Medizin 378
– prä und postoperative 44

Behandlung(sformen)
- stationäre 19
- teilstationäre 44

Behandlungspartner(schaft) 63, 615

Behörden, Schiedsstellen 96

Beitragsentlastungsgesetz 22
- Pflegesatzverhandlungen 89

Beitragsrückerstattungsprinzip, Einführung 16

Beitragssatzerhöhungen 19, 31
- kontinuierliche 31

Beitragssatzstabilisierung 7, 32–33

Beitragssatzsteigerungen s. Beitragssatzerhöhungen

Beitr.Entlg s. Beitragsentlastungsgesetz

Belegarztsystem, kooperatives 10

Benachteiligung, finanzielle, Vermeidung 52

Berater/Begleiter
- externe 301
-- Leitbild, Entwicklung 158
- Pflegeüberleitung 449
- Qualifikationsprofil, Pflegeüberleitung 453

Beratung
- Krankenhaus, Bescheidenheit und Begrenzung 650
-- Branchenkenntnis 648
-- Diagnosen, Treffsicherheit 650
-- Einschätzungen 650
-- Eleganz und Ökonomie 650
-- Experten 644
-- Grundmodelle 6434
-- Interventionen, Angemessenheit und Flexibilität 650
-- Klärungsphase 648
-- Kontakt mit der Organisation und den Beratenen 649
-- Lernarbeit 648
-- Nachhaltigkeit 651
-- Pragmatik und Konsequenz 651
-- Schwachstellen 655
-- Vereinbarungsklarheit 649
-- Vertrauen, gegenseitiges 647
-- Wirkungsorientierung 651

Beratung
- Krankenhausorganisation 643–651
- Pflegeüberleitung 451–452
- professionelle, Krankenhaus 640–651

Beratungsängste
- Krankenhaus 653–655
-- Inkompetenzbefürchtungen 654
-- Kostenfaktor 655
-- schwarze Schafe 654
-- Unerfahrenheit 654

Beratungsbedarf, Krankenhaus 653–655

Beratungskonzept, Krankenhaus 655–658

Beratungsziele, Krankenhaus 655–658

Bereichsegoismen, Überwindung 312–314

bereichsübergreifende Dienste
- Strukturen 415
- Umsetzung 415

Berichterstattung, Abfallbeauftragter 532

Berufsanfänger, Unsicherheit 323

Berufsethik, Personalmanagement 569

Berufsgruppen, Vernetzung, synergistische 235

Berufshygiene 17

Berufsmotivation 571

Berufsunzufriedenheit 332

Besprechungen mit dem gesamten Team, Pflegebereich 415

Bestimmungen
- Regelungsflut 85
- verordnungsrechtliche 85

Betreuungsqualität, mangelhafte 333

Betriebs- und Personalführungsaufgaben, Krankenhaus-Direktorium 360

Betriebsabrechnungsbogen (BAB) 502
- Krankenhaus 503

Betriebsführung, Krankenhaus 120

Betriebsklima
- motivierendes 9
- Unternehmen 143

Register

Betriebskrankenkassen (BKK) 15
Betriebsleitung
- ärztliche Aufgabe 355–368
- Arzt, Aufgaben 362–367
- Chefarzt 364

Betriebsorganisation
- Krankenhaus 358–361
- Projektgruppen 224

Betriebsunfall, Krankheit 376
Betriebsverständnis, Krankenhaus 120
Betriebswirtschaft, Weiterbildung 222
Betroffenheit, ökologische 517
»Bettenüberhang«, Krankenhaus 275
Beurteilung, Mitarbeiter 573–586
Beurteilungseröffnung, Mitarbeiterbeurteilung 583–585

Beurteilungsfehler
- Antipathie 598
- Egoismus 598
- erster Eindruck 597
- Fehler der zentralen Tendenz 598
- Halo-Effekt 597
- Hierarchieeffekt 597
- Kleber-Effekt 597
- Kommunikation 592, 597–598
- Kontrastfehler 598
- Lorbeer-Effekt 598
- Maßstab, persönlicher 598
- Maßstabsprobleme 598
- Mikropolitik 598
- Nikolaus-Effekt 597
- Primacy-Effekt 597
- Recency-Effekt 597
- Statusfehler 597
- Sympathie 598
- Tendenz zur Milde 598
- Trend zur Mitte 598
- Überstrahlung 597
- Verfälschen, bewußtes 598
- Vorurteile 598
- Wahrnehmungsverzerrungen 597

Beurteilungsgespräch, Mitarbeiterbeurteilung 583
Beurteilungszwecke 574
- Mitarbeiterbeurteilung 573–574

Bevölkerungsstruktur, Veränderung, radikale 42
Bewährungsaufstieg, tariflicher, Pflegedienst 412

Bewegungskünste
- traditionelle, Prävention 105
- – Therapie 105

Bewertungsmöglichkeit, fehlende 333

Bewußtsein
- Aufklärung 334
- neues, Krankenhausmarketing 476
- professionalisiertes 130

Beziehung(en)
- funktionale 322
- Kommunikationsanalyse 180
- Qualität 337

Beziehungsaspekt, Kommunikation 589
Beziehungsebene, Kommunikation 590
Beziehungsklärung, Regeln 131

Beziehungskonflikte 593
- Kommunikation 593
- Krankenhaus 131

Bezugspersonen, wechselnde 332
Bezuschussung, staatliche, Gesundheitswesen, Singapur 113
Bildungsinstitut, Gesundheitsfachberufe 390
Bildungskommission von Nordrhein-Westfalen 394
Binnenorientierung, Krankenhaus 628
Bismarcksche Versicherungsgesetze 17
Blutspendesystem, Singapur 109
Bonus-Malus-System, Universitätsklinikum Magdeburg 77

Bottom-up(-Ansatz) 300
- Krankenhausqualität 206–208

Bottom-up-Eröffnung 75
BPflVO (Bundespflegesatzverordnung) 87
Bruttoentgelte, beitragspflichtige 30
Bruttosozialprodukt, Wachstum, wirtschaftliches 29

Register

Buchführung, Kosten 500
Budget
- externes, Kostenrechnung 488
- internes, Kostenrechnung 488
- Kostenträger, Kontrolleinfluß 7
- Pflegesatzverhandlungen 90
- Sekundärleistungen 79
- Soll-Ist-Vergleich 75–76
- Stabilisierungsgesetz 87
- Überschreitung, Analysen 76–78
- – Gegensteuerungsmaßnahmen 76–78
- vorauskalkuliertes 505

Budgetbegrenzung 33
Budgetermittlung 90
Budgetierung
- Gegenstromverfahren 75
- Institute, vorklinische 75
- interne 86
- Krankenhausleitung 364
- Qualitätssicherung 233
- Selbstverwaltung 33
- Universitätsklinikum Magdeburg 74–75
- Verfügungsrahmen 75

Budgetkürzungen/-reduktion, Pflegesatzverhandlungen 90–91
Budgetüberschreitungen, Spar-Kommissionen 207
Budgetverantwortung 136
- Organisationsentwicklung 282
- Schiedsstellen 102
Bürokratie, Krankenhaus 5
Bundesknappschaftskrankenkassen (BuKn) 15
Bundespflegesatzverordnung (BPflVO) 22, 87, 95, 495, 498
Burn-out(-Syndrom) 332, 571, 603
- Krankenhaushierarchie 324

C

Care-Management 268
Case-Management 268
CC (Corporate Communication) 183
CD (Corporate Design) 183
Center-Prinzip, Krankenhausorganisationsstruktur 135
cerebrovaskuläre Erkrankungen, Singapur 107
Change-Management 57
Checklisten(katalog) 337
- Abfallwirtschaft 534
- Management, ökologisches 517
Chefarzt 343
- Ärztlicher Direktor 352
- Aufgaben im Nebenamt 348
- – neue 365
- Bestimmung des Ärztlichen Direktors 347
- Betriebsleiter 364
- Krankenhausleitung 343
- Parteilichkeit 351
- Rolle 223
Client-Server-Lösungen, Krankenhaus-Informationssysteme 545
Coaching 12, 600–601
- Contracting 601
- Defizite, methodische 600
- Konflikte, emotionale, persönliche 600
- – soziale 600
- Kontinuum 600
- Prozeß 601
- Selbstwertgefühl 600
- Setting 601
Code
- gering entwickelter 122
- medizinisch-pflegerischer, Krankenhaus 122
Commitment
- Führungskräfte 146
- Leitbild 147
Compliance, fehlende 332
Contracting, Coaching 601
Controlling
- Ausführungen, grundlegende 481
- Budgetwerte 490
- Daten, handlungsorientierte, Ausgangspunkt 489–492
- Definition 482
- Einsparpotentiale 481
- Finanzorientierung 482
- Hochrechnungen 489

Register

Controlling
- Ist-Werte 490
- Korrektur 490
- Kosten- und Erlösrechnung 493
-- Engpässe, volkswirtschaftliche 492
- Kostenabweichung innerhalb einer Kostenstelle 486
- Kostenkontrollen 489
- Kostenreduzierung 481
- Krankenhaus 232
- Krankenhausleitung 364
- Lenkungsimpulse, Ansatzpunkte, mögliche 486–487
- Liquiditätsorientierung 482
- operatives 483
- Personalkosten 490
- Personalmanagement 564
- Plan-Ist-Vergleiche 489
- Prognose-Betrachtung 490
- Prognosekosten 489
- Prognoserechnung 490
- Projektorientierung 483
- Prozesse, zukünftige, gestalten 482
- Prozeßorientierung 483
- Qualitätsmanagement 231
- Rentabilitätsorientierung 482
- Schwerpunkte 482
- Standards 491
- strategisches 483
- taktisches 483
- Teilbereiche 482
- Unternehmungsprozesse 481–494
- Unterschiede 483
- Vergleichszahlen als Prognosedaten 489
-- als Vorgabedaten 491
- Vorgabekosten 489
- Zielbeschreibung 482
- Zielebenen 483
- Zukunftsrechnung, entscheidungsorientierte 489
Controlling-Instanz 86
Controlling-Modul, Krankenhausqualität 197–198
Corporate Behavior (CB) s., Corporate Communication
Corporate Communication (CC) 141–142, 181–183
Corporate Design (CD) 142, 183
- Kommunikationsträger 183
Corporate Design (DC), Krankenhausmarketing 477
Corporate Identity (CI) 133, 141
- Funktionen 142
- Krankenhausmanagement 409
- Krankenhausmarketing 477
- Strategie auf 3 Säulen 183–185
Corporate-Identity (CI), Soll-Konzept 181
Corporate-Identity-Politik/-Strategie 180–184
- Analyse 181
- Attraktivität 184
- Bedeutung 181
- Dienstleistungsqualität 184
- Identifikation 184
- Image 184
- Konzeption 181
- Öffentlichkeit 184
- Patient als Kunde 184
- Realisation 182
- Ressourcen, Mitarbeiter 184
- Unternehmenspersönlichkeit 181
- Unternehmensphilosophie 181
Cost-Center, Krankenhaus 135
Crossmatching, Leitbild 147
Curriculum Qualitätssicherung 233

D

Daten
- administrative 228
-- Erhebung und Weiterverarbeitung 536
- medizinische, klinischer Zugriff 230
-- Verfügbarkeit, mangelhafte 228
- pflegerische, Dokumentation 536
Datenerfassung, redundante, vermeiden 230
Datenflußdiagramm, Krankenhaus-Informationssysteme 553
Datenkonsistenz gewährleisten 230

Datenschutz, Qualitäts-Module 204
Deckungsbeitrag, Kostenträger 504
Deckungsbeitragsrechnung 504
Definitionsmacht, ärztlicher Bereich 330
Defizitdenken, Krankenhaus 636
Defizite
– methodische, Coaching 600
– Organisationsveränderung 298
Dekubitusprophylaxe, Super-Weichmatratzen 261
Delegation, Mitarbeiterbeurteilung 576
Deming-Zyklus 240
Demotivation 332
– Krankenhaushierarchie 324
Denkblockaden, Projektteam 54
Denken, chancenorientiertes, Konfliktmanagement 595
Denken/Denkmuster
– chancenorientiertes, Krankenhaus 4
– ganzheitliches 332
– Krankenhaus 316
– in Positionen 315
– wirtschaftliches, Mitarbeiterbeurteilung 576
Deutscher Verein zur Förderung von Pflegewissenschaft und -forschung 271
Dezentralisierung
– Kompetenz 290
– Krankenhaus 290
– Teamleitung 309
Diagnose
– ärztliche, Aufklärung 376
– Eigenschaften 175
– Entwicklungsmöglichkeiten 175
– Fähigkeiten 175
Diagnosentreffsicherheit, Krankenhausberatung 650
Dialog
– kontrollierter, Konfliktmanagement 596
– offener, non-direktiver, Konfliktmanagement 594
Dienen, Dimension 125

Dienst, administrativer, ärztlicher 235
Dienstanweisung, Pflegestandards 255
Dienstleister 357
– interner, Verwaltung 331
– Organisationsentwicklung 282
Dienstleistungen 123–126
– interne, Krankenhaus 638
– Krankenhaus, Leitbild 156
– – als Produkt 357
– professionelle 119
– Verknüpfung, Organisationsentwicklung 282
Dienstleistungsqualität, Corporate-Identity-Strategie 184
Dienstleistungsunternehmen
– Krankenhaus, Reformstrategien 33, 35–39
– – Reformstrategien 34
– modernes, Krankenhaus 8
Differenzierungsprozesse, Pflege 128
Differenzierungsvorgang, Krankenhaus 126
Dimensionen
– operative, Unternehmen 143
– strategische, Unternehmen 142
Diplom-Krankenpflege 272
Direktor, kaufmännischer s. kaufmännischer Direktor
Direktor, ärztlicher s. Ärztlicher Direktor
Direktorium, Zusammenstehen, solidarisches 351
Direktoriumsmitglieder
– Aufgaben, besondere 345
– – gemeinsame 345
– Finanzkompetenz 350–351
Diskontinuität und Fragmentierung, Pflegebedarf 266
Disruption, Pflegebedarf 263
Distributionsprobleme 27
Diversifizierung und Spezialisierung, gleichzeitige 44
Divisionskalkulation
– Einproduktfertigung 504
– Kalkulationsverfahren 503
– Nachteile 505

Register

Dokumentation
- Daten, medizinische 536
-- pflegerische 536
- Leitbildkonferenzen 171–172
- Qualitätszirkel 192

Dokumentationsmängel 333
Dokumentationssysteme
- einheitliche 55
- kompatible 55

Doppelbindungen, Konfliktmanagement 593
Drehbücher, destruktive, Selbstkommunikation 606
Dreier-Direktorium 343
Dressate
- destruktive, Bewußtwerdung/Bewußtmachung, Selbstkommunikation 606
- Selbstkommunikation 605

Dringlichkeit, Probleme 339
duale Abteilungsleitung, Konzept 360–361
Du-Botschaft, Konfliktmanagement 596
Durchhaltevermögen, Arztberuf 322
Durchlaufwirtschaft, Krankenhaus 524
Durchschnittssätze, Kostenplanung 495
Durchsetzungskraft, Arztberuf 322
Durchsetzungsvermögen, Mitarbeiterbeurteilung 576
Dynamisierung, Prozesse 42–43

E

Ecology-Center 516
EDV-Kurse, Weiterbildung 222
EDV-System
- Integration 220
- Labor 220

Effektivität, Krankenhauswesen 21
Effizienz 34
- absolute 38
- Krankenhaus 313
- ökologische, Abfallwirtschaft 526
- ökonomische, Abfallwirtschaft 526

Effizienzorientierung, Organisationsveränderung 292
Egoismus, Beurteilungsfehler 598
Eheberatung 17
Eigenentsorgung 530
Eigenschaften, Diagnose 175
Eigenverantwortung 7, 92, 136
- Krankenhaus 5
- Neuordnungsgesetz 94
- verminderte 333

Einfluß
- auf die innerbetrieblichen Entscheidungen 7
- Krankenhausträger 7

Einfühlungsvermögen, Arztberuf 322
Einmalzahlung, Vergütungssteigerung, Schiedsstellen 100
Einproduktfertigung, Divisionskalkulation 504
Einrichtungsgegenstände, zentrale 130
Einsatzbereitschaft, geringe 332
Einsatzplanung, erschwerte 332
Einschätzungen, Krankenhausberatung 650
Einsparmöglichkeiten 7
- Leistungen, Fremdvergabe 78

Einstellung, Personalmanagement 568
Einwegmedikalartikel 516
Einweisungskriterium, Krankenhausmanagement 510
Einzelcoaching 571
Einzelfertigungskosten 497
Einzelkämpfertum, Arztberuf 322
Einzelkosten 232, 497
Einzelleistungserfassung, differenzierte 230
Einzelverantwortung, Kult 315
Eltern-Ich, Selbstkommunikation 605
Emissionen, Abfallwirtschaft 523
Empathie, Konfliktmanagement 594
empowerment, Teamleitung 309
enablement, Teamleitung 309
Endkostenstellen, Abteilungen, bettenführende 502
Engagement, mangelndes 332

Entberuflichung 20
Entfremdung, Krankenhaushierarchie 324
Entgeltsystem(e)
- Management, ökologisches 518
- multikulturelle 23
- neues, Systemkorrektur 124
Entlassung
- geplante 218
- Patienten, Probleme 442–444
- Prozeßgestaltung 215
Entlassungsprozeß, Patienten 217–218
Entlassungsverfahren
- Anforderungen 443–444
- Angehörige 443
- Patient 443
- Pflegepersonal 444
- Umfeld, häusliches 444
Entscheidungen, betriebliche, Organisationsregeln 129
Entscheidungshilfen, Organisationsentwicklung 283
Entscheidungskompetenz, Chefarzt 223
Entscheidungswege
- Intransparenz, Krankenhaus 329
- Personalmanagement 564
Entsorgungsaktivitäten, Abfallwirtschaft 523
Entsorgungspflicht, eigenverantwortliche 524
Entsorgungspraxis, Probleme 525
Entsorgungssicherheit 530
Entsorgungswege, tatsächliche, Darlegung 530
Entsorgungszukunft, Abfallwirtschaft 531
Entspannungstechniken, Selbstmanagement 602
Entstehungsprozeß, Leitbildentwicklung 166
Entwicklung
- Anforderungsprofile 55
- der Institution nach dem Pflegesatzrecht, Schiedsstellen 94–96
- Leistungsprofil 55
- personale, Gesundheitsförderung 616

Entwicklungsfähigkeit, Krankenhaus 65
Entwicklungsgruppe 214
- Aufgaben 214
Entwicklungsmöglichkeiten
- Diagnose 175
- Krankenhaus 428
Entwicklungspotential, geringes 333
Entwicklungsressourcen, Leitbildentwicklung 160
Entwicklungszeit, Leitbildentwicklung 160
Entwürfe, Leitbild, Entwicklung 158
Entwurfs- und Sammelphase, Leitbildentwicklung 160
Erfahrung, praktische, fehlende 323
Erfolgsbilanz, Universitätsklinikum Magdeburg 73
Erfolgsinstrument, Einführung, Beispiel des Universitätsklinikums Magdeburg 69–83
Ergebnisqualität 35, 189, 211
- geringe 333
- Output-Betrachtung 188
- Qualitätssicherung 35
- Verbesserung 191
- verminderte 332–333
Ergebnisse
- Aufschlüsselung, mangelnde 228
- Fehleranfälligkeit 228
Ergebnisstandards, Pflege 255
Erlebnisidentität, Unternehmen 143
Ersatzkassen
- der Angestellten (EAN) 15
- der Arbeiter (EAR) 15
erster Eindruck, Beurteilungsfehler 597
Ertragssteuerung, Universitätsklinikum Magdeburg 78
Erwartungshaltung
- gesellschaftliche, Akutmedizin 122
- Projektgruppen 55
Evaluation
- Leitbild 147
- Unternehmenskommunikation 464–465

Evolutionskulturmodelle 65
Experten, externe 339

F

fachärztliche Versorgung, ambulante 10
Fachbereiche, Mount Alvernia Hospital 112
Fachfortbildungen, Freiwillige, Weiterbildung 222
Fachgesellschaften, diverse, Klinikdirektoren 81
Fachkenntnisse, Mitarbeiterbeurteilung 576
Fachkompetenz 571
– Management, ökologisches 519
Fachkräfte, psychosoziale 378
Fachsprache
– einheitliche, Pflege 263
– medizinisch-pflegerische 121
Fachwissen, mangelndes 323
Fähigkeiten
– Ausbildungsstand 206
– Diagnose 175
– Qualifikation 206
– systemdiagnostische 134
– Unternehmenspotentiale 176
Fallpauschalen 9, 23, 52, 231, 487
– Landespreise 34
– Qualitätssicherung 233
Familien-Pfleger (family nurse practitioner) 271
Feedback, kritisches, Konfliktmanagement 595
Fehlallokation, Mittel, knappe 333
Fehlbelegung, Vermeidung 52
Fehler der zentralen Tendenz, Beurteilungsfehler 598
Fehlerhäufung 333
– Krankenhaushierarchie 324
Fehlerlosigkeit 37
Fehlerzuordnung, erschwerte 333
Fehlorganisation, Pflegedienst, Belastungen 410–411
Fehlsteuerungen 22
Fehlzeiten 332
– sinkende 9
Feminisierung 20

Fertigkeiten, Unternehmenspotentiale 176
Finanzbuchführung/-haltung 71
– Aufgaben 495
– Kostenrechnung 495–497
finanzielle Anreize, Mitarbeitermotivation 207
finanzielle Mittel Bereitstellung 336
Finanzierbarkeit 25
– Krankenhaus, Grenzen 631
Finanzierung, Gesundheitswesen, Singapur 112–113
Finanzierungsgrundlagen, Wegbrechen, Pflegesatzverhandlungen 91
Finanzierungsmöglichkeiten, Kurzzeitpflegeeinrichtung, Krankenhaus 439
Finanzkompetenz
– Direktoriumsmitglieder 350–351
– kaufmännischer Direktor 350
Finanzorientierung, Controlling 482
Finanzreform, Krankenhaus 9
Fixkosten 487
– Nichtzurechenbarkeit 488
Flexibilität
– Krankenhaus 5
– und Problemlösungskompetenz, mangelnde 332
Flexibilitätskriterium, Qualität 195
Fluktuationsrate
– geringe 9
– hohe 333
Fördergespräche 571
Forderungsmanagement, Universitätsklinikum Magdeburg 80
Formalismus, Pflegesatzverfahren 86–89
Formblatt
– Kalkulationsaufstellung 501
– Leistungsaufstellung 501
Forschung(sarbeit)
– Belange, Berücksichtigung, Universitätsklinikum Magdeburg 73
– Klinikdirektoren 81

Register

Forschung(sarbeit)
- Universitätsklinikum Magdeburg 73

Fortbilder, Qualitätskommission 243

Fortbildung 335
- Krankenhaus 638
- Möglichkeiten, gemeinsame 56

Fortbildungsangebote, Kurzzeitpflegeeinrichtung, Krankenhaus 440

Fortbildungskonzepte, neue 66

Fortschritt
- Chancen und Risiken 370, 372, 711
- Gefahren 371–372

Fortschrittsfalle, Medizin, moderne 372

Fortschrittsoptimismus 420

FP s. Funktionspflege

Fragebögen, Projektgruppe 145

Fragen, zirkuläres, Konfliktmanagement 597

Fremdsteuerung, Krankenhaus 427

Freundlichkeit, Arztberuf 322

Friedens-Lazarette, Königlich Preußische Armee 342

Frührehabilitation 19

Führung, Krankenhaus-Leitbild 156

Führungsarbeit, geplante, Intensivierung, pflegerische Bereichsleitung 413

Führungsaufgaben, mitarbeiterbezogene 563

Führungsbesprechungen, Krankenhaus 313

Führungsbeziehungen 64

Führungsebene, mittlere, Pflegedienst 408

Führungseffizienz, Selbstmanagement 602

Führungsethik 64

Führungsgespräche, regelmäßige 571

Führungsgremium 336

Führungsgrundsätze 570
- gemeinsam erarbeitete 334

Führungskompetenz 571
- handwerkliche 134

Führungskräfte 151
- Commitment 146
- Qualifikationsanspruch 301
- Systemregeln 134

Führungskultur 144
- Neuordnung 570
- Personalmanagement 567

Führungsmodelle
- delegative 64
- kooperative 64
- neue, Pflegedienst 407

Führungspersönlichkeiten
- Persönlichkeit 566
- Personalmanagement 565
- Reifegradmodell 566

Führungsstil 188, 319
- Teamleitung 309

Führungsstruktur
- funktionale, Organisationsentwicklung 282
- Krankenhaus 283, 357
- Organisationsentwicklung 282

Führungsverantwortung, Krankenhaushierarchie 326

Fünf-Phasen-Modell, Unternehmenskommunikation 457

Funktionalreform, Krankenhaus 10

Funktionen
- Diagramme, Krankenhausberufe 128
- Leitbild 150–154

Funktionsbereiche
- betriebliche, Abfallwirtschaft 522
- Qualitätsverantwortliche 202

Funktionsgrenzen, Abbau 65

Funktionspflege
- Fehler 267
- Kosten 267
- traditionelle 256, 445

G

Ganzheitlichkeit, Krankenhaus 428

Ganzheitspflege 256–257

Gedächtnis, kollektives, Organisation 63

Gedankenstop, Selbstkommunikation 607

Gegensteuerungsmaßnahmen
- Budget, Überschreitung 76–78
- Universitätsklinikum Magdeburg 76–78

Gegenstromverfahren, Budgetierung 75

Gegenverbalisierung, positive, Selbstkommunikation 608

Gehaltseingruppierung, Pflegedienst 412

Geist der Identität, Krankenhausmarketing 477

Geld-Kosten 38

Geld-Nutzen 38

Gemeinkosten 498
- Kostenrechnung 498
- Kostenträger 498
- Zuschlagsätze, prozentuale 504

Genehmigungserfordernis, Schiedsstellen 101

General Management, Organisationsentwicklung 282

Gesamtmarkt, Krankenhaus 628

Gesamtorganisation, Kooperation 127

Gesamtsystem, Leistungsfähigkeit 47

Gesamtverantwortung, Ärztlicher Direktor 342–354

Gesamtwirtschaft
- Aktion, konzentrierte 30
- Globalsteuerung 30
- Instrumente 30
- Korporatismus 30
- Ordnungsziel 29
- Orientierungsdaten 30
- Stabilitätsziel 30
- Steuerungsmechanismen 29–30
- Wachstumsziel 29
- Wohlstandsziel 29
- Ziele 29–30

Geschäftsführung
- alleinige, Krankenhausleitung 367
- Bestimmung des Ärztlichen Direktors 347
- durch eine Person, Krankenhausleitung 367

Geschäftsführungsposition, Produktbereich, medizinisch-pflegerischer 136

Geschäftsprozeßmanagement (GPM)
- Krankenhausarbeit 136
- Modell 136

Geschäftsprozeßoptimierung, Arbeitsablauforganisation 135

Geschlossenheit
- operative, Organisationen 133
- – Systemtheorie 133

Gesellschaft, Individualisierung, Zunahme 42

Gesellschaftspolitik, Wettbewerb 27

Gesetz zur Stabilisierung der Krankenhausausgaben 87

Gesetzesdruck, Krankenhausmanagement 508

Gesetzesentwürfe, Vorlage 25

Gesetzesgrundlage, Kurzzeitpflege 431

Gesetzesinflation, Pflegesatzverhandlungen 84–92

Gesetzgebung
- gesundheitspolitische 385
- Gesundheitswesen 385

gesetzliche Krankenversicherung (GKV) 15
- Gesundheitswesen 15
- Leistungsausgaben 20

Gespräch
- Funktionen 375
- Patient-Arzt-Verhältnis 375

Gesprächsform, Schaffung 336

Gesprächssituation, zentrale, Visite 327

Gesprächsstile, pathologische, Kommunikation 591

Gestaltung, Management 64

Gestaltungsansatz, salutogenetischer 617

Gesundheit
- Bedeutung 151
- Definition 18
- Forschungsergebnisse 620–621
- Gesamtunternehmen 57
- Krankenhaus 277
- Produktion 57

gesundheitliche Versorgung
- Krankenhaus 21–25
- Prioritäten 21

Register

Gesundheitsbegriff, WHO-Definition 376
Gesundheitsberichterstattung, nationale 23
Gesundheitseinrichtungen
- Unternehmenskommunikation 455
- Wirtschaftsunternehmen 34
Gesundheitsfachberufe, Bildungsinstitut 390
Gesundheitsförderung 613
- betriebliche, Gesamtkonzept, strategisches 65
- – Partizipation als Ressource 615–617
- Entwicklung, personale 616
- Krankenhaus-Leitbild 156
- Leitbild 613–615
- Organisationsentwicklung 616
- Ressurcenentwicklung 616
- Strategien 616
Gesundheitsleistungen, Aufwand-Nutzen-Relation 289
Gesundheitsministerium, Singapur 108
Gesundheitspflege, präventive 621–622
Gesundheitspolitik
- ambulant vor stationär 58
- von Bund und Ländern 7
- Rolle des Staates 26
- Versorgungslandschaft, vernetzte 44
Gesundheitsreformgesetz 7, 22
Gesundheitssektor, Rahmenbedingungen 84
Gesundheitsstrukturgesetz (GSG) 7, 22, 231
- Qualitätsverbesserung 239
- Veränderungen 84
Gesundheitssystem
- Einbindung in das Wirtschaftssystem 26–33
- Makro-Ebene 363
- Meso-Ebene 363
- Mikro-Ebene 363
- Singapur 103–115
- Verantwortungsebenen 363
Gesundheitsverhalten, Medizinkultur 114
Gesundheitsversorgung 84
- Medizinkultur 114
- Singapur 105–113
Gesundheitswesen
- Faktoren, soziodemographische 19
- Gesetzgebung 385
- Handlungsdruck 174
- Konzentrationstendenzen 34
- konzertierte Aktion 33
- Krankenhaus 124
- Netzwerk 41
- Rahmenbedingungen 124, 174–177
- Singapur, Bezuschussung, staatliche 113
- – Finanzierung 112–113
- – Krankenversicherung 113
- – Mitbezahlung 113
- – Stiftungsfonds für Minderbemittelte 113
- soziales Netz 17–19
- Steuerung(smechanismen) 14–17, 30
- Struktur 14–17
- Strukturwandel 14–25
- – ökologischer 508–510
- Systemgestaltung 615
- Teilsystem, gesellschaftliches 121–123
- Vermachtungstendenzen 34
- Wertewandel 14–25
- Wirtschaftssektor 14
- Ziele 30
Gesundheitszentrum
- Krankenhaus 25, 626–639
- – Aktionsplan 634–637
- – Angebotsstruktur 638–639
- Krankenhausmarketing 475
Gesundheitszirkel 622
- Gruppendiskussionen 622
- Krankenhaus 426
GFKH-Konzept (gesundheitsförderndes Krankenhaus) 617–621
GKV s. Krankenversicherung, gesetzliche
Gleichberechtigung
- formelle, Ärztlicher Direktor 350
- tatsächliche, ärzlicher Direktor 350

Gleichzeitigkeit 43
Globalisierung
– Märkte 29
– Regionalisierung, gleichzeitige 43
Globalsteuerung, Gesamtwirtschaft 30
GLP (Good Laboratory Practice), Heidelberger Modell 196
GmbH-Euphorie
– Handlungsfreiheit, erhöhte 134
– Rechtsform, Änderung 134
GMP (Good Manufacturer Practice), Heidelberger Modell 196
GP s. Ganzheitspflege
GPM s. Geschäftsprozeßmanagement
Gratifikationen, Management, ökologisches 518
Grenzen, persönliche, Abbau 65
Grenzerfahrungen, Personalmanagement 568
Großgerät, medizinisch-technisches, Kosten 498
Grübelstop, Selbstkommunikation 607
Grünanlagenpflege 78
Grundlohnsumme 30
– Einflußfaktoren 31
Grundlohnsummenanbindung, Pflegesatzverhandlungen 91
Grundversorgung 24
Gruppenarbeit 571
Gruppendiskussionen, Gesundheitszirkel 622
Gruppenentscheidungen, Projektarbeit 284
Gruppenverhandlung 32
GSG s. Gesundheitsstrukturgesetz

H

HACCP (Hazard Analysis on Critical Control Points), Heidelberger Modell 196
Haftungskostenanstieg 333
Haftungsrisiken 9
Halo-Effekt, Beurteilungsfehler 597

Handbuch
– des Deutschen Krankenhauses 355
– Information 205
Handlung
– eigene, Rückkopplungen 53
– kooperative 236
Handlungsautonomie 136
Handlungsfreiheit, erhöhte, GmbH-Euphorie 134
Handlungskompetenz 66
Handlungsmotiv, Krankenhausmarketing 478
Handlungsspielräume 420
– neue 245
Hauptkostenstellen 500
– Abteilungen, bettenführende 502
Haupttodesursachen, Singapur 107
Haushaltsprinzip
– Krankenkassen 31
– Sozialversicherungsträger 31
Hauskrankenpflegekurse, Pflegeüberleitung 452
Hauszeitung 215, 221
Heidelberger Modell 195–210
– Ambulanz-Oberarzt 199
– Apotheke 196
– AWMF (Arbeitsgemeinschaft Wissenschaftlicher Medizinischer Fachgesellschaften) 196
– Blutbank, Fachärztin 199
– Blutbankfacharzt(-ärztin) 199
– Chef-Apotheker 199
– Controller, Schnittstelle 199
– DIN ISO 9000 196
– GLP (Good Laboratory Practice) 196
– GMP (Good Manufacturer Practice) 196
– HACCP (Hazard Analysis on Critical Control Points) 196
– Hygienebeauftragter 199
– Informatik 199
– Informationsverarbeitung 199
– Leiter, Materialwirtschaft, Qualitätsaspekte 199
– – der Radiologie 200
– – technischer 199
– – Umweltschutzgruppe 199

Register

Heidelberger Modell
- medizinische Biometrie 199
- Medizintechnik 196
- Pflege 199
- Spezialnormen 196

Heilpflanzen, malaische 106
Heilsysteme, traditionelle, Singapur 105
Heilungen, religiöse 105
Herkunftsgeschichte, Verstehen, Selbstkommunikation 606
Herkunftsidentität, Unternehmen 142
Herstellungskosten 357
Herzkrankheiten, Singapur 107
Heterarchie 67
Hierarchie 12, 128
- fluktuierende 67
- Krankenhaus 131
- Organisationen 132

Hierarchieeffekt, Beurteilungsfehler 597
Hierarchiegrenzen, Abbau 65
Hierarchiestrukturen, Pflegeüberleitung 448
High-Tech-Medizin 119
- Behandlungsprozeß, individueller 376
-- patientenorientierter 378
- Formalisierung 380
- Kompetenz, soziale 378
- kostenintensive 7
- Objektivität 380
- Patient als Individuum 369–381
- Richtschnur, ethische 379–380
- Standards 369–381
- Stellenwert, Individuum 374–378
- Therapierbarkeit, verbesserte 370
- Zusammenarbeit, interdisziplinäre, verstärkte 377

Hilfeleistung 123–126
Hilfsbereitschaft, Arztberuf 322
Hilfskostenstellen 500
- Institutionen, medizinische 502

Hochleistungsmedizin 371
- Ärzte, Spezialisierung 376

Hochrechnungen, Controlling 489

Honorare, zu hohe 7
Honorierung, unzureichende, Pflegedienst 412
hospital information system 537
hospital management system 537
human ressources 176–177
Humanität 8
- für alle Beteiligten und Betroffenen 421
- Krankenhausmarketing 478
- personale 380

Hygienebewußtsein, Mitarbeiterbeurteilung 576
Hygienekommissionen 516
Hygiene-Modul, Krankenhausqualität 197–198
Hygiene-Ordner, Information 205

I

Ich-Botschaft, Konfliktmanagement 596
Identifikation
- Corporate-Identity-Strategie 184
- mangelnde mit Unternehmenszielen 332

Identifikationsstärke, Mitarbeiter 142
ILV (innerbetriebliche Leistungsverrechnung) 502
Image
- Abfallwirtschaft 535
- Corporate-Identity-Strategie 184

Imageanalysen 177
Imagebildung 142
Imageentwicklung, Krankenhaus 312
Imagefaktor, Krankenhausmanagement 510
Imageförderung, Leitbild 154
Imagegewinn
- Klienten 52
- Kostenträger 52

Imageverluste, steigende 333
Impfungen 17
Implementation
- Leitbild 147
- Pflegeüberleitung 449–450

Register

Inanspruchnahme, Kurzzeitpflege 432
Inbetriebnahme, Kurzzeitpflege 432
Individualebene, Strukturwandel 12
Individualisierung, Gesellschaft, Zunahme 42
Ineffektivität 332–333
Ineffizienz 333
infektiologischer Arbeitskreis 206
Infektionskontrolle, Pilotprojekt 221
Info-Märkte, Leitbild, Entwicklung 158
Information(en)
– Abfallbeauftragter 532
– Abfallwirtschaft 525
– Austausch, Kommunikation 180
– Handbücher 205
– Hygiene-Ordner 205
– Mängel 332
– Organigramme 205
– Pflege-Handbuch 205
– Qualitätskriterien 178
– Stellenbeschreibungen 205
– Transparenz 50
– Umweltschutz-Konzept 205
Information(en)sansatz, modulares Konzept, Krankenhausqualität 204
Informationsansatz
– Kommunikation 334
– Koordination 334
– modulares Konzept, Krankenhausqualität 205–206
Informationsaspekt, Kommunikation 589
Informationsaustausch, Visite 326
Informationsgesellschaft, postmoderne 43–44
Informationsinfrastrukturen, Leitbildentwicklung 160
Informations-Modul, Krankenhausqualität 197–198
Informationspolitik 334
– EDV-gestützte 11
– transparente 570
Informationsstrukturen
– Organisationsveränderung 297
– Personalmanagement 564
– vernetzte 62
Informationssysteme, Krankenhaus 536–547
Infrastruktur, geeignete, Krankenhaus 647
Infrastrukturdefizite, Krankenhaus 278
Inhaltsaspekt, Kommunikation 590
Initiative(n)
– Abfallbeauftragter 532
– regionale 55
Inkompetenzbefürchtungen, Krankenhausberatung 654
Innovation
– Abfallbeauftragter 532
– Krankenhaus-Leitbild 144, 156
Innovationsfähigkeit 319
Innovationskraft, Krankenhausmanagement 325
Innovationspotential, geringes 332
Innovationszyklen, Krankenhauskosten 6
Innovator, ökologischer, Management, ökologisches 520
Innungskrankenkassen (IKK) 15
Input-Betrachtung, Strukturqualität 188
Inside-Out-Ansatz, modulares Konzept, Krankenhausqualität 204
Instandhaltungen, Kostenübernahme 86
Instandhaltungsaufwendungen, Pflegesatzfähigkeit 86
Institut(e)
– Singapur 109
– vorklinische, Budgetierung 75
– für Wissenschaft 86
Institutionalisierung
– Krankenhaus 426
– Management, ökologisches 515–516
– Schiedsstellen 94
Institutionen, medizinische, Hilfskostenstellen 502

Register

Instrumente
- Gesamtwirtschaft 30
- Unternehmenskommunikation 460

Integration 58
- Arbeitsbeziehung 332
- externe 379
- interne 379
- Krankenhaus-Informationssysteme 541
- Patient 374–378

Integrationsfähigkeit, verminderte 332
Integrationsleistung, Krankenhausmanagements 128
Intensivpflege 271
Inter-Agieren, Pflege 265
Interaktion, soziale, Krankenhaus 428
Interdisziplinarität 329
- fehlende 333

Interessen, Spannungsfeld 46
Interessenkonflikte, Kommunikation 593
Interessenvertretung, Ärztlicher Direktor 342–354
Internalisierung, Selbstkommunikation 605
Interventionen
- Bewahren versus Verändern 299
- Kompetenz 134
- Konfliktmanagement 594
- Krankenhausberatung, Angemessenheit und Flexibilität 650
- Organisationsveränderung 299
- Strategien, Ursachenanalyse 339

Intransparenz 47, 233
- Zwangsversicherte 47

Investitionskompetenz, eigenverantwortliche, Krankenhausmanagement 9
Inzidenz 21
IPB s. Prozeßberater, interner
Irritationspotential, Organisationen 134
Isolation 333
- Krankenhaushierarchie 324

Ist-Erhebung, Unternehmenskommunikation 459
Ist-Werte, Controlling 490
Ist-Zustand 337
- Ermittlung 337
- Ursachenanalyse 338

J

Johari-Fenster, Kommunikation 590
Just-in-time 37

K

Kalkulationsaufstellung 495, 499
- Erstellung 499
- Formblatt 501

Kalkulationsobjekt 497
Kalkulationsverfahren 503–505
- Divisionskalkulation 503

Kapazitätenkoordinierung 55
Karriereberatung 571
kaufmännischer Direktor 346
- Aufgaben 345
- Finanzkompetenz 350

Kenngrößenmessung, Qualitätsmanagement 224
Kenntnisse, pflegerische, Pflegeüberleitung 453
Kennzahlen
- Abfallwirtschaft 534
- medizinische 220–221

Kennzahlsysteme 215, 220
KHBV (Krankenhausbuchführungsverordnung) 499
Killerphrasen, Selbstkommunikation 607
Klageweg, Schiedsstellenentscheide 101
Klassifikationssysteme 23
Kleber-Effekt, Beurteilungsfehler 597
Klienten, Imagegewinn 52
Klientenorientierung 45–46
Klinikdirektoren
- Fachgesellschaften, diverse 81
- Forschungsarbeit 81

Kliniken
- Leitbild, Entwicklung 158
- Profilbeschreibungen 157

Klinikinformationssysteme 204
Klinikleitung, pflegerische Bereichsleitung 408–409

KNA s. Kosten-Nutzen-Analyse
Know-how
- Qualität 187
- technologisches 176
KNU s. Kosten-Nutzen-Untersuchung
Körperbewegungskünste, traditionelle 105–106
Körperpflege 263
Körperschaften des öffentlichen Rechts, Krankenhausgesellschaften 93
Körperschaftslösung, Krankenhausgesellschaft 95–96
kognitive Strukturen, Flexibilisierung 66
Kohärenzerleben, Krankenhaus 427
Kohäsion, Team 303
kollegiale Strukturen, Aufbau 12
Kollegialität
- fehlende 332
- Mitarbeiterbeurteilung 576
Kommunigramme, Krankenhaus-Informationssysteme 554
Kommunikation 58, 188, 320–321, 587–599
- Ablauforganisation 329
- ärztlicher Bereich 319–345
- Appellseite 589
- Aufbauorganisation 328
- berufsgruppenübergreifende 12
-- Personalmanagement 567
- Beurteilungsfehler 592, 597
- Beziehungsaspekt 589
- Beziehungsebene 590
- Beziehungskonflikte 593
- Denken, primär problemorientiertes 592
- Dominanz 592
- Du-Botschaften 592
- dynamische 591
- effiziente, Selbstmanagement 602
- externe 379
-- Bestandsaufnahme, Unternehmenskommunikation 459
- fehlende, Auswirkungen 331–332

Kommunikation
- Fleck, blinder 590
-- schwarzer 591
- Gesprächsstile, pathologische 591
- gute 320
- Informationen, Austausch 180
- Informationsansatz 334
- Informationsaspekt 589
- Inhaltsaspekt 590
- Interessenkonflikte 593
- interne 379
-- Bestandsaufnahme, Unternehmenskommunikation 460–461
- Johari-Fenster 590
- Kampfstile 591
- Killerphrasen 592
- Kommunikation 593
-- Probleme 591
- Konfliktmanagement 593–597
- Konfliktthemen 592–593
- Krankenhaus 5, 182, 313, 319
- Krankenhaus-Leitbild 156
- Krankenhausmanagement 330–331
- Kreativitätsblockaden 592
- Kritik ad personam 592
- Management, ökologisches 518
- Motivationsansatz 335
- offene 590
- optimale 587
- Organisationsansatz 336
- Patient 374–378
- Patient-Arzt-Verhältnis 375
- Personalmanagement 570
- Probleme 591–592
-- Kommunikation 591
- Projektmanagement 335
- Qualität 319
- Qualitätskriterien 178
- Qualitätsmanagement 231
- Sachebene 590
- Sachkonflikte 593
- Selbstoffenbarung 589
- Seminare 334
- Strukturen 9
- Ursachenanalyse 338
- Verbergen, bewußtes 590

689

Register

Kommunikation
- Verbesserung, Ansatzpunkte 331–336
- Veröffentlichung 335
- Verstehen 587–591
- Vier-Ohren-Modell 587–589
– – Eisberg-Situation 589
- Weiterbildung 222
- Wertekonflikte 593
- Zielkonflikte 593
- Zustandsdiagnose 337–338

Kommunikationsanalyse 179, 337
- Appell 180
- Beziehung 180
- externe 180
- interne 180
- Sachinhalt 180
- Selbstoffenbarung 180
- Unternehmen Krankenhaus 180

Kommunikationsanalysen 177
Kommunikationsarbeit, tägliche, Krankenhausmarketing 478
Kommunikationsaudits, Unternehmenskommunikation 464–465
Kommunikationsdreieck 587–588
Kommunikationsinfrastruktur, Krankenhaus 314
Kommunikationskompetenz, individuelle, Personalmanagement 567
Kommunikationskultur 144
- neue 67
- pflegerische Bereichsleitung 410

Kommunikationsmanagement, Unternehmenskommunikation 458, 465–466
Kommunikationspartner 587
Kommunikationsseminare 570
Kommunikationsstandards, Krankenhaus-Informationssysteme 546
Kommunikationsstrategie, Unternehmenskommunikation 463
Kommunikationsstrukturen
- Leitbildentwicklung 160

Kommunikationsstrukturen
- Organisationsveränderung 297
- Personalmanagement 564
- pflegerische Bereichsleitung 410
- vernetzte 62

Kommunikationsträger, Corporate Design (CD) 183
Kommunikationstraining 570
Kompensationsverhalten, pflegerische Bereichsleitung 414
Kompetenz(en)
- Abfallwirtschaft 535
- kommunikative, Pflegeüberleitung 453
- konzeptionelle 176
- Krankenhaus 5
- menschliche 176
- naturwissenschaftlich-technische 380
- Qualitätssicherung, Qualitätsmanagement 234
- soziale, High-Tech-Medizin 378
- Teammitglieder 307
- technologische 176

Kompetenzentwicklung, Arbeitsgestaltung 624
Kompetenzerwerb, Patient 372
Kompetenzmängel 333
Komplettierung, Angebotsstruktur 44
Komplexität
- Krankenhaus 627
- Steigerung 42–43

Konfliktdiagnose 593
Konflikte 333, 587–599
- emotionale, persönliche, Coaching 600
- personenbedingte 593
- soziale, Coaching 600
- strukturbedingte 593

Konfliktidentifikation, präzise 593
Konfliktlösung, Leitbild 154
Konfliktmanagement 570
- Änderungsdialog 595
- Denken, chancenorientiertes 595
– – paradoxes 597

Konfliktmanagement
- Dialog, kontrollierter 596
- - offener, non-direktiver 594
- Doppelbindungen 593
- Du-Botschaft 596
- Empathie 594
- Feedback, kritisches 595
- Fragen, zirkuläres 597
- Ich-Botschaft 596
- Intervention 594
- Kommunikation 593
- Metakommunikation 596

Konfliktquellen, Vertiefung 593
Konfliktthemen, Kommunikation 592–593
Konkretheit, Leitbild 147
Konkurrenz, freie, Wettbewerb 29
Konkurrenzgedanke, Krankenhaus 628
Konkurrenzkampf 324
- Arztberuf 322

Konkurrenzmarkt, Reformstrategien 34
Konkurrenzsituation, Unternehmenskommunikation, Bestandsaufnahme 459
Konsensuallösungen, Pflegesatzverhandlungen 89
Konsile, allgemeinverständliche 206
Konstruktion, kollektive, Wissensstrukturen 60
Kontaktpersonen, Projektgruppe 145
Kontext-Datenfluß-Diagramm, Krankenhaus-Informationssysteme 556
Kontextgestaltung 67
Kontrastfehler, Beurteilungsfehler 598
Kontrollaufwand, steigender 333
Kontrolle
- Abfallwirtschaft 528
- Qualitätskriterien 179

Kontrollfunktion, Trägeraufgabe 125–126
Kontrollverlust 333
Konzept
- der Dualen Abteilungsleitung 59
- Krankenhausorganisation 360–361

Konzept
- offensives, Ärztlicher Direktor 349
- Organisationsentwicklung 59
- organisatorische Transformation 59

Konzeption, Corporate-Identity-Politik 181
Kooperation 58, 188, 245
- Aufbauorganisation 328
- berufsgruppenübergreifende 12
- externe 379
- fehlende, Auswirkungen 331–332
- - Krankenhaus 320
- Gesamtorganisation 127
- interne 379
- Krankenhaus 5
- Leistungsanbieter 48
- Patient 374–378
- Pflegeüberleitung 446
- Projektmanagement 335
- Sozialgesetzgebung 48
- Veröffentlichung 335
- durch Verschmelzung 39
- Zustandsdiagnose 337–338

Kooperationskultur 144
Kooperationsstrukturen 9
Koordination
- Ablauforganisation 329
- und Führung, Organisationsentwicklung 282
- Krankenhaus 313
- Krankenhausmanagement 330–331
- Operationsraum 217
- Organisationsansatz 336
- Pflegeüberleitung 446
- Ursachenanalyse 338
- Verbesserung, Ansatzpunkte 331–336

Koordinationsaufwand, steigender 333
Koordinationskreise 65
Koordinatoren, Qualitätszirkel 192
Koordinierungsgruppe, Leitbild 145
Koproduzent 63
Korporatismus, Gesamtwirtschaft 30

Register

Korrektur, Controlling 490
Kosten 496
- Buchführung 500
- Controlling 489
- und Erlösrechnung, Anforderungen 484–486
-- Controlling 484–486, 493
-- Informationen, adäquate/aktuelle 485
--- relevante 485
-- Präsentationen, übersichtliche 485
-- Wirtschaftlichkeitsüberlegungen 486
- fixe 491, 499
- Großgerät, medizinisch-technisches 498
- kalkulatorische 496–497
-- Krankenhauskostenrechnung 506
- Krankenhaus 5
- Krankenhauspreise, Kalkulation 498
- Leistungen 500
- ökologische 516
- ökonomische 516
- pagatorische 496
- pflegesatzfähige 86, 499
- proportionale 499
- soziale, Ansteigen 39
- Stabilisierung 15
- variable 491, 499
- verursachungsgerechte Zuordnung 228
- Verursachungsprinzip 498
Kostenabweichung innerhalb einer Kostenstelle, Controlling 486
Kostenartenrechnung 486, 500
Kostenausgliederung, Pflegesatzverhandlungen 91
Kostenbegrenzung, Forderungen, gesetzliche, Konsequenzen 48–56
Kostenbewußtsein, Krankenhaus 656
Kostendämpfungsgesetze 5, 84
- Selbstkostendeckungsprinzip 86
Kostenentlastung, Reibungsverluste, Vermeidung 51

Kostenerstattungsprinzip, Krankenversicherung, gesetzliche (GKV) 16
Kostenexplosion 3, 25
- Krankenhaus 275
Kostenfaktor, Krankenhausberatung 655
Kostenmanagement
- effizientes 11
- kurzfristiges 175
- transparentes 11
Kostenminimierung 37
Kosten-Nutzen-Analyse (KNA)
- Differenzierung 38
- Geldeinheiten 38
- Krankenhausarbeit 124
Kosten-Nutzen-Untersuchungen (KNU) s. Kosten-Nutzen-Analyse
Kostenplanung
- betriebswirtschaftliches Instrument 495–507
- Durchschnittssätze 495
- Kostenrechnung, allgemeine betriebliche 495
- Vollkostenbasis 495
Kostenprobleme, Universitätsklinikum Magdeburg 77
Kostenrechnung 71
- allgemeine betriebliche, Kostenplanung 495
- Aufbau und Teilgebiete 486
- Aufgaben 495
- betriebliche, Teilbereiche 500
- Budget, externes 488
-- internes 488
- Finanzbuchführung 495–497
- Gemeinkosten 498
- genaue 232
- Ist-Werte 490
- Krankenhausleitung 364
- Preisschwankungen 491
- Soll-Ist-Vergleich 491
- Standards 491
- Steuerung, betriebsinterne 499
- Systemart 487–488
- Verursachungs- und Leistungsentsprechungsprinzip 497–499
- als Vorgabedaten 491
- Wiederbeschaffungspreis, zukünftiger, höherer 496

Register

Kostenreduktion 175, 177
- Controlling 481
- Krankenhausmanagement 509

Kostenstellen 500
Kostenstellenplan 492
Kostenstellenrechnung 486, 500
Kostenträger 84, 487, 497
- Budget und Kontrolleinfluß 7
- Deckungsbeitrag 504
- Gemeinkosten 498
- Imagegewinn 52
- Krankenhaus 497

Kostenträgerrechnung 486, 502
Kostentransparenz 7
Kostentreiber, Abfallwirtschaft 529
Kostenübernahme, Instandhaltungen 86
Kostenverantwortung, Organisationsentwicklung 282
Kostenverlagerung 39
Kostenverursachung, Äquivalenzziffern 504
Kosten-Wirksamkeits-Analyse (KWA) 38
- Differenzierung 38

Krankenbehandlung 17
Krankenhaus 357–358
- Abfallproduzent 523
- Abfallwirtschaft 522
- Ablauforganisation 85
- Änderungen der Rechtsform, Umstrukturierung 357
- ärztliche Leitung, betriebswirtschaftlich sachverständige 356
- ärztlicher Bereich 356
- Aktionsplan 634–637
- Anforderungsvielfalt 428
- Angebotsstruktur, Umorientierung 639
- Anpassungsdruck 151
- Anspruchsgruppen 11
- Arbeit, teamorientierte 376
- Arbeitsgestaltung 424
- - gesundheitsfördernde 420–430
- - partizipative 425
- Arbeitsorganisation, Bewältigungskapazität, innere 421
- Arbeitsteilung 315, 358

Krankenhaus
- Aufbauorganisation 85, 135
- Aufgabenfelder, originäre 636
- Aufgabenteilung 328
- Ausbildung 637
- Bedingungen/Einflüsse, interne 278
- Beratung, Diagnose-Monitoring 657
- - Eckdaten, konzeptionelle 656
- - Konzepte, Implementation und Realisierung 657
- - Kundenerfordernisse 656
- - professionelle 640–651
- - Schlüsselthemen 641
- - Schwachstellen 655
- - Wert 642
- Beratungsängste 653–655
- - Inkompetenzbefürchtungen 654
- - Kostenfaktor 655
- - schwarze Schafe 654
- - Unerfahrenheit 654
- Beratungsanlässe 641
- Beratungsbedarf 653–655
- Beratungsbereiche/-gebiete 658–659
- - Managementsektor 659
- - Marktstellung 659
- - Risk-Management 659
- - Scale 658
- - Scope 658
- - Situation, finanzwirtschaftliche 659
- - Speed 658
- - Wertschöpfungsstruktur 659
- Beratungskonzept 655–658
- Beratungsmethodik 659–661
- Beratungsmuster 641
- Beratungsprozeß 659–661
- Beratungsthemen 658–659
- Beratungsziele 655–658
- Betriebsabrechnungsbogen 503
- Betriebsführung 120
- Betriebsleitung, Meso-Ebene 363
- Betriebsorganisation 358–361
- - Rationalisierungspotential 360
- Betriebsverständnis 120

693

Register

Krankenhaus
- Binnenorientierung 628
- biophil wirtschaftendes 519
- Bürokratie 5
- christliches, Anspruch, caritativer 353
- – als Ziel und Umfeld 346
- CMS-Beratungsphilosophie 659
- Cost-Center 135
- Defizitdenken 636
- Denken, chancenorientiertes 4
- Denkmuster, Überwinden 316
- Dienstleistungen, interne 638
- – als Produkt 357
- Dienstleistungsunternehmen, modernes 8
- – Reformstrategien 33–39
- Differenzierungsvorgang 126
- Durchlaufwirtschaft 524
- Effizienzreserven 319
- Egoismenpflege 312
- Eigenverantwortung 5
- Einstellung, veränderte zu Gesundheit und Krankheit 629–630
- Energie 312
- Entscheidungswege, Intransparenz 329
- Entwicklung, demographische 629
- Entwicklungsfähigkeit 65
- Entwicklungsmöglichkeiten 428
- Existenzgarantie, Verlust 290
- Finanzierbarkeit, Grenzen 631
- Finanzreform 9
- Flexibilität 5
- Fortbildung 638
- Fremdsteuerung 427
- Führungsbesprechungen, regelmäßige 313
- Führungsstrukturen 357, 642
- Funktionalreform 10
- Ganzheitlichkeit 428
- gesamtes, Ökologisierung 512
- Gesamtmarkt 628
- Gesellschaftstrends 629

Krankenhaus
- Gesichtspunkte, ökonomische 124
- Gestaltung, Leitbild, neues 57–68
- gesundheitliche Versorgung 21–25
- gesundheitsförderndes (GFKH) 280, 284, 421
- – Arbeitsgestaltung 613–626
- – Fachkompetenz 619
- – Konzept 617–621
- – Krankheitsbewältigung 617
- – Organisationsgestaltung 613–626
- – Strategien, organisationsorientierte 619
- – – patientenorientierte 618
- – – personalorientierte 618
- – – umweltorientierte 619
- Gesundheitswesen 124
- Gesundheitszentrum 25, 626–639
- – Angebotsstruktur 638–639
- Gesundheitszirkel 426
- Glaube an die Allmöglichkeit und -machbarkeit der Technik 630–631
- Gliederung nach selbständigeren organisatorischen Geschäftseinheiten 135
- grünes 511
- – Vision 519–520
- Herausforderungen, Auswirkungen auf die Mitarbeiter 632–633
- – externe und interne 277–278
- – zukünftige 629–633
- Hierarchien 131
- Hintergrund, geschichtlicher 122
- Humanität 420–421
- Imageentwicklung 312
- Informationssysteme, Darstellung, vergleichbare und neutrale 544
- Inhumanität 421
- Innovation 24
- Institutionalisierung 426
- integrative Führungsposition 237
- Interaktion, soziale 428

Krankenhaus
- Irrgarten gesetzlicher Bestimmungen 84–86
- Kapazitäten, unwirtschaftliche, Kündigungsbereitschaft 90
- Kommunikation 5, 182, 319
- – innerbetriebliche 313
- Kommunikationsinfrastruktur, Optimierung 314
- Kompetenzen 5
- – Dezentralisierung 290
- Komplexität 627
- konfessionelles, Leitung 343
- Konkurrenzgedanke 628
- Kooperation 5
- – fehlende 320
- Koordination 313
- Kosten 5
- Kostenbewußtsein 656
- Krankenpflegeschulen, Beziehung 382–395
- – – zukünftige 393
- – als Partner 390
- Kreislaufwirtschaft 523–524
- Kulturentwicklungsprozeß 422
- Kulturwandel 635
- Kundenorientierung 10–11, 136, 633
- Kurzzeitpflegeeinrichtung, Aufenthalt 437–439
- – Implementierung 433–437
- – Kontaktaufnahme 438–439
- – Voraussetzungen, hausinterne 434–437
- Leistungsfähigkeit 655
- Leistungsprogramm 656
- Leistungssteigerung 627
- Leitbild 156, 425
- – Humanität 425
- Lernfähigkeit 65
- Lernkultur 422–423
- Lernmöglichkeiten 428
- Lernprozesse 429
- Linienorganisation, Pflegedienst 408
- Macht, Tabuthema 314–316
- – vertikale 315
- Machtkampf 315
- Machtverlust, Angst 314
- Managementhaltung, entwicklungsorientierte 429

Krankenhaus
- Management-Know-how 5
- Marktsensibilität als (Über-)Lebensprinzip 633
- medizinisch-pflegerischer Code 122
- mehr Markt 10
- Mitarbeiter als Steuerungsakteure 426
- Nachfragestruktur, kundenorientierte 639
- Neuzeit 44
- Öffnung nach außen 440
- ökonomische Aspekte, makro-/mikroökonomische 26–40
- Optimierungsreserven 319
- Organisation 120
- – innere 24
- – lernende 57–68
- Organisationsbewußtsein, Mangel 642
- Organisationsentwicklung 275–288, 424
- Organisationsformen, zukunftsträchtige 356
- Organisationsspielraum 425–426
- Ort caritativer Liebestätigkeit 126
- Personalentwicklung 424
- Pflegebereich 356
- privates, Management 24
- Probleme aus Sicht der Angehörigen 632
- – des Kunden 631–632
- Produktgegenstand 120
- Profit-Center 135
- Qualitätsmanagement 211–225
- – s.a. Qualitätsmanagementsystem
- Qualitätszirkel 426
- Rahmenbedingungen 290
- – Pflegegesetz 389
- Rationalisierungs- und Reformdruck 3
- Regelwerk, konkretes 129
- Ressourcen, ökonomische 362
- Ressourcenorientierung 636
- Schnittstellenproblematik 406, 627

Krankenhaus
- Schnittstellenprofil 638–639
- Selbststeuerung 427
- Singapur 110
- social construction paradigm 425
- Sozialdienste 448
- soziales Umfeld 312
- Sozialsystem, lernendes 623
- Spezialisierung 626
- Spielregeln, schwer veränderbare 131–134
- Sprachengewirr, babylonisches 632
- staatliches, öffentliches, restrukturiertes, Singapur 111
- Stakeholder 11
- Strukturen, derzeitige 227–229
- Strukturkrise 8
- Strukturwandel 3–4
- Subsysteme 126–128
- als System 119–138
- Systemgestaltung, soziotechnische 424
- Systemidentität 427
- Systemintegration 424
- Teilsystem, gesellschaftliches 121–123
- Überlebensmöglichkeiten 39
- Umdenkungsprozeß 636
- Umfeld 437
- Unternehmen 124, 126
- – konkurrenzfähiges 249
- Unternehmensberatung auf Zeit 653–662
- Unternehmensfokus 656–657
- Unternehmenskultur 133
- Unternehmenspersönlichkeit 175
- Unwirtschaftlichkeit 5
- Veränderungsbedarf 635
- Verantwortung, Dezentralisierung 290
- Verantwortungsumfang 290
- Vergangenheit 312
- der Vergangenheit 355
- Verhältnis von Individuum und Organisation 128–131
- Verhalten 182
- Vernetzung 312–314
- Vernetzungsagenten 628

Krankenhaus
- Versorgungsmodelle, abgestufte 634
- Verständigung, Effizienz 313
- – Qualität 313
- Verwaltung 641
- Verwaltungsbereich 356
- Visionen, Antreiber für Veränderungsprozesse 317
- – gemeinsame, Entwicklung 317
- Wechselwirkung zu anderen Systemen 628
- Weiterbildung 638
- Wettbewerb 10
- der Zukunft 3–13
- Zusammenarbeit, fehlende 320
- – interdisziplinäre 320
- Zweckbestimmung 119
Krankenhausalltag, Beispiele 315
Krankenhausarbeit 136
- Geschäftsprozeßmanagement 136
- Kosten-Nutzen-Kalkül 124
Krankenhausausgaben
- davoneilende 5
- Stabilisierung, Gesetz 87
Krankenhausbedarfsplanung 24, 32
Krankenhausbehandlung, Ausgabenanteile 20
Krankenhausberufe
- Funktionsdiagramme 128
- Rollenausgestaltung 128
- Stellenbeschreibungen 128
Krankenhausbetrieb, hochtechnisierter, medizinisch-pflegerische Wirklichkeit 119
Krankenhausbetten, freie, Umwidmung 439
Krankenhausbuchführungsverordnung (KHBV) 499
Krankenhausbudget, flexibles 505–506
Krankenhausdirektorium
- Betriebs- und Personalführungsaufgaben 360
- Rückblick 342–344
Krankenhausfinanzierung, Selbstverwaltung 94

Register

Krankenhausfinanzierungsgesetz (KHG) 95, 100, 431
Krankenhausforschung, sozialwissenschaftliche 421
Krankenhausführung
- Matrixorganisation 366
- Organisationsmodelle 361
- Team, gemischtes 366
Krankenhausgesellschaften
- Körperschaften des öffentlichen Rechts 93
- Neuorganisation 93
Krankenhaushäufigkeit 24
Krankenhaushierarchie
- Abhängigkeitsverhältnis 324
- Auswirkungen auf die Leitungsebene 325
-- auf die Ausführungsebene 323–325
-- auf die Leitungsebene 326
-- auf der Patientenebene 326–328
- Autoritätsbeziehung 324
- Burn-out-Syndrom 324
- Demotivation 324
- Entfremdung 324
- Fehlerhäufung 324
- Führungsverantwortung 326
- Isolation 324
- Leistungsprinzip 324
- Qualifikation 326
- Resignation 324
Krankenhaus-Informationssysteme 536–547
- Abgleich 551
- Akzeptanz 544
- Alternativen zur Einführung 546
- Analysemittel 555
- Anbietermerkmale 542
- Anforderungen 539–543, 545–546
-- anwendungsabhängige 543
-- anwendungsunabhängige 541–542
-- Erhebung 543
-- Festlegung und Überprüfung 543
-- Formulierung 551
-- Mittel zur Formulierung 555
- Anwendung 548–562
- Aufgaben 537

Krankenhaus-Informationssysteme
- Aufgabengliederungsplan 553
- Bausteinbibliotheken 549
- Begriffsbildung 536–539
- Beschreibungsansätze, multiparadigmatische 552
- Beschreibungsmittel 554
-- formale 552
-- halbformale, graphische 552
- Client-Server-Lösungen 545
- Daten, administrative, Austausch 539
- Datenflußdiagramm 553
- Definition 538
- Detaillierungsebenen, unterschiedliche 552
- Einzelbausteine, Integration 542
- funktionale 549
- Gesamtsystem 541
- Hard- und Softwarevoraussetzungen 542
- host-basierte 545
- Informationen, pflegerische, Austausch 539
- Informationstechniksystem 538
- Informationsverarbeitung, gesamte 538
- Insellösungen, Integration 541
- Integration 541
- Intensivinterviews 543
- k.o.-Kriterien 543
- Kommunigramme 554
- Kommunikationsstandards 546
- Kontext-Datenfluß-Diagramm 556
- Kontextdiagramm, Radiologie 558
- Kooperationsbilder 554
- Kosten 542
- Kriterienkataloge, neutrale 544
- Management 539
- Marktanalyse 543
- Modellierung 551
-- problemübergreifende 559
-- unterschiedliche 555
-- Werkzeug 554

697

Register

Krankenhaus-Informationssysteme
- Modellkontext, Vermittlung, einheitliche 551
- Notationen, schichtenübergreifende 554
- Objekt-Beziehungsdiagramm 553
- – Radiologie 560
- Objektmodell 559
- Organigramm 553
- Rahmen, konzeptioneller 548
- rechnerunterstützte 539–540
- – Architektur 549
- – Entwicklung 545
- Referenzmodelle 542–543, 548–562
- – Anforderungen 548–550
- – Anwendung 550–552
- – Beschreibung 552–555
- – Modellierung, problemangemessene, detaillierte 550
- – – problemübergreifende 549
- – Softwarearchitektur, kompatible 559
- – spezielle 549
- – Stand, aktueller 550
- – Standardisierung 556
- – Standards 549
- Schnittstellen 549
- Schulungsmittel 550
- Software vorauswählen 543
- Softwareeigenschaften 543
- Sozialsystem 538
- sozio-informationstechnische 537
- statische 549
- strukturelle 549
- Systemeinführung 542
- Systemoffenheit 542
- Systemvorführung 544
- Technik, Stand 545–546
- Teillösungen, heterogene 545
- Überblickdarstellung 557
- Universitätsklinikum Magdeburg 71
- Verfahren 540
- Vergleichsmaßstab 551
- Vergleichsmittel 555
- Verstehen, gemeinsames 551
- Zielsystem 537

Krankenhauskommunikation 468–480
- Marketing 468
- Nischenangebote 468
- System 537
Krankenhauskonflikte, Beziehungsprobleme 131
Krankenhauskosten, Innovationszyklen 6
Krankenhauskostenrechnung
- Grundlagen, gesetzliche 499
- Kosten, kalkulatorische 506
- Krankenhausleistungen, Individualität 506
- Pflegesatzbildung 506
Krankenhauskultur, Lernmuster 63
Krankenhausleistungen 496
- Ausgaben 14
- Erlöse 76
- Finanzierung, adäquate 363
- Individualität, Krankenhauskostenrechnung 506
Krankenhausleitbild, Management, ökologisches 514
Krankenhausleitung 226, 343
- Ärztlicher Direktor 343, 364
- Arzt 355–356
- Benchmarking 364
- berufsständisch organisierte 359
- Budgetierung 364
- Chefarzt 343
- Controlling 364
- Dreiteilung 227
- Einstellung der Beteiligten zu ihrer Rolle 365
- Geschäftsführung, alleinige 367
- – durch eine Person 367
- Kostenrechnung 364
- Leistungsrechnung 364
- Linienorganisation 365
- Moderatorenfunktion 137
- Personalmanagement 364
- Qualitätsmanagement, umfassendes 364
- Schwachstellen im System 228
- Strukturaufbau, Änderung 365
- Systemsteuerung 127

Krankenhausleitung
- Zentralbereiche, Personal/Administration, Stärkung 135

Krankenhausmanagement
- Ärztlicher Direktor 352
- Anforderungen, organisatorische 365
- – wirtschaftlich-administrative 365
- Arbeitsschutz 510
- Corporate Identity 509
- Dimension, ökologische 508
- Einweisungskriterium 510
- Geschäftsgrundlagen, Wechsel 3
- Gesetzesdruck 508
- Handlungsspielraum, realer 135
- Imagefaktor 510
- Innovationskraft 325
- Integrationsleistung 128
- Investitionskompetenz, eigenverantwortliche 9
- Kommunikation 330–331
- Kooperation 236
- Koordination 330–331
- Kostensenkung 509
- Kreativität 325
- Kreditwürdigkeit 508
- Motivation 510
- Qualitätsdimension 509
- Risiken, technische 508
- Schild für das Krankenhaus 480
- Umweltkosten 508
- Unternehmenskonzept, ökologisches 510
- Verantwortung, gesellschaftliche 509
- zukunftorientiertes, Pflegedienst, Führungsebene, mittlere 406
- Zusammenrücken aller Beteiligten 480

Krankenhausmarketing 468–480
- Agenturen 470
- Angebotsausweitung, Bereich, präventiver 475
- Ansprache 469
- Arbeitsbereich, sozial-caritativer 469
- Ausgangslage 468–469

Krankenhausmarketing
- Basis, spirituelle 478
- Befragungen 471–474
- – – selbstgestrickte 471
- – – teile und wisse 471–472
- Befragungsart 472
- Bewußtsein, neues 476
- Christentum, gelebtes 478
- Corporate Design (CD) 477
- Corporate Identity (CI) 477
- direktes 469
- Geist der Identität 477–478
- Gesundheitszentrum 475
- Handlungsmotiv 478
- Humanität 478
- Kommunikationsarbeit, tägliche 478
- Kommunikationspolitik 469
- Lanze für die Ärzte 479–480
- Marktbeobachtung 472
- Maßnahmen, werbliche 469
- Meinungen mit System 470
- Methodenerweiterung 475
- Methodenwechsel 475
- Möglichkeiten 469–480
- Nischenangebote 468
- Patientenbefragung 470
- Printbereich 478
- Qualität macht Mode 476
- Qualitätserweiterung 476
- Qualitätsgesichtspunkte, Verknüpfung 470
- Qualitätsmanagement 476
- Qualitätssicherung, interne 476
- Schreiben ist Silber, Reden ist Gold 478–479
- Überweisung 476
- Wadenwickel und Computertomograph 474
- Wadenwickel und Computertomograph 475
- Wege aus der Krise 469–480
- Wettbewerbsvorteil 476
- Zwiegespräch 478

Krankenhausmitarbeiter als Marketinginstrument 635
Krankenhausneuordnung 93
Krankenhausoberin 344
- Aufgaben 345
Krankenhausorganisation
- Abfallbeauftragter 532

Krankenhausorganisation
- Arzt-Patienten-Beratung 644
- Beratung 643–651
-- Bescheidenheit und Begrenzung 650
-- Branchenkenntnis 648
-- Diagnosen, Treffsicherheit 650
-- Einschätzungen 650
-- Eleganz und Ökonomie 650
-- Experten 644
-- Grundmodelle 6434
-- Interventionen, Angemessenheit und Flexibilität 650
-- Klärungsphase 648
-- Kontakt mit der Organisation und den Beratenen 649
-- Lernarbeit 648
-- Nachhaltigkeit 651
-- Pragmatik und Konsequenz 651
-- Vereinbarung, Klarheit 649
-- Vertrauen, gegenseitiges 647
-- Wirkungsortientierung 651
- Beteiligung der Betroffenen 635
- Center-Prinzip 135
- Infrastruktur, geeignete 647
- komplexe 642
- Konzept der »Dualen Abteilungsleitung« 360–361
- multipersonal-arbeitsteilige 359
- Prozeßberatung 644–645
-- Arbeitsprozesse, Gestaltung 645–646
- traditionell-hierarchische 315
- Umstrukturierung 340
Krankenhauspathologien, Geschichte 6–8
Krankenhauspflegesätze
- Festsetzung, Schiedsstelle 88, 99
- Schiedsstelle 97
Krankenhausqualität
- Ambulanz-Modul 197
- Apotheken-Modul 198
- Controlling-Modul 197–198
- Hygiene-Modul 197–198
- Informations-Modul 197–198
- Logistik-Modul 197–198

Krankenhausqualität
- modulares Konzept 195–210
-- Informationsansatz 204–206
-- Motivationsansatz 206–208
-- Organisationsansatz 201–204
- Pflege-Modul 197–198
- Technik-Modul 197–198
- Transfusions-Modul 197–198
- Umwelt-Modul 197–198
Krankenhausreform, interne 334
Krankenhausseelsorger 377
Krankenhausstabilisierungsgesetz 22
- Schiedsstellenpraxis 98–101
Krankenhausstrategie, Management, ökologisches 514
Krankenhausstrukturen, unzulängliche 356
Krankenhausträger, Einfluß auf die innerbetrieblichen Entscheidungen 7
Krankenhaus-Verwaltung, Organisationsentwicklung 282
Krankenhausverweildauer 24
Krankenhauswesen
- Effektivität 21
- Entstaatlichung 95
- krankes 4
- Neuorientierung 229–230
- Wirtschaftlichkeit 21
Krankenhauszielsystem, Management, ökologisches 514
Krankenkassen
- Haushaltsprinzip 31
- Landesministerien, Uneinigkeit 85
Krankenpflege
- Ausbildung, generalisierte, gemeinsame 386
- Ausbildungs- und Prüfungsordnung 382
Krankenpflegegesetz 382
- Krankenhaus, Rahmenbedingungen 389
Krankenpflegeleiter 359
Krankenpflegeprozeß 253
Krankenpfleger, Ausbildung in der Praxis 383
Krankenpflegeschule(n) 388
- Abhängigkeit, formale, Krankenhaus 383

Krankenpflegeschule(n)
- Anleitung, unqualifizierte 384
- Ausbildung, ganzheitlich orientierte 384
- Ausbildungsplätze 390
- Ausstattung 390
- Instanzen, übergeordnete 384
- Jahresbudget 390
- Krankenhaus, Beziehung 382–395
- – – zukünftige 388–393
- Lernen, praktisches 384
- Partner de Krankenhauses 390–391
- Praxis(ausbildung), theoriegeleitete 392
- – – mangelnde 385
- Rahmenbedingungen 390
- Regelungen, gesetzliche 382–383
- Schüleralltag 384
- Schulleitung und Pflegedienstleitung, Schnittstellenregelungen, fehlende 383
- Situation, gegenwärtige 383–385
- Station, Lernort versus Arbeitsort 392–394
- Theorie, praxisgeleitete 392
- Theorie-Praxis-Gefälle, Reduzierung 392
- Zuordnung, Organigramm, Krankenhaus 383

Krankenschwestern, Ausbildung in der Praxis 383
Krankenstand, hoher 332
Krankenversicherung, gesetzliche (GKV) 20, 84
- Gesundheitswesen, Singapur 113
- Kostenerstattungsprinzip 16
- Sachleistungsprinzip 16
- Selbststeuerungspotential 85
- Solidarprinzip 15
- Subsidiaritätsprinzip 85

Krankenversicherungsverhältnis, ungeklärtes, Universitätsklinikum Magdeburg 80
Krankenversorgung, Universitätsklinikum Magdeburg 73
Krankheit
- Betriebsunfall 376

Krankheit
- Definition 18
- Medizinkultur 114

Krankheitsbewältigung, Krankenhaus, gesundheitsförderndes 617
Krankheitserleben, Pflegebedarf 263
Krankheitsfall, Lohnfortzahlung 19
Krankheitspanorama, Wandel 7
Krankheitstage 38
Krankheitsverhütung 613
Kreativität
- Krankenhausmanagement 325
- nachlassende 332
- Pflegemanagement 400

Kreativitätsblockaden, Kommunikation 592
Kreativitätstechniken 570
- Selbstmanagement 602

Krebserkrankungen, Singapur 107
Kreditwürdigkeit, Krankenhausmanagement 508
Kreislaufprinzip, Ökologie 512
Kreislaufwirtschaft 512
- Krankenhaus 523–524

Kündigung, innere, Psychohygiene 602
Kündigungsbereitschaft, Krankenhaus, Kapazitäten, unwirtschaftliche 90
Kulturentwicklungsprozeß, Krankenhaus 422
Kulturwandel, Krankenhaus 635
Kunden
- externe 36
- interne 36
- Probleme, krankenhausorientierte 631

Kundenbefragung, interne, Radiologie 220
Kundenbegriff 36
- umfassender, Qualitätsbewußtsein 189

Kundenbindung 254
Kundendefinition, Qualität 187
Kundenorientierung 37, 49, 124–125, 187
- Krankenhaus 10–11, 136, 633
- Organisationsveränderung 292

701

Register

Kundenzufriedenheit, Feedback-Bogen, Unternehmenskommunikation 459
Kurzzeitpflege
- Bedeutung 431–441
- Gesetzesgrundlage 431
- Inanspruchnahme 432
- Inbetriebnahme 432
- St. Elisabeth-Krankenhaus Lahnstein 436

Kurzzeitpflegeeinrichtung
- Atmosphäre, wohnliche 437
- Aufenthalt 437–439
- Ausstattung, seniorengerechte 437
- Implementierung an einem Akutkrankenhaus 433–437
- Krankenhaus 439
- im Krankenhaus, Akutkrankenhaus, Trennung, räumliche 434
- – Altenpflegekräfte, ausgebildete 435
- – Ansprechpartner 439
- – Aufnahme, kurzfristige, ungeplante 438
- – Berufsgruppen 437
- – Dienstleister, externe 437
- – Finanzierungsmöglichkeiten 439
- – Fortbildungsangebote 440
- – Kapazitäten, personelle 435
- – – räumliche 434
- – Kontaktaufnahme 438–439
- – Krankenhausseelsorger 437
- – Krankenpflegekräfte 435
- – Krankenpflegeschüler 437
- – Mitarbeiter, ehrenamtliche 437
- – Pflegepersonal 435
- – Pflegeplanung 439
- – Physiotherapeuten 437
- – Sozialarbeiter 437
- Krankenhaus, Synergie, personelle 440
- im Krankenhaus, Synergien 439–440
- – – räumliche 439
- – Voraussetzungen, hausinterne 434–437
- – Vorgespräch 439
- Orientierung im Alltag 437

Kurzzeitpflegegast 438
KWA s. Kosten-Wirksamkeits-Analyse

L

Labor, Prozeßgestaltung 220
Labordatensystem, Universitätsklinikum Magdeburg 71
Landesministerien, Krankenkassen, Uneinigkeit 85
Landespreise
- Fallpauschalen 34
- Sonderentgelte 34
- Verbandsebene 34
Laufbahnberatung 571
Lazareth-Commissionen 342–343
Lean Management 37
Lebenserwartung
- durchschnittliche 20
- Singapur 107
Lebensqualität 189
Lebensqualitätskriterien 38
Lebensstile, Krankenhaus 277
Legitimation 142
- Leitbild 144, 153
Lehre
- Belange, Berücksichtigung, Universitätsklinikum Magdeburg 73
- Qualität 321
- Universitätsklinikum Magdeburg 73
Lehrerqualifikation, Pflegeberufe 386
Lehrinhalte, Ergänzung, qualitätsbezogene 206
Lehrmeinungen, universitär vermittelte 323
Leidabwehrmechanismen, Visite 328
Leistungen 516
- Fremdvergabe, Einsparmöglichkeiten 78
- gesundheitliche, Nachfrage 18
- medizinisch-pflegerische, Nachfrage, Steigerung 123
- – Perspektive, ökonomische 123
- Prioritätensetzung 18
- Rationalisierung 21

Leistungen
- Rationierung 21
- Transparenz 47

Leistungs- und Nachfrageexpansion 7

Leistungsabläufe, Standardisierung, fehlende 23

Leistungsanbieter 44
- Ausrichtung, strategische 45–48
- Kooperation 48
- Vernetzung, sekundäre 51
- Zielentwicklung 45–48

Leistungsangebote, Organisationsveränderung 297

Leistungsaufstellung 499
- Formblatt 501

Leistungsausgaben, gesetzliche Krankenversicherung (GKV) 20

Leistungsausweitung, Organisationsveränderung 297

Leistungsbereiche, Größe und Komplexität 120

Leistungsbeurteilungen 571

Leistungsbewertung 232
- Mitarbeiterbeurteilung 576–578

Leistungsempfänger, Rollenzuschreibung, traditionelle 45

Leistungsentsprechungsprinzip 498

Leistungserbringer, Qualitätssteigerung 52

Leistungserbringung 84
- Konzentration, Prüfung 78

Leistungserfassung
- patientenorientierte 86
- umfassende, patientenbezogene 232
- Universitätsklinikum Magdeburg 81

Leistungserstellung 499
- Faktoren, dispositive 357

Leistungsfähigkeit 499
- Arztberuf 322
- eingeschränkte 333
- Gesamtsystem 47
- Krankenhaus 655
- Unternehmen 178

Leistungsfinanzierung 289

Leistungsgeschehen, Unternehmen 186

Leistungskataloge, Festlegung 16

Leistungskriterien, Mitarbeiterbeurteilung 575

Leistungsmenge 289

Leistungsplanung, Universitätsklinikum Magdeburg 81

Leistungsprinzip, Krankenhaushierarchie 324

Leistungsprofil
- eigenes 47
- Entwicklung 55

Leistungsprogramm, Krankenhaus, Differenziertheit 656

Leistungsqualität 289

Leistungsrechnung
- Krankenhausleitung 364
- Steuerung, betriebsinterne 499

Leistungsreduzierung, Funktionalreform 10

Leistungsspektrum, enges 333

Leistungssteigerung, Krankenhaus 627

Leistungssteuerung, Universitätsklinikum Magdeburg 78–79

Leistungstransparenz 86

Leistungsüberwachung, Universitätsklinikum Magdeburg 81

Leistungsverrechnung 488
- innerbetriebliche 502

Leistungswettbewerb 29

Leistungszahlen, Labor 220

Leitbild
- Aktualität, Überprüfung 155
- Aufgaben 146
- Ausführungsbestimmungen 147
- Bestätigung, fortlaufende 163
- Chancen 154–156
- Commitment 147
- Crossmatching 147
- Einführung 147
-- Wendepunkt, negativer 162
- Einführungsphase, positive 162
- Entstehen 145
- Erneuerung 163
- Evaluation 147

Register

Leitbild
- Formulierung 152, 155
- Funktionen 150–154
- gemeinsam erarbeitetes 334
- Gesundheitsförderung 613–615
- Gleichgültigkeit gegenüber Veränderungen 162
- Grenzen 154–156
- Hauptfunktionen 144
- Imageförderung 154
- Implementation 147, 162
- Inhalte 162
-- vorgelebte 161
- Innovation 144
- ins Auge fallen 161
- Interesse, fehlendes 162
- Konfliktlösung 154
- Konkretheit 147
- Kontrolle 146
- Koordinierungsgruppe 145
- Krankenhaus 156, 425
- Kürze 147
- leben oder lassen 160–164
- Legitimation 144, 153
- Motivation 144, 153
- Nutzen 155
- Organisationsentwicklung 282
- Orientierung 144, 153
- Personalentwicklung 620
- Pflege 162
-- engagierte 161
- Praxisnähe 147
- Revision 146
- Schiedsstellen 161
- Steuerungsinstrument 152
- Störungen, Beseitigung 154
- Umsetzung 146
- Unternehmen, christliches 165
- Unternehmensidentität 145
- Unternehmensphilosophie 143–145, 161–162
- Unternehmung, kooperative 161
- Unternehmungsziele 156
- Veränderungswille 148
- Verbesserung 146
- Werte 163
- Zielsystem, kompatibles 154

Leitbildentwicklung 164–173, 215–216
- Ablauf, idealtypischer 159
- Abteilungen 158
- Anlässe 154
- Anregungen zum Vorgehen 157–160
- Berater/Begleiter, externe 158
- Entstehungsprozeß 166
- Entwicklungsressourcen 160
- Entwicklungszeit 160
- Entwürfe 158
- Entwurfs- und Sammelphase 160
- Erfolgskriterien 146–148
- Info-Märkte 158
- Informationsinfrastrukturen 160
- Kliniken 158
- Kommunikationsstrukturen 160
- Organisationsentwicklung 282
- Projektgruppe 145, 158, 166
- Projektmanagement, strukturiertes 160
- Prozeß 146
- Prozeßumsetzung 166
- Qualitätsmanagement-System 155
- Sozialökonomie 158
- St. Elisabeth-Stiftung 165–173
-- Auftakt-Veranstaltung 168
-- Kernthemen, Rückmeldungen 167
-- Modellprojekte 168
-- Orientierungsrahmen 167
-- Projektgruppe, Kernthemen 167
-- Umsetzung in den Einrichtungen 168
-- Umsetzungsstrategie 168
-- Zwischenbilanzklausur 168
- Unternehmensphilosophie 150–164
- Unterstützung, externe 160
- Verantwortung 160
- Workshops 158
- Zeitökonomie 158
- Ziele 160
Leitbild-förderndes Handeln, Anerkennung, offene 162–163

Leitbildkonferenzen
- Dokumentation 171–172
- Öffentlichkeitsarbeit 172
- Projektfortschritte 171
- Zwischenbilanzklausur 171

Leitbild-orientiertes Handeln 163
Leitbildprozeß 145–146
Leitbildumsetzung
- Ansprechpartner 170
- Projektleiter 170
- Projektmanagement 170–171
-- Grundkenntnisse 170

Leitbildvorstellung, Kick-off-Veranstaltung 146
Leitsätze
- Pflegemanagement 400
- vorhandene 155

Leitungsebene, Krankenhaushierarchie 325–326
Leitungsgremien, Aufgaben 214
Leitungskompetenzen, Organisationsentwicklung 283
Leitungskräfte, Qualitätsverbesserung, Ängste 244
Leitungsspektrum, Universitätsklinikum Magdeburg 77
Leitungsstrukturen, funktionale 282
Leitungsverständnis 128
Lenkungsausschuß, Qualitätszirkel 192
Lernbereitschaft 188
- Mitarbeiter 208

Lernblockaden, Projektteam 54
Lernen
- individuelles 66, 280
- kollektives 280
- organisationales 48, 59–62, 66
-- Merkmale 61
- praktisches, Krankenpflege 384
- problemorientiertes 321

Lernfähigkeit
- Krankenhaus 65
- Mitarbeiter 208

Lern-Foren 208
Lerninhalte, Management, ökologisches 518
Lernmöglichkeiten, Krankenhaus 428
Lernmuster, Krankenhauskultur 63

Lernprozeß/-prozesse
- Krankenhaus 429
- Mitarbeiter 208
- Qualitätsmanagement 189
- Qualitätsverbesserung 189

Lernstatt-Gruppen 516
Lernteam, kontinuierliche Verbesserung 65
Lerntechniken, Selbstmanagement 602
Linienorganisation, Krankenhausleitung 365
Liquiditätsorientierung, Controlling 482
Liquiditätssteuerung, Universitätsklinikum Magdeburg 80
Liquiditätsvorteil, Schiedsstellenbeschlüsse 101
Lösungsvorschläge, Steuerungsgruppe 340
Logistik-Modul, Krankenhausqualität 197–198
Logo, identitätsstiftendes 155
Lohnfortzahlung, Krankheitsfall 19
Lohnnebenkosten 32
- Begrenzung 19

Lohnnebenkosten(höhe), Höchststand 6, 44
Lorbeer-Effekt, Beurteilungsfehler 598

M

Machbarkeitswahn, Medizin 376
Macht(-kampf/-spiele)
- Abbau 12
- Krankenhaus 315
- Organisationsentwicklung 286–287
- patriarchalische 323

Machtstrukturen
- formelle, Reduktion 12
- Pflegeüberleitung 448

Machtverlust, Krankenhaus 314
Mänge, Management 334
Mängel, betriebsinterne 334
Märkte, Globalisierung 29
Magnet-Krankenhaus 8–9
Mahnwesen, Universitätsklinikum Magdeburg 80
Makro-Ebene, Gesundheitssystem 363

Management 65
- entwicklungsorientiertes 66
- Gestaltung 64
- integratives, Vernetzungsprobleme 58
-- Wandel, langfristiger 57–59
- Krankenhaus, privates 24
- Krankenhaus-Informationssystem 539
- Mängel 334
- Minimaldefinition 177
- Netzwerk 515
- ökologisches 508–521
-- Ablauforganisation 515
-- Anreiz(system) 517–518
-- Aufbauorganisation 515
-- Aufgaben(bereiche) 514
--- klinische 515
-- Aufklärung 517
-- Effizienz 516
-- Entgeltsysteme 518
-- Fachkompetenz 519
-- Gestaltungsprinzipien 511–512
-- Gratifikationen 518
-- Grundstruktur 511
-- Innovator, ökologischer 520
-- Institutionalisierung 516
-- integratives 515
-- Konzept 511–512
-- Krankenhaus 513
-- Krankenhausleitbild 514
-- Krankenhausstrategie 514
-- Krankenhauszielsystem 514
-- lernen und kultivieren 518–519
-- Lerninhalte 518
-- Methodenkompetenz 519
-- Mitarbeiterbeteiligung 518
-- Motivation 517
-- Öko-Draht 518
-- Operationalisierung 514–515
-- Optimierer 520
-- personale Kompetenz 519
-- Planungshorizont, längerfristiger 515
-- Prämiensystem 518
-- Präsentation 518
-- Qualifikation 518
-- Querschnittsaufgabe 515
-- Sozialkompetenz 519

Management, ökologisches
-- Umsetzung im Krankenhaus 513–519
-- Unternehmenskultur 514
-- Unternehmensphilosophie 513
-- Zusammenarbeit, interdisziplinäre, berufsständeübergreifende 518
- Rahmenbedingungen 227
- visionäres 11
Managementaufbau 234–237
Managementhaltung, entwicklungsorientierte, Krankenhaus 429
Managementinstrumente, neue 58
Management-Know-how, Krankenhaus 5
Managementkompetenz
- medizinisch-pflegerische 227
- technische 227
- Verantwortliche 122
Managementkonzept, Organisation, lernende 62, 67
Managementmängel, Krankenhaus 278
Managementmethoden 37, 39
Managementmodell, Organisation, lernende 59
Managementregeln, Ökologie 511
Managementstrategien, Organisation, lernende 62
Marketing
- Abfallwirtschaft 534–535
- Abfallwirtschaftskonzept, professionelles 531
- fraktales, Krankenhauskommunikation 468
- Organisationsentwicklung 282
Marketinginstrument, Krankenhausmitarbeiter 635
Marktanalyse 11, 337
Marktbeobachtung, Krankenhausmarketing 472
Marktergebnisse 29
Marktform der vollständigen Konkurrenz 29
Marktsensibilität, Krankenhaus als (Über-)Lebensprinzip 633

Marktverhalten, unternehmerisches 29
Marktwirtschaft 27
– freie 28
– soziale 28
– – Konzeption 28
Maßnahmen
– vereinbarte, Mitarbeiterbeurteilung 579–580
– werbliche, Krankenhausmarketing 469
Maßstab, persönlicher, Beurteilungsfehler 598
Maßstabsprobleme, Beurteilungsfehler 598
Mastery 53
Materialkommission 206
Materialwirtschaft 71
Matrixorganisation, Krankenhausführung 366
Maximalversorgung 24
Medienbrüche 228
Medikamente, teure 7
Medizin
– chinesische 105–106
– Entwicklung, Krankenhaus 277
– indische 105–106
– Machbarkeitswahn 376
– malaiische 106
– moderne, Fortschrittsfalle 372
– unmenschliche, Krankenhaus 275
medizinisch-pflegerische Wirklichkeit, Krankenhausbetrieb, hochtechnisierter 119
Medizinkultur
– Gesundheitsverhalten 114
– Gesundheitsversorgung 114
– Krankheit 114
– Singapur 113–115
Medizintechnik 151
Medizin-Techniker, symptomorientierter 373
Megatrends 42
Mehr Markt, Krankenhaus 10
Mehrweg-Medikalartikel 516
Menschenbild, Krankenhaus-Leitbild 156
mentale Modelle 54
Mentoring 12, 571

Meso-Ebene, Gesundheitssystem 363
Metakommunikation, Konfliktmanagement 596
Methodenerweiterung, Krankenhausmarketing 475
Methodenkompetenz 571
– Management, ökologisches 519
Methodenwechsel, Krankenhausmarketing 475
Mikro-Ebene, Gesundheitssystem 363
Mikropolitik, Beurteilungsfehler 598
Mißtrauen, Kreislauf 326–327
Mißtrauenskultur 333
Mitarbeiter 36
– Identifikationsstärke 142
– Lernbereitschaft 208
– Lernfähigkeit 208
– Lernprozeß 208
– Qualitätsverbesserung, Ängste 244
– Sozialisation 129
– Systemgestaltung 130
– Trennung 129
Mitarbeiterbefragung, Vorbereitung 222
Mitarbeiterbeteiligung, Management, ökologisches 518
Mitarbeiterbeurteilung 573–586
– Arbeitsqualität 576
– Arbeitstempo 576
– Aufbau 574–580
– Aufzeichnungen 582
– Beobachtungen, Deutung und Auswertung 581
– Beurteilung im Dialog 584–585
– Beurteilungseröffnung 583–585
– Beurteilungsformblatt 577
– Beurteilungsgespräch 583
– Beurteilungszwecke 573–574
– Delegation 576
– Denken, wirtschaftliches 576
– Durchsetzungsvermögen 576
– Fachkenntnisse 576
– Hygienebewußtsein 576
– Kollegialität 576
– Leistungsbewertung 576

Register

Mitarbeiterbeurteilung
- Leistungsdefizite 579–580
- eistungskriterien 576
- Maßnahmen, vereinbarte 575, 579–580
- Mitarbeiterführung 576
- Patientenumgang 576
- Persönlichkeitsbeschreibung 575
- – freie 578–579
- Personalbuchführung, kontinuierliche 581
- Planungsvermögen 576
- Rechtsanspruch 574
- Verhalten im Team 576
- Vorbereitung 580–583

Mitarbeitereinführung, Anpassungsprozeß 130
Mitarbeiterförderung, Krankenhaus-Leitbild 156
Mitarbeiterführung 563, 565
- Mitarbeiterbeurteilung 576
- Pflegebereich 414–415

Mitarbeitergespräche, Pflegebereich 414
Mitarbeiteridentifikation 175
Mitarbeitermotivation 175, 207
- Anreize, finanzielle 207
- – ideelle 207
- Spar-Kommissionen 207

Mitarbeiterorientierung 620
- Personalpflege 620

Mitarbeiterpartizipation, Qualitätszirkel 191
Mitarbeiterprobleme, Krankenhaus 632–633
Mitarbeiterreaktionen, TQM-Einführung 222–223
Mitarbeitersituation, Pflegedienst 410–414
Mitarbeiterwille 206
Mitbezahlung, Gesundheitswesen, Singapur 113
Miteinander, kreatives 46–47
Mitgestaltung (Partizipation), aktive 615
Mittelalter, Siechenhäuser 44
Mitteleinsatz, steigender 333
Mitverantwortung, fehlende 332
Mobbing 603
Modellierung, Krankenhaus-Informationssysteme 551

Moderationstechniken 145
- Selbstmanagement 602

Moderationstraining 570
Moderatorenfunktion, Krankenhausleitung 137
Modernisierungsmaßnahmen 174
modulares Konzept 197
- Krankenhausqualität 195–210
- – Informationsansatz 204–206
- – Motivationsansatz 206–208
- – Organisationsansatz 201–204
- – Top-down-Ansatz 201–204
- Schnittstellen 201

Motivation 142
- Abfallwirtschaft 535
- Krankenhausmanagement 510
- Leitbild 144, 153
- Management, ökologisches 517
- Mitarbeiter 207–208
- Personalmanagement 568
- Qualitätskriterien 179

Motivationsansatz
- Kommunikation 335
- Koordination 335
- modulares Konzept, Krankenhausqualität 206–208

Motivationskrise, Pflegenotstand 407
Motivationsvernichter, Selbstkommunikation 605
Motivatoren, Selbstkommunikation 605
Mount Alvernia Hospital
- Fachbereiche 112
- Singapur 111–112
- Sondereinrichtungen 112

Müll, Krankenhaus 522–535
Multiprofessionalität Qualitätsmanagement 231

N

Nachfrage
- kundenorientierte, Krankenhaus 639
- preisunabhängige 9
- Steigerung, Leistungen, medizinisch-pflegerische 123

Register

Nachhaltigkeit, Krankenhausberatung 651
Nachkalkulation 506
Nachsorge 17
Nachvollziehbarkeit, Qualität 196
Nachvollzug des gesetzgeberischen Willens, Schiedsstellen 98
Nebeneinander, unkoordiniertes 46–47
Neid, Arztberuf 322
Neonatologie 17
Netzwerk
– Gesundheitswesen 41
– Management, ökologisches 515
Netzwerkpartner
– latente 54
– Nutzen, unmittelbarer 52
– potente 54
– Verbund 53
Netzwerkprinzip, Ökologie 512
Neubau- und Umbaumaßnahmen 130
Neuordnungsgesetz
– Eigenverantwortung 94
– Selbstverwaltung 94
Neuorganisation, Krankenhausgesellschaften 93
Neuorientierung, Qualitätsmanagement 223
Neuzeit, Krankenhaus 44
Nichtzurechenbarkeit, Fixkosten 488
Nikolaus-Effekt, Beurteilungsfehler 597
Non-profit-Hospital, Singapur 111–112
Notfallambulanz, Aufnahmeprozeß 219
Notopfer, Pflegesatzverhandlungen 91
Null-Fehler-Prinzip, Qualität 187
nursing information system 537
Nutzen-Kosten-Erwägungen, Rationierungen 37

O

Oberin, Krankenhausleitung 343
Objekt-Beziehungsdiagramm, Krankenhaus-Informationssysteme 553
Objektivierung 322
Objektmodell, Krankenhaus-Informationssysteme 559
Öffentlichkeit, Corporate-Identity-Strategie 184
Öffentlichkeitsarbeit
– Leitbildkonferenzen 172
– Organisationsentwicklung 282
Öko-Audit 517
Ökobilanzierung 517
Öko-Draht, Management, ökologisches 518
Ökologie
– Integration, Prinzip 512
– Kreislaufprinzip 512
– Managementregeln 511
– Netzwerkprinzip 512
ökologisches Management s. Management, ökologisches
Ökologisierung, Krankenhaus, gesamtes 512
ökonomische Macht, Steuerung 27
ökonomische Perspektive, Leistungen, medizinisch-pflegerische 123
Ökonomisierung 277
– Krankenhaus 277
Offenheit
– Pflegemanagement 400
– soziale Systeme 132
Operationalisierung, Management, ökologisches 514–515
Operationsraum s. OP
Operieren, ambulantes 9, 23
OP-Koordination 215, 217
Optimierer, Management, ökologisches 520
Optimierungspotentiale, Optimierung 332
Ordnungsfaktor, Wettbewerb 27
Ordnungspolitik 28
Ordnungsprinzip, Organisationen 132
Ordnungsziel, Gesamtwirtschaft 29
Ordoliberalismus 28

Register

Organigramm
- Information 205
- Krankenhaus-Informationssysteme 553

Organisation(en)
- Geschlossenheit, operative 133
- Hierarchie 132
- horizontal aufgebaute 293
- Irritationspotential 134
- Konkurrenz 151
- Krankenhaus 120
-- Verhältnis zum Individuum 128–131
- lernende 48, 59–62
-- Definition 61
-- Krankenhaus 57–68
-- Managementkonzept 62, 67
-- Managementmodell 59
-- Managementstrategien 62
-- Personalentwicklung 65–67
-- soziales System 62
-- Strukturen 62
-- Theorie, ganzheitliche 62
- als Maschine 299
- Ordnungsprinzip 132
- als Organismus 299
- Qualitätskriterien 179
- quervernetzte 293
- Regelveränderungen 131
- Regelwerk 129
- als selbstreferentielles System 299
- Ursache 339

Organisation(en)(en)
- Abfallwirtschaft 528
- belehrende 48
- Gedächtnis, kollektives 63

Organisationsanalyse 337
Organisationsanpassung 280
Organisationsansatz
- Kommunikation 336
- Koordination 336
- modulares Konzept 201–204
- Umsetzung 202

Organisationsdiagnostische Maßnahmen 337
Organisationsebene, Strukturwandel 11
Organisationsentwicklung 59
- Ablaufprozesse 12

Organisationsentwicklung
- Abteilungen, medizinisch definierte 282
- Angelpunkte 282
- Ansatzpunkte und Richtungen 281
- Ansatzpunkte und Richtungen 282–285
- Chaosmanagement 282
- Entscheidungen 280
- Entscheidungskriterien 281–285
- Erfolgsbedingungen 285–287
- fehlende 332
- Formalisierung 279
- Gestaltung, professionelle 282
- Gesundheitsförderung 616
- Gruppenarbeit 279
- Herausforderungen, verursachte 276
- Kompetenzen 280
- Konzept 59
- Krankenhaus 276, 424
- Lernen 279
-- Ebenen 280
- Lösungen, neue 276–281
- Management 287
- Merkmale 61
- Moderation, professionelle, externe 281
- Öffentlichkeit 279, 287
- Organisation, lernende 294
- Projektabläufe 280
- Projekte 287
- Projektgruppen 280
- Regelung, explizite 279
- Rückkopplungen 280
- »Schlüsselthemen« 284
- Spannungslagen, erzeugte 275
- Teamarbeit, interprofessionelle 283
- Transparenz 279
- Umfeld, Gestaltung 287
- Umstrukturierungen 279
- Unsicherheitsbedingungen 280
- Verbesserungen 279
- Verfahren, Umsetzung 279
- Ziele 285
- Zielklarheit 279
- Zweck 289

Organisationsgedächtnis 63

Organisationsgestaltung
- Gesundheitszirkel 622
- Krankenhaus, gesundheitsförderndes 614–626
- Pflegemanagement 400

Organisationskompetenzen, Organisationsentwicklung 283

Organisationskultur, Pflegemanagement 400–402

Organisationskulturmodelle 65

Organisationslernen 280

Organisationsmitglieder 129

Organisationsmodelle, Krankenhausführung 361

Organisationsorientierung 45–46

Organisationspathologien, Abbau 12

Organisationspraktiker 63

Organisationsregeln, Entscheidungen, betriebliche 129

Organisationsspielaum, Krankenhaus 425

Organisationsspielraum, Krankenhaus 426

Organisationsstruktur
- funktionsfähige 179
- sekundäre 296

Organisationstheorie 65

Organisationstwicklung
- Kommunikation, interne 280
- Krankenhaus, gesundheitsförderndes 613

Organisationsveränderung
- Adaptionsfähigkeit, ständige 301
- Aufbaustruktur 296
- Aufwand 293
- Bewahren versus Verändern 299
- Effizienzorientierung 292
- Entwicklungsprozesse 298–301
- Entwicklungsziele, außen wirksame 293
- – innenwirksame 293
- – normative 295–298
- Faktoren, personelle 298
- – strategische 297–298
- – strukturelle 296–297
- Handeln 300
- Informationsstrukturen 297
- Interventionsdimension 299–300

Organisationsveränderung
- Kommunikationsstrukturen 297
- Krankenhaus 289–302
- Kundenorientierung 292
- Leistungsangebote, Ausdifferenzierung 297
- Leistungsausweitung 297
- Lernschleife, selbstreflexive 300
- Mitarbeiter 295
- – Leistungen, Anerkennung 295
- – Verantwortung, gesteigerte 295
- Mitarbeiterorientierung 295
- Nutzen 293
- Organisationsstrukturen, sekundäre 296
- Patientenorientierung 292
- Personalmanagement, Defizite 298
- Planen 300
- Prozeßorientierung 293
- Struktur versus Chaos 299
- Top-down versus Bottom-up 300
- Vergleichen 300
- Verhältnis, Optimierung 292
- Zielvorstellungen 291–295

Organisationswissen 63

organisatorische Transformation, Konzept 59

Orientierung 142
- Leitbild 144, 153

Orientierungsdaten, Gesamtwirtschaft 30

Orientierungshilfe, Pflegeleitbild 253

Orientierungsrahmen, Leitbildentwicklung, St. Elisabeth-Stiftung 167

Ort caritativer Liebestätigkeit, Krankenhaus 126

Ortskrankenkassen (AOK) 15

Output-Betrachtung, Ergebnisqualität 188

Outside-in-Ansatz, modulares Konzept, Krankenhausqualität 204

Outsourcing 37

P

Paradigma, interpretatives, Selbstkommunikation 605
Paradigmenwechsel, Pflege 388
Parteilichkeit
- Ärztlicher Direktor 351
- Chefarzt 351
Partnerschaft, fehlende 332
Patient 36
- Aufklärungspflicht 375
- Entlassung, Probleme 440–444
-- Prozeß 217–218
- Entlassungsverfahren 443
- Erwartungshaltung, steigende 373
- von heute ein Individuum 372–374
- als Individuum, High-Tech-Medizin 369–381
- Integration 374–378
- Kommunikation 374–378
- Kompetenzerwerb 372
- Kooperation 374–378
- als Kunde 124
-- Corporate-Identity-Strategie 184
-- Krankenhaus 277
- mündiger 372–373
- als Objekt 369, 373–374
-- des Leistungserstellungsprozesses 359
- Selbstbestimmungsrecht 375
- Sichtweise, neue 63
- als Subjekt 369
-- Verschwinden 374
Patient-Arzt-Verhältnis
- Aufklärung 375
- Beziehung, individuelle 362
- biomedizinische Technik, Fortschritt 362
- Gespräch 375
- Kommunikation 375
- Therapierbarkeit, verbesserte 370
Patientenbedürfnisse, wechselnde 332
Patientenbefragung 215–217
- Krankenhausmarketing 470
Patientendatenbanksysteme 537
Patientenebene, Krankenhaushierarchie 326
Patienten-Entlassungsprozeß 217–218
Patientenfürsprecher 377
Patienteninformationssystem 71
Patientenkommunikation, Personalmanagement 567
Patientenorientierung 125, 319
- Krankenhaus-Leitbild 156
- Organisationsveränderung 292
Patientenpartizipation 63
Patientenrechte 277
Patiententransporte 78
Patientenumgang, Mitarbeiterbeurteilung 576
Patientenzahlen, rückläufige 334
Patientenzufriedenheit 254
- Qualitätssicherung 234
- verminderte 333
PBL s. pflegerische Bereichsleitung
Perinatologie 17
Persönlichkeit, Führungskräfte 566
Persönlichkeitsbeschreibung
- freie, Mitarbeiterbeurteilung 578
- Mitarbeiterbeurteilung 575, 579
Persönlichkeitsentwicklung, Arbeit 427–429
Personalarbeit 64
- Pflegebereich 414
Personalausstandsgespräche 337
Personalbeschaffungskosten, steigende 333
Personalbuchführung, kontinuierliche, Mitarbeiterbeurteilung 581
personale Kompetenz, Management, ökologisches 519
Personalebene, Strukturwandel 12
Personaleinsatz, flexibler 415
Personalentwicklung 56, 64, 280
- differenzierte 335
- Krankenhaus 424
- Leitbilder 620
- Organisation, lernende 65–67

Register

Personalentwicklung
- Organisationsentwicklung 282
- Pflegebereich 414–415
- Unterschiede 278

Personalentwicklungskosten, steigende 333
Personalkapazitäten, Abbau 39
Personalkosten 357, 498
- Budgetierung, Universitätsklinikum Magdeburg 77
- Controlling 490
- Entwicklung 76
- steigende 332

Personalmanagement 130, 563–572
- Berufsethik 569
- Diskurs, ethischer 569
- Einstellung 568
- Empowerment 572
- Enablement 572
- Führen und Leiten 564–566
- Führungskultur 567
- Führungspersönlichkeiten 565
- gezieltes 563–564
- Grenzerfahrungen 568
- Informationsstrukturen 564
- Können 572
- Kommunikation 567, 570
- – berufsgruppenübergreifende 567
- Kommunikationskompetenz, individuelle 567
- Kommunikationsstrukturen 564
- Krankenhausleitung 364
- Methoden 570–572
- Motivation 568, 571
- Organisationsveränderung 298
- Patientenkommunikation 567
- Problemfelder 563
- – Manifestationsebenen 564
- Qualifikation 568
- Regeländerungen 131
- Schwerpunkte 563
- Schwerpunktthemen 567
- Strategien 570–572
- Streßfelder 569
- Tabuthemen 568
- Teamarbeit 567

Personalmanagement
- Urteilsbildung, moralische 569
- Wissen 572
- Wollen 572

Personalmanagementsystem, Einführung, Universitätsklinikum Magdeburg 82
Personalmarketing, Unternehmenskommunikation 465–466
Personal Mastery 53
Personalpflege
- Gesamtkonzept, strategisches 65
- Mitarbeiterorientierung 620

Personalpolitik, Führungsgrundsätze 184–185
Personalwesen, Funktionen 563
Pflege 19
- Akademisierung 127, 272
- Aufgaben, umfassendere 259
- Dienstleistung, transparente 249
- Differenzierungsprozesse 128
- Einflußfaktoren, direkte 250, 252–256
- – indirekte 256–258
- Fortbildung 257
- gerontologische 271
- Klientenbegriff 265
- Maßnahmen 260
- Patientenorientierung 257
- Positionierung, Paradigmenwechsel 388, 390
- professionelle, Komponenten 251
- Public Relation 455
- Qualitätsdimension 250
- Qualitätssicherung 415–417
- Relevanz, gesellschaftliche 259
- Ressourcen, Förderung 265
- Selbständigkeit 259
- Vernetzung, stationäre 447
- Verwissenschaftlichung 127
- Weiterbildung 257
- Wissenschaft, eigenständige 259

Pflegeanamnese, prioritäre, Analyse 263
Pflegeanforderungen 386

Pflegeausbildung
- Bekenntnis 390
- Gesetzgebung, gesundheitspolitische 385–386
- Kompetenz, berufliche 390
- Professionalisierungskonzepte 388

Pflegebedarf 260, 262–265
- Beurteilung im Zusammenhang mit der Pflegeversicherung 263
- Fachsprache 262
- Fragmentierung 266
- Zeitdruck 267

Pflegebedürfnisse 262–265
- Probleme 443

Pflegebereich
- Besprechungen mit dem gesamten Team 415
- Krankenhaus 356
- Mitarbeiterführung 414–415
- Mitarbeitergespräche 414
- neue Mitarbeiter, Motivation 415
- Personalarbeit 414

Pflegeberufe
- Ausbildung, generalisierte 386
-- traditionelle 386
-- zukünftige 386
- Ausbildungskonferenz, Aufgaben 392
- Kompetenzen 387
- Lehrerqualifikation 386
- Schlüsselqualifikationen 387–388

Pflegediagnose 262

Pflegedienst 44
- Aktivierung 413
- Belastungen durch Fehlorganisation 410–411
- Belastungsfaktoren, psychische 411–412
- Bewährungsaufstieg, tariflicher 412
- Defizite, traditionelle 411
- Fehlentwicklungen im Bereich Tarifgestaltung sowie der Rechtsprechung 412
- Führungsebene, mittlere 408
-- im zukunftsorientierten Krankenhausmanagement 406–419

Pflegedienst
- Führungsmodelle, neue 407
- Gehaltseingruppierung 412
- Honorierung, unzureichende 412
- Krankenhaus, Linienorganisation 408
- leistungsfähiger 346
- Linienführung, klare 408
- Mitarbeitersituation 410–413
- Organisationsstruktur, historisch gewachsene 407
- Reglementierung, externe 412
- Schnittstellenproblematik 406–408
- Trendwende 412–413
- Zusammenarbeitsmodelle, neue 407

Pflegedienstleitung 226
- Ausbildungskonferenz 391
- Qualitätskommission 243
- und Schulleitung, Ausbildungsziele 391
- Überleitungspflege 218

Pflegedirektion 408
- Pflegeüberleitung 450

Pflegedirektorin 344
- Aufgaben 345

Pflegedokumentation, Universitätsklinikum Magdeburg 81

Pflegeeinrichtungen 10

Pflegeergebnisse, Überprüfung, Beurteilung 263

Pflegeforschung 259–274
- Agnes-Karll-Institut 271
- akademische Phase 270
- Anliegen 268–270
- Beispiele, Notwendigkeiten 260–265
- Bildungsforschung 259
- des Deutschen Berufsverbandes für Pflegeberufe 260
- Deutscher Verein zur Förderung 271
- Dienstleistungsphase 270
- Entwicklungen 270–273
- Ergebnisse, widersprüchliche 262
- Forschungsbereiche, Strukturierung 259–260
- Innovationswiderstände 270

714

Pflegeforschung
- klinische Phase 270
- Kosten 268
- Notwendigkeit 270
- Pflegequalität 268
- Stiftungsfond zur Förderung 271
- Wirtschaftlichkeit 268

Pflege-Handbuch, Information 205

Pflegekraft
- Kompetenzen 386
- Schlüsselqualifikationen 386

Pflegeleitbild 253, 270
- Beispiel 401

Pflegemanagement
- Diskurs, reflexiver 403
- Eigensinn der Subjekte 402
- integriertes, Zielebenen 404
- Kreativität 400
- Leitbild 400–402
-- Beispiel 401
- Leitsätze 400
- modernes, Zielsetzungen 402–403
- Offenheit 400
- Organisation 397
-- Aspekte, formale und informale 398
-- hierarchisch strukturierte 397
-- Normen- und Wertsystem 397
-- Sichtweise, postmoderne 399
- Organisationskultur 400–402
-- Bedeutung 403
- Organisationsmitglieder 400
- Pflegeüberleitung 450–451
- postmodernes, Zielsetzungen 402–403
- Rationalität 397
- Realitätssinn 400
- Regelstudienweg, pflegeorientiertes 272
- Spontaneität 400
- Studiengänge 272
- Verantwortlichkeit, kollektive 403
- Wertekonsens 400
- werteorientiertes 396–405
- Zweckrationalität 402

Pflegemodelle 251–253
Pflege-Modul, Krankenhausqualität 197–198
Pflegende, Burn-out-Syndrom 267
Pflegenotstand 407, 421
- Krankenhaus 275

Pflegeorganisation 256
- patientenorientierte, Einführung 266
-- Kosten 267

Pflegepersonal
- Entlassungsverfahren 444
- Kurzzeitpflegeeinrichtung, Krankenhaus 435
- leitendes, Schaffung zusätzlicher Stellen 408
- professionelles, Pflegeüberleitung 450

Pflege-Personalregelung 22
Pflegeplanung 253–255
- Kurzpflegeeinrichtung, Krankenhaus 439

Pflegepolitik 259
Pflegepraxis, Pflegeforschung 259
Pflegeprobleme 263
Pflegeprozeß 253–255
- s.a. Krankenpflegeprozeß
- Dokumentation 254

Pflegequalität 247–258
- Beurteilung 260
- Definition, Umsetzung 249–250
- Dokumentation, zeitgemäße und qualifizierte 416
- Einflußfaktoren, indirekte 250
- Management 243–248
- Pflegeforschung 260
- Pflegestandards 417
- Statistikaktivitäten, reine 417

pflegerische Bereichsleitung
- Ablaufharmonisierung im Alltag 409–410
- Abteilungsleitung 408–409
- Arbeitsmittel, neue, Einführung, Unterstützung 418
- Aufgabenstellung 413–418
- Führungsarbeit, geplante, Intensivierung 413
- Klinikleitung 408–409

pflegerische Bereichsleitung
- Kommunikationskultur 410
- Kommunikationsstruktur 410
- Kompensationsverhalten 414
- Krankenpflege, Qualitätsmanagement 418
- Mitarbeiter 413
- Sachmitteleinsatz, wirtschaftlicher 417–418
- Stellung im Krankenhaus 416
- Versorgungsqualität, pflegerische 413
- Ziele 418

pflegerische Maßnahmen 260–262
Pfleger-Patient-Interaktion 254
Pflegesätze
- Stabilisierungsgesetz 87
- vollpauschalierte, tagesgleiche 9

Pflegesatz
- Ermittlung 90
- Krankenhauskostenrechnung 506
- Zuständigkeit 95

Pflegesatzfähigkeit
- Instandhaltungsaufwendungen 86
- Kosten 86

Pflegesatzparteien, Procedere 87
Pflegesatzrecht
- Schiedsstellen, Entwicklung der Institution 94–96
- Selbstverwaltung, Rolle der Schiedsstellen 93–102

Pflegesatzvereinbarungen, vorläufige, Saarland 87
Pflegesatzverfahren, Formalismus 86–89
Pflegesatzverhandlungen 43, 86, 89–92, 94
- Ausnahmefälle 89
- Beitragsentlastungsgesetz 89
- Budget 90
- Budgetkürzungen 90–91
- Finanzierungsgrundlagen, wegbrechen 91
- Gesetzesinflation 84–92
- Grundlohnsummenanbindung 91
- Konsenuallösungen 89

Pflegesatzverhandlungen
- Kostenausgliederung 91
- Nichteinigung, Schiedsstellen 95
- Notopfer 91
- Ortsebene 94
- Rechtsunsicherheit 84–92
- Schiedsstellen 102
- Selbstbindungskonzept 91
- Spitzenverbände, Krankenkassen 90
- Zuzahlungsbetrag 91

Pflegesprache
- Diffusität 263
- einheitliche 263

Pflegestandards 222, 255
- Definition 255
- Pflegequalität 417

Pflegesysteme
- patientenorientierte 446
- verschiedene, Ganzheitspflege 257

Pflegetechniken, Pflegeüberleitung 452
Pflegetheorien 251–253
Pflegeüberleitung 268
- Anamnese, Erfassung 451–452
- Arbeitsüberlastung 448
- Aufgaben 450–453
- Berater 448–449
-- Qualifikationsprofil 453–454
- Beratung 451
-- Ausgangslage 452
- Bereitschaft zur Zusammenarbeit 449
- Entlassungsbericht, pflegerischer 451
- Form, mittelbare 447
- Hauskrankenpflegekurse 452
- Hierarchiestrukturen 448
- Implementierung 449–450
- Kenntnisse, pflegerische 453
- Kompetenzen, kommunikative 453
- Konkurrenz 448
- Konzept 447–449
- Kooperation 446
- Koordination 446
- Machtstrukturen 448
- Maßnahmen, organisatorische 451

Pflegeüberleitung
- Pflegemanagement 442–454
- Pflegeperson, professionelle 450
- Pflegetechniken 452
- Pflegeverständnis, ganzheitliches 453
- Probleme, primär strukturelle 445
- Rahmenbedingungen 449
- Realisierungsformen 447
- Schnittstellen 445
- Sozialdienst 447
- Unterricht 452
- Weiterbildung, qualifizierende 454
- Zielsetzung 452
- Zweck 444–447

Pflegeversicherung, Pflegebedarf, Beurteilung 263
Pflege-Versicherungsgesetz (PflegeVG) 22, 431
Pflegeverständnis 250
- ganzheitliches, Pflegeüberleitung 453
- gemeinsames, Entwicklung 250

Pflegevisiten, Begleitung 417
Pflegewerte 250
Pflegewissenschaft 259
- Deutscher Verein zur Förderung 271
- Studiengang, universitärer 273
Pflegeziele, generelle 255
PflegVG s. Pflege-Versicherungsgesetz
Pflichtleistungen, Festlegung 16
Pflichtveranstaltungen, Weiterbildung 222
pharmazeutische Abteilung, Singapur 110
Pilotprojekt
- Infektionskontrolle 221
- Qualitätszirkel Radiologie 219–220
Plan-Do-Check-Act (PDCA) 240–241
Plan-Ist-Vergleiche, Controlling 489
Planung 32, 339
- Abfallwirtschaft 528
- Bedarf 24

Planung
- bedarfsgerechte 23
- Qualitätskriterien 179
- strategische, Probleme 339
- treffsichere, Universitätsklinikum Magdeburg 79
- Verantwortungszuordnungen 179

Planungshorizont, längerfristiger, Management, ökologisches 515
Planungstechniken, Selbstmanagement 602
Planungsverfahren 24
Planungsvermögen, Mitarbeiterbeurteilung 576
Posterveranstaltungen 206
Potential
- konzeptionelles 176
- menschliches 176
- technisches 176
Potentialanalysen 571
Potentialverluste 333
PPR s. Pflege-Personalregelung
Prämiensysteme, Management, ökologisches 518
Präsentation, Management, ökologisches 518
Präsentationstechniken 570
- Selbstmanagement 602
Prävalenz 21
Prävention
- Bedeutung 151
- Bewegungskünste, traditionelle 105
- Gesundheitspflege 621–622
- Konkurrenz 151
- malaiische 106
Präventionsorientierung 187
Praxis
- ausgeübte 323
- theoriegeleitete, Krankenpflegeschule 392
Praxiskliniken, Krankenhaus, Aufgabenteilungen 151
Praxisnähe, Leitbild 147
Preis, Transparenz 47
Preisschwankungen, Kostenrechnung 491
Preiswettbewerb 34
Primacy-Effekt, Beurteilungsfehler 597

Register

Primärkosten 502
Primary Nursing 266–267
– Kosten 267
Printbereich, Krankenhausmarketing 478
Prioritäten, gesundheitliche Versorgung 21
Prioritätensetzung
– Leistungen 18
– Probleme 339
– Selbstmanagement 602
Privatkrankenhäuser, Singapur 111–112
Problemauswahl 339
Probleme
– Dringlichkeit 339
– Planung, strategische 339
– Priorisierung 339
– Relevanz 339
– Wichtigkeit 339
Problemerkennung, fehlende 333
Problemlösegruppen, ergebnisorientierte, Implementierung 336
Problemlösungen, Formulierung 245
Problemlösungskompetenz 66
Produkt 497
Produktbereich, medizinisch-pflegerischer, Geschäftsführungsposition 136
Produktdemonstrationen 206
Produktentwicklung, Vernetzungsarbeit 55
Produktgegenstand, Krankenhaus 120
Produktionsfaktoren, ökologische 523
Produktionsgesellschaft, moderne, Übergang in eine postmoderne Informationsgesellschaft 43–44
Produktionsgruppen, selbstorganisierende 65
Produktivfaktoren, vorhandene 177
Produktkommissionen, gemeinsame 55
Produktlebenszyklusanalyse, ökologische 517
Produktorientierung 124

Produktqualität 187
Professionalisierung
– Abfallwirtschaft 523–525
– Pflegeausbildung 388
Professions-Konflikte 278
Profilbeschreibungen
– Abteilungen 157
– Kliniken 157
Profit-Center 516
– Krankenhaus 135
Profit-Center-Konzeption 82
Profit-Center-Rechnung, Ausbau, Universitätsklinikum Magdeburg 82
Prognosekosten, Controlling 489
Projektfortschritte, Leitbildkonferenzen 171
Projektgruppe(n) 284
– Betriebsorganisation 224
– Chefarzt 223
– Erwartungshaltungen 55
– Fragebögen 145
– Kontaktpersonen 145
– Leitbild, Entwicklung 158
– Leitbildentwicklung 166
– Merkmale 214
– Radiologie 220
– selbstorganisierende 65
– Themenkomplexe 339–340
Projektmanagement 145, 571
– Kommunikation 335
– Kooperation 335
– Leitbildumsetzung 170–171
Projektorganisation 516
Projektorientierung, Controlling 483
Projektteam
– Denkblockaden 54
– Lernblockaden 54
Projektübersicht, TQM-Einführung 215–225
Prozeduren, bürokratische 12
Prozeßberater
– interner 242
– – Akzeptanz durch das Management 246
Prozeßberatung
– Krankenhaus 644–645
– – Arbeitsprozessegestaltung 645
– – Arbeitsprozeßgestaltung 646

Prozesse, Dynamisierung 42–43
Prozeßgestaltung
- Entlassung 215
- Labor 220
- OP 215
- Station -Labor 215
- Station -Radiologie 215
Prozeßkostenrechnung, Abfallwirtschaft 534
Prozeßlernen 61
Prozeßorientierung 187
- Controlling 483
Prozeßpolitik 28
Prozeßqualität 35, 188, 234
- Throughput-Betrachtung 188
- Verbesserung 190, 211
- verminderte 332
Prozeßstandards, Pflege 255
Prozeßumsetzung, Leitbildentwicklung 166
Psychohygiene 571, 602–604
- Burnout 603
- Kündigung, innere 602
- Mobbing 603
- Selbstpflege 602
- Workaholic-Phänomen 604
Psychologen 377
Public Relation 11
- Pflege 455

Q

QK (Qualitätskoordinator) 202
Qualifikation
- Fähigkeiten 206
- Krankenhaushierarchie 326
- Management, ökologisches 518
- Personalmanagement 568
- Teammitglieder 307
Qualifikationsanspruch
- Berater 301
- Führungskräfte 301
Qualifikationsberatung 571
Qualifikationsformen, Teamentwicklung 310
Qualifikationsmängel 333
Qualifizierungsprozeß, Gestaltung 423
Qualität 8, 37
- Flexibilität, situationsbezogene 195
- Informationsaustausch 319

Qualität
- innere, Unternehmen 178
- Kommunikation 319
- Kundendefinition 187
- Lehre 321
- methodische 188
- Nachvollziehbarkeit 195–196
- Null-Fehler-Prinzip 187
- soziale 188
- Stakeholder-Begriff 188
- strukturelle 190
- technisch-sachliche 188
- Vernetzung mit anderen Berufsgruppen 257
Qualitätsaktivitäten, Umsetzung 202
Qualitätsaspekte, Qualitäts-Module 200
Qualitätsausbildung, Ärzte 233
Qualitätsbeauftragter
- Hierarchien, Besprechungsstrukturen 246
- Management 244
Qualitätsbetrachtung 39
Qualitätsbewußtsein 189, 319
- gestiegenes 207
- Kundenbegriff, umfassender 189
- mangelhaftes 333
Qualitätsdefinition 186–188
Qualitätsdimensionen 188–189
- Krankenhausmanagement 509
Qualitätseinbruch 50
- Schnittstelle 51–52
Qualitätsentwicklung, Kategorien 189
Qualitäts-Entwicklungspläne 205
- Zielsysteme, hierarchische 205
Qualitätserweiterung, Krankenhausmarketing 476
Qualitätsgedanken, Präsenz, organisatorische 201
Qualitätsgesichtspunkte, Verknüpfung, Krankenhausmarketing 470
Qualitätskommission 243
Qualitätskomponenten 36
Qualitätskontrollmöglichkeiten, niedrige 36

Register

Qualitätskoordinator (QK) 202
- Anreizkonzept 202
- Weiterbildungskonzept 202

Qualitätskriterien
- Information 178
- Kommunikation 178
- Kontrolle 179
- Motivation 179
- Organisation 179
- Planung 179
- Soll-Ist-Vergleiche 178

Qualitätsmanagement 36, 144, 186–195, 239
- s.a. TQM-Einführung
- Ablauf, zeitlicher 212–213
- – Zeitlicher 214–216
- Ausblick 223–225, 237
- Ausgangssituation 211–212
- Bezugsgröße 155
- erfolgreiches 243–244
- – Voraussetzungen 244
- Ergebnisqualität 234–237
- Flexibilitätsforderung 196–197
- Fortbildung für Ärzte 233
- Kaizen 190
- Kenngrößen 224
- Krankenhausmarketing 476
- kundenorientiertes 470
- Lernprozeß 189
- Messung 224
- Organisationsentwicklung 282
- reflexives 190
- Situation, gegenwärtige 223–225
- umfassendes 244
- – Krankenhausleitung 364
- Unternehmenskommunikation 465
- Visionsworkshop 213
- Voraussetzungen 232–234
- Wege 190–191

Qualitätsmanagementsystem
- Leitbildentwicklung 155
- zertifizierbares 186

Qualitätsmanager
- ärztlicher, Position 232–234
- Arzt, Qualitätsmanager 238
- Qualitätszirkel 192

Qualitäts-Module
- Brückenbildung, informationsbezogene 204

Qualitäts-Module
- Datenschutz 204
- Gesamtansatz 197–198
- Matrixergänzung 200
- Organisationseinheit, neue 200
- Qualitätsaspekte 200
- Teilansatz 197–198
- Verbindung, netzwerkähnliche 200
- Ziel, informatorisches 201
- – motivationsbezogenes 201
- – organisatorisches 201

Qualitätsniveau 36

Qualitätsorientierung, Selbstbewertung 213

Qualitätssicherung 32, 34, 124, 195, 211
- Bedingungen, strukturelle 246
- Controlling 235
- Curriculum 233
- dezentrale, Methode 240
- Effekte, positive 245
- Ergebnisqualität 35
- externe 36
- Fehlerquellen 246
- Gesundheitspolitik 233
- interne 36
- – Krankenhausmarketing 476
- Kosteneinsparung 245
- Pflege 415
- Pflege 416–417
- stationsgebundene, Methode 240
- Störungen, Lösung 245
- Universitätsklinikum Magdeburg 80–81
- Versorgung, stationäre 35

Qualitätssicherungsexperten, Ausbildung 241

Qualitätssicherungsmaßnahmen, Ärztekammer 233

Qualitätssicherungsmöglichkeiten, niedrige 228

Qualitätssicherungsprozeß 244

Qualitätssteigerung, Leistungserbringer 52

Qualitätsteilsystem, bestehendes Verständigung 244

Qualitätsüberprüfung, Pflegestandards 255

Qualitätsverantwortliche, Funktionsbereiche 202
Qualitätsverbesserung 239
– Ängste, der Leitungskräfte 244
– – der Mitarbeiter 244
– Lernprozeß 189
– pflegerische, Entwicklung 239–240, 242
– – Managementaufgabe 238
– – zentrale 239–248
– Prozeßberatung, interner 242, 246
– stationsgebundene, Methode 241–242
– – Sieben-Schritte-Modell 240, 243
– Vorurteile und Ängste 244
Qualitätsverluste 333
Qualitätsvorgaben, variierende 209
Qualitätswettbewerb 34
Qualitätsziele 189–190
Qualitätszirkel 191–193, 208, 516, 571
– Ausgangssituation, Problemanalyse 193
– Befristung, zeitliche 192
– berufsgruppenübergreifende 191
– denkende 192
– Dokumentation 192
– ergebnisorientierte 336
– fachübergreifende 191–192
– hierarchieübergreifende 192
– interdisziplinäre 191
– interkollegiale 191
– Koordinatoren 192
– Krankenhaus 426
– Lenkungsausschuß 192
– Mitarbeiterpartizipation 191
– problemübergreifende 192
– Qualitätsmanager 192
– Themen, selbstgewählte 192
– weitgehend hierarchiefreie 192
Quasi-Preisbildungsstelle, Schiedsstellen 96
Querschnittfunktion, Abfallbeauftragter 532
Querschnittsaufgabe, Management, ökologisches 516

R
Radiologie
– Kundenbefragung, interne 220
– Qualitätszirkel, Pilotprojekt 219–220
Radiologiesystem, Universitätsklinikum Magdeburg 71
Rahmenbedingungen
– Gesundheitswesen 124, 174–177
– institutionelle 571
– Krankenhäuser 290
– Krankenpflegeschule 390
– Personalmanagement 564
– Pflege 260
– Pflegeforschung 265–268
– Pflegeüberleitung 449
– Vernetzung, gegenwärtige 41
– Wandel, dynamischer 174–177
– Zielvereinbarung, klare 336
Rahmendingungen 92
Rationalisierung
– Krankenhaus 363
– Leistungen 21
Rationalisierungs- und Reformdruck, Krankenhaus 3
Rationalisierungsmaßnahmen 174
Rationalisierungspotentiale 37
Rationalisierungstendenzen 39
Rationalität, Pflegemanagement 397
Rationierung
– Leistungen 21
– Nutzen-Kosten-Erwägungen 37
Rationierungskriterien
– monetäre 39
– wirksamkeitsrelevante 39
Rationierungsüberlegungen 39
Realitätssinn, Pflegemanagement 400
Recency-Effekt, Beurteilungsfehler 597
Rechenzentren, unterschiedliche Interessen 228
Rechtsanspruch, Mitarbeiterbeurteilung 574
Rechtsform, Änderung, GmbH-Euphorie 134

Rechtsmedizin, Singapur 109
Rechtsprechung, Pflegedienst, Fehlentwicklungen 412
Rechtsunsicherheit, Pflegesatzverhandlungen 84–92
Recyclingquote 525
Referenzmodelle, Krankenhaus-Informationssysteme 548–562
Reflexionsfähigkeit 571
Reformstrategien
- Auswirkungen 39
- Dienstleistungsunternehmen, Krankenhaus 33
- Konkurrenzmarkt 34
- Wettbewerbsmarkt 34

Regeländerungen
- Organisation 131
- Personalmanagement 131
- Systemwandel 125

Regelungen
- Beziehungsklärung 131
- gesetzliche 382
-- Regelungen 383

Regelversorgung 24
Regionalisierung, gleichzeitige Tendenz zur Globalisierung 43
Regreßforderungen 333
Regreßkosten, Anstieg 333
Regulative 27
Rehabilitation 17, 19
- vor Versorgung 50
Rehalbilitation, Einrichtungen 10
Reibungsverluste, Kostenentlastung, Vermeidung 51
Reifegradmodell, Führungspersönlichkeiten 566
Reinigungsleistungen 78
Relevanz, Probleme 339
Rentabilitätsorientierung, Controlling 482
Reparaturstrategie, Abfallwirtschaft 529–530
Report- und Formulargeneratoren 230
Resignation
- Krankenhaushierarchie 324
- vornehme, Ärztlicher Direktor 349

Ressourcen
- Abfallwirtschaft 523
- Bindung, unverhältnismäßig hohe 228
- Entwicklung 228
- finanzielle 22
-- Knappheit 123
- Forschung 617
- gesundheitsfördernde 616
- Mitarbeiter, Corporate-Identity-Strategie 184
- Organisationsentwicklung 286
- Orientierung, Krankenhaus 636
- Verschwendung 333

Restrukturierungsfragen, Krankenhaus 283
Rhetoriktraining 570
Richtschnur, ethische, High-Tech-Medizin 379–380
Risiken, technische, Krankenhausmanagement 508
Risikoanstieg 333
Rituale, Methoden, unhinterfragte 261
Röhrendenken, Abfallwirtschaft 525
Röntgenleistungen, Anforderungen 220
Rollenausgestaltung, Krankenhausberufe 128
Rollenkonflikte, Kommunikation 593
Rollenzuschreibung, traditionelle, Leistungsempfänger 45
Rückkopplungen, Handlung, eigene 53
Ruf, fachlicher und menschlicher 9
Rundum-Sorglos-Paket 18

S

Sachebene, Kommunikation 590
Sachinhalt, Kommunikationsanalyse 180
Sachkonflikte 593
- Kommunikation 593
Sachkosten, Entwicklung 76
Sachleistung 16

Register

Sachleistungsprinzip, Krankenversicherung, gesetzliche (GKV) 16
Sachmitteleinsatz, wirtschaftlicher, pflegerische Bereichsleitung 417–418
Sachmittelkürzungen, Spar-Kommissionen 207
Sachverständigenrat für die konzertierte Aktion im Gesundheitswesen (SVRKAiG) 84
Säuglingssterblichkeitsrate, Singapur 107
Scheidsstellen, Institutionalisierung 94
Schiedsgerichte 101–102
Schiedsstellen
- Arbeitsentgelt, Zweckverwendung 99
- Behörden 96
- Beschlüsse, Liquiditätsvorteil 101
- Budgetverantwortung 102
- Einmalzahlung, Vergütungssteigerung 100
- Entwicklung der Institution nach dem Pflegesatzrecht 94–96
- Festsetzung der Krankenhauspflegesätze für Baden-Württemberg 99
- Funktion 96
- Genehmigungserfordernis 101
- Krankenhauspflegesätze 97
-- Festsetzung 88
- Leitbild 161
- Nachvollzug des gesetzgeberischen Willens 98
- Pflegesatzverhandlungen 102
-- Nichteinigung 95
- Quasi-Preisbildungsstelle 96
- Reform 102
- Regulativ der Interessengegensätze 95
- Schiedsgerichte 101–102
- Selbstverständnis 94
-- ambivalentes 96
-- in ihrer Spruchpraxis 96–97
- Sichtweisen, unterschiedliche 100
- Streitentscheidungsgremium 96

Schiedsstellen
- Vertragshilfeorgan 96, 98
- Vorbereitungsgremium 101
Schiedsstellenentscheidungen
- Fundstellen 98
- Klageweg 101
Schiedsstellenpraxis
- Krankenhausstabilisierungsgesetz 98–101
- Krise 97
- Übung, schlichtende 99
Schiedsstellenregelungen, Reformversuche 95
Schiedsstellenverfahren
- eigenständige 94
- Entwicklung 94
- Selbstverwaltungslösung 95
- Subsidiarität 95
Schlüsselqualifikationen 379–380
- Arztberuf 322
- Schweizer Rotes Kreuz 387–388
Schnittstellen
- Krankenhaus-Informationssysteme 549
- modulares Konzept, Krankenhausqualität 201–208
- Qualitätseinbruch 51–52
Schnittstellendefinition 336
Schnittstellenproblematik
- Krankenhaus 406, 627
- Pflegedienst 406–408
Schnittstellenprofil, Krankenhaus 638–639
Schreiben ist Silber, Reden ist Gold, Krankenhausmarketing 478
Schüleralltag, Krankenpflegeschule 384
Schülerhandbuch, krankenhausbezogenes 394
Schülerressources, Station 393
Schulhygiene 17
Schulleitung
- Ausbildungskonferenz 391
- und Pflegedienstleitung, Ausbildungsziele 391
Schulungsmittel, Krankenhaus-Informationssysteme 550
Schwachstellenanalyse, ökologische, Abfallwirtschaft 529

Register

Schwächen abbauen 180–183
Schwächenanalyse 177–180
- Unternehmensfaktoren 177

Schwangerschaftsvorsorge 17
Schweizer Rotes Kreuz, Schlüsselqualifikationen 387–388
Schwerpunkte, medizinische, Krankenhaus-Leitbild 156
Schwerpunktversorgung 24
Sekundärkosten 502
Sekundärleistungen
- Budget 79
- Kosten, Universitätsklinikum Magdeburg 79

Selbstauffassung, Selbstkommunikation 605
Selbstbestimmungsrecht, Patient 375
Selbstbeteiligung, Anhebung 16
Selbstbewertung, Qualitätsorientierung 213
Selbstbewußtsein, berufliches, neues 245
Selbstbindung 137
Selbstbindungskonzept, Pflegesatzverhandlungen 91
Selbstgespräche, negative 606
Selbsthilfegruppen 55
Selbstkommunikation 571, 604–609
- Charakter von Du-Botschaften 607
- Drehbücher, destruktive 606
- Dressate 605
-- destruktive, Bewußtwerdung/Bewußtmachung 606
- Eltern-Ich 605
- Gedankenstop 607
- Gegenverbalisierung, positive 608
- Grübelstop 607
- Herkunftsgeschichte, Verstehen 605
- Internalisierung 605
- Killerphrasen 607
- Mechanismus, durchschauen 607
- Motivationsvernichter 605
- Motivatoren 605
- Paradigma, interpretatives 605
- Selbstauffassung 605

Selbstkommunikation
- Selbstgespräche, negative 606
- Selbstpflege 604
- Selbstverbalisierung, positive 608
- Skriptformel, negative, Identifikation 606
- Tonbänder, schwarze 606
- Über-Ich 605
- Unterbrechung, aktive 607

Selbstkostendeckungsprinzip 9, 231
- Abkehr, Universitätsklinikum Magdeburg 72
- Kostendämpfungsgesetze 86

Selbstkritik, fehlende 333
Selbstmanagement 571, 601–602
- Arbeitsleistung 602
- Entspannungstechniken 602
- Führungseffizienz 602
- Kommunikation, effiziente 602
- Kreativitätstechniken 602
- Lerntechniken 602
- Moderationstechniken 602
- Planungstechniken 602
- Präsentationstechniken 602
- Zeitmanagement 602

Selbstmanagement-Kompetenz 12
Selbstmedikation, malaische 106
Selbstoffenbarung
- Kommunikation 589
- Kommunikationsanalyse 180

Selbstorganisation 571
- Systeme 129

Selbstpflege
- Psychohygiene 602
- Selbstkommunikation 604

Selbststeuerung, Krankenhaus 427
Selbststeuerungspotential, Krankenversicherung, gesetzliche (GKV) 85
Selbstverbalisierung 607
- positive 608

Selbstverständnis
- ambivalentes, Schiedsstellen 96

Register

Selbstverständnis
- kollektives 181–182
- – Unternehmensidentität 175
- Schiedsstellen 94, 96–97

Selbstverwaltung 16, 84
- Budgetierung 33
- Krankenhausfinanzierung 94
- Neuordnungsgesetz 94
- Pflegesatzrecht, Rolle der Schiedsstellen 93–102

Selbstverwaltungslösung, Schiedsstellenverfahren 95

Selbstwertgefühl, Coaching 600

Self-Assessment, Visionsworkshop 213

self-fulfilling prophecy 326, 607

Seminare
- Kommunikation 334
- Kooperation 335

Servicequalität 187

Setting, Coaching 601

Sicherheit durch mehr Härte 151

Sieben-Schritte-Modell 240

Siechenhäuser, Mittelalter 44

Singapur
- Basisgesundheitsdienste/ -einrichtungen 108–109
- Blutspendesystem 109
- Gegenwart 103–104
- Geschichte 103–104
- Gesundheitsministerium 108
- Gesundheitssystem 103–115
- Gesundheitsversorgung 105–113
- – staatliche durch westliche Medizin 107
- Gesundheitswesen, Finanzierung 112–113
- Haupttodesursachen 107
- Heilsysteme, traditionelle 105
- Herzkrankheiten 107
- Institut für Wissenschaft 109
- Krankenhäuser 110
- – staatliche, öffentlich restrukturierte 111
- Krebserkrankungen 107
- Lebenserwartung 107
- Medizinkultur 113–115
- Mount Alvernia Hospital 111–112
- Non-profit-Hospital 111–112

Singapur
- pharmazeutische Abteilung 110
- Privatkrankenhäuser 111–112
- Rechtsmedizin 109
- Säuglingssterblichkeitsrate 107
- Todesursachen 107
- wissenschaftliche Einrichtungen, unterstützende 109
- zahnärztliche Dienste 110
- zerebrovaskuläre Erkrankungen 107

Singularisierung 20

Skriptformel, negative, Selbstkommunikation 606

social construction paradigm 67
- Krankenhaus 425

Solidarität 92
- fehlende 332

Solidarprinzip, Krankenversicherung, gesetzliche (GKV) 15

Soll-Formulierung, Unternehmenskommunikation 462–463

Soll-Ist-Vergleich
- Budget 75–76
- Kostenrechnung 491
- Qualitätskriterien 178
- Universitätsklinikum Magdeburg 75–76, 79

Sondereinrichtungen, Mount Alvernia Hospital 112

Sonderentgelte 9, 23, 52, 232, 487
- Landespreise 34
- Qualitätssicherung 233

Sozialdienst
- Konkurrenz 448
- Mitarbeiter 377
- Pflegeüberleitung 447

soziale Kompetenz 378

soziale Sicherung, Aspekte, volkswirtschaftliche und gesundheitspolitische 19–21

soziale Systeme
- Gesundheitswesen 17–19
- Krankenhaus, Information 538
- – lernendes 623
- Offenheit 132

Register

soziale Systeme
- Organisation, lernende 62
- Theorie, sozialwissenschaftliche 121
- Überlebensfähigkeit 132
- Unternehmen Krankenhaus 175–176

Sozialgesetzgebung, Kooperation 48

Sozialisation
- betriebliche 130
- Mitarbeiter 129

Sozialkompetenz 571
- Management, ökologisches 519

Sozialökonomie, Leitbildentwicklung 158

Sozialpolitik
- Strukturwandel 14–25
- Versorgungslandschaft, vernetzte 44
- Wertewandell 14–25

Sozialstaat, Finanzkrise 7
Sozialstationen 10
Sozialversicherung 15
Sozialversicherungsträger, Haushaltsprinzip 31
Soziodemographie, Strukturwandel 20
Spannungsfeld, Interessen 46

Spar-Kommissionen
- Budgetüberschreitungen 207
- Mitarbeitermotivation 207
- Sachmittelkürzungen 207
- Stellensperrungen 207

Spezialisierung
- fachliche 44
- gleichzeitige 44
- Krankenhaus 626

Spezialisten, pflegerische, Qualitätskommission 243

Spitzenverbände, Krankenkassen, Pflegesatzverhandlungen 90

Spontaneität, Pflegemanagement 400

Sportmedizin 17

Sprache, Patient-Arzt-Verhältnis 375

Stabilisierung, Systeme 133

Stabilisierungsgesetz
- Budget 87
- Pflegesätze 87

Stabilisierungsgesetz
- rechtswidriges bzw. verfassungswidriges 88
- Selbstkritik 100
- und Wachstumsgesetz 29

Stabilitätsziel, Gesamtwirtschaft 30

Stabsstelle, Pflegeüberleitung 450

Stärken betonen 180–183
Stärkenanalyse 177–180
- Unternehmensfaktoren 177

Stärken-Schwächen-Analyse
- Abfallwirtschaft 531
- Unternehmenskommunikation 461–462

Stakeholder(-Begriff) 187
- Krankenhaus 11
- Qualität 188

Stakeholder-Philosophie 144
- umfassende 11

Standardisierungen 570

Standards
- 371 371
- ethische 380
- High-Tech-Medizin 369–381
- High-Tech-Medizin 371

Station
- Anleitung, Feedback und Beurteilung 394
- – geplante in konkreter Situation 394
- – praktische, Regelkreis 393
- Bedingungen, lernfördernde 393
- – lerngerechte 392
- Labor, Prozeßgestaltung 215
- Lernort versus Arbeitsort 393
- – Krankenpflegeschule 392–394
- Organisation, lernende 393
- Radiologie, Prozeßgestaltung 215
- Schülerressourcen 393

stationäre Versorgung
- Steuerung 23
- Verzahnung mit ambulanter Versorgung 23

Stationsarbeitsgruppe 242
- innerbetriebliche, Qualitätskommission 243

726

Register

Stationskonzepte, neue 60
Statusfehler, Beurteilungsfehler 597
Status-Konflikte 278
St. Elisabeth-Stiftung 166
– Kurzzeitpflege 436
– Leitbildentwicklung 165–173
– Stiftungsleitbild 172–173
Stellenbeschreibungen 336, 565, 570
– Information 205
– Krankenhausberufe 128
Stellensperrungen, Spar-Kommissionen 207
Stellungnahme, Abfallbeauftragter 532
Sterbebegleitung, kompetente 461
Steuerkreis(gruppe), Aufgaben 214
Steuerung, betriebsinterne, Kostenrechnung, Leistungsrechnung 499
Steuerungsfunktion, Trägeraufgabe 125–126
Steuerungsgruppe, Lösungsvorschläge 340
Steuerungsinstrument, Leitbild 152
Steuerungsmechanismen
– Gesamtwirtschaft 29–30
– Gesundheitswesen 30
Steuerungsmöglichkeiten, strategische 332
Steuerungssystem, internes
– Aspekte 74–81
– Hauptaufgaben 74
– Leistungssteuerung 78
– Weiterentwicklung, Perspektive, Universitätsklinikum Magdeburg 81–83
Stiftungsfonds für Minderbemittelte, Gesundheitswesen, Singapur 113
Stiftungsleitbild, St. Elisabeth-Stiftung 172–173
Strategien
– Entwicklung, Abfallwirtschaft 531
– patienten-/personalorientierte, Krankenhaus, gesundheitsförderndes 618

Strategien
– Planung, Unternehmenskommunikation 457, 465
Streitentscheidungsgremium, Schiedsstellen 96
Streßfelder, Personalmanagement 569
Strukturen, Organisation, lernende 62
Strukturgesetzgebung, bisherige 5
Strukturkrise, Krankenhaus 8
Strukturmängel 22
– Krankenhaus 278
Strukturorganisation 175
Strukturqualität 35, 188, 211, 234
– Faktoren, weiche 319
– Input-Betrachtung 188
– Verbesserung 190, 224
Strukturreform 175
Strukturstandards, Pflege 255
Strukturvergleiche, Möglichkeiten, mangelhafte 23
Strukturwandel
– Ansätze, konkrete 11
– Individualebene 12
– Krankenhaus 3–4
– ökologischer, Gesundheitswesen 508–510
– Organisationsebene 11
– Personalebene 12
– Soziodemographie 20
– Trends, allgemeine 9–10
Subsidiarität 92
– Schiedsstellenverfahren 95
Subsidiaritätsprinzip, Krankenversicherung, gesetzliche (GKV) 85
Subsysteme
– Krankenhaus 126–128
– Zuordnung 127
Supervision 12, 131, 571
Supervisoren, externe 339
SVRKAiG (Sachverständigenrat für die konzertierte Aktion im Gesundheitswesen) 84
Sympathie, Beurteilungsfehler 598
Systemdenken 53
systemdiagnostische Fähigkeiten 134

Register

Systemdifferenzierung, Akutmedizin 122
Systeme
– Abhängigkeit von Vergangenheit 132
– Selbstorganisation 129
– Stabilisierung 133
Systementwicklung, Ansätze, gegenwärtige 134–137
Systemgestaltung 130
– interdisziplinäre 58
– Mitarbeiter 130
– partizipative 58
– soziotechnische, Krankenhaus 424
Systemidentität, Krankenhaus 427
Systemintegration
– Konzept, strategisches 429–430
– Krankenhaus 424
Systemkorrektur, Entgeltsystem, neues 124
Systemmerkmal, zentrales, ökonomisches 136
Systempathologie 8
Systemregeln, Führungskräfte 134
Systemsteuerung, Krankenhausleitung 127
Systemstrukturen 188
Systemtheorie 121, 132
– Geschlossenheit, operative 133
– Offenheit 132
Systemwandel 123–126, 130
– Regeländerung 125

T

Tabuthemen, Personalmanagement 568
Tätigkeiten, redundante 228
Tätigkeitsbereich, produktorientierter 135
Tätigkeitsspielräume 128
Tagesablauf, ärztlicher 330
Tarifgestaltung, Pflegedienst, Fehlentwicklungen 412
Team 303
– Aufgabenorientierung 306
– Aufgabenstellung 306
– Empatheinetz 303

Team
– gemischtes, Krankenhausführung 366
– Kohäsion 303
Teamarbeit, Personalmanagement 567
Teambildung 304–306
– Aufgabe 304
– Forming 305
– Norming 305
– Performing 306
– Randbedingungen, sachliche 304
– Storming 305
Teambildungsfähigkeit, verminderte 332
Teamcoaching 304, 571
Teamentwicklung 280, 304
– Grundlage 309
– Qualifikationsformen 310
– Vertrauen 311
Teamfähigkeit 188
Teamführung 304–311
– Vertrauen 311
Teamgeist 303
– fehlender 332
Teamleitung
– Delegation 309
– Dezentralisierung 309
– empowerment 309
– enablement 309
– Führungsstil, kooperativ-partnerschaftlicher 309
Teamlernen 54
Teammanagement 303–311
– Aufgaben 304
– konsequentes 12
– Lösungsmöglichkeiten 304
– Störfaktoren 304
– Training 571
Teammitglieder
– Flexibilität 307
– Kompetenz 307
– Persönlichkeitstypen 307
– Qualifikation 307
Teammoderation 308
– Abschluß 309
– Einstieg 308
– Themen bearbeiten 308
– – priorisieren 308
– – sammeln 308
Team-Spielregeln 310

Team-Uhr 305
Teamzusammensetzung 304, 306–307
Technik-Modul, Krankenhausqualität 197–198
Teilkostenrechnung 504
– Steuerungsimpulse 488
Teilsystem
– gesellschaftliches, Gesundheitswesen 121–123
– – Krankenhaus 121–123
Tendenz zur Milde, Beurteilungsfehler 598
Terminplanung, ineffiziente 228
Themenkomplexe, Projektgruppen 339–340
Theorie
– der Firma 29
– praxisgeleitete, Krankenpflegeschule 392
Therapie, Bewegungskünste, traditionelle 105
Therapieeinschränkungen 333
Therapierbarkeit
– verbesserte, High-Tech-Medizin 370
– – Patient-Arzt-Verhältnis 370
Throughput-Betrachtung, Prozeßqualität 188
Todesursachen, Singapur 107
Tonbänder, schwarze, Selbstkommunikation 606
Top-down(-Ansatz) 30, 300
– modulares Konzept, Krankenhausqualität 201–204
Total Quality Management 37, 187, 211–212
– s.a. TQM-Einführung
TQM-Einführung
– s.a. Qualitätsmanagement
– erste 216–222
– Maßnahmen 215
– Mitarbeiterreaktionen 222–223
– Projektübersicht 215–224
– Qualitätsmanagement 212
Träger GmbH, freigemeinnützige 125
Trägeraufgabe
– Kontrollfunktion 125–126
– Steuerungsfunktion 125–126
Transformation
– Lernen 280
– organisatorische 59
– – Konzept 59
Transfusions-Modul, Krankenhausqualität 197–198
Transparenz 47
– Arbeitsaufgaben 332
– Informationen 50
– Zuständigkeiten und Ziele 332
Trend zur Mitte, Beurteilungsfehler 598
Trennung, Mitarbeiter 129

U
Übergaben, Begleitung 417
Über-Ich, Selbstkommunikation 605
Überkapazitäten 22
Überkonsum 7
Überlebensfähigkeit, soziale Systeme 132
Überlebensmöglichkeiten, Krankenhaus 39
Überleitungsbögen 55
Überleitungspflege, Pflegedienstleitung 218
Übernachfrage, kostentreibende 7
Überregulierungen 179
Überstrahlung, Beurteilungsfehler 597
Übertragung, Ergebnisverantwortung 336
Überversorgung 21
Überwachung, Abfallbeauftragter 532
Überweisung, Krankenhausmarketing 476
Umdenkungsprozeß 334
– Krankenhaus 636
Umfeld, regionales, Krankenhaus-Leitbild 156
Umstrukturierungen, interne, Universitätsklinikum Magdeburg 71–72
Umweltanalyse, Abfallwirtschaft 531
Umweltkosten, Krankenhausmanagement 508
Umwelt-Modul, Krankenhausqualität 197–198

Register

Umweltschutz 206
- gesundheitlicher 17
- technisch-administrativer, Abfallwirtschaft 522

Umweltschutzkommissionen 516

Umweltschutzkonzept, Information 205

Umweltschutzziele, Abfallwirtschaft 526

Umweltverträglichkeit, Gewährleistung, Universitätsklinikum Magdeburg 73

Umwidmung, Krankenhausbetten, freie 439

Unerfahrenheit, Krankenhausberatung 654

Unique Selling Proposition (USP) 54
- Unternehmenskommunikation 461–462

Universitätsklinikum Magdeburg
- Analysen 76–78
- Anreizsystem 77
- Arbeitsbedingungen, angenehme, Schaffung 73
- Aufwandsteuerung 74–78
- Ausgangssituation 69–70
- Bonus-Malus-System 77
- Budgetierung 74–75
- Erfolgsbilanz 73
- Ertragssteuerung 78
- Forderungsmanagement 80
- Forschung 73
- – Belange, Berücksichtigung 73
- Gegensteuerungsmaßnahmen 76–78
- Kostenprobleme 77
- Krankenversicherungsverhältnis, ungeklärtes 80
- Krankenversorgung 73
- Krnakenhausinformationssystem 71
- Labordatensystem 71
- Lehre 73
- – Belange, Berücksichtigung 73
- Leistungserfassung 81
- Leistungsplanung 81
- Leistungsspektrum 77

Universitätsklinikum Magdeburg
- Leistungssteuerung 78–79
- Leistungsüberwachung 81
- Liquiditätssteuerung 80
- Mahnwesen 80
- Personalkosten, Budgetierung 77
- Personalmanagementsystem, Einführung 82
- Pflegedokumentation 81
- Planung, treffsichere 79
- Profit-Center-Rechnung, Ausbau 82
- Qualitätssicherung 80–81
- Radiologiesystem 71
- Sekundärleistungen, Kosten 79
- Selbstkostendeckungsprinzip, Abkehr 72
- Soll-Ist-Vergleich 75–76, 79
- Steuerungssystem 72
- – internes, Weiterentwicklung, perspektive 81
- Steuerungssystem, internes, Weiterentwicklung, Perspektive 82–83
- Umstrukturierungen, interne 71–72
- Umweltverträglichkeit, Gewährleistung 73
- Wirtschaftlichkeit, größtmögliche 73

Unsicherheit, Berufsanfänger 323

Unternehmen
- Absichten 142
- Betriebsklima 143
- Dimensionen, operative 143
- – strategische 142
- Erlebnisidentität 143
- Herkunftsidentität 142
- Konsens, emotionaler 142
- Leistungsfähigkeit 178
- Leistungsgeschehen 186
- lernendes 280
- Qualitäten, innere 178
- Visionen 142
- Ziele 142
- Zukunftsidentität 142

Unternehmen Krankenhaus 126, 175
- Kommunikationsanalyse 180
- soziales System 175–176

Register

Unternehmensanalyse, Abfallwirtschaft 531
Unternehmensberatung
– klassische 276
– Krankenhaus 653–662
Unternehmenserfolg, Unternehmensphilosophie 139–148
Unternehmensethik 140
– Management, ökologisches 514
Unternehmensfaktoren
– Schwächen-Analyse 177
– Stärken-Analyse 177
Unternehmensidentität 141–143, 180
– Leitbild 145
– Selbstverständnis, kollektives 175
Unternehmenskommunikation 455–467
– Aufgaben 467
– Dienstleistungscharakter 456
– Durchführung 464
– Erfordernisse 456
– Evaluation 464–465
– Fünf-Phasen-Modell 457
– Gesamtkonzept, strategisches 458
– Implementierung 464
– Instrumente 460
– Ist-Erhebung 459
– Kommunikation, externe, Bestandsaufnahme 459–460
– – interne, Bestandsaufnahme 460–461
– Kommunikationsaudits 464–465
– Kommunikationsmanagement 458, 465–466
– Kommunikationsstrategie 463
– Konkurrenzsituation, Bestandsaufnahme 459
– Kundenzufriedenheit, Feedback-Bogen 459
– Marktvorteile 455
– Personalmarketing 465–466
– Pflege 455–457
– Planungsprozeß 458
– Qualitätsmanagement 465–466
– Servicegedanken 456

Unternehmenskommunikation
– Soll-Formulierung 462–463
– Stärken-Schwächen-Analyse 461–462
– Strategiekonzept, Planung 457–465
– Unique Selling Proposition (USP) 461–462
– Zielgruppen, existierende 463
Unternehmenskonzept
– integratives 511
– Management, ökologisches 513
– ökologisches, Krankenhausmanagement 510
– umfassendes 511
Unternehmenskultur 139, 180
– attraktive 9
– Erfolgsfaktor, zentraler 152
– Krankenhaus 133
– Management, ökologisches 514
– positive 181
Unternehmensleitung, Pflegeüberleitung 450
Unternehmensmission 139
Unternehmenspersönlichkeit
– Corporate-Identity-Politik 181
– Krankenhaus 175
Unternehmensphilosophie
– Auseinandersetzung, aktive 163
– Bedeutung 139
– Corporate-Identity-Politik 181
– Entwicklung 152
– Identitäts- und Identifikationsfrage 142
– Leitbild 143–145, 162
– Leitbildentwicklung 150–164
– Management, ökologisches 513
– Transformation 183
– Unternehmenserfolg 139–148
Unternehmenspolitik 139
– langfristige 175
Unternehmenspotentiale
– Fähigkeiten 176
– Fertigkeiten 176
Unternehmensstrategie 140
– zentrale 180

Register

Unternehmensvision 140
Unternehmensziele
- gemeinsam erarbeitete 334
- Identifikation, mangelnde 332
- Leitbild 156
Unterregulierungen 179
Unterricht, Pflegeüberleitung 452
Unterstützung, externe, Leitbildentwicklung 160
Unterversorgung 21
Unwirtschaftlichkeit 22
- Krankenhaus 5
Unzufriedenheit 333
UQM s. Qualitätsmanagement, umfassendes
Ursachenanalyse
- Interventionsstrategien 339
- Ist-Zustand 338
- Kommunikation 338
- Koordination 338
Urteilsbildung, moralische, Personalmanagement 569
USA
- Niederlande, Deutschland 569
- Qualitätsmanagement 240
USP s. unique selling proposition

V

Veränderungsbedarf, Krankenhaus 635
Veränderungslernen 61
Veränderungswille, Leitbild 148
Veranstaltungen, offene, Weiterbildung 222
Verantwortliche, Managementkompetenz 122
Verantwortlichkeit
- kollektive, Pflegemanagement 403
- Neuverteilung 93
Verantwortung
- gesellschaftliche, Krankenhausmanagement 509
- Krankenhaus 290
- Leitbildentwicklung 160
- Wirklichkeiten 64
Verantwortungsebenen, Gesundheitssystem 363
Verantwortungsumfang, Krankenhaus 290
Verantwortungszuordnungen, Planung 179
Verbandsebene, Landespreise 34
Verbesserung, permanente 187
Verbesserungspotential, geringes 333
Vereinbarungsklarheit, Krankenhausberatung 649
Verfälschen, bewußtes, Beurteilungsfehler 598
Verfahrensabläufe, Standardisierung, fehlende 23
Verfahrenskonflikte, Kommunikation 593
Verfügungsrahmen, Budgetierung 75
Vergleichszahlen als Prognosedaten, Controlling 489
Vergütungen 23
Verhalten
- Krankenhaus 182
- im Team, Mitarbeiterbeurteilung 576
Verhandlungstechniken 570
Vernetzung
- fehlende 332
- Formen 49–52
- gegenwärtige, Rahmenbedingungen 41
- primäre 49
- sekundäre 50
-- Leistungsanbieter 51
- Voraussetzungen 53–56
Vernetzungsagenten, Krankenhaus 628
Vernetzungsarbeit, Produktentwicklung 55
Vernetzungsprobleme, Management, integratives 58
Veröffentlichung
- Kommunikation 335
- Kooperation 335
Versorgung, stationäre, Qualitätssicherung 35
Versorgungsbereiche, Verzahnungen 22
Versorgungslandschaft
- vernetzte 41–56
-- Ausgangslage 42–44

Register

Versorgungslandschaft, vernetzte
– – Gesundheitspolitik 44
– – Sozialpolitik 44
Versorgungsleistungen
– adäquate 21
– inadäquate 21
Versorgungsmodelle, abgestufte, Krankenhaus 634
Versorgungsqualität
– Krankenhaus-Leitbild 156
– Wahrung 15
Versorgungssicherheit 289
Verständigung, Krankenhaus 313
Verteilung, Wettbewerb 27
Verträge
– dreiseitige 33
– zweiseitige 33
Vertragshilfeorgan, Schiedsstellen 96, 98
Vertrauensverlust 333
Verunsicherung 332
Verursachungsprinzip, Kosten 498
Verwaltung
– und Ärzteschaft 226–238
– Dienstleister, interner 331
Verwaltungsbereich, Krankenhaus 356
Verwaltungsdirektor 226, 344
Verwaltungsleiter 359
Verweildauer, Senkung 70
Verweildauerverkürzung 50, 52
Verwissenschaftlichung, Pflege 127
Vierer-Direktorium 343–346
Vier-Ohren-Modell, Kommunikation 587–589
Vier-V-Philosophie, Abfallwirtschaft 525–527
Visionen
– gemeinsame, Entwicklung 54
– Krankenhaus 317
– Unternehmen 142
Visionspräsentation 142
Visionsworkshop
– Ergebnisse, Präsentation 213
– Qualitätsmanagement 213
– Self-Assessment 213
Visite
– Gesprächssituation, zentrale 327

Visite
– Informationsaustausch 326
– Leidabwehrmechanismen 328
Vollkostenbasis, Kostenplanung 495
Vollkostenmethode 487
Vollkostenrechnung 504
– Verteilung sämtlicher Kosten auf die Kostenstellen 488
Vorbereitungsgremium, Schiedsstellen 101
Vorbildfunktion, Chefarzt 223
Vorgabekosten, Controlling 489
Vorschlagswesen, betriebliches, gruppenorientiertes 65
Vorsorgeuntersuchungen 17
Vorurteile, Beurteilungsfehler 598

W

Wachstumsmarkt, innovativer 43
Wachstumsziel, Gesamtwirtschaft 29
Wahrnehmungsverzerrungen, Beurteilungsfehler 597
Wandel, dynamischer, Rahmenbedingungen 174–177
Wartezeiterfassung 219
Waschleistungen 78
Weg-Zeit-Messungen 337
Weisungsbefugnisse
– Ärztlicher Direktor 352
– unklare 228
– unzureichende, Ärztlicher Direktor 348
Weiterbildung 335
– Krankenhaus 638
– Möglichkeiten, gemeinsame 56
– persönliche 280
– qualifizierende, Pflegeüberleitung 454
Weiterbildungskatalog 207
Weiterbildungskonzepte
– neue 66
– Qualitätskoordinator 202
Weiterbildungszentrum, Aufbau 221–222
Wertekonflikte, Kommunikation 593

Register

Wertekonsens, Pflegemanagement 400
Wertesystem, Verschiebungen 151
Wertetransparenz 142
Wettbewerb 27, 32
– Anreiz 27
– Betrachtungsweise, gesellschaftspolitische 27
– Definition, neoklassische 29
– funktionsfähiger, Konzept 29
– Grundlagen 27–29
– Konkurrenz, freie 29
– Krankenhaus 10, 277
– Ordnungsfaktor 27
– Steuerungsfunktion, gesellschaftspolitische 28
– – wirtschaftliche 28
– Verteilung 27
Wettbewerbsanalysen 11
Wettbewerbsmarkt, Reformstrategien 34
Wettbewerbsnachteile 333
Wettbewerbspolitik 28
Wettbewerbsposition, eigene 337
Wettbewerbsvorteil, Krankenhausmarketing 476
WHO-Definition, Gesundheitsbegriff 376
Wichtigkeit, Probleme 339
Wiederbeschaffungspreis, zukünftiger, höherer, Kostenrechnung 496
Wiedereingliederung 17
Wir-Bewußtsein 303
Wir-Gefühl 303
Wirklichkeiten
– institutionelle 64
– Verantwortung 64
– wahrgenommene 64
Wirklichkeitskonstruktionen 64
Wirkungsorientierung, Krankenhausberatung 651
Wirtschaftlichkeit 7, 34, 37, 499
– größtmögliche, Universitätsklinikum Magdeburg 73
– Krankenhauswesen 21
– ökonomische 34
Wirtschaftlichkeitsgebot 34
Wirtschaftlichkeitsreserven 22
– Mobilisierung 32, 90

Wirtschaftlichkeitsüberlegungen, Kosten- und Erlösrechnung 486
Wirtschaftsführung, effektivere 70
Wirtschaftlichkeit 8
Wirtschaftssektor, Gesundheitswesen 14
Wirtschaftsstandort Deutschland, Sicherung 19
Wirtschaftssystem, Einbindung des Gesundheitssystems 26–33
Wirtschaftsunternehmen, Gesundheitseinrichtungen 34
Wissen, bereichsübergreifendes 332
Wissensbasis 66
wissenschaftliche Einrichtungen, unterstützende, Singapur 109
Wissensmanagement 65
Wissensressourcen
– individuelle 65
– kollektive 65
Wissensstrukturen, Konstruktion, kollektive 60
Wohlstandsziel, Gesamtwirtschaft 29
Workaholic-Phänomen 604
Workgroup of European Nurse Researchers (WENR) 271
Workshops, Leitbild, Entwicklung 158

Z

zahnärztliche Dienste, Singapur 110
Zeit, Organisationsentwicklung 286
Zeiterfassungsbogen, Wartezeiten 219
Zeitmanagement, Selbstmanagement 602
Zeitökonomie, Leitbildentwicklung 158
zentrale Arbeitsgruppe 259–260
Zentrallabor, Akkreditierung 81
Zieldefinitionsprozeß, erschwerter 332

Ziele
- Gesamtwirtschaft 29–30
- Gesundheitswesen 30
- Leitbildentwicklung 160
- Möglichkeiten 335
- Unternehmen 142

Zielkonflikte, Kommunikation 593

Zielsetzung, Pflegeüberleitung 452

Zielsystem(e)
- hierarchische, Qualitäts-Entwicklungspläne 205
- kompatible, Leitbild 154
- Krankenhaus-Informationssysteme 537
- Management, ökologisches 514–515

Zielvereinbarungen 571
- gemeinsame, fehlende 332

Zukunft des Krankenhauses 3–13

Zukunftsidentität, Unternehmen 142

Zusammenarbeit 319
- fehlende, Krankenhaus 320
- interdisziplinäre, berufsständeübergreifende, Management, ökologisches 518

Zusammenarbeit, interdisziplinäre, berufsständeübergreifende,
- – Krankenhaus 320
- problembezogene 201

Zusammenarbeitsmodelle, neue, Pflegedienst 407

Zuschlagskalkulation 504

Zuschlagssätze, prozentuale, Gemeinkosten 504

Zuständigkeiten und Ziele, Transparenz 332

Zustandsdiagnose
- Kommunikation 337–338
- Kooperation 337–338
- Untersuchungsergebnisse 338

Zuzahlungsbetrag, Pflegesatzverhandlungen 91

Zwangsversicherte, Intransparenz 47

Zweckbestimmung, Krankenhaus 119

Zwei-Klassen-Medizin 3, 372

Zwiegespräch, Krankenhausmarketing 478

Zwischenbilanzklausur, Leitbildkonferenzen 171

Gesundheitssystem quo vadis?

Qualitätssicherung, Effizienz, Kostensenkung – das sind nur einige Schlagworte aus der Diskussion um „Public Health". Ob unsere Gesundheit bezahlbar bleibt und wie das Gesundheitssystem der Zukunft aussehen könnte – hier steht alles drin. Ein Buch, das den Blick öffnet „über das Krankenblatt hinaus". Mit handfesten Argumenten pro und contra Strukturwandel. Eine echte Standortbestimmung – unentbehrlich für alle, die mitreden wollen.

Schwartz (Hrsg.), Das Public Health Buch. Gesundheit und Gesundheitswesen. 1997. Ca. 680 Seiten, ca. 120 Schemata, ca. 60 Tabellen. Kunststoff.

Urban & Schwarzenberg
Verlag für Medizin – München · Wien · Baltimore

Qualität geht alle an

Qualitätsstandards und Qualitätsrichtlinien zu definieren ist im Zuge der Qualitätssicherung ein äußerst wichtiges Thema. In diesem Buch werden Begriffe wie die Qualität in der Krankenhaushygiene, die Qualitätsstufen und die Strukturqualität verständlich erläutert. Außerdem enthält das Buch konkrete Hinweise für die Umsetzung in die Praxis.

Aus dem Inhalt:

- Verhältnis Medizin und Pflege
- Weisungsbefugnis
- Hygieneverantwortung
- Personelle und informelle Voraussetzungen
- Dokumentation
- Baulich-funktionelle Voraussetzungen
- Aus-, Fort- und Weiterbildung

Hingst/Möllenhoff, Strukturqualität als Grundlage des Hygienemanagements. 1997. 92 Seiten, 13 Abbildungen. Kunststoff.
ISBN 3-541-30521-5

Urban & Schwarzenberg
Verlag für Medizin – München · Wien · Baltimore

Weh/Sieber, Pflegequalität

Fachlich fundiert

Die Auseinandersetzung mit dem Thema Qualität nimmt in Krankenhäusern und Altenpflegeheimen bereits einen großen Stellenwert ein. In diesem Buch werden konkrete Lösungen für die Einführung und Umsetzung von Qualitätssicherung erörtert. Der Begriff Qualität wird erläutert und das komplexe Thema in seiner Ganzheit verständlich und anschaulich dargestellt.

Praxis- und zukunftsorientiert

Die Qualität der Pflege rückt immer mehr ins Bewußtsein von Patienten und Pflegenden. Als Diskussions- und Arbeitsgrundlage bietet dieses Buch

- die Bestimmung der Begriffe Qualität und Pflege
- die Voraussetzungen und die Beschreibung von Pflegequalität
- die Konsequenzen für die Praxis

Damit liefert das Buch grundlegende Prinzipien und Überlegungen, die direkt in die Praxis umgesetzt werden können, um eine hohe Pflegequalität zu sichern.

Weh/Sieber, Pflegequalität. 1995. 256 Seiten,
15 Abbildungen. Broschur.
ISBN 3-541-17811-6

Urban & Schwarzenberg
Verlag für Medizin – München · Wien · Baltimore